DEUTSCHE ERINNERUNGS-ORTE

Eine Auswahl

DEUTSCHE ERINNERUNGS-ORTE

Eine Auswahl

Herausgegeben von
Etienne François und
Hagen Schulze

BÜCHERGILDE GUTENBERG

Mit 58 Abbildungen

Lizenzausgabe für die Büchergilde Gutenberg,
Frankfurt am Main, Zürich, Wien
Mit freundlicher Genehmigung
des Verlags C. H. Beck oHG, München
www.buechergilde.de

Satz: Fotosatz Janß, Pfungstadt
Druck- und Bindearbeiten: Kösel, Krugzell
Gedruckt auf säurefreiem, alterungsbeständigem Papier
(hergestellt aus chlorfrei gebleichtem Zellstoff)
Printed in Germany
ISBN 3-7632-5589-3

Inhalt

Etienne François/Hagen Schulze

Einleitung

I.

Niemand lebt nur im Augenblick. In unseren persönlichen Erinnerungen erkennen wir, wer wir sind, und wodurch wir uns von anderen unterscheiden: Da sind vielleicht das Elternhaus, die Schule, Begegnungen mit anderen Menschen, Reisen, Gefahren oder Glücksfälle, und das alles und viel mehr formt und beeinflußt die Herausbildung jedes Individuums. Dies gilt nicht nur für einzelne Menschen, sondern auch für Kollektivindividuen, für Familien, Vereine, gesellschaftliche Gruppen, für Völker und Nationen. Aus den Arbeiten des französischen Soziologen Maurice Halbwachs[1] wissen wir: Das Milieu, in dem der einzelne Mensch lebt, bildet einen Rahmen, der Form und Inhalt gemeinsamer Erinnerungen begrenzt und bedingt; die historischen Deutungen und Wahrnehmungsmuster ergeben sich aus einem Zusammenspiel des persönlichen Gedächtnisses und der gemeinsamen, kollektiven Erinnerung. Insbesondere Nationen produzieren derart kollektive Erinnerungen, aber dasselbe gilt für Gruppenbildungen aller Art. Keine Gemeinschaft ohne Gedenkfeiern und Denkmäler, Mythen und Rituale, ohne die Identifizierung mit denkwürdigen Persönlichkeiten, Gegenständen und Ereignissen der eigenen Geschichte.

Noch eine weitere Erkenntnis verdanken wir Halbwachs: Die Geschichtswissenschaft betritt das Terrain der Vergangenheit erst dann, wenn es zum Brachland des Vergessens geworden ist. Indem sie über den Gruppen und ihren Sinnstiftungsansprüchen stehe, so Halbwachs, vermöge die Geschichtswissenschaft nach Objektivität zu streben und nach Details und Differenzierungen zu suchen. Das kollektive Gedächtnis dagegen nähere sich der Vergangenheit emotional, verändere sie unkontrolliert und lege immer neue Deutungen und Erfindungen hinein. Mehr noch: die Vergangenheit verändert sich, indem sie von jeder neuen Generation von neuem begriffen, verstanden und konstruiert wird. Jede Generation schafft sich die Erinnerungen, die sie zur Bildung ihrer Identität benötigt. Kein Vergangenheitsbild ohne Gegenwartsbezug.

Die Historiker haben die Entdeckung des kollektiven Gedächtnisses und seiner Bedeutung für die Identität der Gruppen, der Milieus und Nationen lange Zeit vernachlässigt. Schließlich sahen sie es als ihre eigentliche Aufgabe an, die individuellen und kollektiven Vergangenheitsbilder von Willkür, Erfindung und Subjektivität zu reinigen und mit Leopold v. Ranke zu «zeigen, wie es eigentlich gewesen». Der aufklärerische Stolz der Historiker ließ sie oft nur zu leicht übersehen, daß ihre Produkte immer schneller veralteten, soweit sie überhaupt das Publikum erreichten und nicht hauptsächlich dem Diskurs innerhalb des akademischen Fachs der Geschichtswissenschaft dienten. Der historischen Erinnerung der Völker und damit dem «Lernen aus der Geschichte» dient die Geschichtswissenschaft kaum. «Die Zerstörung der Vergangenheit», so Eric Hobsbawm, «oder vielmehr die jenes sozialen Mechanismus, der die Gegenwartserfahrung mit derjenigen früherer Generationen verknüpft, ist eines der charakteristischsten und unheimlichsten Phänomene des späten 20. Jahrhunderts. Die meisten jungen Menschen am Ende dieses Jahrhunderts wachsen in einer Art permanenter Gegenwart auf, der jegliche organische Verbindung zur Vergangenheit ihrer eigenen Lebenszeit fehlt.»[2]

Wenn dieser skeptische Befund zutrifft, wird es mit den Weisheiten der geschichtswissenschaftlichen Forschung kaum getan sein. Daneben gilt es die kollektiven Erinnerungen der Menschen ernst zu nehmen und zu ergründen. Wie entwickeln, wie verändern sich die Vergangenheitsentwürfe der Völker und Nationen, worin besteht «der gemeinsame Besitz eines reichen Erbes an Erinnerungen», der nach Ernest Renans Worten die Identität der Nationen ausmacht?[3] Hier bieten sich die Erkenntnisse des Maurice Halbwachs an. Aufgenommen und genutzt, aus trockener Abstraktion in lebendige Anschauung verwandelt wurden sie zuerst von dem französischen Historiker und Publizisten Pierre Nora.

II.

In den sieben Bänden der von ihm in den achtziger und frühen neunziger Jahren herausgegebenen *Les lieux de mémoire*[4] hat Pierre Nora eine beträchtliche Zahl von Bruchstücken des französischen nationalen Gedächtnisses in Form von Essais zusammengetragen. «Mein Vorhaben,» erklärt er, «bestand darin, an die Stelle einer allgemeinen, thematischen, chronologischen oder linearen Untersuchung eine in die Tiefe gehende Analyse der ‹Orte› – in allen Bedeutungen des Wortes – zu setzen, in denen sich das Gedächtnis der Nation Frankreich in besonderem Maße kondensiert, verkörpert oder kristallisiert hat.»[5] Das können einfache Gedenkstätten sein, etwa Statuen großer Männer, Kriegerdenkmäler oder die Gräber der französischen Könige in Saint Denis. Symbole und Embleme wie die Trikolore oder die Marseillaise, Marianne oder der 14. Juli gehören ebenso dazu wie Gebäude – Notre Dame, das Schloß von Versailles, der Eiffelturm. Da sind die Trennungslinien, die durch Frankreich gehen, etwa zwischen Katholiken und Hugenotten, zwischen Nord und Süd, der Rechten und der Linken, aber auch tiefe Gemeinsamkeiten – *la douce France*, das Land und seine Grenzen, die Sprache. Und dann die vielen Namen, in denen sich Frankreich wieder erkennt, von Charlemagne über die Heilige Johanna und den Sonnenkönig bis Descartes …

Alles Kristallisationskerne des französischen kollektiven Gedächtnisses, von ganz unterschiedlichem Gewicht, oft furchtbar trivial, manchmal kaum noch oder allenfalls regional erinnert, dem Zugriff der Sinnstifter und Manipulateure ausgesetzt und dennoch ein Netz von materiellen und immateriellen Erinnerungsfäden, das das nationale Bewußtsein in einem ungenau bestimmbaren, aber sehr profunden Sinne zusammenhält.

III.

Das große Vorbild hat Schule gemacht hat; es gibt mittlerweile mehrere vergleichbare Veröffentlichungen in Italien, den Niederlanden, Österreich und Dänemark[6], andere erscheinen demnächst. Sie alle antworten auf Noras Aufforderung, den «typischen Stil der Beziehung zur Vergangenheit» des jeweiligen Landes herauszuarbeiten.[7] Ob dies auch für Deutschland möglich sei, schien lange zweifelhaft. In den achtziger Jahren, in denen die ersten Bände von Noras Werk erschienen, überwogen die Zweifel an einer klar umrissenen Identität der Deutschen. Deutschland war geteilt, viele Betrachter sahen beide deutschen Staaten auf Wegen zur Herausbildung jeweils eigener Nationen, sofern die Idee der Nation überhaupt noch als tragfähig galt. Immerhin, hieß es, sei im Falle Frankreichs ja klar, was französische Geschichte heiße, und wer sich als Franzose fühlen dürfe – im Falle Deutschlands sei das aber anders. Es waren die Jahre, in denen die Pläne eines Deutschen Historischen Museums in Berlin heiß umstritten waren; auf dem deutschen Historikertag in Trier 1986 fand ein Redner Beifall, als er erklärte, was deutsche Geschichte sei, könne man doch gar nicht sagen – man solle doch lieber chinesische Geschichte ausstellen, da wisse man jedenfalls, wovon die Rede sei.[8]

Mit der Wende von 1989/90 hat sich Wesentliches geändert. Bisher waren nationale Träume und staatliche Wirklichkeit der Deutschen immer auseinandergetreten. Die Revision der Grenzen, die der Versailler Vertrag gezogen hatten, die großdeutsche Alternative, Deutschland «in den Grenzen von 1937» – nie waren die jeweiligen staatlichen Hüllen den Deutschen genug, sie waren stets Provisorien, Durchgangsstadien zu Utopien, die entweder gewaltsam oder gar nicht verwirklicht werden konnten. Das ist nun zu Ende; seit dem 3. Oktober 1990 ist die Bundesrepublik Deutschland die einzige denkbare staatliche Hülle für das deutsche Volk. Ernst Moritz Arndts Frage «Was ist des Deutschen Vaterland» ist das erste Mal in der Geschichte unmißverständlich und dauerhaft beantwortet. Und: Das erste Mal in der deutschen Geschichte ist die Diskussion darüber, ob die Identität der Deutschen durch nationale Tradition oder durch Verfassungsbindung bestimmt sei, überflüssig geworden. Künftig ist der deutsche Nationalstaat das Gehäuse für die freiheitlichen Institutionen des Grundgesetzes. Freiheit und Einheit der Deutschen fallen das erstemal in der deutschen Geschichte zusammen. Die Abhängigkeit der deutschen Einheit von der gesamteuropäischen Konstellation hat im übrigen die Erkenntnis verstärkt, daß das Modell «Nationalstaat» sowohl auf dem Hintergrund deutscher Erfahrungen als auch in europäischer Perspektive nicht selbstverständlich ist.

Deshalb reicht der Einschnitt von 1990 viel tiefer, als dies im deutschen Alltag zum Ausdruck kommt. Die fast zweihundertjährige Geschichte einer widersprüchlichen, unfertigen, von den Dämonen eines neurotischen Nationalismus getriebenen Volkes ist zu ihrem Ende gekommen; Nietzsches Diktum «Die Deutschen sind von vorgestern und von übermorgen – sie haben noch kein heute»[9] gilt nicht mehr. Seit der Wende von 1990 hat sich eine gelassenere Betrachtungsweise eingebürgert, das Deutsche Historische Museum erfreut sich ungeteilten Beifalls seitens des Publikums, und auch eine Sammlung von kollektiven Bildern in den Köpfen der Deutschen scheint nicht mehr ausgeschlossen. Die Frage nach den Inhalten und Eigentümlichkeiten der deutschen Erinnerungskultur stellt sich auf neue Weise.

IV.

Uns Herausgebern schien die Gelegenheit gekommen, von dieser neuen Warte aus auf vergangene Epochen der deutschen Geschichte zurückzublicken und die Frage nach den Deutschen und ihrer Nation im europäischen Zusammenhang neu zu überdenken. Besonders notwendig schien es uns, die monographische Einseitigkeit der deutschen Geschichtswissenschaft aufzubrechen und darüber hinaus die Suche nach den Überresten kollektiver deutscher Selbstwahrnehmungen aufzunehmen. Da lag es nahe, das Konzept Pierre Noras auch für den deutschen Fall fruchtbar zu machen. Gewiß stehen wir damit nicht allein auf weiter Flur. Schon seit mehr als einem Vierteljahrhundert blüht, in Anlehnung an einen wegweisenden Artikel Thomas Nipperdeys, eine breit angelegte Forschung zur Geschichte und Entwicklung der deutschen Nationaldenkmäler.[10] Auch wenn mit diesen und anderen Forschungen eine ganze Reihe von Einzelstudien existieren, deren Thematik durchaus mit den in den französischen *lieux de mémoire* behandelten «Erinnerungsorten» vergleichbar sind, so verzichten diese jedoch auf den umfassenderen Anspruch, die von ihnen behandelten Denkmäler, Bauwerke, Regionen, Personen oder auch Feiern in den breiteren Rahmen der deutschen Erinnerungskultur einzubetten und ihre vielfältigen wechselseitigen Bezüge und Abgrenzungen zu klären.[11]

Den Herausgebern wurde bald klar, daß sich das Modell Pierre Noras keinesfalls ohne weiteres auf den deutschen Fall übertragen lassen würde. Noras Frankreich stellt sich als ein klares, weitgehend geschlossenes, rundum zustimmungsfähiges Bild dar, und tatsächlich leitet ihn eine fast nostalgische Rückschau, namentlich auf das Frankreich der Dritten Republik, in dem die Verheißungen der Großen Revolution wahr wurden. Noras Werk ist fast eine Liebeserklärung an Frankreich. Keine Frage, daß sich ein derartiger Rückblick auf die deutsche Vergangenheit verbietet – nicht nur wegen des Geschichtsfelsens Nationalsozialismus, sondern auch, weil uns die deutsche Geschichte weitaus zerklüfteter begegnet als die Geschichte Frankreichs.

Im Laufe der vergangenen Jahrhunderte haben sich viele deutsche Nationalgeschichten herausgebildet. Der norddeutsche Bildungsbürger fand sich in durchaus anderen historischen Kontinuitäten als der katholische Handwerker, die Geschichtsbilder des ostpreußischen Junkers hatten mit denen eines sozialdemokratischen Fabrikarbeiters kaum etwas gemeinsam, und zudem änderten sich die historischen Zusammenhänge und Schwerpunkte mit dem geographischen Standpunkt: Von Berlin aus ließ sich eine durchaus andere deutsche Geschichte schreiben als aus den Perspektiven Münchens, Frankfurts, Stuttgarts oder Wiens. Historische Daten, erinnerungswerte Ereignisse und Namen, Feste und Gedenktage – das alles war und blieb über Jahrhunderte verschieden.

Die späte Geburt der deutschen Nation als bewußte politische Einheit hat verhindert, daß die vielen deutschen Geschichten in eine Geschichte zusammenwuchsen. Und zum Unheil Deutschlands war es Adolf Hitler, der als erster und letzter deutscher Staatsmann versuchte, die vielen deutschen Traditionen und Geschichtsbilder in der politischen Wirklichkeit zusammenzuzwingen: Arminius und Barbarossa, Karl den Großen und Widukind, Friedrich den Großen und Prinz Eugen, Windischgraetz und Bismarck, all die disparaten, auseinanderstrebenden, widerspruchsvollen Mythen des deutschen Nationalbewußtseins. Nur ein einziges Mal in der deutschen Geschichte wurden Träume und Wirklichkeit aller Deutscher zusammengebracht: Im Alptraum des «Großdeutschen Reichs».

V.

Während Pierre Nora seine Untersuchung in die Kontinuität der französischen Geschichte einordnet, müssen wir Deutschen also von einer Geschichte der Wandlungen und der Brüche ausgehen. Wir, die Herausgeber, waren uns schon frühzeitig darin einig, daß von klaren, einheitlichen Grenzen nicht die Rede sein kann. Wir begnügen uns damit, «deutsch» und «Deutschland» stets im Sinne der jeweiligen Epoche zu gebrauchen. Vor allem sollte aber Deutschland nicht in sich geschlossen abgebildet werden, sondern wir denken uns Deutschland zu seinen Nachbarn und nach Europa geöffnet. Das geschieht zum einen, indem wir den Kreis der Autoren ausgeweitet haben – neben Deutschen sind Franzosen, Briten und Polen beteiligt. Zum anderen haben wir besonderes Gewicht auf «doppelte Erinnerungsorte» gelegt, solche also, die für Deutschland wie für benachbarte Nationen gleichermaßen bedeutsam sind.

Nun zur Auswahl, und damit zu einem unbegrenzt konfliktträchtigen Thema. Die Zahl der Erinnerungsorte ist unübersehbar. Jedes Schulbuch, jedes Testament, jedes Archiv, jeder Verein, jede Gedenkminute kann als Erinnerungsort beschrieben werden, wenn damit bewußte Überlieferungsabsichten verbunden sind. Aber auch dann, wenn man sich auf für sich allein stehende Erinnerungsorte von nationaler Bedeutung konzentriert, übertrifft die Zahl der infrage kommenden Gegenstände jedes Maß der Bewältigung. Hinzu kommt, daß wir, anders als etwa Pierre Nora, nicht auf einem Kanon fußen können. Die Vielfalt deutscher Geschichten bringt eine Vielfalt auseinander strebender Erinnerungsorte mit sich – regionaler, konfessioneller, politischer. Die vorliegende Auswahl konzentriert sich im wesentlichen auf politische und zeitgeschichtliche Erinnerungsorte, denn spätestens seit der deutschen Wiedervereinigung von 1990 stellt sich die Frage nach den Inhalten und Eigentümlichkeiten der deutschen Erinnerungskultur in besonderer Weise. Nicht nur müssen die über vierzig Jahre getrennten Erinnerungen der ehemaligen DDR in ihrer Widersprüchlichkeit und vielfältigen Bezogenheit auf «den Westen» in die Erinnerungskultur einer neuen, «Berliner Republik» überführt werden, auch müssen jene Bezugspunkte, die im Laufe der Zeit die Erinnerungskultur der «alten Bundesrepublik» geformt hatten, in ihrer historischen Bedeutung neu bewertet werden.

Unsere Sammlung gleicht einer Wanderung durch ein Labyrinth. Aber der Leser soll nicht in ein geschlossenes System eingesperrt, sondern zu einem Spiel der Verweise und Assoziationen eingeladen werden – wie eben Erinnerungen funktionieren. Das heißt auch, daß keine umfassenden Erklärungen gefordert sind, wie auch jede Art von legitimatorischer Geschichtsschreibung unwillkommen ist. Wir haben es vermieden, Interpretationsrichtungen vorzugeben – die jeweilige kulturelle und politische Perspektive ist Sache jedes Autors. Ein Kritiker hat bemerkt, die «Erinnerungsorte» seien nicht nur ein Versuch, «in der postmodernen Ortslosigkeit gleichwohl Orte kollektiven Erinnern ausfindig zu machen, sondern … auch ein interessanter Beitrag zu einer anderen Form historischen Erzählens.»[12] Einigen Rezensenten schienen die Deutschen Erinnerungsorte eine unerwartete Form der Befreiung, ein neuer Anlaß zur Lust an der Geschichte.[13] Und tritt nicht das Politische, der aller Geschichte innewohnt, auf diese Weise besonders deutlich hervor? Geschichte als Erinnerung ist von Gegenwart und Zukunft nicht zu trennen. Die Erinnerungsorte führen uns vor Augen, daß Geschichte nicht nur das ist, was früher irgendwann geschah, sondern vor allem das, was immer noch geschieht. Das so entstandene Mosaik ist bunt, manchmal überraschend, auf jeden Fall gedacht als ein Beitrag zur kulturellen Vielfalt und Einheit Deutschlands innerhalb Europas.

Bernd Roeck

Der Reichstag

Regensburg – römische Gründung, *porta praetoria*; karolingische Königspfalz; steinerne Donaubrücke, Grundsteinlegung 1135 – ein oberpfälzisches Weltwunder; dazu die *Wurstkuchl*, ein besonders deutscher Ort: ein kleines, uraltes Steingebäude, die Stube darin voller Menschen: vom Holzkohlenfeuer verraucht, dampfend von Tabakqualm und köchelndem Sauerkraut; dürre Bratwürste, von denen man acht, zwölf oder noch größere Kohorten verzehrt, mit Kümmelkipferln, «Hausmachersenf» und schaumgeborenem Bier. Donauschiffe. Thurn und Taxis. Die «Domspatzen», ein Knabenchor. Ansonsten Mittelalter, wohin man schaut. Allem voran die gotische Kathedrale, dann St. Emmeram, St. Jakob, St. Blasius. Eine pittoreske, verwinkelte Stadt, ein wenig abseits der Welt; bayerisches Abdera. Ein deutscher Erinnerungsort?

Nicht wirklich, werden viele sagen, wäre da nicht eine Besonderheit: der *Reichssaal* des alten gotischen Rathauses, ein geradezu mythischer Raum, wo für eineinhalb Jahrhunderte das Herz des Heiligen Römischen Reiches deutscher Nation schlug.

Daß das alte Reichstagsgebäude in Regensburg dabei so positive Assoziationen weckt, ist noch nicht allzu lange selbstverständlich. Das späte Heilige Römische Reich erschien schließlich bis in die Zeit nach dem Zweiten Weltkrieg so ziemlich als das Gegenteil all dessen, was Historikern des machtvollen Nationalstaates teuer war. Ein Blick in den Geschichtsatlas zeigt, in bunten Farben, den berühmten «Flickenteppich», der nach Voltaires bissiger Formulierung weder heilig noch römisch noch Reich gewesen sei[1]: nahezu 300 mehr oder weniger selbständige Territorien und Städte, dazu fast 1500 weitere reichsunmittelbare Gebiete, zum Beispiel Reichsdörfer und reichsritterschaftliche Güter.

So sah das Reich nach dem Westfälischen Frieden aus, staatsrechtlich, mit dem Wort des Juristen Samuel von Pufendorf, ein *Monstrum*. Nicht Monarchie, nicht Aristokratie; nicht Staatenbund oder Bündnissystem, sondern ein Mittelding aus all diesen Elementen. Ein zusammengekleisterter Koloß in der Mitte Europas, ein kurioses Bric-à-brac aus Eisen, Ton und Gold.

Der Reichstag, der diesen seltsamen Verfassungszustand reflektierte, hatte sich nach dem Dreißigjährigen Krieg, seit 1663, zu einem in Permanenz tagenden Gesandtenkongreß entwickelt. Zu schwierig und vielfältig waren die Probleme gewesen, die zur Lösung anstanden, und der Geschäftsgang war von barocker Kompliziertheit. In den drei Kurien – Kurfürstenkolleg, Fürsten- und Städterat – wurden zusammen etwa 160 Stimmen geführt. Einige davon waren sogenannte Kuriatstimmen, die von mehreren Ständen gemein-

Eröffnung des Reichstags in Regensburg 1653 (Kupferstich, Nürnberg 1653)

schaftlich ausgeübt wurden. Im letzten Jahrzehnt des 18. Jahrhunderts hatten 23 schwäbische und 19 rheinische Prälaten je eine solche Kuriatstimme. Bei den Reichsgrafen war die Sache noch verwickelter. 25 wetterauische Grafen, 17 fränkische, 24 schwäbische und nicht weniger als 33 westfälische Grafen teilten sich die Voten. Bis ein Gesetz verabschiedet war, mußte man sich von Nassau-Usingen bis Kriechingen, von Köln bis Bopfingen unterreden. Die größeren Stände, Sachsen, Bayern, Brandenburg hatten ein entscheidendes Wort, aber gegenüber den komplizierten Strukturen der Reichsverfassung war auch ihre Macht begrenzt. Man mußte innerhalb der Kurien zu Mehrheitsbeschlüssen gelangen, dann war Einvernehmen zwischen ihnen herzustellen. Erst die Signatur des Kaisers in Wien verschaffte den *Conclusa* reichsrechtliche Geltung. So bewegte sich das Unternehmen Reichstag langsam und schwerfällig, nach Art einer großen Raupe.

Es ist dieser seit 1663 agierende «Immerwährende Reichstag», um den sich die Erinnerung im Regensburger Reichssaal vor allem kristallisiert. Der Raum selbst ist viel älter. Die mächtige Balkendecke datiert von 1408. Seine Wandfresken wurden im 16. Jahrhundert gemalt, und auch der Thronbaldachin, unter dem der Kommissar des Kaisers seinen Platz hatte, stammt noch aus dieser Zeit. Die alten Mauern sind stumme Zeugen heftiger Debatten und zäher, unendlich mühevoller Verhandlungen. Man stritt um die Errichtung einer «beständigen Wahlkapitulation», eines Grundgesetzes, das Rechte und Pflichten des Kaisers ein für allemal festschreiben sollte; befaßte sich mit Steuern und Kommerzien oder mit Übeln wie dem Duellwesen, dem «höchst schädlichen und unchristlichen Balgen und Kugelwechseln». Vor allem aber hatten die Gesandten sich mit Krieg und Frieden zu befassen. Von Regensburg aus wurde versucht, den Abwehrkampf gegen die Türken und gegen Ludwig XIV. zu organisieren – und zwar wenigstens zeitweilig mit mehr Erfolg, als ältere Forschergenerationen meinten.

Der Reichssaal hat Generationen von Diplomaten und Potentaten kommen und gehen sehen und mit ihnen den Wandel der Moden. Während der Anfänge des «immerwährenden» Konvents drängten sich die Herren in «Rheingrafentracht», mit Bandschluppen und ehrfurchtgebietenden Allongeperükken, um Bänke und Konfekttische; an dessen Ende parlierten die verbliebenen Gesandten in Frack, Gilet und Pantalons. Das war zu einer Zeit, als der Immerwährende Reichstag seine Bedeutung endgültig verloren hatte. Der Reichssaal mutierte schließlich von der politischen Arena zum reinen Erinnerungsort; sah einem tristen Schicksal als Touristenattraktion – und Seminarort für Historiker – entgegen.

Zumindest im kollektiven Gedächtnis letzterer hängt an den staubbedeckten Mauern dort nicht nur der Muff alter Haarteile und brüchiger Seidenstoffe, sondern anderes und mehr, nämlich eine Erinnerung an die Zukunft: an die hohe Kunst diplomatischen Konfliktmanagements, an die Kraft des Rechts gegenüber dem Recht der Macht, an ein System kollektiver Sicherheit.

Die Erfahrung des katastrophalen 20. Jahrhunderts hat also die Perspektive auf das Alte Reich und seine Institutionen gründlich verschoben. Hinter den Hekatomben von Akten, die der alte Reichstag aussonderte, der labyrinthischen Literatur, die über die Verfassung des *Sacrum Imperium* produziert wurde, zeigt sich ein subtiles Rechtssystem, das in einer komplexen politischen Realität das friedliche Nebeneinander kleiner und kleinster staatsähnlicher Gebilde gewährleistete; im steifen Zeremoniell, in den abgezirkelten Formen, in denen sich die Verhandlungen vollzogen, wird ein stabilisierendes Korsett von Regeln erkennbar, das Auskommen und Konflikteindämmung erleichterte. Allein die Tatsache, daß der Reichstag rechtliche Verfahren bereitstellte, in die sich Streitigkeiten kanalisieren ließen, und daß dahinter wenigstens potentiell Sanktionsdrohungen standen, hat manche Differenz entschärft, bevor es zur gewaltsamen Eskalation kommen konnte. Hier war ein Forum, wo man im Gespräch blieb, nicht gleich Kanonen reden lassen mußte: eine *clearing*-Stelle für die mitteleuropäischen Verhältnisse, wie von einem modernen Panegyriker des Reichstags einmal treffend gesagt wurde.[2] Das war nicht wenig. Man denke daran, daß zu den wichtigsten Voraussetzungen des Dreißigjährigen Krieges, der größten Katastrophe der frühneuzeitlichen deutschen Geschichte, eben die Blockade des Reichstags und der Reichsjustiz gezählt hatte. Mit dem Westfälischen Frieden war der Großkonflikt um Glauben und Reich liquidiert worden, und der Frieden wurde zu einem der *Grundgesetze* der Reichsverfassung. Er hatte die Konfessionen zur Toleranz gezwungen, die territorialen Verhältnisse auf einen neuen Fuß gestellt; auswärtige Großmächte, Frankreich und Schweden, hatte er in das System eingebunden. Und er hatte einige der Mechanismen zur Konfliktbewältigung konstruiert, die auf dem Immerwährenden Reichstag wirksam wurden. Seine bedeutendste Funktion bestand somit im Verhindern: Er bewirkte das Ausbleiben von Ereignissen. Es dürfte kein Zufall sein, daß diese unspektakuläre Leistung gerade in der bundesrepublikanischen Gegenwart deutlicher gesehen wurde. Daß die Bonner Republik ein eher unspektakuläres Staatswesen war, zählte ja nicht zu ihren unsympathischsten Zügen.

Die Geschichte des Immerwährenden Reichstags hat keine dramatischen Höhepunkte, sie ist grau, glanzlos, und Helden kommen in ihr nicht vor – eher schon tragische Figuren wie der Notar Aprill, dem das Unglück widerfahren war, dem brandenburgischen Gesandten von Plotho nach Ausbruch des Siebenjährigen Krieges eine für seinen König bestimmte Gerichtsvorladung überbringen zu müssen. «Was! Er insinuieren?» soll der Resident Friedrichs des Großen dem «Notarius» entgegengeschleudert und ihn kurzerhand die Treppe seines Regensburger Domizils hinuntergeworfen haben. Goethe erzählt diese Episode in *Dichtung und Wahrheit* aus dem Abstand eines halben Jahrhunderts; er schreibt von dem Aufsehen, das von Plotho erregte, als er sich 1765 zur Kaiserkrönung Josephs II. in Frankfurt einfand. Man bewunderte den «diplomatischen Helden» aus Preußen, für Reich und Reichstag blieb nur Spott.[3]

Die Anekdote stammt aus einer Zeit, da der Reichstag im Schatten des deutschen Dualismus an Bedeutung verloren hatte. Wer damals vom «Reich» sprach, meinte jene Regionen insbesondere im Südwesten Deutschlands, wo Reichsstädte, Kleinterritorien und Klosterherrschaften den bunten Flickenteppich zur pointillistischen Farbkomposition verschwimmen ließen. Hier hatte das, was in Regensburg entschieden wurde, bis in die letzten Tage des *Sacrum Imperium Romanum-Germanicum* ein gewisses Gewicht. Bildlich war das Reich in diesen Gegenden über Symbole an Stadttoren und Rathäusern präsent, vor allem aber durch die Kaisersäle der großen Barockklöster. Es war das Reichsoberhaupt, das sich als identitätsstiftende Bezugsperson anbot, kein Abstraktum wie die papierspinnende Raupe in Regensburg.

Die Historienmalerei des 19. Jahrhunderts scheint sich schon gar nicht für sie interessiert zu haben. Reichstage, das liegt wohl in ihrer Natur, regen kaum zu malerischer Poesie an. Einige wenige Ausnahmen bestätigen die Regel: Man denke an Anton von Werners Wandgemälde, das Luther vor dem Wormser Reichstag von 1521 zeigt. Aber auch hier wird eigentlich Luther gefeiert, nicht der Reichstag. Er ist Bühne, nicht Akteur eines historischen Dramas, das zwei Antagonisten hat, den Mönch und den Kaiser.

Der Immerwährende Reichstag hat nicht nur keine Dramen produziert, er hinterließ auch kaum Symbole und Darstellungen. Objekte der Erinnerung sind rar, lassen wir einmal die Aktenberge und Gesetzespublikationen der Thucelius, Lünig, Pachner von Eggenstorff etc. beiseite: ein paar Medaillen und Kupferstiche, die einen matten Widerschein glanzvoller Bankette und festlicher Einzüge geben. Man sieht bei Kerzenschimmer dinierende Damen und Herren, übers Blatt ziehende endlose Schlangen aus Menschen, Pferden, Kutschen und Baldachinen. Eingefrorene Momente, Memorialbilder, die eine Utopie von Ordnung und Schönheit beschwören.

Oder die Porträts der Gesandten und Prinzipalkommissare. Gewöhnlich als Gedächtnisbilder konzipiert, als kleine Denkmäler auf Papier, zeigen sie der Nachwelt Gravität, Strenge, Ernsthaftigkeit; Sicherheit in Blick und Gebärde. Sie sind nicht nur *politici* aus Fleisch und Blut, sondern verkörpern zugleich etwas von der unnahbaren Ewigkeit der Staaten, für die sie stehen. Den Bildern zum Trotz ist ihre Welt dann doch untergegangen, und die meisten der Staaten, welche sie vertraten, gibt es nicht mehr. Was sich in den ernsten Herren verdichtete, ist für immer verschwunden. Das bedingt die Wirkung von Fremdheit und Ferne mehr als die Perücken, von denen die Gesichter gerahmt werden.

Es gab einige wenige Zeitgenossen des Heiligen Römischen Reiches, die zu dem staatsrechtlichen Monstrum und den Institutionen, die es verkörperten, ironische Distanz nahmen. Ein radikaler Aufklärer wie Wilhelm Ludwig Wekhrlin alias Anselmus Rabiosus verglich den «schwermütigen Reichsverfassungskörper» mit der Stadt, die ihn bewahre: dem, wie er sich ausdrückte, «finsteren, melancholischen, in sich selbst vertieften» Regensburg. Er formulierte damit einen Grundton, der das Urteil über den Immerwährenden Reichstag in der folgenden Zeit bestimmen sollte.[4] Das Gremium schien gegen sämtliche Prinzipien jener «aufgeklärten» Staatskunst zu stehen, die in der Politik Friedrichs von Preußen ihr spektakulärstes Exempel hatte; ein Organismus, der in seiner Spätzeit bereits Erinnerung an die eigene Geschichte war, ein *lieu de mémoire*, der das Gedächtnis an eine eher traurige Vergangenheit bewahrte. Man mußte weiter zurückgehen, zurück selbst hinter das Mittelalter mit seiner Kaiserherrlichkeit, um sich einer idealen Vorstellung von den Deutschen und ihrer Geschichte zu versichern.

Nur einige Kilometer von Regensburg aus donauabwärts ist das *Gegenbild*, das ein Kritiker wie «Anselmus Rabiosus» im Kopf hatte, zu realer Architektur gestaltet. Hoch über dem Fluß thront sie, die *Walhalla*: der denkbar dramatischste Kontrastbau zum gotischen Reichstag inmitten des Regensburger Gassengewirrs.[5] Sie ist deutsches Nationaldenkmal und mehr. Der Bauherr, König Ludwig I. von Bayern, hatte sich bewußt gegen als altdeutsch geltende Formen entschieden.

In Leo von Klenzes dem Parthenon nachempfundenem dorischen Tempel kulminieren universalhistorische Theorien des beginnenden 19. Jahrhunderts.

Die deutsche Nation erscheint als ideales Gebilde jenseits aller Zeitlichkeit, zugleich aber soll sie geschichtliches, geschichtsmächtiges Faktum sein; Begründung des Anspruchs auf nationale Einheit. Die Walhalla gibt ein Sehnsuchtsbild, das gegen eine ernüchternde politische Wirklichkeit formuliert wird.

Klenze verleiht dem Paradox durch eine hochkomplexe Ikonologie Gestalt. Unterbau und Reliefdarstellungen verweisen auf romantische Vorstellungen von einer Völkerwanderung am Morgen der Menschheit. Vom Paradiesgarten auf dem Himalaja und im Hochland von Kaschmir habe sie zum Kaukasus geführt; von dort habe sich der Völkerstrom über Europa ergossen, sei der Kontinent bevölkert und zivilisiert worden. Die Geschichte der Deutschen erscheint als aufgehoben im Mythos der Anfänge aller Kultur. Auch diese «Erinnerung» sammelt sich in der Walhalla, eine Phantasie, die ins Große und zugleich Unbestimmte geht.

Im Innern des «Heldensaals», wie ein Zeitgenosse den Begriff «Walhalla» deutete, wurde Geschichte durch die «zeitlose Gemeinschaft» (Traeger) großer Deutscher konkret. Indes zählten nicht nur Helden «teutscher Zunge» zu Walhallas Genossen, sondern auch Flamen wie Rubens, van Dyck oder Frans Snyders, der niederländische Admiral de Ruyter oder der englische König Wilhelm III. Schließlich durften sich noch Karl der Große, Chlodwig und Pippin in König Ludwigs erlauchter Runde niederlassen. Wer nichts von der Kulturtheorie wußte, die der Konzeption der Walhalla zugrunde lag, mußte hinter der Auswahl der Helden eine Art Marmorimperialismus wittern, der zu Bedenklichkeiten Anlaß gab. Der französische Gesandte in München, Baron de Bourgoing, identifizierte in der Statuenauswahl Spuren einer ultrateutonischen Ideologie, und seine Reaktion darauf schwankte zwischen Befremden und Belustigung.

Der Ausflug zur Walhalla, von deren Terrassen aus der Blick übers weite Donautal geht, hinüber auch nach Regensburg mit den 1869 fertiggestellten gotischen Domtürmen, vermittelt ein sinnliches Gefühl dafür, wie andersartig die historische Welt ist, deren Gedächtnis Klenzes Bau weiterträgt. Der alte Jacob Burckhardt hat das in einem Brief von 1877 ganz ähnlich empfunden, wenngleich er der Walhalla und den übrigen Ruhmestempeln der Gegend mit der Distanz des Schweizer Stadtbürgers begegnete. Abgesehen vom Dom, empfand er Regensburg als «ungeheure Trucke voll Merkwürdigkeiten». Vor dem Monument des Alten Reiches, dem Rathaus, wandte sich der Klassizist zur Flucht: «Aber an Einer Stelle wurde mir's heut zu viel: ich ließ mich mit einer Gesellschaft von Philistern durch das Rathaus treiben; da sollten wir zuletzt auch noch die Folterkammer sehen; den Philistern war es zu öberst, sie aber blieben, und hielten die Folter aus, nur ich ging einfach von hinnen.»[6] Ludwig I. hatte dem vergangenen Heiligen Römischen Reich und dem Reichstag bei der Grundsteinlegung für die Walhalla, am 17. Oktober 1830, dennoch seine Reverenz erwiesen. Der königliche Bauherr wurde durch einen

Empfang im Reichssaal, dem Ort der «teutschen Reichsversammlung», geehrt, und man inszenierte einen «alterthümlichen Schützen-Ausgang» mit Gepränge, das an das 16. Jahrhundert erinnern sollte.

Indes zog sich zwischen dem alten Reich und dem Deutschland des Jahres 1830 doch ein tiefer historischer Bruch. Revolutionszeit, Napoleon, Befreiungskriege; Niederlegung der Kaiserkrone durch Franz II.; Ende des *Sacrum Imperium* im Jahre 1806. Man vergißt angesichts des stillen Ausklangs, den Reich und Reichstag dann nahmen, welch gewaltiger Erschütterungen es bedurft hatte, um ihren Untergang herbeizuführen. Das Historienspektakel bei der Grundsteinlegung für die Walhalla war Ausdruck der Entfremdung von dieser alten Welt, es zeigte, daß man den Abstand zu ihr inzwischen fühlte. Reich und Reichstag wurden historisiert, fortgerückt in die Vergangenheit: eine Sache für die Wissenschaft oder die Bühne. Und man mühte sich ganz offenkundig, vermeintlich «größere» Zeiten zu beschwören, wenn man mit Fahnen und Kostümen an das 16. Jahrhundert (und eben nicht an das 17. oder 18.) erinnerte.

Der Gedanke an Napoleon, den nicht ganz freiwilligen Schöpfer des modernen Deutschland, war gerade in Bayern von zwiespältigen Gefühlen begleitet. Man hatte ja an der Seite des Imperators gekämpft, von seinen Gnaden war die Krone, die Ludwig trug; als Kronprinz war er 1809 an der Erstürmung der einstigen Reichsstadt Regensburg beteiligt gewesen.

Bei den Feierlichkeiten des 17. Oktober 1830 war von all dem natürlich nicht die Rede. Regensburg wurde vielmehr zur Chiffre alter und ältester Vergangenheit: Römersiedlung, Stadt bayerischer Herrscher seit den Zeiten der Agilolfinger, Gedächtnisort der Reichsgeschichte. Schließlich brachte ein Redner, der bayerische Innenminister Eduard von Schenk, die Sache auf den Punkt. Der Gedanke, die Walhalla zu bauen, sei beim Erlebnis des Zusammenbruchs des tausendjährigen deutschen Reiches und der darauffolgenden Unterjochung von dessen Trümmern aufgekommen.[7] Die Reichstagsstadt Regensburg steht so in einer vielfach gebrochenen Beziehung zur Walhalla: Ist diese gotisch, deutsch und alt, zeigt sich jene als griechisch, universal und national zugleich.

Allerdings, das «Büstenmagazin» war eine Ruhmeshalle deutscher (und anderer) *Helden*, Werk des Königs und der Intellektuellen, nicht des Volkes. Im Touristendress streift letzteres durch die Hallen; und in der Höhe der Friese und Giebelfelder spielt es seine ornamentale Statistenrolle in Gestalt der ewigen Wanderer, die vom Kaukasus zur Donau ziehen. Elementarer, wenngleich amorpher Grundstoff aller Nation, gehört das Volk wohl unverzichtbar zum «Menschheitsbild» Walhalla. Aber es wird in gehörige Abstraktion entrückt und mythisch vernebelt.

Dabei wurde der Walhalla in den bewegten Zeiten nach der Juli-Revolution eine integrierende, die Bande zwischen Herrscher und Untertan kräftigende Funktion zugewiesen. Wenn man im Grundstein neben anderen Reliquien auch ein Feldzeichen aus den Kriegen von 1813/14 verbarg, ließ das an jene

Episode der deutschen Geschichte denken, als der gemeinsame Feind Napoleon Fürsten und Volk zu gemeinschaftlichem Handeln genötigt hatte. Diese Harmonie hat man vor der Szenerie der Walhalla wieder und wieder beschworen. Gleichwohl war die Erinnerung an die Befreiungskriege ambivalent. Die Bajonette der Völker hatten zwar der Herrschaft Bonapartes ein Ende bereitet, Erwartungen und Forderungen an die Zukunft waren indes unerfüllt geblieben. Rufe nach Meinungsfreiheit, nach der Chance, an den staatlichen Dingen partizipieren, an politischen Entscheidungen mitwirken zu können, wurden immer lauter. Solche Themen blieben auf der Tagesordnung.

Das *Paulskirchen-Parlament* war dann allerdings keineswegs ein Schmetterling, der sich aus der Raupe Immerwährender Reichstag geschält hatte. Ansätze zu einer parlamentarischen Demokratie gab es erst, nachdem die alte Gesellschaft sich grundlegend gewandelt hatte, auch der alte Reichstag nicht mehr existierte. Bei aller Begeisterung für den Reichssaal darf eben dies nicht vergessen werden: Was sich in Deutschland im 19. und 20. Jahrhundert an repräsentativen Demokratieformen entwickelte, läßt sich weniger als Fortsetzung einer Tradition deuten denn als Resultat eines tiefreichenden historischen Umbruchs. Was moderne Parlamente wie der Bundestag mit den ständischen Vertretungen des *Ancien Régime* gemeinsam haben, sind allenfalls sehr generelle Prinzipien wie der Gedanke des Konfliktaustrags durch Diskurs oder das Mehrheitsprinzip (das im alten Reichstag auch nur eingeschränkt galt). Der Faktor «öffentliche Meinung» war für die Gesandten weit weniger wichtig als für die Mitglieder eines modernen, demokratischen Parlaments. Daß dieser Umstand für «Krisenmanagement», überhaupt für politische Entscheidungsfindung von fundamentaler – und keineswegs immer negativer – Bedeutung war, liegt auf der Hand.

Die Gesandten in Regensburg waren gewöhnlich weisungsgebunden – eher Diplomaten als Parlamentarier –, und ihre Herren gründeten ihre Macht auf Gott und auf die Tradition. Durch Wahl waren nur wenige der Fürsten und Stände zur Herrschaft gelangt: einige Äbte und Bischöfe, schließlich die Repräsentanten der im späten Reich machtlosen Reichsstädte. Aber die Gremien, die solche Leute wählten, waren – gemessen an der Gesamtbevölkerung – verschwindend klein, ebenso geschlossen waren die Zirkel, aus denen sich die Funktionseliten rekrutierten. Die spektakulärsten Aufstiegsmöglichkeiten bot die Reichskirche. Ansätze zu einer korporativen, «horizontalen» Organisation der Macht hat es im Reich zwar gegeben, aber sie unterlagen insgesamt Tendenzen, die auf eine Konzentration von Herrschaftsbefugnissen in den Händen der Territorialfürsten und des Kaisers hinausliefen.

Eine Hauptstadt im eigentlichen Sinn hatte es demgemäß im Alten Reich nicht gegeben. Bis 1663 hatte der Reichstag an unterschiedlichen Orten getagt. Das Reichskammergericht befand sich in Speyer (und ab 1693 in Wetzlar). Der Kaiser residierte wie das zweite oberste Reichsgericht, der Reichshofrat, in Wien, während die Reichskleinodien – darunter die Kaiserkrone – lange in

Nürnberg aufbewahrt wurden. Eine der erfreulicheren Konsequenzen dieser Situation ist die bis heute spürbare kulturelle Vielfalt in den verschiedenen Regionen Deutschlands. Die Identität der Deutschen hat sich noch im 19. Jahrhundert nicht unwesentlich von diesen «Epizentren» her bestimmt. Der Schaffung des Einheitsstaates stellte eine solche Struktur indes nahezu unüberwindliche Hindernisse entgegen, zumal die Frage der politischen Verfassung eng mit ihr verknüpft war.

Keinesfalls führt ein direkter Weg von Regensburg nach Frankfurt und schon gar nicht nach Berlin. Das *Reichstagsgebäude* am Spreebogen löste eine Reihe von Provisorien ab. Praktisch von Anfang an aber hat man um eine definitive Lösung gerungen und gestritten. In einem mit hohen Preisgeldern ausgestatteten Wettbewerb hatte schließlich Paul Wallot aus Frankfurt gesiegt.

Natürlich ging es nicht um die Konzeption eines reinen Zweckbaus. Wallot sah sich – wie seine Konkurrenten – vor die Herausforderung gestellt, ein nationales Monument zu errichten. Es sollte eine Architektur werden, die sichtbar von der Bedeutung ihres Zwecks sprechen, für die Größe und für die Einigkeit der deutschen Nation stehen sollte. «Monumental» – das war die Eigenschaft, die praktisch alle Entwürfe des Wettbewerbs bestimmt hatte. Der Epoche stand eine große Auswahl an Stilen, durch die dergleichen mitgeteilt werden konnte, zur Verfügung: Romanik, Gotik, italienische oder deutsche Renaissance, Barock, Rokoko, auch das eine mit dem anderen in morganatischer Verbindung. Eine gotische Lösung hatte keine Chance, obwohl viele diesen Stil in Goethes Tradition für «deutsche Baukunst» hielten. Gotik, das signalisierte Sakralität, ließ an die *Houses of Parliament* des britischen Rivalen denken. Wallot war sie nicht monumental genug; er hätte gerne romanisch gebaut, entschied sich dann aber für eine Lösung, die zwischen Neorenaissance und Barock changierte. Die vieldiskutierte Kuppel, eine beachtliche Ingenieurleistung in Stahl und Glas, führte darüber eine stilistische Eigenexistenz. Spötter karikierten sie als «Bonbonnieren-Deckel».

Der Wallot-Bau trägt bis heute die Spuren spannungsreicher Ambivalenzen. Er ist ein steinerner Palimpsest, an dem vier deutsche Staaten geschrieben haben. In vielfachen Brechungen zeugt er von einem dramatischen Jahrhundert deutscher Geschichte. Stets war er eher ihr Opfer als Ort ihrer Gestaltung, und man könnte – hätte denn ein Bauwerk eine Seele – sein Schicksal tragisch nennen. Der Berliner Reichstag hat mit der alten Ständevertretung an der Donau nicht viel mehr als den Namen gemein, und weder seine Architektur noch Elemente der Innenausstattung nahmen auf die fremden Vorgänger Bezug; nicht auf die Paulskirche, auch nicht auf die Reichstage des fernen *Sacrum imperium.* Am ehesten noch gaben die im Renaissancestil gehaltenen, holzgetäfelten Sitzungszimmer eine vage Erinnerung an «altdeutsche» Reichstagsherrlichkeit.

Wirklich geliebt wurde der Reichstag – der Begriff meinte bald sowohl die Versammlung der Abgeordneten als auch den Bau – eigentlich nie, jedenfalls bis in die jüngste Vergangenheit. Dabei war er – abgesehen von der Paulskirche – Gehäuse der ersten halbwegs demokratisch gewählten Repräsentation der Deutschen (Frauen erhielten erst 1919 das Wahlrecht). Es sollte, wie ein Abgeordneter sagte, den «Schlußstein der Reichseinigung» bilden. Kommissionen tagten, machten dem Architekten das Leben schwer; der Kaiser selbst versuchte, seinem Geschmack Geltung zu verschaffen und stieß bei Wallot auf mutige Widerworte. Wilhelms Abneigung gegen die Architektur des Reichstags – den er mal «Gipfel der Geschmacklosigkeit», mal «Reichsaffenhaus» nannte – fiel zusammen mit tiefen Vorbehalten gegen die Institution als solche. Verärgert über die ständigen Interventionen und Gehässigkeiten des Kaisers beklagte sich der Architekt bei einem Kollegen, Wilhelm II. sei «ein gewöhnlicher, niederträchtiger Hund». Geradezu seherisch fügte er hinzu, Deutschland werde auf anderem Gebiet die Zeche für die Art des Kaisers, sich dilettantisch in die Dinge einzumischen, zu bezahlen haben.[8]

Die Grundsteinlegung am 9. Juni 1884 und die Einweihungsfeier ein Jahrzehnt später waren von militärischem Gepränge dominiert gewesen. «Nur einem winzig beschränkten Theile des deutschen Volkes war es vergönnt, der Schlußsteinlegung im neuen Reichstagspalast am Königsplatze beizuwohnen», notierte der Reporter des *Berliner Tageblatts*. Er beobachtete ein «Gewoge und Geglitzere von Uniformen, wie ein Aehrenfeld, hier und da durch einige schwarze Punkte, Abgeordnete im Frack, unterbrochen».[9] Wie sehr die gesellschaftlichen Maßstäbe von militärischem Geist geprägt waren, zeigte sich an der Peinlichkeit, daß selbst der Reichstagspräsident von Levetzow, Hausherr in der Tagungsstätte des freigewählten Parlaments, eine Reserveoffiziers-Uniform angelegt hatte. «Wieder einmal wurde uns vor Augen geführt, daß wir nicht nur ein Volk in Waffen, sondern auch eine Volksvertretung in Waffen haben», notierte der Berichterstatter sarkastisch.

Ein paar schwarze Punkte im schillernden Uniformenglanz: damit war die Rolle der Reichstagsabgeordneten im wilhelminischen Deutschland präzise umschrieben und auch die Funktion angedeutet, welche die konservative Führungsschicht der Volksvertretung zuzuweisen gedachte. Der Historiker Heinrich von Treitschke, glühender Apologet des preußisch-deutschen Einheitsstaats, spitzte den Gegensatz zu, wenn er das Heer als Garanten der nationalen Identität feierte und ihm den Reichstag als Negativbild konfrontierte: «Das deutsche Heer ist unzweifelhaft das allerrealste und wirksamste Band der nationalen Einheit geworden, ganz gewiß nicht, wie man früher hoffte, der Reichstag. Der hat vielmehr dazu beigetragen, daß die Deutschen wieder sich gegenseitig zu hassen und zu verleumden begannen. Das Heer aber hat uns zu praktischer Einheit erzogen.»[10] Solche Vorbehalte verbanden sich mit ästhetischen Urteilen über den Reichstag, und sie spiegelten sich noch in den Details der architektonischen Ikonographie – angefangen mit dem Bronzeriesen Bismarck, der, 6,60 Meter hoch, in Pallasch und Kürassierrock, von 1901 bis 1938 den Platz vor dem Reichstag überschattete.

In der südlichen Eingangshalle begegnete der Besucher dem Mittelalter. «Gedanklich sind hier die geschichtlichen Beziehungen zum alten deutschen Kaiserreiche zum Ausdruck gebracht», erläuterte Wallot in einer Beschreibung seines Werks. «Durch den von der Morgensonne, die durch das farbig verglaste Frontfenster scheint, goldig durchleuchteten Raum schweifend, fällt der Blick auf acht überlebensgroße Bronzestandbilder alter deutscher Kaiser [...].» Die Reihe von Karl dem Großen bis zu Maximilian I. sollte in einem Standbild des Reichsgründers Wilhelm I. im oktogonalen Kuppelsaal gipfeln. Ein Walhalla war der Reichstag am Spreebogen zu keiner Zeit. Man fürchtete offenbar selbst die großen Dichter und Denker, wenn kein blaues Blut in ihren Adern rann und sie keine Uniformen trugen. Das Projekt, in der nördlichen Eingangshalle das «geistige Deutschland» zu würdigen – man dachte an eine Reihe von acht «Geistesgrößen», darunter Luther, Bonifazius, Kepler und Einhard –, wurde niemals verwirklicht.

Das Berliner Reichstagsgebäude war so besonders beredt durch das, was es *nicht* sagte. Es sprach von Macht und schwieg von Geist; es spreizte sich in monumentalem, ja imperialem Gestus. Dahinter verbarg sich allein die Widersprüchlichkeit einer Institution, die, ihrer Rolle selbst ungewiß, von großen Teilen der traditionellen Eliten mit Argwohn oder Verachtung betrachtet wurde. Stammelnd mühte es sich um historische Erinnerung, etwa durch die Kaiserfiguren oder einen Salat von Wappen und abermals Wappen, ohne es auch nur im Ansatz zu einem Resümee der deutschen Geschichte zu bringen. Vielmehr negierte die Ikonographie des Reichstags gerade jene Traditionen, auf die sich eine Volksvertretung im Deutschland des endenden 19. Jahrhunderts hätte berufen können. Helden der Freiheitsbewegungen fehlten.

Gegen manche Zumutung konnten sich die Volksvertreter allerdings zur Wehr setzen. Beispielsweise blieb eine Darstellung der Kaiserproklamation von Versailles aus dem Plenarsaal verbannt, da sie zwangsläufig den ungeliebten Bismarck zur Hauptfigur gehabt hätte; und auf öffentlichen Druck hin entfernte man 1909 die erst ein Jahr zuvor gelieferte Darstellung der Sedanfeier von der Stirnseite des Saales, ein Werk des Sezessionisten Angelo Jank. Kaiser Wilhelm I. wurde darauf hoch zu Roß gezeigt, die Trikolore in den Staub schleifend. Man war aus Rücksicht auf die internationale Öffentlichkeit gegen das Gemälde, aber auch, weil es über die Maßen die Rolle des Monarchen betonte. Vielleicht war es kein Zufall, daß gerade ein Abgeordneter aus der alten Reichstagsstadt Regensburg, Dr. Maximilian Pfeiffer, in einem Pamphlet die Ansicht vertrat, es wäre besser gewesen, sich bei den Gemälden auf «Momente aus der Geschichte des deutschen Parlaments» zu besinnen. Ob ihn auch die Erinnerung an die Reichsversammlung, die einst in seiner Heimatstadt getagt hatte, dazu bestimmte?

Am lautesten schwieg der Reichstagsbau aber auf einer Steintafel unter dem Giebelfeld des westlichen Portikus. Schon 1894 wußte man, daß dafür die Inschrift «Dem deutschen Volke» vorgesehen sein sollte. In Parlament und Presse wurde über den Text gestritten. Wilhelm II. hätte lieber die Worte «Der Deutschen Einigkeit» gesehen. Das bezog sich vordergründig auf die Einheit der deutschen Teilstaaten; die Türme des Reichstagsgebäudes symbolisierten ja die vier Monarchien Bayern, Württemberg, Sachsen und Preußen. Zugleich aber war damit eine Aufforderung zur Überwindung der Klassen- und Parteiengegensätze, die auch die Ikonographie anderer Nationaldenkmäler wie die der Walhalla prägte, ausgesprochen. Es waren Bauwerke, die zähmen, disziplinieren, mindestens integrieren sollten. Unerwünschte politische und soziale Gegensätze wurden unter schweren Wolken aus Allegorien erstickt. Ganz entsprechend war der Tenor der herrischen Rede, die der Kaiser bei der Einweihungsfeier hielt.

Daß sich draußen vor der Fassade die Verhältnisse allmählich änderten, war indes nicht zu übersehen. So demonstrierten am 7. März 1910 Zehntausende vor dem Reichstag, um der Forderung nach Abschaffung des Dreiklassenwahlrechts in Preußen Nachdruck zu verleihen. Die *Berliner Volks-Zeitung* berichtete: «Von der Siegessäule flutete es in großen Wellen zum Bismarck-Denkmal, zur großen Freitreppe des Reichstages, die zwei Jahrzehnte lang auf dieses Schauspiel wie auf ihre ureigenste Bestimmung gewartet zu haben schien. Unter Wallots wuchtigem Portikus nahm der Arbeitersängerbund Aufstellung, vierstimmig erscholl die Arbeitermarseillaise über den größten Platz der Welt, dessen Wege und Wandelgänge schwarz waren von Menschen [...].»[11] Kavallerie sprengte die Menge, es gab Verletzte.

Der Giebel, der Zeuge dieser dramatischen Ereignisse gewesen war, trug zu dieser Zeit noch immer keine Inschrift. Die leere Fläche war Symbol ungeklärter Identität, der Reichstag blieb gewissermaßen ein Emblem ohne Motto. Es bedurfte des Krieges, der die «Volksgemeinschaft» auf seine Weise aktivierte, um dem Reichstag doch noch zu seiner Widmung zu verhelfen. 1915 wurde sang- und klanglos die Zustimmung des Kaisers dazu signalisiert; am Vorweihnachtstag des Jahres 1916, die Schlacht von Verdun näherte sich ihrem Ende, hat man die Inschrift in von Peter Behrens entworfenen Lettern an der Giebelfront angebracht. Der *Kladderadatsch* reimte nicht zu Unrecht, wenngleich etwas pathetisch:

> Und ohne Inschrift ist's lange geblieben –
> Da kam der Deutsche in Feldgrau daher,
> Er sprach die Worte weittönend und schwer
> Und hat – mit dem Schwert sie eingeschrieben.[12]

Zum Guß der Buchstaben war Bronze aus während der Befreiungskriege erbeuteten Geschützen verwendet worden: Kanonen zu Worten. An versteckter Stelle wurde an eine Tradition erinnert, in der auch die Walhalla stand. Es war eine leichthin, nebenbei gewährte Geste, belanglos, gemessen an dem, was in den fernen Schützengräben des Weltkriegs geschah.

DEM DEUTSCHEN VOLKE: mit der Befestigung der schweren Lettern hatte der Bau des Reichstags fürs erste seinen Abschluß gefunden. Die Inschrift glitzerte in der Wintersonne des beginnenden Kriegsjahres 1917, der Bau Wallots rückte in die Vergangenheit. Für einen historischen Moment, während der Revolution, mutiert der Reichstag zum *Gegenbau*. Die erste deutsche Demokratie wird, aus äußeren Gründen, in Weimar aus der Taufe gehoben; buchstäblich im Rücken des Denkmals, das Schiller und Goethe in brüderlicher Verbindung zeigt. Das Nationaltheater, Ort der verfassunggebenden Versammlung, steht als klassischer Tempel gegen den wilhelminischen Pracht- und Schnörkelbau; Demokratie gegen Monarchie. Eine Idee von griechischer Schönheit in einer chaotischen, unschönen Realität. Man wird sich einreden, nun seien die Deutschen zurückgekehrt in jenes ideale geistige Reich, dem nicht einmal im Foyer des Berliner Reichstags hatte Referenz erwiesen werden können.

Mit immer neuen Erinnerungen lud sich die versteinerte Existenz des Wallot-Baus am Spreebogen auf. Erinnerungen an Worte, die sich an seinen Mauern gebrochen hatten, Szenerien, für die er Kulisse oder Gehäuse gewesen war; immer öfter Photographien, Lichtspuren der Ereignisse, die aus dem Monument im Herzen Berlins einen symbolischen Ort deutscher Geschichte machen werden. Ganz allmählich auch phonographische Aufzeichnungen, krächzende Stimmen, heiseres Rauschen, Laute aus einer fernen Welt.

Bilder also. Zum Beispiel vom 9. November 1918; Philipp Scheidemann auf der Brüstung des Balkons vor dem zweiten Fenster des Portikus. Er hat die Rechte erhoben, ruft: «Das deutsche Volk hat auf der ganzen Linie gesiegt! Der Militarismus ist erledigt. Die Hohenzollern haben abgedankt! Es lebe die Republik!» Dann Bilder von Soldatenräten im Plenarsaal oder Photographien der Männer des neuen Staates, Eberts etwa oder Stresemanns. Erinnerungen an das Ringen um die Bewältigung der deutschen Niederlage im Krieg, an den Kampf um den Bestand der Staates. Bilder von der Trauerfeier für den Reichspräsidenten Ebert Anfang März 1925. Vor dem Reichstag die schwarzverhangene Lafette, der Sarg unter der schwarz-rot-goldenen Fahne der Republik – den Farben von 1848 –, darauf ein Kranz aus Lorbeer. Das Volk. Eine ungeheure Menge, die den Platz bis hinüber zur Kroll-Oper füllt. Erinnerungen: das Lied «Ich hatt' einen Kameraden», dumpfer Trommelwirbel. Wie ein Menetekel des Untergangs erscheint die Inszenierung im Rückblick. Als Eberts Nachfolger Hindenburg vereidigt wird, weht vor dem Reichstag neben der schwarz-rot-goldenen Fahne die schwarz-weiß-rote Reichskriegsflagge mit dem Eisernen Kreuz.

Im Reichstag erlebt die erste deutsche Demokratie ihre Glanzstunden, er gerät schließlich zur Bühne ihrer Tragödie. Hier werden die parlamentarischen Schlachten um die Reparationen, um Rapallo, um die Verträge der Ära Stresemann geschlagen; um den Versuch, die Deutschen zurückzuführen in die Gemeinschaft der Staaten. Eine Trauerfeier steht auch am Ende der kurzen

Architrav des Reichstagsgebäudes mit der Inschrift «Dem deutschen Volke»

Phase der Konsolidierung: die für Gustav Stresemann. Wieder Kränze, Palmen, Reden; dann, wie bei dem Staatsakt für den ermordeten Walter Rathenau, Beethovens «Coriolan»-Ouvertüre.

Man hat damals erwogen, den Reichstag zu vergrößern. Die Bibliothek platzt aus allen Nähten, die Abgeordneten klagen über den Mangel an Arbeitsräumen. Nach manchen Planspielen wäre Wallots Architektur wie ein bizarres Schmuckstück von modernen, sachlichen Zweckbauten eingefaßt worden. Karl Wach will ihn in einen Bau mit großdimensionierter Fensterfront einmauern, Bruno Taut gedenkt, den Reichstag durch Ummauerung mit Erweiterungstrakten regelrecht zu verhüllen. All diese Phantasien bleiben Stücke fürs Museum imaginärer Architektur. Die wirtschaftliche Lage, schließlich die Krise der Republik stehen allen urbanistischen Träumen entgegen.

Der Untergang des Weimarer Staates wird begleitet von Pöbeleien, Tumulten, Saalschlachten, selbst in den Räumen des Parlaments. Am 1. September 1929 explodiert vor einem Seiteneingang des Reichstags eine Bombe, die aber nur Sachschaden anrichtet. Kurz danach, in den Wahlen von 1930 und 1932, erringen die Nationalsozialisten erdrutschartige Siege. Eine Partei, von der Hitler noch einige Jahre zuvor gesagt hatte, sie werde keine Umwälzung erreichen, indem sie «ihre Nase in den Reichstag hineinsteckte», stellt nun die mit Abstand stärkste Fraktion. Der Reichstag wird zum Symbol der bedrohten Republik. Die wichtigste noch verbliebene demokratische Partei, die SPD, wählt für die Juliwahlen 1932 seine Silhouette als Plakatmotiv. Unter der schwarz-rot-goldenen Fahne hebt der Graphiker die Widmungsinschrift «DEM DEUTSCHEN VOLKE» deutlich lesbar hervor.

Zu dieser Zeit ist das Parlament bedeutungslos geworden. Der dümmliche Spruch des ostpreußischen Standesherren Elard von Oldenburg-Januschau, ein Leutnant und sechs Mann genügten, den Reichstag nach Hause zu schikken, ist geflügeltes Wort und kennzeichnend für Anschauungen der Umgebung des Reichspräsidenten Hindenburg.

Das Gebäude indes wirkt noch als Feldzeichen der bedrohten Demokratie. Das wissen die Radikalen von rechts und von links. Die Bombenleger wissen es, die am 1. September 1929 an einem Portal der Nordfront ihre «Höllenmaschine» zünden; und es weiß der Brandstifter des 27. Februar 1933, der Niederländer Marinus van der Lubbe. Die Ausstattung des Plenarsaals und einiger Nebenräume wird weitgehend vernichtet, das Glas der Kuppel zerbirst. «Gott sei Dank!», soll der Teilnehmer eines Abendessens beim französischen Botschafter die Nachricht vom Reichstagsbrand kommentiert haben.[13] Der Flammenschein beleuchtet die Trümmer der Republik, auf denen Hitler seine Schreckensherrschaft errichten wird. Der Weg in den Weltkrieg und nach Auschwitz – er führt über die Zerstörung des Reichstags. Das Scheinparlament der Nazis zieht in die Kroll-Oper um. Im halbwegs hergerichteten Reichstag werden Ausstellungen und Propagandafilme gezeigt, schon 1941 müssen die Ecktürme Flakgeschütze aufnehmen. Allerdings, nicht einmal Speers gigantomanen Plänen für eine Reichshauptstadt «Germania» wäre Wallots Bau zum Opfer gefallen. Hitler stimmt einem Abriß nicht zu: aus einem Rest an Respekt für historische Tradition? Man könne den Plenarsaal seinetwegen für Bibliothekszwecke nutzen, meint er; der Reichstag sei viel zu klein. Neben ihm soll ein riesiges Gebäude entstehen. «Gleich nebenan bauen wir ein neues», sagt Hitler zu Speer. «Sehen wir es für zwölfhundert Abgeordnete vor.»[14] Sie hätten ein Volk von 140 Millionen repräsentieren können.

Merkwürdig: am Ende des Krieges betrachten die Sowjets den verachteten Reichstag, Erinnerungsort der ersten deutschen Demokratie, als eine Art Herz der Finsterni_, als «Symbol für Hitler und den Nationalsozialismus schlechthin»: «So sehr, daß sie mehr als eine Million Geschosse auf diese kurzfristig zur Festung ausgebaute Parlamentsruine feuerten, als gäbe es dort eine Befehlszentrale, als gäbe es keine Reichskanzlei oder keine Bunker, als würde dort der Krieg zu Ende sein.»[15] Nach erbitterten Kämpfen wird der Reichstag eingenommen. Ein Augenzeuge berichtet: «Das rote Banner unseres Corps wanderte nun langsam von einem Stockwerk zum anderen. Und als die Sonne zu sinken begann und mit ihrem rötlichen Strahl den ganzen Horizont beleuchtete, hißten zwei unserer Soldaten die Fahne des Sieges auf der abgebrannten Kuppel des Reichstags.»[16] Das berühmte Foto davon zeigt eine später nachgestellte Szene.

Soldaten der Roten Armee hissen auf dem Reichstagsgebäude die Sowjetflagge

Die Rippen der Kuppel schweben nach Kriegsende noch über der Ruine mit den von unzähligen Raketen, Granaten, MG-Salven verletzten Mauern. Was von ihr übrig ist, wird später – 1954 – gesprengt werden, aber die Mauern läßt man stehen. Sie sind von unzähligen Graffiti in kyrillischer Schrift überzogen. Darunter ist auch die Signatur des Marschalls Schukow. Es sind Engramme eines neuen, diesmal tragischen und alles andere als märchenhaften Völkerzugs aus dem Osten: von Teheran, von Nowosibirsk, Baku und Smolensk ging der Marsch der Millionen. Ein «I. P. Moschkin» schreibt: «Unser Weg führte vom Kaukasus bis zum Reichstag in Berlin.»[17] Immerhin ist die Inschrift am Giebel weitgehend unbeschädigt geblieben. Sie heißt jetzt: DEM EUTSCHEN VOLKE. Im Schatten des geschundenen Baus entwickelt sich einer der größten Schwarzmärkte Berlins: Soldaten in zerlumpten Uniformen, manche auf Krücken, mit nur einem Bein oder einem Arm. Die Russen tauschen Lebensmittel gegen Uhren. Anfangs wird noch mit Reichsmark gehandelt, dann sind Zigaretten die gängige Währung.

Man weiß zunächst nicht so recht, was mit dem Reichstagsgebäude geschehen soll. Allmählich wandelt sich seine Identität. An der Nahtstelle zwischen Ost und West gelegen, wird der Bau mit dem benachbarten Brandenburger Tor zur steinernen Metapher der Einheit der Nation; ein Kristallisationskern auch der widersprüchlichen Gefühle, welche die große, zerrissene Stadt hervorruft. Am 18. März 1948 bietet er einer Hundertjahrfeier zur Erinnerung an die deutsche Revolution den würdigen Hintergrund; am 9. September desselben Jahres demonstrieren vor seinen Mauern 350 000 Menschen gegen Spaltung und Blockade. Bürgermeister Ernst Reuter ruft dabei den Völkern der Welt die berühmten Worte zu: «Schaut auf diese Stadt und erkennt, daß ihr diese Stadt und dieses Volk nicht preisgeben dürft und nicht preisgeben könnt.»

So gewinnt der Reichstag immer deutlicher Kontur als Zeichen der Freiheit und der Einheit. Nicht zu Unrecht, wie seine Geschichte zeigt. Er wird Versatzstück des Mythos Berlin. Seine Fassade sei, so der damalige Bundestagspräsident Eugen Gerstenmaier, «im Guten wie im Bösen eine Erinnerung daran, woher wir kommen».[18] Als Erinnerungsort hat man den Reichstag denn auch wiederaufgebaut und zugleich als Demonstration. Die alte Festung der Republik wird zum Vorwerk des Westens. Zur Bastion an der Front des Kalten Krieges.

Die als «wilhelminisch» empfundenen Schmuckelemente widersprechen allerdings dem Zeitgeist. Während einer ersten Kampagne Ende der fünfziger Jahre, einer versuchsweisen «Restaurierung» der Fassade, gehen die Verantwortlichen der zuständigen Bundesbaudirektion mit dem Messer darüber. Kartuschen und Schnörkel werden abrasiert, Statuen gestürzt. «Stilbereinigung» nennt man das, Anwendung der Prinzipien des Neuen Bauens auf ein historisches Gemäuer. Es soll zum Bild werden einer unprätentiösen, sachlichen deutschen Demokratie, die nichts mehr gemein hat mit dem wilhelminischen Staat und schon gar nichts mit der Nazi-Diktatur. Ganz schlecht ist ein solches Motiv eigentlich nicht; das Verdrängte wird ohnedies wiederkehren. So entdeckt man 1966 die Grundsteinkapsel: Erinnerung an die ersten Hammerschläge Wilhelms II., an Reden von glorreichen Waffenerfolgen, von der Macht und Herrlichkeit des Reiches. Und beim vorerst letzten Umbau, dem nach der Wiedervereinigung, kommen die Graffiti der sowjetischen Eroberer zutage.

Der Architekt Paul Baumgarten, Sieger in einem beschränkten Wettbewerb, plant 1960 zunächst eine behutsame Wiederherstellung des Reichstags, unter Einschluß der Kuppel. Politiker und Bürokraten verwässern sein Konzept. Die Kuppel wird fürs erste nicht wiedererrichtet, dafür ein großdimensionierter Plenarsaal. Der leere Raum ist Demonstration. Hier ist kein Parlament, aber hier *sollte es sein*, lautet die Botschaft, das Parlament eines freien, einigen Deutschland; an seinem – wie viele meinen – allein legitimen Ort, in der mythischen Stadt Berlin. Der Fall tritt bekanntlich am 4. Oktober 1990 ein, nach der unpathetischen, gerade deshalb bewegenden Feierstunde zur Wiedervereinigung, die den Reichstag zur Kulisse gehabt hatte. In grelles Flutlicht war das scheckige Mauerwerk des Wallot-Baus getaucht gewesen, und in Fenstern und Dächern hatte sich der Widerschein des großen Feuerwerks gespiegelt.

Der Beschluß des deutschen Bundestags, Berlin solle wieder Hauptstadt und Regierungssitz werden, zeigt die magnetische Kraft des Mythos. Wieder ist es die Stunde der Architekten und Bauleute, und erneut steht die Umgestaltung des Reichstags zur Disposition. Im neuen deutschen Staat hat sich indes längst der Begriff für das Gebäude von dem für die Versammlung, die es beherbergen soll, geschieden. Eine kuriose Auseinandersetzung um die Sprachregelung wird die Folge sein: Soll es heißen «Deutscher Bundestag»? Oder «Bundestag im Reichstag» – als ob der historische Bau das spätere Parlament umhülle wie eine russische Puppe? Oder ist, nach den Worten eines Berliner Taxifahrers, der Reichstag eben der Reichstag, was sonst?

Über dem Streit um Worte liegen die Lasten der Vergangenheit. Geschichte, Erinnerung prägt auch die denkwürdige Debatte des Bonner Bundestags um das Projekt des Künstlerehepaars Christo und Jeanne-Claude, den Reichstag zu verhüllen: *Wrapped Reichstag, Project for Berlin*. Er werde durch den Akt der Verhüllung hervorgehoben als ein besonderer Ort, als ganz einmalig und unvergleichlich, hatte ein Abgeordneter das Projekt verteidigt. «Durch die Verhüllung wird unsere Erinnerung an das, was in und mit diesem Haus geschehen ist, an die Schaffung, den Untergang und die Wiedergeburt der Demokratie belebt. Die Verhüllung ist Erinnerungsarbeit. Nichts anderes kann unsere Auseinandersetzung mit der Geschichte doch sein: daß wir uns ein Bild machen von dem, was sich unter den Ablagerungen der Zeit an gewesener Wirklichkeit bietet.»[19] Aber es kommt anders.

Sommer 1995. Christos Umhüllung läßt Wallots finstere Festung leicht werden. Die Sonne der letzten Junitage schimmert auf den vom Sommerwind bewegten aluminiumsilbernen Wogen aus Stoff, man umwandert staunend das aller Vergangenheit entrückte Haus. Für einen Moment scheint die lastende Geschichtlichkeit des Wallot-Baus aufgehoben zu einer schönen, heiteren Illusion. Der Reichstag ist nun nicht Erinnerung, sondern, in seiner verfremdeten Gestalt, ganz Gegenwart. Er ist und ist nicht, eine Idee seiner selbst. Vielleicht kommt da manchen eine Ahnung davon, wie kostbar ein demokratisches Parlament ist. Als die Verhüllung fällt, ist es eine liturgische *apparitio*: als ob der Reichstag durch einen magischen Ritus zu neuer Existenz verwandelt worden wäre.

Eigentlich ein schöner Schluß unserer Erzählung. Aber die Geschichte geht weiter. Der glänzende Stoff fällt als Vorhang nur für einen Akt, keineswegs beendet er das unendliche Stück. Die Abgeordneten des Bundestags haben vom Reichstag Besitz ergriffen. Das Mauerwerk der wilhelminischen Zeit, Peter Behrens' Inschrift, die Russen-Graffiti erinnern daran, daß dem Berliner Parlament keine Stunde Null beschieden sein kann, daß es eine Biographie hat mit Brüchen und Schrunden. Schon ist Sir Norman Fosters Kuppel fertiggestellt, das Volk bewegt sich wie eine luftige Geisterschar hoch über den Abgeordneten im gläsernen Äther. Von außen sieht das Ding aus wie ein futuristisches «Parlamentodrom» oder «Reichstagorama». Und doch, es ist fernes Echo der alten Würdeform, die sagt, daß dem Haus des Volkes kein geringerer Rang zustehe als einer Kathedrale oder einem Königsschloß.

Gérald Chaix

Die Reformation

«Ein Schlachtlied war jener trotzige Gesang, womit er und sein Begleiter in Worms einzogen. Der alte Dom zitterte bei diesen neuen Klängen und die Raben erschraken in ihren obskuren Turmnestern. Jenes Lied, die Marseiller Hymne der Reformation, hat bis auf unsere Tage seine begeisternde Kraft bewahrt.»[1] Wenn Heinrich Heine die Bedeutung, die der Lutherchoral «Ein' feste Burg ist unser Gott» in der Vorstellungswelt der Deutschen besitzt, mit dem Stellenwert vergleicht, den die «Marseillaise» innerhalb der Symbolwelt der Französischen Republik einnimmt, so legt er den Schluß nahe, daß für die deutsche Geschichte das Zeitalter der Reformation dem entspricht, was die Revolution für das historische Bewußtsein der Franzosen ist, nämlich ein grundlegendes Ereignis, eine «vielfältig verwendbare historische Realität» und ein konfliktbehafteter Erinnerungsort.

1. Die Reformation als Werk Gottes

Die Reformation ist ein grundlegendes geschichtliches Ereignis, weil sie zuerst als ein solches gewollt war. Nicht, daß sie, wie etwa die Französische Revolution, als absoluter Neubeginn gemeint gewesen wäre. Die Zeitgenossen beabsichtigten im Gegenteil – in der ursprünglichen Bedeutung des Wortes *reformatio* – eine «Umgestaltung, Erneuerung» der Kirche, die mit den Mißständen aufräumen und die Disziplin wiederherstellen sollte. Ferner ist sie es durch die Dramatisierung des reformatorischen Geschehens, die aus Martin Luther von Anfang an den Anstifter und Protagonisten dieser Entwicklung machte. Schließlich ist sie es durch die göttliche Inspiriertheit aller Handlungen des «Doctor Theologiae der Heiligen Schrift», wie sich der Wittenberger Reformator gern selbst nannte.

Martin Luthers in Latein verfaßte und in handschriftlicher Form zirkulierende Thesen gegen den Ablaßhandel wurden rasch in zahlreichen Städten des Reiches im Druck veröffentlicht (und bald auch übersetzt). Die Schrift, die ursprünglich an die Verantwortlichen in der Kirche und an die akademische Welt gerichtet war, verwandelte sich in einen Text für die breite Öffentlichkeit und sein Urheber in einen Autor, der weit über den Bereich, in dem er als Prediger und Lehrer wirkte, bekannt wurde. Dieser Autor war bereit, seine Ideen zu verteidigen und, angefeuert von der Polemik, die seine Ideen auslösten, in seinem Denken und reformerischen Wirken fortzufahren. Ferner wurde er nicht müde, auf die Forderungen einzugehen, die an ihn herangetragen wurden. Was es mit dieser rastlosen Tätigkeit auf sich hat, verrät Luther im Vorwort zu den *Opera omnia*, die 1545 in Wittenberg erschienen. Er selbst sieht in seinen Predigten und Schriften gegen den Ablaßhandel, die 1517 einsetzten, den Beginn seines reformatorischen Wirkens. Und wie einst der Apostel Paulus schreibt er göttlicher Inspiration die Deutung zu, die er dem Rechtfertigungsbegriff gegeben hat, den er dann indirekt zur Grundlage seiner Theologie macht.

Das stilisierte Bild des Reformators, an dem er selbst mitschuf, verbreitete sich durch die zahlreichen Drucke, die seine häufigen Stellungnahmen begleiteten. Drei Merkmale schälen sich aus dem Textkorpus aus den Jahren 1519–1525 heraus. Luther trägt darin die Züge eines Mönchs, eines gelehrten Doktors und eines Mannes der Bibel. Doch schon 1521 umgeben Hieronymus Hopfer und Hans Baldung Grien auf ihren Bildern das Gesicht des Augustinermönchs, den Lucas Cranach ein Jahr zuvor in Kupfer gestochen hatte, mit einem nimbusähnlichen Glorienschein und bekrönen es mit der Taube des Heiligen Geistes. 1548, zwei Jahre nach dem Tod des Reformators, stattet derselbe Maler einen Apostel auf der Abendmahlsdarstellung des Altars der Kirche zu Wittenberg mit den Zügen des Verstorbenen aus. Ferner erscheint der Doktor aus Wittenberg, wie er im Kampf gegen die römische Kirche, die als Unterdrückerin der deutschen Nation und Inbegriff der teuflischen Mächte gilt, als Herausforderer auf den Plan tritt. Luther erhält auch die Züge eines deutschen Herkules, der mit seiner Keule die römische Hydra erschlägt und die Insignien eines Papstes als Trophäe am Hals trägt. Schließlich wird Luther häufig als Sieger über ein vom Papst angeführtes Heer von Kardinälen, Mönchen und Geistlichen aller Art dargestellt. Nur mit der Bibel in der Hand schlägt er den Feind in die Flucht.

Ein Bild, das sich um so leichter durchsetzt, als die Gegner des Wittenberger Theologen Mühe haben, ihm Paroli zu bieten. Ungleich höher schlagen die Wogen der Polemik auf dem für katholische Theologen vertrauteren Feld der Literatur. Die Gegner konzentrieren die Angriffe auf seine Person. Die 1549, drei Jahre nach Luthers Tod, von Johannes Cochlaeus veröffentlichten *Commentaria de actis et scriptis Martini Lutheri* sollten für die folgenden drei Jahrhunderte das Bild prägen, das sich Katholiken von der Person und dem Wirken des Reformators zwischen 1517 und 1546 machten.

Teilweise als Antwort auf diese *Commentaria* betrieb das protestantische Lager seine eigene Geschichtsschreibung, in der es die von Luther angestoßene Reformation ans Ende einer Geschichte der Kirche setzt – und als Bruch mit ihr betrachtet. Anders als die katholische Geschichtsschreibung zeigt sich die Reformation in der Vielstimmigkeit der Protagonisten und ihrer vielfältigen Erfahrungen je nach den politischen und religiösen Bedingungen, welche die Entfaltung der Reformation in den Städten und Regionen bestimmten. Die Bewegung blieb nicht auf Luther und das Kurfürstentum Sachsen beschränkt. Der regionalen Verwurzelung auf der einen Seite – die der Reli-

Taufe Christi. Luther mit der Familie des Kurfürsten von Sachsen; im Hintergrund Wittenberg. Holzschnitt von Jacob Lucius

gionsfriede von 1555 noch verstärkte – entsprach ein Streben nach einer reichsumfassenden Lösung auf der anderen Seite. Dies zeigte sich in der Rolle der Reichstage für das Geltendmachen der «Protestation» (1529), im Streben nach einer Anerkennung de jure (1555), in der Bildung des Schmalkaldischen Bundes, der die Fürstentümer und Städte gegenüber der kaiserlichen Macht vereinte, in der Zirkulation der Menschen, Bücher und Nachrichten und im Erstellen von theologischen Konkordien.

Denn allen Differenzen zum Trotz, die groß waren und mit der politischen Dimension der reformatorischen Experimente zusammenhingen, führte Luthers Auftreten rasch zu einer gemeinschaftlichen religiösen Praxis: das Bibellesen in der von ihm besorgten Übersetzung, das Singen von evangelischen Kirchenliedern, die schon bald identitätsstiftend wirkten, die Konstituierung einer verheirateten Geistlichkeit, die nach und nach ihre Ausbildung an der Universität erhielt (auch das stärkte die regionale Verwurzelung) und die eine gemeinsame, von Rom losgelöste Ethik verband, und schließlich eine Geschichte, die in ständigem Bezug zur Gegenwart gesehen wurde.

Luthers Geburt wurde bereits 1583 gefeiert, doch erst 1617 organisierte man Veranstaltungen zum Gedenken an das grundlegende Ereignis des Thesenanschlags, auch wenn das Festdatum noch von Stadt zu Stadt und Region zu Region schwankte. Das Jubiläum von 1617 war an erster Stelle eine Demonstration der Macht und Einigkeit des protestantischen Lagers, wohingegen die Auseinandersetzungen zwischen Katholiken und Anhängern des Augsburgischen Bekenntnisses weiter an Zahl und Härte zunahmen. Zugleich war es auch eine Antwort auf die mit großem Prunk begangenen Jubiläumsfeste der wiedererstarkenden römisch-katholischen Kirche im Jahr 1600. Im Kampf gegen den Antichrist, als dessen Verkörperung das Papsttum galt, erhielten diese Gedächtnisfeiern eine geradezu eschatologische Bedeutung.

Eine Flugschrift aus Anlaß des Gedenkjahres 1617 illustriert einleuchtend, wie sich die Einschätzung des grundlegenden reformatorischen Ereignisses gewandelt hat. Thesenanschlag und Übergabe des Augsburgischen Bekenntnisses sind die beiden Pole, zwischen denen sich eine Geschichte abspielt, in der Luther, der den Primat der Schrift hergestellt und das römische Tier zur Strecke gebracht hat, die Hauptrolle innehat. Wie im vorangegangenen Jahrhundert ist er der Protagonist eines heiligen Dramas mit vielfachen biblischen Anspielungen. So wird er bald mit Noah verglichen, der die Schöpfung vor der Sintflut rettet, bald mit Mose, der das Volk Israel aus der Sklaverei führt und ihm die Gebote Gottes gibt, bald mit Paulus, der der ganzen heidnischen Antike das Evangelium verkündet.

Die wachsende Zahl der Gedenkveranstaltungen folgte drei unterschiedlichen, aber nicht konkurrierenden Motivationen. Manche Feiern hatten ihr Zentrum in der Person Luthers und erinnerten an die großen Augenblicke im Leben des Reformators. Sein Todestag, der 18. Februar, stand 1646 im Mittelpunkt; des 150. Jahrestages des Thesenanschlags wurde am 31. Oktober 1667 gedacht (dieses Datum sollte nach dem Vorbild Sachsens bald in den meisten protestantischen Fürstentümern gefeiert werden); sein Geburtstag, der 10. November, wurde 1683 gefeiert. Andere Feiern erinnerten an wichtige Etappen des Reformationsprozesses: Am 25. Juni 1630 war es die Übergabe des Augsburgischen Bekenntnisses, zu welchem Anlaß auch die – umstrittene – Rolle Melanchthons gewürdigt wurde; 1655 erinnerte man an den Religionsfrieden von 1555. Wieder andere Feiern pflegten, gemäß den Anweisungen Johannes Bugenhagens, das jährliche Gedenken an die Einführung der Reformation im jeweiligen Territorium oder der Stadt. Die meisten dieser Feiern fanden in schwierigen Kriegszeiten (1618–1648) statt oder standen im Horizont immer noch starker apokalyptischer Erwartungen.

In diesen Feiern fanden die Leiden der Gegenwart ihren Platz in einem heilsgeschichtlichen Prozeß – in der Reformation –, der immer aufs neue vergegenwärtigt wurde und zugleich ein Versprechen künftigen Heils in sich barg. Dahinter steht ein «hypertrophes Geschichtsbewußtsein», um einen Ausdruck zu verwenden, den François Furet im Hinblick auf die Französische Revolution geprägt hat. Denn an diese Ereignisse wurde nicht um ihrer geschichtlichen Faktizität willen erinnert. Vielmehr suchte man systematisch ihren Bezug zur Gegenwart herzustellen, von der sie ihren Sinn erhielten und die sie wiederum mit Bedeutung aufluden. Wenn die Reformation als eine viele Städte und Regionen verbindende gemeinsame Geschichte erschien, so deshalb, weil ein System von Gedenkfesten für diese Gemeinsamkeit sorgte. Zugleich fundierte die Reformation die Identität einer Stadt oder Region, die wesentlich durch ein für sie grundlegendes Ereignis geprägt war. Das konnte die Einführung der neuen Glaubensform sein oder, wie in Augsburg, der Friedensschluß von 1648, mit dem die Annahme der Parität als Grundlage des Zusammenlebens beider Konfessionen in der Stadt einherging und der ihre Identität bis heute prägt.

Das Lutherbild, das beim Jubiläum des Jahres 1717 im Vordergrund stand, unterschied sich kaum von demjenigen, das ein Jahrhundert zuvor entstanden war. In den Predigten wie in den Bildern, die die Gedenkveranstaltungen begleiteten, blieb Luther die Verkörperung der Werte der Gesellschaft: Die monumentale Gestalt dieses reifen Mannes mit dem breiten Gesicht, der, mit dem Chorrock bekleidet und die Bibel in der Hand, aufrecht dasteht, unterstreicht die Standfestigkeit, Gewißheit und Autorität des Reformators.

Allerdings wurde das Jubelfest in Halle, wie Altwürttemberg eine Hochburg des Pietismus, sehr zurückhaltend nur mit einem Gottesdienst und ohne sonstige Feierlichkeiten begangen. Solche Zurückhaltung unterstrich jedoch die Aktualität der Reformation, in der weniger ein Ereignis der Vergangenheit als vielmehr ein nicht abgeschlossener Prozeß gesehen wurde, der das Engagement jedes einzelnen Christen verlangte. Daran erinnerte auch Philipp Jakob Spener, wenn er schrieb: «Ich bin niemahl in der meynung gewesen, auch noch nicht, ob wäre die reformation Lutheri zu ihrer voll ständigkeit, wie zu wünschen, gebracht worden [...]. Das werck ist zu zeitlich stecken geblieben [...]. Mit der Reformation ist noch bey weitem nicht alles geschehen, was hat geschehen sollen.»[2]

Die Aufklärung markiert einen Wendepunkt im Verständnis der Reformation. Zum einen deuteten die führenden Köpfe der Aufklärung die Reformation neu, zum anderen setzte sich ein neues Verständnis der geschichtlichen Zeit durch. Aus der Reformation wird nun ein revolutionäres Ereignis gemacht: nicht mehr Rückkehr zu einem verlorengeglaubten Goldenen Zeitalter, den Zuständen in der Urkirche, sondern Bruch mit dem Althergebrachten und Beginn eines neuen Zeitalters. Für Lessing, der in Luther den Bibelübersetzer und Kämpfer für die Vernunft sah, aber auch für Friedrich II. oder Salomon Semler wurde die Reformation zur natürlichen Entwicklungsstufe auf dem Weg zur Freiheit des Geistes und der Vernunft.

An die Stelle der göttlichen Eingebung tritt der Vernunftgebrauch, der Prophet verwandelt sich in den Kämpfer für die Freiheit. Von Luther heißt es nun, daß er diese Freiheit ausübt, wenn er sich von der päpstlichen Vormundschaft befreit, daß er sie aber verrät, wenn er den Aufbau einer neuen Kirche und einer neuen Orthodoxie betreibt. Bei Friedrich II. verliert diese Freiheit ihre religiöse Dimension und wird zur Waffe im Kampf gegen die Macht der Kirche, die der staatlichen Autorität als Rivalin erscheint.

2. *Die Reformation als Sammelpunkt der Nation*

In der Deutung als Bestandteil der weltlichen Geschichte, die ihr die Aufklärung und später das Zeitalter der Revolution und die Napoleonische Ära gegeben haben, behielt die Reformation eine europäische Dimension. Doch schon bald verengte sich ihre Bedeutung wieder auf die Verhältnisse in Deutschland. Das Land strebte nach nationaler Einheit und wollte sich dabei von den Idealen der Französischen Revolution abheben. Die Reformation, die patriotische Erwartungen barg, wurde zum Paradigma einer für Deutschland spezifischen Modernität, gegen die der Katholizismus mit seinen ewigkeitsheischenden «mittelalterlichen» Werten auf breiter Front Widerstand leistete. Luther, der Prophet und Künder der Freiheit, bot sich als Musterbeispiel eines Patrioten und Vertreters bürgerlicher Werte an. Damit behauptete die protestantische Geschichtsschreibung ihre Überlegenheit.

Nach der Auflösung des Heiligen Römischen Reiches (1806) und dem Ende der Napoleonischen Vorherrschaft (1815) bildete die Dreihundertjahrfeier des Thesenanschlags die erste Gelegenheit, die Tradition des Gedenkens fortzusetzen und ihr gleichzeitig einen neuen Sinn zu geben. Einer, der dies begriff, war Goethe. In einem Brief an Karl Ludwig von Knebel vom 22. August 1817 machte er den Vorschlag, die Feier des Gedenkens an den Thesenanschlag (31. Oktober 1517) mit derjenigen an die Völkerschlacht bei Leipzig (16. bis 19. Oktober 1813) zu verbinden und dafür den 18. Oktober zu reservieren. Damit beabsichtigte er, die Erinnerung an die Reformation, die als Ursache der Spaltung der Nation galt, in den Hintergrund zu drängen und statt dessen die Aufmerksamkeit auf die Persönlichkeit des Reformators zu lenken: «Luthers Charakter [...] das einzige, was einer Menge imponiert. Alles übrige ist ein verworrener Quark, wie er uns noch täglich zur Last fällt.»[3] So sollte die Einrichtung eines wirklichen Nationalfeiertags begünstigt werden.

Tatsächlich versammelten sich am 18. Oktober 1817 knapp sechshundert Studenten auf der Wartburg, um mit Liedern und Reden der Völkerschlacht zu Leipzig und des Thesenanschlags zu gedenken und damit Blücher und Luther miteinander zu verbinden. Blieb die prophetische Botschaft Luthers weiterhin von Belang, wie die Neupublikation der 95 Thesen durch den Kieler Propst Karl Claus Harms belegte, so wollte man darüber hinaus in dem Reformator fortan auch den Kämpfer für die Freiheit und den Befreier des Vaterlandes sehen. «Wohin Luthers siegender Ruf erscholl, da erwachte freies Geistesleben im Dienste der Wahrheit und der Gerechtigkeit», ließ sich Jakob Friedrich Fries, einer der Festredner, vernehmen.[4] Um die gleiche Zeit vereinigte der preußische König die lutherische und die reformierte Hofgemeinde zu Potsdam und setzte damit ein Beispiel, dem mehrere protestantische Länder folgten. Die Jubiläen wurden so Teil der Religionspolitik. Entgegen Goethes Wunsch veranstalteten aber evangelische Gemeinden vom 31. Oktober bis 2. November in Kirchen und Schulen weitere rein religiöse Gedenkfeiern.

In diesen Festen verband sich das Gedenken an die Reformation mit aufkeimendem Nationalgefühl und freiheitlichen Bestrebungen. Aus ihnen entwickelten sich politische Massenveranstaltungen wie das Hambacher Fest im Mai 1832 um den Preis einer «Übertragung sakraler Werte», wie der Historiker Franz Schnabel über das Jubiläum des Jahres 1817 und die Versammlung von 1832 urteilte. Es seien «weltliche Gottesdienste, in denen die nationalen und revolutionären Idole an die Stelle des Allerhöchsten zu treten sich anschickten».[5] Um die gleiche Zeit bekräftigte der deutsche Katholizismus seine Verbundenheit mit traditionellen Frömmigkeitsformen. Die 1844 veranstaltete Ausstellung des Heiligen Rocks in Trier fand großen Anklang bei den Gläubigen und geriet zur Feier der heiligen Stadt der Christenheit, dem Neuen Jerusalem.

Parallel zu den teilweise erneuerten Festen müssen die Denkmäler gesehen werden, die bedeutende Stätten der Geschichte des Protestantismus markieren. Sie geben eine sinnfällige Interpretation der Reformation und verleihen dem Reformator ein dauerhaftes Bild in Stein oder Bronze. Zwischen 1802 und 1817 wurden Lutherstatuen in Mansfeld, Eisleben und Wittenberg errichtet. Stilbildende Wirkung erlangte jedoch erst die von Johann Gottfried Schadow geschaffene und 1821 auf dem Marktplatz von Wittenberg aufgestellte 9,60 m hohe Statue des Reformators. An ihr orientierten sich die meisten anderen Lutherstatuen, die nach und nach die großen deutschen Städte schmückten und schließlich ein ganzes Netz von Denkmälern bildeten.

Die Zahl der Denkmäler erhöhte sich nach 1848 beträchtlich. Einer der Gründe war der Ausbau des Schienennetzes. Bereits 1841 erhielt Wittenberg einen Eisenbahnanschluß, so daß Reisende direkt in die Lutherstadt fahren konnten und sie mehr und mehr in einen «Erinnerungsort» verwandelten. Aus dem Denkmalgedanken ergab sich zwanglos die Eingliederung der Reformation mitsamt ihren Akteuren in eine Nationalgeschichte und in einen nationalen Pantheon, der sich aus folgenden historischen Gestalten zusammensetzte: Gutenberg (Mainz, 1837), Dürer (Nürnberg, 1837), Goethe (Frankfurt, 1844) und Schiller (Stuttgart, 1839), beide vereint in Weimar (1852–57), Francke (Halle, 1825–28), Lessing (Braunschweig, 1848/49), Mozart (Salzburg, 1841) und Händel (Halle, 1857–59). Über bestehende politische Spaltungen hinweg sollten die Denkmäler dem Begriff der Kulturnation Gehalt und Gestalt geben. Freilich unterschied sich ihre Zusammensetzung doch merklich von der Auswahl, die Ludwig I. von Bayern für sein Walhalla-Vorhaben getroffen hatte, aus dem Luther ausgeschlossen war. Die Denkmal-Projekte offenbarten auch den Wandel eines Einheitsideals, das keine ungeteilte Zustimmung fand. Im Jahr 1868, zwei Jahre nach der Schlacht von Königgrätz – allerdings war es schon 1858 in Auftrag gegeben – wurde in Worms in Anwesenheit der protestantischen Fürsten ein neues Denkmal enthüllt. Das von Ernst Rietschl entworfene und von seinen Schülern Adolf Donnsdorf und Gustav Adolph Kietz vollendete Luther-Standbild verkörpert das nationale Einheitsstreben in einem geographischen und geschichtlichen Umfeld: Worms war beim Reichstag von 1521 Schauplatz der Konfrontation mit einem Kaiser aus dem Hause Habsburg, und der Rhein als Grenzfluß verweist auf einen potentiellen Konflikt mit dem Frankreich Napoleons III. Aus dem Standbild eines «freien Mannes am freien deutschen Rhein» wurde «ein protestantisch-preußisches und zudem monarchisch gestiftetes Denkmal» (Thomas Nipperdey).

Zur Freude an statuarischer Kunst gesellte sich die Vorliebe für Fresken und Historienmalerei. Die Ausstellungsorte, aber auch die im Vergleich zu bildhauerischen Werken breitere Thematik zielten auf eine Geschichte der Reformation im engen Zusammenhang mit der Geographie. Damit wurde eine Neudeutung im nationalen Sinn bezweckt. Luthers Opposition gegen Kaiser – sei es bei der Konfrontation in Worms oder beim Besuch Karls V. am Grabe Luthers – und Papst – hier besonders bei der öffentlichen Verbrennung der Bannbulle des Papstes Leo X. – war ein häufig behandeltes Sujet. Gleiches gilt für die Begegnung Luthers mit Zwingli 1529 in Marburg, die als Vorwegnahme der religiösen und politischen Einheit gelesen werden konnte. Bei allen diesen historischen Begebenheiten kam die Bedeutung für die Gegenwart nicht zu kurz. In den 1870er Jahren malte Ferdinand Pauwels die Szene, in der der junge Luther 1518 in Ausburg dem päpstlichen Legaten Cajetan gegenüberstand. Aus der Art und Weise, wie er die beiden Gegner darstellt – auf der einen Seite der Kirchenfürst im Kardinalspurpur, sitzend, die Miene verschlagen, der Blick inquisitorisch, auf der anderen Seite der junge Mönch, mit bloßen Händen, in athletischer Haltung, stehend und mit herausforderndem Blick –, geht klar hervor, daß er in Luther die Verkörperung des jungen aufstrebenden Deutschland gegenüber den senilen romanischen Mächten feierte.

Eine ganze Reihe von Gemälden und Drucken stellte den Reformator in einem häuslichen, eindeutig bürgerlichen Rahmen dar. Ein typisches Beispiel hierfür bildet Ernst Hildebrands Gemälde, das Luther im Kreis seiner Familie zeigt. Während die historischen Fresken Luther als Befreier des Denkens, Stifter einer eigenständigen deutschen Kultur und Vorkämpfer für ein befreites und geeintes Deutschland zeigen, kommt in den intimeren Bildern ein Luther zur Darstellung, der die bürgerlichen Tugenden vorbildlich verkörpert.

Das Gedenken an die Reformation fand seinen Ausdruck auch im Musikalischen, ob nun im liturgischen Gesang oder in der Konzertmusik. Felix Mendelssohn-Bartholdy, Repräsentant einer preußischen Kultur, der er durch seine Familie verbunden war, wurde zum Wiederentdecker von Bachs Vokalwerk. Durch die von ihm angeregte Pflege des traditionellen Kirchenlieds blieb auch die Luther-Bibel lebendig, war sie doch die Quelle für die Kantaten

Paul Thumann: Luther verbrennt die Bannandrohungsbulle (1872/73)

des Leipziger Thomaskantors. Schließlich fügte Mendelssohn-Bartholdy, einer sehr romantischen Eingebung folgend, ein altes sächsisches Amen und den Lutherchoral in seine «Reformations-Symphonie» ein.

Luther wurde somit zum Prototyp des romantischen Genies. Schon für Herder war er der Held der Nation, der Mann aus Feuer, der Stifter einer echten Nationalreligion, die das Genie des Volkes und der Sprache verkörperte. Die gleiche Mischung aus historischen Fakten und Interpretation begegnet auch in der Deutung durch die Philosophen. In ihrer mehr oder weniger großen Treue zur Aufklärung sahen sie in der Reformation jenen historischen Augenblick, in dem in theologischem Gewand das vorweggenommen wurde, was die Philosophie erst jetzt «auf den Begriff» brachte. So schrieb Hegel in seinen *Vorlesungen über die Philosophie der Geschichte*, die Reformation sei «die Alles verklärende Sonne, die auf jene Morgenröthe am Ende des Mittelalters folgt», und stelle den Anfang der Herrschaft des Geistes dar: «Mit der Reformation [...] beginnt [...] das Reich des Geistes, wo Gott als Geist wirklich erkannt wird [...]. Die Zeit von da bis zu uns hat kein anderes Werk zu tun gehabt und zu tun, als dieses Prinzip in die Welt hineinzubilden, aber so, daß dies noch die Form der Freiheit, Allgemeinheit gewinnen mußte.»[6] Nach der Französischen Revolution, an der die Reformation fortan zu messen war, erlaubte eine solche Deutung, die Vorgängerrolle und Überlegenheit der «lutherischen Revolution» zu behaupten, da sie eine Revolution des Geistes, der Seele und der Innerlichkeit gewesen sei.

Die «Vollendung» der Reformation wurde von Hegels Nachfolgern heftig diskutiert, denn sie waren überzeugt, daß die Emanzipationskämpfe des 19. Jahrhunderts – «die Forderung des Rechts der bürgerlichen und politischen Freiheit» – mit denen des 16. Jahrhunderts vergleichbar waren. Für Heinrich Heine und die Vertreter des «Jungen Deutschland» mußte man Luther zugestehen, daß er sich als erster für die Freiheit des Geistes eingesetzt habe. «Dadurch entstand in Deutschland die sogenannte Geistesfreiheit oder, wie man sie ebenfalls nennt, die Denkfreiheit.»[7] Doch die theologische Revolution, die Kant, Fichte und Hegel aufgenommen und jeder auf seine Weise auf philosophischem Gebiet weitergetrieben hatten, harrte immer noch der Verwirklichung in Gestalt einer politischen und sozialen Revolution. In der Nachfolge der Hegelschen Linken bescheinigte Karl Marx in seiner 1844 erschienenen *Kritik der Hegelschen Rechtsphilosophie* der Reformation, in ihr sei «die wahre Stellung der Aufgabe» klar zur Sprache gekommen, zugleich aber warf er ihr vor, zur «wahren Lösung» nicht fähig gewesen zu sein. In der Revolution, die dann nicht in Deutschland stattfand, sollte das in der Realität verwirklicht werden, was die Reformation im Bereich der Ideen bereits vorweggenommen hatte.

Die Vertreter dieser Denkrichtung lenkten ihr Augenmerk auf die politische und soziale Rolle der Reformation. Einerseits prangerten sie Luthers Schwenk auf die Seite der Fürsten an, wodurch die Reformation sich in eine sozial konservative Richtung entwickelt habe, auch wenn sie ideologisch weiterhin befreiend gewirkt habe. Andererseits würdigten sie den Aufstand der Bauern. 1841/42 erschien hierzu die dreibändige Monographie von Wilhelm Zimmermann, seine *Allgemeine Geschichte des großen Bauernkrieges*. Der Verfasser, ein bürgerlicher Demokrat, legte eine verdienstvolle Arbeit vor, die sich im Gegensatz sowohl zur traditionellen Geschichtsschreibung als auch zur Geschichtsschreibung seiner Zeit situierte. Zimmermann sah im deutschen Bauernkrieg eine fortschrittliche und kreative Kraft am Werk, die auf eine Umgestaltung der sozialen Ordnung zielte. Und er rückte erstmals die Gestalt Thomas Müntzers in den Mittelpunkt, in dem er den Prototypen des Revolutionärs erkannte. Zwei Jahre später, 1850, publizierte Friedrich Engels in der *Neuen Rheinischen Zeitung* seine Untersuchung mit dem Titel *Der deutsche Bauernkrieg*.

Doch nicht nur unter den Nachfolgern Hegels war die Reformation Gegenstand der Debatte, sondern auch auf dem Gebiet der Geschichtsschreibung, die sich damals als Wissenschaft und akademisches Fach etablierte. Der Historiker Leopold von Ranke, seit 1821 Professor an der Berliner Universität, begann ab 1839 mit der Veröffentlichung seiner monumentalen *Deutschen Geschichte im Zeitalter der Reformation*, an der er bis 1847 arbeitete. Durch seine stilistischen Qualitäten, die Fülle des dargestellten Stoffs, aber auch durch die gewichtige Rolle, die Ranke bei der Besetzung der Geschichtslehrstühle an den deutschen Universitäten spielte, beeinflußte das Werk nachhaltig die historische Darstellung der Reformation, die damit eine erste wissenschaftliche Würdigung erfuhr. Das entscheidend Neue an dem Werk liegt in der Wechselwirkung, die Ranke zwischen der religiösen Dimension und der politischen Realität sieht. Die Reformation steht im Mittelpunkt des deutschen Einigungsprozesses und gibt der «geistigen Wesenheit» des preußischen Staates, der sich als Erbe der vorangegangenen politischen Formen der deutschen Nation versteht, seine ihm eigentümliche Religiosität: «Gewiß gab es für die Einheit der Nation, für die Fortentwicklung der Deutschen auf dem einmal eingeschlagenen Weg niemals eine großartigere Aussicht.»[8] Zwar präge der noch ausstehende Abschluß der Reformation in gewisser Hinsicht auch die Einheit der Nation. Aber dies liege an äußeren Faktoren: an der Haltung des Kaisers und der Reaktion des Papsttums. Mit Rankes Geschichtswerk erhielt die Periode von 1517 bis 1555 endgültig den Namen des Zeitalters der Reformation.

Die katholische Geschichtsschreibung konnte sich nur schwer gegen die Vorherrschaft der protestantischen Historiographen behaupten. Daran konnten auch die Gründung der Görresgesellschaft im Jahr 1876 und ab 1880 das Erscheinen des *Historischen Jahrbuchs* als Reaktion auf den Kulturkampf nichts ändern. Im universitären Bereich sah sie sich an den Rand gedrückt. Mit ihrer Interpretation der deutschen Geschichte und der Rolle, die darin die Reformation spielte, stand sie in einer reinen Verteidigungsstellung und mußte sich gegen anhaltend heftige Polemik wehren. Ihre hellsichtigsten Vertreter wie Ignaz von Döllinger, Professor für Kirchengeschichte in München, waren sich der protestantischen Hegemonie bewußt und führten sie auf die Ausnahmepersönlichkeit Luthers zurück: «Nur er hat, wie der deutschen Sprache, so dem deutschen Geiste das unvergängliche Siegel seines Geistes aufgedrückt, so daß selbst diejenigen unter uns, die ihn von Grund der Seele verabscheuen, als den gewaltigen Irrlehrer und Verführer der Nation, nicht anders können: sie müssen reden mit seinen Worten, denken mit seinen Gedanken.»[9] Dann aber veröffentlichte Johannes Janssen, ein Weltpriester und einfacher Gymnasiallehrer in Frankfurt, 1869 den ersten Band seiner umfangreichen, am Ende acht Bände zählenden *Geschichte des deutschen Volkes seit dem Ausgang des Mittelalters*. Mit seiner Arbeit wollte er Belege für eine grundlegende Neudeutung der deutschen Geschichte vom Ende des Mittelalters bis zum Dreißigjährigen Krieg liefern. Sein wichtigster Befund lautet, daß die deutsche Staatenwelt am Ausgang des Mittelalters durchaus nicht in der Krise begriffen war, sondern im Gegenteil eine Blüte erlebte. Mit anderen Worten, die Reformation war alles andere als eine geschichtliche Notwendigkeit. Daraus folgt seine zweite Feststellung, daß der Niedergang der deutschen Staatenwelt mit der konfessionellen Zerrissenheit beginne – und damit einhergehend die politische Spaltung der Nation –, an der die Protestanten seiner Ansicht nach die alleinige Schuld tragen. Kurz: Die Reformation war sogar schädlich.

Luther im Kreis seiner Familie (Mitte 19. Jh.)

3. «Heiliges Evangelisches Reich Deutscher Nation»

Janssens Geschichtswerk löste sogleich Kritik an der Quellenverwendung wie an der Interpretation aus, was seinen Erfolg in der katholischen Welt nicht schmälerte. Die Antwort, die es gewissermaßen auf dem Feld des Politischen erfuhr, sah aber so aus, daß nach den beiden Siegen von Königgrätz und Sedan die Anhänger der von Preußen geführten nationalen Einheitsbewegung Recht zu bekommen schienen – «Heiliges Evangelisches Reich Deutscher Nation», um mit Stoecker zu reden –, während die katholische Welt mehr denn je in die Defensive gedrängt wurde.

Der 400. Geburtstag Martin Luthers 1883 bildete den Höhepunkt in der Symbiose von Reformation und Nation. In den Reden, die Heinrich von Treitschke am 7. November in Darmstadt und Albrecht Ritschl am 10. November in Göttingen hielten, um nur die berühmtesten Beispiele herauszugreifen, wurde die Reformation erstens mit der deutschen Nation – «Wo immer deutsches und fremdes Volkstum aufeinander stößt, da war der Protestantismus allezeit unser sicherster Grenzhüter» – und zweitens mit der Modernität der deutschen Kultur – «Gewiß war Luthers Tat eine Revolution, und da der religiöse Glaube im innersten Kerne des Volksgemüts wurzelt, so griff sie in alles Bestehende tiefer ein, als irgend eine politische Umwälzung der neuen Geschichte»[10] – mehr denn je verbunden.

Um diese Zeit schloß sich das Netz der «Erinnerungsorte», die unmittelbar mit dem Leben des Reformators verbunden sind. Das ehemalige Augustinerkloster, in dem Luther mit seiner Familie wohnte, wurde 1877 restauriert. Den Schlußpunkt dieser Entwicklung markierte 1883 die Umwandlung des Gebäudes in ein Museum. Zwischen 1885 und 1892 erhielt dann die Schloßkirche den Status eines Denkmals der deutschen Reformation. Parallel dazu entstanden Institutionen, die sich der historischen Erforschung der Reformation widmeten. Anläßlich des Jubiläums von 1883 wurde der Verein für Reformationsgeschichte gegründet. Zwanzig Jahre später bekam er sein Publikationsorgan, das *Archiv für Reformationsgeschichte*. Im gleichen Jahr begann in Weimar die Arbeit an der Gesamtausgabe der Werke Luthers. Mit ihr schufen die Herausgeber ein Denkmal zur Ehre Luthers und der deutschen Sprache, das zugleich für ihre profunde Gelehrsamkeit sprach.

Die Reformation schien mit dem politischen und kulturellen Ideal der Elite des Reiches zusammenzufallen. Politisch hatte sie den Staat von der Bevormundung durch die Kirche befreit und seine Entfaltung ermöglicht. Religiös hatte sie den mündigen Christen, ohne einer echten Frömmigkeit im Weg zu stehen – als Schutz vor dem Atheismus –, von der Bürde der römisch-klerikalen Unterdrückung befreit und ihn zur direkten Auseinandersetzung mit der Heiligen Schrift geführt. Intellektuell hatte sie die Hemmnisse der Dogmen und der Tradition beseitigt und Vernunft und Wissenschaft zu ihrem Recht verholfen. Kulturell hatte sie mit der romanischen Welt gebrochen und den Werten einer deutschen Kultur zum Durchbruch verholfen, die sich nirgends besser als in der Musik artikulierte.

Dieser Kulturprotestantismus, der sich national, preußisch und konservativ versteht, beruhte auf einer Arbeitsteilung zwischen der Aristokratie, die in Politik und Armee das Heft in der Hand hatte, und einem Bildungsbürgertum, das den herrschenden Schichten die historische und ideologische Legitimation lieferte. Historiker und Theologen waren es denn auch, auf deren Schultern die Last des Bildungsauftrags ruhte. Sie konnten sich hierzu auf Gymnasiallehrer und Schulmeister bzw. auf die protestantischen Pfarrer stützen, die eine sozial und kulturell sehr homogene Klasse bildeten. In einem für das breite Publikum gedachten Buch über *Martin Luther in seiner Bedeutung für die Geschichte der Wissenschaft und Bildung* gab der Theologe Adolf von Harnack eine Gesamtdarstellung des Beitrags, den Luther auf diesem Feld für Deutschland und darüber hinaus für die Menschheit geleistet habe.

Der deutsche Katholizismus war, trotz politischer Loyalität, die sich ohne Skrupel der expansionistischen Politik anschloß, in einem kulturellen Ghetto gefangen und gewissermaßen zur «inneren Emigration» genötigt. Weit mehr als politische Parteizugehörigkeit bildete die Konfession das Kriterium, das Deutschland grundlegend spaltete. Die Haltung Roms trug nicht wenig zu dieser Situation bei. Noch 1897 sprach Papst Leo XIII. von der «rebellio lutheriana», um die Reformation zu kennzeichnen. Außerhalb der Grenzen

Deutschlands und vor allem in Frankreich fiel es schwer, die Begriffe Protestantismus und deutsche Nation auseinanderzuhalten.

So verwundert es nicht, daß 1914 beim Aufruf zur allgemeinen Mobilmachung die vor dem Berliner Stadtschloß versammelte Menge nicht die Nationalhymne, sondern den Choral «Nun danket alle Gott» sang. Dazu muß man wissen, daß der Choral mit dem Sieg Friedrichs II. verbunden ist, den er im Siebenjährigen Krieg am 5. September 1757 bei Leuthen errang. Vor diesem Hintergrund bestätigte sich wieder einmal, wie sehr Preußen das Luther-Gedenken vereinnahmt hatte. Theologen und Historiker gingen eine wahre Heilige Allianz ein, um Luther zum ersten Kämpfer für Deutschland zu stilisieren und die Reformation zum Modell für eine Auseinandersetzung um eine gerechte Sache.

Dieser vorherrschende Konsens darf freilich nicht darüber hinwegtäuschen, daß sich innerhalb des Protestantismus die «Krise der Moderne» artikulierte, die im letzten Viertel des 19. Jahrhunderts als Folge der Industrialisierung und Entstehung der Massenkultur die deutsche Geisteswelt befiel. Die schärfste Kritik an der angeblichen Modernität der Reformation formulierte Nietzsche in seinem *Antichrist*, den er 1889 schrieb und 1895 veröffentlichte. Weniger radikal und in einer denkerisch und sprachlich ganz anderen Form trug auch Ernst Troeltsch Zweifel an der bisher unangefochtenen Dreiheit von Nation, Reformation und Modernität vor. Zwar verbuchte er auf der Aktivseite der Reformation, daß sie die bis dahin geltende mittelalterliche Uniformität durch das Prinzip der Pluralität ersetzt habe, doch warf er Luther vor, «durchgehends die Züge der sinkenden deutschen Kultur» zu verkörpern.[11] Anders als Hegel sah er in Luther keinen Vorreiter der Moderne, sondern einen Mann des Mittelalters, während der Anbruch des modernen Denkens erst mit der Aufklärung einsetze. Schließlich publizierte Max Weber, ein Schüler von Treitschkes in Berlin, 1905 seine berühmte Untersuchung *Die protestantische Ethik und der Geist des Kapitalismus*. Darin rehabilitierte er den Calvinismus angelsächsischer Prägung und dessen «innerweltliche Askese». Gerade dieser Zug fehle dem deutschen Luthertum.

Auch das Ende des Ersten Weltkrieges brachte keinen wesentlichen Wandel. In der Niederlage erschien die Gestalt Luthers sogar als ein bleibender Wert, der die restlichen Energien in Deutschland zu sammeln vermochte. Schon im Krisenjahr 1917 war im Namen des Kampfes gegen Materialismus und Positivismus die Idee zur Gründung einer Luthergesellschaft aufgekommen. Tatsächlich wurde eine solche am 26. September 1918 gegründet. Und trotz – oder gerade wegen? – der Not nach Kriegsende erschienen 1919 gleich zwei Zeitschriften: *Luther* und das *Lutherjahrbuch*. Die Trennung von Kirche und Staat stellte in den mehrheitlich protestantischen Regionen kein Hindernis dar, den Reformationstag weiterhin als gesetzlichen Feiertag zu begehen.

Der Aufstieg des Nationalsozialismus blieb nicht ohne Folgen für die Kirchen. Innerhalb des Protestantismus – auch das katholische Lager blieb nicht davon verschont – machten sich Theologen und Historiker, aber auch Pfarrer und Gläubige für eine Ideologie stark, die offen für die nationale Tradition eintrat und das Erbe Luthers für sich reklamierte. Zum 450. Geburtstag des Reformators im Jahr 1933 drückte die Bewegung der «deutschen Christen», Gewinner der protestantischen Synodalwahlen und Verfechter einer Arisierung des Christentums, der Gedenkfeier mit dem Schlagwort «Mit Luther und Hitler, für Glaube und Rasse» ihren Stempel auf. Die «deutschen Christen» gingen so weit zu behaupten, die Machtübernahme der Nazis ermögliche es, Luthers nationale und rassische Sendung zu ihrem Abschluß zu bringen! Ein Jahr darauf, 1934, gab der 400. Jahrestag der Bibelübersetzung Anlaß, Luthers Rolle bei der Entfaltung der deutschen Sprache mit entschieden nationalistischen Tönen zu feiern. Ferner ließ man sich den Hinweis nicht entgehen, daß die Kristallnacht, das Pogrom vom 9. November 1938, am Vorabend des 455. Geburtstages Martin Luthers stattfand, dessen antijüdische Äußerungen schamlos ausgebeutet wurden.

Freilich war diese ideologische Vernebelung nur von kurzer Dauer. Die rassistischen Lehren des Nationalsozialismus, seine fundamentale Opposition zum Christentum und sein Bestreben, die Spaltungen innerhalb der deutschen Nation, die ja gerade eine Folge der Reformation waren, zu überwinden, mußten zu Distanz und Widerstand seitens der Kirchen führen. Manchmal war der Widerstand entschieden, in den meisten Fällen vorsichtig. Dies galt für Katholiken wie Protestanten gleichermaßen. Im offenen Widerstand gegen die «deutschen Christen» gründete Pastor Niemöller den Pfarrernotbund, der zum Ursprung der Bekennenden Kirche wurde. In der von Karl Barth initiierten Barmer Erklärung (Mai 1934) wurde offen die Unabhängigkeit der Kirche von staatlichen Einflüssen behauptet. Noch deutlicher fiel dann 1939 Karl Barths Verurteilung des braunen Regimes aus: «Der Hitlerismus ist der gegenwärtige böse Traum des erst in der lutherischen Form christianisierten deutschen Heiden.»[12]

4. Die Reformation als geschichtliches Ereignis und Gegenstand des Gedenkens

Der Zusammenbruch Deutschlands bedeutete auch das Ende des Nationalismus. Was mehr als hundert Jahre lang in Deutschland Geltung besessen hatte, wurde nun radikal in Zweifel gezogen. Auch die Reformation entging dieser grundlegenden Kritik nicht, wie die Entwicklung der Ansichten Thomas Manns zu diesem Thema belegt. Bekundete er 1918 in den *Betrachtungen eines Unpolitischen* noch seine Begeisterung für Luther, ging er in einer am 24. Mai 1945 in Washington gehaltenen Rede zu ihm auf Distanz. Er sprach von einem typischen deutschen Geisteshelden, «ein heftiger und roher, dabei tief beseelter und inniger Ausbruch deutscher Natur [...], ein mächtiger Hasser, zum

Blutvergießen von ganzem Herzen bereit».[13] Die sehr verhaltene Gedenkfeier im Jubiläumsjahr 1946 sprach ebenfalls für diese neue Einschätzung.

Der Wiederaufbau erfolgte unter ganz anderen Bedingungen als 1918. Industrialisierung und Urbanisierung hatten seit einem Jahrhundert zu einer Durchmischung der Bevölkerung geführt, was sich auch in der Verteilung der Konfessionen niederschlug. Der Verlust der Ostgebiete, die Bevölkerungsbewegungen im letzten Kriegsjahr und der Vorstoß der Sowjetarmee in Gebiete, die vorwiegend von Protestanten bewohnt wurden, förderte eine konfessionelle Vermischung, die heute kennzeichnend für alle deutschen Bundesländer ist. Unter dem Einfluß dieser Entwicklung schwanden konfessionell geprägte Kulturen, die bis dahin die Grundlage für die Ausbildung spezifischer und konkurrierender Traditionen des Gedenkens an die Reformation dargestellt hatten.

Das Abbröckeln traditioneller konfessioneller Unterschiede förderte andererseits die ökumenische Bewegung, die in allen christlichen Kirchen zu beobachten ist. Auf dogmatischer Ebene zeigt sich diese Entwicklung zum Beispiel in einer gemeinsamen Erklärung der katholischen und lutherischen Kirche zur Frage der Rechtfertigung durch den Glauben. Mit der gemeinsamen Unterzeichnung am 31. Oktober 1999 in Augsburg wurde ein Schlußstrich unter die gegenseitige Verurteilung gesetzt. Auch im Verhalten zeigt sich der Trend zur Ökumene, wie die Vielzahl der Mischehen belegt. Diese Entwicklung läßt sich auch im gewandelten Lutherbild erkennen. So urteilt der französische Dominikaner Yves-Marie Congar, ein überzeugter Verfechter der Annäherung der Konfessionen, der eine entscheidende Rolle beim Zweiten Vatikanischen Konzil spielte, über den Reformator: «Luther ist eines der größten religiösen Genies der Menschheitsgeschichte. Ich stelle ihn in eine Reihe mit dem hl. Augustinus, dem hl. Thomas von Aquin und Pascal. In gewisser Hinsicht ist er sogar noch größer, denn er hat das ganze Christentum neu durchdacht.»[14]

Die deutsche Nation fand sich in zwei Staaten gespalten, die zu zwei verschiedenen politischen und ideologischen Blöcken gehörten. Der östliche Staat leugnete den Eigenwert des Religiösen, schlug es dem «Überbau» zu und verfolgte daher eine rigorose Politik der Dechristianisierung. Die Bundesrepublik hingegen warf das Schicksal der «verspäteten Nation» ab und verließ den «Sonderweg», der sich als Sackgasse mit verheerenden Folgen erwiesen hatte. Das Ziel hieß, so rasch wie möglich einen Platz im Konzert der demokratischen westlichen Staaten zu finden. Obwohl aus ganz anderen Gründen führte diese Situation ebenfalls zu einer Relativierung der Reformation. Was im einen Fall der Auslöschung aller Erinnerung an die religiöse Vergangenheit dienen sollte, zielte im anderen Fall darauf, das, was als Rest einer Verwurzelung in deutschen Eigentümlichkeiten erscheinen konnte, abzustreifen. Freilich zeigt sich das Fortleben des religiösen Erbes deutlich im Grundgesetz und hier vor allem in der Präambel, die sich indirekt auf die

Werte des christlichen Abendlandes beruft. Ferner bewahrt die Verfassung, gestützt auf eine lange Tradition, die bis zum Westfälischen Frieden von 1648 reicht, die privilegierten Beziehungen zwischen den Kirchen und dem Staat. Dessen ungeachtet sind das politische Leben und das Funktionieren der Parteien ohne Rücksicht auf die Konfessionen organisiert.

Die Rolle, die Geschichte und Theologie bei der Bildung des Begriffs der Reformation und bei der Wahrung ihres Gedächtnisses spielten, erklärt, welche Bedeutung die Entwicklung beider Fächer ab den 1960er Jahren hatte. Im Hinblick auf die Geschichtsschreibung der Reformationszeit sind schematisch fünf charakterische Merkmale zu beachten: «Entgermanisierung», Entkonfessionalisierung, neue Periodisierung, die der sogenannten *longue durée* den Vorzug gibt, ein globaler Forschungsansatz, der das religiöse Phänomen der Reformation in seiner sozialen, anthropologischen, kulturellen und politischen Dimension begreift, und schließlich die Historisierung der Theologie.

Als Ausdruck einer pluralistischen Gesellschaft stand die bundesrepublikanische Geschichtswissenschaft in Kontrast zu der in der DDR praktizierten Wissenschaft. Gleichwohl hat auch diese einen grundlegenden Wandel erlebt. In einer ersten Phase, die ebenfalls bis in die 1960er Jahre reichte, hatte sich die Aufmerksamkeit der DDR-Historiker, die überwiegend regimehörig waren und in der Nachfolge Engels' standen, von der Gestalt Luthers, der als Fürstenknecht und Bauernverräter galt, abgewandt und sich ganz auf die revoltierenden Bauern und die Persönlichkeit Thomas Müntzers, des proletarischen Anführers *avant la lettre* konzentriert. Diese Forschungsorientierung kulminierte 1975 beim 450. Jahrestag des deutschen Bauernkrieges. Gegen Ende der 1960er Jahre wurde aber Luther rehabilitiert; man bezeichnete ihn nun als «Bürgersohn im Fürstendienst» oder «stadtbürgerlichen Theologen». Die Rehabilitierung wurde möglich, weil auch die Reformation eine Neubewertung erfuhr, nämlich als «frühbürgerliche Revolution» und erste, religiöse Etappe einer «bürgerlichen» Revolution, die ihre politische Fortsetzung im 17. Jahrhundert in England und ihre soziale Verwirklichung gegen Ende des 18. Jahrhunderts in Frankreich erlebte.

Die Feier des 500. Geburtstags Luthers im Jahr 1983 – dieser Geburtstag wurde auch in der Bundesrepublik festlich begangen – bot der DDR-Staatsführung die Gelegenheit, Schritte zur Legitimierung ihrer Herrschaft zu unternehmen, angefangen mit einer Neubewertung der Geschichte und des kulturellen Erbes (Erbediskussion). Erich Honecker rief die DDR-Historiker dazu auf, ein «sozialistisches Geschichtsbewußtsein» zu schaffen und sich dafür die «fortschrittlichen Traditionen» der deutschen Geschichte anzueignen, die «zum Fortschritt und der Entfaltung der Weltkultur beigetragen haben», ohne sich um die Klassenzugehörigkeit zu kümmern. Luther, «einer der bedeutendsten Humanisten, deren Streben einer gerechteren Welt galt», war ein erstes und herausragendes Anwendungsbeispiel. Auf dem Weg zu diesem

Ziel, bei dem Rückfälle in das Geschichtsverständnis des ausgehenden 19. Jahrhunderts zu verzeichnen waren, versäumte man nicht, *en passant* gleich auf die Wichtigkeit der Reformation für die Emanzipation des Staates von der Kirche hinzuweisen. Und da sich die wichtigsten Stätten der lutherischen Reformation auf dem Staatsgebiet der DDR befanden, unternahm man umfangreiche Restaurationsmaßnahmen, um Pilger, Geschichtsliebhaber und Touristen anzulocken.

Nach der deutschen Wiedervereinigung sind die Stätten, die mit dem Namen Luthers, aber auch Müntzers, verbunden sind, Teil eines geographischen Raumes, in dem man sich wieder ungehindert bewegen kann. Zugleich erweist sich die Erinnerung an die Reformation als sehr zerbrechlich. Der Beitritt der neuen Bundesländer bedeutet rein statistisch gesehen ein leichtes Übergewicht der Protestanten in Deutschland. Freilich wäre der Unterschied zwischen den Konfessionen sehr viel gravierender ausgefallen, wenn der Osten nicht von einer nachlassenden konfessionellen Bindung betroffen wäre: 1992 bekannten sich 28 Prozent der dortigen Bevölkerung als Protestanten, 4 Prozent als Katholiken, also zusammen ein Drittel, aber 66 Prozent bezeichneten sich als «konfessionslos». Anders im Westen, wo sich weiterhin 84 Prozent als zur katholischen oder zu einer der evangelischen Kirchen gehörig bezeichnen. Die immer noch steigende Zahl der Kirchenaustritte – wenngleich die Kurve abflacht – spricht für das Nachlassen der konfessionellen Bindung, übrigens in den evangelischen Kirchen stärker als in der katholischen Kirche. Schließlich ist auch das Ergebnis der Meinungsumfrage des Instituts Allensbach aus dem Jahr 1993 interessant, in der nach den historischen Persönlichkeiten gefragt wurde, die am meisten für Deutschland getan haben. In Westdeutschland ging Luther mit ein Prozent der Antworten nur als zehnter hervor, und auch in Ostdeutschland erhielt er lediglich ein Prozent mehr und erreichte Platz neun.

Diese Zahlen legen den Schluß nahe, daß bedeutende Teile des christlichen Traditionsgutes, das auf persönlicher Aneignung beruht, als Folge der Entchristlichung verlorengegangen sind, wie zum Beispiel das Lesen der Bibel, das Singen von Kirchenliedern, das Gebet und der Katechismusunterricht. Was sich zu halten scheint, sind die Beschäftigung mit dem Christentum im schulischen und universitären Bereich sowie gewisse kulturelle Verhaltensweisen. Die Reformation sinkt dabei auf ein bloßes historisches Faktum herab. Es ist daher unmöglich, Prognosen über die zukünftige Gestalt dieses «Erinnerungsortes» in einer europäischen Gesellschaft abzugeben, die sich zum ersten Mal in der Geschichte als weitgehend agnostisch darstellt. Vielen bleibt dieses Erbe unverständlich, sofern es von ihnen überhaupt noch wahrgenommen wird. Das schließt jedoch eine Neubelebung in einem anderen Kontext nicht aus, was wiederum ganz im Rahmen des Reformationsbegriffs läge, der ja lange Zeit eher einem «Flickenteppich» als einem schlüssigen System glich.

Die Erinnerung an die Reformation bildet zweifellos ein Zeichensystem. Auch heute noch verbinden sich mit ihm bestimmte geographische Orte – die mehr oder weniger mit dem Leben Martin Luthers zusammenhängen, aber alle ihre besondere Bedeutung tragen –, geschichtliche Augenblicke – wie das grundlegende Ereignis des Thesenanschlags von 1517, die Übergabe des Augsburger Bekenntnisses 1530 oder die Friedensschlüsse von 1555 und 1648, ferner die bedeutenden Augenblicke im Leben des Reformators –, Bilder – seien sie verbürgt oder erfunden wie der Thesenanschlag oder die Porträts der verschiedenen Reformatoren –, Klänge – der Choral «Ein' feste Burg ist unser Gott» –, historische Aussprüche – wie die Erwiderung Luthers gegenüber Karl V. –, symbolhafte Objekte – wie die hundert Bände der Weimarer Ausgabe der Schriften Luthers –, ohne daß diese Aufzählung Vollständigkeit beansprucht. Auch darf dieses Zeichensystem nicht als unwandelbar gelten. Zum einen, weil sich dieses System, wie wir gesehen haben, schon in der Vergangenheit um die Begriffe der Prophetie, des Menschheitsfortschritts, der Nation oder des historischen Ereignisses immer wieder neu konstituiert hat. Zum anderen, weil die verschiedenen Reformationsbilder auf sehr unterschiedliche, teils einander widersprechende Weise benutzt wurden. Mit jeder Nutzbarmachung erhielt der Begriff aber eine weitere Bedeutung.

Der Begriff der Reformation ist daher nie eindeutig, sondern schillernd, auch wenn nach der deutschen Einigung unter der Ägide Preußens eine Zeitlang der Eindruck entstehen konnte, die Verbindung von Modernität, Frömmigkeit und Deutschtum sei ihr bleibender Charakter. Doch selbst in jener Epoche der deutschen Geschichte herrschte keine Einhelligkeit in dieser Frage. Nach dem Zusammenbruch des deutschen Nationalismus, mit dem die Reformation weitgehend verquickt war, blieb nichts von diesem Charakter.

Das Gedenken an die Reformation hatte immer schon eine vielfältige Gestalt. Diese Pluralität wurde mißbilligt, als das Ideal eine Einheit aus Glaube, Volk und Reich forderte. Sie ist akzeptiert, ja sogar erwünscht, seit es darum geht, nicht nur ein gemeinsamer «Erinnerungsort» für die deutsche Nation zu sein, die sich um ihre Wurzeln sorgt, sondern in einer noch zu findenden Form Teil einer europäischen Schicksalsgemeinschaft zu werden. Eine solche Schicksalsgemeinschaft, die ein vielfältiges geistiges und kulturelles Erbe umfassen muß, wird nicht umhinkommen, in der Reformation ein konstitutives Element des sich neu arrangierenden Bildes ihrer Vergangenheit zu erkennen: «Ich fahr dahin in Fried und Freud.»

Aus dem Französischen von Reinhard Tiffert

Claire Gantet

Der Westfälische Frieden

I.

Vom Ausbruch des Dreißigjährigen Krieges an versuchten die Zeitgenossen, unbestimmte Zeichen zu deuten: die Kometen, die 1618 erschienen und deren Schweif die Geißel Gottes darzustellen schien; die Verschiebung der Jahreszeiten, die man für die Unordnung in der Welt und die Geldentwertung nach 1620 verantwortlich machte; und den Beginn des Gemetzels in Magdeburg 1631. Gegen die umstürzlerische Macht des Neuen schrieb von Anfang an eine Literatur an, die Gedenken an den Krieg und den Frieden zugleich sein sollte.

Ein ungenannter Einwohner von Gerstetten, einem Dorf auf der Schwäbischen Alb, das nach der Schlacht von Nördlingen in Brand gesteckt wurde, schob am 17. Januar 1647 folgende Notiz in seine Familienbibel: «Sie sagen, der schreckliche Krieg sei jetzt vorbei. Ist aber noch nirgends ein Fried zu spüren. Überall sind Neid, Haß und schlimmere Ding – der Krieg hat uns so gelehrt. Die Alten sind mit der Gottlosigkeit alt worden – wie wollten sie's noch lassen können vor ihrem Ende? Vom Fleck stehen noch ein paar Häuslein. Wir Leut leben wie die Tier, essen Rinden und Gras. Kein Mensch kann sich denken, daß so etwas vor uns geschehen sei. Viele Leut sagen, es sei jetzt gewiß, daß kein Gott ist. [...] Wir aber glauben, daß Gott uns nicht verlassen hat. Wir müssen jetzt alle beisamen stehen und Hand anlegen, inwendig und auswendig [...].»[1]

Neben der Klage über den «schrecklichen» Krieg, über «Neid» und «Haß», über die Gottlosigkeit, die durch die Ungewißheit genährt wurde, und die Herabwürdigung des Menschen auf die Stufe von Tieren stand eine unauslöschliche Hoffnung auf Überleben und einen Neubeginn. Das in Worte gefaßte Gedächtnis ist nicht nur ein passives Archiv, sondern erweist sich auch in den privaten Aufzeichnungen als eine Form der öffentlichen Wachsamkeit, in der zugleich etwas bewahrt und ein Blick in die Zukunft geworfen wird. Es geht nicht um die «wahrheitsgetreue» Wiedergabe von Ereignissen, sondern um ein didaktisches Anliegen: Den künftigen Generationen sollen die Schrecken des Krieges und die unermeßlichen Vorzüge des Friedens vor Augen geführt werden.

Da die Begrifflichkeit fehlte, um die Schrecknisse der Gewalt zu bezeichnen, wurde der Konflikt in extreme Bilder gekleidet und in die im Barock so beliebten Allegorien. Der Krieg wurde als Blutsauger dargestellt, personifiziert als Bettler, der nach Lust und Laune ein dem blinden Geschick ausgeliefertes Deutschland zerreißt. Er erscheint schrecklicher und grausamer als jede Kreatur, die man sich vorstellen kann, ein Ungeheuer. Hans Jacob Christoph von Grimmelshausen beginnt seinen *Satyrischen Pilgram* mit den Worten: «Ich gestehe gern / daß ich den hundersten Theil nicht erzehlet / was Krieg vor ein erschreckliches und grausames Monstrum seye.»

Die in Sprachgesellschaften zusammengeschlossenen Dichter und Dramenautoren beklagten die Gewalt in vom Schmerz verzerrten Sätzen und zeichneten ein einheitliches Bild des Elends, das in Wahrheit eher ungleich verteilt war. Auch in den Gebieten, die vom Krieg verschont blieben, prangerte man die Zerstörung des Landes an, das ausgehungert und verwüstet darniederlag, belagert und erdrosselt von Horden ausländischer Soldaten, aber auch – und das war der schmerzhafteste Pfahl im Fleische – von deutschen Truppen: «Aber was! Sol dies Land auch wol das Teutschland seyn? [...] Ich sehe durch und durch traurige Steintrümmer, leutlose Wildnissen und hesliche Aschenhauffen; solte wol die ganzze Welt sich wider dis Land auffgemacht und versworen haben. Ich sehe Spanier und Ungeren, Crabaten, Franzosen und Welsche, Lappen und Finnen, Sweden und Denen, Polen, Irren, Schott- und Engellender durch und durchziehen. Feinde dieses Landes künnen sie ja nicht seyn, alldieweil ich auch bey jedem Fremden Volke die treuliebenden Teutschen sehe [...].»[2]

Das schlimmste Drama in diesem Krieg zwischen Christen war, daß Deutschland mit sich selbst im Streit lag. Die Abkehr von gemeinschaftlichen Werten, die Ungeheuerlichkeit, die Zerstückelung: diese Bilder mahnten zugleich, die innere Zerrissenheit zu überwinden und zur Einheit des Staates zurückzufinden.

Daß die Dichter und Dramenautoren die beredtesten Verfechter eines Reichspatriotismus wurden, hängt durchaus damit zusammen, daß sie in der Lage waren, dem Schmerz mit Worten Ausdruck zu verleihen – allerdings waren auch die Tagebuchaufzeichnungen der einfachsten Handwerker genauso erschütternd –, vor allem aber artikulierten sie laut vernünftiges Nachdenken und politisches Handeln. In ihren Augen war der erste Schritt auf dem Weg zum Frieden die Besinnung auf die Muttersprache, die erste gemeinsame Übereinkunft. Die Entfernung aller fremden Wörter, die anscheinend zur selben Zeit in die Sprache eingedrungen waren wie die fremden Soldaten in das Land, hatte ein politisches Ziel. Die Gründer der Fruchtbringenden Gesellschaft, die unmittelbar vor Ausbruch des Krieges ins Leben gerufen wurde, der lutherische Herzog Wilhelm IV. von Sachsen-Weimar und der reformierte Fürst Ludwig von Anhalt-Köthen, sprachen seit 1622 von einem «teutschen Friedbund» und richteten an alle «gethrewen Patrioten» Aufrufe zum allgemeinen Frieden.

Der Frieden wurde durch die Erinnerung an den Krieg gestiftet. Die Diplomaten, die sich in den Herbergen der heruntergekommenen, verregneten Städte Münster und Osnabrück in Westfalen drängten, bemühten sich in erster Linie, Wege zu finden, wie sich ein ziviles Leben in Deutschland trotz und mit den konfessionellen Unterschieden wiederherstellen ließ. Sie hatten zwei Anliegen.

Am dringlichsten war es, alles zu tun, um das Zerwürfnis zu überwinden. In den ersten Zeilen der Verträge hieß es, der Frieden sei allgemein «christlich». Damit umfaßte er Katholiken, Lutheraner und Reformierte als nunmehr gleichrangige Bekenntnisse. In zeitgenössischen Flugschriften malte man sich aus, wie sich alle Gewalt gegen einen gemeinsamen Feind richtete, die Nichtchristen, das heißt die Türken, wie die Wendung gegen einen äußeren Feind die Deutschen aus dem inneren Kampf errettete – in gewisser Weise gemahnte der Gedanke an die «Türken» diesmal nicht an den heiligen Kreuzzug, sondern die Türken wirkten wie ein außenstehender Dritter, mit dessen Hilfe die Deutschen ihre staatsbürgerliche Einheit begründeten.

Die universelle Dimension des Friedens machte ihn zu einem deutschen Frieden. Die Übereinkunft am Ende eines Kongresses, zu dem sich die gekrönten Häupter aus vielen Teilen Europas versammelt hatten, war für die Zeitgenossen in der Tat ein «teutscher Frieden» – nicht nur weil die Kämpfe mehr als alle anderen deutsche Lande zerstört hatten, sondern vor allem weil die spezifischen konfessionellen Fragen dort geregelt wurden und darüber hinaus die Verfassung des Reiches befestigt wurde. Frankreich und Schweden, die als Reichsstände angesehen wurden, garantierten die politische Ordnung: Damit wurde die deutsche Verfassung zu einem Schlüsselelement des europäischen Gleichgewichts.

In den Augen aller Beteiligten, ob Juristen, Geistliche oder Bürgerliche, war der wichtigste Punkt der Einheit die Parität, einmal in zahlenmäßiger Hinsicht (das Reichskammergericht und in eingeschränkterem Umfang auch der Reichshofrat wurden künftig zu gleichen Teilen mit Katholiken und Protestanten besetzt, ebenso die Gremien der vier «paritätischen» Reichsstädte: Augsburg, Ravensburg, Biberach und Dinkelsbühl), vor allem aber bei den Verfahrensweisen: In den Reichsgremien sollten Katholiken und Protestanten getrennt beraten, im Konfliktfall mußten sie zu einer Übereinkunft gelangen; damit war ausgeschlossen, daß eine Seite in konfessionellen Angelegenheiten von der anderen majorisiert werden konnte.

Sogleich nach der Erklärung des allgemeinen Friedens wurden «ewiges Vergessen» und eine «Amnestie» für alle Kriegshandlungen seit Ausbruch der Feindseligkeiten verkündet. Die Amnestieklausel ging auf eine lange Tradition zurück und erreichte hier ihre größte Reichweite und Präzision. Sie wurde aus der ursprünglich religiösen Konnotation herausgelöst (Vergebung der Sünden) und bekam eine politische Bedeutung. Amnestie bedeutete nicht Amnesie, sondern regelte den rechtlichen Umgang mit den Wirrnissen der unmittelbaren Vergangenheit. Die Reichsgerichte sprachen 10 000 Amnestieurteile aus und erinnerten dabei faktisch immer wieder neu an den Konflikt. Das juristische Gedächtnis wurde zum Fundament einer komplexen Politik, die auf selektivem Erinnern aufbaute.

Der doppelte Wunsch, in begrenztem Umfang die Erinnerung zu bewahren und daneben aktiv zu vergessen, fand in den Klauseln über das «Normaljahr» seinen Ausdruck. Durch die Entscheidung, daß der kirchliche Besitzstand (außer in den kaiserlichen Erblanden und in Bayern) in den lutherischen Gebieten auf dem Stand von 1624 festgeschrieben werden sollte und in der reformierten Kurpfalz auf dem Stand von 1618, fror der Vertrag die konfessionelle Landschaft gewissermaßen ein. Darüber hinaus sollten alle Zeugnisse, die an den Krieg erinnerten, zerstört werden. Dies war nicht allein das Anliegen der in Westfalen versammelten Juristen. In Straßburg, einem geistigen Zentrum, wo die Grenzlage zu Frankreich die Entwicklung eines glühenden Patriotismus begünstigt hatte, bei dem die Ablehnung des Nachbarn ebenso intensiv war wie der Austausch mit ihm, sprach der Diplomat und Schriftsteller Moscherosch folgende Warnung aus: «Den Feinden des Vaterlandes werden die Ehren entzogen, die Mörder, die Räuber, die Henker der Bauern, die Feinde Gottes werden in der Hölle zerfleischt; die Verräter des Vaterlandes, die Geißeln der Unschuldigen werden gehängt; die Gottesleugner, die Betrüger, die nur zum Verderben des Vaterlandes und zur Schande gelebt, werden vernichtet, ihr Gedächtnis, ihr Name, ihre Denkmäler werden zerstört.»[3]

Die Augsburger wünschten sich zehn Jahre nach dem Abschluß des Friedensvertrags sehnlichst, endlich alle Zwietracht zu begraben:

> Es sey dann/liebe Söhn/es sey dann todt undt ab
> Vergessen/außgetilgt/verscharret in das Grab;
> Haß/Groll/Neid/Feindschaft/Rach/und nachgetragne Püken/
> Schad/Nachtheil und Verlust/mit denen Stücken
> Woraus der Krieg entsteht: Es werd nicht mehr gedacht
> An was vergangen ist und Zweytracht hat gebracht.[4]

Das in die Friedensbestimmungen eingeflossene Gedenken wies nicht nur dem Vergessen eine herausgehobene Rolle zu, es wurde auch mit voller Absicht aus dem Raum herausgelöst: In dieser doppelten Hinsicht schien der Westfälische Frieden beharrlich und unumstößlich der Begründung jedes «Erinnerungsortes» entgegenzustehen.

Die Lutheraner lehnten alles ab, was einer Pilgerstätte hätte gleichen können, und verwarfen *a priori* die Errichtung von Denkmälern. In den katholischen Gebieten gab es zwar etliche Mariensäulen, eine wurde 1638 in München aufgestellt, weitere nach Münchner Vorbild 1647 in Wien und 1652 in Prag, 1683 in Konstanz, aber mit diesen Säulen wurde die Jungfrau Maria geehrt, die 1620 den Sieg über die protestantischen Armeen ermöglicht hatte, und nicht der Friede. Derartige Denkmäler wurden vor allem in Bayern und den Erblanden errichtet, das heißt in den Gebieten, in denen das Normaljahr nicht angewendet werden sollte. In den Erblanden feierte man den Friedensschluß mit besonders großem Prunk in jenen drei Städten, in denen das Normaljahr durchgeführt wurde, in Glogau, Jauer und Schweidnitz.

Der Friedensschluß weckte Hoffnungen und gab den Anstoß zu Planungen. In Nürnberg beschäftigte man sich von Juni bis August 1650 intensiv mit der Errichtung eines *monumentum pacis.* Man verständigte sich darauf, die Inschriften in Latein abzufassen, aber erbitterte Diskussionen entbrannten darüber, welche Form und welche Größe die Säule haben sollte, mit welchen Symbolen das Reich, Frankreich und Schweden dargestellt werden sollten, und vor allem, wo sie errichtet werden sollte. Zwei Gutachten empfahlen, auf einem großen Platz eine Säule aufzustellen mit einer Inschrift, daß für alle Ewigkeit Frieden sei. Das Projekt fiel dem gegenseitigen Mißtrauen zum Opfer und wurde niemals verwirklicht. Man fürchtete, daß die Säule nicht dem Gedenken an den Frieden dienen, sondern für alle Zeit in der Stadt Zeugnis von den Konflikten der alten Feinde ablegen würde.

Somit bekam der Frieden kein Denkmal. Er verlangte vielmehr, daß der Raum leer blieb und nicht mit «Orten» ausgefüllt wurde, die Markierungspunkte auf einer weiten Fläche hätten abgeben können.

Die Amnestie war eine vorläufige Lösung. Sie gewährte allen den Schutz des Gesetzes, das Schweigen garantierte. War es nicht eine unmoralische Entscheidung, sich zu verbieten, daß über das Leiden gesprochen wurde, die Verbrechen einfach auszuradieren? Vergebung brauchte Erinnerungsarbeit, nur sie konnte den Austausch wieder ermöglichen. Das war der zweite Wunsch, gewissermaßen das Gegenstück zum Bemühen um öffentliches Stillschweigen, den die Zeitgenossen teilten. Die Ablehnung des «monumentalen Gedächtnisses» öffnete den Weg für die Entstehung eines «kulturellen Gedächtnisses» (Jan Assmann), das auf Gebet, Reue und Buße gründete. Aber dieses Gedächtnis war getragen vom Vergessen. Der Friedensschluß führte zu einer problematischen Erinnerung.

II.

Der Übergang zum Frieden nach einem dreißigjährigen Bürgerkrieg bedeutete, daß man sich von den Hierarchien und den sozialen Beziehungen befreite, die der Konflikt geschaffen hatte: Er bedeutete, mit der Ordnung des Krieges zu brechen. Don Horribilicribrifax und Don Daradiridatumtarides, die aufschneiderischen Hauptleute in dem Stück von Gryphius[5], die ihre Stellung in der Welt allein dem Waffenhandwerk verdankten und deren Aussichten auf Heirat und Mitgift der Frieden zunichte gemacht hatte, gleichen ihren Statusverlust dadurch aus, daß sie an einer manierierten höfischen Sprechweise festhalten. Die so sehr um Vergessen bemühten Augsburger verzeichneten in ihren Annalen zum Friedensschluß nach der Beschwörung, die Zwietracht zu begraben, Klagen über entlassene Offiziere, beschäftigungslose Pulverfabrikanten, untätige Kanonengießer und arbeitslose Waffenschmiede.[6] Das war nicht das großspurige Prahlen von Komödienfiguren oder der Tadel abgesetzter Pfarrer: Daraus sprach die Angst vor der Rückkehr zum Frieden.

Adriaen van Nieulandt: Allegorie auf den Frieden von Münster 1648 (1650)

Was sollte aus den Soldaten werden? Konnte es nach all der Schlächterei einfach wieder Ruhe und Frieden geben? Wie kehrte man ins zivile Leben zurück?

Die besondere Aufmerksamkeit in dieser Gesellschaft, die sich Gedanken über ihre Zukunft machte, galt der Erziehung der Jugend, die im Krieg heimat- und gesetzlos herangewachsen war. Die in den Jahren der Rückkehr zum Frieden verfaßten Reden prangerten an, wie die Soldaten die Jugend verdorben hatten, und die Soldaten wurden, gerade weil sie immer noch zum alltäglichen Bild gehörten, als fremde, krankmachende, anti-deutsche Eindringlinge beschrieben. Um die jungen Seelen zu beeindrucken, wurden zu den Schulfeiern anläßlich des Friedensschlusses aufrüttelnde Ansprachen verfaßt, in denen vom Meer der menschlichen Sünden die Rede war, die von den ausländischen Soldaten bestraft wurden, von dem Gemetzel in Magdeburg und von der im Religionsfrieden wiedererstandenen Einheit des deutschen Vaterlandes.

Nach so vielen Jahren der Zwietracht wurde der Schritt vom Krieg zum Frieden feierlich begangen. Die Unterzeichnung der Verträge von Münster und Osnabrück am 24. Oktober 1648 bedeutete noch nicht das Ende der Auseinandersetzungen. Im Westen ging der Krieg zwischen Frankreich und Spanien weiter, im Reich wollten sich die schwedischen Armeen nicht zurückziehen, solange nicht ihren Forderungen nach territorialen und finanziellen «Satisfaktionen» entsprochen wurde. Führungslos und ohne weiter Sold zu erhalten, zogen die Soldaten plündernd über das Land. In den Verträgen war ein Zeitraum von zwei Monaten für den Rückzug der Armeen vorgesehen: Es dauerte zwei Jahre, bis man zu einer Einigung gelangte, und dann noch einmal drei Jahre, sie in die Tat umzusetzen. Im Juli 1650 wurden die Verhandlungen auf dem Nürnberger Exekutionstag endgültig abgeschlossen. Der Frieden war von nun an Teil der Reichsverfassung, und man einigte sich über die Modalitäten für den Abzug der Soldaten.

Die Bevölkerung begrüßte die Unterzeichnung des Friedensvertrags mit einem wahren Festrausch. Zwischen Mai 1648 und Dezember 1650 fanden im Reich mindestens 174 Friedensfeste statt. Mehr als die Hälfte fiel in das Jahr 1650 und galt dem Abzug der Besatzungstruppen, wiederum mehr als die Hälfte davon wurde in süddeutschen – und vor allem bikonfessionellen – Städten gefeiert. Weitere dreißig Feste begingen die Menschen zwischen 1651 und 1660 in Gegenden, wo die Soldaten erst verspätet abrückten. Von den insgesamt zwischen Mai 1648 und Jahresende 1660 in Europa belegten 208 Festen anläßlich des Westfälischen Friedens fanden nur 28 außerhalb des Reiches statt und allein 108 in Süddeutschland. Ebenfalls bevorzugt in Süddeutschland wurden die Feiern jedes Jahr an einem bestimmten Datum abgehalten.

Gleichwohl stimmten nicht alle in die Festfreude mit ein. Die Katholiken waren unsicher, durch den päpstlichen Protest gegen den Vertrag behindert, der lutherische Klerus hingegen feierte besonders ausgelassen. Er feierte um so mehr, als er fürchtete, daß der Frieden seine Macht schmälern könnte, vor allem in den umstrittenen Städten, in denen weltliche Obrigkeiten regierten: Das vom Klerus geschaffene kulturelle Gedächtnis war Ausdruck der sozialen Konkurrenz um die Definition des Friedens.

Die Friedensfeste spiegelten damit auch die Ängste vor dem Frieden wider. Der Pfarrer von Isny in Schwaben machte keinen Hehl aus seiner Verbitterung: «Es ist wol dieser Reichsfried ein guldener Fried/dann er viel tausend rohter Goldgulden/viel Tonnen Goldes/grosse Summen Goldes/viel Millionen Reichsthaler kostet; [...] nach dem gemeinen Sprüchwort/übernächtiger Friede ist Goldes werth.»[7]

In der Ungewißheit, was die Zukunft bringen würde, flossen Lachen und Angst zu Ironie zusammen. Man zitierte die Bestimmungen des Vertrages, durch welche er zum «ewigen» Frieden erklärt wurde, doch man fürchtete zugleich, daß die langen Verhandlungen und die verspätete Unterzeichnung bereits der Auftakt zum nächsten Krieg sein könnten. Die Geistlichen bemühten sich darum um so mehr, durch religiöse Zeremonien das Einvernehmen der Menschen zu bekräftigen und damit gewissermaßen eine Gewähr für die Dauerhaftigkeit des Friedens zu geben.

Langfristig drückten sich in der feierlichen Begehung des Friedens Ängste vor politischer Marginalisierung aus. All die sogenannten «freien» Städte mit ihren offensichtlich gefährdeten Privilegien priesen den Frieden unter der Ägide des Kaisers. In Erfurt beispielsweise, einer mehrheitlich protestantischen Stadt, wurde der Reichsfrieden in zahlreichen Ansprachen begrüßt: In ihrem Kampf um Unabhängigkeit, den die Stadt gegen den Erzbischof von Mainz führte, wandte sie sich noch einmal verzweifelt dem Kaiser zu.

Das aufwendige barocke Fest, überquellend von Zeichen, Farben, Tönen und Gerüchen, war die Kehrseite dieser vielfältigen Ängste. In Augsburg strömten am 8. August 1650 die Lutheraner in die mit Wandteppichen und Spruchbändern geschmückten Kirchen, deren Boden mit Sand bestreut war, voller Blumen, Kränze, Maibäume und Zypressen. Am darauffolgenden Mittwoch zog eine Kinderprozession durch die Stadt, die Jungen in weißen Hemden und mit grünen Kränzen, in den Händen Zweige und Gebetbücher, die Mädchen in weißen Schürzen und Miedern, die Haare zu Zöpfen geflochten und darin Kränzchen aus vergoldeten oder versilberten Perlen. Das Fest wurde ein Opfer seines Erfolges. Die aus Anlaß der Friedensfeier vier arbeitsfreien Tage am 8., 10., 15. und 16. August 1650 erwiesen sich als zu kurz, und die Menschen kamen zu zahlreich, als daß sie alle Platz fanden.

Da es keine Denkmäler gab, nahm das kulturelle Gedächtnis die Form von Festen an, von individuellen und literarischen Zeugnissen, und allen gemeinsam war das didaktische Anliegen. Alle wünschten, mit einer einzigen Geste könnte der Mantel des Schweigens über die Gewalt gebreitet werden, um die Wiederherstellung der zivilen Einheit zu ermöglichen, und zugleich wollten sie den Konflikt in eine Erzählung verwandeln, die von der Abscheulichkeit des Krieges Zeugnis ablegen sollte: Weniger die «historischen» Schlachten blieben in Erinnerung als vielmehr die Mißachtung aller Werte und das ohnmächtige Abgleiten in grausames Wüten.

Martin Bötzinger aus dem nordfränkischen Poppenhausen, zwanzig Kilometer von Coburg entfernt, begann voller Verwunderung, daß er überlebt hatte, sein Tagebuch mit den Worten:

> O wenn ich zehlen solt
> die Anstöß mannigfalt
> die mich im gantzen Leben
> von Kindheit an umgeben
> biß auf die Zeit jetzunder
> es wäre fast kein Wunder,
> daß ich längst wäre todt
> für mancher Angst und Noth [...]
> Offt hat mir der Soldat
> und zornige Croat
> das Schwerdt ans Hertz gesetzet,
> mich auch gar sehr zersetzet, doch kont ich noch nicht sterben,
> kein Unfall mich verderben. [...]
> Ich war ein Exulant
> dort in dem Thürnger Land [...].[8]

Der Thüringer Wald, in den er sich geflüchtet hatte, begann hinter dem Dorf, dort erlebte er Mitgefühl und Anteilnahme von Nachbarn, die wie er geflohen waren: Im «Exil» fand er Heimat. Durch die schriftliche Aufzeichnung wurden die individuellen Erinnerungen von vornherein zu einer typischen Erfahrung, in der sich ein durch den Bericht vermitteltes «Gedächtnis» niederschlug.

Johann Hoos, geboren 1670, berichtete, wie zwei Frauen aus dem hessischen Dorf Leimbach, geboren 1611 und 1614, ihm immer und immer wieder (und besser als sein 1626 geborener Vater) die Geschichte des «großen Krieges» erzählten. Am Ende ihres Lebens hatten Elisabeth und Catharina ihre Erfahrungen so oft erzählt und ausgeschmückt, manches hinzugefügt, anderes weggelassen, daß daraus für ihre Mitmenschen so etwas wie ein gemeinsames Erbe geworden war. Noch zwei, drei Generationen später verbanden die Menschen in Leimbach mit dem Wort «Krieg» Chaos, Not, Hunger, brennende Gehöfte, verwüstete Felder, entehrte Frauen, blindes Umherirren, kurzum eine beständige Bedrohung von Besitz, Leib und Leben.

Es ist ein Paradox: Die Erinnerung existiert nur in der Weitergabe. Aber durch die Verallgemeinerung, die zur Erzählung gehört, werden die Schilderungen so weit stilisiert, bis sie sich von jedem greifbaren Ereignis gelöst haben, und sie fließen in einem einzigen Bezugspunkt zusammen, der sich aus unterschiedlichen Quellen speist, aus mündlicher Überlieferung, Flugschriften, Hörensagen usw. In Leimbach wie in Poppenhausen war dieser Bezugspunkt nichts Künstliches. Denn durch ihre grenznahe Lage waren die beiden Dörfer Gebiete des Austausches, auch der Unsicherheit, und das förderte die Suche nach einer identitätsstiftenden Erinnerung.

III.

Um 1730 wurde den Menschen bewußt, daß es einen Bruch bei der Weitergabe der Erinnerung innerhalb der Familie gab. Die Generation der Augenzeugen, die den Krieg noch selbst erlebt hatten, erlosch, und so schien es dringlich geboten, die Erinnerung ein für allemal festzuhalten.

Die Konkurrenz zwischen den Verlegern war ein Grund dafür, daß die ersten Schriften über die Friedensverhandlungen, verfaßt von Carl Wilhelm Gärtner und von Johann Gottfried von Meiern, gleichzeitig erschienen. Daneben spielte auch der Wunsch, eine verblassende Erinnerung wiederzubeleben, eine Rolle. Diese Sorge teilten auch die jeweiligen lutherischen Obrigkeiten, sie regten die ersten Gedenkfeiern zum Jahrestag des Friedensvertrages 1748 an, und in Jena, Braunschweig und Augsburg wurden zu diesem Anlaß Schulbücher verfaßt,[9] die ausschließlich dem Dreißigjährigen Krieg und dem Westfälischen Frieden gewidmet waren. In diesen Werken dominierten die gelehrte Abhandlung und die Verwunderung darüber, daß sich die Katholiken über einen seither allgemein gebilligten Frieden erregten, gegenüber der unmittelbaren Polemik. Für die Protestanten wog der Friedensvertrag schwerer als ein einfaches Toleranzedikt zugunsten einer religiösen Minderheit.

Seit den dreißiger Jahren des 18. Jahrhunderts wurde der Westfälische Frieden somit als das Grundgesetz des Reiches gepriesen. Nach Carl Wilhelm Gärtner[10] hatte die Rivalität der Mächte im Krieg dazu beigetragen, daß die Vereinbarung eine universelle Dimension erhielt, daß der Friedensvertrag als Grundgesetz von den Reichsständen anerkannt wurde. Die Verfassung des Reiches war im internationalen Recht verankert und wurde damit zum Kern einer europäischen Friedensordnung. Die deutschen Rechtsgelehrten waren nicht die einzigen, die in den Verträgen aus dem Jahr 1648 den Schlüssel zum Gleichgewicht der europäischen Mächte sahen. In der Tat priesen die Aufklärer, allen voran Jean-Jacques Rousseau (1752), Mably (1765) und Voltaire, das aus dem Westfälischen Frieden hervorgegangene System als Kern eines europäischen Gleichgewichts. Während in Frankreich die Feudalherrschaft zur Monarchie und dann zur Tyrannei geführt habe, habe die föderale Ordnung Deutschlands die Entfaltung eines harmonischen Gleichgewichts begünstigt.

Am Vorabend der Revolutionswirren erstrahlte die Ordnung von 1648 in Frankreich wie in Deutschland in besonders hellem Glanz. Das Werk von Johann Stephan Pütter[11], der 1795 eine völlig neuartige systematische Untersuchung der einzelnen Artikel der Friedensverträge vorlegte, trug bereits den Stempel der Nostalgie.

Schiller stand mit seiner *Geschichte des Dreißigjährigen Krieges*, an der er von 1790 bis 1792 schrieb und die ursprünglich für Göschens *Historischen Kalender für Damen* gedacht war, somit in einer langen Tradition. Wie andere Geschichtsschreiber des 18. Jahrhunderts betonte er die europäische Dimension des Konflikts. Doch es wurde bereits spürbar, daß die Zeiten sich geändert hatten. Die *Wallenstein*-Trilogie, erstmals aufgeführt am Weimarer Hoftheater zwischen dem 1. Oktober 1798 und dem 20. April 1799, beginnt mit den Worten:

> Zerfallen sehen wir in diesen Tagen
> die alte feste Form, die einst vor hundertundfünfzig Jahren
> ein willkommener Friede Europens Reichen gab,
> die teure Frucht von dreißig jammervollen Kriegesjahren.[12]

Die Französische Revolution fand natürlich auch einen Platz in dem damals so beliebten historischen Theater, das die Politik als Spiel der Mächte darstellte. Das historische Vorbild für Wallenstein war vielleicht General Dumouriez, der in der Schlacht von Valmy das republikanische Heer geführt hatte und 1793 in österreichische Dienste übergewechselt war. Obwohl Schiller sich einen freien Umgang mit den literarischen Regeln erlaubte, prägen die Revolution und ihre Ablehnung das ästhetische Erscheinungsbild des Stückes. Von 1790 an war Schiller daran gelegen, durch die Begründung einer eigenen deutschen Geschichtsschreibung seine Pflicht für das Vaterland zu erfüllen. Er verstand seine Aufgabe als die eines neuen Thukydides und entwickelte das Historiendrama zur historischen Tragödie, in der erzählende und didaktische Elemente in den Gang der Handlung einfließen.

Die Entscheidung, wer der Protagonist sein sollte – der einfache, geradlinige Gustav Adolf, dem Schiller gefühlsmäßig zuneigte, oder der düstere, verräterische Wallenstein –, fiel erst nach langem Hin und Her. Unbestimmtheit, behandelt mit Distanz und sogar einem Schuß Ironie, ist kennzeichnend für alle Personen, für den Kaiser, der von seinen Generälen übergangen wird, ebenso wie für die Schweden und ihren König, der erst gepriesen und dann als Eindringling geschmäht wird, und vor allem für Wallenstein und seinen Gegenspieler Buttler. Wallenstein, eine wider Willen faszinierende Persönlichkeit, scheitert letztlich an seiner eigenen Rätselhaftigkeit. Der Kern des Dramas verlagert sich damit auf die Suche nach ungreifbaren inneren Vorgängen, der Mensch wird von sich selbst getäuscht und von der Außenwelt, in der sich die Kräfte der Natur und die menschliche Willensfreiheit gegenüberstehen.

So hatte sich der Schwerpunkt von der Lobpreisung des Friedens auf die Geschichte des Krieges und das Leben eines großen Mannes verlagert. Alles in allem erschien der Friedensschluß von 1648 Schiller als eine gute Entscheidung, aber am Ende seiner Abhandlung bleibt eine Frage offen: «Was für ein Riesenwerk es war, diesen unter dem Namen des westphälischen berühmten, unverletzten und heiligen Frieden zu schließen [...] – muß einer andern Feder vorbehalten bleiben. [...] Ein Abriß davon würde das interessanteste und charaktervollste Werk der menschlichen Weisheit und Leidenschaft zum Skelet entstellen [...].»[13]

In der literarischen Welt wurden die *Geschichte des Dreißigjährigen Krieges* und vor allem die *Wallenstein*-Trilogie sofort rezipiert – von Kleist und Goethe, von Grillparzer und Immermann, die einige Passagen wörtlich aufgriffen –, die Historiker erreichten sie durch ein 1808/09 von Karl Ludwig von Woltmann veröffentlichtes Werk, das als eine Fortsetzung von Schillers Werk vorgelegt wurde. Woltmann urteilt wie Schiller im Grunde positiv über die Verträge, aber eine gewisse Beunruhigung bleibt: «Nie wurden so vielfache und verwickelte Beziehungen der Staaten, unter Einfluß so vieler sehnlichst erwarteten und ängstlich gefürchteten Ereignisse in der Politik und auf dem Schlachtfelde [...] in irgend einer Friedensversammlung verhandelt, als in jener zu Münster und Osnabrück, deren mühsames Werk, eine Veste für das politische System Europa's, insonderheit des inneren Deutschlands, erst in unsern Tagen ganz zu versinken drohet.»[14]

Das Buch war als Kampfschrift für den Frieden gedacht in einer Zeit, in der das nationalistische Denken an die Oberfläche drängte, und schilderte, wie die plündernden Schweden, Franzosen und Spanier eine Spur der Verwüstung durch das Land zogen. Der Dreißigjährige Krieg war der schicksalhafte Augenblick, in dem die religiöse Spaltung sich in einen «Riß» im Staat verwandelte, weil einmal der Konflikt zwischen der protestantischen Religion und der «alten Kirche» bestand und daneben der Konflikt der halbsouveränen Einzelstaaten mit dem Kaiser.

Damit lag das Thema Kleinstaaterei auf dem Tisch, aber es verging noch einige Zeit, bis der Westfälische Frieden endgültig diskreditiert war. Um das Jahr 1813 befaßte man sich weniger damit, die Vergangenheit zu kritisieren, sondern suchte in erster Linie nach den Grundlagen des neuen Staates, der sich aus der Asche der napoleonischen Herrschaft erheben sollte. Noch bei Ernst Moritz Arndt dient die Erinnerung an den Dreißigjährigen Krieg dazu, die nationale Begeisterung anzufachen:

Ihr auch, die auf diesen Auen
Jüngrer Schlachten Staub erregt,
Und mit Schrecken, Tod und Grauen
Reihen gegen Reih'n bewegt,
Gustav, großer Schwedenkönig,
Zweiter Friedrich, Wallenstein,
Lernt, wie eure Schlachten wenig
Sind vor diesem Ehrenschein.[15]

Erst Arndts Nachfolger in Greifswald, Friedrich Rühs, vollzog die Wendung zum Nationalismus. Die Geschichte, schrieb er 1815, sei seit eineinhalb Jahrhunderten eine «Kette von Verwirrungen, Unruhen und Kriegen» gewesen, ausgelöst durch die gezielte Aggression Frankreichs, und er sprach von den 23 Millionen verbliebenen Deutschen, die nach dem Raub von 6 Millionen Menschen durch Frankreich 1648 noch von der vergangenen Größe kündeten. Der Grund für die «Versklavung» Deutschlands lag in der französischen Garantieklausel und in der Unabhängigkeit der deutschen Staaten gegenüber einer schwachen Zentralgewalt, beides im Westfälischen Friedensvertrag verankert. Die Lehre konnte nur lauten, die deutschen Fürsten müßten künftig «zuerst deutsch denken und deutsch sprechen lernen»: Zum ersten Mal war damit ein nationalistisches Programm formuliert.[16]

Die deutsche Sprache rückte noch mehr in den Mittelpunkt, als die Romantiker sich wieder auf die Werke von Grimmelshausen besannen, die ein Jahrhundert lang in Vergessenheit geraten waren. Angesichts der Besetzung durch Napoleons Truppen wurden die barocken Traktate über die Reinigung der Sprache wiederentdeckt. Eichendorff knüpfte in seinem Bildungsroman *Ahnung und Gegenwart* (1815) und in seinen Schriften über die deutsche Dichtung an Grimmelshausens «Teutschen Michel» an. In der 1809 veröffentlichten Schrift *Der Held des neunzehnten Jahrhundert, eine Apokalypse des siebenzehnten* war die Zielrichtung noch unmittelbarer politisch: Unter dem Deckmantel einer Wiederaufnahme des *Simplicissimus* formulierte Johann Christian Ludwig Haken eine beißende Kritik an der napoleonischen Militärherrschaft und den zögerlichen Reformen in Preußen. Spätestens seit 1816/18, als Grimmelshausen direkt und explizit in die vier *Deutschen Sagen* der Gebrüder Grimm aufgenommen wurde, galt er als der unmittelbarste, ehrlichste Augenzeuge der Schrecken des Krieges – eine neue Wegmarke in der fortschreitenden «Nationalisierung» der Erinnerung an den Dreißigjährigen Krieg.

Als das christliche Mittelalter zum goldenen Zeitalter eines einigen, starken Kaiserreiches im Herzen Europas stilisiert wurde, erschienen der Dreißigjährige Krieg und der Frieden, der ihn beendet hatte, nur noch als negatives Gegenbild. Für alle, die dem entstehenden preußischen Staat Loblieder sangen, hätte sich aus der Reformation in Verbindung mit der Gewissensfreiheit, wie Luther sie vertreten hatte, eine politische Moderne entwickeln können, hätte es nicht 1648 den Widerstand von katholischen Fürsten und Kaiser gegeben, die damit schuldig waren an der Verewigung der nationalen Spaltung und der Einmischung des Auslandes. Auf der Suche nach einem Vorbild für den starken Staat besann man sich auf den Heerführer, der seine Truppen um sich geschart und zusammengeschweißt hatte; damit wurde Gustav Adolf zur Lichtgestalt.

Im November 1832 wurde der 200. Todestag des Schwedenkönigs erstmals mit einer größeren Gedenkfeier begangen. Denkmäler wurden errichtet auf der «Alten Veste» nahe Zirndorf, wo er und Wallenstein zusammengetroffen waren, und vor allem auf dem ehemaligen Schlachtfeld von Lützen: Nach Entwürfen von Karl Friedrich Schinkel wurde beim «Schwedenstein» ein Kenotaph im gotisch inspirierten Stil aufgestellt, und die sächsischen Pfarrer gründeten als «lebendes Denkmal» die «Gustav-Adolf-Stiftung», die bald umbenannt wurde in «Gustav-Adolf-Werk». In den Einweihungsansprachen war von dem Helden die Rede, der sich geopfert hatte, der «des Herrn Kriege» führte und an «heiliger Stätte» gefallen war. Die Nation mit dem Preußenkönig Friedrich Wilhelm an der Spitze sei daraus geheiligt hervorgegangen: «Hier erfocht der fromme Schwedenkönig über die Feinde der protestantischen Kirche den ersten Triumph, welcher ihm Bahn brach, und vergalt dem bis dahin unüberwundenen Widersacher die Zerstörung von Magdeburg. Hier schrieb der Held von Altranstädt den Frieden vor, welcher den Evangelischen in Schlesien volle Gewissensfreiheit wiedergab. So erschien er, als der Kirche Vertreter und als der Gläubigen Vorkämpfer, im zerrissenen Deutschland. Glaube gab ihm die Siegsgedanken, deckte ihn mit dem Siegsharnisch, führte ihn auf dem Siegswege, reichte ihm die Siegesfahne.»[17]

Wenn der vom Schicksal gesandte, ruhmvoll gefallene Retter es würdig war, gefeiert zu werden, dann mußte die im Westfälischen Frieden festgeschriebene nationale Spaltung überwunden werden. Im Kontext der Wirren von 1848 siegte der Argwohn. Auf die Frage der Augsburger Lutheraner, ob der 200. Jahrestag des Westfälischen Friedens feierlich begangen werden sollte, antworteten die Verantwortlichen der Synode von Speyer im Juni 1848: «Zu unserer Zeit, in welcher die Einheit, Größe und Selbständigkeit Deutschlands das Losungswort geworden ist, wird man sich gerne nicht dazu verstehen, einen Friedensschluß zu verherrlichen, den Schweden und Franzosen dictirten [...].»[18] Die «verspätete Nation» wandte sich vom Westfälischen Frieden ab.

Am klarsten brachte wohl der Historiker Heinrich von Treitschke 1879 die preußische Sicht auf den Punkt, daß der Dreißigjährige Krieg eine nationale Katastrophe gewesen war. Ohnmächtig, zwei Drittel seiner Bevölkerung beraubt, den ausländischen Mächten ausgeliefert, hatte das Reich nach 1648 nicht einmal mehr eine Verfassung: «In einer Zerstörung ohnegleichen geht das alte Deutschland zugrunde. [...] Rhein und Ems, Elbe und Weser, Oder und Weichsel, alle Zugänge zum Meer sind ‹fremder Nationen Gefangene›; dazu am Oberrhein die Vorposten der französischen Übermacht, im Südosten die Herrschaft der Habsburger und der Jesuiten. Zwei Drittel der Nation hat der greuelvolle Krieg dahingerafft [...]. Das Volk, das einst von Kriemhilds Rache sang und sich das Herz erhob an den heldenhaften Klängen lutherischer Lieder, schmückt jetzt seine verarmte Sprache mit fremden Flittern [...]. Die Umbildung des altgermanischen Wahlkönigtums zur erblichen Monarchie hat den meisten Völkern Westeuropas die Staatseinheit gesichert. Deutschland aber blieb ein Wahlreich, und die dreihundertjährige Verbindung seiner Krone mit dem Hause Österreich erweckte nur neue Kräfte des Zerfalles und des Unfriedens, denn das Kaisertum der Habsburger war unserem Volke eine Fremdherrschaft. [...] Da führte der Glaubenseifer des Kaiserhauses alle Schrecken des Völkermordes über Österreich herauf.»[19]

Zwanzig Jahre später wurde der 250. Jahrestag des Westfälischen Friedens nur noch in Münster und Osnabrück registriert. Sie waren inzwischen preußische Provinzstädte und begingen den Gedenktag mit Feierlichkeiten zu Ehren der Hohenzollern.

Die Präsenz nationalistischer *topoi* seit den zwanziger Jahren des 19. Jahrhunderts war auch ein Ergebnis des Geschichtsunterrichts. Die Schulbücher, die in zwanzig, bisweilen gar hundert Auflagen erschienen, vollzogen um 1820–1830 wie die akademische Geschichtsschreibung die Wendung von der positiven Bewertung des Westfälischen Friedens zur ablehnenden Sicht. Wurde der Krieg bis dahin als eine Phase religiöser Zwietracht angeprangert, sah man darin nunmehr den «Riß» durch die Nation, der erstmals 1635 im Frieden von Prag sanktioniert worden sei. Wäre Gustav Adolf nicht auf dem Schlachtfeld gefallen, hätte er der Retter sein können, hieß es in protestantischen Schulbüchern der Jahre 1830–1850, die nicht selten von Angehörigen des «Gustav-Adolf-Werks» verfaßt worden waren. Nach dem Tod des charismatischen Helden sei alles in Unordnung geraten, und die Schulbücher ergingen sich wie die akademischen Schriften in langen Schilderungen der anschließenden Verwüstungen.

Das beste Beispiel für die Brücken zwischen der akademischen Geschichtsschreibung und dem Geschichtsunterricht sind unbestritten Gustav Freytags *Bilder aus der deutschen Vergangenheit*, die von der siebten bis zur zehnten Klasse als Lehrbuch eingesetzt wurden. Freytag vermischte Anekdoten aus Grimmelshausen über das Verhalten der Soldaten, Bemerkungen von Schiller über das Leben der Offiziere, Informationen aus Flugschriften, ohne auf deren Absicht einzugehen, und Statistiken, die aus lokalen Quellen zusammengeschustert wurden, und entwarf daraus mit groben Pinselstrichen ein packendes Bild der Kriegsgreuel, das mit dem kategorischen Urteil endete: «Hundert und fünfzig Jahre von Oxenstierna bis Napoleon währte das letzte Stadium des Auflösungsprocesses, welchen das heilige Römische Reich des Mittelalters durchmachte. Die tötliche Krankheit beginnt von 1520, von der Krönung Karls V., des burgundischen Habsburgers, zum deutschen Kaiser, der Todeskampf selbst von 1620, von der Wahl Ferdinands II., des Jesuitengönners, der Glokkenklang des westfälischen Friedens wurde das Totengeläut; was seitdem folgte, war die letzte langsame Zersetzung eines toten Organismus. Aber er war auch der Beginn neuer organischer Bildungen. Genau fällt mit dem Ende des dreißigjährigen Krieges der Aufgang des preußischen Staates zusammen.»[20]

Die Kontinuität der Nation war politischer und kultureller Natur zugleich und wurde über das revolutionäre Zwischenspiel hinweg von Dichtern wie Schiller und Goethe getragen, von den Philosophen seit Kant – und vom preußischen Staat.

So blieb das ganze 19. Jahrhundert hindurch das zentrale Problem der durch die Französische Revolution verursachte Bruch. Seit Woltmann zeichnete es alle Schulbuchautoren aus, daß sie zwischen Faszination für die Revolution einerseits und dumpfer Ablehnung andererseits schwankten. Maßgeblichen Anteil an der Schiller-Rezeption hatte der Direktor des Weimarer Gymnasiums, Böttiger, ein begeisterter Schiller-Verehrer. Böttigers Sohn übernahm ganze Passagen von Schiller in ein viele Male wiederaufgelegtes und später plagiiertes Schulbuch. Indem diese Autoren der Jugend den Heldenkult eintrichterten, formten sie die leicht zu beeinflussenden Seelen zur Opferbereitschaft.

IV.

Der zweite Bruch, der dem Dreißigjährigen Krieg die Bezeichnung «großer Krieg» raubte, war der Erste Weltkrieg. In der Zeit zwischen den Weltkriegen und vor allem während der Kriegsbegeisterung Ende der dreißiger Jahre bemühten sich die Nationalisten eifrig darum, den Frieden von Versailles und den Westfälischen Frieden auf eine Stufe zu stellen. 1940 mokierte sich der Historiker Heinrich von Srbik über das heimliche französische Hegemoniestreben mit dem Hinweis auf 1648: «Und immer das alte Spiel der Ringbildung von außen und des Spaltens und Auseinanderhaltens im deutschen Innern; [...] immer die unauslöschliche Erinnerung an das Idealbild des Westfälischen Friedens in einer sich wandelnden Welt! Welche düsteren Schattenbilder von 1870/71, als das Instrument von Münster zerrissen wurde, vom zweiten deutschen Reich bis zu dem ‹zweiten Westfälischen Frieden›, dem furchtbarsten Unrecht, das die Geschichte seit Jahrhunderten kennt, den ‹Friedensschlüssen› von Versailles und St. Germain! Und heute, da das Großdeutsche Reich erstanden ist, da das eiserne Band des Zwangsvertrags wieder zersprengt und das deutsche Volk zur Einheit, zur Kraft, zur Selbstbestimmung der Welt gelangt ist – heute erschallt wieder der Ruf: ‹Zurück zum Westfälischen Frieden!›»[21]

Das war der Ton der Nazi-Propaganda. Hitler bezog sich in seinen Reden vor 1939 immer wieder auf die demographische «Katastrophe» des Dreißigjährigen Krieges: Das Reich, wetterte er, sei von 18,5 Millionen auf 3,6 Millionen Einwohner geschrumpft.[22] Von den ersten Tagen des Krieges an verkündete er beharrlich, daß nun die Zeit gekommen sei, Rache zu nehmen für die Zerschlagung der Nation durch den Westfälischen Frieden: «Nach dem Dreißigjährigen Kriege durch den Vertrag von Münster endgültig aufgespalten in Hunderte von Kleinstaaten, hat unser Volk seine ganze Kraft im Kampf gegeneinander verbraucht. Fürsten und Fürstchen, Könige und geistliche Würdenträger, sie haben die Zerrissenheit in unserem Volk aufrechterhalten, und als es dann endlich schien, als ob diese rein dynastische Zersetzung unseres Volkskörpers ihr Ende finden könnte, da sind die Parteien gekommen, da kamen dann Weltanschauungen, um ihrerseits das fortzusetzen, was einst begonnen worden war.» England und Frankreich hätten nur eines im Sinn, nämlich die Rückkehr zu den Verhältnissen von 1648: «Wir wissen ganz genau, welches Ziel sie haben [...]: es ist das Deutschland von 1648, das ihnen vorschwebt, das aufgelöste und zerrissene Deutschland.»[23]

Goebbels schrieb am 3. Mai 1937 in sein Tagebuch: «Der Führer erzählt. Von der zukünftigen Liquidation des Westfälischen Friedens.»[24] Und am

17. November 1939 notierte er, Hitler sehe als Kriegsziele die «restlose Liquidation des Westfälischen Friedens, der in Münster abgeschlossen worden ist und den er in Münster beseitigen will. Das wäre unser ganz großes Ziel.»[25]

In der Tat spielte Hitler eine Zeitlang mit dem Gedanken, den Vertrag, der den Sieg über Frankreich besiegeln sollte, in Münster unterzeichnen zu lassen und die Stadt damit in den Rang eines Anti-Versailles zu erheben. Dem Archivar der Stadt gab er den Auftrag, eine Wanderausstellung über die Parallelen zwischen den Verträgen von Versailles und Münster zu organisieren.

Aber auf den Dreißigjährigen Krieg nahm man nicht nur zu Propagandazwecken Bezug. Daneben stand eine zweite Deutungsschiene, die den «großen Krieg» des 17. Jahrhunderts als abschreckendes Beispiel der Barbarei in den beiden Weltkriegen entgegensetzte. Zu Beginn des 20. Jahrhunderts griffen Thomas Mann und nach ihm Alfred Döblin auf Schiller zurück. Konfrontiert mit der Schreckensherrschaft, wandten sie sich Grimmelshausen zu. Der im wilhelminischen Kaiserreich und in der Weimarer Republik vorherrschenden konservativen Sicht, die das Germanentum vom Ausland bedroht sah, folgte eine satirische (1896 mit der Gründung einer eponymen Zeitschrift) und fortschrittliche Deutung, die in seinem Werk die humanistischen Werte und die geistige Erneuerung feierte. Entschiedener als je zuvor erschien Grimmelshausen in den Bearbeitungen von Brecht (1939), Thomas Mann (im Vorwort zu einer schwedischen Übersetzung seines Werkes 1944), von Johannes R. Becher und Günther Deicke (1953) als *der* Chronist des Dreißigjährigen Krieges. Die einen sahen in ihm den Vorläufer des sozialistischen Realismus, die anderen einen Exponenten der tiefen Zerrissenheit des deutschen Nationalcharakters. Sie alle bis hin zu Günter Grass 1979 wünschten, daß die Kunst in der Lage sein möge, die Welt zu verändern, aber sie verwiesen zugleich auch auf die ambivalente Einstellung zum Krieg und hoben die aktuellen Bezüge hervor: «Gestern wird sein, was morgen gewesen ist. Unsere Geschichten von heute müssen sich nicht jetzt zugetragen haben. Diese fing vor mehr als dreihundert Jahren an. Andere Geschichte auch. So lang rührt jede Geschichte her, die in Deutschland handelt. [...] Wenn schon nicht den Frieden, dann solle der Krieg in seinen letzten Zügen gefeiert werden.»[26]

V.

Auf den Zusammenbruch 1945 folgte ratlose Verwirrung, im Jahr Null war das nationalistische Denken nicht schlagartig diskreditiert – der den Nazis nahestehende Chronist der demographischen Folgen des Dreißigjährigen Krieges, Günther Franz, wurde durch die Entnazifizierung nur kurzfristig aus dem Verkehr gezogen. 1948 feierte Münster in einer Mischung aus Lokalpatriotismus und Mißtrauen gegenüber dem Verband der Europäischen Föderalisten, der den Anstoß zu der Gedenkfeier gegeben hatte, den Jahrestag des

Plakat der «Gedächtnisausstellung zu Münster» (1949)

Westfälischen Friedens im Sinne einer Warnung vor den Verführungen eines schlechten Friedens.

Nach dem Zweiten Weltkrieg kümmerten die Historiker sich intensiv um die Veröffentlichung der Verhandlungsprotokolle, die sukzessive als *Acta Pacis Westphalicae* erschienen. Die Neubewertung des Friedensschlusses begann indes erst in den sechziger Jahren. Nachdem die Bundesrepublik die ihr von den Alliierten verordnete föderale Staatsform akzeptiert hatte, gründete sie ihre historische Identität auf das Reich nach 1648. Deutschland erschien als der Prototyp des Bundesstaates, und die Zeit von 1871 bis 1945 wurde allgemein als Verirrung, als Bruch mit der Tradition angeprangert.

Den 350. Jahrestag des Westfälischen Friedens feierte Deutschland 1998 als erstes Beispiel für die Vereinigung Deutschlands im Herzen Europas, dessen Säule es sein wollte. Nun sah es nicht mehr so aus, als würde Europa das vereinigte Deutschland tragen, sondern die föderale deutsche Ordnung erstrahlte als Modell für Europa am Horizont.

VI.

«Der Feldwebel: ‹Wie alles Gute ist auch der Krieg am Anfang halt schwer zu machen. Wenn er dann erst floriert, ist er auch zäh; dann schrecken die Leut zurück vorm Frieden wie die Würfler vorm Aufhören, weil dann müssens zählen, was sie verloren haben. Aber zuerst schreckens zurück vorm Krieg. Er ist ihnen was Neues.›»[27]

Mit *Mutter Courage*, geschrieben 1939 in der Erinnerung an den Ersten Weltkrieg, in Sorge vor dem Zweiten, in Anlehnung an Grimmelshausen und Abkehr von Schillers Konzentration auf die große Geschichte, brachte Brecht die Angst vor dem Krieg und die Angst vor dem Frieden auf die Bühne. Im verschlungenen Lebensweg des Autors, der 1945 in den Osten zog, spiegelten sich die Brüche und Schichten der deutschen Erinnerung.

Während seiner Kindheit in Augsburg kam Brecht nach Schulschluß regelmäßig am Denkmal des sogenannten «Steinernen Mannes» vorbei. Der Sage nach war mit dem Denkmal die heldenhafte Tat eines Bäckers bei der Belagerung der ausgehungerten Stadt durch die Bayern 1646 verewigt. Brecht inspirierte die Statue zur Person der stummen Kattrin. In der elften Szene des Stückes tritt sie beherzt den Angreifern der protestantischen Stadt Halle entgegen, und «der Stein beginnt zu reden».

Die Augsburger sagen bis heute, daß der Stein an die Belagerung von 1646 erinnert. Er besteht aus verschieden großen Blöcken, die spätestens Mitte des 16. Jahrhunderts behauen worden sein müssen, und wurde Mitte des 18. Jahrhunderts aufgestellt. Lange Zeit brachte man den Stein mit einem Sieg der Stadt über Attila im Jahr 453 in Verbindung. Erst 1828, zu einem Zeitpunkt, als der Dreißigjährige Krieg im nationalen Bewußtsein an Bedeutung gewann, wurde die Verbindung zur Belagerung von 1646 hergestellt. Von da an war diese Zuordnung so überzeugend, daß ein 1997 von der Stadt Augsburg veröffentlichter Prospekt mit Blick auf den bevorstehenden hundertsten Geburtstag Brechts den «Steinernen Mann» als Illustration zu *Mutter Courage* einsetzte. Durch einen Akt der «Verdoppelung» und «Konzentration» (Maurice Halbwachs) wurde das kulturelle Erbe mit einem materiellen Gegenstand zusammengeführt, und die Stadt Augsburg hatte sich einen «Erinnerungsort» geschaffen.

Das Steindenkmal wird von Schulklassen und Wandergruppen besucht, und damit ist es ebensowenig wie die Erinnerung ein unbelebter Gegenstand. Die Erinnerung macht sich an «Orten» fest: Sie semantisiert den Raum. Aber allein die Gebräuche, die sich um solche Orte entwickeln, ermöglichen uns die Wahrnehmung, wie wir unser geschichtliches Gewordensein deuten. Das «steinerne Denkmal» für den Westfälischen Frieden ist eine Konstruktion aus späterer Zeit, Frucht des «kulturellen Gedächtnisses», das in manchen Friedensfesten noch leise nachhallt.

Aus dem Französischen von Ursel Schäfer

Dieter Borchmeyer

Goethe

Goethe: den «wahren Statthalter des poetischen Geistes auf Erden» hat Novalis ihn einst in der Romantiker-Zeitschrift *Athenäum* genannt (I, 170).[1] Es dürfte keine Nation geben, in der ein einziger Name zum Synonym für ihre Kultur geworden ist – die wichtigste kulturpolitische Institution Deutschlands trägt bezeichnenderweise seit dem Ende der Weimarer Republik den Namen Goethes –, keine Nation, die ein halbes Jahrhundert ihrer Literaturgeschichte nach einem einzigen Autor: als ‹Goethezeit› bezeichnet hat. Den Deutschen gilt Goethe mit fast noch größerer Selbstverständlichkeit als Homer den Griechen, Dante den Italienern, Cervantes den Spaniern, Shakespeare (mit langer Verzögerung) den Engländern oder Puschkin den Russen als ihr größter Dichter.

«Goethe kann als Grundlage der Bildung eine ganze Kultur ersetzen», schreibt Hugo von Hofmannsthal 1922 im *Buch der Freunde*, ja er behauptet: «Wir haben keine neuere Literatur. Wir haben Goethe und Ansätze.» (IV, 30). Das sind Aphorismen mit Widerhaken: Einerseits wird Goethe eine absolute Stellung in der deutschen Kultur und Literatur eingeräumt, andererseits pessimistisch konstatiert, daß ohne ihn von einer deutschen Kultur und Literatur in Deutschland kaum die Rede sein kann, daß er *allein*, ohne ebenbürtige Nachfolge geblieben ist. Anders als die Spanier Cervantes, die Franzosen Molière oder die Russen Puschkin scheinen die Deutschen Goethe zudem bis heute so wenig Liebe entgegengebracht, so wenig normative Kraft zugetraut zu haben, daß Friedrich Nietzsche im Aphorismus «Giebt es ‹deutsche Classiker›» in *Menschliches, Allzumenschliches* behaupten konnte: «Goethe, nicht nur ein guter und grosser Mensch, sondern eine *Cultur*, Goethe ist in der Geschichte der Deutschen ein Zwischenfall ohne Folgen: wer wäre im Stande, in der deutschen Politik der letzten siebenzig Jahre zum Beispiel ein Stück Goethe aufzuzeigen!»[2] Oder in einem anderen Aphorismus aus *Menschliches, Allzumenschliches*: «Man sehe sich die besten unserer Staatsmänner und Künstler daraufhin an: sie alle haben Goethe nicht zum Erzieher gehabt, – nicht haben können.»[3] Er stehe «zu seiner Nation weder im Verhältnis des Lebens noch des Neuseins noch des Veraltens», heißt es wieder im Aphorismus «Giebt es ‹deutsche Classiker›?». «Nur für Wenige hat er gelebt und lebt er noch: für die Meisten ist er Nichts, als eine Fanfare der Eitelkeit, welche man von Zeit zu Zeit über die deutsche Grenze hinüberbläst.»[4]

Nur für wenige hat er gelebt. In der Tat hat Goethe in einem Gespräch mit Eckermann vom 11. Oktober 1828 gestanden: «Meine Sachen können nicht populär werden; wer daran denkt und dafür strebt, ist in einem Irrtum. Sie sind nicht für die Masse geschrieben, sondern nur für einzelne Menschen, die etwas Ähnliches wollen und suchen, und die in ähnlichen Richtungen begriffen sind.» So haben etwa *Wilhelm Meisters Lehrjahre* nie wirkliche Popularität erlangt, doch wurden sie für die ‹in ähnlicher Richtung begriffenen› Frühromantiker zum poetologischen Erweckungserlebnis. «Die Französische Revolution, Fichtes Wissenschaftslehre und Goethes *Meister* sind die größten Tendenzen des Zeitalters», lautet das berühmte Diktum Friedrich Schlegels aus den *Fragmenten* (1798; I, 154).

Welches Drama hätte seinerzeit freilich größere Popularität genossen als *Götz*, welcher Roman wäre mehr zum Modeereignis in ganz Europa geworden als *Werther*. Populär sind auch *Faust I* und vor allem *Hermann und Dorothea* geworden, ganz zu schweigen von Goethes Liedern *(Heidenröslein)* und seiner ‹Erlebnislyrik›. Freilich läßt sich nicht leugnen, daß ihm die Popularität seines Jugendwerks, insbesondere des *Werther*, bald verdächtig wurde, daß er ihr entgegensteuerte und – zumal während der Italienreise – ein ästhetisches Programm in Opposition gegen die empfindsam-subjektivistische Rezeption seines ersten Romans entwickelte, ja daß er *Wilhelm Meister* geradezu als ‹Anti-Werther› konzipierte. Das Publikum hat ihm das nicht gedankt, sich bis an die Schwelle unseres Jahrhunderts seinem Spätwerk verweigert, wie zumal die Parodie und Polemik gegen *Faust II* in den Jahrzehnten nach seiner posthumen Publikation zeigt oder der Skandal der falschen *Wanderjahre* des Pfarrers Pustkuchen.

Heute allerdings sind gerade die Zonen seines Werks, die einst populär waren, fast in der Versenkung verschwunden – wie *Götz* und gar *Hermann und Dorothea*, das hohe Lied der Bürgerlichkeit –, dafür aber sind Bereiche seiner Dichtung hervorgetreten, die für Jahrzehnte nach seinem Tod verschollen waren, dann jedoch, wie die späte Lyrik oder die *Wanderjahre*, eine bestätigende, wenn nicht sogar initiierende Rolle für die moderne Dichtung spielen sollten. Freilich sind es gerade die Werke, die sich von vornherein ‹populärer› Wirkung entziehen, nur den ‹in ähnlichen Richtungen begriffenen› Wenigen zugänglich sind.

Betrachtet man die Wirkungsgeschichte der Klassiker der Weltliteratur von Homer bis Thomas Mann, so fällt auf, daß das Stigma ihres Ruhms keineswegs immer ihre poetische Universalität ist. Fast alle großen Dichter sind für ein Genre, ja für ein einziges Werk – wie Boccaccio für sein *Decamerone* oder Cervantes für *Don Quijote* – berühmt. So gut wie kein Autor der Weltliteratur ist wegen seiner Universalität zum Klassiker geworden, als Lyriker, Dramatiker und Epiker gleich hochgeschätzt. Goethe bildet hier die fast einzige Ausnahme. Er behauptet mehr durch seinen Namen – als Universalgenie – einen festen Platz im Kanon der Weltliteratur als durch bestimmte Werke. «Obgleich der größte deutsche Lyriker und trotz der Weltgeltung seines *Faust* steht Goethe nicht durch einen Werktypus als Gleichgroßer neben Homer, Dante, Shakespeare. Wohl aber ist er unvergleichlich und ohne Nebenbuhler als dieses *Ganze von Mensch und Werk*, in dem Dichtung, Forschung, Kunst und Praxis nur Momente sind. Vielleicht ist er der einzige Mensch der Geschichte, der in solcher Vollständigkeit sich verwirklicht hat, und der zugleich in den Dokumenten real sichtbar und eben durch Selbstdarstellung zum Bilde geworden ist.» So Karl Jaspers 1947 in seiner berühmten, seinerzeit heftig umstrittenen Rede *Unsere Zukunft und Goethe* (IV, 290 f.).

Da sich Goethes Werk – von einzelnen Regionen desselben abgesehen – populärer Wirkung im Grunde entzieht, wie ihm selbst bewußt gewesen ist, hat er sich zu seiner eigenen Zeit und lange Zeit danach kaum zur nationalen Identifikationsfigur geeignet. Zu den großen kollektiven Gefühlsbewegungen seiner Zeit ging er zudem stets auf Distanz, ob es der bald abgekühlte Enthusiasmus der liberalen Intellektuellen beim Ausbruch der Französischen Revolution war oder der nationale Rausch während der Befreiungskriege. Das große Wort zur großen Stunde hörte man aus seinem Munde nie, und es ließ sich auch nach seinem Tode bei gegebenem geschichtlichen Anlaß nur mit Schwierigkeiten aus seinem Werk hervorquälen. Die ruhmredig herausgestrichenen deutschen Wesenszüge waren kaum die seinen, auch seine Auffassung vom Dichterberuf entsprach nicht dem hypertrophen deutschen Dichterbild. Er war weder der – auf der Suche nach der Blauen Blume – der Welt abhanden gekommene Poet noch der engagierte, jederzeit Partei ergreifende Literat, weder der an göttlichem Wahnsinn noch der an einer verdorbenen Gesellschaft zugrundegehende Dichter.

Nietzsche ist nicht der erste und nicht der letzte gewesen, der vom Mißverhältnis zwischen Goethe und den Deutschen überzeugt war. «Sie mögen mich nicht!» hat jener selbst im Gespräch mit Johannes Daniel Falk um 1808 über die Beziehung der Deutschen zu ihm bemerkt. Seine lakonische Replik: «Ich mag sie auch nicht!» Aus derselben Zeit stammt der von Wilhelm von Humboldt in einem Brief an seine Frau Karoline vom 19. November 1808 mitgeteilte «Rat» Goethes, «die Deutschen, wie die Juden, in alle Welt zu zerstreuen, nur auswärts seien sie noch erträglich» – eine Äußerung, die Thomas Mann in Anspielung auf das Dritte Reich und die deutschen Exulanten in «das siebente Kapitel» seines Exilromans *Lotte in Weimar* aufgenommen hat: «Unseliges Volk, es wird nicht gut ausgehen mit ihm, [...] das Schicksal wird sie schlagen [...] – zu Recht, denn ihre Besten lebten immer bei ihnen im Exil, und im Exil erst, in der Zerstreuung werden sie die Masse des Guten, die in ihnen liegt, zum Heile der Nationen entwickeln und das Salz der Erde sein ...»[5]

Nietzsche hätte sich durch die zitierten zynischen Äußerungen Goethes über die Deutschen, die ihm wohl nicht bekannt waren, ganz und gar bestätigt gefühlt. «Was Goethe eigentlich über die Deutschen gedacht hat?» fragt er sich in *Jenseits von Gut und Böse*. Leider habe er darüber «nie deutlich geredet», doch es seien eben nicht «die Freiheitskriege» und andere emphatische deutsche Bewegungen gewesen, «die ihn freudiger aufblicken liessen», sondern «das Erscheinen Napoleon's», von dem die Patrioten Deutschland gerade zu befreien suchten. «Es giebt Worte Goethe's, in denen er, wie vom Auslande her, mit einer ungeduldigen Härte über Das abspricht, was die Deutschen zu ihrem Stolze rechnen» – wie «das berühmte deutsche Gemüth» und alle sonstigen «Schleichwege zum Chaos», auf die der Deutsche sich so gut verstehe, die aber dem auf Ordnung und Klarheit bedachten Goethe ein Greuel waren.[6] Der klassische und späte Goethe entfremdete sich nach Nietzsches Überzeugung – und es fällt schwer, ihm hier zu widersprechen – von seiner Nation immer mehr, so daß seine Erhebung zu ihrem Klassiker schlechthin paradox anmutet.

Ein Musterbeleg für Nietzsches Befund ist die schon erwähnte Wirkung der falschen *Wanderjahre* des protestantischen Pfarrers Friedrich Wilhelm Pustkuchen aus Lemgo, die gleichzeitig mit dem ersten Teil von Goethes eigener *Wilhelm Meister*-Fortsetzung (1821) publiziert wurden und mehr Beachtung fanden als das Original. (Bis 1828 erschienen sie in fünf Teilen.) Pustkuchen stellt im Sinne der christlich-konservativen Goethe-Kritik der Zeit den Autor von *Wilhelm Meisters Lehrjahren* als Zersetzer von Religion, Sitte und Ordnung dar: «Goethe eben beschuldige ich mehr als alle andere, daß er das eigentlich deutsche Wesen verkennt, daß er nur Repräsentant der schlechten, formlosen, zügellosen neuern Zeit, nicht aber des deutschen ursprünglichen Sinnes sei.» Die enorme Wirkung Pustkuchens hat Franz Grillparzer 1860 als einen Skandal bezeichnet, welcher «der Urteilsfähigkeit der deutschen Nation ewig zur Schande gereichen wird. Ein obskurer Skribler schrieb falsche *Wanderjahre*, in denen er Goethe angriff, und mit einem Schlage, so zu sagen: über Nacht fielen zwei Dritteile Deutschlands von dem für alle Zeiten Ehrfurcht gebietenden Großmeister ihrer Literatur ab. Es wurde offenbar, daß mit Ausnahme seiner Jugendwerke, Goethes übriges Wirken der Nation fremd geblieben und seine Verehrung nichts als Nachbeterei war.» In die so «entstandene Bresche» habe nur noch das Junge Deutschland mit seiner Goethe-Ablehnung zu stürmen brauchen.[7]

Die falschen *Wanderjahre* von Pustkuchen haben in der Tat die rigorose Goethe-Polemik der zwanziger und dreißiger Jahre eingeläutet. Wilhelm Menzel und Ludwig Börne, die beiden wirkungsreichsten Goethe-Kritiker der strengen Observanz, konnten ihr Zersetzungswerk an einem bereits korrodierten Goethe-Monument fortsetzen. Goethes Rang wurde in seinem letzten Lebensjahrzehnt erstmals ernsthaft gefährdet – während die früheren Attacken auf ihn seinen Ruhm nur noch gesteigert hatten. Sein Wirken war ja von Beginn an bis in seine hochklassische Zeit von heftiger, ja teilweise hämischer Kritik begleitet, aber diese rief um so wirkungsmächtigere Gegenreaktionen hervor. Sein *Götz von Berlichingen*, der die geltenden Normen der Dramaturgie rücksichtslos über Bord warf, empörte die späten Sachwalter der ‹doctrine classique›. *Werther* oder *Stella*, die empfindliche sittliche Tabus verletzten (wie später noch die *Römischen Elegien)*, skandalisierten die konservativen Anstandswächter, die aufklärerischen Rationalisten à la Friedrich Nicolai und die Vertreter der protestantischen Orthodoxie vom Schlage des Hamburger Hauptpastors Johann Melchior Goeze. Gleichwohl sind *Götz* und *Werther* die populärsten Werke zu Goethes Lebzeiten geworden, an denen alles Spätere aus seiner Feder gemessen wurde.

Aus dieser Tatsache resultierte seit seiner klassischen Wendung eine andere Tendenz der Kritik: Goethes Klassizität provozierte die Literatengeneration und ein Publikum, die den inzwischen längst ästhetisch legitimierten Autor der Sturm-und-Drang-Dichtungen in ihr nicht wiedererkannten. Die Wirkungsgeschichte Goethes ist lange eine Geschichte enttäuschter Erwartungen gewesen: Man suchte und entbehrte in seinen Dramen den *Götz*, in seinen Romanen den *Werther*. Zumal die ungeheure Popularität des letzteren hat Goethe sein Leben lang verfolgt: «Wäre Werther mein Bruder gewesen, ich hätt' ihn erschlagen, / Kaum verfolgte mich so rächend sein trauriger Geist.» So der störrische Ausruf des *Werther*-Dichters in der ersten Fassung der zweiten *Römischen Elegie*. Ein Beispiel für die Befremdung über die Entfremdung Goethes von den Tendenzen seiner Jugenddramatik ist die höhnische Streitschrift eines von Goethe entlassenen Weimarer Schauspielers namens Carl Wilhelm Reinhold: *Saat von Göthe gesäet dem Tage der Garben zu reifen* (1808), die seine klassizistische Theaterreform satirisch durchhechelt und zum Scheitern verurteilt.

Die wichtigsten Widersacher Goethes stammten zunächst aus dem Kreis der Spätaufklärung (Friedrich Nicolai, August von Kotzebue, Garlieb Merkel) oder der protestantischen Orthodoxie und des Spätpietismus (deren Attacken von Goeze über Pustkuchen bis zu Ernst Wilhelm Hengstenberg reichen werden). Sie haben seiner Stellung als Zentralgestirn der deutschen Literatur, wie sie ihm – nach seinem vorübergehenden literarischen ‹Verschwinden› im Weimarischen Hof- und Staatsdienst in den Jahren von 1776 bis 1786 – seit der ersten Sammlung seiner *Schriften* (1787–90) mehr und mehr zugewachsen war, zunächst keinen ernsthaften Schaden zufügen können. Auch die Distanz der Romantiker zu Goethe, die nach anfänglicher Glorifizierung seiner Dichtung als «Morgenröte echter Kunst und reiner Schönheit» (so Friedrich Schlegel 1796; I, 126) mit Novalis' Polemik gegen den ökonomisch-prosaischen Geist und «künstlerischen Atheismus» von *Wilhelm Meisters Lehrjahren* (I, 175) aufkeimte und bis zur tiefen Goethe-Skepsis des späten Friedrich Schlegel wuchs, konnte seine absolute ästhetische Autorität nicht mindern.

Die spätestens seit einer Generation ungebrochen hohe, ja höchste Einschätzung Goethes wurde also erst durch Pustkuchens Machwerk zum erstenmal nachhaltig erschüttert. Seiner religiösen Opposition folgten die national-burschenschaftliche (Wilhelm Menzel) und jungdeutsch-vormärzliche (Theodor Mundt, Christian Dietrich Grabbe, Ludwig Börne u. a.) auf dem Fuße. Ihre Wirkung war oft größer als die der positiven Gegenbewegungen. Zu diesen gehörten die Erbepflege der naturgemäß traditionalistischen Goetheaner wie Johann Peter Eckermann und Friedrich Wilhelm Riemer, die Goethe-Nostalgie der Autoren des Biedermeier wie Friedrich Rückert und August von Platen und vor allem der liberale Goethe-Kult im Umkreis von Karl August Varnhagen von Ense und der Berliner Salons einer Rahel Levin, Henriette Herz und Dorothea Veit – bemerkenswerterweise Jüdinnen, denen die Goethe-Verehrung zum Medium ihrer Emanzipation wurde. («Man kennt das Schicksal Goethe's im moralinsauren altjungfernhaften Deutschland. Er war den Deutschen immer anstössig, er hat ehrliche Bewunderer nur unter Jüdinnen gehabt», wird Nietzsche im *Fall Wagner* satirisch-überspitzt konstatieren.[8])

Den Goethe positiv gegenüberstehenden Bewegungen sind auch die eindringlichen und in vielem zukunftsweisenden Interpretationen des Goetheschen Spätwerks von seiten der Alt-Hegelianer (namentlich Heinrich Gustav Hotho und Karl Rosenkranz) zuzuzählen, die trotz ihrer konservativen politischen Grundhaltung ästhetisch weit avancierter argumentierten als die politisch ‹progressiven› Jung-Hegelianer à la Friedrich Theodor Vischer. Dieser befehdete die Tendenz des späten Goethe zum Allegorisch-Reflexiven und Esoterischen, die Hotho und Rosenkranz in ihrer Modernität so luzide analysiert haben, im Geiste einer Restauration der klassischen Doktrin – zumal in seinem lebenslangen, noch weit in die wilhelminische Ära hineinreichenden kritischen und parodistischen Kampf gegen *Faust II*. (Diesem hatte er 1862 die zähe Parodie *Faust. Der Tragödie dritter Theil* folgen lassen.) Die Tendenz, Goethe auf die Maßstäbe seiner hochklassischen Ära festzulegen, im Namen des klassischen den späten Goethe zu negieren, ist eine Grundtendenz gerade der auf politischen Fortschritt eingeschworenen Goethe-Kritik des 19. Jahrhunderts, wie sie auch die epochemachende Literaturgeschichte von Gervinus prägt, von der noch die Rede sein wird. Politischer und ästhetischer ‹Fortschritt› verhielten sich da, wie der Gegensatz der beiden Hegelschen ‹Schulen› demonstriert, umgekehrt proportional zueinander.

Der liberale Goethe-Kult um Varnhagen ist auch die Ursprungsregion der Deutung von Goethes Altersroman *Wilhelm Meisters Wanderjahre* im Geiste des Frühsozialismus. Der erste Versuch in dieser Hinsicht stammt von Varnhagen van Ense selber (*Im Sinne der Wanderer*, 1832), es folgten u. a. Karl Grün (*Über Goethe vom menschlichen Standpunkte*, 1846), Ferdinand Gregorovius (*Goethes ‹Wilhelm Meister› in seinen sozialistischen Elementen entwickelt*, 1849) Hermann Hettner (*Goethe und der Sozialismus*, 1852). Diese Traditionslinie setzt noch im 20. Jahrhundert der kurz vor der Novemberrevolution 1918 verfaßte Aufsatz Gustav Landauers *Goethes Politik. Eine Ankündigung* fort, ferner Gustav Radbruchs Studie *Wilhelm Meisters sozialpolitische Sendung* (1919). Neben der Linie linker Goethe-Kritik von Börne bis Brecht hat sich doch auch diejenige einer Goethe-Affirmation mit sozialistischen Vorzeichen behauptet, die von den erwähnten *Wilhelm Meister*-Studien des 19. Jahrhunderts über Max

Johann Wolfgang v. Goethe Schillers Schädel betrachtend «seltsam» (Büste von Gustav Eberlein)

Grunwalds Studie *Goethe und die Arbeiter* (1909) sowie Gustav Landauers Aneignung Goethes bis zu dessen Reklamierung für den Sozialismus bei Georg Lukács und seinen geistigen Erben reicht.

Den historischen Tiefpunkt in der Wertschätzung Goethes hat ausgerechnet sein hundertster Geburtstag im Jahre 1849 gebildet, der mitten in den Wirbel des Revolutionsjahrs fiel. Kein Jubiläum konnte unzeitgemäßer, angesichts der aufgeregten politischen Zeitstimmung unpassender sein als die Säkularfeier des großen Antipoden der Revolution und der nationalen Emphase. Den denkbar größten Gegensatz zum Goethe-Jahr sollte das Schiller-Jubiläum zehn Jahre später bilden, das einen beispiellosen nationalen Rausch auslöste, in dem die Erinnerung an Goethe nahezu ertrank.

Seit Pustkuchen und Menzel wurde immer wieder der Versuch unternommen, eine Alternative zu Goethe zu finden. Und die Alternativen hießen regelmäßig Schiller oder Jean Paul. Menzel gab seiner Attacke auf Goethe 1824 bezeichnenderweise den Titel *Göthe und Schiller*, um den letzteren gegen den ersteren mit mehr oder weniger banalen antithetischen Floskeln auszuspielen, den Menschheitsdichter gegen den poetischen Egoisten, den «gegen den Strom» der Zeit schwimmenden Idealisten gegen den Opportunisten – der angeblich «immer mit dem Strome und immer oben wie Kork» schwamm –, den armen Poeten gegen den Hofdichter und so fort. «Goethe hat keinen andern Schmerz empfunden, als den beleidigter Eitelkeit. Schillers ganze Seele war dagegen von der seltnen Melancholie ergriffen, die jeden Schmerz der Menschheit zu dem seinigen machte.» (I, 364, 367) So Menzels Schwarz-Weiß-Bild von Goethe und Schiller.

Die eigentlich synthetische Formel «Goethe und Schiller», die für den Dioskurenmythos des späteren 19. Jahrhunderts so prägend wurde – in Ernst Rietschels Doppelstandbild vor dem Weimarer Nationaltheater (1857) hat er seine typische Ausprägung gefunden –, ist bei Menzel und in der Goethe-Kritik der folgenden Jahrzehnte eher antithetisch zu lesen: Es geht um die Frage «Goethe *oder* Schiller». Und im Gegensatz zur Frühromantik, welche die Konstellation Goethe-Schiller ganz zum Nachteil des letzteren gewertet hatte, entscheidet sich Menzel – wie Pustkuchen oder Börne – für Schiller. Ambivalent bis zur ironischen Verrätselung seiner Position bleibt die Haltung von Heinrich Heine, der Schiller, als dem von den «Ideen der Revolution» bewegten Zerstörer der «geistigen Bastillen» und Baumeister am «Tempel der Freiheit» (II, 72), zwar eindeutig den Vorrang vor Goethe einräumt, diesen aber im dialektischen Wechselspiel ästhetischer und politisch-moralischer Wertung doch wieder auf ein höheres künstlerisches Podest stellt. Nietzsche wird später in der *Götzen-Dämmerung* sowohl die – zuungunsten Goethes – antithetische wie die synthetische Verbindung der Namen Goethes und Schillers verwerfen, wenn er sich über das «berüchtigte ‹und›» zwischen beiden Namen mokiert: «die Deutschen sagen ‹Goethe *und* Schiller›, – ich fürchte, sie sagen ‹Schiller und Goethe› ...»[9]

Die andere große Alternative zu Goethe heißt Jean Paul. Und es ist merkwürdig, daß sich die Goethe-Kritiker verschiedenster Provenienz auf diesen Namen als «epochale Gegenfigur» zu Goethe (I, LXI) einigen konnten: der Romantiker Joseph von Görres wie der pietistische Pfarrer Pustkuchen, der Burschenschaftler Menzel und der Demokrat Börne, sei es daß man Jean Pauls spezifisch moderne Poetik des Witzes und Humors gegen den Objektivismus einer an der Antike orientierten klassischen Kunst ausspielte, sei es daß er – so von Börne – als Sänger der Armen und Betrübten in den ästhetischen Heiligenkalender aufgenommen wurde. «Jean Paul ist nun aber in der Tat in gewissem Sinne mehr als Schiller und Goethe als der Vater der ganzen neuern Literatur von Bedeutung geworden», wird Karl Gutzkow 1860 in seinem Aufsatz *Nur Schiller und Goethe?* konstatieren (II, 465). Bezeichnend, daß Nietzsche, der schon Schiller als Alternative zu Goethe nicht zuließ, auch Jean Paul als «Verhängniss im Schlafrock»[10] in den ästhetischen Orkus verbannte. Die Erhebung Jean Pauls zur Gegenfigur Goethes hat sich bis ins 20. Jahrhundert (etwa in den siebziger Jahren bei Wolfgang Harich oder Martin Walser) fortgesetzt, wie auch in fast allen modernen Goethe-Kritiken bis heute die Argumentationsschemata Börnes – des Antigoetheaners katexochen – immer wieder durchscheinen.

Die borniert-einseitige Polemik Menzels und Börnes gegen den «Stabilitäts-Narren» Goethe (so die folgenreiche Totschlagvokabel des letzteren; II, 115) ist durch die erheblich differenziertere, zwischen Pro und Contra dialektisch funkelnde Kritik Heinrich Heines, des Goethe-Kritikers der heiteren Observanz, geistig überholt worden. Heine hat trotz seines Grundeinwands gegen das «große Zeitablehnungsgenie», das sich in seiner «Kunstbehaglichkeit» selbst «letzter Zweck» gewesen sei (in seinem Brief an Varnhagen von Ense vom 28. Februar 1830), Goethes Rang in der deutschen Literatur nie in Zweifel gezogen, während Börne das Ressentiment des Frankfurter Ghetto-Juden gegen den Frankfurter Patriziersohn niemals los wurde. Heine hat ihn wegen seiner Attacken auf Goethe gar des doktrinären Muckertums und der «nazarenischen Beschränktheit» geziehen.[11]

Doch auch Heine hat 1831 das «Ende der Kunstperiode» verkündet, «die bei der Wiege Goethes anfing und bei seinem Sarge aufhören wird»: weil «ihr Prinzip noch im abgelebten, alten Regime, in der heiligen römischen Reichsvergangenheit wurzelt». Die «neue Zeit» werde auch eine «neue Kunst» gebären, «die mit ihr selbst in begeistertem Einklang sein wird, die nicht aus der verblichenen Vergangenheit ihre Symbolik zu borgen braucht».[12] Damit bahnte Heine den Weg zu einer radikalen Historisierung Goethes, wie er in Georg Gottfried Gervinus' *Geschichte der poetischen National-Literatur der Deutschen* (1835–42) am deutlichsten zum Ausdruck kommt.

Goethe wird von Gervinus neben Schiller zum Gipfel, aber auch zum Endpunkt der deutschen Nationalliteratur erklärt. An die Stelle des Scheins soll nun die Tat, an die des Ästhetischen die politische Neugestaltung Deutschlands treten – während Heine noch das Ende der «Kunstperiode» zugunsten einer neuen, Kunst und Tat versöhnenden und verschmelzenden ästhetischen Praxis verkündete. «Der Wettkampf der Kunst ist vollendet; jetzt sollten wir uns das andere Ziel stecken, das noch kein Schütze bei uns getroffen hat, ob uns auch da Apollon den Ruhm gewährt, den er uns dort [namentlich im Werke Goethes] nicht versagte.» So Gervinus auf der letzten Seite seiner Literaturgeschichte. Jenes Ziel aber besteht für ihn darin, daß wir «das ruhesüchtige Volk, dem [...] das geistige Leben das einzige wertvolle Leben ist, auf das Gebiet der Geschichte hinausführen, ihm Taten und Handlungen in größerem Werte zeigen».[13] Das Dioskurenpaar Goethe und Schiller wird einerseits zum ästhetischen *monumentum aere perennius* kanonisiert, andererseits in historische Todesstarre versetzt. Goethe als das schönste *caput mortuum*!

Die Musealisierung und Mortifizierung Goethes wird sich durch seine «monumentale Philologisierung» (III, XVII) seit der urheberrechtlichen Freigabe der Klassiker 1867 und erst recht seit der Freigabe des Goetheschen Nachlasses – nach dem Tod seines letzten Nachkommen Walther Wolfgang im Jahre 1885 – unter anderen Vorzeichen vollenden. Sie hatte eine neue Art der Entfremdung Goethes vom Publikum zur Folge als die radikale Goethe-

Kritik in der zeitlichen und ideologischen Abfolge Pustkuchen, Menzel, Börne: Goethe wird von den Philologen vereinnahmt.

Viktor Hehn, dessen immer wieder aufgelegte *Gedanken über Goethe* (1887) das Goethe-Bild der Jahrhundertwende (auch noch das des späten Nietzsche) entscheidend geprägt haben, hat Börne und Heine, «diesen zwei klugen, mit scharfer Witterung begabten Gnomen» – so die antisemitisch unterfütterte Charakterisierung der beiden antipodischen Goethe-Kritiker – die Hauptschuld an der Entfremdung der Deutschen von ihrem größten Dichter beigemessen und den Mythos des einsamen, von seinem Publikum unverstandenen und von der Nachwelt verlassenen Dichters fortgeschrieben, den ein Jahrzehnt vorher Nietzsche geschaffen hat.

Nietzsche wie Hehn stehen unter dem Eindruck der Goethe-Kritik und Goethe-Ferne der Jahrzehnte nach seinem Tod – bevor ihn das neue Kaiserreich als «Olympier» inthronisierte: aus dem offenkundigen Bedürfnis heraus, ihn zum Kronzeugen der nationalen Identität der Deutschen zu gewinnen. Musterbeispiel dafür sind die im Hochgefühl der Siegernation und des Bismarckschen Einigungswerks gehaltenen Berliner Goethe-Vorlesungen von Herman Grimm, dem ältesten Sohn von Wilhelm Grimm, in den Jahren 1874 und 1875. In ihnen wird Goethe mit beispiellosem nationalem Pathos zum Genius des neuen Reichs erklärt. Die eigentliche germanistische Parallelaktion zur Reichsgründung wurde die im Auftrag der Großherzogin Sophie von Sachsen, der Erbin des Goetheschen Familienarchivs, herausgegebene «Weimarer Ausgabe» von Goethes Gesamtwerk seit 1787, die mit ihren 143 Bänden in den Jahrzehnten ihres Entstehens alle Höhen und Tiefen des neuen Reichs miterlebte, bis zu seiner bitteren Niederlage (der letzte Band erschien 1919). Doch gerade sie entzog in ihrer monströsen Unübersichtlichkeit Goethe dem Lesepublikum, reservierte ihn für die Philologen.

Zum nationalen Literaturheiligtum schlechthin wurde der von den Goethe-Kritikern – wegen seines vermeintlich an Goethescher Altersschwäche krankenden zweiten Teils – lange mißachtete *Faust*. Aus ihm wurde bald die verhängnisvolle Ideologie des «Faustischen» abgeleitet, welche die Rezeptionsgeschichte von Goethes Opus summum bis weit ins 20. Jahrhundert geprägt hat, kulminierend im Dritten Reich und – unter neuen marxistischen Vorzeichen – in der Goethe-Aneignung der DDR. «Das imperiale Reichsdenken hatte von *Faust* Besitz ergriffen», so Hans Schwerte in seiner ideologiekritischen Monographie *Faust und das Faustische*. «Der nationale Aufschwung und Ausgriff wurde ‹faustisch› interpretiert – und umgekehrt: ‹faustisch› wurde ein ‹visionäres› Leitwort nationalen Selbstbewußtseins und ideologischer Selbstberuhigung und Selbstverherrlichung, bis in die Schützengräben des Ersten Weltkrieges»[14] – also bis zum sprichwörtlichen *Faust* im Tornister des deutschen Frontsoldaten!

Ein Musterbeispiel für die nationale Kanonisierung des *Faust* ist Franz Dingelstedts «dramaturgische Studie» *Eine Faust-Trilogie* von 1876: «Welchen

Deutschen», heißt es da, «und kenne er noch so genau den Goetheschen *Faust*, die zweite Bibel unserer Nation, überrieselt nicht ein leiser Schauer beim Eintritt in das Allerheiligste unseres Schrifttums, als sei es ein deutscher Dom, Eichendom oder Domkirche, deren hohe Wölbungen und dämmerhelle Säulengänge ihn magisch umfangen?» (III, 32) Das Kolonisationswerk Fausts im Schlußakt der Tragödie nimmt in der Deutung Dingelstedts geradezu die imperialen Ambitionen des neuen Kaiserreichs vorweg: «Faust als Gründer; nicht gerade von Eisenbahnen mit Staatsgarantie oder von industriellen Unternehmungen auf Aktien, aber doch als Stifter und Beherrscher einer Kolonie, welche den dem Meere abgewonnenen Landstrich urbar macht, der Kultur und dem Verkehr erobert. So führt der Dichter seinen Helden in der letzten Phase auf die erhabenste Stufe des Menschendaseins: Faust wird Souverän.» (III, 40) Der Theaterintendant Dingelstedt träumte von einer Aufführung des gesamten *Faust* an Goethes Geburtstag als Trilogie – und zwar in Bayreuth, dem «deutschen Olympia».[15] Im selben Jahr – 1876 –, als Dingelstedt diesen Plan veröffentlichte, fanden die ersten Bayreuther Festspiele mit der Uraufführung von Richard Wagners *Ring des Nibelungen* statt!

Wagner selbst hat sich immer wieder Gedanken über ein «Faust-Theater» gemacht, das Goethes alle herkömmlichen Bühnenmaße sprengendes Lebenswerk zur adäquaten Aufführung bringen könnte. Wagner, der große kulturelle Konkurrent Goethes im deutschen Kaiserreich, war zugleich der einzige Künstler von höchstem Rang, der die außerordentliche Bedeutung von *Faust II* von Anfang an erkannt, ja der in ihm das Nonplusultra des Theaters schlechthin gesehen hat.[16] Gleichwohl hat er an der vermeintlichen inhaltlichen Tendenz des *Faust* immer wieder Kritik geübt, und zwar gerade an den Zügen, welche die wilhelminische Ideologie in der Idee des ‹Faustischen› zusammenfaßte und zur Grundlage ihrer optimistisch-perfektibilistischen Interpretation von Goethes Hauptwerk machte. Einen *Faust* im Sinne Dingelstedts hätte Wagner mit Sicherheit im Bayreuther Festspielhaus nicht zugelassen.

Schon in seinem Brief an Mathilde Wesendonck vom 7. April 1858 wehrt Wagner sich entschieden dagegen, daß die Freundin aus Faust den «edelsten Menschentypus» machen wolle – ausgerechnet ihn, der das Wesentlichste, das ihm begegnet sei, nämlich die Liebe Gretchens, «eines Morgens [...] spurlos vergessen» habe, «damit er nun die eigentlich große Welt, die antike Kunstwelt, die praktisch-industrielle Welt mit möglichstem Behagen vor seiner recht objektiven Betrachtung *abspielen* lassen könne. So heißt dieser Faust für mich eigentlich nur die versäumte Gelegenheit». Fünfundzwanzig Jahre später, in seinem letzten Lebensjahr, greift Wagner in einem Gespräch mit Cosima am 11. April 1882 diese Kritik noch einmal auf: Er könne nicht begreifen, wie Goethe «nach dieser furchtbaren Erschütterung durch Gretchen Faust mit einer dürftigen Werktätigkeit enden» lasse. In einem früheren Gespräch (am 19. Dezember 1881) nennt er es «erbärmlich», worin Faust schließlich sein «Genügen» finde – dieses «Graben, Ein- und Ausladen der Waren».

Er verstehe nicht, «was die Engel und das Gretchen in dieser chaussee-gräberlichen Sache» zu suchen hätten. Wagner verkennt freilich – ebenso wie die wilhelminischen Ideologen des ‹Faustischen› –, daß Goethe diese chausseegräberliche Sache, Fausts Siedlungsprojekt, selbst als hybrid-despotisches Unternehmen darstellt, dessen Erfolg nur der Wahn des erblindeten Faust ist.

«Faust, der die Welt hundertfach betrogen hat, als Arzt und Lehrer, in der Liebe, in Kaisers Diensten und mit Werken der Wohltätigkeit, muß als ein Betrogener sterben. Der Teufel bedarf der Mithilfe der Menschen, wenn er die Welt zerrütten will; wehe aber dem Menschen, der ihm die nötige Gefolgschaft leistet und die Türen öffnet; der ihn als unseresgleichen auf den Schauplatz der Geschichte führt!» (IV, 269) So das Menetekel Reinhold Schneiders im Jahre 1946, nachdem die deutsche Katastrophe die Verderblichkeit der Apotheose des «faustischen Ideals» (IV, 267) mit fürchterlichen Flammenzeichen an die Wände der Geschichte gemalt hatte.

Auch und gerade Nietzsche opponierte seinerzeit gegen die ideologische Aufblähung des *Faust*, der ihm fast das fremdeste aller Werke Goethes gewesen ist. Im zweiten Teil von *Menschliches, Allzumenschliches* etwa sucht er die «Faust-Idee» mit allen Mitteln satirisch zu verkleinern. «Eine kleine Nähterin wird verführt und unglücklich gemacht; ein grosser Gelehrter aller vier Facultäten ist der Uebelthäter. Das kann doch nicht mit rechten Dingen zugegangen sein? Nein, gewiss nicht! Ohne die Beihülfe des leibhaftigen Teufels hätte es der grosse Gelehrte nicht zu Stande gebracht. – Sollte diess wirklich der grösste deutsche ‹tragische Gedanke› sein, wie man unter Deutschen sagen hört?»[17]

Goethes Erhebung zur Ehre der nationalen Altäre mußte gerade Nietzsches europäisierendem Bild des Dichters widersprechen. Die Goethe-Ferne der Jahrzehnte zwischen 1832 und 1871 war Nietzsche nur recht gewesen, lag ihm doch daran, Goethe von den Deutschen zu trennen, als den großen Überdeutschen zu definieren. «Goethe stand über den Deutschen in jeder Beziehung und steht es auch jetzt noch: er wird ihnen nie angehören», prophezeit er in *Menschliches, Allzumenschliches* in Opposition gegen die aktuellen nationalen Vereinnahmungsversuche Goethes. «Wie Beethoven über die Deutschen hinweg Musik machte, wie Schopenhauer über die Deutschen weg philosophierte, so dichtete Goethe seinen Tasso, seine Iphigenie über die Deutschen hinweg. Ihm folgte eine sehr kleine Schar Höchstgebildeter, durch Alterthum, Leben und Reisen Erzogener, über deutsches Wesen Hinausgewachsener: – er selber wollte es nicht anders.»[18] Goethe gehört für Nietzsche eben «in eine höhere Gattung von Litteraturen, als ‹National-Litteraturen› sind», ist einer jener «Classiker», «welche über den Völkern stehen bleiben, wenn diese selber zugrunde gehen: denn sie sind leichter, freier, reiner als sie.»[19]

Offenkundig spielt Nietzsche hier auf Goethes eigene Idee der Weltliteratur in seinen letzten Lebensjahren an. «Nationalliteratur will jetzt nicht viel sagen, die Epoche der Weltliteratur ist an der Zeit, und jeder muß jetzt dazu

Der Frankfurter Goetheplatz im Winter (Gemälde von Theo Garve, Photo Ursula Edelmann)

wirken, diese Epoche zu beschleunigen.» So Goethe zu Eckermann in einem Gespräch am 31. Januar 1831. Dem Nationalismus des neuen Jahrhunderts suchte er durch seine kosmopolitische Kulturidee entgegenzuwirken. Der «Nationalhaß», bemerkt er am 14. März 1830 Eckermann gegenüber, finde sich «am stärksten und heftigsten» auf den «untersten Stufen der Kultur». Es sei aber zu derjenigen Stufe emporzuschreiten, «wo er ganz verschwindet und wo man gewissermaßen über den Nationen steht und man ein Glück oder ein Wehe des Nachbarvolkes empfindet, als wäre es dem eigenen begegnet. Diese Kulturstufe war meiner Natur gemäß, und ich hatte mich darin lange befestigt, ehe ich mein sechzigstes Jahr erreicht hatte.»

Es entspricht also durchaus dem Selbstverständnis Goethes, wenn Nietzsche ihn in *Jenseits von Gut und Böse* vor dem Hintergrund des eskalierenden Nationalismus seines Jahrhunderts zu einem der wichtigsten Wegbereiter einer übernationalen Kultur erklärt: «Dank der krankhaften Entfremdung, welche der Nationalitäts-Wahnsinn zwischen die Völker Europa's gelegt hat und noch legt, Dank ebenfalls den Politikern des kurzen Blicks und der raschen Hand, die heute mit seiner Hilfe obenauf sind und gar nicht ahnen, wie sehr die auseinanderlösende Politik, welche sie treiben, nothwendig nur Zwischenakts-Politik sein kann – Dank Alledem und manchem heute ganz Unaussprechbaren werden jetzt die unzweideutigsten Anzeichen übersehn oder willkürlich und lügenhaft umgedeutet, in denen sich ausspricht, dass *Europa eins werden will.*»[20]

Das waren freilich Gedanken, die der national berauschten wilhelminischen Goethe-Rezeption denkbar fern lagen. Die in den zurückliegenden Jahrzehnten oft so heftige Goethe-Kritik verstummte seit der Reichsgründung fast vollständig. Einen Sonderfall bildet lediglich die Kritik der positivistischen Naturwissenschaft an Goethes Farbenlehre, gipfelnd in der von beißendem Spott geprägten Berliner Rektoratsrede des Physiologen Emil Du Bois-Reymond, *Goethe und kein Ende* von 1882; ihr stand freilich die Goethe-Nachfolge der Monisten im Umkreis des Darwinisten Ernst Haeckel gegenüber, der in Goethe gar einen Mitbegründer der Deszendenztheorie sah. Von der Opposition der positivistischen Naturwissenschaft abgesehen, hatte Goethe in der wilhelminischen Ära nur einen einzigen – ganz neuen – publizistisch machtvollen Gegner, der den nationalen Konsens störte: die katholische Goethe-Kritik, die durch den Kulturkampf Bismarcks seit 1872 provoziert wurde und in dem Jesuiten Alexander Baumgarten, der in den Jahren zwischen 1879 und 1886 eine monumentale Goethe-Biographie vorlegte, ihren prominentesten Repräsentanten fand. Erst Carl Muth, der spätere Herausgeber der reformkatholischen Zeitschrift *Hochland*, hat die katholische Goethe-Rezeption seit 1899 wieder energisch aus dem Schwitzkasten der klerikalen Goethe-Polemik befreit.

Der Zusammenbruch des Kaiserreichs hatte mit einem Schlage auch die Desillusionierung Goethes als seines großen Kulturidols zur Folge. Ein vorausgeworfener Schatten der nun – im Umkreis der Expressionisten und Linksintellektuellen von Max Herrmann-Neiße über Egon Erwin Kisch bis Bertolt Brecht – heftig aufbrechenden Goethe-Kritik war der 1910 erschienene Aufsatz *Französischer Geist* von Heinrich Mann gewesen, in dem – bis in einzelne Formulierungen hinein – Börnes Polemik gegen Goethe wieder aufflammte. Ihre nun fast noch flachere Antithetik drückt sich im Titel *Voltaire-Goethe*, unter dem Heinrich Manns Essay 1919 wieder aufgelegt wurde, besonders schlagend aus.

Im Gegensatz zu der vielfach aggressiven Goethe-Kritik im linken literarischen Milieu der Weimarer Republik hat diese Republik selbst sich dezidiert dem «Geist von Weimar» verschrieben. War die Reichsgründung 1871 nur von ihren Ideologen, nicht aber von ihren politischen Repräsentanten aus dem Geiste Goethes interpretiert worden, so wurden sein Name und sein Werk nun zum erstenmal als geistige Grundlage des neuen demokratischen Staatsgebildes beschworen. In seiner Rede in der Nationalversammlung zu Weimar am 6. Februar 1919 verkündete der spätere Reichspräsident Friedrich Ebert im Namen der sozialdemokratischen Partei: «Die preußische Hegemonie, das Hohenzollernsche Heer, die Politik der schimmernden Wehr sind bei uns für alle Zukunft unmöglich geworden.» Jetzt gelte es – «hier in Weimar»

– die Wandlung zu vollziehen «vom Imperialismus zum Idealismus, von der Weltmacht zur geistigen Größe. Es charakterisiert durchaus die nur auf äußeren Glanz gestellte Zeit der Wilhelminischen Ära das Lassallesche Wort, daß die klassischen deutschen Denker und Dichter nur im Kranichzug über sie hinweggeflogen seien. Jetzt muß der Geist von Weimar, der Geist der großen Philosophen und Dichter, wieder unser Leben erfüllen. Wir müssen die großen Gesellschaftsprobleme in dem Geiste behandeln, in dem Goethe sie im zweiten Teil des *Faust* und in *Wilhelm Meisters Wanderjahren* erfaßt hat».[21]

Gegen diese nunmehr demokratische Berufung auf Weimar – die Ebert 1922 in seinen Reden *Goethe und wir* zur Frankfurter Goethewoche noch einmal sanktioniert hat – richtete die literarische Avantgarde der Weimarer Republik ihren ganzen Spott, so 1919 der Dadaist Raoul Hausmann in seinem *Pamphlet gegen die Weimarische Lebensauffassung*: «Ich bin nicht nur gegen den Geist von Potsdam [wie Ebert] – ich bin vor allem gegen Weimar. Noch kläglichere Folgen als der alte Fritz zeitigten Goethe und Schiller – die Regierung Ebert-Scheidemann war eine Selbstverständlichkeit aus der dummen und habgierigen Haltlosigkeit des dichterischen Klassizismus. [...] Wie die Werke dieser feierlichen Klassiker das einzige Gepäck der deutschen Soldaten und Tag und Nacht ihre einzige Sorge waren, so war es heute der Regierung unmöglich, die Geschäfte anders als im Geiste Schillers und Goethes zu führen.»[22]

Herr Ebert entdeckt Goethe! lautet ein Artikel von Franz Pfemfert in seiner Zeitschrift *Die Aktion*, der Ebert und ‹seine› Republik aus Anlaß seiner Frankfurter Goethe-Reden im Februar 1822 mit Hohn überschüttet. Pfemfert zieht sich fast vollständig hinter Börnes Goethe-Attacken zurück, um schließlich Ebert wegen seiner Goethe-Huldigung zynisch zu applaudieren: «Dieser Goethe *ist* gewissermaßen als ‹Symbol›, als ‹Wegweiser›, als ‹Fundament› eine gute Nummer der Bourgeosie. Mit ihrem Goethe konnten die Ausbeuter durchs Leben gehen. Er rechtfertigt jede Schandtat der Unterdrücker. Er ist kriecherisch nach oben und arrogant nach unten. Er ist eben der Dichter des juste milieu.» Pfemfert spielt hier auf die im Jahr zuvor erschienene Streitschrift von Carl Sternheim gegen Goethe an: *Tasso oder Kunst des Juste milieu.* «Das mündige Proletariat aber», so folgert Pfemfert, «wird Goethes Weisheiten auf den Müllhaufen der Vergangenheit werfen.»[23]

Ähnlich aggressiv verhöhnt Max Hermann-Neiße in seinem ebenfalls mit Börne-Zitaten gespickten Manifest *Die bürgerliche Literaturgeschichte und das Proletariat* (1922) Eberts Reden zur Eröffnung der Frankfurter Goethe-Woche und ihre Feier des «großen geistigen Popanz der Deutschen» (IV, 28). Bertolt Brecht zieht 1929 schließlich in seinem *Gespräch über Klassiker* mit Herbert Ihering aus dem Topos vom *Faust* im Tornister eine tödliche Konsequenz für die Klassiker: «Die Wahrheit ist: sie sind im Krieg gestorben. Sie gehören unter unsere Kriegsopfer. Wenn es wahr ist, daß Soldaten, die in den Krieg zogen, den *Faust* im Tornister hatten – die aus dem Krieg zurückkehrten, hatten ihn nicht mehr.» (IV, 94)

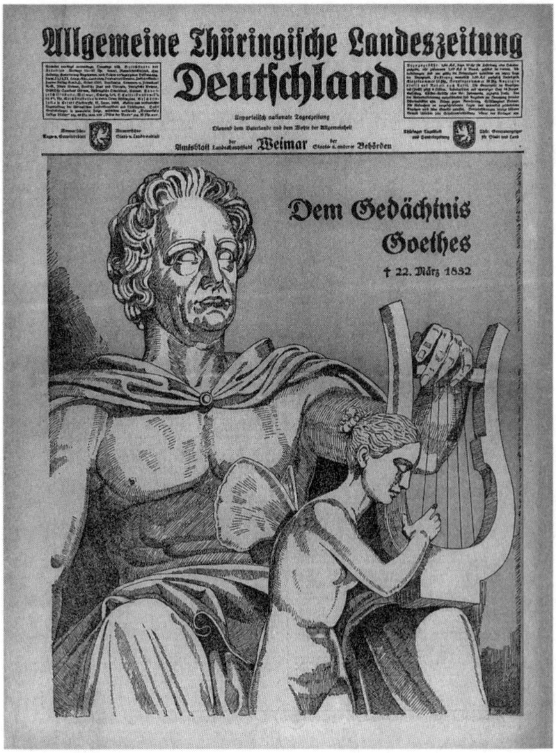
Allgemeine Thüringische Landeszeitung
Deutschland
Weimar
Dem Gedächtnis
Goethes
† 22. März 1832

«Dem Gedächtnis Goethes» (1932)

Das Goethe-Jahr 1932 rief – am Vorabend der Machtergreifung Hitlers – noch einmal alle Fraktionen im Streit für, gegen und um Goethe auf den Plan. Die Reichsgedächtnisfeier zum hundertsten Todestag Goethes in Weimar war die letzte kulturelle Selbstdarstellung der auf den Untergang zusteuernden Weimarer Republik, ein Fest der bürgerlichen Mitte unter starker internationaler Beteiligung – von dem sich die Totengräber der Republik, Nationalsozialisten wie Kommunisten, freilich fernhielten. Sie wollten von der Wiederbelebung des «Geistes von Weimar» nichts wissen, den die europäischen und amerikanischen Besucher dieser «Weltfeier» (IV, 107) als guten Geist für Deutschland herbeiriefen. Ein ganz anderes Weimar zeigte längst seine Zähne. Thomas Mann, der an der Reichsgedächtnisfeier teilgenommen hat, beschrieb es in seinem Vortrag *Meine Goethereise* vor dem Münchener Rotary-Club, der ihn bald aus seinen Reihen ausschließen sollte: «Weimar ist ja eine Zentrale des Hitlerismus. Überall konnte man das Bild von Hitler usw. in nationalsozialistischen Zeitungen ausgestellt sehen. Der Typus des jungen Menschen, der unbestimmt entschlossen durch die Stadt schritt und sich mit dem römischen Gruß grüßte, beherrscht die Stadt.»[24]

Am Ende seines Berliner Akademievortrags *Goethe als Repräsentant des bürgerlichen Zeitalters* am 8. März 1932 hat Thomas Mann angesichts der nationalen Trunkenheit, in der die Republik unterzugehen drohte, im Namen Goethes vergeblich «die große Ernüchterung einer Welt» gefordert, «die an verdumpften und das Leben hindernden Seelentümern zugrunde geht. [...] Es nützt nichts, die Vernunft zu verhöhnen und einen verstockten Gemüts- und Tiefenkult zu treiben, dessen heutige Gottgeschlagenheit und Lebensverlassenheit sich darin erweist, daß er als eine Art verzweifelter und verhaßter Todessentimentalität sich darstellt.» (IV, 158)

Goethe wurde für Thomas Mann zu Beginn der zwanziger Jahre unter dem Eindruck des aufkommenden Faschismus – und erst recht während des Dritten Reichs – zu dessen großer Gegenmacht. In Goethes Spuren zu gehen, so der beliebte Ausdruck Thomas Manns, bedeutete, der Verführung durch einen mörderischen Kult der ‹Mütter› Herr zu werden. Der Nationalsozialismus seinerseits verhielt sich Goethe gegenüber naturgemäß weithin neutral. Für die kommenden «Zeiten erbitterter Kämpfe» sei er nicht brauchbar, erklärte Alfred Rosenberg in seinem *Mythus des 20. Jahrhunderts*, «weil ihm die Gewalt einer typenbildenden Idee verhaßt war und er sowohl im Leben wie im Dichten keine Diktatur eines Gedankens anerkennen wollte, ohne welche jedoch ein Volk nie ein Volk bleibt und nie einen echten Staat schaffen wird.»[25]

Anders als Schiller, Hölderlin, Kleist und die Romantiker, als Nietzsche und Wagner war Goethe kaum je eine Berufungsinstanz der Nationalsozialisten, sein Bild blieb wie das keines anderen deutschen ‹Klassikers› vom braunen Ungeist ungetrübt, und so konnten seine Person und sein Werk nach dem Krieg zur Basis einer politischen und moralischen Neuorientierung im Westen wie im Osten Deutschlands werden – unter jeweils rigoros entgegengesetzten Vorzeichen. Anders als hundert Jahre zuvor kam das Goethe-Jahr 1949 genau zum rechten Zeitpunkt. Und wieder war es Thomas Mann, der mit seiner Jubiläumsrede *Goethe und die Demokratie* das entscheidende Stichwort für die neue Zuwendung zu Goethe gab.

Daß Goethe freilich vielfach als Alibi gebraucht, die Berufung auf ihn zum Manöver der Ablenkung von der eigenen historischen Schuld wurde, darauf haben Emigranten wie Richard Alewyn unnachgiebig den Finger gelegt. «Zwischen uns und Weimar liegt Buchenwald. Darum kommen wir nun einmal nicht herum», bemerkt Alewyn in seiner Kölner Vorlesung *Goethe als Alibi?* (1949). Es gehe nicht an, «sich Goethes zu rühmen und Hitler zu leugnen. Es gibt Goethe *und* Hitler, die Humanität *und* die Bestialität.» (IV, 335) Wobei Alewyn auf das prophetische Diktum Franz Grillparzers über den Weg der Deutschen, und nicht nur ihrer, «von Humanität durch Nationalität zur Bestialität» anspielt. Von Weimar über Versailles nach Buchenwald!

Derlei harmoniestörende Töne waren freilich in der Nachkriegszeit nicht gefragt. Das mußte zwei Jahre zuvor Karl Jaspers erfahren, als er aus Anlaß des Goethe-Preises der Stadt Frankfurt seine kritische Rede über *Unsere Zukunft und Goethe* hielt, die vehemente Gegenreaktionen quer durch alle politischen und weltanschaulichen Lager auslöste, obwohl es nie eine würdigere

Form von Goethe-Kritik – einer Kritik buchstäblich auf Knien – gegeben haben dürfte. Jaspers distanziert sich entschieden von einer Polemik, die nicht Goethe selbst, sondern nur die Irrwege der «Goethe-Aneignung» trifft (IV, 297), und er perhorresziert die «*subalternen Ablehnungen* des Fürstenknechts, des antirevolutionären Reaktionärs, des illiberalen Konservativen, des leichtsinnigen Lebensgenießers mit boshafter Médisance, des unpatriotischen Mannes» (IV, 292 f.).

Jaspers verwirft mithin eine flache, undialektische Goethe-Kritik à la Börne, stellt dar, wie sehr gerade der Konservatismus Goethes «der Wille zur Rettung der Freiheit in der Welt» gewesen sei (IV, 293). Wie Jaspers hier die vermeintlich negativen Züge Goethes ins Positive wendet, so andererseits die positiven ins Negative – immer im Rahmen einer wohlausgewogenen Dialektik, die jede einseitige Wertung ausschließt. Das gilt für Goethes abstraktionsfeindliche Naturanschauung, die ihn in Widerspruch zur modernen Naturwissenschaft brachte (wofür freilich Ernst Cassirer, Werner Heisenberg oder Gottfried Benn in ihren Traktaten über Goethe und die Naturwissenschaft in den Jahrzehnten zuvor bedeutenderes Verständnis aufgebracht hatten als Jaspers), seine harmonistische Weltbejahung, die ihm den Blick auf das Leiden und auf das Böse oft verstellte, seine Liebesfähigkeit, die ihn dazu verführte, den Ernst der Existenz im Sinne Kierkegaards zu verfehlen, oder seine «Alloffenheit», die den Verlust des «Charakters» nach sich zu ziehen drohte. Immer birgt in Jaspers' Kritik das Negativum das Positivum in sich – wie freilich auch das Positivum das Negativum impliziert.

Eine derart differenzierte Dialektik wahrzunehmen, dazu waren Jaspers' Kritiker indessen nicht imstande. Der Romanist Ernst Robert Curtius reagierte mit einer rüden, jeder intellektuellen Würde entbehrenden Polemik gegen die vermeintlich «überhebliche Abkanzelung Goethes durch einen [!] Jaspers» (IV, 304) – eine Polemik, die den Menschen und Philosophen schnöde herabsetzte, ihm das Wort im Munde herumdrehte oder gerade das anlastete, was er selber verworfen hatte, so den gouvernantenhaften «Vorwurf gegen Goethes Wankelmut in der Liebe» (IV, 295). Curtius' infames Pamphlet ist das Dokument einer durch den Nationalsozialismus verwüsteten Diskussionskultur, das den Emigranten Jaspers empfindlich treffen mußte und Störenfriede im neuen Goethe-Konsens ausschalten sollte.

Kaum geringer freilich die Unduldsamkeit im östlichen Teil Deutschlands, in der späteren DDR. In Anknüpfung an Lenins Erbetheorie wurde hier, vor allem inspiriert von Georg Lukács, eine Aneignung der kulturellen Überlieferung mit Goethe als Zentralgestalt propagiert, welche die Arbeiterklasse zur ‹Vollstreckerin› der humanistischen Ideale des ‹fortschrittlichen› Bürgertums erklärte. Angesichts der Tradition der linken Goethe-Polemik von Börne über Friedrich Engels bis zu Franz Mehring blieb die autoritäre Ausblendung aller Kritik ein erstaunliches Faktum. Erneut wurde *Faust* als Nationaldichtung kanonisiert. Fausts Kolonisationswerk, die Zerstörung der Hüttenidylle von

Philemon und Baucis, die Vision vom «freien Volk» auf «freiem Grund» (Vs. 11580) wurden nun aus sozialistischer Perspektive neu gedeutet, ja mußten «herhalten zur Rechtfertigung der Bodenreform und der Kollektivierung der Landwirtschaft».[26]

Trat in den späteren sechziger Jahren in der Bundesrepublik Deutschland an die Stelle des Goethe-Konsenses der Adenauer-Zeit eine entschieden kritischere Haltung gegenüber Goethe bis hin zu regelrechter Klassik-Schelte – die in der Klassiker-Demontage auf den Bühnen ihr theatrales Pendant fand –, so wurde in den siebziger Jahren auch in der DDR hinter der doktrinären Fassade der Erbepflege mehr und mehr Kritik am sakrosankten Goethe-Bild laut, ein Rückgriff auf die Tradition der Goethe-Opposition von Börne bis Heinrich Mann – bei erneuter Ausrufung Jean Pauls als literarischer Gegenfigur zu Goethe in Wolfgang Harichs Buch über *Jean Pauls Revolutionsdichtung* (1974). Mehr und mehr also verbreitete sich erhebliche *Unruhe um einen Klassiker* – so der Haupttitel von Bernd Leistners Untersuchung *Zum Goethe-Bezug in der neueren DDR-Literatur* (1978).

Gleichwohl fiel mit dem Ende der DDR die letzte Bastion des Goethe-Kults, der sich in der Bundesrepublik längst verabschiedet hatte. Die Wiedervereinigung im Jahre 1990 war der erste Gründungsmoment in der neueren deutschen Geschichte – nach der Reichsgründung 1871, der Weimarer Republik 1919 und der Schaffung der beiden deutschen Staaten nach dem Zweiten Weltkrieg –, die ohne Berufung auf Goethes Werk als eines bestimmenden Kulturparadigmas auskam. Symptomatisch dafür die Neutralität der führenden deutschen Politiker gegenüber dem Goethe-Jubiläum 1999.

Am 14. April 1999 hielt Bundespräsident Roman Herzog im Frankfurter Römer zur offiziellen Eröffnung der Feiern zum Goethe-Jahr eine frostige Rede, die offenbar von einem unzureichend informierten Redenschreiber verfaßt war. Dieser folgte weithin unkritisch den Publikationen des amerikanischen Germanisten W. Daniel Wilson, die auf ungesicherter Quellenbasis Goethe als Denunzianten und Schreibtischtäter im Dienste einer reaktionären Staatsmacht denunzieren. Der Bundespräsident schwächte zwar in seiner Rede den schriftlich fixierten Text ab, aber eben diese Tatsache demonstrierte sein Desengagement in Sachen Goethe. Ebenso bezeichnend, daß Bundeskanzler Gerhard Schröder die Einladung zu der Weimarer Goethe-Feier am 28. August ablehnte, obwohl er sich in politischer Funktion in unmittelbarer Nähe der Stadt befand. Nietzsches rhetorische Frage, wer wohl imstande wäre, in der deutschen Politik ein Stück Goethe aufzuzeigen, seine Feststellung, unsere Staatsmänner hätten alle Goethe nicht zum Erzieher gehabt, ließ sich im Goethe-Jahr 1999 mit sehr viel mehr Recht als zu Nietzsches Zeit wiederholen. Daß ein deutscher Staat auf dem Weg ins vereinigte Europa Goethes Idee der Weltliteratur, seine Verwerfung jeglichen Nationalismus und Nietzsches darauf abgestimmte Europa-Utopie sehr wohl als ideelles Fundament der Politik brauchen könnte – den Politikern selber scheint es nicht in den Sinn zu kommen, da sie Europa nur als politisch-ökonomische und nicht als Kultur-Einheit zu sehen gewohnt sind.

Wieder ziehen nach dem Wort von Lassalle und Ebert die klassischen deutschen Denker und Dichter nur im Kranichzug über Deutschland hinweg. Auch das allmähliche Verschwinden Goethes aus dem allgemeinen Lesehorizont und von den Bühnen – wie es sich gerade im Goethe-Jahr 1999 zeigte – manifestiert: Goethe ist weitgehend in die Philologie abgewandert, die sich ihm nach wie vor in Biographie, Interpretation und vor allem Edition mit unermüdlichem Engagement zuwendet. Ein lebendiger Erinnerungsort der Deutschen ist Goethe jedoch nicht mehr. Das Wort von Karl Jaspers aus dem Jahre 1947 scheint sich mehr und mehr zu bewahrheiten: «Goethes Welt ist der Abschluß von Jahrtausenden des Abendlandes, eine letzte, noch erfüllte, und überall doch schon in Erinnerung und Abschied übergehende Verwirklichung. Es ist die Welt, aus der zwar die unsrige hervorgegangen ist, von der sich aber die unsrige schon so weit entfernt hat, daß Goethe Homer näher zu stehen scheint als uns.» (IV, 291) Seine Sonne leuchtet wie diejenige Homers wieder nur den «Wenigen», die Nietzsche zu seiner Zeit als das einzig legitime Publikum Goethes bezeichnet hat.

Georg Bollenbeck

Weimar

Wohl keine deutsche Stadt weist über den bloßen geographischen Namen hinaus so vielfältige und widersprüchliche Sinnbezüge auf wie Weimar. Ehedem galt die «Klassiker-Stadt» als unbestrittenes Zentrum deutscher Kultur. Zu ihren Bewunderern zählten europäische Intellektuelle von Rang wie Madame de Staël, Alexander Turgenjew oder William Makepeace Thackeray. Auch wenn, schon nach Goethes Tod, ihre Stagnation und Musealisierung kritisiert werden, so leidet das idealisierte Bild von der «Weimarer Klassik» darunter kaum. Man kann, wie Heine, das biedermeierliche Residenzstädtchen als «Musenwitwensitz» verspotten und zugleich den «Weimarer» Goethe bewundern. Es gibt viele Weimarer Berühmtheiten; sie mögen Liszt, Nietzsche oder van de Velde heißen. Bis heute dient jedoch die Zeit der Klassik als reputatives Grundkapital für die Selbstdarstellung der Stadt. In die Kulturhauptstadt Europas 1999 kamen sieben Millionen Besucher. Ihnen wurden zahlreiche Veranstaltungen, Gastspiele, Ausstellungen und Tagungen geboten. Letztlich aber war Goethes 250. Geburtstag der dominante Anziehungspunkt.

Allerdings herrscht keine ungebrochene und problemlose Kontinuität vom Musenhof zur Kulturhauptstadt. Die Erinnerung an den nationalsozialistischen Terror dunkelt das freundliche Bild vom heiteren und überschaubaren, humanen und geistreichen «Ilm-Athen» ein. Mit dem Ortsnamen verbinden wir, syntagmatisch fixiert, höchst Heterogenes: eine glanzvolle nationalkulturelle Epoche, die sogenannte Weimarer Klassik; den schwer zu fassenden, aber immer wieder beschworenen «Geist von Weimar»; schließlich die erste deutsche Demokratie, die Weimarer Republik – deren Scheitern, aber auch deren dynamische Kultur, die man in der angelsächsischen Welt bewundernd «Weimar Culture» nennt.[1] Zum Erinnerungsort gehört jedoch auch ein Konzentrationslager, das, nahe der Stadt gelegen, zwar nicht deren Namen trägt, das aber eng mit der Geschichte der Stadt verbunden ist: Buchenwald. Das Humanitätskonzept der deutschen Klassik, die Gründung der ersten deutschen Republik, deren imponierende Kultur, die Barbarei nationalsozialistischer Herrschaft und schließlich der diktatorische Staatssozialismus – das paßt nicht zusammen. Und doch erschließt die historische Vergewisserung in intensiver Totalität ein Nacheinander von normativer Höhe und tiefem Fall, von humanistischem Anspruch, achtbarer liberaler Tradition und jämmerlicher «Selbstnazifizierung» (K. Jarausch) des deutschen Bildungsbürgertums. Insofern kommt Weimar eine nationalgeschichtliche Symbolik zu, die in einer Art negativer Dialektik dem Erinnerungsort Kontrastbedeutungen verleiht.

Wer die Klassikerstätten besuchen will, der kann heute, dank kluger Erinnerungsarbeit, das Konzentrationslager schwerlich ignorieren. Den «Zeitreisenden zu Fuss in Weimar» erwartet «ein Wegenetz zwischen Goethehaus und Buchenwald».[2]

Die Grundlage für Rang und Geltung Weimars bilden die großen «Dichter und Denker» mit ihren weltliterarischen Werken und ihrer internationalen Resonanz. Der Erinnerungsort aber ist ein Produkt nationalkultureller Sinnzuschreibungen. Sie modellieren das Bild von Weimar. Man sollte den Blick also auch umkehren: von der engeren Stadtgeschichte hin zu den Strategien und Akteuren der Erinnerungsarbeit. Freilich ist der Erinnerungsort kein reines Konstrukt. Er ist aber das Resultat einer Konstruktion, an der zunächst die Bildungsbürger arbeiten. Weimars Geschichte bietet sozusagen das geeignete «Material» für dauerhafte Vorstellungen von Personen, Konstellationen und schöpferischen Leistungen, aus denen der Geist von Weimar geformt werden kann. Diese Geschichte läßt sich personalisieren, historisieren und nationalisieren. Was man mit Weimar verbindet, ist als ein Nacheinander erzählbar und in seinen räumlichen Gegebenheiten als ästhetisierte Topographie visualisierbar. Dergleichen ermöglicht und erleichtert die Erinnerungsarbeit.

1. Vom mäzenatischen Glücksfall zum kulturellen Gravitationszentrum

Am Anfang steht ein mäzenatischer Glücksfall, auf den sich die Erzählung von der bürgerlichen Intelligenz, die sich am «Musenhof» entfalten kann, bezieht. Im November 1775 trifft der junge Goethe in Weimar ein. Die Ackerbürgerstadt liegt immer noch abseits der großen Handelswege in einer Art totem Winkel. Unter den 6000 Einwohnern finden wir keine wohlhabende Kaufmannschaft, kein einflußreiches Stadtpatriziat. Der Hof des Herzogtums Sachsen-Weimar-Eisenach dominiert das gesellschaftliche Leben. Das Duodezfürstentum umfaßt lediglich 36 Quadratmeilen, auf denen hunderttausend Untertanen leben. So fehlt es an Geld für eine repräsentative Kulturpflege mit einem festen Theater, einer italienischen Oper, einem Ballett, großen Gemäldegalerien und Antikensammlungen. Selbst für den Wiederaufbau des 1774 abgebrannten herzoglichen Schlosses reichen zunächst die Mittel nicht. Über eine große Tradition aber verfügt das Residenzstädtchen. Es ist ein Zentrum der Reformation. In der Schloß- und in der Stadtkirche predigt 1522 Luther über das «geistige» und «weltliche Regiment». Mit dem Sieg des Protestantismus entsteht hier schon früh modellhaft jene kirchliche Machthierarchie, in der Staat und Kirche, Fürst und Geistlichkeit sich gegenseitig stützen und der Pastor zum Agenten der weltlichen Herrschaft werden kann. Man hat daraus später, häufig unter Berufung auf Helmuth Plessner, einen politisch fatalen Hang des deutschen Protestantismus zur Obrigkeitsfrömmigkeit und unpolitischen Geistigkeit wie auch zur individuellen Selbstvervoll-

Mahnmal der KZ-Gedenkstätte Buchenwald

kommnung im Medium der ästhetischen Kultur ausmachen wollen. Unverkennbar beginnen sich mit der Reformation und ihren Folgen in Deutschland die kulturellen Zentren in die protestantische Mitte zu verlagern. In Weimar malt Lucas Cranach d. Ä., Luthers erfolgreicher Bild-Propagandist, das berühmte Triptychon für St. Peter und Paul. Später wird hier Johann Sebastian Bach als Hoforganist und Konzertmeister musizieren und komponieren. Dennoch, Weimar bleibt über mehr als zwei Jahrhunderte eine mickrige Residenz, klein und rückständig, ärmlich und abgelegen. Die Straßen der Stadt sind schlecht oder gar nicht gepflastert. Sie werden nachts kaum beleuchtet. Dafür dürfen nach 23 Uhr die Nachtgeschirre aus dem Fenster entleert werden. Schon das nahegelegene Gotha hat mit seinem großen frühbarocken Schloß mehr zu bieten. Und dann erst der Hof der Braunschweiger Herzöge in Wolfenbüttel. Hier gibt es seit 1529 ein festes Theater. Die berühmte Herzog-August-Bibliothek, eine der größten in Europa, leitet von 1690 bis 1716 Leibniz, eine anerkannte Größe in der alteuropäischen Gelehrtenwelt. Und mit dem

Collegium Carolinum verfügt der Ort über eine moderne Erziehungsanstalt für Staatsdiener. Von hier kommt Anna Amalia, die Gemahlin des kränkelnden Weimarer Herzogs Ernst August II. Constantin, ins bescheidene Weimar. Sie konsolidiert die ruinierten Finanzen des Herzogtums und fördert die Wissenschaften und Künste. Letzteres ist freilich nicht sonderlich originell und besonders in mitteldeutschen Kleinstaaten, die zu einer Großmachtpolitik nicht fähig sind, gängige Praxis. Dennoch, mit Anna Amalia beginnt der mäzenatische Glücksfall, und ihr Sohn Carl August wird ihn verstetigen.

Die aufgeklärte kunstsinnige Despotin verfügt über eine vorzügliche, der Aufklärung verpflichtete Ausbildung. Aber nicht ihre Liebe zur Kunst gibt den Anstoß zum mäzenatischen Engagement, sondern ihre Mutterliebe; genauer, die Sorge um eine zeitgemäße Erziehung ihrer beiden Söhne. Für die Erziehung des Erbprinzen Carl August in Literatur und Philosophie verpflichtet sie 1772 mit Christoph Martin Wieland den Aufklärer und berühmten Autor des Entwicklungsromans *Agathon*. Zwei Jahre später stellt ein anderer Prinzenerzieher, Karl Ludwig von Knebel, den Kontakt zwischen dem erstgeborenen Carl August und dem jungen Verfasser des Aufsehen erregenden Briefromans *Die Leiden des jungen Werthers* her. Goethe wird mit Versprechungen nach Weimar gelockt. Zweifellos schmeichelt es ihm, von einem jungen Herzog hofiert zu werden. Was zunächst wie eine kurze schwärmerische Liäson zwischen Ungleichen aussieht, das wird die Eskapaden der beiden Jugendfreunde überleben. Wenn Weimar bald kulturell nicht nur die anderen Duodezfürstentümer, sondern auch die Großmächte Preußen und Österreich überholt, so liegt dies auch an der stabilen, ein halbes Jahrhundert überdauernden persönlichen Beziehung zwischen dem «Herrscher» und seinem Dichterfreund. So erhält Goethe großen Einfluß auf die Belange des Herzogtums. Als Legationsrat und Mitglied des geheimen Consiliums, zunächst nicht nobilitiert, aber von Beginn an wohldotiert, vermittelt er 1776 dem Philosophen und Literaturkritiker Herder, den er aus Straßburger Sturm und Drang-Tagen kennt, das einflußreiche Amt des Generalsuperintendenten für das Herzogtum. Später wird Schiller noch dazukommen. 1794 beginnt dessen intensive Zusammenarbeit mit Goethe. Es geht um die von ihm neugegründete Zeitschrift *Die Horen* und um Goethes Roman *Wilhelm Meisters Lehrjahre*. 1799 siedelt er von Jena nach Weimar über. «Ihre Regentschaft brachte dem Land mannigfaltiges Glück», schreibt Goethe 1807 im Rückblick, nicht ohne zu versichern: «Ein ganz anderer Geist war über Hof und Land gekommen. Bedeutende Fremde von Stande, Gelehrte Künstler wirkten besuchend oder bleibend.»[3] Er meint damit zunächst sich selbst und eine Personalpolitik, in deren Gefolge Weimar zu einem kulturellen Gravitationszentrum wird.

Als der Weimarer Hoforganist Johann Sebastian Bach 1717 ein attraktiveres Engagement beim Fürsten Leopold von Anhalt-Köthen annehmen will, da läßt Herzog Wilhelm Ernst, über eine solche Insubordination verärgert, seinen «Musikus» einfach verhaften. Sechzig Jahre später haben sich zwar nicht die politischen Machtverhältnisse, wohl aber die kulturellen Muster verändert. Mit der Herausbildung einer kulturräsonierenden Öffentlichkeit steigt auch das Ansehen der Künstler. Zudem widerlegen Lessings, Klopstocks oder Wielands Werke das Urteil, die deutsche Literatur sei im Vergleich zur französischen minderwertig. Einen Goethe muß man respektieren; zumal er in dem Bewußtsein lebt, er könne jederzeit die Pferde anspannen lassen und Weimar verlassen. Aber worin besteht die Attraktivität der bescheidenen Residenz? Die mäzenatische Praxis des Ernestiner Hofes balanciert die Interessen zwischen einem aufgeklärt-absolutistischen Herrscherhaus und den Individuierungsansprüchen einer bürgerlichen Intelligenz aus. Dies kann gelingen, weil – trotz der bisweilen demütigenden Standesunterschiede – verbindende semantische Brücken bestehen: die Tradition des aufklärerischen Denkens, die Kunstemphase und das Projekt der Fürstenerziehung. Diese Balance ist eine entscheidende Voraussetzung für den Aufstieg der wenig beachteten Kleinresidenz zu einem kulturellen Gravitationszentrum, in dem Berühmtheiten nebst Trabanten zueinander finden und das immer mehr Besucher anzieht, deren Berichte wiederum den Ruhm der Stadt mehren.

Weimar kann seinen zugereisten Berühmheiten viel bieten. Die mäzenatische (von einer politischen kann keine Rede sein) Liberalität respektiert und fördert die «gute Sache» einer bürgerlich dominierten Nationalkultur. Das Zusammentreffen großer Geister im kleinen Ort schafft ein Klima des produktiven Austauschs, der Anerkennung, Kritik und Überbietung. Zum kulturellen Gravitationszentrum gehört auch die zwanzig Kilometer entfernte Universitätsstadt Jena. Sie entwickelt sich zu einem Tummelplatz jüngerer Denker, die sich schon selbst als «modern» verstehen. Auch das erhöht die Kommunikationspotentiale des «Musenhofes». In Jena hält Schiller seine Antrittsvorlesung als Professor für Geschichte; hier lebt Wilhelm von Humboldt als Privatgelehrter, wirken Fichte, Schelling und Hegel als Philosophen. In Jena findet sich eine erste Gruppe der Romantiker zusammen: die beiden Schlegels, Novalis, Schleiermacher und Tieck. Von einer intellektuellen Provinzialität kann also keine Rede sein. Ja, genau besehen – «eng ist die Welt, und das Gehirn ist *weit*» – entfaltet sich der oft bemühte «Geist von Weimar» in Auseinandersetzung mit den intellektuellen Haupttendenzen seiner Zeit: der europäischen Aufklärung, dem Neuhumanismus, der entstehenden Philosophie des deutschen Idealismus und der Romantik. Unter den Bedingungen des mäzenatischen Glücksfalls gerät der Nachteil der provinziellen Randlage zum produktiven Vorteil. Im Vergleich mit stehengebliebenen Reichsstädten wie Frankfurt oder Nürnberg, aber auch mit den Hauptstädten der großen absolutistischen Flächenstaaten, also mit dem Berlin Friedrichs II. und dem Wien Josephs II., erhält die literarisch-künstlerische Intelligenz gerade hier einen großen Gestaltungsspielraum, einen gewissen Schutz gegenüber den Zumutungen des Marktes und der Moral, der Politik und der Religion. Auf der anderen Seite stellen sich, den Terror der Französischen Revolution vor Augen, die Nutznießer des mäzenatischen Glücksfalls – aus Überzeugung oder, freundlich gesprochen, aus «philosophischer Diplomatie» – auf die politischen Gegebenheiten ein, indem sie jede politische Betätigung oder auch nur Debatte ablehnen, ohne freilich auf eigene Zielsetzungen zu verzichten. Man lese Schillers «Einladung zur Mitarbeit an den *Horen*» (1794), um jenes komplizierte, künstlerisch fruchtbare Miteinander zu verstehen; ein Miteinander von politischer Abstinenz, Bildungs- und Kunstemphase, aber auch aufklärerischem Anspruch auf «Verbesserung der gesellschaftlichen Zustände» und protoliberaler Ausrichtung auf eine bürgerliche Öffentlichkeit «für alle». Man wolle, so heißt es dort, dem «allverfolgenden Dämon der Staatskritik» eine Absage erteilen, um «die politisch geteilte Welt unter der Fahne der Wahrheit und Schönheit wieder zu vereinigen».

Das Humanitätsprojekt stellt in seiner emphatisch-normativen Bedeutung den Status des Menschseins über die Standeszugehörigkeit und Nationalität; es setzt auf individuelle Vervollkommnung und appelliert «an alle». Die allgemeine Erhöhung der Humanität soll die Künste begünstigen, wie umgekehrt das Kunstwerk zum Garanten der Humanität wird. Nun entsteht ein hochgestimmtes Kunstideal, das die Kunst autonomisiert und die einzelnen Werke im Namen der Schönheit dem jämmerlichen Alltag entrückt – mit dem Anspruch, auf die Welt zurückzuwirken. Die Vermutung liegt nahe, hier handele es sich um die Entwürfe einer randständigen literarisch-künstlerischen Intelligenz, die gleichgültig gegenüber sozialen Gegebenheiten, ebenso weltfremd wie unpolitisch in einen übersteigerten Kunstidealismus flüchtet. Aber das ist mehr als eine Vereinfachung. Denn im Leitbild der «gebildeten Persönlichkeit» artikulieren sich, normativ überhöht, Individuierungsansprüche einer Intelligenz, die «Geburt und Stand in ihre völlige Nullität» (Schiller) zurückweist und die dabei auf die Lebensmacht der Kunst setzt. Die bildet – hoch über den Niederungen der Politik angesiedelt – zwar ein autonomes, aber kein selbstgenügsames Reich. Die theoretischen Entwürfe und Werke insistieren auf einen durch die Kunst vermittelten intensiveren Weltbezug. «Man weicht der Welt nicht sicherer aus als durch die Kunst, und man verknüpft sich nicht sicherer mit ihr als durch die Kunst», heißt es bei Goethe.[4]

Das Kunst- und Gesellschaftskonzept Goethes, Schillers und der Neuhumanisten hat als gemeinsamen Nenner eine Art «bildungsindividualistisches Umwegkonzept», das aus dem Verzicht auf unmittelbare politische Aktivitäten im Bewußtsein nötiger langfristiger Veränderungen entsteht. Daran knüpft ja später die liberale Schillerverehrung an. Der vielzitierte «Geist von Weimar» ist anpassungsfähig und dienstbar. Er kann für Zeitkritik und Zeitflucht, Reformhoffnungen und politische Anpassung, Universalismus und Nationalismus stehen. Diese Flexibilität wird den Erinnerungsort stärker als andere, die wie Alt-Heidelberg, Oberammergau, Langemarck oder Tannenberg sinnfixiert sind, vor ideologischem Verschleiß bewahren. Sie erlaubt heterogene Sinnzuschreibungen. Sie kann aber auch bis zum offenkundigen Mißbrauch überdehnt werden – von einem radikalnationalistischen Bürgertum, das den Geist der Klassik gegen die Weimarer Republik in Stellung bringt, oder von den beiden deutschen Diktaturen, die den guten Namen des Erinnerungsortes propagandistisch nutzen. Und auch das ist eine Grundlage für die Langlebigkeit des Erinnerungsortes: Man sollte das fürstliche Mäzenatentum nicht mit dem heutigen Sponsoring verwechseln, das die Kunst dem ökonomischen Kalkül unterordnet. Denn es achtet weitgehend den Eigenwert des Ästhetischen. So entsteht kein serviler Klassizismus zu Ehren des Herrscherhauses. Vielmehr ermöglicht die produktive Konstellation des mäzenatischen Glücksfalls Werke von weltliterarischem Rang, die sich mit ihrem Herkunftsmilieu nicht verrechnen lassen und den Ruhm der Weimarer Klassik konservieren. Werke, die wie Goethes Lyrik oder *Faust*, wie Schillers Balladen oder Dramen, kanonisiert und häufig banalisiert, ins kollektive Bewußtsein eingehen. «Und manches tiefe Werk hat, reichgestaltig, / Den Wert der Kunst, des Künstlers Wert erhöht», heißt es bei Goethe bilanzierend nach Schillers Tod.[5]

2. *Ästhetisierte Topographie und die Institutionen des Gedächtnisses*

Daß in Weimar etwas Besonderes, ja Einzigartiges entsteht, bemerken die Zeitgenossen rasch. «O Weimar! Dir fiel ein besonder Los: / Wie Bethlehem in Juda, klein und groß! / Bald wegen Geist und Witz beruft dich weit / Europens Mund, bald wegen Albernheit» dichtet Goethe im Frühjahr 1782.[6] Hufeland lobt das Nest wenig später als «Athen von Deutschland»;[7] für Madame de Staël ist es Deutschlands «literarisch-gelehrte Hauptstadt».[8] Ein livländischer Schriftsteller und Publizist stellt sich zu Beginn des 19. Jahrhunderts die fingierte Frage: «Gar nicht nach Weimar gezogen? Nach dem hochberühmten Weimar, das so viele große Männer – mit Erlaubnis: *Dichter!* – enthielt, dem belletristischen Glanzpunkte Deutschlands, dessen Ruhm fast alle gelehrte und gebildete Ausländer, die nach Deutschland kamen, anzog, es zu besuchen nicht nur, sondern zum Teil sich dort anzusiedeln!»[9] Bald spricht man aber auch vom musealisierten, erstorbenen und erstarrten Weimar und kritisiert den «Geheimrat» Goethe als undeutschen «Fürstenknecht». Trotz der Jungdeutschen oder nationalistischen Goetheschelte – jetzt beginnt die erfolgreiche Konstruktion des Erinnerungsortes Weimar zum nationalkulturellen Aktivposten.

Der «locus memoriae» entsteht aus der Trennung zwischen der realexistierenden Stadt und einer ästhetisierten Topographie, zwischen den Zuständen *in* Weimar und dem ortsunabhängigen Geist *von* Weimar. Damit erhält die Erinnerung vergegenständlichte Fixpunkte; und damit erhöhen sich die Potentiale der Sinnzuschreibungen. 1828 schreibt Karl Julius Weber in seinen *Briefen eines in Deutschland reisenden Deutschen*: «Wenn irgendeine Stadt der Imagination Streiche spielt, so ist es Weimar. Sein Ruf geht vor ihm her wie vor großen Männern, und man findet ein kleines, totes, schlecht gebautes, recht widriges Städtchen, das Schloß ausgenommen, fast gar nichts Ausgezeichnetes.»[10] Der Zustand der Stadt enttäuscht viele Reisende, die das kulturelle Zentrum suchen und ein Provinznest vorfinden. «Von unten betrachtet» bleibt Weimar zunächst ein eher ärmlicher Ort der «kleinen Leute», die mit der Welt des Hofes – ihn beliefernd, bedienend und bewundernd – kaum Kontakt haben. Für den Brockhaus ist die Klassikerstadt 1820 ein «unansehnlicher» Ort, aber zugleich «eine der denkwürdigsten Städte Deutschlands». Freilich ändern sich im Verlaufe des 19. Jahrhunderts die Örtlichkeiten in Weimar, und es verändert sich auch der Blick auf Weimar. Der Ort gewinnt, dank einer erfolgreichen Erinnerungsarbeit, an Attraktivität. Er erhält eine ästhetisierte Topographie, die sich auf die große Vergangenheit bezieht und sie zugleich visuell aufbereitet.

Seit etwa 1825 entsteht die Vorstellung einer Weimarer Klassik mit dem zeitlosen und unerreichbaren Dioskurenpaar Schiller und Goethe, mit Lessing als Vorläufer und Shakespeare als naturalisiertem deutschen Klassiker. Noch zu Goethes Lebzeiten und nicht ohne eigenes Zutun beginnt eine entrückende Personalisierung. Goethes Wohnhaus, so Turgenjew, werde «wie ein Heiligtum gezeigt».[11] Diese kultische Bewunderung und Personalisierung markiert den Ausgangspunkt der ästhetisierten Topographie. Nach dem Ende der Kunstperiode werden die Klassiker zu Geistesheroen stilisiert und buchstäblich auf den Sockel gestellt. Gedenkfeiern, Aufführungen, Festlichkeiten und «Ehrenbildsäulen» inszenieren und präsentieren die Erinnerung an die vergangene Glanzepoche. Als der französische Schriftsteller Gérard de Nerval im Sommer 1850 nach Weimar kommt, wird vor der Stadtkirche St. Peter und Paul zum 106. Geburtstag ein überlebensgroßes Herder-Denkmal von Ludwig Schaller enthüllt. Hier entsteht ein architektonisches Kleinstensemble der Personalisierung und Ästhetisierung. Aus einem gewöhnlichen Platz wird der Herderplatz, und die Stadtkirche kann Herderkirche genannt werden. Nervals Bericht dokumentiert schon den Attraktivitätsgewinn des ehedem «unansehnlichen Ortes», seine erfolgreiche Modellierung zum Erinnerungsort. Die Stadt bietet ihm den Anblick «einer harmonischen Ansammlung von Palästen, Villen und Häusern», und sie gemahnt ihn «auf Schritt und Tritt an die großen Männer».[12] Das kann man von nun an immer wieder lesen. Aus dem kulturellen Zentrum wird im 19. Jahrhundert ein Zentrum der Gedächtniskultur mit Bauten, Denkmälern, Friedhöfen, Brunnen und Parklandschaften. Deren optische Präsenz konturiert das Bild vom «Ilm-Athen». Selbst der kleinste Reiseführer listet heute unter der Rubrik «Sehenswürdigkeiten» die «Highlights» auf – nicht ohne zu versichern: «Wohin sie auch gehen oder kommen, alles erinnert an Weimars klassische Vergangenheit.»[13]

Hinzu kommen die «Institutionen des Behaltens», denen es gelingt, die semantischen Ressourcen zu archivieren, zu interpretieren und zu kanonisieren. Sie füllen das tote Speichergedächtnis der Gelehrtenwelt auf und beliefern das lebendige Gedächtnis der Kulturnation. Schon zu Goethes Lebzeiten zählt die Anna-Amalia-Bibliothek mit ihrem Rokokosaal zu den größten Deutschlands. Drucke der Renaissance und der Reformations- und Barockzeit, Erstausgaben der deutschen Klassiker, später Liszts und Nietzsches Bibliotheken oder Rara der 1913 gegründeten Cranach Presse zählen zu ihren Schätzen. Die fürstlichen Sammlungen werden 1869 ins Großherzogliche Museum, einen museumstechnisch modernen Neorenaissancebau überführt. 1896 erhält das zuvor im Schloß untergebrachte Goethe-Schiller-Archiv hoch über der Ilm ein repräsentatives Gebäude, das sich am «Kleinen Trianon» von Versailles orientiert. Es ist bis heute der Sitz des größten deutschen Literaturarchivs, ein beeindrukkendes Monument philologischer Hingabe und nationalkulturellen Sendungsbewußtseins im neuen deutschen Reich – ganz im Sinne der zuvor gegründeten Goethegesellschaft, in deren Gründungsaufruf 1885 versichert wird: «Die Begründung und Erhaltung der politischen Größe unseres Volkes geht Hand in Hand mit der Pflege und Förderung seiner idealen Güter.»

3. Das Projekt Nationalkultur, die Klassiklegende und Wiederbelebungsversuche im Ort

Nicht ohne Grund ist Ernst Rietschels «Goethe-Schiller-Denkmal» (1857) eines der populärsten Denkmäler des 19. Jahrhunderts. Es überwindet den Klassizismus, und ihm gelingt es, die historisch gesehenen Helden – Goethe in ruhiger Haltung, Schiller eher bewegt – heroisiert und bürgerlich zugleich vorzustellen. Vermutlich erklärt sich die Popularität des Denkmals auch aus dem Tatbestand, daß seine individuelle Gegenwärtigkeit unterschiedliche Wahrnehmungen erlaubt. Denn das Dioskurenpaar verkörpert (als Inkarnation eines individualistischen Bildungsideals, als Ausdruck der Größe und Einheit der Nation und als universales Repräsentationsmodell gelebter Humanität) die heterogenen semantischen Ressourcen der Weimarer Klassik. Goethe und Schiller sind offenbar die entscheidenden Fixpunkte der Nationalkultur. Dazu werden sie allerdings erst durch eine erfolgreiche Erinnerungsarbeit gemacht. «Die Pflege und Förderung der idealen Güter» betreibt vornehmlich das deutsche Bildungsbürgertum, jene Schicht, die im 19. Jahrhundert über die kulturelle Hegemonie verfügt, die definieren kann, was unter Kunst zu verstehen ist, und die sich zuzurechnen vermag, was die Künste leisten. Dabei kommt seit Herder der Sprache eine privilegierte Rolle zu. «Was haben wir denn Gemeinsames als unsere Sprache und Literatur?» fragen die beiden Grimms in der «Einleitung zum ersten Band» des *Deutschen Wörterbuchs* (1854). Vor allem die deutsche Dichtung gilt, wie die Schillerfeiern des Jahres 1859 eindrucksvoll zeigen, als Ausweis der kulturellen und Vorbote einer noch zu schaffenden nationalstaatlichen Einheit. Die konzeptiven Kerntruppen des Bildungsbürgertums, die Germanisten, Sprachwissenschaftler, Historiker und Kunsthistoriker, verwissenschaftlichen die Vergangenheit, um sie für die nationalpädagogische Aufgabe der Gegenwart tauglich zu machen. So will man in Büchern, Editionen, Sammlungen, Denkmälern, Historienbildern und restaurierten Bauwerken nationale Traditionen vergegenwärtigen, und so feiert man die nationalen Helden, Dürer und Gutenberg, Luther und Schiller – schließlich auch Goethe. Aus diesem Geist entsteht der Erinnerungsort Weimar. Gerade in Deutschland bildet sich eine einzigartige Koalition von sozialer, kultureller und nationaler Identität, eine große Hochschätzung der Nationalkultur und ihrer symbolischen Kompensation für die fehlende staatliche Einheit. So kommt es 1871 nicht zum Symbolkampf zwischen Kyffhäuser und Weimar, weil die Reichseinigung auch als Vollendung der vom Bildungsbürgertum zuvor hergestellten nationalkulturellen Einheit bewertet werden kann. Selbstbewußt stellt man so der Reichseinigung «von oben» eine bürgerlich liberale Stiftungslegende entgegen, die von der eigenen Arbeit an den nationalen «Kulturgütern» kündet. Mit Blick auf die Reichseinigung versichert Herman Grimm in seinen Vorlesungen: «Goethes Arbeit hat den Boden schaffen helfen, auf dem wir heute säen und ernten».[14]

Weniger erfolgreich, wenn auch nicht folgenlos, sind Versuche, in Weimar selbst den Geist von Weimar zu reanimieren; also eine erneute kulturelle Glanzzeit wiederherzustellen und aus dem Zentrum der Gedächtniskultur ein neues kulturelles Gravitationszentrum zu machen. Dabei treten von Beginn an Probleme auf, die etwas mit der Vorstellung zu tun haben, die Weimarer Klassik sei eine abgeschlossene und unerreichbare Epoche. Durch diese normative Fixierung gerät die Klassik zu einer problematischen Hypothek, mit der man zwar arbeiten kann, die einen aber auch hemmend belastet. Was soll denn nach den Geistesheroen noch kommen? Allzu leicht werden die Nachgeborenen in die Rolle der Epigonen oder der rückwärtsgewandten Bewunderer gedrängt. Es sei denn, man versucht, wie die Jungdeutschen Literaten oder Heine, dem unerreichbaren Vorbild durch Distanzierung zu entkommen. In der Residenzstadt befördert und behindert die Erhöhung der Klassik zum «goldenen Zeitalter» (Gervinus) die Versuche, an große Zeiten anzuknüpfen. Genau besehen handelt es sich um zwei Anläufe, die sich beide auf die Tradition des klassischen Weimar berufen und die zugleich vom mäzenatischen Wohlwollen des jeweiligen Herrschers abhängig bleiben. Gemeint ist zunächst die sogenannte «silberne Zeit». Als deren Initiator und Hauptakteur wirkt für mehrere Jahrzehnte eine europäische Berühmtheit, ein Virtuose und Star des Musiklebens: Franz Liszt. Der Komponist, Klavierinterpret und Dirigent wird 1842 zum «Kapellmeister» ernannt. Aber er bescheidet sich nicht, im Unterschied zu seinem Vorgänger Hummel, mit dieser Aufgabe. Denn er versteht sich als Erbe Goethes und Schillers. Er fordert in seiner Programmschrift *De la Fondation Goethe à Weimar* eine umfassende Erneuerung der zeitgenössischen Künste. Nach der Blüte der Literatur soll nun eine neue Blüte der Künste unter der Führung der Musik erreicht werden. Dem Vorhaben kommt zugute, daß die Musikgeschichte im Unterschied zur Literaturgeschichte einen prozessualen Klassikbegriff aufweist. So kann der von Liszt geförderte Wagner schon zu Lebzeiten als Klassiker erscheinen, während ein Geibel lediglich (mit raschem Verfallsdatum) als Goethenachfolger gesehen wird. Jedenfalls wird durch Liszt Weimar zu einem internationalen Zentrum für zeitgenössische Musik. Seine Wagneraufführungen beeindrucken die Kritik und ziehen Opernfreunde aus der ganzen Welt an. Auch Hector Berlioz zählt zu den Favoriten. Ihm sind in den fünfziger Jahren sogar eigene Festwochen gewidmet. Gegen Ende des Jahrhunderts wird Richard Strauss in Weimar als Hofkapellmeister seinen Durchbruch erleben. Doch die Stadt kann den jungen Komponisten wie zuvor schon andere Berühmtheiten, sie mögen Andersen, Hebbel oder Viktor von Scheffel heißen, nicht halten. München, Wien, Berlin oder Dresden sind die kulturellen Zentren des ausgehenden bürgerlichen Jahrhunderts, nicht aber die thüringische Residenz. Die zieht nun hohe Beamte und Offiziere, vermögende Witwen und bildungsbeflissene Touristen an. Letztlich scheitert dieser Wiederbelebungsversuch. Doch bleibt Weimar, gemessen an seiner Größe, eine attraktive Kulturstadt und entgeht einer möglichen Erstarrung zur Museumsinsel der Goethezeit.

Auch der zweite Versuch, die Stadt als kulturelles Gravitationszentrum wiederzubeleben, lebt aus der Erinnerung an vergangene Glanzzeiten. Dieses geplante «Neue Weimar» hat verschiedene Akteure und Facetten. Eine zentrale Gestalt ist Elisabeth Förster-Nietzsche, die mit dem wachsenden Ansehen ihres in Weimar verstorbenen Bruders wuchert. Sie verwaltet in ihrer Villa «Silberblick» das Nietzsche-Archiv und macht aus ihm einen Treffpunkt für Künstler, Literaten, Bohemiens und Mäzene. «Zarathustras Schwester» arbeitet mit Erfolg an einem Nietzschekult, dem völkische Antisemiten wie Ernst Wachler und Vertreter einer internationalen Moderne wie Harry Graf Kessler gemeinsam huldigen. Für die einen ist Nietzsche der Künder einer germanischen Herrenrasse. Für die anderen ist er die Inkarnation einer unabhängigen geistesaristokratischen Persönlichkeit. An den europäischen Nietzsche, an den Kritiker jeglicher Deutschtümeleien, an den Verkünder einer neuen Kunst als «Stimulans des Lebens» halten sich Harry Graf Kessler und Henry van de Velde. Beiden gelingt es, für wenige Jahre aus der Klassikerstadt ein Zentrum der kulturellen Moderne zu machen, genauer: der Malerei und des Kunstgewerbes. Geschickt nutzt der weltgewandte, ebenso parkett- wie geschmackssichere Kessler, der 1902 die ehrenamtliche Leitung des Museums für Kunst- und Kunstgewerbe übernimmt, seine Beziehungen zu kunstbegeisterten Aristokraten und Großbürgern. Er zeigt in Weimar nicht nur Klinger, Nolde oder Corinth, sondern auch Renoir, Cézanne oder Kandinsky. Sein Mitstreiter, der Maler, Architekt und Designer Henry van de Velde, wird 1902 nach Weimar berufen, um hier das Gewerbe und Kunstgewerbe künstlerisch zu heben. Dabei sind auch ökonomische Interessen im

Spiel. Was wenige Jahre später der «Deutsche Werkbund» verwirklichen will, das wird in van de Veldes «Seminar» schon praktiziert: Moderne Produktgestaltung soll das Stilgefühl der Produzenten und den Absatz steigern. 1907 entsteht aus diesen Ansätzen die «großherzogliche Kunstgewerbeschule», die van de Velde bis zu seiner Kündigung kurz vor Kriegsausbruch leiten wird. Ziel ist ein einheitlicher Stil, der (wie später im Bauhaus) die einzelnen Fächer prägt; ein Stil, in dem elementare Formgesetze, Ornament und Konstruktion ineinander übergehen. Aber auch dieser Versuch, ein «Neues Weimar» zu schaffen, scheitert letztlich. Als Rodin 1906, vermittelt über Kessler, dem Großherzog Wilhelm Ernst einige Aktzeichnungen widmet, kommt es zum Skandal. Die Traditionalisten vor Ort, die selbsternannten Sachwalter des klassischen Weimar, machen nun Front gegen die kulturelle Moderne. Sie berufen sich nicht nur auf die Sittlichkeit, sondern mit xenophobischen Tönen auf eine rein deutsche Kunst. Beim Großherzog, einem überforderten Choleriker, dem das Format seiner Vorgänger fehlt, finden sie Gehör. Mit dem Resultat, daß der entnervte und gekränkte Kessler um seine Entlassung bittet. Auch van de Velde leidet zunehmend unter einer aggressiven Kritik, die ihn als «Fremdling» und Vertreter «romanischer Abstraktion» denunziert. Aus dem nationalistischen Ressentiment entsteht eine Provinzialisierung des Erinnerungsortes, eine wachsende kulturelle Ungleichzeitigkeit zwischen der Residenz und den Metropolen. Während sich in Berlin die Protagonisten der kulturellen Moderne mit Max Liebermann als Zentralgestalt gegen den Kunstautokraten Wilhelm II. durchsetzen, erringen in Weimar deren Gegner mit Unterstützung des Herrschers einen Sieg.

Welch ein Unterschied zu den Zeiten eines Liszt! Der konnte noch ohne größere nationalistische Schelte als Ungar in französischer Sprache für eine «Fondation Goethe» werben und dabei mit dem Zuspruch der Kulturträger rechnen. Offenbar verändert auch in Weimar ein bisher immer noch unterschätzter mentaler Konstellationswandel das kulturelle Klima. Mit dem vielzitierten «Ende der liberalen Ära» um 1880 beginnt nicht nur die Abwendung des deutschen Bildungsbürgertums von der Aufklärung und vom Humanismus. Nun verändert sich auch der Umgang mit dem nationalkulturellen Konstrukt Weimar. Es beginnt die «Mythisierung und Teutonisierung der Goethezeit», eine Ausrichtung der Weimarer Klassik aufs wilhelminische Reich, eine Symbiose von Geistesmacht und Militärmacht, eine Koalition des Geistes von Weimar mit dem von Potsdam. Daß ein Mann wie der Hohenzollern-Dramatiker Ernst von Wildenbruch, dieser, wie ihn Franz Mehring nennt, «Klassiker des verpreußten Deutschland», mit seinen kostümhaften Historienschinken in Weimar Erfolge feiert, während man in Berlin schon Ibsen und Hauptmann spielt, mag als Syndrom für die Provinzialisierung gelten. Hinzu kommt die Macht eines nun radikalnationalistischen «träumerischen Gedächtnisses» (M. Halbwachs), das rückwärtsgewandt von der Einheit zwischen Volk, Nation und Dichtung schwärmt. Die Erinnerung an die vergangene Größe erhält gerade in Weimar einen destruktiven Drall. Der Ort entwickelt sich zum antimodernen Schmollwinkel der Nation. Hier entsteht schon im Kaiserreich, man denke an Namen wie Bartels, Wachler oder Lienhard, eine gefährliche mentale Melange aus Antiliberalismus und Antiurbanismus, aus völkischem Rassismus und heimattümelnder Innerlichkeit. Von hier aus teilt ein Adolf Bartels schon seit der Jahrhundertwende die Judensterne in der Literaturgeschichte aus. Hier arbeiten Elisabeth Förster-Nietzsche und Ernst Wachler an einem Nietzschebild, das aus dem Kritiker des Nationalismus und Antisemitismus einen rassistischen Propheten des Übermenschen macht.

4. Politisierung und Instrumentalisierung

Vor Degenerationsgeschichten sollte man sich hüten. Der ortsunabhängige Geist von Weimar hat, es sei wiederholt, unterschiedliche semantische Ressourcen, die dem Erinnerungsort zugute kommen. Im linksliberalen Bürgertum, in der Arbeiterbewegung und später im Exil bleibt der Name ein Zeichen für den, um mit Norbert Elias zu sprechen, «egalitären humanistischen Normenkanon», für universale und emanzipatorische Vorstellungen.[15] In dieser Tradition steht Friedrich Ebert, wenn er in seiner berühmten Rede zur Eröffnung der Nationalversammlung am 6. Februar 1919 in Weimar den «Geist der großen Philosophen und Dichter» beschwört, um für die Republik zu werben und die Einheit der Nation zu sichern. Die Rede ist ein Appell aus dem Geist eines liberalen Kunstnationalismus, der seine große Zeit im 19. Jahrhundert hatte. Nach Verlust des Machtstaates soll die Kunst wie ehedem vor 1871 Einheit und Größe der Nation verbürgen. Aber das Bürgertum, das Ebert ansprechen will, hat längst den «egalitären, humanistischen Normenkanon» durch einen nationalistischen Normenkanon ersetzt. Und es wird, zunehmend antirepublikanisch, dem «Weimarer System» das zurechnen, was ihm bedrohlich und beklagenswert erscheint: die nationale Enteignung durch Versailles, die materielle Enteignung durch die Nachkriegsinflation bzw. die Weltwirtschaftskrise und die kulturelle Enteignung durch die künstlerische Moderne. Dadurch verschärft sich der Ton im Unterschied zum eher ausgleichenden, goldmarkberuhigten Klima der Vorkriegszeit. Er radikalisiert sich und politisiert sich – gerade in der jungen thüringischen Landeshauptstadt. «Hier in Weimar, dem Bollwerk des Klassischen», schreibt im Dezember 1919 Walter Gropius, der Leiter des Bauhauses, über die Debatten zwischen Traditionalisten und Avantgardisten, «bricht nicht aus Zufall dieser Kampf am ehesten und schärfsten aus».[16] Das ist klug beobachtet und von prognostischer Kraft. In der Stadt der Rentiers und Pensionäre, der Studienräte und Künstler entsteht eine unheilvolle Koalition zwischen einem sich als unpolitisch verstehenden Bildungsbürgertum und einer neuartig aggressiven politischen Rechten; eine Koalition, die das klassische Erbe gegen die Republik in Stellung bringt, die in der kulturellen Moderne eine Gefahr fürs «Deutschtum» sieht und die von dem Wunsch nach einer «kulturellen Wiedergeburt der deutschen Nation» beseelt ist.

Nicht Berlin, die glanzvolle Zitadelle der kulturellen Moderne, sondern die thüringische Landeshauptstadt Weimar kann als Mikrokosmos für das Gegeneinander von erfolgreicher kultureller Moderne und Kritik an dieser Moderne mit politisch destruktiven Folgen gelten. Hier entsteht ein Netzwerk konservativer, völkischer und nationalsozialistischer Gruppierungen, das Verlage, Redaktionen oder auch Institutionen (Goethe- und Schiller-Archiv, Goethe-Nationalmuseum, Nietzsche-Archiv, Deutsches Nationaltheater) umfaßt. 1924 bildet sich eine «Thüringer Ordnungsbund»-Regierung der Rechtsparteien, die wesentliche kulturpolitische Reformvorhaben der zuvor regierenden Linkskoalition zurücknimmt. Sie verwirklicht, was eine «Offene Erklärung der Künstlerschaft Weimars» forderte: Sie würgt das Bauhaus finanziell ab und vertreibt es aus der Stadt. Auch wenn man die Traditionalisten politisch nicht über einen Kamm scheren kann, so verbindet sie doch eine deutschtümelnde, xenophobische und trivialidealistische Kunstvorstellung, die dem Neuen und Fremden mit ranzigem Ressentiment begegnet. Was den Normen widerspricht, das gilt als «entartet» oder «dekadent», soll ausgegrenzt oder gar vernichtet werden.

1930 findet in Weimar eine Art «Probelauf» für die Machtübernahme statt. Jetzt gehen der «Thüringer Landbund» und andere bürgerliche Rechtsparteien eine Koalition mit der NSDAP ein. In der kurzen Regierungsperiode werden typische Praktiken nationalsozialistischer Kulturpolitik deutlich. Davon zeugt Fricks Erlaß «Wider die Negerkultur für deutsches Volkstum», der sich gegen die «Verseuchung durch fremdrassige Unkultur» wendet und fordert, Weimar solle wieder «zu einem Mittelpunkt der deutschen Kultur» werden. Der nationalsozialistische Minister beruft den völkischen Architekten Paul Schultze-Naumburg an die Spitze der vereinigten Weimarer Kunst- und Bauhochschulen und den Rasse-«Forscher» Hans F. K. Günther an die Jenaer Landes-Universität; er nimmt Einfluß auf den Spielplan des Deutschen Nationaltheaters, und er führt, unterstützt durch den «Kampfbund für deutsche Kultur», erste Säuberungen durch. Er setzt die Staatsmacht zur Durchsetzung seiner rassistischen Kunstideologie ein. So bricht er mit der liberalen Tradition des Kulturstaates – übrigens mit weitgehender Zustimmung der bildungsbürgerlichen Gralshüter einer reinen deutschen Kunst. Allzu groß sind die Angst vor dem «Kulturbolschewismus» und die Sehnsucht nach Rettung durch einen kulturbewußten Führer. Und wenn man über die kulturelle Moderne klagt, dann spricht man eine gemeinsame Sprache, die mit griffigen und polarisierenden Antithesen wie Volkstümlichkeit oder Entwurzelung, Einheit oder Zersetzung, Schönheit oder Entartung operiert. In Weimar zeigt sich exemplarisch, wie dieses Bildungsbürgertum, verunsichert durch die kulturelle Moderne, dem Nationalsozialismus als dem selbsternannten Retter der deutschen Kultur entgegenarbeitet. 1932, im Jahr der Goethe-Feiern, macht Thomas Mann hier eine «Vermischung von Hitlerismus und Goethe» aus.[17] Nach einem Besuch bei Frau Förster-Nietzsche schreibt Harry Graf Kessler, seit Jahrzehnten ein intimer Kenner der lokalen Verhältnisse, am 7. August 1932 in sein Tagebuch: «Kurz, diese ganze Schicht des intellektuellen Deutschlands, das in der mehr goethischen, romantischen Periode seine Wurzeln hat, ist ganz Nazi-verseucht, ohne zu wissen, warum.»[18]

Nicht ohne Erfolg inszeniert sich das Regime als Retter der deutschen Kunst und damit auch des klassischen Weimar vor dem drohenden Kulturbolschewismus. Die nationalsozialistische Instrumentalisierung der Klassik kann nicht als propagandistischer Mißbrauch ungebildeter brauner Horden abgetan werden. Sie steht in der Tradition bildungsbürgerlicher Erinnerungsarbeit und bricht zugleich mit ihr. Sie verfälscht die Klassik, indem sie deren Humanismus leugnet oder relativiert. Neu am Nationalsozialismus ist nicht seine Semantik, sondern deren Anbindung an eine gewaltbereite Administration, die eine liberale kulturräsonierende Öffentlichkeit nicht mehr zuläßt. Aber das ruft in Weimar keine Proteste oder auch nur größere Vorbehalte hervor. Denn der Nationalsozialismus bricht nicht wie eine barbarische Macht von außen in die heile Welt der Bildungsbürger ein. Gerade in Weimar herrscht eine «wechselseitige Durchdringung des nationalsozialistischen Milieus mit dem der städtischen Honoratiorenkultur».[19] Und so können nationalsozialistische Funktionäre und Bildungsbürger sich politisch-kulturell gegenseitig bestätigen. Goebbels erklärt Schiller zum «Vorkämpfer» des Nationalsozialismus, während der Großordinarius Julius Petersen versichert, Goethe hätte «den schwarzen Gesellen und braunen Kameraden seinen Gruß nicht versagt».[20] So kann der Nationalsozialismus Weimar mit großer Zustimmung der Bewohner als Ort für propagandistische Großinszenierungen nutzen: im Schillerjahr 1934, anläßlich der «Woche des deutschen Buches» (1934–1942) oder der «großdeutschen» bzw. «europäischen Dichtertreffen» (1938–1942). 1940 treffen sich hier die deutschen Hochschulgermanisten zu einer Kriegseinsatztagung, um am prominenten Ort «Herkunft, Wesen und Ziel des deutschen Kulturwillens» näher zu bestimmen, nicht ohne zu betonen, man stünde fest auf dem Boden «rassisch-völkischer Bewußtheit».[21] Was diese «Bewußtheit» in letzter Konsequenz anrichtet, besichtigen die Sachwalter Goethes freilich nicht. Das nahe Buchenwald ist für Besucher und Einheimische wohl kaum ein Thema, wenngleich die Existenz des Lagers (nicht unbedingt dessen Realitäten) unübersehbar ist, gibt es doch zahlreiche administrative, ökonomische und kulturelle Kontakte zwischen der Stadt und dem Lager. Aber Weimar ist ein Ort des «feinen Schweigens» und des «Hinwegsehens».

Nach der Befreiung vom Nationalsozialismus, die den meisten als Zusammenbruch erscheint, erhält der Erinnerungsort eine Art Entnazifizierung aus unterschiedlichen Motiven. Die Weimarer Klassik gilt nun nach der vielbeschworenen «Katastrophe» als Sinnbild eines besseren Deutschlands und sei-

Deutscher Friedenstag 1953

ner humanistischen Traditionen, als Garant der Einheit und Ausweis weltliterarischer Geltung. In diesem Bewußtsein besucht Thomas Mann im Goethejahr 1949 neben Frankfurt am Main auch Weimar. Hier versichert er mit Blick auf die deutsche Teilung: «Meine erste Wiederkehr nach Deutschland [...] gilt dem alten Vaterland als Ganzem, und ich hätte es als unschön, ja als eine Treulosigkeit empfunden, wenn ich auf dieser Reise mich um die deutsche Bevölkerung der sogenannten Ostzone (wenn man im Falle Weimars vom ‹Osten› sprechen darf) nicht bekümmert, sondern sie, sozusagen, links hätte liegen lassen.»[22] Man beklagt den jüngsten Mißbrauch der Klassik, beruft sich selbstlegitimierend auf sie und erwartet von ihr Orientierungsleistungen. Das ist ein gesamtdeutsches Phänomen. Beide deutsche Nachkriegsstaaten, die Demokratie und die Diktatur, berufen sich auf die «Schatzkammer deutscher Kultur»[23]; zunächst, um in vertrauter Tradition angesichts der politischen Teilung die nationalkulturelle Einheit zu beschwören; später, um im Zeichen der gegenseitigen Abgrenzung dem jeweils anderen die Berufung auf Weimar abzusprechen.

Im Westen steht die «Heimkehr zu Goethe» (F. Thiess) im Zeichen der Leitbegriffe Abendland und Persönlichkeit. Gegen einen unbekümmerten Goethekult, gegen die Koalition von kultureller Beflissenheit und politischer Verdrängung wendet sich 1949, gerade aus dem Exil zurückgekehrt, der Germanist Richard Alewyn mit der Mahnung: «Zwischen uns und Weimar liegt Buchenwald.»[24] Im Verlaufe des «Wirtschaftswunders», der politischen und kulturellen Westbindung und der Marginalisierung bildungsbürgerlicher Milieus verliert im Westen auch der Erinnerungsort Weimar an Gewicht. Anders verhält es sich in der SBZ/DDR. Hier wird Buchenwald in die Erinnerungsarbeit einbezogen und zum heroischen Ort des antifaschistischen Widerstandes unter Führung der Kommunisten konstruiert. Fritz Cremers Buchenwalddenkmal (1958) kann als steingewordener Anspruch auf solche Alleinvertretung gesehen werden. Die Kulturpolitik der SED setzt bewußt auf eine «Erneuerung» des «humanistischen Gedankenguts der deutschen Klassiker». Man versteht sich in der Tradition der deutschen Arbeiterbewegung, geschichtsphilosophisch legitimiert, als Erbe und Sachwalter der deutschen Klassik, die von der Bourgeoisie verraten und mißbraucht worden sei. Diesen Anspruch versucht die SED mit diktatorischen Mitteln durchzusetzen. So entsteht eine paradoxe Lage, ein widersprüchliches Miteinander von emanzipatorischer Kunstemphase und politischer Unterdrückung; von einem Klassikerkult in bester Absicht und einem Stalinismus, dessen Praktiken dauernde Diskrepanzerfahrungen zwischen humanistischem Anspruch und inhumaner Realität produzieren. Unter diesem widersprüchlichen Miteinander leidet der Erinnerungsort; er profitiert aber auch davon. Die 1954 gegründete «Nationale Forschungs- und Gedenkstätte» erweitert, mit reichlichen Sach- und Personalmitteln versehen, die ästhetisierte Topographie und baut die «Institutionen des Gedächtnisses» aus. Die Großorganisation ist für die Denkmal- und Museumspflege, für das Bibliographieren, Archivieren und Dokumentieren zuständig; und sie will zudem in volkserzieherischer Absicht die Arbeiterklasse an die Klassik heranführen. Die achtbaren Intentionen und die wissenschaftlichen Leistungen dieser nach dem Selbstverständnis «Universität eigener Art» sollten nicht mißachtet werden. Doch verführt die rigide Orientierung auf die Klassik und die damit verbundene Abwertung der Romantik wie der kulturellen Moderne zu einer Sterilität und Bewahrungsrhetorik, die den Erinnerungsort alt aussehen läßt. Der widerspruchsfreie, verklärende Traditionsbezug kann lähmend wirken. Enttäuscht klagt 1980 der Philosoph Wolfgang Heise über den Zusammenhang von Positivismus, Erinnerungsritual und «Vergleichgültigung».[25]

5. Ein Erinnerungsort wie andere auch?

Und heute? Kann man überhaupt von einer «Vergleichgültigung» reden, wenn sieben Millionen Besucher innerhalb eines Jahres eine Mittelstadt überlaufen, die in einer eher bescheidenen Landschaft liegt, die weder über einen Freizeitpark noch über eine Heilquelle oder eine Spielbank verfügt? Auch das restaurierte Weimar kann nicht mehr zum «kulturellen Herzen» Deutschlands reanimiert werden. Mit dem Bildungsbürgertum und den kulturbeflissenen Funktionären der deutschen Arbeiterbewegung sind die Trägerschichten der nationalkulturellen Erinnerungsarbeit verschwunden. Die ehedem bewegende Frage, ob Deutschland noch das Land der Dichter und Denker sei, wird heute nicht einmal mehr gestellt. Es sollte stutzig machen, daß Weimar nach der Wiedervereinigung nicht als nationalkulturelles Integrationszentrum reinstalliert wird. Unsere Vorstellungen von Weimar sind offenbar deemphatisiert. Kulturkritiker mögen, elegisch eingestimmt, mißbilligen, daß hier das Wahre, Gute und Bare zueinanderfinden; daß inzwischen mehr Leute von Goethe als mit Goethe leben, daß die Klassik längst einen singulären Standortfaktor bildet und die Gedenkjahre vom Kulturbetrieb als Glücksfall genutzt werden. Man muß kein bildungsbürgerlicher Nostalgiker sein, um zu erkennen, daß aus der Verbindung von vergangener Größe und gegenwärtigen Interessen kein neuer mäzenatischer Glücksfall, wohl aber eine hochtourige Betriebsamkeit entsteht. Von der großen Tradition leben nicht nur die Institutionen der Hochkultur «vor Ort», das Nationaltheater, die Hochschulen, die verschiedenen Museen, Bibliotheken und Archive. Von ihr will auch eine Souvenir-Industrie profitieren, die publikumsorientiert ihre Produkte mit dem symbolischen Kapital der Tradition aufwertet. Auf einer Schwelle, die im Goethehaus zu den Gesellschafts- und Wohnräumen führt, ist bekanntlich ein «Salve» eingeschrieben, das nach römischer Sitte den Besucher begrüßt. Im «Goethejahr» werden damit auch Sweatshirts, Baseball Caps, Socken, Schirme, Kochschürzen oder Handtücher bedruckt, die sogenannte «Salve Shops» anbieten. So schafft die Aura des «Dichterfürsten» im Spiel der feinen Unterschiede eine distinktive Differenz – etwa zu Sweatshirts, auf denen lediglich ein schlichtes «Hallo» aufgedruckt ist.

Heute präsentiert sich der Erinnerungsort zeitgemäß als Modellbausatz einer «auseinanderlaufenden Kultur» (G. Simmel), zu der Souvenir-Shops und das reproduzierte Gartenhaus, Tagestouristen und Tagungsbesucher, Pop-Events für alle und sperrige Aufführungen für Minoritäten zählen. Die Konstruktion der Klassiker-Stadt entstand ehedem aus einem synthetisierend-harmonischen Weltbild, das von einem geordneten Ganzen ausging und von der Gewißheit durchdrungen war, daß die Übel der Zeit durch die Zeit harmonisierend aufgehoben würden und daß dabei der Kunst eine privilegierte Rolle zukäme. Der Modellbausatz Weimar zeugt heute von einem kombinatorisch-spielerischen Denkstil, dem das geschichtsphilosophische Vertrauen auf Ordnung und Ganzheit abhanden gekommen ist und der letztlich alles als gleich gültig gelten läßt. Dagegen kommt kein Insistieren auf die Hierarchie der Werte an. Ja, man könnte sagen, daß dessen Beharren auf Rang und Distinktion (man weiß es nicht, aber man tut es) Teil des Spiels ist.

Aber Weimar bleibt ein sperriger Erinnerungsort; ein Ort, dessen konservierte Topographie jenes Nacheinander von normativer Höhe und tiefem Fall dokumentiert.

Otto Dann

Schiller

I.

Seiner Genialität als Dramatiker verdankt es Friedrich Schiller (1759–1805), daß sein Name heute noch von Zeit zu Zeit – und durchaus nicht nur in Deutschland – auf den Spielplänen der Bühnen erscheint. Aber ein «Erinnerungsort» ist Schiller auch in Deutschland allenfalls noch für die Gebildeten der Generationen, die das Schiller-Jubiläum von 1955 miterlebt haben. An die Jüngeren wird in der Bundesrepublik seit dreißig Jahren kein verbindliches Wissen über ihn mehr vermittelt, und in den meinungsbildenden Schichten gibt es heute kein mehrheitliches Interesse, an Schiller zu erinnern, ihn und seine Werke kennenzulernen, sich mit ihnen auseinanderzusetzen.

Das war einmal anders. Davon zeugen die Straßen und Plätze, die Schulen und Museen, die seinen Namen tragen. Sie verweisen darauf, daß Schiller in Deutschland einmal eine legendäre Gestalt war, die zu den großen Deutschen gerechnet wurde. Er war im 19. Jahrhundert zu dem Dichter geworden, den in Deutschland jeder kannte und in den europäischen Gesellschaften alle Gebildeten. Gedichte und Dramen von ihm wurden memoriert, über sein Leben wurden einprägsame Geschichten vermittelt, sein Porträt war in zwei standardisierten Formen – Danneckers Büste und Ludovike Simanowiz' Gemälde – allgemein verbreitet. Allen, die lernen und lesen konnten, war sein Name vertraut; jedem fiel zu ihm etwas ein, sei es ein Vers oder nur der «Schillerkragen», der noch heute im Duden steht.

Schiller gilt mehr als andere als ein nationaler Dichter. Das veranlaßt zu besonderen Rückfragen: Wie kam es und was bedeutete es, daß die Nationalbewegungen des 19. Jahrhunderts sich besonders auf Schiller bezogen? Daß Schiller dann zu einem «Erinnerungsort» der Reichsnation wurde? Und was wurde aus dieser Tradition im geteilten Deutschland? Der nationale Ansatz dieses Buchprojektes hat im Falle Schillers eine eigene Dringlichkeit und soll daher im Mittelpunkt stehen.

Wie aber sah die Nation aus, für die Schiller zum «Erinnerungsort» wurde? Es war die durch ihre Geschichte im Heiligen Römischen Reich verbundene deutsche Bevölkerung, die zumeist nicht den ihr adäquaten Staat hatte, deren politische Verfassung nur selten allgemein akzeptiert war und die dennoch nie aufhörte, eine Nation sein zu wollen. Im 19. Jahrhundert bestand sie zunächst aus der deutschsprachigen Bevölkerung in den Ländern des Deutschen Bundes, seit 1866/71 war es die Gesamtheit der Staatsbürger im Deutschen Reich, seit 1945 schließlich die Bevölkerung des Deutschland der vier Besatzungszonen und der zwei Teilstaaten. Außerdem bleibt im Auge zu behalten, daß diese Nation – die mit der wesentlich größeren deutschen Sprachgemeinschaft niemals identisch war! – in der Mitte Europas in einem ständigen Austausch mit den sie umgebenden Nationen lebte und davon stark geprägt war. Zu fragen ist deshalb auch nach der öffentlichen Beachtung Schillers außerhalb Deutschlands, innerhalb und außerhalb der deutschen Sprachgemeinschaft. Auch im Central Park in New York steht ein Schiller-Denkmal! Erst im Durchgang durch die Nationen würde das Thema «Schiller als nationaler Erinnerungsort» seine sachgerechte Abrundung erhalten. Selbst in der Konzentration auf Deutschland aber kann es hier nur durch Schwerpunktsetzungen angegangen werden.

II.

Den folgenden drei Schwerpunkten (III.-V.) sei ein Überblick über die zwei Jahrhunderte, in denen Schiller ein «Erinnerungsort» deutscher Nation gewesen ist, vorangestellt. Hier zeichnen sich deutlich drei Phasen ab.

1. Die Epoche der Gleichzeitigkeit; Schillers Mit- und Nachleben unter den Zeitgenossen, das bis zu seinem hundertsten Geburtstag andauerte. Es war die Zeit des elementaren Erinnerns an einen Dichter, der früh verstorben war, aber noch immer viel zu sagen hatte. Als das erste Schiller-Denkmal im Jahre 1839 in Stuttgart eingeweiht wurde, saßen zwei seiner Kinder auf der Tribüne, und ein Enkel zog das verhüllende Tuch von Thorwaldsens Standbild. Auch als man den hundertsten Geburtstag Schillers zu einer großen Heerschau der wiedererstehenden nationalen Bewegung nutzte, lebten noch einige, die ihn gekannt hatten. Alle waren sie Zeitgenossen einer Epoche, die von der Nationenbildung und den demokratisch-revolutionären Bewegungen in den europäisch-atlantischen Gesellschaften geprägt gewesen ist.

2. Die Zeit der Nationalisierung Schillers. Als jene Epoche in den 1860er Jahren für das Bürgertum in Mitteleuropa zu Ende ging, gab es kaum noch einen Bezug der Gleichzeitigkeit mit Schiller. In der Reichsnation wurde das Erinnern, das Erforschen und das Feiern Schillers zu einer nationalen Aufgabe. Um es auf Dauer zu stellen, wurden zahlreiche Institutionen begründet; im Deutschunterricht der Schulen wurde Schiller zur Pflicht. Nun erst wurde Schiller wirklich nationalisiert, und dabei kamen zwei entgegengesetzte kulturpolitische Positionen zum Tragen.

Anders als etwa in Rußland, wo im Kampf mit der zarischen Autokratie Schiller hochgeachtet blieb, verbreitete sich in der deutschen Intelligenz eine Tendenz, Schillers republikanische Moral und deren Pathos nicht mehr nachvollziehen zu wollen, sich davon zu distanzieren. Man verstrickte sich in eine Entgegensetzung von Schiller und Goethe, brachte nicht die Toleranz auf, deren Verschiedenartigkeit zu achten. Nietzsches Diktum vom «Moraltrompeter von Säckingen» machte die Runde, auch in der westeuropäischen Intelligenz. Der französische Germanist Robert d'Harcourt formulierte 1928:

«Goethe est Européen, Schiller est Allemand» – eine Nationalisierung Schillers mit negativem Vorzeichen: Schiller, der typisch Deutsche.

Dem stand eine Nationalisierung im Zeichen des Volkstumsdenkens gegenüber. Auch hier wurde Schiller zum typischen Deutschen erklärt und das Marbacher Schiller-Museum zum ‹Nationalmuseum›. Seit 1906 wirkte ein «Schiller-Bund» darauf hin, aus der Schiller-Aneignung eine Jugendbewegung zu machen, was als Massenmobilisierung erst der nationalsozialistischen Propaganda gelang, die 1934 eine «Schiller-Verehrung der deutschen Jugend» inszenierte. Doch der Geist Schillers war nicht wegzufeiern: Ans Mikrophon drängte sich am 10. November Hans Burrer mit eigenen Texten: «An den Genius Schillers: Dein Geist tut Not! Hilf, dass der Wahnsinn, der nazistische Wahnsinn aus den Hirnen schwindet [...]. Fürs heil'ge deutsche Vaterland, der Freiheit hohes Unterpfand, zünd ich die Todesfackel an.» Burrer wurde sofort verhaftet.[1]

Der Arbeiterbewegung, die in der Epoche des bürgerlichen Nationalismus ihre eigene Kultur entwickelte, gelang ein eigenständiges Aneignen und Erinnern Schillers. Verwiesen sei auf den revolutionär-freiheitlichen Rückgriff auf Schillers Idealismus durch den bayerischen Sozialisten Kurt Eisner und auf Jean Jaurès, den Führer der französischen Sozialisten, aber auch auf die große Tradition der Aufführungen von Beethovens Neunter Sinfonie mit der Menschheits-Ode Schillers.[2]

Schließlich die Schiller-Forschung: Sie verdankt dem Impuls des Schillerfestes von 1859 ihre große Entfaltung im Zeitalter des Positivismus und des Historismus und erbrachte bis zum Weltkrieg auf vielen Gebieten die ersten gründlichen Arbeiten, darunter die große Wirkungsgeschichte von Albert Ludwig (1909). Man war hier noch stark geprägt von den Positionen der öffentlichen Schiller-Erinnerung und vollzog eine letzte institutionelle Nationalisierung Schillers noch nach den ersten deutschen Siegen im Zweiten Weltkrieg, indem man eine neue Gesamtausgabe als «Nationalausgabe» deklarierte.

3. Nach dem Ende der Reichsnation und ihrer Nationalkultur. Im Nachkriegsdeutschland kontrastierte der kontinuierliche Fortgang der Schiller-Forschung mit einer bemerkenswerten Zäsur des nationalen Erinnerns. Im Schiller-Gedenkjahr 1959 kam es zu ersten grundsätzlichen Einsprüchen gegen den ‹Nationaldichter›, und in den 1960er Jahren setzte auf den westdeutschen Bühnen eine regelrechte «Demontage» des Klassikers ein. Darauf wird im dritten Schwerpunkt näher einzugehen sein.

Schiller war – so unsere These – der spezifische «Erinnerungsort» jener deutschen Nation, die das Reich, das 1945 unterging, als ihr Vaterland betrachtete. Im Abstand von einer Generation zu jener Zäsur des nationalen Schiller-Erinnerns können heute die Fragen angegangen werden, die der kulturhistorische Befund aufwirft. Im folgenden sollen sowohl die Anfänge wie das Ende jenes nationalen Erinnerns beleuchtet werden. Ab und zu wird ein Seitenblick auf andere Nationen geworfen; denn Schiller, den deutsche Nationalisten gern allein für Deutschland reklamierten, war auch in anderen Nationen ein viel beachteter Autor, in manchen sogar ein «Erinnerungsort».

III.

Die Anfänge liegen bei Schiller selbst: Eine Schiller-Legende entstand schon zu seinen Lebzeiten. Um sie zu verstehen, ist zunächst eine spezifische Zeitgenossenschaft hervorzuheben: Schiller war ein Schüler, als in Nordamerika das Zeitalter der demokratischen Revolution eröffnet wurde und in Deutschland die Bildungsgesellschaft ihren Aufbruch der «Deutschen Bewegung» vollzog. Schillers weiteres Leben war geprägt von der ersten, revolutionären Epoche der modernen Demokratiebewegung. In seinen Werken hat er fünf zentrale Problembereiche dieser Bewegung literarisch thematisiert: die Freiheit des Individuums und des Volkes gegenüber dem Absolutismus des Fürsten *(Die Räuber, Don Carlos)*; die Kritik an der Ständegesellschaft im Zeichen der Menschenrechte *(Kabale und Liebe)*; die Konstituierung der bürgerlichen Nation *(Geschichte des Abfalls der Vereinigten Niederlande, Wilhelm Tell)*; die Neuformulierung der Position der Frau in der bürgerlichen Gesellschaft (die Frauenrollen in den Dramen sowie zahlreiche Gedichte); schließlich die neuen Erfahrungen und Probleme nach dem Erlebnis der Französischen Revolution *(Geschichte des Dreißigjährigen Kriegs, Über die ästhetische Erziehung des Menschen)*.

Schillers Ruf in der zeitgenössischen Gesellschaft beruhte daher in erster Linie auf seiner anti-absolutistischen Position und dann auch auf seiner skeptischen Verarbeitung der Französischen Revolution. Diese verband ihn mit der Mehrheit der deutschen Gebildeten und führte zu neuen Kompromissen mit den Fürstenregierungen. Schiller war kein Jakobiner wie Fichte; als er jedoch im Jahre 1803 im Weimarer Hofkalender mit dem neu verliehenen Adelsprädikat erschien, ließ er daneben drucken: «Bürger von Frankreich».

Zum Thema der deutschen Nation hat sich Schiller – das ist nicht zu übersehen – meist skeptisch geäußert (etwa in Nr. 95 und 96 der *Xenien* von 1797). Konsequent stellte er die Humanität über die Nationalität. Eine politische Nationsbildung der bürgerlichen Schichten in Deutschland hat er in den 1790er Jahren nicht für möglich gehalten, denn er war Zeitgenosse der finalen Krise des alten Reiches. Die Konstituierung moderner Nationen aber war eines seiner großen Themen. Mit seinen Dramen war er nicht ‹Nationaldichter› der Deutschen, sondern anderer Nationen, und so schuf er sich seine europäische Geltung.

Schon zu seinen Lebzeiten gab es eine Schiller-Legende. Wie bei nur wenigen deutschen Dichtern ist seine Popularität aus dem Leben heraus entstanden und nicht allein auf die Werke bezogen gewesen. Am Anfang steht der überraschende Erfolg seines ersten Dramas im Januar 1782 in Mannheim, der sich schon im Herbst jenes Jahres mit einer persönlichen Geschichte ver-

Karikatur auf die Schillerfeiern von 1859

knüpfte: Schillers Flucht aus dem Staat des absolutistisch regierenden Herzogs von Württemberg. Dieses ostentative Sich-Frei-Machen von den Tyranneien eines Kleinstaat-Fürsten war ein neues Freiheitsverhalten, das überall verstanden und mit Sympathie verfolgt wurde. Es stach ab von den bisherigen Schicksalen Oppositioneller, die in Württemberg auf den Hohenasperg führten.

Schiller hat sich zu dieser seit 1782 umlaufenden Legende bald auch selbst öffentlich bekannt, sie autobiographisch vertieft und als eine neue Synthese von Werk und Autor propagiert: «Den Schriftsteller überhüpfe die Nachwelt, der nicht mehr wert war als seine Werke.» In diesem Sinne suchte der 25jährige ein neues Verhältnis zum Publikum. «Das Publikum ist mir jetzt alles, mein Studium, mein Souverän, mein Vertrauter. Ihm allein gehöre ich jetzt an.»[3] Personen aller Stände und Schichten fühlten sich von dieser ungewöhnlichen Anrede eines Dichters angesprochen. Die Geschichte Schillers als «Ort» eines kollektiven Erinnerns beginnt in den 1780er Jahren.

Auch jenseits der Grenzen Deutschlands hatte der Dichter der *Räuber* bald einen Ruf: in Frankreich u. a. durch Sébastien de Mercier, den politischen

Theaterdichter der Spätaufklärung, in England durch S. T. Coleridge und die frühen Romantiker. Daß Schiller neben Klopstock und Campe im Jahre 1792 von der Nationalversammlung der Ersten Republik zum «Citoyen français» ernannt wurde, läßt darauf schließen, daß sein Ruf auch auf der Legende über seine Person beruhte. In Dänemark war Schiller in den oberen Gesellschaftsschichten so bekannt, daß es dem jungen Dichter Jens Baggesen im Jahre 1791 schnell gelang, ein dreijähriges Stipendium zu organisieren, um den schwer Erkrankten von finanziellem Druck zu befreien.

Schiller hat hart dafür gearbeitet, dem lesenden Publikum ständig in Erinnerung zu bleiben. Er nutzte das dänische Stipendium für ein privates Kant-Studium und veröffentlichte dessen Erträge sofort in einer Reihe von Aufsätzen zu ästhetischen Grundbegriffen. Seit 1786 war Schiller als Geschichtsschreiber, Herausgeber von Geschichtsquellen, als Erzähler und als Initiator von Zeitschriften auf dem Buchmarkt präsent, und seit 1796 stand wieder der Dichter und Dramatiker im Vordergrund.

Schließlich war Schiller ein Genie der Freundschaft. Nur durch die Vermittlung von Freunden konnte er in der Öffentlichkeit zu einem Begriff werden. Zu nennen sind hier vor allem Christian Körner, Caroline von Wolzogen, Wilhelm von Humboldt, auch die Verleger Göschen und Cotta und natürlich Goethe. Schiller war in hohem Maße zu lernen bereit, und so waren die Freunde ihm sowohl Stimme des Publikums wie auch Kampfgenossen in der literarischen Auseinandersetzung, z. B. mit der jungen Intelligenz der Romantik. Denn stets gab es auch eine literarisch anspruchsvolle, von ästhetischen Argumenten getragene Kritik an Schiller und seiner Dichtung!

IV.

Wie konnte Schiller im 19. Jahrhundert zum bevorzugten «Erinnerungsort» der Nationen werden? Sein öffentlicher Ruf im lesenden Publikum war bereits zu seinen Lebzeiten etabliert. Als dann im Mai 1805 die Nachricht von seinem Tod in den Zeitungen gemeldet wurde, wußte man, wer Schiller war. Die Kondolenzbriefe kamen sowohl von der preußischen Königin wie von Frauen aus dem einfachen Volk, und der Historiker Leopold von Ranke erinnert sich, daß ein französischer Besatzungsoffizier ihm Schillers Tod und seine Bedeutung erklärte. Spontane Totenfeiern gingen von den Bühnen aus und wurden außerdem durch den Aufruf von Rudolf Zacharias Becker zu einem «Denkmal der Nazionaldankbarkeit» angeregt. Die daraufhin gesammelten Spenden, ursprünglich für die Errichtung eines Denkmals gedacht, wurden Schillers Frau für die Ausbildung ihrer vier Kinder überwiesen. Das war nicht «eine Art Götzendienst»[4], vielmehr eine menschliche Anteilnahme in den Formen der Zeit, «Nazionaldankbarkeit» als Dankbarkeit des Volkes verstanden.

Auch Goethes denkwürdiger Beitrag *Epilog zu Schillers ‹Glocke›* wurde für eine Bühnen-Ehrung geschrieben, doch berühmt geworden ist er durch den

Das Denkmal für Goethe und Schiller

wiederholt eingestreuten Vers «Denn er war unser!»[5] Damit war für das künftige Erinnern Schillers ein Leitmotiv formuliert. Goethe hatte es sehr konkret gemeint: Er hatte den Vers den Schauspielern des Weimarer Theaters in den Mund gelegt und ihn darüber hinaus auf die Einwohner von Jena und Weimar bezogen, deren Mit-Erleben Schillers in dem Gedicht beschrieben wird. Weiter ist Goethe nicht gegangen; doch es lag schon damals nahe, die bündige, bekenntnishafte Zueignungsformel mit ihrem betonten Possessiv-Pronomen auf weitere Kreise und speziell auf die Deutschen zu beziehen. Hier aber lauerte – war Goethe das bewußt? – die Falle des Nationalstolzes: Wurde mit dem Satz ein gemeinsames Bekenntnis zu Schiller und seinem Werk zum Ausdruck gebracht, oder war damit ein exklusiver national-deutscher Besitzanspruch auf Schiller deklariert?

Das «Denn er war unser!» im Sinne Goethes hatte damals bereits in großem Umfang für die bürgerlichen Schichten beiderlei Geschlechts seine Gültigkeit. Schiller hatte noch einen Eindruck davon bekommen, als er sich im Mai 1804 zwei Wochen in Berlin aufhielt. Bereits der Wachoffizier am Potsdamer Tor verwickelte ihn in ein Gespräch über seine Dichtungen; im Theater erhob sich das Publikum, wenn der Dichter die Loge betrat. Schiller hatte eine Sprache gefunden, die sich den Gebildeten ebenso vermittelte wie den lesenden Volksschichten; es war ihm gelungen, die zunehmende «deutsche Sprachdivergenz»[6] zwischen Standardsprache und Literatursprache, zwischen Volkskultur und Hochkultur zu überbrücken. Seine Verse und Sentenzen prägten sich gut ein, wurden in öffentlichen Reden und in der Publizistik zunehmend zitiert, wurden zu geflügelten Worten und spielten in den damals üblichen Memorier- und Deklamierübungen eine große Rolle. Die Kirchen meldeten sich kritisch zu Wort, weil sie – zu Recht – eine Konkurrenz zu den religiösen Lernstoffen befürchteten. Diese volkstümliche Schillerrezeption, von Literaten und Philologen bis heute als ‹falsche› Popularität belächelt und kritisiert, war allein an den ethisch-lebenspraktischen Aussagen Schillers interessiert – eine Schiller-Aneignung, über die bisher nur wenig bekannt ist.

Daß es auf der Grundlage einer solchen Schiller-Kenntnis auch zu einer politischen Wirkung kommen konnte, zeigt bereits der Erfolg des Reiterliedes aus *Wallensteins Lager*.[7] Es ist vielfach bezeugt, daß dieses mobilisierende, sofort auch vertonte Lied («Wohl auf, Kameraden, aufs Pferd, aufs Pferd! Ins Feld, in die Freiheit gezogen [...]») in den anti-napoleonischen Freiheitskriegen zum Schlager wurde (und damit für das Bewußtsein einer neuen Männlichkeit im gebildeten Bürgertum eine große Rolle spielte). Charlotte Schiller berichtet, welche Reverenz Kavallerie-Einheiten sowohl 1806 wie 1813 dem Haus in der Weimarer Esplanade erwiesen: Schiller wurde – allein über dieses geniale Lied – zum Idol einer ersten patriotisch mobilisierten Jugendbewegung.

Auch im französischen und englischen Sprachbereich wurde Schiller damals erneut wahrgenommen. Benjamin Constant präsentierte 1809 eine französische Nachdichtung des *Wallenstein*, doch wesentlich umfassender war das Bild von Deutschland, das vier Jahre später Madame de Staël mit ihrem in London erschienenen *De l'Allemagne* vorlegte, in dem Schiller – mit ausführlichen Inhaltsreferaten seiner Dramen und seiner Geschichtsschreibung – eine zentrale Rolle spielt. Durch dieses informative Werk wurde die französisch- und englischsprachige Romantik-Bewegung in Europa mit Schiller näher vertraut. In England hatte S. T. Coleridge gleichfalls den *Wallenstein* übersetzt. In dieser Tradition stand Thomas Carlyle, der 1825 *The Life of Friedrich Schiller* publizierte, die erste große europäische Schiller-Biographie, die eine breite Schillerrezeption und -verehrung in der englischsprachigen Welt auslöste. Bemerkenswert, daß es in England und Frankreich – im Unterschied zu Deutschland – meist die Romantiker waren, die Schiller entdeckten und vermittelten.

In Deutschland waren es, nach der Neuordnung der politischen Verhältnisse auf dem Wiener Kongreß, zunächst die Freunde, die dafür sorgten, daß die Erinnerung an Schiller durch Dokumentation und Interpretation vertieft wurde. Der Bildhauer Johann Heinrich Dannecker schreibt schon 1805: «ich will

Schiller lebig machen, aber der kann nicht anders lebig sein, als kolossal.»[8] Ein anderer Schwabe, der Philosoph Hegel, warb als Professor der Philosophie in Berlin für eine neue Würdigung Schillers in seinen Vorlesungen über Ästhetik. Caroline von Wolzogen, Schillers Schwägerin, veröffentlichte eine mit vielen Dokumenten angereicherte Lebensgeschichte, und Wilhelm von Humboldt gab seinen Briefwechsel mit Schiller heraus, eingeleitet durch eine tiefgründige «Vorerinnerung über Schiller und den Gang seiner Geistesentwicklung». Goethe hatte hier den Anfang gemacht, als er 1828 seinen umfangreichen Briefwechsel mit Schiller publizierte und dadurch einer Debatte Auftrieb gab, die fortan zu den beliebtesten epigonalen Beschäftigungen gehören sollte: das Verhältnis der «Dioskuren» Goethe und Schiller zu analysieren, den einen mit dem anderen zu vergleichen.

Goethe hatte sich 1826 auch in die Initiative eingeschaltet, die 1820 von Schillers Fluchtgenossen Andreas Streicher ausging: für «einen würdigen Bestattungsplatz Schillers» zu sorgen. Sie führte – nicht ohne Druck der öffentlichen Meinung – im Jahre 1827 zur offiziellen Beisetzung der Gebeine Schillers in der Fürstengruft auf dem Neuen Friedhof in Weimar.

Das Vermächtnis der Schiller-Freunde konnte nun wirken, und es war Veranlassung dazu gegeben mit der neuen Phase der europäischen Demokratiebewegung, die 1830 durch die Juli-Revolution in Paris eingeleitet war. Der Frankfurter Publizist Ludwig Börne leistete hier durch seine *Briefe aus Paris* wichtige politische Vermittlung, und seinem Hamburger Verleger, Julius Campe, wurde auf Intervention der Metternich-Regierung ein Prozeß gemacht. Campe ging mit einer kleinen Verteidigungsschrift an die Öffentlichkeit: *Schillers politisches Vermächtnis.* Im Vorwort läßt Campe den Geist Schillers auftreten: «Kaum hatte der Schlaf seine Mohnkörner über mein Haupt gestreut, als Schiller selbst, einem Unsterblichen gleich, das Haupt von Strahlenglanz umgossen, leuchtenden Angesichts, vor mir stand und mich also anredete: ‹Du sollst meine Werke poetisch und prosaisch durchgehen, aufzeichnen, was ich über Fürsten, Staaten und Völker, ihr Streben und ihr Treiben an vielen Stellen ausgesprochen und als mein politisches Vermächtnis herausgeben.›»[9] Das tat Campe unter dem Schiller-Motto «Vor dem Sklaven, wenn er die Kette bricht, vor dem freien Menschen erzittert nicht!» Er zitiert ausschließlich aus der Schiller-Ausgabe «in Einem Bande», die Cotta soeben für breite Volksschichten auf den Markt gebracht hatte. So stand Schiller am Beginn einer politischen Mobilisierung, die bis zur Revolution von 1848 nicht mehr abreißen sollte.

Auch Gervinus' *Geschichte der poetischen National-Literatur der Deutschen*, die seit 1835 erschien, zeigte Schiller in seiner politischen Bedeutung. Bereits das Drama *Fiesco* bezeichnete Gervinus als ein «Revolutionsstück» und seinen Verfasser als einen, der «den gährenden Freiheitsideen, die aus Amerika sich verbreiteten, näher als irgendeiner der Jünglinge jener Zeit» war.[10] Zusammenfassend heißt es: «Die Idee der Freiheit, die Schillers Werke in ihrem vollen Umfang durchdringt, griff die politische Zeit politisch, und jene Dramen von der Befreiung Genuas und der Niederlande, der Schweiz und Frankreichs, schienen ja in der Tat wie eine absichtlich ausgestreute Saat […].»[11] Welche Ermutigung die politische Opposition des Vormärz aus Schillers Werk gezogen hat, zeigt nicht zuletzt der Beitrag Karl von Rottecks für das Schiller-Album von 1837: «Du lebst in der Tat, denn Du wirkst fortwährend unter uns! Dein Geist lebt, und nimmer wird die Gewalt ihn ersticken.»[12]

Die politische Inanspruchnahme Schillers durch die liberal-demokratische Nationalbewegung erfolgte auf dem Hintergrund einer organisierten Schillerverehrung, die sich bis Mitte der 1820er Jahre zurückverfolgen läßt. Der Stuttgarter Männergesangsverein «Liederkranz» schrieb 1824 in seine Satzung, zu Schillers Todestag jährlich eine Feier zu veranstalten. Am 9. Mai 1825 fand daraufhin das erste öffentliche Schillerfest vor den Toren von Stuttgart statt. Vom Festredner wurde das Projekt eines Schiller-Denkmals angekündigt, wofür sich 1826 ein «Verein für das Denkmal Schillers» konstituierte. Er wagte schon 1827 einen Appell «An die Verehrer unseres unsterblichen Schiller im gesamten deutschen Vaterland».[13] 1835 erneuerte der Verein, der sich nun «Schiller-Verein» nannte, seinen Aufruf und erbat neben Spenden für das Denkmal auch Beiträge für *Schiller's Album*, das 1837 mit etwa 300 Eintragungen erschien, darunter einem Gedicht des ehemaligen Burschenschaftlers August Follen: «Wie nach dem abgebrochnen Turmgeschoss/Des Kölner Doms ein Künstleraug' sich wendet […]/So nah'n die Deutschen Deinem Ehrenstein,/Oh Schiller! Deutschlands eingedenk und Dein.»[14]

Höhepunkt des Stuttgarter Projektes war das Schillerfest 1839 mit der Einweihung des von Thorwaldsen geschaffenen Denkmals. Die Beteiligung (man schätzte 30000) und das Presse-Echo waren gewaltig. Schön liest sich noch heute der Bericht des Tübinger Professors Köstlin: «Fragen wir vorerst, wer dieses Fest gefeiert habe, so ist die Antwort: das Volk, und um es noch deutlicher zu sagen, der Dritte Stand, eben derjenige, welchen das 19. Jahrhundert zu seinem Rechte gebracht hat.»[15] Speziell auf die nationale Dimension des Festes geht ein anderer Bericht ein: «Seine wahre Bedeutung erhielt dieser Tag durch das Bewußtsein, das sich überall kund tat, daß ganz Deutschland dieses Fest mitfeierte, daß die dabei Handelnden und Genießenden nur die Stellvertreter des ganzen Volkes waren, von dem dieses Denkmal, so gut zu seiner eigenen Ehre, wie zur Verherrlichung seines großen Dichters gestiftet ist.»[16]

Die Bedeutung dieses Festes ging demnach über seinen konkreten Zusammenhang weit hinaus. Es war nach dem Hambacher Fest von 1832 das erste, diesem auch an Teilnehmerzahlen gleichkommende Massenfest mit politischem Hintergrund, und wie dieses wurde es spontan als «Nationalfest» bezeichnet. Im Unterschied aber zu Hambach war es durchweg mit positiven Erfahrungen und Reaktionen verbunden. Die Obrigkeit blieb im Hintergrund; bis hin zu einem eigenen Ordnungsdienst, den 150 Handwerker wahrnahmen, war dieses Massenfest von den Bürgern selbst organisiert. Das Echo

Enthüllung von Thorwaldsens Schillerdenkmal: Der achte Mai 1839 in Stuttgart

war ermutigend und hoffnungsvoll, geprägt von dem Erlebnis einer sich vollziehenden Nationsbildung.

Für das gesellschaftliche Erinnern Schillers war es der große Durchbruch. Man wußte nun, daß man für Schiller Tausende mobilisieren konnte: Das Schillerfest einer Stadt war zu einem Nationalfest geworden. Der Nimbus Schillers war imstande, bisher getrennt lebende Stände, Schichten, Konfessionen und Regionen zu einer nationalen Festgemeinschaft zu vereinigen, denn alle waren – mit Schiller – von gleichen sozialen und politischen Grundvorstellungen geprägt.

Vom Stuttgarter Schillerfest führt eine direkte Linie zu dem von 1859, das anläßlich von Schillers hundertstem Geburtstag in etwa 500 Orten gleichzeitig begangen wurde: das größte aller Schillerfeste, wahrscheinlich das größte Massenfest des 19. Jahrhunderts in Deutschland. Es ist in seiner Bedeutung nicht einfach zu fassen, doch von 1839 her kann es verständlich werden. Damals traf der Anlaß einer lokalen Denkmalseinweihung auf eine Gesellschaft, in der nach einer Zeit der Reaktion das Bedürfnis vorhanden war, sich öffentlich darzustellen und als Nation zusammenzukommen. Die große Demonstrationsbereitschaft im Jahre 1859 ist nur zu verstehen, wenn man sieht, daß damals neue Hoffnungen die Deutschen belebten, deren Revolution 1848/49 mit Enttäuschungen geendet hatte: eine «neue Ära» der preußischen Politik und in Italien ein neuer Start der Nationalbewegung. Davon inspiriert, hatte sich im Sommer bereits in der bürgerlichen Elite ein Deutscher Nationalverein konstituiert, und nun sahen auch die Volksschichten eine Möglichkeit, sich öffentlich zu Wort zu melden. Sie taten es mit einem Bekenntnis zu Schiller, und unausgesprochen wußte jeder, was gemeint war.

Den Schillerfesten in der Epoche der demokratischen Bewegung, deren Ausdrucksformen uns heute fremd sind, kann man nur gerecht werden, wenn man sie als eine kreative, eigenständige Form der Erinnerung an den Dichter versteht und wenn man akzeptiert, daß neben der ästhetischen auch eine politische Würdigung Schillers ihre Berechtigung hat, die nicht in der Kenntnis seiner Werke allein begründet sein muß, sondern sich auch auf die je aktuelle Schiller-Legende bezieht. Es spricht für Schiller, daß er für eine freiheitliche Demonstration zur Symbolfigur werden konnte, deren Ehrung zudem den Vorteil hatte, nicht eo ipso politisch anstößig zu sein. Erst eine solche Schiller-Ehrung kann im eigentlichen Sinne als national bezeichnet werden; denn Schiller bzw. sein Mythos wurde hier zum Katalysator einer sich darstellenden Nation. Wie arrogant zu behaupten, Schiller würde damit politisch mißbraucht! Ein Dichter sollte nicht «Nationaldichter» genannt werden und seine Werke nicht «Nationalausgabe». Denn Dichtung ist wie jede Kunst national unspezifisch; aber einer politischen Gesellschaft, einer Nation steht es frei, sich auf einen Dichter wie Schiller zu berufen, der politisch aussagekräftig ist. Sie sollte jedoch auch an seinen Aussagen gemessen werden.

V.

Blickt man nun auf die zweite Hälfte des 20. Jahrhunderts, steht man vor einer völlig veränderten nationalen Situation. Was sich auf dem Schillerfest von 1859 noch gemeinsam darstellte, hatte sich auch im Bezug auf Schiller weit voneinander entfernt. Das deutsche Reich, das man 1859 eingefordert hatte, war im Jahre 1945 ein Trümmerhaufen; es wurde durch die Siegermächte des Weltkriegs aufgelöst. Das Erinnern Schillers hatte andere Formen und Dimensionen angenommen, doch das Jahr 1945 bedeutete hier keineswegs eine Stunde Null.

Was die überlebenden Deutschen damals in puncto Schiller am ehesten erinnerten, war wohl der Spielfilm *Friedrich Schiller*, der seit 1940 zu sehen war und heute meist als NS-Propaganda gilt. Wer genauer recherchiert, erfährt jedoch: Der Regisseur Herbert Maisch wollte seinem Film ursprünglich den Titel *Rebellen* geben (was Goebbels verhinderte). Aus den Widerstandsgruppen wird berichtet, daß man diesen Film aufsuchte, um oppositionelles Verhalten zu studieren; man hatte den Regisseur offensichtlich verstanden, der 1933 am Nationaltheater Mannheim entlassen wurde, weil er nicht bereit war, auf die jüdischen Mitglieder des Ensembles zu verzichten.[17]

Außerdem war 1937 im Insel-Verlag die Schiller-Darstellung von Reinhard Buchwald erschienen, eine der wertbeständigsten des Jahrhunderts. In der wahrscheinlich ersten Publikation über Schiller nach Kriegsende faßte Buchwald eine große Tradition bisheriger Schiller-Interpretation zusammen, indem er den heroischen Idealismus der Freiheit bei Schiller und Beethoven als den deutschen Typus moderner Weltanschauung vorstellte. Buchwald hoffte auf eine Renaissance dieses Idealismus beim Wiederaufbau Deutschlands.[18] In der Tat zeigte sich in der deutschen Nachkriegsgesellschaft eine neue Hinwendung zu Schiller. Auf den Bühnen behaupteten seine Dramen bis in die 1960er Jahre den ersten Rang, und der Schiller-Film von Herbert Maisch wurde weiter gezeigt.

Mit der Gründung zweier deutscher Staaten war jedoch seit 1949 eine neuartige Konkurrenz im Hinblick auf Schiller gegeben, die noch dadurch verstärkt wurde, daß die wichtigsten Erinnerungsorte auf beide Staaten verteilt waren. Als im Schiller-Jubiläumsjahr 1955 ein erster Anlaß zur öffentlichen Ehrung des Klassikers gegeben war, verweigerte sich die Adenauer-Regierung einer gesamtdeutschen Schiller-Feier in Weimar. Die DDR hatte dann ebenso wie die Bundesrepublik Thomas Mann zu ihrer Schiller-Ehrung eingeladen, und dieser reiste sowohl nach Stuttgart wie nach Weimar und sprach den gleichen Text, um eine Gemeinsamkeit der Deutschen deutlich zu machen, die im Vorfeld der großen Genfer Gipfelkonferenz und des österreichischen Staatsvertrages zu Hoffnungen auf eine Wiedervereinigung veranlaßte. Er erinnerte an das Schiller-Fest von 1859: «Es war ein nationales Fest, und das sei das unsrige auch. Entgegen politischer Unnatur fühle das zweigeteilte Deutschland sich eins in seinem Namen.»[19] Doch welch ein Unterschied zwischen den Situationen von 1859 und 1955! Damals ein Massenfest aller Volksschichten, jetzt offizielle Schiller-Ehrungen vor geladenen Gästen, damals die im Gleichtakt handelnden Schiller-Komitees vieler Städte, jetzt zwei nicht miteinander kommunizierende Staaten, die sich auch in ihrer Schiller-Ehrung signifikant unterschieden.

Die junge DDR hatte in Weimar eine Umgestaltung der Grabstätte vorgenommen: In der Fürstengruft auf dem Neuen Friedhof wurden die Särge des Hauses Wettin an die Seite geräumt und die Särge der Klassiker erhielten eine Mittelposition; aus der «Fürstengruft» wurde die «Goethe-Schiller-Gruft». Außerdem aber hatte das Politbüro der SED schon im Januar 1955 einen «Beschluß zum 150. Todestag Friedrich Schillers» gefaßt. Auf dem Staatsakt in Weimar nahm der Kultusminister, Johannes R. Becher, Schiller für die DDR in Anspruch, indem er Goethes Vers ins Präsens transponierte: «Denn er ist unser! Das erste Mal in der Geschichte unseres Volkes ist ‹auferstanden aus Ruinen› ein deutscher Staat, der die Grundlage geschaffen hat, um Schillers Vermächtnis zu erfüllen.»[20] Otto Grotewohl, Ministerpräsident der DDR, stellte seine Ansprache unter die Überschrift «Wir sind ein Volk». Anders als im Jahre 1989, wo dieser Spruch während der Leipziger Demonstrationen eine Rolle spielte, erinnerte man damals an die Rütli-Szene im *Wilhelm Tell*: «Wir sind Ein Volk, und einig wollen wir handeln.»[21] Die zweite Hälfte des Verses klang jedoch unglaubwürdig; denn Grotewohl endete mit scharfen Angriffen auf die Politik der Bundesregierung. Die Diskrepanz zwischen dem national-demokratischen Einheitspathos, das mit vielen Schiller-Zitaten vorgetragen wurde, und der politischen Realität war eklatant. Es waren letzte Versuche einer Nationalisierung Schillers, wie im Rückblick deutlich wird.

Die Schiller-Ehrungen in der Bundesrepublik fanden im regionalen Rahmen statt, wobei Württemberg ein gegebenes Zentrum bildete. Hier wurde mit landespolitischer Unterstützung eine Schiller-Volksausgabe in einem Band zum Preis von 3,50 DM in 230000 Exemplaren verbreitet. Zum Festakt in Stuttgart sprach neben Thomas Mann Bundespräsident Theodor Heuss und legte Protest dagegen ein, «den völlig wehrlosen Schiller posthum zum unbefragten Ehrenmitglied einer Partei zu machen.»[22] Ein politisches Signal gegenüber der DDR war auch der Schiller-Vortrag «Vom Reich der Freiheit», den Carlo Schmid in Berlin vor dem «Kuratorium Unteilbares Deutschland» hielt. Einen anderen Akzent setzte Botschafter François-Poncet, er erinnerte unter dem Titel «Schiller – unser Mitbürger» an den Ehrenbürger der Ersten Republik und an die weltbürgerliche Dimension von Schillers Denken. Das war ein Versuch, Schiller zu ent-nationalisieren, während die Deutschen damals in den Formen nationaler Applikation steckenblieben.

Es waren zwei Redner aus der Schweiz, die in dieser Richtung im Schillerjahr 1959 weitere Akzente setzten: der Germanist Walter Muschg und Friedrich Dürrenmatt, der sich in seiner Mannheimer Schillerpreis-Rede weigerte, «Schiller ins Absolute, Endgültige, Vorbildliche aufzublähen, überhaupt mich so aufzuführen, als wären die Klassiker die heiligsten Güter der Nation, nicht, weil ich die Klassiker für kein Gut halte, sondern weil ich den Nationen in dieser Sache mißtraue. Für den tätigen Schriftsteller kann nur ein menschliches Verhältnis zu den Klassikern von Nutzen sein. Er will keine Götzen in ihnen sehen, keine unerreichbaren Vorbilder, sondern Freunde, Anreger, Gesprächspartner.»[23] Dies wurde von den kulturellen Gralshütern als eine «Absage» an Schiller verstanden, wie man einem wenig später erschienenen Beitrag Benno von Wieses entnehmen kann, der sich heute wie das Vermächtnis einer ganzen Epoche nationaler Schiller-Erinnerung liest.[24]

Schon im Jahre 1955 hatte der Regisseur Rudolf Sellner auf der Frankfurter Schillerfeier erklärt: «Dramen hängen nicht – wie Bilder – an der Wand. Sie sind veränderliche Werte und Größen [...]. Sogar erschreckenden Eingriffen hält die Substanz einer großen dramatischen Dichtung nicht nur stand, sondern gewinnt oft erst jetzt ihre lebendige Kraft, um in eine veränderte Gegenwart hineinzuwirken.»[25] Diese Äußerung wurde von seinen jüngeren Kollegen als Aufforderung zum Handeln verstanden. Es begann 1965 mit einem Paukenschlag, der *Wilhelm Tell*-Inszenierung von Hansgünther Heyme in Wiesbaden. Die Rütli-Szene wurde hier als eine Aktion von Nationalisten dargestellt, mit Nazi-Melodien auf den Lippen. Diese pervertierende Infragestellung von Schillers wichtigstem National-Drama blieb kein Einzelakt. Es folgten, im zeitgeschichtlichen Zusammenhang des Studentenprotestes, mehrere provokante *Räuber*-Inszenierungen, u. a. von Peter Zadek, Egon Monk und Heyme, sodann eine kritische Destruktion von *Kabale und Liebe* durch

Peter Stein und Hans Hollmann – am Berliner Schiller-Theater! –, ein antimilitaristisches *Wallenstein*-Konzentrat an einem Abend von Heyme in Köln und andere Inszenierungen mehr. Diese unverhoffte und vom Publikum immer wieder auch als Provokation empfundene Vorführung des Bühnenklassikers Schiller durch die jüngere Generation westdeutscher Regisseure war ein kulturrevolutionärer Akt mit damals noch unabsehbaren Folgen. In einem Interview setzte der im Zentrum dieser Bewegung stehende Heyme gegen das bisher gültige Regieprinzip der «Werktreue» «die Pflicht zu besserer Treue. Und diese Pflicht bedeutet [...], dass man alte Stücke nicht mehr vom Blatt, sondern gegen den Strich spielen muss. Stücke vom Blatt spielen hieße, sie im Sinne des Heute nicht ernst nehmen.»[26]

Diese Theaterrevolution konnte ihre ‹Botschaft› mit dem Wechsel der Generationen, der damals eine entscheidende Rolle spielte, letztlich durchsetzen. Auch im akademischen Bereich sprach man von der «Klassik-Legende», die es kritisch zu analysieren galt.[27] So gab es keine wirksamen Bedenken, als 1972 im Zuge der Oberstufenreform der Gymnasien auf einen Lektürekanon verzichtet wurde und damit in der schulischen Allgemeinbildung auch Schiller nicht mehr verbindlich war. Es handelte sich hier nicht um eine speziell gegen Schiller gerichtete Maßnahme. Da aber nun auch Dichterbiographien und Literaturgeschichte im Deutschunterricht keine Rolle mehr spielten, konnte auch Schiller nicht mehr als «Erinnerungsort» tradiert werden. War es ein Zufall, daß in jenen Jahren der Deutschlandbegriff sich in der westdeutschen Gesellschaft fundamental veränderte? Schillers Haus in Weimar lag nun nicht in dem Staat, den man in der Bundesrepublik als Deutschland bezeichnete.

Dort, in der DDR, war das gesellschaftliche Erinnern Schillers andere Wege gegangen. Die kulturelle Hegemonie der SED war schon beim Jubiläum von 1959 stärker in einer ideologischen Abgrenzung zum Ausdruck gekommen, wie allein ein Vergleich der Jubiläumsbände, die das «Schiller-Komitee der DDR» 1955 und 1959 herausgab, zeigt. Im ersten Jahr nach dem Mauerbau, als das Deutsche Theater mit einer *Wilhelm Tell*-Inszenierung von Wolfgang Langhoff wieder eröffnet wurde, las man im Programmheft: «Uns, den Erbauern des Sozialismus in der Deutschen Demokratischen Republik gehört es, weil wir die rechtmäßigen Sachwalter der ganzen deutschen Nation sind!»[28] Schiller war weiterhin Lehrstoff in den Oberschulen; seine Werke gehörten bevorzugt zum sogenannten Kulturerbe, über dessen Bedeutung viel diskutiert wurde. Anläßlich Schillers 225. Geburtstag wurde der Neubau eines Museums hinter dem Wohnhaus Schillers in Weimar in Angriff genommen und 1988 konnte es, allseits gelobt, eingeweiht werden. Der stellvertretende Kulturminister erklärte dazu im Jahre 1984: «Wir sind dabei, uns als sozialistische deutsche Nation herauszubilden in der DDR. Uns interessiert die Beziehung zwischen dieser sich herausbildenden sozialistischen deutschen Nation und dem Schillerschen Erbe.»[29] Dies war wohl die letzte nationale Beanspruchung Schillers in Deutschland – im Namen einer Nation, die sich nicht realisieren ließ.

VI.

Der «Erinnerungsort» Schiller war in Deutschland, wie vielfach deutlich wurde, an die Existenz jener Reichsnation gebunden, deren Staat 1945 zugrunde ging, deren letzte Generation aber noch bis etwa 1970 das öffentliche Leben beherrschte. Schon in den 1960er Jahren war deren nationale Erinnerungskultur von der jungen westdeutschen Intelligenz in einem kulturrevolutionären Protest in Frage gestellt worden und an ihr Ende gekommen. Für die DDR-Bevölkerung ereignete sich das nach der Vereinigung von 1990, als die eigene Bildungskultur vom Westen überformt wurde. Die konfrontative Situation des politisch geteilten Deutschland hatte diese Entwicklung akzentuiert und beschleunigt. Doch inzwischen können ähnliche Vorgänge auch in anderen europäischen Nationen beobachtet werden. Die Herausbildung und Tradierung nationaler Erinnerungsorte war gebunden an die Nationalkulturen der europäischen Moderne; deren Entkräftung im letzten Drittel des 20. Jahrhunderts ist ein nicht mehr zu übersehender Befund.

Es blüht und es gedeiht – an politische Konjunkturen und Kulturen scheinbar nicht mehr gebunden – die Schiller-Forschung, d. h. der Kreis derer, die sich beruflich und als Spezialisten mit Schiller beschäftigen. Das sind gewiß einige Hunderte, aber nicht mehr Tausende wie früher. Mit Friedrich Schiller verbindet sich nur noch ein Spezialinteresse. Als Gesamtperson ist er auch unter den Spezialisten kaum noch präsent; man zehrt jedoch noch von der nationalen Bedeutung, die Schiller einmal gehabt hat.

Die führende Organisation der Schiller-Spezialisten, die Deutsche Schillergesellschaft, war im Verlaufe des 20. Jahrhunderts aus dem Marbacher Schiller-Verein (gegr. 1835) und dem Schwäbischen Schiller-Verein (seit 1895) entstanden. Mit ihrer Umbenennung zur «Deutschen Schillergesellschaft» hatte sie sich im Jahre 1947 nationalisiert, dann aber 1955 mit der Gründung des «Deutschen Literaturarchivs» eine neue, über die Nation hinaus die gesamte deutsche Sprachgemeinschaft umfassende Aufgabe gefunden: als Archiv der zeitgenössischen deutschsprachigen Literatur. Damit konnte ihrem Zentrum in Marbach eine große Konjunktur eröffnet und garantiert werden, deren Entwicklung seit 1957 das *Jahrbuch der Deutschen Schillergesellschaft* dokumentiert. Das Erinnern Schillers spielt in dieser Gesellschaft nun nur noch eine periphere Rolle, wie man deren Jahresberichten entnehmen kann.

Das Theater ist demnach weiterhin der Ort, wo heute ein gesellschaftliches Schiller-Erlebnis möglich ist und öffentliche Reaktionen hervorruft. Ob dies geschieht, wird nicht zuletzt davon abhängen, in welchem Maße ein internationales Interesse an Schiller wieder wach wird. Oder begnügt sich die europäische Kulturgesellschaft mit Shakespeare als einzigem *global player* unter den Klassikern?

Michael Werner

Heinrich Heine

Als sich 1887 in Düsseldorf ein Komitee bildete, um dem berühmtesten Sohn der Stadt ein Denkmal zu errichten, leiteten die Initiatoren eine Kontroverse ein, die zu den Lehrstücken der deutschen Erinnerungsgeschichte gehört. Die Idee zum Denkmal war von der Kaiserin Elisabeth von Österreich ausgegangen. Sie, eine tiefe, manchen Zeitgenossen etwas überspannt anmutende Heineverehrerin, hatte den Berliner Bildhauer Ernst Herter mit der Ausführung des Denkmals beauftragt und die Hälfte der Kosten übernommen. Die andere Hälfte sollte von den Bürgern aufgebracht werden. Zu diesem Zweck wurde im November das erwähnte Komitee unter Vorsitz des Oberbürgermeisters Lindemann gebildet, das einen Spendenaufruf erließ. Die Denkmalsinitiative führte indessen zu einer öffentlichen nationalen Debatte, die sich zwanzig Jahre lang hinziehen sollte. Die nationalistisch-antisemitische Gruppe um den einflußreichen Hofprediger Stöcker in Berlin brandmarkte Heine als Vaterlandsverräter. Die «deutschen Studenten der Universität Wien» betonten in einer Denkschrift aus dem Jahre 1893, Heine könne dem deutschen Volk kein Vorbild und Wegweiser sein: «Als Jude unfähig, deutsches Wesen zu verstehen und Freud' und Leid unseres Volkes zu teilen, hat er die Gaben der Bildung und des Wissens, für die er ihm danken sollte, mit falschem Judaslohn bezahlt, – als Heimatloser unfähig der Vaterlandsliebe, hatte er nur Hohn und Spott statt sittlichen Zornes und edlen Schmerzes.» Infolge solch massiver Kritik, die diskret von den konservativen Kreisen landaus landein gestützt wurde, nahmen die Düsseldorfer Stadtväter 1893 schließlich von ihrem Plan Abstand. Kaiserin Elisabeth, genannt Sissi, beugte sich dem Druck des Berliner Hofs. Heine wurde in dieser ansonsten so denkmalfreudigen Zeit nicht für würdig befunden, in der Reihe der großen Deutschen an öffentlicher Stelle auf einem Sockel zu stehen. So blieb seine ironische Vorhersage zunächst unerfüllt: «Ich werde wahrscheinlich die Zahl jener edelsten und größten Männer Deutschlands vermehren, die mit gebrochenem Herzen und zerrissenem Rock ins Grab steigen. In Düsseldorf wird mir dann wohl ein Monument gesetzt werden.»

Auch über den Fall Düsseldorf hinaus erweist sich die Geschichte der Heine-Denkmäler in Deutschland als überaus aufschlußreich. Sie führt drastisch die Schwierigkeiten vor Augen, die weite Kreise hierzulande mit Heine hatten, und beleuchtet so indirekt die Risse und Konflikte im Selbstbild der Deutschen. Führen wir kurz die wichtigsten Ereignisse an: Die Heine-Statue des dänischen Bildhauers Hasselrijs, die sich «Sissi» auf ihrer Privatresidenz Achilleon in Korfu hatte aufstellen lassen, wurde 1908 von Wilhelm II. abgeräumt. Der Verleger Campe ließ sie 1909 im Hof des Verlagshauses in Hamburg auf eigene Kosten aufstellen, d. h. auf einem Privatgelände – der Senat hatte sie als «gebraucht» abgelehnt. Von dort wurde sie 1939 nach Toulon verbracht, um sie vor der Zerstörung durch die Nazis zu retten. Sie steht dort heute im Stadtgarten – die meisten Bürger der Stadt Toulon verstehen nicht, wie sie zu der Plastik kommen. Das ursprünglich für Düsseldorf vorgesehene Denkmal Ernst Herters, ein mächtiger Loreley-Brunnen, auf dem ein Heine-Porträt nach dem Bronze-Medaillon David d'Angers eingemeißelt ist, emigrierte in ein anderes Land, in die USA, und wurde 1899 im New Yorker Stadtteil Bronx aufgestellt. Der Brunnen dort trägt die Inschrift: «To the Memory of their great Poet, the Germans in the United States». In den zwanziger Jahren entschloß sich dann die Stadt Hamburg, Heine doch durch eine Statue zu ehren. Das 1926 errichtete Heine-Denkmal Edgar Lederers wurde indessen bereits 1933 entfernt und zehn Jahre später eingeschmolzen. Georg Kolbes Frankfurter Heine-Denkmal von 1913, ein «Frühlingslied» betiteltes Tanzpaar in Bronze, war allzusehr geprägt von der Forderung des dortigen Denkmal-Komitees nach einer «freien künstlerischen Schöpfung», die ihrem «Charakter nach ausschließlich dem Dichter, nicht dem Kämpfer Heine» entsprechen sollte; eine «porträtmäßige Darstellung» war ausdrücklich «nicht erwünscht» gewesen. Doch auch diese halbherzige Mittelbarkeit konnte die Statue während des Nationalsozialismus nicht retten: die Inschrift wurde bereits 1933 zerstört, bevor man dann auch die Skulptur selbst entfernte.

Aber auch nach 1945 kam die Geschichte der Denkmäler vorerst noch nicht zur Ruhe. Im Düsseldorfer Hofgarten stellte man 1953 eine «Harmonie» betitelte Bronzestatue Maillols als Heine-Denkmal auf, ohne daß deren Bezug zu Heine selbst irgendwie ersichtlich wurde. In Ost-Berlin gab man 1954 die Errichtung eines Monuments in Auftrag, das zu Heines 100. Todestag eingeweiht werden sollte und dessen Ausführung dem Bildhauer Waldemar Grzimek anvertraut wurde. Dort nun erschien den politisch Verantwortlichen der Entwurf nicht kämpferisch genug bzw. «zu modern», und man schob die Sache zunächst einmal auf die lange Bank. Das Original Grzimeks, eine lokker-beschauliche Sitzfigur auf einem Hocker, wurde 1956 in der kleinen Stadt Ludwigsfelde bei Berlin an einem eigens dafür benannten Heinrich-Heine-Platz aufgestellt. Eine zweite Fassung weihte man dann 1958 an eher abgelegener Stelle im Volkspark am Weinberg ein, nördlich des Rosenthaler Platzes in Berlin. In Düsseldorf selbst kam es 1981, anläßlich des 125. Todestages von Heine, zu einer neuen städtischen Initiative. Das von Heines Todesmaske inspirierte Memorial von Bert Gerresheim, in das gewissermaßen die Erfahrung des Holocaust eingegangen ist, fand am Graf-Adolf-Platz einen zentralen Standort, nur wenige Meter entfernt vom inzwischen eingerichteten Heine-Institut in der Bilker Straße. Erwähnt sei auch das neue Hamburger «Denkmal eines Denkmals» von Waldemar Otto, das 1982 am Rathaus errichtet wurde, mit Bezug auf das alte Lederer-Denkmal und dessen Zerstörungsgeschichte, so daß es als ein Denkmal zweiten Grades bezeichnet werden kann. Als schon wieder bedenkliches Kuriosum erscheint das von Arno Breker gestaltete Heine-Standbild, das 1982 auf Norderney errichtet wurde: Es vermag den Bildhauer nicht nachträglich von seiner Blut- und Boden-Ästhetik reinzuwaschen.

Die Geschichte der Heine-Denkmäler in Deutschland ist indessen nur eines von mehreren Kapiteln der öffentlichen Auseinandersetzung mit dem Dichter. Die Debatten um die Gestaltung des Grabs auf dem Friedhof Montmartre in Paris, um die Benennung der Düsseldorfer Universität nach Heine, die Konkurrenz zwischen westlicher Heine-Forschung und der DDR-Germanistik – all diese Kontroversen machen Heines Bild in und außerhalb Deutschlands immer wieder zu einem Schauplatz, auf dem zentrale Fragen der deutschen Selbsteinschätzung ausgetragen werden. Daß dabei vieles zu einem nur schwer zu entwirrenden Knäuel verwoben wurde, macht Heine zu einem Denkmal eigener Spezies. Die Geschichte des Streits um Heine liefert darum einen frappierenden Längsschnitt durch die vielschichtige Gedächtnislandschaft der deutschen Kultur während der letzten zwei Jahrhunderte.

1. Denkmal zu Lebzeiten

Eigentlich setzte der Streit um Heine schon zu Lebzeiten des Autors ein. Das hing zunächst mit der politischen Brisanz seiner Texte zusammen, die ihn schon bald mit der Zensur in Schwierigkeiten brachten. Ab dem zweiten Band der *Reisebilder* (1827) wurden nahezu alle Bücher Heines über kurz oder lang verboten. Der Kampf mit dem Zensor gehörte zu den strukturellen Voraussetzungen seines Schreibens. Zunächst umgingen Heine und sein Verleger Julius Campe die Hürde, indem sie prinzipiell Bücher über 320 Seiten veröffentlichten, die nicht der Vorzensur unterlagen. Bevor das nachträgliche Verbot dann greifen konnte, war die Mehrzahl der Auflage in der Regel abgesetzt. Mitte der dreißiger Jahre spitzte sich indessen die Lage dramatisch zu. Unter der Ägide des österreichischen Staatskanzlers Metternich beschloß der Frankfurter Bundestag, nicht nur alle bisherigen, sondern auch die künftigen Schriften des Jungen Deutschland zu verbieten, darunter an erster Stelle Heine, der als geistiger und politischer Ziehvater der jungen oppositionellen Autoren angeprangert wurde. Für Berufsschriftsteller und -publizisten ging ein derartiges Verbot an die Existenzgrundlage. Nach einer kurzen Verbesserung der Situation zu Beginn der vierziger Jahre verschärfte sich die Zensur wiederum 1844, im Anschluß an die Veröffentlichung der *Neuen Gedichte* und des Versepos *Deutschland. Ein Wintermärchen*. In dieser Zeit wurde ein Steckbrief aufgegeben und alle preußischen Grenzbeamten dazu aufgefordert, Heine beim Betreten preußischen Territoriums unverzüglich zu verhaften. Umgekehrt, als im März 1848 die Zensurbestimmungen außer Kraft traten, brach

Der Dichter Heinrich Heine

der kranke Heine einer Besucherin gegenüber in den komischen Ausruf aus, er könne nun ohne Zensur nicht mehr schreiben: «Wie soll ein Mensch ohne Zensur schreiben, der immer unter Zensur gelebt hat? Aller Stil wird aufhören, die ganze Grammatik, die guten Sitten.» Die ironisch vorgetragene Sorge dessen, der sich die Grammatik einer kunstvollen «Sklavensprache» erarbeitet hatte, um seine Botschaft an den Leser zu schmuggeln, war indessen unbegründet. Nach dem kläglichen Ende der Revolution wurden die alten Verhältnisse wiederhergestellt, und Heines nächstes Buch, die Gedichtsammlung *Romanzero* von 1851, wurde in nahezu allen deutschen Staaten verboten.

Neben den politischen Frontstellungen hatte der Streit um Heine aber auch von Anfang an eine wichtige persönliche Komponente. Die Wirkung seiner Texte war immer schon personenbezogen gewesen. Das lag zum einen an der besonderen Art und Weise, wie sich hier ein «Ich» in Szene setzte, und zum anderen an der moralisierenden Tendenz der Kritik in der frühen Restaurationszeit. Auch wenn das Rollenhafte dieser Ich-Figur schon bald ins Bewußtsein trat, so waren doch ihre vielerlei Kaprizen in geradezu aggressiver Weise darauf angelegt, Reaktionen hervorzurufen. Das gilt grundsätzlich für alle Gattungen, in denen sich Heine versuchte, ist aber natürlich je nach Entstehungs- und Rezeptionsphase der einzelnen Texte zu modulieren. Wenn Heine etwa im Gedicht *Heimkehr* ironisch eine soziale Rolle skizzierte

Himmlisch war's, wenn ich bezwang
Meine sündige Begier,
Aber wenn's mir nicht gelang,
Hatt' ich doch ein groß Plaisir

so wurde das umgehend als Ausbreitung persönlichen «Kots» gewertet. In ihren polemischen Zuspitzungen führte diese Kritik schon bald zu dem insbesondere von Börne verbreiteten Stereotyp des Widerspruchs von Talent und Charakter, in welches zeitweise weite Kreise der Kritik einstimmten und das sich bis hin zu Karl Kraus verfolgen läßt, der noch formulierte: *«ein Talent, weil kein Charakter»*.

So wurde die Anerkennung formaler Meisterschaft – Heine der Sprachzauberer – bald umgemünzt in den Vorwurf persönlicher Schwäche, Halt- und Substanzlosigkeit. Auf das Werk zurückprojiziert ergab das dann prägende Rezeptionsstereotypen: Der zunächst gefeierte neue lyrische «Ton» wurde zur «Manier» abgewertet, die respektlosen Stilbrüche und die scheinbar ungehemmte Subjektivität zum Symptom egozentrischer Charakterschwäche umgedeutet. Dazu kamen – damit wurde eine andere Grundstimme in der Rezeption angeschlagen – erste Hinweise auf Heines jüdische Herkunft. Platen hatte mit seiner Bemerkung über den Knoblauchduft in Heines Poesie ein Unwetter auf sich gezogen, von dem er sich selbst nur schwer erholen sollte. In diesem Zusammenhang ist indessen einzig die Verbindung von Interesse, die man zwischen Heines Judentum und seinen persönlichen «Fehlern» herstellte, der Vorwurf mangelnder Verwurzelung im Boden der Nation. Bemerkenswerterweise stimmten zunächst auch Teile der jungdeutschen und der junghegelianischen Kritik in das Konzert der konservativen Denunzianten ein. Der gemeinsame Nenner dieser Ablehnung lag in der Disqualifizierung der Person, der es am nötigen «sittlichen Ernst» mangele und deren vermeintliche Bemühungen um eine Erneuerung der Kunst, um Emanzipation der Gesellschaft und Völkerverständigung darum als verlogen abzutun seien. Den Höhepunkt der literaturpolitischen Isolierung stellt die Reaktion auf die Börne-‹Denkschrift› dar, mit der Heine ja ursprünglich dieser Entwicklung entgegenzusteuern versucht hatte. Nun wurde er endgültig als liederlicher, frivoler Lebemann abgetan, dem es – und das war der entscheidende Vorwurf – an «Gesinnung» mangle. Hier klingt auch deutlich der anti-französische Ton an, der einen Teil der Heine-Kritik durchzieht: Der ins «Sündenbabel» ausgewanderte Dichter besitze nicht den moralischen Ernst, der zur Teilnahme an der öffentlichen Diskussion erforderlich sei. Überdies versiege dort, auf dem Großstadtpflaster, die Quelle der poetischen Inspiration, die noch in Heines deutscher Periode zu spüren gewesen sei.

2. *Imagepflege*

Ein wichtiger Aspekt in der Personalisierung der Rezeption hängt mit einem Phänomen der Entwicklung von Presse und literarischer Öffentlichkeit zusammen, das in der zunehmenden Kommerzialisierung des Literaturbetriebs begründet war: der Zusammenhang zwischen dem «Image» des Autors und dem Absatz seiner Schriften. Heine war einer der ersten deutschen Schriftsteller, der diesen Zusammenhang erkannte und darauf zu reagieren versuchte. Das hatte zur Folge, daß er nicht nur die Art und Weise, wie von seiner Person in der Presse berichtet wurde, aufmerksam verfolgte, sondern auch selbst aktiv in diese Prozesse einzugreifen versuchte, eine eigene Art von «Imagepflege» betrieb. Die sozialhistorische Voraussetzung für derartige Praktiken war das Interesse einer breiter werdenden Leserschaft für «Persönlichkeiten», wie man damals die Nachrichten aus der Privatsphäre apostrophierte. Zwei Phasen lassen sich hier unterscheiden: zunächst ab 1835, als Heine über befreundete oder sonst beflissene Journalisten bestimmte Informationen zu verbreiten suchte, die auf ein harmonisches, vom Schmutz des Parteikampfes oder der persönlichen Verunglimpfungen nicht betroffenes Bild des Schriftstellers abzielten. Die entsprechenden Texte bzw. Textfolgen schufen indessen eine eigene Dynamik, die schon bald nicht mehr zu kontrollieren war und eher den gegenteiligen Effekt hervorrief, indem man sich um die Authentizität der Informationen stritt oder Heine gar der Schönfärberei bezichtigte. Die zweite Phase begann mit Heines Krankheit 1848. Von da an bis zu seinem Tod 1856 wurde Heine immer öfter von Paris-Reisenden aufgesucht, deren einige dann in der Presse oder in Büchern über den Besuch und das Gespräch mit dem siechen Dichter berichteten, der – trotz allen Widerstands – in die Kategorie der Pariser Sehenswürdigkeiten aufrückte. An die dreißig solcher Texte wurden veröffentlicht, man kann geradezu von einer eigenen Gattung «Berichte von Heines Krankenbett» sprechen, in denen der sterbende Dichter in Szene gesetzt und teilweise publizistisch vermarktet wurde, ein in der Literaturgeschichte bis dahin beispielloses Verfahren.

3. *Frankreich*

Zu den ebenfalls schon zu Heines Lebzeiten angelegten Rezeptionssträngen gehört die Problematisierung seines Verhältnisses zu Frankreich. Bekanntlich hat sich der ursprünglich nicht auf Dauer angelegte Aufenthalt Heines in Paris in ein fünfundzwanzigjähriges Exil verwandelt. Paris war für Heine der Vorposten in der Menschheitsgeschichte, ein Ort, an dem man die Zukunft lesen und den Puls der Zeit fühlen konnte. Es war kulturelles und politisches Zentrum seiner Zeit und zugleich Schauplatz des Alltags, Bühne seines Privatlebens mit einer französischen Frau, seiner vielfältigen Beziehungen zu deutschen Emigranten und französischen Künstlern wie Bürgern aller Couleur. Selbst wenn er den entscheidenden Schritt zur Einbürgerung nie unternommen hat, war Frankreich für ihn zum Wahlvaterland geworden. Nach Deutschland konnte er nicht zurück, selbst wenn er gewollt hätte. Obwohl er auch den französischen Literaturmarkt zu erobern suchte, schrieb er primär weiter für ein deutsches Publikum, blieb er über das Medium der Sprache wie auch durch sein politisches Engagement eng mit der Heimat verbunden. Doch in Deutschland selbst wurde ihm der Daueraufenthalt in der «Fremde» nicht ohne weiteres verziehen. Selbst unter den wohlmeinenden Freunden gab es manche, die ihm zunehmende Entfremdung von den deutschen Zuständen unterstellten und somit die Prägnanz seiner politischen Stellungnahmen in Frage stellten. Vor allem aber unter den Gegnern aus dem nationalen Lager wurde seine Anhänglichkeit an Frankreich alsbald mit dem Verdacht des Vaterlandsverrats quittiert. Schon Wolfgang Menzel, der geistige Initiatior des Bundesbeschlusses gegen das Junge Deutschland, hatte in Frankreich den Ursprung allen Übels gesehen. Die Teutomanen, die Heine schon 1828 als eine «schwarze Sekte» gebrandmarkt hatte, die «von Deutschheit, Volksthum und Ureichelfraßthum die närrischsten Träume ausheckte und durch noch närrischere Mittel auszuführen dachte», gehörten von Anfang an zu seinen erbittertsten Gegnern. Sie waren, so Heine, «gründlich, kritisch, historisch – sie konnten genau den Abstammungsgrad bestimmen der dazu gehörte um bey der neuen Ordnung der Dinge aus dem Weg geräumt zu werden; nur waren sie nicht einig über die Hinrichtungsmethode.»

Angesichts der Anfeindungen und Verfolgungen, denen Heine von seiten der deutschen Nationalisten ausgesetzt war, hat man es sich in Frankreich schon früh zur Ehre angerechnet, dem Schriftsteller einen Zufluchtsort geboten zu haben. Der Freund der Revolution und Anhänger der universalen Menschenrechte kam von 1840 bis 1848 in den Genuß einer französischen Staatspension. Und weil er die Franzosen schon 1835 vor dem künftigen radikalen Nationalismus der deutschen Nachbarn gewarnt hatte, wurde er ab dem deutsch-französischen Krieg von 1870 zum offiziellen Repräsentanten des «guten» alten Deutschlands, das von den preußischen Militaristen verraten worden sei. Während Treitschke den vaterlandslosen Deutschjuden aus der deutschen Kultur ausgegrenzt hatte, betrieben in Frankreich vor allem linksrepublikanische Kreise die literarische Einbürgerung Heines, der eher zur französischen als zur deutschen Literatur gehöre. Das alte Bonmot von der deutschen Nachtigall, die ihr Nest in Voltaires Perücke gebaut habe, wurde nun dahingehend modifiziert, daß angesichts von Heines Ausstoßung aus der deutschen Un-Kultur sein wahrer Platz in Frankreich sei, wie auch die eigentlichen und wahren Werte des deutschen Idealismus und der Romantik in der französischen Civilisation besser aufgehoben seien als im autoritären und konservativen Deutschen Reich. Noch de Gaulle soll 1966 beim Ankauf von Heine-Handschriften durch die Pariser Nationalbibliothek geltend gemacht haben, daß Heine auch ein französischer Schriftsteller sei. So ist Heines schon zu Lebzeiten unternommener Versuch, zwischen deutscher und französischer Kultur zu vermitteln und zu übersetzen, nicht nur bei den deutschen Bannerträgern der «Erbfeindschaft» als gescheitert abgewertet worden – er erschien auch bei französischen Germanisten wie Edmond Vermeil und Charles Andler als ein historischer Irrtum, der von der Geschichte des deutschen Sonderwegs – als dessen Prophet Heine andererseits eingestuft wurde – widerlegt worden sei. Erst in neuerer Zeit hat man Heines Vorreiterrolle für die deutsch-französische Aussöhnung aktualisiert. Bei seinem Deutschlandbesuch 1984 wurde dem französischen Staatspräsidenten Mitterrand eine Heine-Handschrift des Gedichts «Denk ich an Deutschland in der Nacht» als Staatsgeschenk überreicht.

4. *Judentum*

Auch das Thema des Judentums war in der Rezeption schon zu Heines Lebzeiten angelegt. Heine war bekanntlich der erste große deutsche Schriftsteller jüdischer Herkunft. Wie bei zahlreichen akkulturierten jüdischen Intellektuellen und Schriftstellern seiner Generation war seine eigene Einstellung zu jüdischer Tradition und Identität gespalten. Vor allem von der Mutter war er im Glauben an Emanzipation durch Aufklärung erzogen worden. Zugleich wurde er schon in Düsseldorf, dann aber auch in Frankfurt und besonders in Hamburg mit den sozialen und politischen Widerständen konfrontiert, die der Emanzipation im Wege standen, insbesondere nach Ende der «Franzosenzeit». Schließlich verspürte er selbst deutlich die inneren Spannungen, die Assimilationsdruck und Akkulturationsbereitschaft mit sich brachten. Immerhin hatte er sich sowohl als Schriftsteller wie als Staatsbürger für das Prinzip Emanzipation durch Akkulturation (äußerlich verbunden mit der Taufe) entschieden. Der Konflikt, in den er dadurch geriet, betraf sowohl eine «jüdische» wie eine «deutsche» Identität. Seine literarische Selbstfindung hatte ganz im Zeichen einer deutschen Sprach- und Literaturlandschaft gestanden. Erst in Berlin, im Kontakt mit den Mitgliedern des Vereins für die Kultur und Wissenschaft der Juden, war ihm die Problematik dieser Akkulturation deutlicher bewußt geworden. Nun setzte eine Krise seines Zugehörigkeitsgefühls zur deutschen Kultur ein. In einem Brief an den Jugendfreund Christian Sethe, der für ihn gewissermaßen der Prototyp des «guten Deutschen» war, brach er in die Worte aus: «Alles was deutsch ist, ist mir zuwider; und Du bist leider ein Deutscher. Alles Deutsche wirkt auf mich wie ein Brechpulver. Die deutsche Sprache zerreißt meine Ohre[n]. Die eignen Gedichte ekeln mich zuweilen an, wenn ich sehe, daß sie auf deutsch geschrieben sind. Sogar das Schreiben dieses Billets wird mir sauer, weil die deutschen Schriftzüge schmerzhaft auf meine Nerven wirken.» Und dann fährt er französisch fort: Er gedenke ins Morgenland auszuwandern und ein Hirtendasein in Arabien zu führen – Evasionsgedanken eines jüdischen Virtuosen der deutschen Sprache, der natürlich im Grunde seiner Seele wußte, daß es kein Entrinnen gab und auch nicht geben durfte. Denn auf der anderen Seite erklärte er zwei Jahre später, ebenfalls in einem Brief: «Ich weiß daß ich eine der deutschesten Bestien bin, ich weiß nur zu gut daß mir das Deutsche das ist, was dem Fische das Wasser ist, daß ich aus diesem Lebenselement nicht heraus kann, und daß ich – um das Fischgleichniß beyzubehalten – zum Stockfisch vertrocknen muß wenn ich – um das wäßrige Gleichniß beyzubehalten – aus dem Wasser des deutschthümlichen herausspringe. Ich liebe sogar im Grunde das Deutsche mehr als alles auf der Welt, [...] und meine Brust ist ein Archiv deutschen Gefühls, wie meine zwey Bücher ein Archiv deutschen Gesanges sind.» Die innere Korrelation dieser beiden Haltungen dem «Deutschen» gegenüber ist evident, ebenso wie die Verbindung dieses Problems mit dem der jüdischen Identität. «Eigentlich», so schreibt er am 21. 1. 1824 an Moser, «bin ich auch kein Deutscher, wie Du wohl weißt. (vide Rühs, Fries a. O.)»; der ironische Verweis auf die beiden antisemitischen Deutschtümler, die seine Zugehörigkeit zur deutschen Kultur bestritten, belegt die Verflechtung von Selbstdefinition und sozialer Außendefinition, von Berufung und Getriebensein.

Nun hat Heine während seiner literarischen Laufbahn, nach dem Scheitern seines «jüdischen» Romans *Der Rabbi von Bacherach*, resolut daran geglaubt, daß sich die Frage der Judenemanzipation nur im Rahmen der allgemeinen Menschheitsemanzipation lösen ließe und daß deshalb auch alle Hinweise der Kritik auf seine jüdische Herkunft seine Rolle als «Dichter, Tribun und Apostel» zu schmälern beabsichtigten. Erst nach Ausbruch seiner Krankheit – und nach dem Scheitern der Revolution von 1848 – bezeichnete er sich selbst öffentlich als «armen todkranken Juden», bekannte sich zu seinem Judentum. Aber auch da blieb das Jüdische eine unter mehreren mobilen Identitäten, wie die «Hebräischen Melodien», in denen die Beschäftigung mit dem Judentum ihren poetischen Niederschlag fand, eine unter mehreren Abteilungen des Gedichtbands *Romanzero* von 1851 darstellten.

In der Heine-Rezeption wurde das Jüdische indessen erst im Zeitalter von Nationalismus, Chauvinismus und Antisemitismus zum herausragenden Thema, zum Teil auch schon als Reaktion auf die Popularität des «volkstümlichen» Dichters des *Buchs der Lieder*. Denn das Ärgernis war zunächst nicht so sehr ein genuin «jüdisches» Element in Heines Werk, sondern die Tatsache, daß die deutsche Literatur dem «Juden» Heine einige ihrer vermeintlich «deutschesten» Schöpfungen verdankte.

5. Volkstümlicher Liederdichter

In der Tat gründete Heines Popularität vor allem im *Buch der Lieder* aus dem Jahre 1827. Schon zu Lebzeiten des Autors erlebte das Buch, nach anfangs zögerlichem Absatz, dreizehn Auflagen, weit mehr als alle anderen Schriften Heines. Zu seiner Verbreitung trugen die zahllosen Vertonungen der Texte bei – insgesamt konnte man an die 8000 Vertonungen seiner Lieder durch über 3000 Komponisten oder Bearbeiter meist aus der romantischen Epoche ausmachen. Allein «Du bist wie eine Blume» reizte bis heute über dreihundert Komponisten zur Vertonung. Damit ist Heine der bei weitem verbreitetste Liedertext-Autor deutscher Sprache. Diese Vertonungen belegen nicht nur Heines Beliebtheit bei den Komponisten des 19. Jahrhunderts, sondern auch eine besondere musikalische Qualität seiner Sprache. Der entscheidende Grund für die Popularität der Heineschen Lieder ist indessen in den Texten selbst sowie in der Disposition des Publikums zu suchen, sich von ihnen einfangen zu lassen. Sprachliche Konzision, oft sogar epigrammatische Kürze, Klangfülle, volksliedartiger Ton, der zuweilen mit raffinierten modernen Untertönen angereichert ist, romantische Innigkeit, die jedoch zum Teil auf Distanz zu sich selbst geht, sich ironisch bricht – alle diese Eigenschaften gaben Heines Liedern in den Augen des bürgerlichen Publikums einen besonderen Reiz. Nahm man die Heinesche Sentimentalität für echte Primärempfindungen? Hat man ihn als romantischen Liebes- und Naturdichter mißverstanden? Sicher ist die Vorliebe der bürgerlichen Leser in der zweiten Hälfte des 19. Jahrhunderts kein Zufall. Sie spiegelt, durch die Brüche und Spannungen in Heines Texten, die eigenen Ambivalenzen des bürgerlichen Selbstverständnisses, die gebrochene Sentimentalität des aufstrebenden Industriezeitalters. Das Ineinander von Empfindung und Desillusion der Empfindsamkeit, die Mittelbarkeit, die vielen Liedern Heines eignet – man denke etwa an die «Loreley», deren Geschichte ja aus der Distanz des modernen Betrachters erzählt wird –, entsprachen offenbar einer Grundeinstellung, in der sich zahlreiche Leser wiedererkannten. Wahrscheinlich hielt man diese Einstellung für volkstümlicher, «natürlicher», als sie wirklich war. Immerhin gehört das *Buch der Lieder* zu den erfolgreichsten Lyriksammlungen der deutschen Literatur.

6. Der «demaskierte» Sprachzauberer und der Sozialist

Erst nach der Jahrhundertwende mehrten sich die Stimmen, die den dichterischen Rang von Heines früher Lyrik herabzuspielen suchten. Neoromantik sowie die hohe, zeitentrückte und gesellschaftsferne Kunstauffassung des George-Kreises kritisierten Heines bewußte Stilmischung und seine Stilbrüche.

Bemerkenswerterweise stimmten auch viele jüdische Intellektuelle jener Zeit in diese Kritik ein: Harden, Karl Kraus, Walter Benjamin, Rathenau – sie alle fanden keinen direkten Zugang mehr zu Heines Lyrik.

Früher hatte man die Brüche in Heines Dichtung noch moralisch gedeutet. Gustav Schwab etwa betonte schon 1828 die persönliche Spaltung des Dichtersubjekts, aufgrund deren Heine zu keinem harmonischen Ausgleich finden könne: «Herr Heine [...] ist der erste, in dessen Liederdichtungen jene weltverhöhnende Stimmung eines zerrissenen Gemüthes Grundton geworden ist, und zwar so, daß sein Humor nicht etwa auf eine geheime Versöhnung hindeutet, sondern den Kontrast zwischen Poesie und Leben fast immer ohne Milderung recht grell und mit kalter Bitterkeit zur Anschauung bringt.»

Nunmehr brachte man Heines Stilhaltung mit einem gebrochenen Verhältnis zum schöpferischen Geist der Sprache in Verbindung. Für den Sprachpuristen Karl Kraus war es verdächtig, daß die Texte so große Anziehungskraft auf «Musikanten» ausübten. Wie er in seinem Essay *Heine und die Folgen* von 1911 ausführte, ist Heine für ihn ein «lust- und leidgeprüfter Techniker» der Sprache, ein «prompter Bekleider vorhandener Stimmungen», aber kein authentischer Künstler, der die Sprache um ihrer selbst willen zum Klingen zu bringen vermöge. Die späte Lyrik Heines findet bei Kraus eher Gnade, aber sie interessiert ihn weniger, weil sie geringere Wirkung auf die Nachwelt ausübte.

Noch bei Adorno findet man ähnliche Vorbehalte gegen die Authentizität von Heines sprachschöpferischem Genius. In seinem Aufsatz *Die Wunde Heine* aus dem Jahre 1950 diagnostiziert er die Heimatlosigkeit von Heines Sprache: «Nur der verfügt über die Sprache wie ein Instrument, der in Wahrheit nicht in ihr ist.» Heines Instrumentalisierung der deutsche Sprache zeige, daß er nicht in sie hineingeboren worden sei. So ist das «Trauma von Heines Namen» Adorno zufolge doppelt: Von Heines Seite bestehe es darin, daß er sich in seinem Assimilationswillen einer Sprache von außen bemächtigt habe, Unmittelbarkeit vortäuschend, dabei zwischen Kunst und Alltag vermittelnd und die Kunst somit an die Warenwelt ausliefernd; von seiten der «bodenständigen» Deutschen bestehe das Trauma darin, daß sie, «indem sie ihm die Hilflosigkeit seiner Anpassung vorhalten, die eigene Schuld übertäuben, daß sie ihn ausgeschlossen haben». Adorno greift in der Nachfolge von Karl Kraus auch noch nach dem Holocaust die Kritik an Heines vermeintlicher Überassimilation auf. Heine habe, so Kraus in seinem bekannten Diktum, der «deutschen Sprache so sehr das Mieder gelockert [...], daß heute alle Kommis an ihren Brüsten fingern können». Wie ein Echo darauf liest sich Gundolfs Urteil aus dem Jahre 1920: «Er ist das als voreilender Meister, was seitdem unzählige als arme Sklaven sind: Journalist bis in seine Lyrik hinein [...]. Seine Flachheiten und nicht seine Tiefen, nicht seine deutschen und jüdischen Qualen, machen ihn beliebt.»

Freilich, sowohl Kraus wie Gundolf und auch Adorno reagieren zugleich auf Heine selbst wie auf seine Rezipienten und Nachahmer. Sie beurteilen

Heine anhand seiner «Folgen». Dabei unterläuft ihnen, daß sie sich als akkulturierte deutsche Juden auch über sich selbst äußern: In ihrer Kritik schwingen sie sich selbst zu unanfechtbaren Vertretern deutscher Kultur auf, die – im Gegensatz zu Heine – die schöpferische Kraft der Sprache wahrhaft verinnerlicht haben wollen. Daß Kraus im Grunde Heine-Anhänger wie Heine-Gegner in einen Topf wirft, mag heute gespenstisch anmuten. Zum damals tobenden Denkmalstreit befand er: «Heines aufklärende Leistung in Ehren – ein so großer Satiriker, daß man ihm die Denkmalswürdigkeit absprechen müßte, war er nicht. Ja, er war ein so kleiner Satiriker, daß die Dummheit seiner Zeit auf die Nachwelt gekommen ist. Gewiß, sie setzt sich jenes Denkmal, das sie ihm verweigert. Aber sie setzt sich wahrlich auch jenes, das sie für ihn begehrt. Und wenn sie ihr Denkmal nicht durchsetzt, so deponiert sie wenigstens ihre Visitenkarte am Heine-Grab und bestätigt sich ihre Pietät in der Zeitung.»

Während die bürgerlichen Adepten der Kunstreligion von Heine abrückten, konstituierte sich eine authentische sozialistische Heine-Rezeption. Anknüpfend an Marx/Engels und an Kautsky konstruierte man einen revolutionären, anti-nationalen Heine. Ein typisches Beispiel stellt der 1919 von Franz Diederich unter dem Titel «Wir weben! Wir weben!» herausgegebene Band der politischen Gedichte Heines dar, in dem auch das blasphemische, gegen die Hohenzollerndynastie gerichtete Flugblattgedicht «Schloßlegende» vertreten ist, das in zahlreichen früheren Heine-Ausgaben, inklusive der kritischen Ausgabe Ernst Elsters (1887–1890), noch gefehlt hatte. Das Gedicht, in dem das Geschlecht der preußischen Könige auf die sodomitische Vereinigung eines «Weibs mit einem Rosse» zurückgeführt wird, ist eine ausgezeichnete Illustration für die scharfe Personalsatire Heines. Was unter dem nationalliberalen Publikum des Wilhelminischen Deutschlands Anstoß erregte, wurde von den sozialistischen Lesern in seiner alten kämpferischen Funktion aktualisiert. Auch Heines Deutschland-Satire im *Wintermärchen*, die bei vielen gutgesinnten Nationalen unangenehm vermerkt und im besten Fall noch als von der späteren Geschichte widerlegter historischer Irrtum des Autors abgetan wurde, hielt Franz Mehring für eine der hellsichtigsten Analysen der national-preußischen Fehlentwicklung in Deutschland.

7. Ausstoßung und Exil

Die Kritik der «geistig Verantwortlichen» (so Adorno) an Heine um 1900 läßt sich nur aus der gespannten Atmosphäre des Denkmalstreits verstehen. Dieser nahm seinerseits die Argumente vorweg, mit denen Heine dann 1933 aus der deutschen Literatur ausgestoßen wurde. Bereits Adolf Bartels hatte 1906 in seinem Pamphlet *Heinrich Heine. Auch ein Denkmal* die antisemitische, chauvinistische Munition gesammelt, die nun auf Heine niederhagelte. Bei der

«Verbrennung undeutschen Schrifttums» am 10. Mai 1933 vor der Staatsoper Unter den Linden waren die Werke des Autors, der hellsichtig prophezeit hatte, «wo man Bücher verbrennt, verbrennt man auch am Ende Menschen» zuallererst betroffen. Die Denkmäler und Gedenktafeln wurden zerstört, darunter auch das erste deutsche Monument, der von der Baronin Selma von der Heydt in Wuppertal 1883 errichtete Gedenkstein. Für «das Schwein vom Montmartre», so *Der Stürmer*, den Urvater der «Zersetzung der deutschen Kunst», der sein Vaterland verunglimpft habe, war in der deutschen Literatur, von der ihn als Jude ohnhin eine «abgrundtiefe Artverschiedenheit» trennte, kein Platz mehr. In ihrer Zerstörungswut konnten jedoch auch die Nazis die Volkstümlichkeit von Heines Texten nicht einfach auslöschen. So wurden einige Lieder ohne Verfasserangabe in deutschen Anthologien und Liederbüchern weitergeführt, inbesondere die «Loreley», die in einem «Wehrwolf»-Liederbuch als «Volkslied» abgedruckt wurde oder bei der man in einem Schulbuch von 1933 lediglich den Namen des Komponisten Silcher anführte. Die Erinnerung an den Verfasser wollte man tilgen, aber die Lieder selbst waren nicht so einfach auszurotten.

Mit den Emigranten, die vor den Nazis flüchteten, ging Heines Werk seinerseits ins Exil. Auch hier läßt sich beobachten, wie stark das Thema des Exils selbst in Heines Texten vorgeprägt war, als politisches, als sprachliches und kulturelles, schließlich als existentiell-jüdisches, verkörpert etwa in der Figur des spanisch-jüdischen Dichters Jehuda Ben Halevy. «Wer das Exil nicht kennt, begreift nicht, wie grell es unsere Schmerzen färbt, und wie es Nacht und Gift in unsere Gedanken gießt», so hatte Heine bereits 1840 geschrieben, und viele deutsche Emigranten nahmen diese Sätze in ihrem geistig-seelischen Handgepäck mit, ebenso wie die Gedichte, darunter nun auch verstärkt die des späten und kranken Dichters. Im Exil wurde Heine ein vertrauter Gesprächs- und Lebenspartner für alle, die auch in der äußersten Verzweiflung die Hoffnung nicht aufgeben wollten. Der Buchhändler und Verleger Salman Schocken soll in Palästina immer eine Handschrift eines der späten, mit Bleistift geschriebenen Gedichte Heines in der Brusttasche mit sich herumgetragen haben. Hatte man früher Heine zuweilen seine Rhetorik und Theatralik vorgeworfen, so entdeckte man nun die unverstellte Sprechweise seiner Lyrik mit ihrem zugleich direkten und subtilen Zugriff auf die Probleme der Gesellschaft und des menschlichen Lebens. Hier bekam das Thema der Zerrissenheit eine neue Aktualität.

8. Ost und West

Die deutsche Teilung nach 1945 führte zu einer zunächst asymmetrischen Rezeption, bevor dann eine regelrechte Konkurrenz einsetzte. Im Osten konnte man auf Franz Mehrings und Georg Lukács' sozialistische Sichtweise auf den Kampfgenossen von Karl Marx zurückgreifen. Heine gehörte zum «nationalen deutschen Kulturerbe» des besseren Deutschlands, als dessen Hüter und Pfleger man sich in der DDR verstand. So wurden seine Schriften bald wieder aufgelegt und nach und nach in hohen Auflagen vertrieben. Im Aufbau-Verlag erschien bereits 1951 eine erste Auswahlausgabe in sechs Bänden. 1961 folgte dann die von Hans Kaufmann besorgte erste Gesamtausgabe in zehn Bänden, ebenfalls im Aufbau-Verlag, die damals die vollständigste Heine-Ausgabe darstellte. Natürlich war das Interesse an Heines Werk in der DDR selektiv. Im Vordergrund standen die kämpferischen Schriften der vierziger Jahre, allen voran die *Zeitgedichte* und *Deutschland ein Wintermärchen*, die im wesentlichen aus der Zeit der Freundschaft mit Karl Marx stammten. In seiner Monographie über das *Wintermärchen* aus dem Jahre 1956 stellte Kaufmann fest, es handle sich aus historischer Sicht um den zentralen Text in Heines Werk, wie auch das Jahr 1844 als das bedeutendste Jahr in Heines Leben herausgestellt wird. Dahinter steht die Auffassung, daß Heine als Kritiker der Bourgeoisie «an der Schwelle zwischen der Blüte der bürgerlichen und dem Beginn der sozialistischen Kultur in Deutschland» stand. Heines spätere Kritik des Kommunismus, seine tiefe Skepsis gegenüber einer radikalen Menschheitsbeglückungslehre, die an rein materiellen Werten ausgerichtet ist, wurden dagegen wenig beachtet.

Im Westen Deutschlands tat man sich zunächst schwer, einen neuen Zugang zu Heine zu finden. Die führende Position, die dem George-Kreis verpflichtete Germanisten in den Universitäten einnahmen, das erhabene Dichtungsideal der Neoromantiker und die ontologisch-existentialistische Literaturauffassung im Gefolge Heideggers ließen für eine neue Heine-Lektüre während der Adenauerschen Restauration wenig Platz. Selbst Adornos Rede von der «Wunde Heine» geschah aus der Distanz und bezweckte nicht eine neue Einbürgerung. So blieb es im Westen lange still um Heine, in den Lehrplänen an den Schulen war er nur selten anzutreffen, Verlagsprogramme führten ihn kaum auf. Das änderte sich im Zuge der Studentenbewegung ab Mitte der sechziger Jahre. Die Heine-Abstinenz der fünfziger Jahre erschien den Jungen nun als Indiz mangelnder Vergangenheitsbewältigung. Die seit 1969 vom Düsseldorfer AstA gestarteten und von einer Bürgerinitiative getragenen Versuche, die Düsseldorfer Universität nach Heine zu benennen, stießen auf den erbitterten Widerstand der Medizinprofessoren, die eine «Politisierung» der Naturwissenschaft abzuwehren gedachten. Knapp zwanzig Jahre lang zog sich der Streit hin, unter reger Anteilnahme der Medien im In- und Ausland. Immerhin war so eine Diskussion in Gang gekommen, die Heine zu neuer Aktualität verhalf. Ab 1968 erschien die erste neue, von Klaus Briegleb besorgte Gesamtausgabe der Werke Heines im Hanser-Verlag. Die anderen Verlagshäuser waren ebenfalls zur Stelle: Bei Insel verlegte man einen Heine in vier Bänden (1968–1970), bei Winkler eine andere Ausgabe in ebenfalls vier Bänden (1969–1972), bei C. H. Beck eine zweibändige Auswahl (1973–1977). Parallel erschienen zahlreiche Einzelausgaben, darunter die wichtigsten und auflagenstärksten im Reclam-Verlag ab Anfang der siebziger Jahre in Form von neubearbeiteten kritischen Leseausgaben. So waren Heines Texte ab Anfang der siebziger Jahre auch auf dem westdeutschen Buchmarkt wieder stark vertreten. Gleichzeitig fand er Aufnahme in die Lehrpläne der Schulen.

9. Philologenstreit als Politikum

Ein Kuriosum der Wissenschaftsgeschichte stellt die wissenschaftliche und philologische Konkurrenz um Heine zwischen Ost und West dar. Im Jahre 1956 beschloß der zum Gedenken an Heines Tod nach Weimar einberufene internationale Heine-Kongreß, eine historisch-kritische Edition der Werke und Briefe Heines in Form einer «Säkularausgabe» zu initiieren, nach dem Vorbild von Schillers Säkularausgabe vom Anfang des Jahrhunderts. Im Weimarer Goethe-und-Schiller-Archiv richtete man eine Forschungsstelle ein, begann mit Unterstützung internationaler Gelehrter Material zu sammeln und die Arbeit vorzubereiten. Doch im Rahmen der «Nationalen Forschungs- und Gedenkstätten der klassischen deutschen Literatur» geriet das Unternehmen zunehmend in die Position eines Prestige-Projektes des «ersten progressiven deutschen Staates». Dagegen zeigten sich in der Bundesrepublik seit 1958 vermehrt Tendenzen, das Feld nicht einfach der DDR zu überlassen, zumal sich die weitaus größte Sammlung von Heine-Handschriften – der Großteil des eigentlichen Nachlasses – seit 1956 in Düsseldorf befand. Der Heidelberger Germanist und Biedermeierforscher Friedrich Sengle gewann die Deutsche Forschungsgemeinschaft dafür, Vorbereitungen zu einer bundesdeutschen historisch-kritischen Heine-Ausgabe zu fördern. Im Düsseldorfer Heine-Archiv der Landes- und Stadtbibliothek, das schon 1906 mit Spenden aus der Denkmalssammlung eingerichtet worden war, wurde 1963 eine «Arbeitsstelle historisch-kritische Heine-Ausgabe» unter der Leitung von Manfred Windfuhr gegründet, die mit der Erstellung einer westdeutschen wissenschaftlichen Edition der Werke betraut wurde. In der Folge betrieb man beide Projekte parallel. Wissenschaftliche Textedition hatte an sich den Anspruch, objektiv zu verfahren und politisch neutral zu sein. Doch die Westdeutschen verdächtigten die Ostdeutschen, parteiisch zu verfahren, bestimmte Texte im Kommentar herunterspielen oder gar manipulieren zu wollen. Umgekehrt ging man in der DDR davon aus, das bundesdeutsche Unternehmen sei trotz gegenteiliger Versicherungen ein mit umfänglichen Geldmitteln unternommener Versuch, die ursprünglich übernational angelegte Säkularausgabe zu torpedieren und ein «bürgerliches» Heine-Bild durchzusetzen. Die Lage verkomplizierte sich im Jahre 1968, als die Pariser Nationalbibliothek eine große Sammlung von Heine-Manuskripten aus israelischem Besitz ankaufte. Von französischer Seite wurde zunächst der dem außenstehenden Beobachter naheliegend erscheinende Versuch unternommen, die beiden Editionsprojekte zu vereinen und doch noch zu einer gemeinsamen Ausgabe zu kommen. Doch der Kalte Krieg in Deutschland hatte die Positionen zu sehr verhärtet. Schließlich beschloß die französische Seite, sich institutionell an der Weimarer Säkularausgabe zu beteiligen, zumal man dort eine separate Abteilung der französischen Werke Heines vorsah. Ab 1970 erschienen die ersten Bände tatsächlich unter doppelter, deutsch-französischer Herausgeberschaft. Das Unternehmen ist auf 30 Bände veranschlagt, die jeweils in einen Text- und einen Kommentarband aufgeteilt sind.

Die bundesdeutsche Initiative nahm die Form einer reinen Werkausgabe an. Auf 16 Bände angelegt, erschien sie zwischen 1973 und 1997, auf reale 23 Bände angewachsen, im alten Heine-Verlag Hoffmann und Campe.

Die Verhärtung der Fronten zeigte sich deutlich im Heine-Jahr 1972, an dem der 175. Geburtstag des Dichters begangen wurde. Nach Weimar und Düsseldorf wurden separate Konferenzen veranstaltet. Nach Weimar wurden nur Forscher aus den sozialistischen Staaten sowie einige marxistische Heinespezialisten aus Frankreich eingeladen. Der stellvertretende Hochschulminister machte bei der Eröffnung die politische Frontstellung deutlich: «Während die imperialistische Gesellschaft ihr Interesse an Heine erst sehr neu und mit dem erklärten Ziel entdeckt hat, Heine nicht der DDR, nicht der sozialistischen Gesellschaft zu überlassen, können wir mit Stolz und Freude sagen, daß Heine nicht erst seit heute und nicht aus vordergründig politischen Motiven der unsere ist.» Heine sei ein Dichter, «der seine Heimat auf besondere Weise und von Jahr zu Jahr deutlicher in der sozialistischen Gesellschaft findet». In Düsseldorf kamen immerhin zwei namhafte Vetreter der DDR-Germanistik sowie Forscher unter anderem aus der Sowjetunion und aus Polen zu Wort. Doch in den Festvorträgen Golo Manns und Friedrich Sengles wurde mit deutlichem Akzent gegen eine revolutionäre Vereinnahmung Heines plädiert, nach dem Motto, man solle Heine zwischen den Stühlen sitzen lassen, was dann innerhalb des Kongresses wiederum lebhafte Diskussionen hervorrief.

Editorisch war man in den beiden Ausgaben verschiedene Wege gegangen, wobei im nachhinein nicht mehr genau zu rekonstruieren ist, welche Entscheidungen auf wissenschaftliche Überlegungen zurückgingen und welche lediglich durch den Willen bedingt waren, es «anders» als die «anderen» zu machen. In Weimar und Paris hatte man sich auf eine Gesamtausgabe inklusive Briefwechsel und Lebenszeugnisse geeinigt. Bei der Darstellung der handschriftlichen Varianten verzichtete man auf das Prinzip der Vollständigkeit und wollte nur die inhaltlich signifikanten Lesarten verzeichnen. Die Sachanmerkungen sollten knapp gehalten werden. In Düsseldorf, wo nur die Werktexte ediert wurden, entschied man sich für eine vollständige Wiedergabe aller Lesarten und für einen extensiven historisch-philologischen Kommentar. Dies zeitigte unter anderem das paradox anmutende Ergebnis, daß der bundesdeutsche Kommentar engagierter ist – und darum auch schneller veralten wird –, während die Anmerkungen der Säkularausgabe, die man im Westen der politischen Parteilichkeit verdächtigt hatte, in der Regel nüchterner und zurückhaltender gefaßt sind.

Die deutsche Einigung von 1989 stellte insofern eine neue Situation her, als die Fortführung der beiden Unternehmen nunmehr politisch nur noch schwer zu begründen war. Die Düsseldorfer Ausgabe, die kurz vor dem Abschluß stand, wurde zügig zu Ende geführt. Die Säkularausgabe geriet dagegen unter finanziellen Druck, zumal ein großer Teil der Kommentarbände noch ausstand. Die Stiftung Weimarer Klassik, die die Nachfolge der «Nationalen Forschungs- und Gedenkstätten» angetreten hatte, beschloß, die Edition im Rahmen des Goethe-und-Schiller-Archivs weiter zu betreiben. Lediglich die Edition der Lebenszeugnisse wurde vorerst zurückgestellt.

10. Klassiker oder notorischer Störenfried?

Die vielfältigen Feierlichkeiten des Heine-Jahrs 1997, bei denen man des 200. Geburtstags des Dichters gedachte, allen voran die große Heine-Ausstellung und der Kongreß in Düsseldorf, wurden vielfach dahingehend interpretiert, daß der frühere «Gassenjunge» – so noch Theodor Mommsen – nunmehr ins Glied der Klassiker getreten sei. Für ein modernes, demokratisches, europäisches Deutschland, das seine alten nationalen Probleme gelöst habe, sei Heine kein Streitfall mehr. Als Touristenattraktion, als Werbeträger für Banken, Sparkassen, Malereibetriebe, als T-Shirt-Aufdruck und Parfüm scheint Heine zum normalen Kulturgut herabgesunken zu sein, das von der Kulturwelt beliebig vermarktet wird. Der Streit um Heine scheint beigelegt, der Autor zum Klassiker verwandelt, ein bißchen farbiger vielleicht noch als die Altmeister Schiller und Goethe, aber doch eingereiht in die unumstrittenen Statuen des literarischen Kanons. Es sieht so aus, als sei mit der Musealisierung der Grazien auch ihr «ungezogener Liebling» im Museum gelandet. Die Nivellierung der politischen Landschaft seit 1989 trägt ihrerseits unzweifelhaft zur «Normalisierung» des Falls Heine bei. Für viele, die nicht mehr so genau zwischen Fortschritt und Rückschritt unterscheiden können, mag der Streit um Heine seine Aktualität einbüßen. Ist er damit Geschichte geworden?

Wer genauer hinsieht, dem fällt zunächst auf, daß sich auf den Texten selbst kein Staub abgelagert hat. Sie sind aus staubabweisendem Material gestrickt. Die Sprache ist frisch geblieben, Humor und Witz nach wie vor schlagend, die durchschimmernde Menschlichkeit echt. Außerdem ist der Schriftsteller Heine von Natur aus resistent gegen Beweihräucherung und Hagiographie. Er hält nicht still auf dem Podest. Wolf Biermann nennt ihn seinen «frechen Cousin» und drückt damit das Gefühl einer nahen und lebendigen Verwandtschaft aus, nicht aber die Bewunderung für einen Literaturheiligen. Sieht man noch genauer hin, so zeigt sich, daß in der Geschichte des Streits um Heine

Das Heine-Denkmal in Bonn (Photo: Dietrich Schubert)

eine Logik liegt, die jeglicher Kanonisierung zuwiderläuft. Den Verfechtern einer gesellschafts- und politikfernen Kunstreligion war Heine mit Recht ein Stachel im Fleische. Der Ästhetizimus von Georges magischem Weltbild, Heideggers ontologische Schau auf das sich ereignende Wesen des Kunstwerks, Emil Staigers Besinnen auf den zeitenthobenen Grundbegriff des Lyrischen, all diese in der ersten Jahrhunderthälfte dominanten Kunsttheorien der deutschen Geistesgeschichte hatten sich ja trotz ihrer vorgeblichen Politikabstinenz als anfällig für Faschismus und Nationalsozialismus erwiesen. Heines schriftstellerisches Selbstverständnis dagegen, seine literaturpolitische Praxis wie seine respektlose Haltung gegen jede Art von Autorität lagen diametral quer zu dieser autoritätsgläubigen Tendenz. Darin liegt auch heute und für die Zukunft das Geheimnis der ungebrochenen Aktualität Heines. Er hat nicht nur die zentralen Fragen seiner eigenen Zeit zugleich so provokativ und sensibel zugespitzt wie kaum ein anderer. Er hat auch einige der entscheidenden Verwerfungen der deutschen Geschichte seismographisch genau gespürt und ihre künftigen Entwicklungen vorweggenommen. Darum wird er, so darf man wohl annehmen, die kritische Aufarbeitung der Geschichte seiner Rezeption problemlos überdauern.

Etienne François

Die Wartburg

September 1777. Seit kurzem lebt Goethe in Weimar, um den Herzog bei seiner Reformpolitik zu beraten. Um Akten einzusehen, die er dafür braucht, unternimmt er nun seine erste Reise zur Wartburg. Der Anblick, der sich ihm bietet, beeindruckt ihn so sehr, daß er in aller Eile an Frau von Stein schreibt, um dieses Erlebnis mit ihr zu teilen: «Hieroben! Wenn ich Ihnen nur diesen Blick, der mich nur kostet aufzustehen vom Stuhl, hinübersegnen könnte. In dem grausen linden Dämmer des Monds die tiefen Gründe, Wiesgen, Büsche, Wälder und Waldblößen, die Felsabgänge davor, und hinten die Wände, und wie der Schatten des Schloßbergs und Schloßes unten alles finster hält und drüben an den sachten Wänden sich noch anfaßt, wie die nackten Felsspitzen im Monde röten und die lieblichen Auen und Täler ferne hinunter, und das weite Thüringen hinterwärts im Dämmer sich dem Himmel mischt.»[1] Goethes Entzücken ist rein ästhetischer Natur. Die historische Dimension des Ortes und die mit ihm verbundenen Erinnerungen lassen ihn hingegen vollkommen gleichgültig. Die Burg ist in keinem guten Zustand, halb verfallen, auch wenn noch Reste des mittelalterlichen Bauwerks vorhanden sind, allen voran der «Palas», das Landgrafenhaus, das einmal eines der schönsten Bauwerke der romanischen Profanarchitektur war. Aber Goethe sieht, wie die meisten seiner Zeitgenossen, nur einen «nüchternen öden Kasten mit einem ungeheuren Dach und kleinen Fenstern, in dessen Innern eine unbeschreibliche Unbehagenheit herrscht».[2]

Dezember 1999. Nach jahrelangen Bemühungen von seiten der Bundesrepublik wird die Wartburg von der UNESCO in die *World Heritage List*, die Liste des Weltkulturerbes, aufgenommen und findet damit internationale Anerkennung als «deutscher Erinnerungsort». Die Begründung für diesen Schritt unterscheidet sich allerdings fundamental von dem, was einst Goethes Begeisterung geweckt hatte. Die UNESCO greift nämlich auf, was seit dem Ende des 19. Jahrhunderts in Deutschland und im Ausland in Reiseführern über die Wartburg geschrieben wurde. Insbesondere verweist sie auf das Alter der Burg, die als «Idealschloß» bezeichnet wird («the ideal castle, [...] a splendid evocation of what this fortress might have been at the peak of its military and seigneurial power»), auf ihre reichhaltige und weit zurückreichende kulturelle Tradition («rich in cultural association») und ihren hohen symbolischen Stellenwert («a powerful symbol of German integration and unity»).

Innerhalb von knapp zwei Jahrhunderten hat damit eine vollkommene Umwertung stattgefunden. Von einem isolierten Ort ohne historische Kontinuität, der nur vor dem Hintergrund der Landschaft interessant ist, in die er eingebettet ist und der er einen zusätzlichen malerischen Reiz verleiht, hat sich die Wartburg zu einem echten Erinnerungsort mit universeller Bedeutung gewandelt, einem Ort mit einer jahrhundertealten Vergangenheit, der in sich die wichtigsten Elemente der deutschen kulturellen und historischen Tradition vereint.

1. Luther, die Völkerschlacht und Tannhäuser

Diese spektakuläre Neuerfindung und Wiederbelebung war das Werk des 19. Jahrhunderts. Sie fand sichtbaren Ausdruck im Wiederaufbau der Burg in der zweiten Hälfte des Jahrhunderts. Aber dieser Wiederaufbau wäre nicht möglich gewesen, hätten zuvor nicht drei Dinge den Blick verändert: einmal die untergründige, aber sehr real fortbestehende Erinnerung an Luther, dann die politische Aktualisierung dieser Tradition im Wartburgfest 1817 und schließlich die Wiederentdeckung der mittelalterlichen, mit Legenden verwobenen Vergangenheit der Burg durch die Romantik. Diese drei Faktoren, die sich ergänzten und zugleich im Widerstreit lagen, entfalteten ihre Wirkung im ersten Drittel des 19. Jahrhunderts. Ihr Zusammentreffen erklärt den relativ kurzen Zeitraum – etwa eine Generation –, in dem sich die Wahrnehmung der Wartburg umkehrte.

Am 4. Mai 1521 wurde Luther auf der Rückreise von Worms nach Wittenberg bekanntlich am Fuße der Wartburg das Opfer einer vorgetäuschten Entführung. Auftraggeber war der Kurfürst Friedrich der Weise von Sachsen, der den Reformator damit vor der doppelten Bedrohung schützen wollte, die seit der Verurteilung durch den Papst und vor allem seit der Verhängung der Reichsacht auf dem Reichstag von Worms im April 1521 über ihm schwebte. Allein der Umstand, daß man die Wartburg ausgewählt hatte, um Luther vor seinen Feinden in Sicherheit zu bringen, zeigt, wie tief die einstige Ludowinger-Residenz zu diesem Zeitpunkt in Bedeutungslosigkeit versunken war. Im 12. und 13. Jahrhundert hatte sich der Einfluß der Wartburg, ein Musterbeispiel spätromanischer Baukunst, großartiges Herrschaftssymbol und geistig-kultureller Höhepunkt höfischer Kultur sondergleichen, über Thüringen hinaus bis nach Hessen und Sachsen erstreckt. Doch seit sie 1263 den Wettinern zugefallen war, waren nach und nach die Spuren ihrer großen Vergangenheit verblaßt. Notdürftig erhalten, besaß die Burg allenfalls noch regionale Bedeutung. Luthers Zwangsaufenthalt auf der Wartburg unter dem Namen Junker Jörg war kurz, er dauerte nicht einmal ein Jahr. Dennoch waren die Monate an diesem Ort, den er, vom Rest der Welt abgeschnitten, seine «Einsamkeit», seine «Wüste» und sein «Patmos» nannte (wodurch er sich in die Tradition des Apostels Johannes im Exil und der Kirchenväter in der Wüste stellte), für ihn eine äußerst produktive Zeit. Den erzwungenen Rückzug von der Welt nutzte er vor allem zur Übersetzung des Neuen Testaments.

Während die ruhmreiche mittelalterliche Vergangenheit der Burg schnell in Vergessenheit versunken war, blieb die kurze Episode von Luthers Aufenthalt in ihren Mauern präsent. In den zahlreichen Berichten über das Leben des Reformators, die nach seinem Tod erschienen und mit immer neuen Legenden ausgeschmückt wurden (angefangen mit der Legende vom Tintenfleck, die erstmals 1650 auftauchte), wurde sie immer wieder erzählt, was zur Folge hatte, daß seit dem 16. Jahrhundert ein zunächst bescheidener, aber wachsender Strom von Besuchern und Pilgern zur Wartburg wanderte. Alle wollten «Dr. Martinus Stuben» (wie es in einer Burgbeschreibung von 1574 heißt) mit eigenen Augen sehen, die Wände berühren, hinter denen er Zuflucht gefunden hatte, ihren Namen hineinritzen, womöglich sogar ein reliquienartiges Andenken mitnehmen, ob eines der besonders begehrten Mörtelstücke mit dem Tintenfleck, Späne vom Estrichboden oder Holzwerk von den Wandflächen der Burg. «An der Wand dieses Stübgens», heißt es 1735 in *Zedlers Universallexikon*, «ist ein grosser Dinten-Fleck zu spüren, welchen der Teufel hinterlassen haben soll. Sonst sind auch mehr als tausend Nahmen an den Wänden dieses Stübgens, von innen und aussen, von vornehmen und geringen Standes-Personen, so dasselbe aus Curiosität besehen, angeschrieben und eingekratzt zu lesen.»[3] 1792 brachte Carl Salomon Thon erstmals einen speziellen Führer für die Wartburg-Pilger heraus, der bis 1824 viermal neu aufgelegt wurde.

Im Jahr 1817 erlebte diese mehrere Jahrhunderte zurückreichende Tradition eine politische Aktualisierung und eine militante Umdeutung. Schlagartig in den Mittelpunkt des politischen Tagesgeschehen gerückt, wurde die Wartburg zum Zankapfel widerstreitender politischer Strömungen und erhielt damit in ganz Deutschland eine neue symbolische Dimension. Den Anfang machten Studenten der nahegelegenen Universität Jena. Von den neuen liberalen und nationalen Ideen beseelt, hatten sie sich die moralische und intellektuelle Erneuerung des Studentenlebens zur Aufgabe gemacht und eine «Burschenschaft» gegründet, deren Devise «Ehre, Freiheit, Vaterland» lautete. Viele dieser Studenten hatten in den Befreiungskriegen in den Reihen des Lützower Freikorps gegen Napoleon gekämpft und dessen Farben übernommen. 1817 entschieden sie, in einer gemeinsamen Feier des 300. Jahrestages der Reformation und des vierten Jahrestages der Völkerschlacht von Leipzig zu gedenken. Dazu luden sie Kommilitonen aus allen protestantischen deutschen Universitäten zu einem Fest auf die Wartburg ein. Denn sie war nicht nur die zentrale Stätte des Luthergedenkens, sondern besaß darüber hinaus noch den Vorteil, auf dem Gebiet eines für seine liberale Einstellung geschätzten Fürsten zu liegen (das Großherzogtum von Sachsen-Weimar hatte schon 1816 eine Verfassung erhalten). Auf diese Weise sollte die Feier die «erste freudige und freundschaftliche Zusammenkunft deutscher Burschen von den

«Die Burschenfahrt auf die Wartburg am 18ten October 1817» (Kupferstich)

meisten vaterländischen Hochschulen» werden.[4] Am Morgen des 18. Oktober 1817 zogen mehr als 500 Studenten, oft in «altdeutscher Tracht», begleitet von zahlreichen Einwohnern Eisenachs, hinter der rot-schwarz-roten, golden verzierten Fahne der Jenaer Burschenschaft zur Wartburg hinauf. Oben fand im eichen- und tannengeschmückten Rittersaal eine Zeremonie statt, die einer Mischung aus protestantischem Gottesdienst und politischer Kundgebung glich. Nach einem kurzen Gebet und dem Gesang des Lutherliedes «Ein' feste Burg» hielt der Theologiestudent Hermann Riemann, auch er ein Angehöriger des Lützower Korps, eine Rede, in der er Luther als Erneuerer des reinen Gottesglaubens, als Befreier des Denkens und als Verkünder der vaterländischen Freiheit pries: «Hier oben auf der Wartburg ist der rechte Ort, das Bild der Vergangenheit uns vor die Seele zu rufen, um aus ihr Kraft zu schöpfen für die lebendige Tat in der Gegenwart.» Die Rede war eher sentimental als politisch, Riemann erinnerte an die noch frischen Enttäuschungen: «Vier Jahre sind seit jener Schlacht verflossen; das deutsche Volk hat schöne Hoffnungen gefaßt, sie sind alle vereitelt; alles ist anders gekommen, als wir erwartet haben, viel Großes und Herrliches, das geschehen konnte und mußte, ist unterblieben.» Er forderte die studierende Jugend auf, «unserem Volke zu zeigen, was es von seiner Jugend zu hoffen hat, welcher Geist sie beseelt, wie wir ringen und streben, den Geist der Zeit zu verstehen, der mit Flammenzügen in den Taten der jüngsten Vergangenheit sich uns kundtut», und lobte ein letztes Mal «die Herrlichkeit des deutschen Volkes».[5] Die Zeremonie endete mit dem Choral «Nun danket alle Gott» und einem Schlußsegen aus der protestantischen Liturgie. Die Anwesenden waren zu Tränen gerührt. Das Fest war damit allerdings noch nicht zu Ende. Am Abend versammelte sich eine kleinere Gruppe auf dem nahegelegenen Wartenberg und entzündete ein «Siegesfeuer», wie es seit 1814 üblich war. So friedlich, einvernehmlich und wenig politisch die Zeremonie am Morgen gewesen war, so kämpferisch, rebellisch und politisch verlief das Fest am Abend. Die Studenten auf dem Wartenberg beriefen sich immer noch auf Luther, aber nun auf den aufbegehrenden, unbeugsamen Luther, der die Bulle mit dem päpstlichen Bannspruch ins Feuer geworfen hatte, und beschlossen, «Gericht zu halten über die Schandschriften des Vaterlandes». Schriften und Symbole all dessen, was sie ablehnten und verurteilten, gingen in Flammen auf: «So wollen wir auch durch die Flamme verzehren lassen das Andenken derer, so das Vaterland geschändet haben, durch ihre Rede und That, und die Freiheit geknechtet und die Wahrheit und Tugend verleugnet haben in Leben und Schriften. Möge das höllische Feuer sie alle verzehren und vernichten, wie arge Tücke oder die Jämmerlichkeit und Erbärmlichkeit sie eingab!»[6] Fünfundzwanzig Titel wurden so symbolisch den Flammen übergeben – Schriften von Theoretikern der Restauration wie Johann Peter Friedrich Ancillon und Karl Ludwig von Haller, Werke von gegenrevolutionären Publizisten und Literaten wie Kotzebue, aber auch der Code Napoléon (als Instrument der Fremdherrschaft) und die *Germanomanie* des jüdischen Aufklärers Saul Ascher, die mit der romantisierenden Deutschtümelei abgerechnet hatte – und schließlich, als Symbole der Unterdrückung und Tyrannei, ein (preußischer) Ulanenschnürleib, ein (hessischer) Zopf und ein (österreichischer) Korporalstock. Die Nachricht von dieser außerordentlich politischen, dezidiert antifeudalen und antiabsolutistischen, revolutionären und nationalistischen Demonstration erschütterte die Gemüter. Der österreichische Staatskanzler Metternich wetterte gegen die «Schwyndeleien von Deutschheit, Freyheit, Verfassung, Einigkeit usw.», während der preußische König Friedrich Wilhelm III. den Studenten vorwarf, «den Doktorhut mit der Jacobinermütze vertauschen» zu wollen.[7] Fortan war die Wartburg ein Ort des aktualisierten und politisierten Gedenkens, und die Geister schieden sich an ihr. Für die einen war sie ein Symbol für das Streben nach Einheit und nationaler Emanzipation, für die anderen ein Synonym für Unordnung, Rebellion und Revolution. «Ganz Deutschland», glaubt man Goethes verärgerten Kommentar über die Wendung, die das Wartburgfest genommen hatte, «empfindet übel den garstigen Wartburger Feuergestank.»[8]

Genauso wichtig wie die Feier von 1817 war schließlich die Wiederentdekkung der Wartburg durch die Romantiker. Sie fand allerdings unter entgegengesetzten Vorzeichen statt: Man suchte nun nach der Vergangenheit des Schlosses und bemühte sich um eine Wiedergeburt Deutschlands aus dem Geiste des Mittelalters, der Christenheit und der Dichtung. Bei seinem Besuch auf der

Wartburg im Mai 1802 machte Friedrich Schlegel keinen Hehl daraus, daß ihn die anregende Schönheit des Ortes sehr beeindruckt hatte und er darin eine poetische Alternative zu den Enttäuschungen der prosaischen Gegenwart fand: «Schöneres hab' ich in Deutschland nicht gesehen, als diese Burg auf einem einzelnen, ehedem ganz waldumkränzten Berge, rundum von Felsen und Tälern und Hügeln umschlossen. Der Anblick des Abends ward noch durch ein heraufsteigendes Gewitter verschönt, vielleicht auch durch den Ruhm des Namens und durch die Erinnerung an die Zeiten, da die Poesie hier in voller Blüte stand, und durch ganz Deutschland das allgemeine Element des Lebens, der Liebe und der Freude war [...]. Wenn man solche Gegenstände sieht, so kann man nicht umhin, sich zu erinnern, was die Deutschen ehedem waren, da der Mann noch ein Vaterland hatte.»[9] Wie Schlegel wollten auch Novalis mit seinem *Heinrich von Ofterdingen*, die Gebrüder Grimm mit ihren Untersuchungen *Über den altdeutschen Meistersang und die deutschen Heldensagen* und Friedrich de la Motte-Fouqué mit seinem Drama *Der Sängerkrieg auf der Wartburg* (1828) die große Vergangenheit der Burg als Ort der Kunst und des Glaubens wiederaufleben lassen. Alle entwarfen ein Idealbild des Mittelalters als der romantischen Epoche der Nationalgeschichte und stellten dabei eine Episode in den Mittelpunkt, von der erst in Aufzeichnungen aus sehr viel späterer Zeit (zwischen dem 13. und dem 15. Jahrhundert) berichtet wird: den sogenannten «Sängerkrieg», das heißt den Dichterwettstreit, den sich 1206/1207 in Gegenwart des Landgrafen Hermann I. und der Landgräfin Sophie die berühmtesten deutschen Minnesänger des Mittelalters (Walther von der Vogelweide, Wolfram von Eschenbach) und Meister Klingsor aus Ungarn auf der Wartburg geliefert haben sollen. Ludwig Bechstein, der sich zur Lebensaufgabe gemacht hatte, die sich um die Burg rankenden Sagen zu sammeln *(Der Sagenschatz und die Sagenkreise des Thüringerlandes*, 1835/38), behauptete sogar mit allem Nachdruck, der «Sängerkrieg» habe tatsächlich stattgefunden, und zwar im Palas. Am 19. Oktober 1845 schließlich leitete Richard Wagner in Dresden, wo er als Nachfolger von Carl Maria von Weber das Amt des Hofkapellmeisters übernommen hatte, die Uraufführung seiner Oper *Tannhäuser und der Sängerkrieg auf der Wartburg*. Kurz zuvor war er aus Paris zurückgekehrt. Die Stadt hatte ihn zwar enttäuscht, doch hatte er dort die deutsche Dichtung des Mittelalters wiederentdeckt, dem Zeitgeist angepaßt durch die Romantiker: das Leben der heiligen Elisabeth in der Darstellung Montalemberts und die Legende von Tannhäuser, in dem er Heinrich von Ofterdingen erkannte. Er beschloß daher, der Burg die eigentliche Hauptrolle in der Oper zu verleihen und in ihr alles aufzunehmen, was zum romantischen Bild des Mittelalters gehörte – die höfische Dichtung, Frömmigkeit und Natur, Deutschland und Europa. Der *Tannhäuser* wurde auf diese Weise Vollendung und Krönung der romantischen Wiederentdeckung der Burg. Der große und anhaltende Erfolg der Oper machte die Wartburg zum Inbegriff des idealisierten Mittelalters, zu einem Denkmal deutscher Sage und Geschichte.

Innerhalb von nur einer Generation wandelten sich also Bild und Wahrnehmung der Wartburg grundlegend. Dem Vergessen entrissen, war sie auf einmal in ganz Deutschland und Europa bekannt und gefeiert. Zwei unterschiedliche Erinnerungen verbunden mit zwei entgegengesetzten Zukunftsperspektiven und Deutschlandbildern hafteten allerdings an ihr. Auf der einen Seite war sie der Ort einer politisierten und zukunftsorientierten Erinnerung an die Reformation und an die Völkerschlacht von Leipzig als Gründungsmythen eines notfalls mit revolutionären Mitteln zu einigenden und zu befreienden Deutschlands; auf der anderen Seite war sie der Ort einer romantischen und nostalgischen Erinnerung an die glanzvolle Zeit einer mittelalterlichen Christenheit, die Kunst, Dichtung und Glauben wieder zum Leben erwecken sollten.

2. Der Fürst, der Architekt und der Maler

Die materielle Realität der Wartburg hatte sich indes nicht verändert. Wie zu Goethes Zeiten war sie weiterhin eine schlecht unterhaltene, vom Zerfall bedrohte Festung, halb Gefängnis, halb Wirtschaftshof, bestenfalls ein beliebtes Motiv romantischer Malerei. Wollte man aus ihr einen Ort machen, dessen äußeres Erscheinungsbild den symbolischen Dimensionen entsprach, die ihm mittlerweile zugeschrieben wurden, so mußten vorher zwei Entscheidungen getroffen werden: zuerst eine politisch-ideologische zugunsten einer der beiden konkurrierenden Deutungen, und dann eine architektonisch-ästhetische, um die gewählte Interpretation in die entsprechende konkrete Form umzusetzen.

Die zentrale, das heißt die politisch-ideologische Entscheidung traf Großherzog Carl Alexander von Sachsen-Weimar-Eisenach (1818–1901). Als Erbe einer durch ihr Mäzenatentum berühmten Dynastie, Sohn einer russischen Großherzogin, die Wagner Zuflucht und Hilfe geboten hatte, Verehrer der italienischen Renaissance, aufgewachsen mit der französischen Literatur und persönlich bekannt mit einigen der berühmtesten Schriftsteller, Maler und Musiker seiner Zeit, machte Carl Alexander die Restaurierung des «Stammschlosses der Ahnen» bereits vor seiner Thronbesteigung zu einem herausragenden Projekt seiner Regierungszeit. Die Restaurierung war ihm nicht nur ein dynastisches, sondern auch ein persönliches Anliegen. Er verfolgte aufmerksam den Fortgang der Arbeiten, die er – wie Ludwig II. von Bayern, dem er sich seelenverwandt fühlte – zu einem Großteil aus seiner Privatschatulle und dem Erbe seiner Mutter, gegen den Widerstand des Ministeriums und des Landtags finanzierte. Dynastische, kulturelle, historische und patriotische Absichten vermischten sich auf diese Weise unauflöslich. «Meine Idee ist nämlich die», schrieb er, «nach und nach die Wartburg zu einer Art Museum für die Geschichte unseres Hauses, unseres Landes, ja von ganz Deutschland zu gestalten.»[10] Obgleich er aus der Wartburg «ein Monument für alle großen Erinnerungen» machen wollte, «die sich an sie knüpfen»,[11] blieb die Erinnerung gleichwohl selektiv. Im Mittelpunkt standen das Mittelalter und die Reformation, Kunst und Kultur. Vernachlässigt blieben dagegen die politischen und nationalen Aspekte und die jüngste Vergangenheit. In einer 1853 kurz nach seiner Thronbesteigung gehaltenen Rede benannte er anläßlich der Grundsteinlegung des Bergfrieds die vier Dimensionen des Restaurierungsprogramms mit folgenden Worten: «erstens die historisch- und politisch-faktische Bedeutung, zweitens ihre Bedeutung für die Entfaltung des Geistes und namentlich der Poesie, drittens ihre Bedeutung für die Reformation und viertens ihre katholisch-religiöse Bedeutung».[12] Die politische Dimension – die Wartburg als politischer Erinnerungsort – wurde bewußt ausgeklammert. «Ich begreife nicht», schrieb er, «was die Restauration der Wartburg mit der Politik zu schaffen hat.»[13] Es war streng verboten, das Wartburgfest zu erwähnen, und wenn der Großherzog einmal sagte, die Wartburg sei ein «Nationaldenkmal» von ähnlicher Bedeutung wie der Kölner Dom, die «deutscheste Burg», dann meinte er mit Deutschland die «Kulturnation» und nicht den «National- und Machtstaat».

Nun galt es, den richtigen Architekten und die richtigen Künstler zu finden, die das derart skizzierte Programm in die Realität umsetzen würden. Nach mehreren fruchtlosen Versuchen, hierfür eines der Landeskinder (den Weimarer Kunstmaler Carl Simon und den Eisenacher Baumeister Johann Friedrich Sältzer) oder einen namhaften auswärtigen Architekten (den Münchner Hofbaurat Georg Friedrich Ziebland, den preußischen Hofkonservator und Baumeister Alexander von Quast oder den Erbauer der Dresdner Oper Gottfried Semper) zu gewinnen, fiel die Wahl des Großherzogs auf den Gießener Architekturprofessor Hugo von Ritgen (1811–1889). Ritgen hatte die Wartburg 1846 bei einer vom Deutschen Architektentag in Gotha durchgeführten Exkursion entdeckt und war sofort Feuer und Flamme für die Restaurierung gewesen. In einem langen Memorandum mit dem Titel *Gedanken über die Restaurierung der Wartburg*, das er dem Großherzog im Jahr darauf übersandte, ließ er seiner Begeisterung freien Lauf: «Die Wartburg! Welche Fülle von Erinnerungen knüpft sich nicht für jeden Deutschen an diesen Namen! Wo steht die Burg, die ihr gleichkäme an geschichtlicher Bedeutung, an poetischer Weihe? Noch stehen die gewaltigen Mauern, noch ragen ernst und ehrwürdig das hohe Haus und das Ritterhaus weit empor über Thüringens Gaue und mahnen als treue Zeugen uns an deutsche Heldengröße, deutsche Kraft und deutsche Poesie. Mit Bewunderung schaut Deutschland auf solch wahrhaft königliches Beginnen, aber wie mit frohem Hoffen so auch mit ernstem sorglichem Blick. Deutschland hat ein geistiges Eigentum an der Wartburg errungen.»[14] In seinem Memorandum entwarf Ritgen ein Programm für die Restaurierung, das so vollkommen zu den Vorstellungen des Großherzogs paßte, daß dieser ihn 1849 mit der Aufgabe betraute. Bis zu seinem Tod ging

Ritgen völlig in dieser Aufgabe auf und widmete all seine Schaffenskraft der Wiedergeburt der Burg. «Treu und doch verklärt», um seine eigenen Worte zu gebrauchen, sollte die Restaurierung der Wartburg «ihre frühere Gestalt» wiedergeben, «damit sie ein treues Bild gebe zunächst von ihrer Glanzperiode im 12. Jahrhundert als Sitz mächtiger kunstliebender Landgrafen und als Kampfplatz der größen deutschen Dichter des Mittelalters, und dann später im Anfang des 16. Jahrhunderts als Asyl Dr. M. Luthers und als Stelle, von der der große Glaubenskampf ausging».[15] Um dieses ehrgeizige Vorhaben in die Tat umzusetzen, wurden die Arbeiten in drei Richtungen vorangetrieben. Der ersten Aufgabe nahm sich Ritgen persönlich an. Die Burg sollte wieder das Aussehen bekommen, das sie, wie man glaubte, im Mittelalter gehabt hatte. Dieses Architekturprogramm, eine Mischung aus Restaurierung und komplettem Neubau, zog sich über mehr als ein halbes Jahrhundert hin. Der romanische Palas erhielt seinen alten Glanz, der imposante Bergfried, dessen letzte Spuren im Verlauf des 18. Jahrhunderts dem Erdboden gleichgemacht worden waren, wurde wiederaufgebaut, das 1797 errichtete «Neue Haus» wurde in ein romanisches Gebäude verwandelt und mit einem Erker verziert («Neue Kemenate»). Dieser Teil der Arbeiten wurde mit der Restaurierung der Ring- und Stützmauern und der Errichtung neuer Gebäude im romanischen und gotischen Stil nach anderen Vorbildern und alten Beschreibungen abgeschlossen («Dirnitz», «Gadem», Torhalle, Südturm, Gasthof). Da er der Überzeugung war, daß die Restaurierung ein «Gesamtkunstwerk» sein müsse, widmete Ritgen seine besondere Aufmerksamkeit neben der Architektur der Inneneinrichtung. «Die beabsichtigte Totalwirkung», schrieb er, «kann nicht nur durch die Architektur allein, sondern nur mit Beihilfe der Malerei und der Skulptur erreicht werden. Die Architektur gibt nur den Ort, die Zeit, die Szenerie. Sie muß deshalb vor allem wahr sein. Da es nicht möglich ist, die Lebensweise und Bedürfnisse der künftigen Bewohner der Vorzeit anzupassen oder ein fortwährendes Drama im Charakter früherer Zeiten aufzuführen, so muß durch historische Malerei ersetzt werden, was hier an Handlung fehlt.»[16] Dafür holte Ritgen verschiedene Maler und Ausstatter, insbesondere den Münchner Moritz von Schwind (1804–1871). Schwind, ein Schüler von Peter Cornelius und Spezialist für Historienmalerei, wurde mit der Aufgabe betraut, die Fresken in den kurz zuvor fertig gewordenen Sälen des Palas zu malen und «durch seine Darstellungen die großen Erinnerungen, die sich an die Wartburg knüpfen, verherrlichend zu bewahren». Auf diese Weise entstanden drei Gemäldezyklen: Die Fresken im Landgrafenzimmer geben in Anlehnung an Bechsteins Sammlung Episoden aus Sagen von der Entstehung der Burg wieder. Sie zeigen in erster Linie pittoreske und detailreiche Szenen, einfache Gestalten aus dem Volk wie den Schmied, den Krämer und die Amme. Der Elisabeth-Zyklus erzählt nach der Art mittelalterlicher Kirchenfenster oder Stundenbücher in sechs Bildern Szenen und Wunder aus dem Leben der Heiligen, dazu die sieben Werke der Barmherzigkeit; zusam-

Moritz von Schwind: Fresko auf der Wartburg (Ausschnitt)

mengenommen ergibt dies ein verklärtes, idealisiertes Mittelalter, das mit der Christenheit gleichgesetzt wird. Das große Fresko im Sängersaal schließlich, wo der Sage nach der «Sängerkrieg» stattgefunden haben soll, zeigt in einer dramatischen Szene, wie die Landgräfin in einer Geste der Milde ihren Mantel öffnet, um Ofterdingen zu schützen. Um die Kontinuität zwischen Vergangenheit und Gegenwart zu betonen, tragen mehrere Personen auf dem Bild die Züge von Zeitgenossen: Zu erkennen sind der Großherzog Carl Alexander, Franz Liszt, Hugo von Ritgen, der Maler Moritz von Schwind selbst, aber auch Goethe, Schiller und sogar die Herzogin Anna Amalia. Für die Innenausstattung der Burg kauften der Großherzog und seine Berater zudem seit den vierziger Jahren systematisch in und außerhalb Deutschlands Einrichtungsgegenstände ein und vervollständigten die Sammlung immer weiter, bis aus der Wartburg ein regelrechtes Museum geworden war. Auch dabei bevorzugten sie Exponate aus dem Mittelalter und der Frühen Neuzeit. Unter den Erwerbungen befanden sich natürlich in erster Linie Waffen und Rüstungen, Fürsten- und Landschaftsbilder, Kunstgegenstände und historische Stükke, die alle irgendeinen Bezug zur großen Vergangenheit der Wartburg hatten – wie zum Beispiel ein Gemälde des Kölner Malers Barthel Bruyn (um 1530) mit einer Darstellung der heiligen Elisabeth zwischen den Aposteln Philippus und Jakobus. Auch Möbel und Gemälde wurden gekauft, um die Lutherstube genauso glanzvoll erscheinen zu lassen wie die anderen Prunkräume in der Burg. Daneben aber findet man viele Gegenstände – angefangen mit einem byzantinischen Elfenbeinreliquiar –, die nur beweisen sollen, daß die restaurierte Wartburg in der Tat «ein Museum für die Geschichte von ganz Deutschland» sein soll. Sogar Teile von Bauten wurden eigens auf die Wartburg gebracht, um die historische Illusion möglichst echt wirken zu lassen, so ein spätgotischer Erker und das vollständig erhaltene Studierstübchen des Humanisten Willibald Pirckheimer, die in den sechziger Jahren des 19. Jahrhunderts beim Abriß von Patrizierhäusern in Nürnberg erworben und in die Vogtei verbracht wurden, um ihr das Gepräge der Dürerzeit zu verleihen.

Ritgen starb am 31. Juli 1889. Das Programm, das er ein halbes Jahrhundert zuvor in vollkommener Seelenverwandtschaft und Übereinstimmung mit den Vorstellungen des Großherzogs entworfen und zu seinem «Lebenswerk» gemacht hatte, war in seinen wesentlichen Teilen vollendet. Die Wartburg stand wieder als komplette Anlage da, so wie wir sie heute noch kennen; ihre imposante Silhouette erstreckte sich über den ganzen Hügel und beherrschte die umliegende Landschaft. Die Leistung war in der Tat eindrucksvoll. Ritgen hatte, wie er selbst sagte, «ein wahres Kunstwerk» geschaffen, und der Großherzog konnte sich rühmen, daß er aus dem Schloß «ein wahres Juwel für die gebildete Welt überhaupt, für das deutsche Vaterland im besonderen» gemacht hatte. In Deutschland und über die Grenzen Deutschlands hinaus wurde das Restaurierungswerk als «Pionierarbeit der Denkmalpflege» gepriesen, da man sich bemüht habe, «das Vorhandene [zu] erhalten, das Fehlende [zu ergänzen] und das Verschwundene in möglicher Treue wiederaufzuführen».[17] Seit 1888 bestand vom Eisenacher Bahnhof eine Droschkenomnibusverbindung zur Wartburg, und der Strom der Besucher schwoll rasch an – 1894, als sie zum ersten Mal gezählt wurden, waren es bereits 38 000. Die Führer für die ausländischen Gäste feierten die Wartburg als «das schönste alte profane Bauwerk, in romanischem Stil, das es in Deutschland gibt».[18] Wie es sich all jene gewünscht hatten, die sich für ihre Restaurierung eingesetzt hatten, war sie nun wirklich zu einem «deutschen Erinnerungsort» geworden. Aber es war eine unvollständige, selektive und rückwärtsgewandte Erinnerung, in deren Mittelpunkt das Christentum, die Poesie und die Fürstendynastie, der Sängerkrieg, die heilige Elisabeth und Luther standen – eine Erinnerung, die die Illusion der Kontinuität vom Mittelalter über die Reformation bis zur Gegenwart erzeugte, die späteren Entwicklungen rigoros abschnitt und ganz allgemein alles ausklammerte, was sich nicht in ihre eingeschränkte Deutung der deutschen Geschichte einfügen ließ. Seit 1859 überragt von einem großen, fünf Meter hohen vergoldeten Kreuz, verkörperte die Wartburg in erster Linie die Sehnsucht nach der vermeintlichen Einheit von Herrscher und Volk in einem verklärten christlichen Mittelalter. Sehr deutlich zeigten das die Feierlichkeiten 1867, mit denen die Wiedererstehung der Wartburg und der Abschluß der wichtigsten Arbeiten begangen wurden. Das gewählte Datum – nur ein Jahr nach dem Sieg der Preußen bei Königgrätz – hätte gleichzeitig dem 800. Jahrestag der Grundsteinlegung des Schlosses, dem 300. Jahrestag der Reformation und dem 50. Jahrestag des Wartburgfestes gewidmet sein können. Aber es war nur von der sagenumwobenen Grundsteinlegung die Rede. Und im Festsaal, der im neuen Glanz erstrahlte, wurde nicht Wagners *Tannhäuser*, sondern *Die Legende der heiligen Elisabeth* von Franz Liszt aufgeführt, ein spätromantisches katholisches Oratorium, das durch die Fresken Moritz von Schwinds inspiriert worden war. Liszt dirigierte die Aufführung persönlich, und Ludwig II. von Bayern zeigte sich so beeindruckt, daß er beschloß, in seinem Schloß Neuschwanstein den Festsaal nachbauen zu lassen.

3. *Von der «deutschen Gralsburg» zum «Nationaldenkmal»*

Das Wartburgfest von 1817 war indessen keineswegs in Vergessenheit geraten, trotz der Angriffe all jener, die wie der spätere Burgkommandant von Arnswald ihre Stimme gegen «die falsche Richtung, in die sie schließlich verfiel», erhoben und kritisierten, «daß die Wartburg lange Zeit in Miscredit bei hohen Monarchen kam und somit in den Hintergrund trat». Die ganze erste Hälfte des 19. Jahrhunderts hindurch hatten die Verfechter dieser «anderen» Wahrnehmung, der liberalen und nationalen, fordernden und rebellischen, politischen und revolutionären Erinnerung, ihren Gegnern das Besitzrecht an dem Ort streitig gemacht. Die Revolution von 1848 gab ihnen sogar die Gelegenheit zu einer spektakulären Revanche. Der Aufruf der Jenaer Burschenschaft in jenem Jahr fand in der Tat ein viel breiteres Echo als ihr Aufruf von 1817, und mehr als 1200 Studenten, diesmal von praktisch allen deutschsprachigen Universitäten – nicht nur von den protestantischen –, fanden sich auf der Wartburg ein, um mit einem Fest die Ereignisse von 1817, die Revolution und das Anliegen eines in Freiheit geeinten Deutschland zu feiern.

Ihr Triumph währte freilich nicht lange. Unter dem doppelten Eindruck der gescheiterten Revolution und vor allem der erfolgreichen Politik der «damnatio memoriae», wie sie in dem Restaurierungsprogramm von Carl Alexander und Ritgen zum Ausdruck kam, wurde die Erinnerung an 1817 in der zweiten Hälfte des 19. Jahrhunderts so systematisch und so vollkommen verdrängt, daß sie schließlich gänzlich ausgelöscht schien. Und dies wog um so schwerer, als die vom Großherzog getroffene Entscheidung für eine bestimmte Erinnerung allem Anschein nach durch die breite öffentliche Akzeptanz bestätigt wurde. Das Votum der Öffentlichkeit spiegelte sich in der rasch wachsenden Zahl der Besucher. Bereits 1912 waren es mehr als 100 000. Auch Kaiser Wilhelm II. besuchte das Schloß gerne und ließ von 1902 bis 1906 auf eigene Kosten die Elisabeth-Kemenate rekonstruieren und mit Mosaiken im Stile von Ravenna ausstatten.

Erst mit Entscheidung des Allgemeinen Deputiertentages der Burschenschaften in Berlin 1889, neben der Burg ein Denkmal für das Wartburgfest errichten zu lassen, wurde die totgeschwiegene Erinnerung von 1817 wieder hervorgeholt. Aber diese Rückbesinnung fand unter vollkommen anderen

Vorzeichen statt. Die Ereignisse an 1817 wurden nun im Lichte der Reichseinigung von 1871 umgedeutet. Im Gedenken war daher von der liberalen Dimension der damaligen Ereignisse keine Rede, es konzentrierte sich ganz auf die nationale Dimension und radikalisierte sie noch im nationalistischen Sinne. Das Vorhaben stieß von Anfang an auf entschiedenen Widerstand des Großherzogs. Mit allen Mitteln versuchte er zu verhindern, daß seine Deutung der Wartburg in Frage gestellt wurde. Zweimal lehnte er den für das Denkmal gewählten Standort ab, weil er es möglichst weit von der Burg entfernt sehen wollte, und als es nicht mehr aufzuhalten war, achtete er sehr genau darauf, daß «das Denkmal in einem anderen Stil erbaut werden [möchte], damit es der gegenüberliegenden Wartburg in den Kunstformen nicht ähnele».[19] Nach dreizehn Jahren Verzögerungstaktik wurde das Burschenschaftsdenkmal endlich 1902 eingeweiht, ein Jahr nach dem Tod des Großherzogs und in Abwesenheit seines Nachfolgers, des Großherzogs Wilhelm Ernst. Verantwortlich war der Architekt Wilhelm Kreis, der spätere Architekt der «Teuto-Burgen» Hitlers. Er schuf eine blockartige Konstruktion im germanischen Reckenstil, ähnlich dem Leipziger Völkerschlachtdenkmal oder dem Hamburger Bismarckdenkmal. Dem geeinten Vaterland geweiht, stellte der 36 Meter hohe gigantische Rundtempel die vollkommene Antithese zur Wartburg dar. Als Gegenbild zur Burg, die ganz aus der Vorstellung einer idealisierten mittelalterlichen Christenheit und eines durch die Kultur definierten Deutschland erbaut worden war, verherrlichten das Burschenschaftsdenkmal und der zur gleichen Zeit auf dem Wartenberg, dem Schauplatz der Bücherverbrennung von 1817, errichtete Bismarckturm das Andenken Bismarcks und des militärischen Sieges, die Einigung des Reiches mit Blut und Eisen und den deutschen Machtstaat.

Bis 1918 wurde diese nationalistische Erinnerung von der Wartburg ferngehalten. Nach der Abdankung der Dynastie und nachdem die Trägerschaft auf die im Jahre 1922 neugegründete Wartburg-Stiftung übergegangen war, gewann sie aber deutlich die Oberhand. Im doppelten Sinne setzte sich nun eine Wiederaneignung der Burg durch: auf der einen Seite als touristische und ökonomische Inbesitznahme mit den Anfängen des Massentourismus (1921 wurde die Marke von 200 000 Besuchern überschritten) und dem Ausbau der erforderlichen Infrastruktur (1900 Einrichtung der Eselstation, 1930 Eröffnung der Zufahrt für Automobile und Busse mit dem Bau der «Wartburgschleife» als Park- und Wendeplatz); auf der anderen Seite als Aufmarschplatz für nationalistische und rechtsextremistische Gruppierungen. Bald war die Wartburg «deutsche Gralsburg» und «völkisch geprägte magische Stätte»; immer häufiger fanden nationalistische Kundgebungen und «völkische Dichtertreffen» dort statt. Zu Beginn der dreißiger Jahre kam zum Burschenschaftsdenkmal eine «Langemarck-Gedenkstätte» hinzu, die an die 3400 während des Ersten Weltkrieges gefallenen «jungen Helden» erinnerte. Die Instrumentalisierung der Wartburg durch die extreme Rechte wurde dadurch erleichtert, daß der erste Präsident der Wartburg-Stiftung, der Eisenacher Oberbürgermeister Friedrich Janson, von deutsch-nationaler Gesinnung geprägt war. Dazu kam, daß der Nationalsozialismus sehr früh in Thüringen Fuß fassen konnte und daß der 1930 ernannte neue Burgkommandant Hans von der Gabelentz keinen Hehl aus seiner Sympathie für die nationalsozialistische Bewegung machte.

Die völkische Aneignung der Wartburg, die schon lange vor 1933 begonnen hatte, erreichte ihren Höhepunkt nach der «Machtergreifung» durch die Nazis. Der Reichsstatthalter und thüringische Gauleiter Fritz Sauckel bekundete daher auch gleich nach seinem Amtsantritt den Willen, die Wartburg zu einem «Kulturmittelpunkt des Reiches» zu machen. Nach seiner Ernennung zum Vorsitzenden der Wartburg-Stiftung am 9. Mai 1934 verwandelte er den Ort in eine Kulisse für Staatsempfänge und propagandistische Veranstaltungen. Alle wichtigen politischen Feiertage des Dritten Reiches wurden hier unter großer Beteiligung der Bevölkerung und zahlreicher Nazigrößen euphorisch begangen, die 1934 von den Deutschen Christen mit Prunk und Begeisterung inszenierten Lutherfeiern ebenso wie die Gründung des Reichsarbeitsdienstes 1935 oder sogar – am Jahrestag der Völkerschlacht von Leipzig und des Wartburgfestes von 1817 – die Selbstauflösung der deutschen Burschenschaft in den NS-Studentenbund. Die totale Vereinnahmung der Wartburg durch die Nationalsozialisten scheiterte nur an einem einzigen Punkt: Am 10. April 1938 entschied Sauckel, vermutlich im Hinblick auf den bevorstehenden Geburtstag des Führers, das große vergoldete Kreuz, das seit 1859 den Bergfried überragte, entfernen zu lassen und durch ein Hakenkreuz zu ersetzen. Doch es erhob sich ein solcher Sturm des Protestes – im Inland und vor allem im Ausland –, daß er seinen Plan aufgeben mußte. Einen Monat später, am 13. Mai 1938, wurde das Kreuz an seinen ursprünglichen Platz zurückgebracht.

Gleich nach Kriegsende gaben sich die sowjetische Militärverwaltung und die neuen Behörden der DDR die größte Mühe, den Bruch deutlich werden zu lassen, der 1945 erfolgt war. In Abkehr von allen Formen der politischen Indienstnahme und ideologischen Instrumentalisierung während der NS-Gewaltherrschaft setzten sie alles daran, um sich als die besten Sachwalter der Wartburg als nationalem Kulturdenkmal zu profilieren. Schon im September 1945 öffnete der sowjetische Militärkommandant die Burg wieder für die Besucher. Die wenigen Schäden infolge von Artilleriebeschuß kurz vor Kriegsende wurden umgehend beseitigt. Schon 1952 lief ein umfangreiches Restaurierungsprogramm an. «Wir gründen die Wartburg nicht neu», erklärte Johannes R. Becher bei dieser Gelegenheit, «aber wir stellen diesen monumentalen Felsen auf eine neue historische Grundlage, und wir sind gewiß, daß dieser Fels, auf solch eine neue historische Grundlage gestellt, noch höher und leuchtender ragen wird als bisher.»[20] Die Arbeiten wurden mit Sachverstand ausgeführt und erstreckten sich auf die gesamte Burganlage; in den achtziger Jahren wurden sie mit der Rekonstruktion des Rittersaales nach der ersten Fassung (um 1170) abgeschlossen. Getragen von der doppelten Sorge um Treue und

Echtheit, um «Bereinigung und Entstaubung», sollte mit der Restaurierung die Burg in ihren ursprünglichen Zustand zurückversetzt werden; alle dekorativen Ergänzungen, die das originale Erscheinungsbild entstellten, wurden entfernt. Ergänzt wurden diese Maßnahmen durch die Abtragung der Ruinen des Bismarckturms auf dem Wartenberg, durch die Zerstörung der Langemarck-Gedenkstätte und durch die Entfernung nationalistisch anmutender Inschriften und Dekorationselemente vom Burschenschaftsdenkmal.

Die Bemühungen um die Wiederherstellung des ursprünglichen Zustandes der Wartburg waren indes nur eine Seite der Medaille. Wie die Machthaber vor ihnen – allerdings unauffälliger und unter einem anderen Vorzeichen – instrumentalisierten auch die DDR-Behörden die Burg für ihre Geschichtspolitik und ihre Selbstdarstellung, nutzten sie je nach politischer Konjunktur und politischer Notwendigkeit als Argument und als Kulisse. So wurden die fortschrittlichen Elemente in der Geschichte der Wartburg betont, um zu unterstreichen, daß die DDR Vollenderin und legitime Erbin dieser Tradition war. Das «Nationale Jubiläum» 1967, bei dem in einem Atemzug der 900. Jahrestag der Gründung der Wartburg, der 450. Jahrestag des Beginns der Reformation (als frühbürgerlicher Revolution) und der 150. Jahrestag des Wartburgfestes gefeiert wurden, markierte in dieser Hinsicht einen Höhepunkt. Eine neue Ausstellung wurde eröffnet, die die Geschichte der Wartburg im Einklang mit der offiziellen Geschichtspolitik präsentierte; im Verlies des Südturms wurde im Sinne der Verherrlichung des Bauernkrieges der an der steinernen Mauer eingekratzte Namenszug des Bauern Fritz Erbe wiederentdeckt, der acht Jahre lang als Täufer gefangengehalten worden war. Kurt Hager selbst ordnete schließlich das Wartburgfest in die Reihe der zur Gründung der DDR führenden historischen Wendepunkte ein: Am 18. Oktober 1817, so seine Festrede, «verband sich geschichtliches Bewußtsein mit einer politisch verantwortungsbewußten fortschrittlichen Gesinnung und Haltung. Zwar begann die Veranstaltung als Erinnerungsfeier an eine bedeutsame Vergangenheit, war doch gerade hier der Geist der Geschichte lebendig. Aber im Ablauf und Folge wurde das Fest zu einer weithin wirkenden politischen Demonstration der liberalen und demokratischen bürgerlichen Opposition gegen die halbfeudalen absolutistischen Zustände, gegen Fürstenwillkür und Reaktion, gegen die Zerrissenheit Deutschlands.»[21]

Am häufigsten erfolgte indes die Instrumentalisierung im Rahmen der Deutschlandpolitik der DDR. Bis 1961 diente die Wartburg vor allem als Argument, um die Spaltung in zwei deutsche Staaten anzuprangern und zu betonen, daß die Politik der DDR im Gegensatz zur Politik der Bundesrepublik ganz und gar darauf ausgerichtet sei, die nationale und kulturelle Einheit Deutschlands wiederherzusteilen: «Alle die auf dem Boden der Wartburg stehen», so erklärte Sigfried Asche, Direktor der Wartburg-Stiftung, 1955, «wissen, daß sie in der Mitte Deutschlands stehen. Die Grenze von heute, die sich, ganz nahe unter der Burg, mitten durch dieses Land zieht, ist auf dem Boden

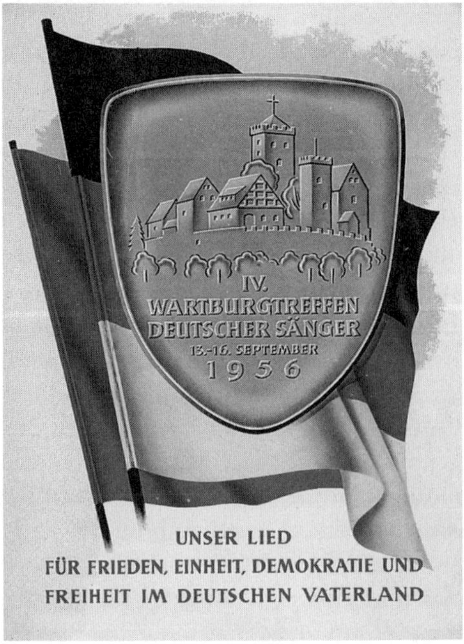

IV. Wartburgtreffen Deutscher Sänger 1956

der Burg überwunden, denn die andere Mitte, die geistige, ist um so stärker gegenwärtig. Sie ruht sicherer, denn sie greift aus der Tiefe der Jahrhunderte herauf, hebt die großen Wartburgtaten in die Gegenwart empor und stellt sie vor die Deutschen des zerrissenen Vaterlandes als unverlierbare Zeugen für seine unteilbare Einheit in Vergangenheit und Zukunft.»[22] Nach 1961 lag der Akzent auf der Bedeutung der Burg als «Nationaldenkmal», das vor allem der Selbstlegitimierung des Regimes diente. In diesem Sinne (aber auch, um die neue Politik der Honecker-Regierung in bezug auf die Kirche zu verdeutlichen) wurde 1983 das «Lutherjahr» besonders glanzvoll begangen. Höhepunkt dabei war die Begegnung auf der Wartburg zwischen dem Vorsitzenden des Luther-Komitees der DDR, Erich Honecker, und dem Regierenden Bürgermeister von Berlin (West) und ehemaligen Präsidenten des Evangelischen Kirchentages, Richard von Weizsäcker. Hinzu kamen die großen Anstrengungen der DDR-Behörden, möglichst viele Besucher auf die Wartburg zu holen: Bereits 1949 lag die Besucherzahl – insgesamt 144 000 – über der von 1943, und 1983 wurde die Zahl von einer halben Million überschritten. Die überraschende, aber um so erfolgreichere Krönung dieser Inanspruchnahme im Sinne der Selbstlegitimierung lag aber darin, daß der Name der Burg den Automobilen gehobener Qualität aus der Produktion des Eisenacher Automobilwerkes verliehen wurde – der Name Wartburg stand nun für die moderne Technik und erhielt eine unerwartete Publizität innerhalb wie außerhalb der DDR.

4. Gescheiterter Neubeginn?

Mit der Wiedervereinigung Deutschlands und der Wiederbegegnung eines über Jahrzehnte gespaltenen Europas mit sich selbst sah es so aus, als ob sich für die Wartburg die Chance eines Neubeginns bieten würde. Befreit von den politischen Vereinnahmungen und Zwängen, die den Großteil des 20. Jahrhunderts auf ihr gelastet hatten, stand sie nun wieder mitten in Europa und schien dazu berufen, ihre alte Rolle als Symbol der Geschichte und Kultur, als Ort des Dialogs und der Begegnung wiederaufzunehmen. Um ihre Unabhängigheit besser zu sichern, wurde sie 1991 in eine selbständige Stiftung überführt. Diese leitete eine Fülle von Initiativen ein, die die Bedeutung der Burg verdeutlichen und sie zu einem touristischen Zentrum und kulturpolitischen «Leuchtturm» machen sollten. So wurde sie zum Schauplatz wichtiger symbolischer Ereignisse – 1993 Verabschiedung der Thüringischen Verfassung durch den Landtag im Festsaal, Empfang ausländischer Staatsoberhäupter wie des Präsidenten Clinton – sowie zu einem beliebten Veranstaltungsort für Konzerte, Tagungen und Kongresse, und jedes Jahr wird der «Wartburg-Preis» an eine führende Persönlichkeit aus dem In- bzw. Ausland verliehen, die sich besondere «Verdienste um die politische und kulturelle Einigung Europas» erworben hat.

Doch anders als erwartet, haben diese Bemühungen und touristischen Werbekampagnen bislang nur begrenzt Früchte getragen. Zwar strömten im Jahr nach dem Fall der innerdeutschen Grenzen die Besucher in Scharen auf die Wartburg; das Jahr 1990 mit seinen 760 000 Touristen markierte den absoluten Höhepunkt in der Geschichte der Wartburg. In den folgenden Jahren gingen die Zahlen jedoch kontinuierlich zurück und stagnieren mittlerweile bei unter einer halben Million, das heißt auf einem Niveau, das kaum höher ist, als es die besten Besucherjahrgänge zu DDR-Zeiten erreichten – obwohl das damalige Besucherpotential gerade einmal ein Fünftel des heutigen Potentials betrug.[23] Während die Besucherzahlen bei den anderen deutschen Erinnerungsorten, von Neuschwanstein bis zur neuen Reichstagskuppel, stetig ansteigen, spiegelt die stagnierende Zahl der Wartburgbesucher die mangelnde Attraktivität des Ortes wider und seine Schwierigkeiten, neue Besucherkreise anzusprechen. Reduziert auf ihre Rolle als Symbol der Sehnsucht nach einem verklärten Mittelalter und nach einem Deutschlandbild als Kulturnation, erscheint sie nicht mehr als Ort der politischen und ideologischen Auseinandersetzungen. Gefangen in der glanzvollen und unwirklichen Erscheinung, die sie in der zweiten Hälfte des 19. Jahrhunderts erhalten hat, ist die Wartburg vielleicht nur noch ein Ort für eine elitäre, nostalgische Erinnerung ohne Bedeutung für die Gegenwart, ein Ort, aus dem sich das Leben langsam zurückgezogen hat.

Aus dem Französischen von Ursel Schäfer

Iring Fetscher

Karl Marx

Wo findet man in Deutschland heute Karl Marx? In erster Linie vermutlich in den Köpfen – insbesondere denen der Bürgerinnen und Bürger der neuen Bundesländer, die mehr als vierzig Jahre lang von der sowjetischen Besatzungsmacht und später von der «Sozialistischen Einheitspartei» mit Büchern und Broschüren von Marx bearbeitet wurden, meist übrigens mit Druckwerken, die mit dem Vierfachporträt von Marx, Engels, Lenin und Stalin geschmückt waren. Nach dem Untergang der DDR und dem Ende der Sowjetunion schwand bei den meisten, die sich unter Zwang mit Marx beschäftigen mußten, die Bereitschaft, dessen Werke zu lesen. Alleen, Straße und Plätze sind aber – soweit das Verzeichnis der Postleitzahlen darüber Auskunft gibt – in rund 20 Städten der neuen Bundesländer, aber auch in ebenso vielen der alten nach Marx benannt. Darunter im Westen der Geburtsort Trier, der Ort des ersten Studiums, Bonn, und die Stätte seines zweimaligen Wirkens als Redakteur, Köln. Ein der Ehefrau von Marx gewidmetes Museum in Salzwedel konnte nur erheblich reduziert überleben, und Leipzig, dessen Universität in der DDR nach ihm benannt wurde, hat keine Marx-Straße mehr. Chemnitz – die ehemalige Karl-Marx-Stadt der DDR – hat immerhin noch den riesigen Marx-Kopf, im Volksmund der Nischl genannt, aber weder Alleen noch Straßen sind nach ihm benannt.

Weltweit dürfte in erster Linie Trier als Erinnerungsort mit dem Namen von Marx verbunden werden. Hier wurde er am 5. Mai 1818 geboren, besuchte das Gymnasium und verliebte sich in das «schönste Mädchen der Stadt», Jenny von Westphalen. Das heute wieder als Museum hergerichtete Geburtshaus in der Brückenstraße 10 täuscht allerdings durch seine großbürgerlich-barocke Opulenz über die Vermögensverhältnisse des Anwalts Heinrich Marx hinweg. Wenige Monate nach Karls Geburt bezog die Familie ein weit bescheideneres eigenes Haus in der Simeonstraße, in dem die Familie bis zum Tod des Vaters und noch Jahre danach gewohnt hat.

Das Schicksal des Geburtshauses, das die SPD erst 1928 erworben hat, spiegelt ein Stück deutscher Geschichte des 20. Jahrhunderts. 1904 gelang es dem sozialdemokratischen Graphiker Friedrich Schnetter, mit Hilfe einer Zeitungsnotiz aus dem Geburtsjahr das Haus zu identifizieren, die SPD ließ es nach dem Kauf aufwendig restaurieren und in den ursprünglichen Zustand zurückversetzen. Ehe jedoch das Museum eröffnet werden konnte, bezog im September 1932 die Redaktion der sozialdemokratischen Zeitung *Volkswacht* das Gebäude, im Mai des folgenden Jahres wurde es von der SA besetzt und geplündert. Die Nazi-Zeitung *Nationalblatt* zog ein, und im Krieg erlitt das

Haus erhebliche Schäden. Ein internationales Komitee half – unterstützt durch den französischen Sozialisten Léon Blum – beim Wiederaufbau, und am 5. Mai 1947 konnte die Marx-Gedenkstätte eröffnet werden. Inzwischen durch ein Studienzentrum erweitert, zieht die Brückenstraße 10 in Trier Jahr für Jahr Zehntausende neugieriger und wissenschaftlich interessierter Besucher an. Das Studienzentrum fördert das Studium von Marx' Leben und Werk und veröffentlicht wissenschaftliche Arbeiten.

I.

Die Kenntnis der Werke von Marx ist durch die Veröffentlichung seiner Frühschriften und in jüngster Zeit auch durch die von Engels benützten Vorarbeiten zum *Kapital* weit über den Stand fortgeschritten, der z. B. in der klassischen Biographie von Franz Mehring (1918) erreicht worden war. In einem Aufsatz der *Deutsch-Französischen-Jahrbücher*, die Marx 1844 zusammen mit Arnold Ruge in Paris veröffentlichte, hat Marx Deutschland – in Gestalt seiner jüngsten Philosophie von Hegel und Feuerbach – eine führende Rolle für die bevorstehende Weltrevolution zugeschrieben. Aus der beschämenden Rückständigkeit des politischen Deutschland und der jede politische Realität transzendierenden Kraft deutschen gründlichen Denkens folgerte Marx, daß von hier aus nur eine – alles Dagewesene übersteigende – Revolution ihren Ausgang nehmen könne: «Nicht die radikale Revolution ist utopischer Traum für Deutschland, nicht die allgemeine menschliche Emanzipation, sondern vielmehr die teilweise, die nur politische Revolution, welche die Pfeiler des Hauses stehen lässt.»[1] Deutschland muß die französische bürgerliche Revolution weit hinter sich lassen – anders kann seine Emanzipation nicht befriedigen. Es gilt nur noch, ein reales historisches Subjekt für diese Revolution zu finden, ein Subjekt, das in seinem Dasein einen ebenso großen Widerspruch enthält wie den zwischen den deutschen Zuständen und der deutschen Philosophie. Dieses historische Subjekt kann nur das Proletariat sein, eine Klasse «mit radikalen Ketten [...], eine Sphäre, welche einen universellen Charakter durch ihre universellen Leiden besitzt [...], welche nicht mehr auf einen historischen, sondern nur noch auf den menschlichen Titel provozieren kann, welche in keinem einseitigen Gegensatz zu den Konsequenzen, sondern in einem allseitigen Gegensatz zu den Voraussetzungen des deutschen Staatswesens steht [...], mit einem Wort der völlige Verlust des Menschen ist, also nur durch die völlige Wiedergewinnung des Menschen sich selbst gewinnen kann.»[2] Zwischen Deutschland und dem Proletariat besteht nach Marx eine weitgehende Parallelität oder eine Art prästabilisierter Harmonie. «Die einzig mögliche Befreiung Deutschlands ist die Befreiung auf dem Standpunkt der Theorie, welche den Menschen für das Wesen des Menschen erklärt. [...] In Deutschland ist die Emanzipation vom Mittelalter nur möglich als die Emanzipation zugleich von den teilweisen Überwindungen des Mittelalters. In

Deutschland kann keine Art der Knechtschaft gebrochen werden, ohne jede Art der Knechtschaft zu brechen. Das gründliche Deutschland kann nicht revolutionieren, ohne von Grund aus zu revolutionieren. Die Emanzipation des Deutschen ist die Emanzipation des Menschen. Der Kopf dieser Emanzipation ist die Philosophie, ihr Herz das Proletariat. Die Philosophie kann sich nicht verwirklichen ohne die Aufhebung des Proletariats, das Proletariat kann sich nicht aufheben ohne die Verwirklichung der Philosophie. Wenn alle inneren Bedingungen erfüllt sind, wird der deutsche Auferstehungstag verkündet werden durch das Schmettern des gallischen Hahns.»[3] Diese phantastisch übersteigerte Vision der künftigen universellen deutschen Revolution hätte, wenn sie damals oder auch später rezipiert worden wäre, zu welthistorischem Hochmut der «gründlichen Deutschen» führen können. Die Verhältnisse aber waren «nicht so». Als 1848 von Paris aus große Teile Europas revolutioniert wurden, scheiterte die bürgerliche gemäßigte Revolution in Deutschland. Das von Marx nach Vorarbeiten von Engels verfaßte *Manifest der kommunistischen Partei* erreichte nur mit wenigen Exemplaren die deutschen Staaten und hatte praktisch keine Einwirkung auf das Geschehen.

Abermals wie schon 1843 aus Preußen vertrieben, ließ sich Marx schließlich in London nieder und intensivierte sein schon 1844 begonnenes Studium der Ökonomie. 1867 veröffentlichte er endlich den ersten Band des *Kapital*, nachdem er 1859 eine Vorstudie unter dem Titel *Kritik der politischen Ökonomie* vorgelegt hatte. An die Stelle der überschwenglichen Erwartung einer Kombination radikalen philosophischen Denkens mit der radikalen Klasse des Proletariats trat nun die behutsamere Erwartung einer von den Bewegungsgesetzen der «Kapitalistischen Produktionsweise» vorangetriebenen Entwicklung. Eine Entwicklung, die von England ausgehend den ganzen europäischen Kontinent und die USA erfassen werde.

Spätestens nach der Niederlage der Revolution 1848/49 in Deutschland hatte Marx seine euphorische Begeisterung für die Zukunft vorwegnehmende deutsche Philosophie aufgegeben. Auch wenn er an der Entwicklung der deutschen Arbeiterbewegung interessiert blieb und sich für deren theoretische Orientierung engagierte, war sein Verhältnis zu Deutschland höchst distanziert. Am 13. 4. 1861 schreibt er zum Beispiel an seine Cousine Antoinette Philips in Holland: «‹Ans Vaterland, das teure, schließ ich an›, ist ein sehr schöner Satz, aber ganz im Vertrauen möchte ich Dir sagen, daß Deutschland ein so schönes Land ist, daß man besten außerhalb seiner Grenzen lebt. Ich für meinen Teil würde, wenn ich ganz frei wäre und außerdem nicht durch etwas belästigt, das Du ‹politisches Gewissen› nennen kannst, niemals England verlassen, um nach Deutschland zu gehen und noch weniger nach Preußen und am allerwenigsten nach diesem affreux Berlin mit seinem ‹Sand› und seiner ‹Bildung› und ‹seinen überwitzigen Leuten›.»[4] Auch wenn Marx die Einigung Deutschlands durch Bismarcks «Revolution von oben» begrüßte, weil sie den Notwendigkeiten der ökonomischen Entwicklung entsprach, charakterisierte er die politische Ordnung des Kaiserreiches höchst sarkastisch: Sie sei «ein mit feudalem Beisatz vermischter und zugleich schon von der Bourgeoisie beeinflußter, bürokratisch gezimmerter, polizeilich gehärteter Militärdespotismus».[5]

II.

Außerhalb eines begrenzten Kreises von revolutionären Sozialisten wurde Marx erst durch sein Wirken im Rahmen der «Internationale» und vor allem durch die von ihm verfaßte *Adresse des Generalrats* der Internationale zum Bürgerkrieg in Frankreich bekannt. Mit diesem Text suchte er dem besiegten Aufstand der Pariser Kommune im Jahr 1871 ein ehrenvolles Gedächtnis zu verschaffen. Die dort vorübergehend praktizierte Verfassung bezeichnete er kühn als «die endlich entdeckte Form, unter der die ökonomische Befreiung der Arbeit sich vollziehen konnte». «Die Kommune machte das Stichwort aller Bourgeoisrevolutionen – wohlfeile Regierung – zur Wahrheit, indem sie die beiden größten Ausgabequellen, die Armee und das Beamtentum aufhob.»[6] Zumal die Aufständischen in Paris mit erheblicher Gewalt an die Macht gelangt waren – sie wurden allerdings auch mit brutalster Repression schließlich unterdrückt –, galt Marx eine Zeitlang als «blutrünstiger Revolutionär». Keine einzige Publikation brachte ihm soviel Beachtung wie diese kleine Rechtfertigungsschrift der Pariser Kommune. In Deutschland wurden seine Anhänger August Bebel und Wilhelm Liebknecht wegen ihrer freundlichen Worte für die Kommune und ebenso wegen ihrer Kritik an der Annexion Elsaß-Lothringens heftig angegriffen und im März 1872 zu zwei Jahren Festungshaft verurteilt. Karl Marx hatte zutreffend vorausgesagt, diese Annexion werde Frankreich «in die Arme Rußlands treiben» und einen für Deutschland verhängnisvollen Krieg zur Folge haben. Otto von Bismarck – über den Kommuneaufstand zutiefst erschrocken – nutzte zwei Attentatsversuche auf den Kaiser, um 1878 ein Gesetz «gegen die gemeingefährlichen Bestrebungen der Sozialdemokratie» im Reichstag durchzubringen. Das Gesetz behinderte bis zum Jahr 1890 die publizistische Arbeit der SPD und schränkte ihre Aktivität auf die Wahlkämpfe zu den Länderparlamenten und zum Reichstag ein. Während die führenden Sozialdemokraten ihre theoretischen Überzeugungen konservierten, war ihre praktische Tätigkeit auf reformerische Arbeit beschränkt. Zwischen revolutionärer, von Marx – aber auch von Lassalle – beeinflußter Theorie und reformerischer Praxis klaffte ein bedeutender Widerspruch.

Zuvor, 1875, hatten sich die beiden unabhängig voneinander bestehenden deutschen Arbeiterparteien, die Lassalleaner und die sogenannten «Eisenacher» (Marxisten) in Gotha vereinigt. Am Programm dieses Vereinigungsparteitages hat Marx in Randglossen und Briefen scharfe Kritik geübt, die allerdings erst 1891 – auf dem ersten Parteitag nach Aufhebung des «Sozialistengesetzes» – durch Engels öffentlich bekannt gemacht wurde. Das Programm enthalte – wie Marx erbittert konstatierte – zahlreiche Lassalleanische Marotten und schwere Fehler. Besonders entrüstet war er über die Staatsgläubigkeit des Textes. So könne man z. B. die Formulierung «wir fordern einen freien Staat» keinesfalls durchgehen lassen. Es gehe vielmehr darum, den «Staat aus einer der Gesellschaft übergeordneten in ein ihr durchaus untergeordnetes Organ zu verwandeln, und auch heutig seien die Staatsformen freier oder unfreier im Maß, worin sie die Freiheit des Staates beschränken».[7] In seinem Begleitbrief weist Marx darauf hin, daß ihm von den Bakuninisten – zu Unrecht – jede Verlautbarung der deutschen Sozialisten als Ausdruck seiner theoretischen Überzeugung zugerechnet werde und er Mühe habe, sich – angesichts eines solchen Programmpunktes – vom Verdacht der Staatsvergottung zu befreien.

In den parteioffiziellen Zeitschriften *Die Neue Zeit* (1883–1923) und *Die Neue Gesellschaft* (1924–1933) dominierte zwar fast unumschränkt das Marxsche Denken, in den mehr populären Organen und in den Gesangbüchern der Partei spielte aber das Heldenbild von Ferdinand Lassalle weiterhin eine erhebliche Rolle. Die *Arbeiter-Marseillaise* von Jacob Audorf enthielt am Ende der fünf Strophen jeweils die Zeilen

> Nicht zählen wir den Feind,
> Nicht die Gefahren all',
> Der Bahn, der kühnen, folgen wir,
> Die uns geführt Lassall' . . .

In dem Band *Internationale Arbeiter Lieder*, den Ernst Busch 1953 in der DDR herausgab, fehlt bezeichnenderweise dieser Refrain.[8] Marx war der verehrte – und nur durch sein *Manifest* und einige kleine Schriften wirklich gelesene – Denker, Lassalle aber das Idol. Sein Tod im Duell, auch wenn es dabei um eine Frau und nicht um die Sache der Revolution ging, dürfte zu diesem Heldenstatus beigetragen haben. Selbst Karl Marx, der im übrigen Lassalles Größenwahn und seine Beziehung zur Gräfin Hatzfeld privat tadelte, schrieb in einem Kondolenzbrief an die Gräfin: «Er ist jung gestorben, im Triumph, als Achilles.»[9]

Zum Tod von Karl Marx am 17. März 1883 schreibt ein nicht genannter Autor in *Die Neue Zeit*: «Kein Prunk, keine lärmenden Demonstrationen – und doch empfand man in der ganzen zivilisierten Welt, daß ein ungewöhnlicher Mensch gestorben war. Das zeigten die Nekrologe der europäischen und amerikanischen Presse; von politischen Gegnern geschrieben, erkennen sie doch fast ausnahmslos die hohe Bedeutung des Toten an und bringen ihm den Tribut oft widerstrebend-bewundernder Achtung dar.» Nach einer kurzgefaßten Vita folgen Hinweise auf den umfangreichen literarischen Nachlaß, den Engels und Eleanor Marx bearbeiten werden, so daß «die Wissenschaft noch Bedeutendes zu erwarten» hat. «Der wissenschaftlichen Bedeutung von

Marx kann [aber] nichts mehr hinzugefügt werden. Durch die Erforschung der historischen und ökonomischen Bewegungsgesetze hat Marx sich an die Seite der größten Denker und Forscher gestellt. Das kann und wird Niemand ihm nehmen.»[10]

Ein kurzer Artikel in der Münchner *Allgemeinen Zeitung* vom 18. März enthält eher irrtümliche Informationen und behauptet, Marx «lebte zuletzt mit seiner Familie auf dem Landsitze seines Schwiegersohnes in Argenteuil bei Paris».[11]

Die «königlich privilegierte Berlinische Zeitung von Staats- und gelehrten Sachen» *(Vossische Zeitung)* verweist in einem längeren Nekrolog auch auf Lassalle und meint abschließend: «Das Sozialistengesetz verschließt der deutschen Sozialdemokratie den Mund, wenn sie reden könnte, so würde sie an Marx' Grab offen bekennen, daß sie in ihm ihren eigentlichen Vater verloren hat. Sein Geist herrscht noch immer in unseren socialistisch geschulten Arbeiterkreisen; ja auch unsere Katheder- und Staatssocialisten, unsere leitenden Socialrefomer stehen bewußt oder unbewußt unter seinem Einflusse. Wer die Socialdemokratie nicht bloß äußerlich niederhalten, sondern auch innerlich überwinden und ihre Grundlagen zerstören will, wird immer wieder auf Karl Marx zurückgehen müssen.»[12]

Wie wenig das allgemeine Publikum in Deutschland von Marx wußte, zeigt unter anderem der Eintrag in *Meyers Konversationslexikon*. Dort heißt es etwa: «Marx Karl, hervorragender socialistischer Agitator und Schriftsteller, geb. 2. Mai 1818 in Trier, der Sohn eines preußischen Oberbergraths». Nach zutreffenden Erwähnungen einiger Schriften und einer schiefen Darstellung des Streits zwischen Bakunin und Marx endet der Artikel mit der Behauptung, «nach einem vorübergehenden Aufenthalt in New York lebt M. jetzt wieder in London».[13] An diesem Eintrag ist fast alles – bis auf die Hinweise auf Publikationen – falsch, sowohl der Geburtstag als auch der angeblich vorübergehende Wohnort New York und am erstaunlichsten der Beruf des Vaters. Wenn aber *Meyers Konversationslexikon* nur unzulänglich informiert war, so sind manche Äußerungen von konservativen wie liberalen Zeitgenossen herabsetzend oder zumindest polemisch. Heinrich von Treitschke merkt zunächst einmal – nicht ohne herabsetzende Absicht – an, daß er zusammen mit Börnstein, Heß, Heine und Ruge in Paris die Zeitschrift [sic] *Vorwärts* herausgegeben habe, die den Radikalismus predigte. «Bezeichnend genug, lauter Juden, mit der einzigen Ausnahme Ruges.»[14] Nach einer lobenden Erwähnung des Buches von Friedrich Engels über die «Lage der arbeitenden Klassen in England» stellt Treitschke fest, «daß Marx jetzt schon so weit [war], daß er Religion, Staat, Recht, jede göttliche und menschliche Ordnung verwarf». Im *Kommunistischen Manifest* habe er – zusammen mit Engels – «den Umsturz der Gesellschaft, Enteignung der Grundeigentümer, Abschaffung des Erbrechts» usw. gefordert und «rundweg ausgesprochen, wir unterstützten jede revolutionäre Bewegung».[15] Auf diese Weise unterschlägt Treitschke die Eigenart des Manifests und seine stilistisch faszinierende geschichtsphilosophische Argumentation und beschränkt sich auf ein paar relativ untypische revolutionäre Forderungen.

Im Unterschied zu Treitschke, der vermutlich keine weitergehende Kenntnis der Marxschen *Kritik der politischen Ökonomie* hatte, hat sich Werner Sombart für die Abfassung der ersten Auflage seines Buches *Sozialismus und soziale Bewegung* (1896) sachkundig gemacht und Marx als «den größten Sozialphilosophen des 19. Jahrhunderts» anerkannt. In den späteren Auflagen dieses Buches, das zuletzt (1924) unter dem Titel *Der proletarische Sozialismus* erschien, formuliert Sombart vehemente und diffamierende Kritiken, die den Nationalsozialisten gefallen mußten. In seiner Wirtschaftsgeschichte führt er die Entstehung des Kapitalismus – im Unterschied zu Marx und in Auseinandersetzung mit Max Weber – auf das Luxusbedürfnis der Höfe und den Handelskapitalismus der Renaissance zurück. Vor allem aber schreibt er den Juden eine wesentliche Rolle für dessen Entwicklung zu. Max Weber macht in seiner einflußreichen Studie *Die protestantische Ethik und der Geist des Kapitalismus* (1904/5) darauf aufmerksam, daß für die mit dem Kapitalismus verbundene Denk- und Lebensweise der Protestantismus – insbesondere der Calvinismus und der Puritanismus – außerordentlich förderlich war. Er will aber damit keineswegs einen «historischen Idealismus» im Unterschied zum «historischen Materialismus» propagieren, wohl aber eine einseitige Zurückführung der neuen Produktionsweise ausschließlich auf sozialökonomische Faktoren korrigieren.[16]

Die sogenannten «Kathedersozialisten», die für eine Lösung der «sozialen Frage» durch staatliche Sozialpolitik eintraten, waren von der Schilderung der Ausbeutungsverhältnisse im industriellen Frühkapitalismus, die Marx und vor allem Engels veröffentlicht hatten, tief beeindruckt. Der Ökonom Adolf Wagner (1835–1917) betont beispielsweise in seiner Rede über «die soziale Frage» vor einer evangelischen Kirchenversammlung am 12. 10. 1871: «Jetzt kann man den drastischen Schilderungen eines Marx aus England, den mecklenburgischen Klagen u. s. w. schwer etwas entgegensetzen. Die Grundaristokratie, welche heute so gerne der Geldaristokratie und Bourgeoisie am Zeuge flickt, liebt es gar zu wenig, vor ihrer eigenen Tür zu kehren und eingedenk des schönen Worts noblesse oblige mit gutem Beispiel voranzugehen.»[17] Wagner und andere «Kathedersozialisten» bringen Verständnis für die gewerkschaftliche Organisation der Arbeiter auf und halten einige Forderungen der Sozialisten für durchaus legitim. «Eine sittliche Entrüstung über die Bewegungen der Arbeitswelt ist bei den Anhängern des herrschenden Systems komisch und widerwärtig zugleich. Ihr wolltet ja immer Kampf, denn was ist Konkurrenz anders als Kampf? Die Arbeiter sind von Eurem Standpunkte aus bei ihren [...] Bestrebungen um Organisation, welche sie im Konkurrenzkampf stärkt, durchaus im Rechte. Ihr Handeln ist eine notwendige Konsequenz des herrschenden Systems.»[18] Die sozialethisch argumentieren-

Nr. 892 21 1920 Preis 60 Pfennig 37. Jahrgang

DER WAHRE JACOB

Abonnementspreis jährlich M. 15.60 Bei Postbezug vierteljährlich M. 3.90 (ohne Bestellgeld) | Erscheint alle vierzehn Tage in Stuttgart Anzeigen für die 4gespaltene Nonpareille-Zeile M. 10.– | Verantwortlich für die Redaktion: Georg Durst in Stuttgart Druck und Verlag von J. H. W. Dietz Nachf. G.m.b.H. Stuttgart

Moskau

(Aus der Geschichte des Sozialismus)

Bakunin: Von hier wird sich die Welterlösung datieren, wie ich immer vorausgesagt habe.
Marx: Nicht die Welterlösung wird von hier ausgehen, sondern nur das große Elend aller Arbeiter.

Titelblatt «Der wahre Jacob» (1920)

den Kathedersozialisten bekämpften den reinen Wirtschaftsliberalismus, weil er – unter anderem – den Radikalismus der Arbeiter zur Folge habe.

In den Jahren nach dem Tod von Friedrich Engels 1895 entstand in der deutschen Arbeiterbewegung ein Streit um Theorie und Praxis der SPD im Anschluß an unterschiedliche Marx-Interpretationen. Während Eduard Bernstein, der lange Jahre im Londoner Exil gelebt hatte und von Friedrich Engels weit mehr geschätzt wurde als Karl Kautsky, aufgrund seiner Beobachtung der sozialen und ökonomischen Entwicklung Prognosen von Marx für korrekturbedürftig hielt, beharrte Karl Kautsky auf dessen Text. Bernstein stellte fest, daß weder die zunehmende Verarmung der Arbeiterklasse noch die Auflösung der Mittelschichten stattgefunden hatte, die meist aus dem Text des *Kapital* von Marx heraugelesen wurden. Aus diesem Grunde könne man auch nicht mehr mit einem «Zusammenbruch» der kapitalistischen Produktionsweise rechnen. Vielmehr sei es – im Rahmen demokratischer Verhältnisse, die ihm aus England vertraut waren – möglich, schrittweise Reformen zugunsten der Lebensverhältnisse der Arbeiterklasse zustande zu bringen. Tatsächlich bemühe sich ja sowohl die Partei wie die Gewerkschaft in Deutschland längst um solche Reformen. Man müsse daher nur noch die Theorie dieser Praxis anpassen. Karl Kautsky und seine die Mehrheit in der SPD bildenden Mitstreiter waren dagegen überzeugt, daß eine revolutionäre marxistische Weltanschauung für die Stärke und den Zusammenhalt der SPD unentbehrlich sei. Beide beriefen sich bei ihrer Auseinandersetzung auf Marx: Bernstein auf den wissenschaftlichen Empiriker, Kautsky auf dessen dogmatisierte Theorie. Erst als sich 1918 eine radikale Linke von den «Mehrheitssozialisten» gelöst hatte, wurde die theoretische Position Bernsteins allmählich als für die ganze Partei verbindlich anerkannt.

Die rabiatesten Feinde sowohl der Arbeiterbewegung als auch der Theorie von Karl Marx waren schon vor 1914 die deutschen Antisemiten. Seit 1887 veröffentlichte ein gewisser Theodor Fritsch einen *Antisemiten-Catechismus*, aus dem bis 1943 das in Hunderttausenden Exemplaren vertriebene *Handbuch der Judenfrage* geworden war. Von Marx heißt es dort: «Beide Eltern stammten aus Rabbinerfamilien, der Vater, früher Mardochai, ließ sich als Rechtsanwalt in Trier taufen. Die Familie war krank an Leib und Seele, wurzellos, ohne sicheren Standpunkt im Leben», wie Werner Sombart festgestellt habe. Marx schreibe «sich in einem Emigrantendasein den Haß aus der Seele, er war ein disäquilibrierter Assoziationsjude». Vermutlich meint der Verfasser «Assimilationsjude». «Herrschsucht, Ressentiment, Intellektualismus und innere Zerrissenheit sind ihm von der Rasse als Erbe hinterlassen worden. Seine Lehre entspricht seiner Herkunft.»[19] Adolf Hitler bezeichnet die «Lehre von Marx» als «ein unzertrennliches Gemisch von Vernunft und menschlichem Aberwitz», wobei «nur der Wahnsinn zur Wirklichkeit zu werden» vermöge. «Durch die kategorische Ablehnung der Person und damit der Nation und ihres rassischen Inhalts zerstört sie die elementaren Grundlagen der menschlichen Kultur. Dieses ist der wahre innere Kern der marxistischen Weltanschauung. Mit der Zertrümmerung der Persönlichkeit und der Rasse fällt das wesentliche Hindernis für die Herrschaft des Minderwertigen – dieser aber ist der Jude.»[20] Noch etwas primitiver fällt die Charakterisierung aus, die ein Dr. H. Männel in seiner *Politischen Fibel* (1940) vom Marxismus gibt: «Der Gründer dieser Lehre war Karl Marx. Marx war Jude, aus dieser Tatsache allein erklärt sich das ganze Wesen und der Einfluß seiner Auffassungen. Er war kein Arbeiter, sondern kam aus jüdisch bürgerlicher Familie. Er war auch kein Arbeiterführer, sondern ein typischer Intellektueller. Er wurde von den liberal-kapitalistischen Schriften der englischen Ökonomen zutiefst beeinflußt. Es gibt keinen größeren Gegensatz als Karl Marx und Adolf Hitler.»[21] Die Tatsache, daß Marx und eine Reihe anderer Sozialisten Juden waren, benützte Hitler, um seine Behauptung zu rechtfertigen, daß sowohl die führenden kapitalistischen Bankiers als auch die Sozialisten sich zur Vernichtung der nordischen Arier verbündet hätten. Auf die Unterscheidung zwischen «raffendem» jüdischen

Finanzkapital und «schaffendem» arischen Industriekapital hatte ihn der exzentrische ökonomische Dilettant Gottfried Feder gebracht.[22] Sie sollte ihm bei der antisemitischen Kanalisierung des Antikapitalismus nützlich werden.

III.

Während der 14 Jahre zwischen 1919 und 1933 greifen eine Anzahl von Philosophen, Soziologen und Juristen Anregungen von Marx auf und beschäftigen sich intensiver mit seinen Werken. Max Scheler gesteht der These vom «ideellen Überbau» eine begrenzte Berechtigung zu, läßt sie aber nur für die positiven Wissenschaften, nicht für die übrigen «geistigen Erzeugnisse» gelten.[23] «Wirkliche Philosophie und Metaphysik» stellt er zum Abschluß seines großen Werkes *Die Wissensformen und die Gesellschaft* fest, werde erst durch eine «neue geistige Elite» geschaffen werden, die sich von den «autoritativen Klassenlehren mit bürgerlicher und proletarischer Metaphysik» befreit hat.[24] Wenn Scheler die Gültigkeit des Basis-Überbau-Schemas eingeschränkt wissen will, radikalisiert es Karl Mannheim und schafft die Privilegierung des proletarischen Klassenstandpunktes ab. Alles Denken ist «seins-» oder «standortgebunden» und erlaubt jeweils nur einen begrenzten Ausschnitt der Realität zu erkennen. Angehörige herrschender Klassen blenden in ihrem «ideologischen Denken» alles aus, was den Status quo in Frage stellen könnte, unterdrückte, aufstrebende Klassen nehmen in ihrem «utopischen Denken» vor allem das wahr, was zur Veränderung des aktuellen Zustandes beitragen kann. Allein eine Schicht von «freischwebenden Intellektuellen» könnte eine Synthese dieser Partialeinsichten zustande bringen und damit einen Beitrag zur «politischen Wissenschaft» oder zu «wissenschaftlicher Politik» leisten.[25] Man hat Karl Mannheim mit begrenztem Recht als «bürgerlichen Marxisten» bezeichnet.

Auf ganz andere Weise geht Hermann Heller, einer der ersten Theoretiker des «sozialen Rechtsstaates», mit der Theorie von Marx um. Er erblickt «die ganze Größe des Marxismus darin, in einer Zeit positivistisch verflachter, weil spezialistisch verkümmerter Tatsachenforschung [...] dank der Hegelschen Dialektik im Verein mit einem ungeheuren Wirklichkeitsrespekt sich diese [von Hegel entwickelte] Totalitätsanschauung bewahrt» zu haben.[26] Auf der anderen Seite war in seinen Augen allerdings die Staatsauffassung von Marx und Engels unzulänglich. Beide sahen ausschließlich die repressive Funktion des Staatsapparates und übersahen dessen notwendige organisatorische Funktion. Einigermaßen überraschend setzt der nüchterne Jurist Hermann Heller 1923 seinem Buch *Sozialismus und Nation* als Motto vier Zeilen von Joseph Freiherr von Eichendorff voran:

Der Morgen, das ist meine Freude!
Da selig ich in stiller Stund

Auf dem höchsten Berg in der Weite,
Grüß dich Deutschland aus Herzensgrund.

Für dieses romantische Zitat hätte Kurt Schumacher vermutlich weniger Verständnis gehabt als für Hellers Kritik an der unzulänglichen Staatsauffassung von Marx und für seine Wertschätzung des Hegelianers Ferdinand Lassalle.

Auf erneute Aneignung des philosophischen Marx stützt sich Karl Korsch (1886–1961), der 1919 zur KPD gekommen war, in seinem in linken Kreisen außerhalb der Arbeiterparteien einflußreichen Buch *Marxismus und Philosophie* (1923). Hier versucht er «die historische und materialistische Methode von Marx auf den Marxismus selbst» anzuwenden,[27] um auf diese Weise die Ursachen für «die Rückbildung der ursprünglich auch subjektiv revolutionären Lehre von Marx zu einer nur noch objektivistischen Entwicklungstheorie» zu klären. Korsch ist um eine Erklärung jenes Zustandes der deutschen Arbeiterbewegung im Jahr 1914 und nach 1918 bemüht, den Kurt Tucholsky etwa zur gleichen Zeit ironisch geschildert hat: «Die Arbeiterschaft hatte ihren Marx. Oder vielmehr: sie hatte Leute angestellt, die ihn gelesen haben mußten. Im übrigen paukte sie ihre Lohnkämpfe aus [...].»[28] Als Korsch seine kritische Methode auch auf die Sowjetunion anwandte, wurde er 1926 aus der KPD ausgeschlossen. Bertolt Brecht war von ihm wie von dem Soziologen und Ökonomen Fritz Sternberg beeinflußt. Beide waren selbständige marxistische Denker, die sich der Parteidisziplin entzogen hatten.

Ebenfalls in den Umkreis der deutschen Kultur der Weimarer Republik gehört das Frühwerk des Ungarn Georg Lukács *Geschichte und Klassenbewußtsein*, das im gleichen Jahr wie Korschs *Marxismus und Philosophie* erschien. Lukács verbindet das dialektische Denken Hegels mit Konzeptionen des frühen Marx und dessen kritischen Kategorien der Verdinglichung und Entfremdung. Für Intellektuelle war dieses Buch deshalb so faszinierend, weil es in erster Linie die Aporien der zeitgenössischen bürgerlichen Kultur aufwies und erst darauf die Bewußtwerdung des proletarischen Klassenbewußtseins als Ort der Befreiung aus diesem Dilemma entwarf. Begeistert durch die Oktoberrevolution und Lenin übernimmt es Lukács allerdings auch, dessen Theorie der Avantgarde-Partei mit Formulierungen des frühen Marx zu rechtfertigen. Diese Partei sei eine – im Interesse der Revolution – verselbständigte Gestalt des proletarischen Klassenbewußtseins. Lukács hat später erklärt, durch sein Studium der Marxschen Frühschriften habe er die Fehlerhaftigkeit seines Frühwerks erkannt. Vermutlich kam ihm zu Bewußtsein, daß er wie Marx 1844 noch immer philosophischer Idealist war.

1932 erschien zugleich in einer Taschenausgabe des Kröner Verlages und im Band 3 der Marx-Engels-Gesamtausgabe (MEGA) ein Text von Marx erstmals im Druck, den als erster Herbert Marcuse in der *Neuen Gesellschaft* begeistert kommentierte. Dabei fühlte sich der damals in Freiburg lebende Heidegger-Kenner offenbar heimatlich berührt. Thomas McCarthy stellt in diesem Zusammenhang fest: «Durchweg werden die Sprachen von Marx und Heidegger ungezwungen ineinander übersetzt, Wesenskräfte werden zu Grundbestimmungen und umgekehrt. Denn Marcuse hegt keinen Zweifel daran, daß dem frühen Marx daran gelegen war, den ‹ontologischen Charakter dieses Begriffs› [der Arbeit] zu erläutern.»[29] Lucien Goldmann hatte für die Nähe der Denkstrukturen von Heideggers *Sein und Zeit* und Marxscher Philosophie die Erklärung, daß Heidegger Lukács' *Geschichte und Klassenbewußtsein* gründlich gelesen hatte und von ihm beeinflußt worden war.[30]

Nur wenige Jahre nach Veröffentlichung seiner *Betrachtungen eines Unpolitischen*, in denen Thomas Mann vehement die deutsche konservative Kultur gegen den progressiven westlichen Zivilisationsliteraten (seinen Bruder Heinrich) verteidigt hatte, tritt Mann für eine eigenartige Synthese ein, die Hölderlin mit Marx ins Gespräch bringen soll: «Unserem Sozialismus, dessen geistiges Leben sich allzulange in einem inferioren Wirtschaftsmaterialismus erschöpft hat, ist nichts notwendiger, als Anschluß zu finden an jenes höhere Deutschland [sic!], das immer ‹das Land der Griechen mit der Seele gesucht› hat.» Eine eigentliche nationale Partei werde ihrer «nationalen Aufgabe erst gewachsen sein, wenn Karl Marx den Friedrich Hölderlin gelesen hat, eine Begegnung, die übrigens im Begriffe scheint, sich zu vollziehen».[31] Noch 1975 kommt der Neokonservative Gerd-Klaus Kaltenbrunner auf einen ähnlichen Synthesevorschlag, diesmal von Marx und Novalis.[32]

Die Begegnung von Marx und Hölderlin, die sich Thomas Mann als gegenseitige Ergänzung im Bewußtsein deutscher Leser gewünscht hat, Peter Weiss bringt sie 1971 in seinem Theaterstück *Hölderlin* auf der Bühne zustande. Er läßt, beeindruckt durch Pierre Bertaux' *Hölderlin und die Französische Revolution*, den jungen Redakteur der *Rheinischen Zeitung* Karl Marx zu dem von ihm bewunderten Dichter nach Tübingen reisen, um ihm zu erklären, daß es «zwei Wege [...] zur Verbreitung grundlegender Veränderungen» gibt, wobei der eine in der «Analyse der konkreten historischen Situation» besteht, womit offenbar sein eigener gemeint ist, der andere in der «visionären Formung tiefster persönlicher Erfahrung». Das war der Weg Hölderlins. Ein «halbes Jahrhundert zuvor» habe er «die Umwälzung nicht als wissenschaftlich begründete Notwendigkeit, sondern [nur] als mythologische Ahnung beschrieben», das sei nicht sein Fehler gewesen. Schließlich klagt Marx, er habe in der Cottaschen Ausgabe der Werke Hölderlins vergeblich nach einem Schauspiel gesucht, «das, wie mir berichtet wurde, einen bewaffneten Aufstand zum Thema hat». Etwas verwirrt, aber doch zur Sache erwähnt daraufhin Hölderlin, das könne der Aufstand des Spartacus gewesen sein oder der Babeufs, «dem ich nah stand im Bund der Gleichen». Peter Weiss nennt in seiner Biographie zum Stück neben Bertaux übrigens auch die 1953 abermals von Siegfried Landshut in einem kleinen Bändchen zugänglich gemachten *Frühschriften* von Marx. In ihnen ist Marx gar nicht so weit von einer mythischen Vorwegnahme der erhofften emanzipierten

Menschheit entfernt. Marx und Hölderlin werden so von beiden Seiten her einander nähergebracht.[33]

Es ist wohl kein Zufall, daß drei – im übrigen ganz unterschiedliche – deutsche Autoren das Bedürfnis empfanden, die Theorie von Marx durch Hinweise auf typisch deutsche, romantische Dichter – wie Hölderlin, Eichendorff und Novalis – zu ergänzen oder zu korrigieren. Nachdem die philosophischen Frühwerke von Marx bis hin zu den *Grundrissen der Kritik der politischen Ökonomie* veröffentlicht und rezipiert worden waren, konnte man das Denken von Marx selbst mit den Gedankengängen der klassischen deutschen Philosophie und Literatur verbinden. Das Konzept der Entfremdung und ihrer Überwindung war schon bei Schiller, bei Hegel und Fichte vorhanden. Die Intention des revolutionären Theoretikers Marx konnte sehr wohl als Fortsetzung dieser – zunächst theoretisch bleibenden – Bemühungen angesehen werden. In dieser Hinsicht unterscheidet sich die Marx-Rezeption in Deutschland in den Jahren seit 1918 (Bloch, *Geist der Utopie*) und vor allem nach 1945 ganz entschieden von der französischer, britischer und amerikanischer Autoren – soweit diese nicht von deutschen Philosophen beeinflußt sind. In Frankreich waren Lucien Goldman, Maurice Merleau-Ponty, Jean-Paul Sartre und Henri Lefèbvre in diesem Sinne «untypisch» für französische Marxisten. Unter den Parteimarxisten nahmen lange Zeit bekannte Naturwissenschaftler eine führende Rolle ein – unter ihnen Frédéric Joliot-Curie, Jean Langevin und Marcel Prenant.

In scharfer Reaktion auf den von ihm abgelehnten Hegel-Marxismus und einen marxistischen Humanismus hat Louis Althusser zwischen dem frühen, noch von der klassischen deutschen Philosophie beeinflußten Marx und dem «reifen» «wissenschaftlichen» Autor des *Kapital* einen «epistemologischen Bruch» konstatiert. Während Marx in seiner *Kritik der Hegelschen Rechtsphilosophie, Einleitung* den «gründlichen Deutschen» trotz ihrer politischen und sozialen Rückständigkeit eine herausragende Stellung für die künftige «menschliche Emanzipation» zugeschrieben hatte, hebt Althusser gerade anhand dieses Textes die hoffnungslose ideologische Befangenheit deutschen Denkens hervor, eine Befangenheit, von der auch Marx selbst sich erst mühsam befreien mußte, bevor er (etwa 1859) zum genuinen Wissenschaftler werden konnte. «Diese Unfähigkeit», betont Althusser, «hat die deutschen Intellektuellen dazu gezwungen, nur zu denken, was andere Völker getan haben und zwar so, daß ihr Denken die Gestalt der Hoffung, der Nostalgie und der Idealisierung der Aspirationen ihres kleinbürgerlichen Milieus der Beamten, Professoren und Schriftsteller spiegelte.»[34]

Erst nachdem sich Marx von dieser deutschen Erblast befreit hatte, konnte er – mit Hilfe seiner, von der Hegelschen radikal unterschiedenen dialektischen Methode – die eigentümliche Struktur der Wirtschaft «entdecken» und die zu ihr gehörenden strukturellen Bewegegungsgesetze erfassen. In dieser Entdeckung bestand «die immense theoretische Revolution von Marx».[35]

Da Althusser die eigentliche Leistung von Marx in dieser rein wissenschaftlichen «Entdeckung» der Struktur der Wirtschaft wie der Geschichte erblickte, sah er sich genötigt, als Ergänzung die Notwendigkeit einer spezifischen sozialistischen Ideologie zu postulieren.

Man kann sich keinen größeren Gegensatz zwischen der Marx-Auffassung Althussers und den Marx-Interpretationen bei – im übrigen durchaus unterschiedlichen – deutschen Autoren wie Ernst Bloch, Max Horkheimer, Theodor W. Adorno und Jürgen Habermas vorstellen.

Im kalifornischen Exil entwickeln Max Horkheimer und Theodor W. Adorno ihre – sowohl den Kapitalismus und seine «Kulturindustrie» als auch den Sowjetmarxismus ablehnende – «Kritische Theorie», in der Grundgedanken von Marx mit Einsichten der Psychoanalyse und radikalen kulturkritischen Erkenntnissen Nietzsches zusammenfließen. Nietzsches barbarische Ideen werden durch dessen Isoliertheit von einer vorwärtsdrängenden revolutionären Bewegung erklärt und gleichsam entschuldigt. Als später die Hoffnung auf eine gelingende Emanzipation schwindet, überwiegt namentlich bei Theodor W. Adorno die Resignation.

Schon 1921 veröffentlichte Hans Freyer seine Habilitationsschrift *Die Bewertung der Wirtschaft im philosophischen Denken des 19. Jahrhunderts*, in der Marx das Verdienst zugeschrieben wird, «die französische Philosophie des Elends zur deutschen Philosophie des Proletariats»[36] entwickelt zu haben. Zehn Jahre später stellt Freyer jedoch fest, daß Marx durch die Heraufkunft des Sozialstaates veraltet sei und nunmehr eine «neue revolutionäre Front» entstehe, in der das «Volk Gegenspieler der industriellen Gesellschaft» ist.[37] Damit glaubte Freyer der Hitlerbewegung eine geschichtsphilosophische Basis geliefert zu haben.

IV.

In den bis 1990 geteilten Gebieten Deutschlands entwickelte sich die Vergegenwärtigung der Theorie von Marx höchst unterschiedlich. Während die sowjetische Besatzungsmacht und die SED Marx nur in der offiziellen Verbindung mit Engels, Lenin und (bis 1956) Stalin gelten ließen und das Studium der offiziellen Texte fast allen zur Pflicht machten, wurde Marx im Westen lange Zeit kaum zur Kenntnis genommen. Eine Ausnahme bildete zunächst die von den Evangelischen Akademien 1952 ins Leben gerufene «Marxismuskommission», die aufgrund einer Anregung des Weltkirchenrates sich intensiv mit Marx und den Marxismen auseinandersetzte. Entsprechend der geisteswissenschaftlich dominanten Zusammensetzung dieses Gremiums spielten die Herkunft des Marxschen Denkens von Hegel, seine Auseinandersetzung mit dem Christentum und seine Kritik an der Entfremdung der menschlichen Arbeit in den zwischen 1952 und 1968 veröffentlichten sechs Bänden der *Marxismusstudien* die Hauptrolle. Die Tatsache, daß erst jetzt die *Pariser Manuskripte* über *Nationalökonomie und Philosophie* aus dem Jahr 1844

«Wir bauen Deutschlands Zukunft»

rezipiert werden konnten, trug ebenso zu dieser Orientierung bei wie die Erkenntnis, daß sich der sowjetische Marxismus seit Lenin denkbar weit von diesen Ursprüngen entfernt hatte. Entsprechend scharf waren dann auch die Polemiken, die in der DDR und in der Sowjetunion erschienen und die in der Marxismuskommission eine «Agentur des Kalten Krieges» sahen. Die Tatsache, daß z. B. Helmut Gollwitzer in Band 4 der *Studien (Die marxistische Religionskritik und der christliche Glaube)* Marx weithin Gerechtigkeit widerfahren ließ und kirchliche Selbstkritik gefordert hatte, wurde kaum gewürdigt. Im Gegensatz zu solchen Studien zogen konservative Politiker wie Helmut Kohl noch 1993 – obendrein mit dem üblichen Zitatfehler – die Marxsche Religionskritik als Wahlkampfmunition gegen die – längst nicht mehr von Marx dominierte – SPD heran: «Für Karl Marx war die Religion nur ein Instrument der Mächtigen: die diene, so meinte er, lediglich dazu, Menschen in Armut und Elend auf eine jenseitige Glückseligkeit zu vertrösten [...]. Religion ist eben nicht ‹Opium für das Volk›, wie es Marxisten immer behauptet haben [...].»[38]

In diametralem Gegensatz hierzu hat Ernst Bloch, dessen *Geist der Utopie* zwar schon 1918 erschienen war, der aber erst nach 1945 in Ost und West zu breiter Wirkung kam und sein Hauptwerk *Das Prinzip Hoffnung* (3 Bde., 1956–1959) veröffentlichen konnte, die Marxsche Philosophie als die Vollendung einer Entwicklung gedeutet, die bei den alten israelitischen Propheten einsetzt und über die christliche Eschatologie und die Ketzerbewegungen des Mittelalters bis zu Lenin verläuft. In seinem Buch *Atheismus und Christentum* (1968) bringt er Marx mit dem ersten Johannesbrief (3,2) zusammen. «Marx sagte: ‹Radikal sein heißt die Dinge an der Wurzel fassen. Die Wurzel aller (sc. gesellschaftlichen) Dinge aber ist der Mensch.› Der erste Johannesbrief wiederum sagte, die Wurzel Mensch nicht als Ursache von etwas, sondern als Bestimmung zu etwas nehmend: ‹Und ist noch nicht erschienen, was wir sein werden. Wir wissen aber, wenn er erscheinen wird, daß wir ihm gleich sein werden; denn wir werden ihn sehen, wie er ist [...]. Das Er hier, mit dessen künftiger Identität der Mensch in seiner Zukunft gleich sein soll, bezieht sich zwar an dieser Stelle auf den sogenannten Vater im Himmel, doch gemeint ist, kraft seiner Wesensgleichheit, der Menschensohn – als unsere wahre, erst am Ende der Geschichte erscheinende Radikalisierung, Identifizierung. Hätten diese beiden Textstellen einander gelesen oder hätten sie einmal wechselseitig ein Treffen, dann fiele auch auf das Realproblem der Entfremdung in allem und ihrer möglichen Aufhebung ein gleichzeitig detektivisches wie utopisches Licht [...].»[39] Blochs Hoffnungsphilosophie hat einen zentralen Gedanken des frühen Marx für evangelische wie katholische Theologen attraktiv werden lassen. Johann Baptist Metz und Jürgen Moltmann haben sich kreativ mit Bloch auseinandergesetzt.[40] Nichts zeigt deutlicher als diese Marx-Rezeption bei Theologen den Gegensatz zur Marx-Dogmatik in der ehemaligen DDR, aber auch zum positivistischen Wissenschaftskonzept.

V.

In der Politik der alten Bundesrepublik spielte das Denken von Marx nur eine bescheidene Rolle. Abgesehen von den kommunistischen Parteien KPD (bis 1956) und DKP wurde die kritische Theorie von Marx kaum noch zur Orientierung herangezogen. Nachdem Marx und Marxismus schon seit einiger Zeit kaum noch eine Rolle in der SPD gespielt hatten, formulierte Erich Ollenhauer auf dem Godesberger Parteitag 1959, «es sei gleichgültig, ob jemand durch die Methode marxistischer Wirtschaftsanalyse, ob aus philosophischen oder ethischen Gründen oder aus dem Geist der Bergpredigt Sozialdemokrat geworden sei».[41] In dem gedruckten Godesberger Programm taucht Marx dann gar nicht mehr auf. Herbert Wehner, der vom Kommunismus enttäuscht und verraten worden war, wies auf seine «bitteren Erfahrungen aus der Zeit der Weimarer Republik» hin und trat auf dem Parteitag entschieden für die Abkehr von dogmatischem marxistischen Denken ein.

Zwischen 1967 und 1977 kam es vorübergehend namentlich unter den bundesdeutschen Studenten noch einmal zu einer revolutionären sozialistischen und antiimperialistischen Rebellion, in deren Zusammenhang zwar auch *Kapital*-Seminare veranstaltet wurden, für die aber die Helden der Dritten Welt Che Guevara und Ho Tschi Min und zuletzt auch Mao Tse Tung angesichts seiner idealistischen «Kulturrevolution» wichtiger waren als der «alte Marx».

Im Gegensatz zur liberaldemokratisch orientierten Politik in der Bundesrepublik dominierte in der sowjetischen Besatzungszone und der DDR von vornherein der dogmatisch zum Marxismus-Leninismus zusammengefaßte Marxismus. Die meisten Einzelschriften von Marx wurden in großen Auflagen zu Niedrigpreisen den Bürgerinnen und Bürgern nahegebracht. Die *Ökonomisch-philosophischen Manuskripte* aus dem Marxschen Nachlaß, die im Westen soviel Aufmerksamkeit erregt hatten, wurden allerdings in der DDR erst 1968 in einem Ergänzungsband zur 39bändigen Ausgabe der Werke von Marx und Engels zugänglich gemacht. Die den Staat und seine kulturellen und erzieherischen Einrichtungen beherrschende Monopolpartei sorgte dafür, daß nur die zum offiziellen Kanon gehörenden Schriften von Marx in populären Ausgaben verbreitet wurden.

Der jungen Generation wurde vom Kindergarten bis zum Universitätsstudium die verbindliche Lehre nahegebracht. So lernten z. B. die Schüler der 5. Klasse, was für ein «unermüdlicher Leser» Marx war, der für das *Kapital* nicht weniger als 1500 wissenschaftliche Werke gelesen und Konspekte dazu angefertigt hatte.[42] Das Geschichtsbuch für die 8. Klasse enthielt die Geschichte der Arbeiterbewegung bis zu ihrem krönenden Abschluß in der Leninschen Partei neuen Typs und deren Enkel, der SED.[43] Zur Jugendweihe, die weithin erfolgreich die Konfirmation verdrängt hatte, erhielten die Jugendlichen den Band *Vom Sinn unseres Lebens* und erfuhren, daß erst Marx und seine Schüler diesen Sinn eindeutig erfaßt hatten.[44] An der Universität und in der Schulung der Soldaten der Nationalen Volksarmee wurde die Belehrung im gleichen Sinn fortgesetzt. Niemand konnte dem allgegenwärtigen Einfluß des Marxismus-Leninismus entgehen. Wenn dennoch während des Aufstandes vom 17. Juni 1953 in Leipzig Bilder und Plastiken von Marx im Unterschied zu solchen von Lenin, Stalin und Ulbricht unbeschädigt blieben, läßt das auf ein gewisses Unterscheidungsvermögen schließen. Als aber die DDR 1990 untergegangen war, wollten die meisten ehemaligen DDR-Bürgerinnen und Bürger auch von Marx nichts mehr wissen; trotzdem blieben in den meisten Städten die Karl-Marx-Straßen, Alleen und Plätze erhalten.

1983 wurde der 100. Todestag von Karl Marx noch einmal opulent gefeiert. Neben Kongressen und Theateraufführungen wurden im *Neuen Deutschland* sogar Gedichte auf Marx von Louis Fürnberg und Hanns Cibulka veröffentlicht[45] und in Berlin, Magdeburg, Karl-Marx-Stadt und Leipzig eine große Ausstellung «Karl Marx – Künstler Bekenntnisse» veranstaltet. Neben zahlreichen Illustrationen zur Geschichte der Arbeiterbewegung wie des «antiim-

Marx-Engels-Denkmal, Berlin 1991 (Vorder- und Rückseite)

perialistischen Kampfes» waren in dieser Ausstellung 44 Marx-Porträts – allein oder mit Engels und den Töchtern – zu sehen – in Gips, Kunststein, Marmor, Bronze und auf dem Papier.[46]

Ein Text von Bertolt Brecht, der aus seinem dänischen Exil stammen dürfte, paßt noch recht gut auf die hagiographischen Porträts, die in der DDR entstanden. Das «Ministerium für Kultur der DDR» hat aus diesem Text allerdings nur die wenigen harmlosen Worte zitiert, die sich auf Marx-Porträts «auf den besseren Daguerrebildern» beziehen und ihn in seiner «Gelassenheit und Einfachheit» präsentieren. Der vollständige Wortlaut enthält aber genügend Formulierungen, die noch immer als treffende Kritiken an DDR-Darstellungen gelten können. Kein Wunder, daß sie der ministeriellen Zensur zum Opfer gefallen sind: «Man sollte sich endlich freimachen von dem unserer Zeit nicht liegenden Ton der Marx-Beschreibungen, die eigentümlich hartnäckig im Stil gehalten sind, der das zweite Drittel des 19. Jahrhunderts kennzeichnete [...]. Zum Teufel mit diesen prächtigen Kerlen, wackeren Kumpanen, echten Kämpfernaturen! Genug von der Löwenbrust oder Löwenmähne [...]. Der Marx der üblichen Abbildungen könnte ein Buch ... nicht anders als mit ausgestreckten Händen vor sich halten [...]. An das Rauchen einer Zigarre – und auch davon hat er genügend konsumiert – ist bei diesem Gipsguß nicht zu denken: Man stecke nur einer [solchen Büste] eine Importe ins Gesicht, eine wahre Tempelschändung.»[47]

VI.

Die Marx-Erinnerungsorte in den neuen Bundesländern und in den alten sehen recht verschieden aus. Kaum zu glauben, daß es sich um die gleiche Person handelt. Im Westen ein interessanter, zum Nachdenken anregender, aber für die aktuelle Politik kaum noch brauchbarer Philosoph, im Osten der durch Argumente noch zu entlastende Mitverantwortliche für 45 Jahre staatliche Bevormundung und – wenn auch ziemlich gleichmäßig verteilte – Armut. Im Westen so große Distanz zur historischen Gestalt, daß man ihre Stärken und Schwächen gelassen zur Kenntnis nehmen kann, im Osten eher Mißtrauen und «Nichts-mehr-von-ihm-hören-wollen». Zur gleichen Zeit kommt aus England eine ungemein sympathische Biographie und die Nachricht zu uns, daß im Oktober 1997 der *New Yorker* Marx eine Sonderausgabe gewidmet hat, in der er als der «nächste große Denker» herausgestellt wird.[48] Sollten wir uns aus diesem Grunde doch noch etwas mehr an Marx erinnern? Dürften wir gar stolz auf ihn – den Deutschen – sein?

Wolfgang J. Mommsen

Die Paulskirche

Die Paulskirche war 1789 (im Jahr des Beginns der Französischen Revolution) an Stelle der 1787 abgebrochenen spätmittelalterlichen Barfüßerkirche errichtet worden, in der bereits 1529 die ersten evangelischen Gottesdienste in Frankfurt abgehalten worden waren. Allerdings zog sich die Fertigstellung des Baus bis in die dreißiger Jahre des 19. Jahrhunderts hin. Die äußere Gestaltung dieses leicht elliptischen Zentralbaus mit seinen schlichten, aus Rotsandsteinquadern gefügten Außenmauern und einem vor die Rotunde gesetzten vierstufigen quadratischen Turm mit einer verhaltenen architektonischen Gliederung war frühklassizistisch; die Vielgestaltigkeit der Details verriet eine an Wechselfällen reiche Baugeschichte. Im Innern umlief eine von ionischen Säulen getragene Empore den ganzen Bau, nach Art evangelischer Stadtpfarrkirchen. Die Paulskirche stand also auf historischem Grund, zumal die alte Kaiserstadt Frankfurt ein Vorort des Heiligen Römischen Reiches und seit dem Wiener Kongreß Sitz des Deutschen Bundestages gewesen war. Insofern machte es Sinn, daß die Paulskirche als Tagungsort des deutschen Parlaments gewählt worden war. In der Folge wurde sie zum Symbol der Bemühungen der Deutschen in der Revolution von 1848/49, sich eine neue freiheitliche Verfassungsordnung zu geben und alle Deutschen in einem gemeinsamen Nationalstaat zu vereinen.

1944 versank die Paulskirche als Folge eines alliierten Luftangriffs in Schutt und Asche; nur die Außenmauern blieben erhalten. Nach dem Krieg ging man an den Wiederaufbau, nicht zuletzt, weil sich damit die Hoffnung verband, daß Frankfurt die Hauptstadt des wieder erstehenden deutschen Staates werden würde. Entgegen dem Willen der Denkmalpflege entschloß man sich, den Bau, «ein riesiges Rund aus nackten, ausgeglühten Steinen von einer beinahe römischen Gewaltsamkeit»,[1] in der monumentalen Gestalt wieder aufzubauen, welche die Mauern der Ruine ausstrahlten, als ein Symbol vergangenen Unheils und künftiger Größe. Die Emporen, die in der Geschichte der Nationalversammlung eine besondere Rolle gespielt hatten, wurden leider nicht wiederhergestellt, und im Innern wurde auf jegliche Dekoration verzichtet. Die Kühle der steinernen Wände verlieh der Paulskirche einen archaischen, ja nahezu düsteren Charakter. Eine schlichte granitene Rednertribüne gab dem Innenraum ein Air der Feierlichkeit und Würde.

I.

Am 18. Mai 1848 begaben sich 384 Abgeordnete der deutschen Nationalversammlung unter Vorantragen schwarzrotgoldener Fahnen vom Kaisersaal des Römers in feierlichem Zuge über den Römerberg zur Paulskirche. Sie zogen durch ein Spalier von salutierenden Angehörigen der Frankfurter Stadtwehr, unter dem begeisterten Beifall der Bevölkerung. «Der laute Vivatruf des Volkes mischte sich mit dem der Stadtwehr, aus allen Fenstern wurden Tücher geschwenkt, und große schwarz-roth-goldne Fahnen wehten zur Feier des Tages aus den meisten Häusern der Stadt.»[2] Es war dies aus der Sicht der Zeitgenossen ein Jubeltag, ja der Höhepunkt der revolutionären Ereignisse der vorangegangenen Wochen und Monate seit den Märztagen 1848, in denen sich in weiten Teilen Deutschlands die Bevölkerung spontan gegen die traditionellen Gewalten erhoben hatte, um für weitreichende politische Reformen und die Wiederherstellung der Einheit aller Deutschen einzutreten. Aller Augen richteten sich in diesen Tagen und Wochen auf die deutsche Nationalversammlung, die dazu berufen schien, die Ergebnisse der revolutionären Bewegungen der vergangenen Monate aufzunehmen und der deutschen Staatenwelt eine neue, freiheitliche Ordnung zu geben. Zugestandenermaßen war es nur ein Bruchteil der insgesamt 850 Abgeordneten, die nach den Vorgaben des Bundesrates und dank der Vorarbeit des Vorparlaments in den deutschsprachigen Ländern und Regionen des Deutschen Bundes gewählt worden waren, die sich an diesem denkwürdigen Tag in Frankfurt versammelten. Nur wenige Wochen zuvor war das allgemeine und gleiche Wahlrecht vielerorts noch als Inkarnation der Anarchie angesehen worden; jetzt aber war es das Mittel, um alle Deutschen unterschiedlichen Standes und unterschiedlicher politischer Gesinnung auf ein gemeinsames Ziel zu einigen, nämlich die Einigung der Deutschen in einer freiheitlichen Staatsordnung konstitutionellen Zuschnitts. Namentlich in den Kreisen des gebildeten Bürgertums waren die Hoffnungen, die auf die Nationalversammlung gesetzt wurden, außerordentlich groß. Ein Indiz dafür war, daß im Herbst 1848 eine Reihe von zumeist Leipziger Verlegern der Paulskirche Exemplare ihrer gesamten Buchpublikation zur Verfügung stellte und es ihren Kollegen anheimstellte, das Gleiche zu tun, mit dem Ziel, eine umfassende «Bibliothek der deutschen Reichsversammlung», also eine Art von Nationalbibliothek zu begründen.[3] Die Erwartung war allgemein, daß es der Frankfurter Nationalversammlung gelingen möge, die Einheit Deutschlands auf freiheitlicher Grundlage rasch in die politische Wirklichkeit umzusetzen und damit zugleich die Revolution in eine dauerhafte rechtliche Ordnung zu überführen.

Die Grenzen zwischen den unterschiedlichen politischen Lagern waren in den ersten Wochen der Arbeit der Nationalversammlung durchaus noch fließend, zumal das Wahlverfahren vornehmlich die allgemein bekannten Re-

Verfassungsgebende deutsche Nationalversammlung in der Paulskirche zu Frankfurt/M.

präsentanten des vormärzlichen Honoratiorenliberalismus begünstigt hatte. Aber schon bald formierten sich verschiedene Parteien, die mit dem Zusammentritt der Frankfurter Nationalversammlung sehr unterschiedliche Erwartungen verbanden. Die zahlenmäßig noch relativ schwache bürgerliche Linke, die sich von Anbeginn der Revolution lautstark und publizistisch höchst wirksam zu Wort gemeldet hatte, sah die Frankfurter Nationalversammlung als eine echte Konstituante nach französischem Muster an, die kraft ihrer revolutionären Legitimität ganz Deutschland eine neue demokratische und womöglich gar eine republikanische Ordnung zu geben berufen sei, ohne auf die weiterhin bestehenden deutschen Staaten und deren Parlamente sonderliche Rücksicht zu nehmen. Die große Mehrheit der Abgeordneten, die sich der liberalen Mitte zurechneten, lehnte dies hingegen entschieden ab und verschrieb sich dem Grundsatz der «Vereinbarung» der künftigen Reichsverfassung mit den bestehenden Regierungen; für sie war die Berufung auf das Prinzip der Volkssouveränität, in Anknüpfung an die Traditionen der französischen Revolution, ein rotes Tuch. Sie bestanden darauf, daß die neue Ordnung die bestehenden Verhältnisse, wie man damals sagte, «organisch fortbilden» müsse, in Zusammenarbeit mit den einzelstaatlichen Regierungen und Parlamenten sowie unter Erhaltung der landsmannschaftlichen Struktur des deutschen Volkes. Hermann von Beckerath beispielsweise plädierte dafür, daß bei der Schaffung der künftigen Verfassung des Reiches den besonderen

Eigentümlichkeiten der deutschen Geschichte Rechnung getragen werden müsse. Die Abgeordneten der Nationalversammlung müßten unter Beweis stellen, «daß wir weise Bauleute sind, daß wir das eigentümliche Leben der verschiedenen Stämme Deutschlands und die politischen Formen, die es sich geschaffen, nicht zerstören, vielmehr veredeln wollen, daß wir jedes einzelne Glied als ein berechtigtes, lebensvolles Glied eintreten lassen wollen in den Organismus des großen Ganzen, eines Ganzen, das von den geheiligten Grundlagen der Natur und der Geschichte getragen wird».[4] Für die Rechte hingegen hatte die Nationalversammlung nur einen Beruf, nämlich die Revolution so bald als möglich «zu schließen» und wieder rechtlich geordnete Verhältnisse herzustellen. Der Abgrund der «Anarchie», der sich im März und April 1848 geöffnet zu haben schien, sollte durch eine weise Gesetzgebung in Anlehnung an die überkommene staatliche Ordnung so rasch wie möglich wieder geschlossen werden.

Bereits bei Beginn der Verhandlungen stellte sich das Grundproblem, wie diese beiden entgegengesetzten Strategien, nämlich einerseits der Neugestaltung kraft revolutionärer Legitimität, andererseits der Vereinbarung mit den Fürsten und den Regierungen, miteinander in Einklang gebracht werden könnten. Heinrich von Gagern, der von den Abgeordneten zum Präsidenten der Nationalversammlung gewählt wurde, fand eine Kompromißformel, die diesen Widerspruch nicht auflöste, wohl aber die Bahn für eine konstruktive Politik freizumachen bemüht war. «Wir sollen schaffen eine Verfassung für Deutschland, für das gesammte Reich. Der Beruf und die Vollmacht zu dieser Schaffung, sie liegen in der Souveränität der Nation. Den Beruf und die Vollmacht dieses Verfassungswerk zu schaffen, hat die Schwierigkeit in unsere Hände gelegt, um nicht zu sagen, die Unmöglichkeit, daß es auf anderem Wege zu Stande kommen könnte.» Wohlweislich vermied Gagern es jedoch, der Nationalversammlung als solcher die Rolle eines ausübenden Werkzeugs dieser «Souveränität der Nation» zuzuschreiben, auch wenn er die Paulskirche als «constituirende Versammlung» bezeichnete: «Deutschland will eins sein, ein Reich, regiert vom Willen des Volkes, unter der Mitwirkung aller seiner Gliederungen; diese Mitwirkung auch [bei] den Staatenregierungen zu erwirken» liege «mit in dem Beruf dieser Versammlung».[5]

Angesichts der Tatsache, daß die Mehrzahl der bundesstaatlichen Regierungen keineswegs vollständig auf die Linie einer uneingeschränkt fortschrittlichen Politik eingeschwenkt war, stand die Nationalversammlung vom ersten Tage ihrer Existenz an vor dem nahezu unlösbaren Problem, wie sie zu einer Verständigung mit den Regierungen gelangen und gleichwohl den weitreichenden Forderungen der nationalen Bewegung, deren Speerspitze die radikalen Demokraten bildeten, Genüge leisten könne. Zwar waren die in den ersten Märzwochen 1848 berufenen Märzministerien durchweg darum bemüht, in der inneren Politik der Einzelstaaten liberale Grundsätze zur Geltung zu bringen, und auch die Bundesversammlung war dem Zeitgeist gemäß im liberalen Sinne umgestaltet worden, aber wichtige Schlüsselpositionen der Macht befanden sich immer noch fest in der Hand konservativer Staatsmänner und Militärs. Diese waren zwar bereit, sich ihrerseits ein Stück weit von der Flutwelle nationaler Begeisterung tragen zu lassen, insbesondere in den Fragen der auswärtigen Politik, aber von einer inneren Bejahung der Revolution und ihrer Ziele waren sie weit entfernt. In noch höherem Maße galt dies für die Staatsbeamtenschaft, die keinesfalls auf der Linie der neuen Politik lag und deren Spitzen eigentlich hätten ausgewechselt werden müssen, um eine loyale Umsetzung der Reformgesetze sicherzustellen. Vor allem in der österreichischen Monarchie blieb eigentlich alles beim Alten. Zwar hatten der Kaiser und die Staatsbehörden der revolutionären Bewegung anfänglich ein gutes Stück weit nachgegeben, aber an ihrem Widerstand gegen das Programm der Schaffung eines einheitlichen deutschen Reichsverbandes womöglich gar unter preußischer Führung konnte nur wenig Zweifel bestehen. Gleichviel welche Struktur diesem neuen Gebilde gegeben würde, der österreichische Kaiserstaat stand in der Gefahr, dadurch entweder gesprengt oder doch an den Rand des politischen Geschehens gedrängt zu werden.

In diesem Zusammenhang trat sogleich ein weiteres, nahezu unlösbares Problem zutage, nämlich die Nationalitätenfrage. Hier gerieten zwei Varianten des Nationsbegriffs von vornherein in Konflikt miteinander, das Prinzip der wesentlich von Ethnizität und Sprache definierten homogenen Nation, welche ihrem Handeln das *ius sanguinis* als Ordnungsgedanken zugrunde legte, und das historische Staatsrecht, welches das *ius soli*, nämlich die Zugehörigkeit zu einem bestimmten Staatenverband, in diesem Falle dem deutschen Reich, zum wesentlichen Kriterium der Nationalität erhob. Dies lief unter den gegebenen Verhältnissen auf die Eingliederung von zahlreichen nichtdeutschen Bevölkerungsgruppen in das neu zu schaffende deutsche Reich hinaus. Es ist ein großer Fehler zu glauben, wie dies heute üblich geworden ist, daß das *ius soli* unter allen Umständen die allein fortschrittliche Variante des Nationsverständnisses darstelle. Unter den damaligen Verhältnissen lief das Territorialprinzip vielmehr auf eine antiliberale Lösung hinaus, welche den nichtdeutschen Bevölkerungsgruppen das Selbstbestimmungsrecht verweigert und diese ohne ihre Zustimmung kurzerhand der Mehrheitsnation einverleibt hätte. Im Anfang wurde dieses Problem noch nicht voll erkannt. Die große Mehrheit der Abgeordneten der Paulskirche ging im Hochgefühl des Augenblicks davon aus, daß sich die anderen Nationalitäten innerhalb des cisleithanischen Teils des österreichischen Kaiserstaates, aber auch die Dänen, Polen und Limburger, willig dem neuen deutschen Staate anschließen würden, sofern ihnen nur kulturelle Autonomie gewährt würde. Schon das Vorparlament hatte den wohlmeinenden Versuch unternommen, den Führer der sich gerade eben formierenden tschechischen Nationalbewegung Františec Palacký zur Mitarbeit zu gewinnen, in der naiven Annahme, die legitimen Ansprüche der Tschechen damit zu befriedigen. Gleiches gilt für die Polen in den polnischen Territorien Preußens, die man selbstverständlich dem künftigen deutschen Staate zuschlagen wollte, obschon letztere bekanntlich völkerrechtlich nicht zum Deutschen Bund gehört hatten. Als dann die Polen daran gingen, einen eigenständigen polnischen Nationalstaat zu begründen, ein Bestreben, das bislang auch die deutschen Liberalen sowohl gemäßigter wie radikaler Richtung leidenschaftlich unterstützt hatten, war die Einigkeit dahin. Denn in dem ins Auge gefaßten polnischen Staat, der freilich wenig bescheiden Polen in den Grenzen von 1772 wiederherstellen sollte, lebte ein erheblicher Teil der deutschstämmigen Bevölkerung; diese aber protestierte entschieden gegen ihre drohende Einverleibung in den polnischen Nationalstaat. Infolgedessen entwickelte sich ein scharfer Konflikt zwischen der deutschen und der polnischen Nation, der durch die machtpolitische Entscheidung der preußischen Regierung, den größten Teil der polnischen Gebiete Preußens nun dem Deutschen Bund und damit indirekt auch dem künftigen deutschen Gesamtstaat zuzuschlagen, sowie die Niederwerfung eines polnischen Aufstands in Posen vorläufig entschieden wurde.

Noch offener traten die Nationalitätenkonflikte im Fall Schleswigs und Holsteins hervor. Hier stießen die deutsche Nationalbewegung, welche die Einbeziehung nicht nur Holsteins, sondern auch des mit diesem seit alters her eng verbundenen Schleswig in das Reich forderte, und die dänische Nationalbewegung, welche die Errichtung eines konstitutionell regierten dänischen Nationalstaats unter Einschluß Schleswigs verlangte, frontal aufeinander.

Die allerorten hochschießenden nationalen Bestrebungen vergifteten von Anfang an die politische Atmosphäre. Die Paulskirche geriet infolge des ausbrechenden deutsch-dänischen Krieges in Abhängigkeit von Preußen, dessen Militärmacht unabdingbar schien, um die deutschen Nationalinteressen gegenüber Dänemark zu wahren und gegebenenfalls mit Gewalt durchzusetzen. Es ist der Nationalversammlung positiv anzurechnen, daß sie sich in der Folge bemüht hat, den anderen Nationalitäten innerhalb des künftigen Reiches kulturelle Autonomie zuzusichern. Zu diesem Behuf arbeitete sie einen umfangreichen Katalog von Minderheitenschutzbestimmungen aus, welcher auch heute noch Vorbildcharakter besitzt. Dem steht gegenüber, daß in der Paulskirche nationaldeutsche und vielfach sogar massiv imperialistische Bestrebungen, die sich auf die Vormachtstellung des deutschen Reiches in ganz Mitteleuropa, bis zur Eider im Norden, den Grenzziehungen des Wiener Kongresses im Osten, bis zur Donau im Südosten und bis Triest und dem Trentino im Süden erstreckten, großen Anhang hatten. Ein Umbau des österreichischen Vielvölkerstaates und die Beschränkung des eigenen Herrschaftsanspruches auf die überwiegend deutschsprachigen Territorien wurden von niemandem ernstlich erwogen. Vielmehr war es *communis opinio*, daß das künftige deutsche Reich in die Fußstapfen des österreichischen Kaiserstaates zu treten habe und ihm in Südosteuropa die Rolle einer Vormacht zufallen werde. Mit den gleichen Argumenten wurde die Einbeziehung der überwiegend polnisch besiedelten Territorien in das Reich befürwortet. «Ein großes Volk braucht Raum, um seinen Weltberuf zu erfüllen», so rechtfertigte der Abgeordnete Schuselka die aus diesen territorialen Forderungen resultierenden Ansprüche auf eine künftige deutsche Hegemonialherrschaft über weite Regionen Mitteleuropas.[6]

Die außenpolitischen Verwicklungen, insbesondere der Konflikt mit Dänemark über die Zukunft der Herzogtümer, ließen es als unabdingbar erscheinen, noch vor der Ausarbeitung der Reichsverfassung, als der eigentlichen Aufgabe der Nationalversammlung, eine vorläufige Zentralgewalt zu schaffen, damit man in den außenpolitischen Fragen so schnell wie möglich handlungsfähig sein würde. Jedoch präjudizierte dies die Entscheidungen über die künftige Reichsspitze und ebenso die Gestaltung des Verhältnisses der Reichsgewalt zu den Einzelstaaten; beides aber war unter den Abgeordneten ebenso wie im Lande äußerst umstritten. Die Linke plädierte von Anfang an für eine republikanische Ordnung; für die Mehrheit stand hingegen außer Frage, daß die Rechtsstellung der Fürsten durch die Verfassungsgebung nicht in Frage gestellt werden dürfe. Schließlich wurde auf einen Vorschlag Heinrich von Gagerns hin, den man damals als einen «kühnen Griff» bezeichnete, das Amt eines vorläufigen «Reichsverwesers» geschaffen und dem österreichischen Erzherzog Johann übertragen, der in der Öffentlichkeit ein liberales Image besaß. Auf diese Weise wurden die strittigen Probleme und nicht zuletzt auch die dornige Frage, ob die Reichsspitze am Ende Preußen oder Österreich zufallen solle, vorerst umgangen.

Die Wahl und feierliche Amtseinführung des Erzherzogs Johann als Reichsverweser am 29. Juni 1848 wurden von der großen Mehrheit der Nationalversammlung als ein erster Schritt in Richtung auf die Schaffung der Reichseinheit angesehen. Auch in der breiteren Öffentlichkeit war die Begeisterung groß, nicht zuletzt in den katholischen Gebieten. Die Wahl des Reichsverwesers wurde vielerorts mit Dankgottesdiensten, Paraden der Bürgerwehr und «nationalen Festen» begangen. Freilich bestanden völlig illusorische Vorstellungen über die Machtstellung des Reichsverwesers und seine Möglichkeiten, in den Gang der deutschen und europäischen Politik einzugreifen. Von ihm wurde erwartet, daß er mit einem gleichzeitig gebildeten Reichsministerium unter dem Fürsten von Leiningen vor allem in den drängenden außenpolitischen Fragen die Forderungen der Nationalversammlung wirksam zur Geltung bringen werde. Allerdings klafften hier Erwartungen und Wirklichkeit weit auseinander. Vorderhand waren die Einzelstaaten, vor allem Preußen und Österreich, nicht bereit, die Vorrangstellung der Provisorischen Reichsgewalt anzuerkennen und ihre Truppen symbolisch der Verfügungsgewalt des Reichskriegsministers zu unterstellen. Die Macht des Reichsverwesers und der Reichsregierung stützte sich ausschließlich auf die öffentliche Meinung; ansonsten waren sie auf die Einzelstaaten, insbesondere Preußen angewiesen, die allein über schlagkräftige Truppen und funktionsfähige Beamtenapparate verfügten.

Die deutsche Öffentlichkeit aber blickte gebannt nach Frankfurt. Von der Nationalversammlung wurde allgemein erwartet, daß sie nun auf Reichsebene die eben errungenen Freiheiten der Bürger und die Grundsätze einer konstitutionellen Regierung auch in den Einzelstaaten zur Geltung bringen werde. Ungeachtet der Richtungskämpfe unter den sich formierenden Parteien war das enorme Prestige, welches die Paulskirche in den breiten Schichten der deutschen Bevölkerung genoß, einstweilen ungebrochen, und so konnte man hoffen, daß sie sich, gestützt auf die Macht der öffentlichen Meinung, im Zweifelsfall gegen die einzelstaatlichen Interessen werde durchsetzen können, obschon sie über keinerlei eigenständige Machtmittel verfügte. Die Nationalversammlung in Frankfurt konzentrierte sich in den folgenden Wochen und Monaten zunächst auf die Ausarbeitung der «Grundrechte des deutschen Volkes», in denen die revolutionären Errungenschaften der Märztage festgeschrieben werden sollten. Es handelte sich dabei um weit mehr als die Fixierung der Menschenrechte gemäß dem Vorbild der Amerikanischen Unabhängigkeitserklärung und der französischen Erklärung der Menschen- und Bürgerrechte von 1789. Die «Grundrechte des deutschen Volkes» bezogen sich zunächst auf die Sicherstellung der persönlichen Freiheitsrechte des Bürgers und einer rechtsstaatlichen politischen Ordnung, einschließlich der Gewährleistung von Presse- und Versammlungsfreiheit, außerdem wurden, um behördlicher Willkür im Vollzug des Rechtswesens vorzubauen, die Grundlinien eines liberalen Gerichtsverfahrens vorgeschrieben, einschließlich der Einführung von obligatorischen Schwurgerichten für alle schwereren Delikte und der Abschaffung der Todesstrafe. Auch die Unverletzlichkeit der Wohnung gegenüber Eingriffen der Staatsbehörden wurde festgelegt. Gleichermaßen wurde uneingeschränkte Glaubens- und Gewissensfreiheit festgeschrieben und damit nicht nur den Resten der früheren landeskirchlichen Patrimonialgewalt der Fürsten ein Ende gesetzt, sondern auch die Emanzipation der Juden, die zwar in der deutschen Staatenwelt rechtlich bereits vollzogen, aber tatsächlich noch längst nicht voll durchgesetzt war, definitiv sanktioniert.

Jedoch gingen die «Grundrechte des deutschen Volkes» über die klassischen Freiheitsrechte des Bürgers weit hinaus. Sie stellten eine Art von Minimalverfassung dar, welche zahlreiche, die Verfassungen und die Rechtsordnungen der Einzelstaaten tangierende Fragen der künftigen Staats- und Gesellschaftsordnung einer rechtlichen Normierung unterwarf. Dazu gehörte unter anderem die Einführung eines deutschen Reichsbürgerrechts, anstelle der bisher bestehenden Staatsbürgerrechte der Einzelstaaten, sowie der Freizügigkeit und eines uneingeschränkten Niederlassungsrechts für alle Bürger. Dadurch sollte die Reichseinheit sichergestellt, zugleich aber einer Wirtschaftsverfassung, die frei von Zunftbeschränkungen und staatlicher Willkür sein sollte, freie Bahn geschaffen werden. Unter anderem sahen die «Grundrechte» die Aufhebung aller Standesvorrechte vor. Zwar wurde von der Abschaffung des Adels als solchem abgesehen, aber der Sache nach wurden die Relikte des Feudalsystems beseitigt. Insbesondere wurde die Wahrnehmung staatlicher Funktionen durch die Grundherren einschließlich der Patrimonialgerichtsbarkeit sowie das Jagdrecht auf fremdem Grund und Boden aufgehoben und festgelegt, daß alle an Grund und Boden haftenden Feudallasten gegen eine entsprechende Entschädigung abgelöst werden könnten. Umgekehrt wurde, um weiteren revolutionären Erschütterungen der bestehenden Gesellschaftsordnung entgegenzutreten, die Unverletzlichkeit des Eigentums in aller Form garantiert, mit der zusätzlichen Festlegung, daß eine Enteignung in jedem Falle nur gegen «gerechte Entschädigung» vorgenommen werden dürfe. Dies entsprach den Bestrebungen der großen Mehrheit der Abgeordneten, die «Revolution» definitiv zu beenden und so bald wie möglich zu geordneten rechtlichen Verhältnissen zurückzukehren. Dazu gehört auch, daß die Nationalversammlung davon Abstand nahm, irgendwelche Bestimmungen sozialer Art in den Grundrechtskatalog aufzunehmen, welche die Lage der unterprivilegierten Schichten hätten verbessern können. Hingegen wurde das klassische liberale Postulat der Ermöglichung sozialen Aufstiegs durch Bildung explizit aufgegriffen und verfassungsrechtlich sanktioniert. An die Spitze der einschlägigen Bestimmungen wurde der Satz gestellt: «Wissenschaft und ihre Lehre sind frei», ein Prinzip, das bis heute verpflichtende Gültigkeit besitzt. Daneben standen die Garantie freier staatlicher Schulbildung für jedermann sowie der Anspruch eines jeden Bürgers auf kostenlose Fortbildung an den höheren Bildungseinrichtungen und den Universitäten.

Ungleich bedeutsamer noch war, daß den Einzelstaaten in den «Grundrechten des deutschen Volkes» die Erfüllung der Mindestkriterien einer konstitutionellen Regierungsweise einschließlich der – allerdings nur justizförmig ausgelegten – politischen Verantwortlichkeit der Minister vorgeschrieben wurde. Gleiches galt, in entsprechender, allerdings weniger detailliert fixierter Form, auch für die Gemeinden. Auf diese Weise sollte erreicht werden, daß die verfassungspolitischen Errungenschaften der Revolution auch in den Einzelstaaten entsprechend umgesetzt würden. Insgesamt stellten die «Grundrechte des deutschen Volkes» für sich genommen ein Minimalprogramm politischer und gesellschaftlicher Reformen dar, das, wenn es, wie dies vorgesehen war, von allen Einzelstaaten zu geltendem Recht erhoben worden wäre, eine durchgreifende Liberalisierung und partielle Demokratisierung der deutschen Gesellschaft gewährleistet hätte. Die «Grundrechte» wurden am 27. Dezember 1848 durch Reichsgesetz verkündet und anschließend von einer großen Zahl der deutschen Einzelstaaten als bindendes Recht anerkannt. Allerdings versagten Preußen und Österreich und ihnen folgend dann auch Bayern, Württemberg und Hannover den «Grundrechten» die Anerkennung, ein bedrohliches Symptom der wieder einsetzenden Reaktion. Im Zuge des Wiedererstarkens der traditionellen Gewalten wurden die «Grundrechte» beiseite geschoben; nur im seit 1850 wieder dänisch regierten Holstein blieben sie bis 1852 geltendes Recht. Gleichwohl stellen sie das wichtigste Erbe der Paulskirche für die zukünftigen Generationen dar; sie standen für eine von Grund auf freiheitliche Ordnung in Deutschland.

Im Vordergrund des Bewußtseins der Zeitgenossen – und dies gilt in gewissem Maße auch für die Nachwirkung der Ideen von 1848/49, für welche die Paulskirche jedenfalls für die große Mehrheit der Liberalen eine Symbolfunktion besaß – standen freilich die nationalpolitischen Fragen. In erster Linie sollte die Paulskirche die Einheit der deutschen Nation wiederherstellen. In diesem Zusammenhang gewann der Konflikt mit Dänemark über die politische Zukunft der Herzogtümer eine besondere Bedeutung. In Schleswig und Holstein hatte die Bevölkerung spontan gegen die Bestrebungen der dänischen Krone und mehr noch der dänischen Nationalbewegung, Schleswig von Holstein zu trennen und dem neu zu schaffenden dänischen Gesamtstaat einzuverleiben, zu den Waffen gegriffen; sie wurde dabei von der Bevölkerung in den Territorien des Reiches und von der Frankfurter Nationalversammlung moralisch und in begrenztem Umfang auch materiell unterstützt. Von der preußischen Armee wurde erwartet, dieses nationaldeutsche Ziel mit Waffengewalt durchzusetzen und auf diese Weise zugleich Preußens Ansehen als Vorkämpfer der deutschen Freiheit unter Beweis zu stellen. Allein, die militärischen Operationen verliefen wenig glücklich, und die drohende Intervention der Großmächte, allen voran Großbritanniens und Rußlands, ließ es ratsam erscheinen, diese abzubrechen. Der Abschluß des Waffenstillstands von Malmö am 26. August 1848, der *de facto* den Verlust Schleswigs als Teil des künftigen Reichsverbands besiegelte, wurde von der Nationalversammlung, in Übereinstimmung mit der großen Mehrheit der öffentlichen Meinung, zunächst in einer nationalistischen Aufwallung sondergleichen einhellig abgelehnt, dann aber Mitte September, als sich ernstliche internationale Verwicklungen abzeichneten, notgedrungen doch noch akzeptiert. Damit wurden die Schleswig-Holsteiner in ihrem Freiheitskampf gegen die Dänen allein gelassen, ein Schritt, der weithin als Verrat an den heiligsten Prinzipien der deutschen Nation aufgefaßt wurde und eine Flutwelle von Protesten innerhalb und außerhalb der Nationalversammlung zur Folge hatte.

Am 17. und 18. September 1848 kam es in Frankfurt zu einem von der radikalen Linken geschürten Volksaufstand gegen die Nationalversammlung; diese konnte die Ordnung nur mit Hilfe des Einsatzes von Reichstruppen und preußischen Truppen wiederherstellen. Zu allem Unglück wurden im Zuge der Kämpfe zwei prominente Abgeordnete der extremen Rechten grausam ermordet. Durch diese Vorgänge wurde das gewaltige Ansehen, das die Paulskirche bislang als Vorort der deutschen Nation und Vorkämpferin der Freiheit aller Deutschen genossen hatte, ernstlich beschädigt, sowohl auf der Linken, die ihr mangelnde Durchsetzung der nationaldeutschen Interessen und schmähliche Kollaboration mit den konservativen Gewalten vorwarf,

Das merkwürdige Jahr 1848. — Eine neue Bilderzeitung. — 37stes Bild.

Wüthender Angriff der Republikaner
auf das in der Paulskirche zu Frankfurt versammelte
deutsche National-Parlament, am 18. September 1848.

Was woget und brauset so dumpf heran,
Erfüllt mit Gebrülle die Straßen?
Es ist der Pöbel im tollen Wahn,
Er wüthet über die Maßen.

Warum wogt und braus't er so dumpf heran,
Erfüllt mit Morden die Straßen?
Er will sie morden Mann für Mann,
Die vom Recht sich nicht abbringen lassen.

Wer hat sie getrieben so toll heran,
Zu erfüllen mit Morden die Straßen?
Die Republikaner im irren Wahn,
Sie können die Ruhe nur hassen.

Die Abgeordneten Preußens für die deutsche National-Versammlung hatten sich ermannt, hatten für den Waffenstillstand mit Dänemark, für Ruhe und Frieden in ihrem Lande und in ganz Deutschland, für Gesetz und Ordnung gesprochen und der Fürst Lichnowsky und General v. Auerswald sich besonders ausgezeichnet; und der größte Theil der Versammlung war auf ihre Seite getreten. Das hatte nun die Republikaner, deren Dichten und Trachten nur darauf geht, durch eine allgemeine Revolution alles von Unterst zu Oberst zu kehren, alles Bestehende zu vernichten und sich selbst zur Herrschaft zu bringen, aufs Höchste erbittert. Sie hetzten das Volk in großen Volksversammlungen auf, machten Verschwörungen und beschlossen endlich durch ihre angeworbenen Haufen die National-Versammlung in der Paulskirche aus einander zu jagen und die, welche für die gute Sache gestimmt hatten, umzubringen. Sie setzten dies am 18. September in's Werk. Tobende Haufen umlagerten die Paulskirche und wollten hineindringen, wurden aber durch das Militair vertrieben. Nun vertheilten sie sich in die Straßen, bauen Barrikaden und schießen aus den Fenstern der Häuser. Das Militair wird nun kommandirt, die Barrikaden zu nehmen, die Anführer zu vertreiben. Und sie rücken vor, die Oesterreicher treu, die Hessendarmstädter muthig und gewandt und die Preußen sicher, rasch und ohne Besinnen. Die Barrikaden werden überwältigt, das Feuer aus den Häusern gedämpft. Es war eine Freude, Offiziere und Mannschaft so vieler Stämme wie eine lebendige, muthvolle Mauer für die National-Versammlung des deutschen Reichs in den Tod gehen zu sehen. Das Gefecht entschied sich unaufhörlich zu Gunsten der Truppen. Aus der Umgegend waren schnell 6 — 7000 Mann versammelt. 12 Geschütze mit Kartätschen und Kavallerieangriffe bereiteten dem frevelhaften Aufruhr raschen Untergang. Abends 8 Uhr war der Sieg entschieden.

…iginal u. Eigenthum No. 2108. Neu-Ruppin, zu haben bei Gustav Kühn

«Das merkwürdige Jahr 1848»

wie auf der Rechten, die von Zweifeln befallen wurde, ob sie in der Lage sein werde, die Revolution definitiv zu bändigen. Das außenpolitische Scheitern und die Unfähigkeit, radikale revolutionäre Gewaltaktionen im Innern anders als mit Hilfe der alten Gewalten abzuwenden, ließ nun viele Deutsche an dem Wirken der Paulskirche zweifeln.

Seit dem Spätherbst 1848 wurde die Arbeit der Paulskirche an der Reichsverfassung immer stärker von konterrevolutionären Entwicklungen überschattet. Die Erschießung Robert Blums in Wien am 9. November 1848 wirkte wie ein Fanal, und er wurde namentlich im Südwesten Deutschlands als Märtyrer für die republikanische Sache gefeiert. Der Sieg der Gegenrevolution in Wien und bald darauf in Berlin ließ nichts Gutes erwarten; die erbitterten Auseinandersetzungen über die künftige Gestalt des Reiches, in welchen die Gegensätze zwischen einer «kleindeutsch»-preußischen und einer «großdeutsch»-österreichischen Lösung immer schärfer hervortraten, vollzog sich gleichsam in einem luftleeren Raum. Gleichwohl setzte die Paulskirche mit der Reichsverfassung, die am 28. März 1849 verkündet wurde, neue Maßstäbe für die künftige politische Gestaltung der deutschen Staatenwelt. Die nach langen Kämpfen schließlich vereinbarte sogenannte «kleindeutsche» Lösung der deutschen Frage, die Preußen die Führungsstellung in der deutschen Staatenwelt zuwies, während Österreich außerhalb des Reichsverbandes verblieb, ist für die weitere Entwicklung der deutschen Verhältnisse maßgeblich geworden. Gleiches gilt für die Grundzüge einer föderativen Verfassungsstruktur, welche die Eigenständigkeit der Bundesstaaten uneingeschränkt aufrechterhielt, aber dem Reich mit dem auf dem allgemeinen, gleichen, direkten und geheimen Wahlrecht beruhenden Reichstag eine starke einigende Klammer zu geben suchte. Auch Bismarck hielt es späterhin für angezeigt, in Verfolgung seiner Reichseinigungspolitik in diesen Punkten an die Paulskirchenverfassung anzuknüpfen, obschon sich die Reichsverfassung von 1870 ansonsten in einem weit konservativeren Fahrwasser bewegte.

Mit dem Abschluß der Verfassungsberatungen am 28. März 1849 erreichte das Ansehen der Paulskirche einen neuen Höhepunkt, dem dann nur wenige Tage später mit der Zurückweisung der Kaiserwürde durch den preußischen Monarchen Friedrich Wilhelm IV. ein schwerer Rückschlag folgte, der, wie sich bald zeigen sollte, das Schicksal des Verfassungswerks der Paulskirche besiegelte. Nur wenig später setzte ein Erosionsprozeß der Nationalversammlung ein, besiegelt durch die Zurückziehung der österreichischen und preußischen Abgeordneten aus Frankfurt Mitte Mai 1849. Viele Abgeordnete des gemäßigten Lagers, allen voran Heinrich von Gagern, hielten es nunmehr für aussichtslos, gegen den erklärten Willen der wiedererstarkten konservativen Gewalten weiter für die Reichsverfassung zu kämpfen. Die an Zahl stark geschrumpften Abgeordneten der Paulskirche appellierten zwar an die öffentliche Meinung zur Rettung der Reichsverfassung, aber ein formelles Bündnis mit den breiten Schichten der Bevölkerung wollten sie nicht eingehen, aus Furcht, daß dies die revolutionäre Bewegung erneut anfachen könnte, mit unabsehbaren Konsequenzen.

Schon seit geraumer Zeit hatte sich der Schwerpunkt der revolutionären Auseinandersetzungen in die Länder und Regionen verlagert; dort, nicht in der Paulskirche, wurde der Kampf der reformwilligen Kräfte mit der Konterrevolution in erster Linie ausgetragen. Namentlich im Südwesten hatte die Linke in den vergangenen Monaten erneut versucht, die Revolution über die gemäßigten Positionen hinauszutreiben, welche die Paulskirche ihrem Verfassungsentwurf zugrunde gelegt hatte, ohne doch damit durchzudringen. Jetzt, im Augenblick der Ablehnung des Verfassungswerks der Paulskirche durch Preußen und Österreich, und ihnen folgend durch Bayern, Sachsen und Hannover, setzte erneut eine breite Volksbewegung ein, welche die Anerkennung der Reichsverfassung durch die Einzelstaaten mit friedlichen Mitteln und, wenn notwendig, gegebenenfalls mit Gewalt durchsetzen wollte. Nun zeigte sich, daß die Paulskirche, fern aller Detailfragen, welche die scharfe Kritik gerade der Linken gefunden hatten, immer noch das Symbol der Erneuerung Deutschlands darstellte, für das nun Tausende erneut auf die Straße gingen. In den zahlreichen Volksvereinen, die sich allerorten gebildet hatten und die über eine beträchtliche Mitgliederzahl verfügten, sowie den sogenannten «Märzvereinen» hatte diese Bewegung eine beachtliche organisatorische Basis in der Bevölkerung, die freilich zu schwach war, um die konservativen Kräfte, die ihrerseits Teile der Unterschichten und des Großbürgertums für sich hatten gewinnen können, aus ihren Positionen verdrängen zu können. Die sogenannte «Reichsverfassungskampagne» war der Sache nach weit mehr als nur eine Summe von Protestaktionen; sie war eigentlich eine Zweite Revolution, die jedoch in ihren ersten Anfängen steckenblieb, weil die Regierungen sich nunmehr ihrer Sache sicher waren und Massenaktionen ebenso wie die Mehrheitsvoten der Parlamente nicht mehr zu fürchten hatten. Nach Anfangserfolgen, wie der Anerkennung der Reichsverfassung durch Hannover und Württemberg, zeigte sich, daß mit dem Druck der öffentlichen Meinung allein nichts erreicht werden konnte.

Die Volksbewegung zwecks Anerkennung der Reichsverfassung begann bereits Anfang Mai 1849 mit einem Aufstand und der Einsetzung einer Revolutionsregierung in Dresden; sie erfaßte dann weite Regionen des Rheinlands und Westfalens sowie Badens, Württembergs und der Pfalz. Sie erreichte ihren Höhepunkt Mitte Mai 1849 mit der Bildung einer Revolutionsregierung in Baden, die auf die loyale Unterstützung der Beamtenschaft wie des Militärs zählen konnte und insofern fest im Sattel saß. Auch die Bundesfestung Rastatt ging am 12. Mai in das Lager der Verteidiger der Reichsverfassung über.

Angesichts der geographischen Zersplitterung und der fehlenden Koordinierung der Aufstandsbewegungen besaß die Reichsverfassungsbewegung, zumal sie anfänglich vor jeglicher offensiver Gewaltanwendung zurückschreckte, jedoch auf Dauer keine Erfolgschancen. Am Ende warf die preußische Armee Schritt für Schritt die Insurrektionen nieder. Das Ende kam mit der Niederwerfung der badischen Aufstandsbewegung und der Kapitulation der Reste der revolutionären Volksarmee in der Bundesfestung Rastatt am 23. Juni 1849, der ein blutiges Standgericht folgte. Dies soll hier nicht im einzelnen verfolgt werden. Eigentlich gebührt der Festung Rastatt, in der heute eine von Gustav Heinemann ins Leben gerufene Gedenkstätte die Erinnerung an die Freiheitsbewegungen in der deutschen Geschichte wachhält, die im Opfertod zahlreicher Verteidiger der Reichsverfassung in der Festung Rastatt im Juli 1849 kulminierten, ebenso der Ehrentitel eines Erinnerungsortes der deutschen Revolution von 1848/49 wie die Frankfurter Paulskirche und das Denkmal der Märzgefallenen im Friedrichshain in Berlin. Schon einen Monat zuvor, am 18. Juni 1849, war das nach Stuttgart geflüchtete Rumpfparlament der Paulskirche von württembergischen Truppen mit Waffengewalt auseinandergetrieben worden.

II.

Eine nüchterne Bilanzierung des Traditionswertes der Frankfurter Nationalversammlung von 1848/49 ergibt ein zwiespältiges Ergebnis. Dieter Langewiesche kommt zu dem Schluß, daß die Revolution von 1848/49 und mit ihr das Werk der Paulskirche eigentlich eher als «eine Chiffre für verpaßte Möglichkeiten auf dem Weg in die Moderne» anzusehen sei denn als Anfangspunkt einer neuen demokratischen Entwicklung. In der Tat haben die Paulskirche und die Revolution von 1848/49 keine einheitliche Erinnerungstradition begründet: ganz im Gegenteil, die Erinnerung an sie wurde, soweit sie nicht von den obrigkeitlichen Mächten von vornherein unterdrückt wurde, zum Objekt eines zunehmend erbitterten Parteienstreits.

Dies gilt bereits für die Revolutionsperiode selbst. Denn die Frankfurter Nationalversammlung stand nur für einen Teil der revolutionären Bewegungen der Revolutionszeit, und schon gar nicht für die Kräfte, welche die Revolution in ihren Anfängen angeschoben und durch Protestaktionen großen Umfangs, die insbesondere in Berlin und Wien in aktive Kampfhandlungen übergingen, signifikante Änderungen im politischen und gesellschaftlichen Raum erzwungen hatten. Auch die Massenbewegungen auf der Straße und die dramatischen Aktionen der Bauern in der Anlaufphase der Revolution gegen die traditionellen Feudalherren werden davon nicht abgedeckt. Insoweit ist die Wahl der Paulskirche als des dominanten Erinnerungsorts der deutschen Revolution von 1848/49 nicht unproblematisch, wie überhaupt die Zerrissenheit und die mannigfach unterbrochene Kontinuität der neueren deutschen Geschichte dem Versuch im Wege stehen, ein eindeutiges und allseits akzeptiertes Symbol der Revolution von 1848/49 zu finden. Ein nicht unbeträchtlicher Teil der Linken lehnte die Paulskirche wegen ihrer angeblich allzu großen Nachgiebigkeit gegenüber den etablierten Mächten von Anbeginn ab. Noch nach dem Scheitern des ersten badischen Aufstandes richtete Gustav von Struve aus dem amerikanischen Exil ein eindringliches Sendschreiben an die Abgeordneten der Paulskirche, in dem vor jeglicher Anbiederung an die traditionellen Gewalten gewarnt und ein radikaler Umbau der deutschen Verhältnisse gemäß dem Vorbild der Verfassung der Vereinigten

Staaten als die einzig realistische Lösung propagiert wurde. Er fand damit bei den Abgeordneten der Paulskirche keine nennenswerte Resonanz, während die Stimmung im Lande, namentlich der Unterschichten, weiterhin in diese Richtung tendierte. Die Auseinandersetzungen mit den traditionellen Gewalten, die seit dem Herbst 1848 wieder aus ihrer bis dahin rein defensiven Haltung hervorkamen, wurden nun nicht mehr in Frankfurt, sondern in den Parlamenten bzw. Konstituierenden Versammlungen der Einzelstaaten, insbesondere Preußens geführt. Davon abgesehen war die Hauptlast der revolutionären Kämpfe in den Hauptstädten der Einzelstaaten, einschließlich Wiens, von den Unterschichten unter Einschluß der zahlenmäßig noch kleinen industriellen Arbeiterschaft getragen worden. Die Paulskirche, so wird man festhalten müssen, repräsentierte überwiegend die politische Haltung des liberalen Bürgertums, nicht die politischen Bewegungen der Revolutionsperiode in ihrer Gesamtheit. Dieser Umstand erklärt, weshalb es nicht eigentlich zur Konstituierung einer gemeinsamen Erinnerung an die Revolution von 1848/49 gekommen ist. Dennoch stand die Paulskirche mit ihrem Werk für ein breites Spektrum der Meinungen. Dies zeigte sich erneut während der Endphase der Revolution in der sogenannten Reichsverfassungkampagne, in der die konkurrierenden politischen Lager der Linken und der Mitte unter dem Banner der Verteidigung der Frankfurter Reichsverfassung zusammengewirkt haben, wenn auch am Ende ohne Erfolg.

Es ist unübersehbar: Mit dem Sieg der konservativen Kräfte über die Aufstandsbewegungen in zahlreichen Regionen vornehmlich des deutschen Südwestens war die Revolution definitiv gescheitert und auch das Werk der Paulskirche, insbesondere die Reichsverfassung vom 28. März 1849, Makulatur geworden. Die ultrakonservativen Regierungen, die nun wieder ans Ruder kamen, setzten alles daran, mit den bewährten Mitteln der Repression, der Zensur und der Manipulation der Presse die Erinnerung an die Revolution und ihre politische Botschaft aus dem öffentlichen Bewußtsein zu tilgen. Aber gänzlich konnte die Idee einer Neuordnung der deutschen Staatenwelt auf freiheitlicher Grundlage in einem gemeinsamen nationalen Staate nicht mehr aus den Köpfen der Bevölkerung ausgetrieben werden. Auch die Restaurationsregierungen wagten es nicht, die fortschrittlichen Errungenschaften der Revolution vollständig zu beseitigen und zum status quo ante zurückzukehren. Die konstitutionellen Verfassungsordnungen als solche blieben, wenn auch mit einigen reaktionären Zusätzen, im wesentlichen bestehen. Die Parteien, die sich während der Revolutionszeit mit erstaunlicher Schnelligkeit gebildet hatten und am Ende nahezu zehn Prozent der männlichen Bürger für sich mobilisieren konnten, wurden zwar fürs erste in den Untergrund gedrängt, aber schon Anfang der 1860er Jahre traten sie in neuen Formen wieder an die Oberfläche. Die 1848/49 begründete und sich dann seit 1862 schrittweise wiederherstellende Parteienstruktur hat in ihren Grundzügen das deutsche Parteiensystem bis in die jüngste Vergangenheit hinein maßgeblich geprägt.

III.

Es war Bismarcks große staatsmännische Leistung, daß er sich – ungeachtet seiner von Anfang an scharfen Ablehnung der Revolution von 1848/49 – der Einsicht nicht verschloß, daß eine Stabilisierung der politischen Ordnung in Deutschland im konservativen Sinne nur dann erreichbar sein würde, wenn die politischen Forderungen der auf die Paulskirche zurückgehenden deutschen Nationalbewegung wenigstens zu Teilen erfüllt würden. Die Gründung des Deutschen Reiches durch eine «Revolution von oben» griff demnach in wichtigen Punkten auf das Verfassungswerk der Paulskirche zurück, obschon die Reichsverfassung von 1871 eine weit obrigkeitlichere Gestalt erhielt und ebenso die föderalistischen Strukturen in weit stärkerem Maße berücksichtigte, als dies die Paulskirche getan hatte, allerdings mit dem Nebeneffekt der Stärkung der Hegemonie Preußens innerhalb des Reichsverbandes. Vor allem aber übernahm Bismarck von der Paulskirche die «kleindeutsche» Lösung, welche die Deutschen Österreichs definitiv aus dem Reich ausschloß, die übrigen Deutschen aber in einem gemeinsamen Nationalstaat zusammenführte. Ungeachtet der Wechselfälle der deutschen Geschichte im 19. und 20. Jahrhundert hat sich diese Ordnung in ihren Grundzügen bis in die Gegenwart hinein erhalten.

Man wird demnach festhalten müssen, daß die Revolution von 1848/49 ungeachtet ihres Scheiterns erhebliche Auswirkungen gehabt hat, und dies bis in unsere Gegenwart hinein. Dem steht gegenüber, daß die deutsche Öffentlichkeit und insbesondere die meinungsführenden Eliten sich zunehmend von den Idealen von 1848/49 distanzierten. Dieser Prozeß setzte bereits unmittelbar nach dem Ende der Revolution ein und erreichte dann einen Höhepunkt mit der Gründung des Deutschen Reiches, die sich, wie man allgemein glaubte, vor allem der meisterhaften Außenpolitik Otto von Bismarcks verdankte. Dies gilt insbesondere für das liberale Bürgertum, für welches die Revolution von 1848/49 ohnehin eine «ungewollte Revolution» gewesen war. Es war in seiner großen Mehrheit nunmehr nur zu bereit, sich von dieser vollends zu distanzieren. Hermann Baumgartens «Selbstkritik des deutschen Liberalismus» wurde zum Gemeingut des Denkens einer ganzen Generation von bürgerlichen Politikern. Die Männer von 1848 hätten sich einer weltfremden Ideenpolitik verschrieben und dabei die realpolitischen Voraussetzungen der deutschen Einigungspolitik gänzlich aus den Augen verloren. Außerdem hätten sie das natürliche Führungspotential der aristokratischen Eliten verkannt und sich in politischem Dilettantismus geübt. Aus dieser Perspektive wurde die Revolution von 1848 überwiegend als ein verfrühter und verfehlter Versuch des liberalen Bürgertums gedeutet, die deutsche Einheit im Alleingang zu erreichen, statt die Zusammenarbeit mit den bewährten Machteliten zu suchen. In den folgenden Jahrzehnten mochten die bürgerlichen Parteien am liebsten gar nicht mehr an die Revolution von 1848/49 erinnert werden.

Es kam zu «einer förmlichen Verdrängung» der 1848 begründeten liberalen Traditionen zugunsten der Idealisierung des Bismarckschen Machtstaates. Die Paulskirche büßte demgemäß ihre Funktion als Erinnerungsort weitgehend ein. Allein die Demokratische Volkspartei und die Sozialdemokratie hielten die Erinnerung an die Revolution von 1848 als Symbol des Freiheitswillens der Deutschen wach, sie instrumentalisierten diese freilich für ihre eigenen agitatorischen Zwecke. Die Sozialdemokraten feierten in erster Linie die Berliner Märzkämpfe und das Andenken der «Märzgefallenen», während das Werk der Paulskirche zunehmend in den Hintergrund trat. Die jährlichen Kranzniederlegungen an den Gräbern der «Märzgefallenen» im Friedrichshain in Berlin, die unter den wachsamen Augen der Berliner Schutzpolizei stattfanden, wurden mit den Jahren zu einem der wichtigsten symbolischen Sammelpunkte der Sozialdemokratie in Berlin. Mit dem demonstrativen Bekenntnis zur Revolution von 1848 wurde ihre Opposition zum kaiserlichen Regime in einer als solcher nicht polizeilich zu verfolgenden Weise öffentlich dokumentiert und damit die Erinnerung an die Ereignisse von 1848 in ihrem Sinne politisch instrumentalisiert. Umgekehrt distanzierten sich die Liberalen von der «peinlichen Episode» des 18. März 1848, die für die Erlangung der deutschen Einheit nur «störend» gewesen sei, und verwiesen statt dessen auf die Leistungen des Frankfurter Parlaments.[7]

Erst mit der Gründung der Demokratischen Republik von Weimar nach dem Ende des Ersten Weltkrieges kam die Erinnerung an die Paulskirche wieder zu neuen Ehren. Hugo Preuß bezog sich anläßlich der Eröffnung der Weimarer Nationalversammlung am 6. Februar 1919 im Zusammenhang mit der Einbringung des Gesetzes über die vorläufige Reichsgewalt direkt auf das historische Vorbild der Paulskirche. Die Weimarer Reichsverfassung knüpfte in vieler Hinsicht an die Traditionen der Reichsverfassung von 1849 an.[8] Ebenso wie die Weimarer Demokratie selbst blieb jedoch auch die Erinnerung an die Paulskirche in der Folge von den Wechselfällen der Zwischenkriegszeit nicht verschont. Der die politische Atmosphäre vergiftende Flaggenstreit, der sich gegen die Wiederaufnahme der schwarz-rot-goldenen Fahne der Paulskirche durch die Weimarer Republik richtete, war ein Vorbote künftigen Unheils. Auch die Geschichtsschreibung verharrte bei einer eher verhaltenen Würdigung der Revolution von 1848/49. Die konservative Lehrmeinung, daß die Revolution zu früh gekommen sei und es erst eines Bismarcks bedurft habe, um die Reichseinheit zu erreichen, blieb im wesentlichen unerschüttert. Selbst Franz Schnabel sprach damals von der Revolution von 1848 als einer «Episode», die ohne nennenswerte Folgewirkungen geblieben sei.[9] Veit Valentins Geschichte der Revolution von 1848/49, die 1931 erstmals erschien, blieb das Werk eines wenig beachteten Außenseiters. Auch die Änderung der politischen Großwetterlage trug dazu bei, die Erinnerung an die Paulskirche zu verdrängen. Unter dem Einfluß der «großdeutschen» Ideologie der späteren Weimarer Jahre provozierte nun auch die seinerzeit weitgehend durch die

Umstände erzwungene Option für die kleindeutsche Lösung scharfe Kritik am Verfassungswerk der Paulskirche. Es versteht sich, daß der Nationalsozialismus, der mit dem Anspruch auftrat, daß die Epoche des bürgerlichen Liberalismus definitiv zu ihrem Ende gekommen sei und der nationalsozialistischen Idee der Volksgemeinschaft die Zukunft gehöre, mit der Erinnerung an die Revolution von 1848/49 gar nichts anzufangen wußte. Die Paulskirche war, so schien es, nunmehr zu einem erratischen Block aus einer früheren, längst vergangenen Periode der deutschen Geschichte geworden, welcher der Gegenwart nichts mehr bedeutete.

Erst in der Periode des Wiederaufbaus nach dem Zweiten Weltkrieg setzte sich dann eine neue positive Würdigung der Revolution von 1848/49 durch. Allgemein wurde das Scheitern der Bemühungen der Paulskirche, die deutsche Einheit mit friedlichen Mitteln zu erringen und eine freiheitliche Ordnung im Innern zu schaffen, für die Fehlentwicklungen der deutschen Geschichte der folgenden Jahrzehnte verantwortlich gemacht, die mit der Machtergreifung des Nationalsozialismus 1933 ihren fatalen Höhepunkt erreichten. Die Revolution von 1848 wurde nun als eine wichtige Etappe auf dem wechselvollen Weg der deutschen Nation gewürdigt, der schließlich zur Gründung der Bundesrepublik geführt hat. Dabei kam es zu einer Art indirekten Konkurrenzkampfes zwischen West und Ost. Die SED suchte mit großem propagandistischen Aufwand die Erinnerung an die Revolution von 1848/49 zur Legitimierung ihres Regimes zu mobilisieren, freilich wiederum unter Akzentuierung der Barrikadenkämpfe des 18. März 1848, an denen vornehmlich die Arbeiterschaft Anteil gehabt hatte, während die Paulskirche als eine bürgerliche Veranstaltung eine vergleichsweise distanzierte Einschätzung erfuhr. Demgemäß setzte die SED die herkömmlichen Massenprozessionen der deutschen Sozialdemokratie am 18. März zu den Gräbern der «Märzgefallenen» im Friedrichshain unverändert fort.

Durch diese Politik wurde der Westen dazu herausgefordert, sich seinerseits mit der Revolution von 1848 zu identifizieren und in zahlreichen Jubiläumsveranstaltungen an das politische Erbe der Paulskirche als des ersten frei gewählten deutschen Parlaments zu erinnern. In Frankfurt wurde bereits 1947 eine Initiative auf den Weg gebracht, welche den Wiederaufbau der zerstörten Paulskirche zum Ziel hatte; dadurch sollte der neu zu begründenden deutschen Demokratie ein neues Parlamentsgebäude geschaffen werden, das symbolisch an das Werk der hundert Jahre zuvor in diesen Mauern zusammengetretenen ersten deutschen Nationalversammlung anknüpfen sollte.

Seit 1948 wurde die Paulskirche nun endlich zu dem, was sie lange nicht mehr hatte sein sollen, nämlich einem Symbol des demokratischen Deutschland. Sie wurde zum Tagungsort zahlreicher Veranstaltungen von nationaler Bedeutung. Dort findet seit 1948 jährlich die Verleihung des Goethepreises statt, mit dem in den letzten Jahrzehnten eine große Zahl von bedeutenden

Die Paulskirche vor und nach der Zerstörung

Repräsentanten des deutschen und des internationalen Geisteslebens ausgezeichnet wurde, unter anderem im Jahre 1949 Thomas Mann, dem als in der Ära des Nationalsozialismus verfehmtem deutschen Schriftsteller nun in einer späten Wiedergutmachtung der Rang als einem der bedeutendsten Deutschen unserer Epoche auch formell zugesprochen wurde. Ebenso wurde Walter Gropius, einem der Bahnbrecher der avantgardistischen Architektur in Deutschland, nun eine nachträgliche Genugtuung zuteil. Bedeutsamer noch ist, daß der 1950 gestiftete Friedenspreis des Deutschen Buchhandels seitdem alljährlich in der Paulskirche verliehen wird. Die Paulskirche als Symbol der demokratischen Vergangenheit der Deutschen dient hier absichtsvoll als Hintergrund der Würdigung des Werks zahlreicher bedeutender Autoren des In- und Auslandes. Die Ausstrahlung der Verleihung des Friedenspreises auf die Weltöffentlichkeit ist ungewöhnlich hoch, auch wenn es immer wieder zu Kontroversen über die Preisträger gekommen ist, wie noch 1998 über die Rede des Preisträgers Martin Walser.

Die Akzentuierung der deutschen Kulturnation in diesen Veranstaltungen in der Paulskirche entspricht dem schwierigen Umgang der Deutschen unserer Zeit mit der nationalen Idee, ein Problem, welches die Männer der Paulskirche seinerzeit nicht in gleichem Maße empfunden haben, obwohl schon damals kontrovers war, wer denn nun als Deutscher zu gelten habe und wer nicht. Aber es fehlte in den letzten Jahrzehnten durchaus nicht an Veranstaltungen, welche sich den Problemen der deutschen Nation und der deutschen

Einheit stellten. 1963 hielt der amerikanische Präsident John F. Kennedy hier seine vielbeachtete «Rede an die deutsche Nation». Angelegentlich einer erneuten, behutsamen Neugestaltung der Paulskirche in den Jahren 1986 bis 1991, die in die Substanz der Rekonstruktion von 1948 jedoch nicht eingriff, wurde die Wandelhalle mit einem großen Wandbild von Johannes Grützke ausgestattet, das den historischen Einzug der Abgeordneten der deutschen Nationalversammlung in die Paulskirche am 18. Mai 1848 darstellt, aber dabei in symbolischer Absicht prominente Politiker der Bundesrepublik abgebildet hat.

Das Epochenjahr 1998 hat dann Anlaß zur erneuten Würdigung der Revolution von 1848/49 als einer wichtigen Etappe des Weges zu einer demokratischen Verfassungsordnung gegeben, nun allerdings überwiegend in einem europäischen Kontext und mit einer vergleichsweise kritischeren Bewertung vor allem ihrer nationalistischen Komponenten. Eine große Ausstellung in der Schirn in Frankfurt sowie eine Festveranstaltung am 18. Mai 1998 in der Paulskirche unter Teilnahme des Bundespräsidenten Roman Herzog würdigten erneut die historischen Leistungen der Deutschen Nationalversammlung von 1848/49. Eine repräsentative Veranstaltung der Friedrich Naumann Stiftung in der Paulskirche am 6. Juni 1998 erinnerte gleichermaßen an das Erbe der Paulskirche, die in der liberalen Bewegung auch unserer Gegenwart weiterlebt.

Das Verfassungswerk der Paulskirche bildet auch heute noch einen essentiellen Bestandteil der politischen Traditionen der Deutschen. Die aus den Trümmern des Zweiten Weltkriegs wiedererstandene Paulskirche ist, obschon sie nur für einen Teilaspekt der revolutionären Kämpfe der Jahre 1848 und 1849 steht, ein würdiger Erinnerungsort, der an die an Wechselfällen und Kämpfen reiche Geschichte der Freiheit und der Einheit der deutschen Nation und die Opfer gemahnt, die frühere Generationen dafür gebracht haben.

Hermann Rudolph

Der Schrebergarten

Gartengrundstück an Gartengrundstück, jeder Garten wie der andere, jeder ein bißchen anders, Bäume und Büsche, Beete und geharkte Wege, sorgfältig eingezäunt, dazu inmitten der Grundstücke kleine Lauben. In der Mitte eine Wiese, an der sich das Vereinshaus befindet, dem sein Fachwerk einen Hauch von Chalet gibt – ein zweistöckiges Gebäude vom Jahrhundertanfang mit spitzem Giebel und einem noch spitzeren Türmchen. So sieht ein deutscher Schrebergarten aus. Aber dieses Gartenquartier in unmittelbarer Nähe der Leipziger Innenstadt, am Rande eines gutbürgerlichen Wohnviertels der Jahrhundertwende, nur einen Steinwurf entfernt von der früheren Deutschen Hochschule für Körperkultur, der Medaillenschmiede der DDR, ist nicht irgendein Schrebergarten. Es ist sozusagen der Ur-Schrebergarten, der Ursprung all der Gartenanlagen, die überall und mit der Prägekraft des Typischen am Rande der deutschen Städte stehen. Oder doch fast.

Denn der erste deutsche Kleingarten ist diese Anlage nicht. Er befindet sich, entstanden 1814, in Kappeln an der Schlei in Schleswig-Holstein. Selbst in Leipzig gibt es eine Garten-Anlage, die noch älter ist. Aber kein anderer Kleingarten ist mit der Gründungsgeschichte und der Ausbildung des Charakters der Schrebergärten so verbunden wie dieser. Er leitet sich unmittelbar von jener Versammlung im Leipziger Veranstaltungshaus «Odeon» im Jahre 1864 her, bei der ein Schreberverein gegründet wurde; mit ihr hat die Entwicklung der Schrebergärten ihren Anfang genommen. Ein Jahr danach pachtete der Verein ein Grundstück, dem er den Namen Schreberplatz gab, und ein paar Jahre später – nachdem dieser Platz wegen Kündigung des Pachtverhältnisses aufgegeben werden mußte – zog man hierher in den Leipziger Westen. Zunächst hieß die Anlage «Schreberverein der Westvorstadt», heute trägt sie den Namen «Kleingartenanlage ‹Dr. Schreber›». Am Rand der Wiese bezeugt ein kleines Denkmal mit zwei Porträts die Geschichtsträchtigkeit des Ortes; es sind Daniel Gottlob Moritz Schreber und Ernst Innocenz Hauschild. Und auch der Umstand, daß seit 1996 im Vereinshaus das Deutsche Kleingarten-Museum untergebracht ist, deutet darauf hin, daß man sich hier, am Rande des Weichbilds der Leipziger Innenstadt, auf historischem Boden befindet.

Schreber und Hauschild, die am Anfang der Geschichte dieser Bewegung stehen, haben übrigens – worauf Historiker der Kleingartenbewegung gerne hinweisen – nie einen Schrebergarten gesehen. Und auch an Gartenanlagen war bei der Gründungsversammlung keineswegs gedacht. Die Versammlung im Jahr 1864, eine Elternversammlung der 4. Bürgerschule, die deren Direktor, Ernst Innocenz Hauschild, einberufen hatte, wollte Spielplätze für ihre Kinder, um ihnen in der sich stürmisch entwickelnden Großstadt Freizeit- und Erholungsraum zu verschaffen. Schreber, ein Arzt und reformerischer Schriftsteller, war zu diesem Zeitpunkt schon tot. Aber einen Aufsatz von ihm in der *Gartenlaube*, der seinerzeit so populären wie für die Epoche repräsentativen Zeitschrift, betrachteten die Gründungsmitglieder als maßgebende Inspiration ihres Vorhabens. Den Verein nach ihm zu benennen war eine Geste des Dankes und der Anerkennung. Auch Hauschild erlebte die Verwandlung des Kinderspielplatzes zum Schrebergarten nicht; er starb zwei Jahre später. Aber mit diesen beiden Namen, zumal mit dem Schrebers, verbindet sich jener Bedeutungsgehalt der Kleingartenbewegung, der sie zu einem Teil der sozial- und kulturgeschichtlichen Entwicklungen des vorigen Jahrhunderts macht, auch wenn davon hinter der Realität des bürgerlichen Massenphänomens, das aus ihr geworden ist, kaum noch etwas zu spüren ist.

Zumal der Leipziger Arzt, dessen Name in den Schrebergärten weiterlebt, steht für den Anspruch, der hinter den Anfängen der Schrebergarten-Bewegung und damit des Kleingartenwesens insgesamt steht. Und weil die Schrebergärten in die Sozial- und Kulturgeschichte des 19. Jahrhunderts hineinreichen, hat es auch seine Bedeutung, daß der Name Schreber nicht nur mit den Kleingärten verbunden ist, sondern auch mit einem klassischen Fall der Psychiatrie-Geschichte. Vermutlich ist heute dieser Bezug im Bewußtsein zumindest der kulturell, historisch und geisteswissenschaftlich interessierten Öffentlichkeit sogar stärker präsent. Denn der «Fall Schreber»[1] – zurückgehend auf die 1903 erschienenen *Denkwürdigkeiten eines Nervenkranken* von Daniel Paul Schreber – hat, seitdem er 1911 von Sigmund Freud analysiert worden ist, nicht nur die Psychoanalyse beschäftigt. Elias Canetti hat in seinem magistralen Essay *Masse und Macht*, mit dem er ein gewaltiges Panorama individueller und gesellschaftlicher Verhaltensweisen vor den Zeitgenossen des 20. Jahrhunderts ausbreitete, die zwei letzten Kapitel diesem klassischen Fall der Psychiatriegeschichte gewidmet und in der Paranoia, die Schreber erlebte und akribisch dokumentierte, eine «Krankheit der Macht» erblickt, von der er das 20. Jahrhundert überall durchzogen sah.[2] Die fortdauernde Faszination des Falles mag man auch dadurch bezeugt sehen, daß er inzwischen auch ein Schauspiel (*Schrebers Garten* von Lukas B. Suter) und eine Oper (*Soul Murder* von Richard Zvonar) inspiriert hat. In Berlin startete 1999 ein Ausstellungs- und Kunstprojekt «Schreberjugend», das die Problematik des Falls zu erörtern versprach. Daß hier nicht nur eine zufällige Namensübereinstimmung vorliegt, sondern der Garten-Schreber der Vater des Schrebers des psychiatrischen Falles ist, muß zumindest verblüffen – und sei es, weil es ja denkbar unterschiedliche Welten sind, für die Vater und Sohn Schreber stehen: die der grünen Gartenidylle, die ein Inbegriff der Biederkeit ist, und die der seelischen Abgründe, die sich im «Fall Schreber» aufgetan haben.

Daniel Gottlob Moritz Schreber

I.

Aber was ist ein Schrebergarten? Ein kleiner Garten ist noch längst kein Schrebergarten. Überhaupt kommt ein Schrebergarten nicht in der Einzahl vor. Schrebergärten treten auch nicht lediglich als Versammlung mehrerer Gärten auf, sondern als Verein, wie denn der Vereinscharakter ein unabdingbarer Teil des Schrebergartenwesens ist – kein Schrebergarten ohne das Reglement der Selbstverwaltung, ohne Satzung, Vorsitzenden, Vorstand und Abteilungen, keine Schrebergarten-Anlage ohne Gartenordnung und Anschlagbrett, die die Daten des Vereinslebens sowie notwendige gemeinschaftliche Arbeiten und Termine verkünden. Nicht zuletzt gehört zum Schrebergärtner eine gewisse Neigung zur Überhöhung des eigenen Tuns, eine Suche nach tieferer Bedeutung. Irgendwie hängt über den Gartenanlagen das Gefühl, daß der Garten eine kleine Welt sei, in der man und gegebenenfalls mit der man der großen Welt trotzen könne – eine Idylle des Bei-sich-selbst-Seins, eine mit Fleiß und Hingabe kultivierte Ergänzungswelt, ja, Gegenwelt zur Alltagswelt von Stadt und Industriegesellschaft.

Es ist ein Gefühl, daß bei aller Schlichtheit doch um Begriffe von hoher Assoziationskraft kreist. Die Apostrophierung des Schrebergartens als «Paradies», «Asyl», «Elysium» gehört sozusagen zum Selbstverständnis, und am Grund der kleingärtnerischen Selbstbespiegelung mag man die alten Topoi des erfüllten Daseins aufscheinen sehen, den *locus amoenus*, das Paradies, den Garten Eden. Überhaupt ist dem Schrebergarten-Wesen ein anspruchsvolles emotionales Bedeutungsmuster eingewebt. Daß sich im Kleinen das Große darstelle, daß der einzelne und die Gemeinschaft harmonisch miteinander koexistieren müssen, Ordnung und Individualität keine Gegensätze sein dürfen und daß es in einer turbulenten Zeit Orte der Ruhe und Besinnung geben müsse – diese Versatzstücke der Bildungswelt des deutschen 19. Jahrhunderts sind Teil seiner ideellen Grundausstattung. Natürlich findet sich im *Faust* das einschlägige Zitat – «Begib dich gleich hinaus auf's Feld/fang an zu hecken und zu graben,/erhalte dich und deinen Sinn/in einem ganz beschränkten Kreise»[3] –, es gibt den Bildungsglanz hinzu und sorgt dafür, daß die deutsche Gefühlswelt ganz zu sich selbst kommt. Denn ohne Zweifel wird der Schrebergarten in Deutschland als zutiefst und unverwechselbar deutsch verstanden – obwohl Kleingärten keineswegs auf Deutschland beschränkt sind.

Das alles macht den Schrebergarten auch zu einem fruchtbaren Boden für wolkige Rhetorik, biedere Sinnspruchweisheit und sentimentale Reime. «Stolz kann auch der Ärmste sein,/seht von unserer deutschen Erde,/ist dies liebe Flecklein mein!/Diese Bank und diese Laube,/dieses Beet und dieser Baum,/dieses Sommerabends Friede/und sein sel'ger Sternentraum», dichtet die naive Gartenbegeisterung. Dabei hat sich die Schrebergarten-Bewegung in gewissem Sinne immer auch, zumindestens andeutungsweise, als eine Art Gesellschaftsmodell begriffen. Die Umschreibung der Schrebergärten als «grünes Glück», «grüne Stube» oder «grüne Lunge der Großstadt» erfüllt das Bedürfnis nach einer Ortsbestimmung, sie hat ihn schon ökologisch geadelt, als die Ökologie noch fern war, und in ihrer Weise sind auch noch die Gartensteppen am Rande der Großstädte eine Antwort auf die Sehnsuchts-Rufe, mit denen die Gesellschaft auf den Schock der Modernisierung reagiert hat – auf das alte Rousseausche «Zurück zur Natur» wie das romantisch-wandervogelhafte «Hinaus ins Freie». Wie von selbst mündet die Apologie des Kleingartens auch ein in verbreitete Muster der deutschen Kulturkritik. Wenn etwa ein langjähriger Verbandsvorsitzender, der noch dazu ein einflußreicher Interpret des Kleingartenwesens war, die Aufgabe des Kleingartens bestimmt, dann stellen sich die einschlägigen Denkfiguren der zivilisatorischen Reserve und des Wegs nach Innen wie von selbst ein. Dann ringt der Mensch mit dem «Tempo der Zeit», in der er «unterzugehen» droht, dann verlangt es ihn nach «Freilassung» von den «Fesseln» der modernen Zivilisation, dann bietet der Kleingarten, das «kleine Stückchen Erde», «das kleine Gärtchen», die «Besinnlichkeit und Beschaulichkeit», die er braucht. Das ist die Tonlage von 1949, aber so sehr anders dürfte sich die Kleingarten-Rechtfertigung auch heute nicht anhören.[4]

Dieser Bedeutungsgehalt macht den Schrebergarten aber auch zu einem idealen Feld für Spott und Ironie, zu «Paprika fürs Satiriker-Gemüt».[5] Dem deutschen kritischen Bewußtsein gilt er als eine besonders gelungene Gabe aus des deutschen Spießers Wunderhorn – wozu vorzüglich paßt, daß der Schrebergarten auch zu des deutschen Kulturkritikers Lieblingsobjekten gehört. Immer wieder arbeiten Kabarettisten, Feuilletonisten und anderweitig aufgeklärte Gemüter ihr Unbehagen ab an der Sehnsucht des Schrebergärtners nach der Idylle, an seiner Zufriedenheit mit seiner kleinen Welt, an dem selbstbewußt vorgetragenen Kleine-Leute-Glück zwischen Begonien-Rabatten und Erdbeerbeeten. Das hat Tradition; bereits in den zwanziger Jahren galt der Kleingärtner für die satirischen Köpfe von Erich Kästner bis zu Erich Weinert als Inbegriff des Spießers und des unpolitischen Deutschen, der unbeeindruckt von der Gegenwart seinen Kohl anbaut. Erich Kästner dichtete ironisch: «Ich möchte einen Schrebergarten haben, mit einer Laube und nicht allzu klein. Es ist so schön Radieschen auszugraben [...]», und Erich Weinert, der kommunistische Agit-Prop-Poet, mokierte sich über den Postbeamten Emil Pelle in seinem «Sommerläubchen mit Tapete»: «Ein jeder hat sein Glück zu zimmern./Was soll ich mich um andere kümmern?» Das Bild, das im öffentlichen Bewußtsein vom Schrebergarten kultiviert wird, hat sich seither vermutlich nicht sehr verändert. Jedenfalls wird er in dieser Ausstattung mit schöner Regelmäßigkeit immer wieder durch die Medien gezogen. Dazu gehört das leicht amüsierte Zur-Kenntnis-Nehmen des Phänomens und der ihm unterstellten Ungleichzeitigkeit, vor allem aber, natürlich, die «Gartenzwergperspektive», das «Spießertum» und die «Eigenbrötelei», die Biederkeit und Skurrilität, die man bei Kleingärtnern finden kann.[6] Und in der Publizistik, die sich auf ihren kritischen Charakter etwas zugute hält, gerät die Welt der Schrebergärtner unvermeidlich zu einem Pandämonium deutscher Gemütlichkeit: «Das Glück, das Schreber erstreben, ist sauber gelichtet. Hoch in Blüte stehen genormte Scheußlichkeiten, vorfabrizierter Kitsch und künstlicher Dünger; gefragt sind tiefdeutsche Tugenden – Ruhe und Ordnung, Fleiß und Sauberkeit. Allenfalls bei der Auswahl der Gartenzwerge darf sich Eigenart entfalten.»[7]

Die Vorstellungsmuster, die sich mit dem Phänomen der Schrebergärten verbinden, lassen noch weitere Bedeutungshorizonte sichtbar werden. Die Richtung geben die Begriffe, die sich immer wieder an diese kleine Welt mit ihrer Intimität und emotionalen Besetzung heften: Geborgenheit, Gemeinschaft, Vertrautheit. Sie lassen erkennen, daß die Schrebergartenwelt und die Hingabe, mit der sie ergriffen, ausgestaltet und bereimt wird, auch die Gestalt eines großen Themas der modernen Welt sind (auch wenn es dabei ziemlich handfest um die Ausgestaltung der Laube und das Pflegen des Rasens geht): der Suche nach Heimat, des Bedürfnisses nach Identität. Das meint nicht nur, daß der Schrebergarten vielen seiner Besitzer ein Stück Heimat bietet; das mag für viele eine Alltagserfahrung sein, gelegentlich vielleicht auch nicht mehr als eine sentimentale Behauptung, die andere Erfahrungen kompensiert. Der Schrebergarten bildet für viele Heimat konkret ab – sozusagen in einer Lilliput-Form, einer natürlich-künstlichen Façon, oft trivialisiert, manchmal auch skurril. Bei ihm kann man die «Suche nach territorialer Identität»[8], die eine Wurzel des Bewußtseins von Heimat ist, beim Wort nehmen, höchst handgreiflich, mit Rechen und Spaten, der eigenen Laube und dem im Ablauf der Zeit gestalteten Grundstück. Garten und Gärtner gehen sozusagen spielerisch mit den Vorstellungen um, die diese Identität konstituieren – der vertraute Raum, der in der eigenen Parzelle erfahrbar wird, die Grenzen, die die eigene kleine Welt gegenüber dem Nachbargrundstück abgrenzen, dem Geflecht der sozialen Beziehungen, das im Schrebergarten-Verein praktiziert wird. Das alles kann die emotionale Zuflucht ausmachen, in der Heimat entsteht.

Hinter der Welt der Schrebergärten und dem Denken und Fühlen, das in ihr lebt und webt, stehen schließlich auch jene Vorstellungs-Komplexe, die es gerechtfertigt erscheinen lassen, sie als typisch deutsch zu empfinden. Irgendwie verbindet sich damit das Spießerhafte und Enge, das Verschwärmte und Pathetische, das eine Möglichkeit des Deutschen war und, vielleicht, noch ist. Die flache Idylle, die triviale Romantik, die selbstzufriedene Biederkeit, eingewickelt in Naturschwärmerei und Zivilisationsfeindlichkeit, ganz zu schweigen vom Kult der Bodenständigkeit und der Gemeinschaft – alle diese Elemente der falschen Träume des deutschen 19. Jahrhunderts, die im 20. das deutsche Denken unterminierten, gehen auch in der Nähe der Schrebergärten um. Das Gelände der kleinen Gärten, so schlicht und ehrenwert es ist, ist insofern – richtet man den Blick aus der Perspektive der Irrwege der deutschen Geschichte darauf – kein ganz geheures Terrain. Andererseits ist die Schrebergarten-Bewegung auch ein Resultat jenes schönen Optimismus und jener Tatbereitschaft, die ihre Wurzeln im deutschen Idealismus haben und die gerade im vergangenen Jahrhundert so produktiv auf Gesellschaft und bürgerliches Leben wirkten. Das Denken und Empfinden, das in den Schrebergärten Gestalt gewann, kommt durchaus aus diesen Quellen, aus Religiosität, Bildungswillen und einem Glauben an die Wissenschaft, der zu einem zweiten, semi-religiösen Glauben wird. In den Generationen, denen Schreber angehört, setzte sich das um in eine entschlossene, auf Praxis bedachte Bereitschaft zur Besserung der Gesellschaft, der Individuen, des – wie man damals noch sagen konnte – Menschengeschlechts. Auch das sind deutsche Träume in diesem Jahrhundert, und in den Schrebergärten schlägt sich etwas von ihnen nieder. Schreber und Hauschild gelten deshalb zu recht – über alle Legenden hinaus, die sie umgeben – als die Galionsfiguren der Bewegung, weil sie Zeugen für diesen Impuls sind. Zumal in Schreber läßt sich die Schubkraft dieses bürgerlich-humanitären Erbes in seiner Verbürgerlichung, seiner Übersetzung in den Alltag beobachten.

Von daher bekommt auch das Vater-Sohn-Verhältnis zwischen dem Garten-Schreber und dem Fall Schreber einen Hauch von mehr als Zufälligkeit. Denn die pädagogische Leidenschaft des Orthopäden Schreber verwirklichte sich auch in monströs anmutenden Zwangsapparaturen zur Korrektur von Kopf- und Körperhaltung. Das hat zu der These geführt, diese hätten die Deforma-

Annas Ruh
(Berlin, um 1905)

tionen mitverursacht, unter denen Schrebers Sohn litt und die er in den Denkwürdigkeiten eines Nervenkranken detailliert beschrieben hat. Die Vermutung eines solchen Zusammenhangs rückt Schreber in die Genealogie der «schwarzen Pädagogik»[9], und es versteht sich fast von selbst, daß sich von ihr aus der Blick auch auf die psychischen Strukturen Nazi-Deutschlands richtete. Mag sein, daß solche Annahmen berechtigt sind, mag auch sein, daß der Gedanke einer solchen Doppelgängerschaft von Volkserzieher und Sadist zu herausfordernd ist, als daß man ihn in bezug auf die bürgerliche Moral – erst recht die der Deutschen – unerwogen lassen könnte. Aber Schreber war kein Dr. Jekyll und Mr. Hyde, und es spricht mehr dafür, in Schrebers orthopädischen Apparaten einen der vielen Schritte der Disziplinierung zu sehen, die die Entstehung der bürgerlichen Lebensanschauung begleiteten. Bedenkenswert bleibt gleichwohl, daß der praktisch-rigorose Ehrgeiz des Vaters, den Menschen zu bessern, diese handfeste Anwendung des alten Merksatzes «Mens sana in corpore sano», der in der Schrebergarten-Bewegung ein so produktives Echo fand, auch den Schatten des spektakulären Schicksals des Sohnes wirft. Dessen Geschichte steht – zumindest in der Sicht der Nachgeborenen – auch im Hintergrund des Idealismus des Vaters. Insofern verbindet sich auch mit dem Namen Schrebers etwas von der Ambivalenz, die – nach allem, was die deutsche Geschichte gebracht hat – an diesem bedeutenden 19. Jahrhundert und seinem idealistisch-humanitären Aufschwung haften bleibt.

II.

Die Schrebergärten haben also nur wenig mit Schreber zu tun, bezogen auf ihre Entstehungs- und Wirkungsgeschichte im engeren Sinne so gut wie nichts. Bei der Versammlung, die in gewisser Weise als ihre Gründungsstunde gelten kann, war Schreber, wie erwähnt, schon tot. Als Begründer könnte eher noch der Pädagoge Hauschild gelten. Auf seinen Vorschlag wird zumindest die Benennung des Unternehmens nach Schreber zurückgeführt. Hauschild habe, so heißt es in der Schreberliteratur, bei der Debatte über den Namen bescheiden zurückstehen wollen und vorgeschlagen, den Verein nach Schreber zu nennen, «zum ehrenden Gedächtnis des trefflichen ärztlichen Pädagogen, des Mannes, aus dessen trefflichen Schriften man sich bisher hauptsächlich gestärkt und erquickt habe und in dessen Geist voll und ganz das Unternehmen stehe».[10] Auch diese Lesart ist nicht wirklich verbürgt, wie denn der Namensgeber und seine Wirkung auf die Schreberbewegung von Legenden kräftig umrankt sind. Die Schreberbewegung hat sich zwar nachdrücklich auf Schreber bezogen, aber es ist eher ihr erstaunlicher Erfolg, dem er seinen Ruf verdankt, als sein Leben und seine Leistung selbst. So berühmt, wie sie ihn gemacht hat, war er keineswegs. Jener Schreber, der im Namen der Kleingärten, als geflügelter Begriff und in Straßennamen überlebt hat, ist, so scheint es, vor allem das Ergebnis einer Mythisierung, mit der der Gedanke dieser Gärten und schließlich ihr Siegeszug sich selbst eine Gründerfigur setzte, um sich und sein Wollen zu versinnbildlichen.

In der Tat spiegelt sich in der Gestalt des Leipziger Arztes vieles wider, was der Entstehung der Schrebergärten ihre Bedeutung gibt. Geboren 1808 in Leipzig, lassen sich in Schrebers Leben und Denken die widersprüchlichen Tendenzen des 19. Jahrhunderts als bewegende und prägende Kräfte finden. Der Sohn einer Leipziger Arzt- und Gelehrtenfamilie, Schüler der Thomasschule, der renommierten Gelehrtenschule der Stadt, als Kind noch berührt von der frischen Erinnerung an die Völkerschlacht von 1813, steht ganz im Banne der deutschen Bildungswelt in ihrer klassisch-idealistischen Form und ist zugleich, als Arzt, schon von der Anziehungskraft der Naturwissenschaften erfaßt. Er ist ein begeisterter Turner, gründet die Turnbewegung in Leipzig mit, aber es ist ein Turnen in welt- und menschenverbessernder Absicht. Zugleich gibt es Hinweise, die es erlauben, sich Schreber im Kontext der 48er-Bewegung vorzustellen: Er gehört zeitweise dem Rat der Stadt an, ist Mitglied der Leipziger Communalgarde, vermutlich als Liberaler, jedenfalls kandidiert sein Sohn später als Nationalliberaler für den sächsischen Landtag, allerdings erfolglos – es ist derselbe, der dann als psychiatrischer Fall dem Namen Schreber eine zweite Bekanntheit verschafft.

Die Berichte von Familienangehörigen und Freunden zeigen Schreber als einen festen bürgerlichen Charakter mit einer hoch disziplinierten, asketischen Lebensführung, über die Neigung zum Turnen in allen Lebenslagen, zu Fußmärschen und athletischen Übungen hinaus. Vom Fach her Orthopäde, ist er fest überzeugt vom Nutzen der körperlichen Ertüchtigung für Gesundheit, Persönlichkeit, aber auch das bürgerliche Leben. Von 1844 an leitete er in Leipzig eine Anstalt, die Behandlungen und heilgymnastische Übungen anbot. Vor allem aber entfaltete er eine breite publizistische Wirksamkeit. Er propagierte – wie es der Titel einer Denkschrift von 1843 verkündet – *Das Turnen vom ärztlichen Standpunkt aus, zugleich als eine Staatsangelegenheit dargestellt* und veröffentlichte unter anderem eine *Ärztliche Zimmergymnastik*, sein erfolgreichstes Buch. Vor allem aber schrieb er eine Vielzahl von Büchern in volkspädagogischer Absicht, die alle – wie es der Titel einer Schrift *Kallipädie oder Erziehung zur Schönheit* zum Ausdruck bringt – praktische Lebensreform mit hohem ethischem Wollen verbinden. Es sind fraglos diese Ideen und Schriften, die seine Bekanntheit begründeten und auf denen seine Anerkennung beruhte.

Der Artikel von 1861 in der *Gartenlaube*, der nach der Überlieferung der Schrebergeschichte, den unmittelbaren Anstoß für die Namensgebung gegeben hat, führt alle die Signal- und Reizworte auf, die für diese Absichten stehen. Unter dem Titel *Die Jugendspiele in ihrer gesundheitlichen und pädagogischen Bedeutung* macht er es Medizin und Pädagogik zur Aufgabe, «die Entwicklung des menschlichen Kulturlebens in die naturgemäßen Bahnen zu leiten». Zu diesem Zwecke sei, so grollt er kulturkritisch, alles zu «entfernen», was «Roheit, Schlaffheit, Weichlichkeit und Sinnlichkeit, was finstere Dummheit, was niedrige Sonderzwecke der Herrschsüchtigen an naturgesetzwidrigen Schattenseiten, an Giften des körperlichen und geistigen Lebens der Kultur aufgeimpft haben». Demgemäß werden dem Gedanken, den Kindern Spielplätze zu verschaffen, hohe Ansprüche aufgeladen. Es geht um nichts geringeres als darum, die «Menschheit» «von Generation zu Generation zu veredeln, dahin zu wirken, daß aus der menschlichen Natur mehr und mehr das gemacht werde, was aus ihr zu machen ist nach Maßgabe des in ihr dargelegten schöpferischen Gedankens». Das Spielen wird betrachtet als Wurzel des künftigen Lebens, als Quell der Vorbereitung «auf das Leben und Wirken für gemeinschaftliche Zwecke», auch für «die Tüchtigkeit im Staatsbürgerleben». Dazu gehören Kontrastbilder, die diese Absichten in den adäquaten kulturkritischen Rahmen stellen: die «steifbeinige Familienpromenade», der Druck der «in neuester Zeit reißend schnell anschwellenden Städte», zivilisatorische Erscheinungen wie «modische Ablenkung und Vernichtung des kindlichen Sinnes», «weibische Ängstlichkeit und Weichlichkeit» und «blasierte Vornehmtuerei».[11]

Vor dem Hintergrund dieses Aufsatzes erscheint der Schrebergarten vor allem als volkspädagogisches, lebensreformerisches Projekt. Seiner ursprünglichen Intention nach ist der «Schrebergarten» deshalb auch kein Garten. Er ist der Schreberverein, in dem sich Bürger zusammentun, um für ihre Kinder Spielflächen zu gewinnen, sodann die Schreberwiese, die zu diesem Zweck gepachtet wird. Noch Jahrzehnte später, als er schon die uns geläufige Gestalt der Gartenanlage angenommen hat, überlagert diese Bedeutung durchaus die Gartenpflege – das Spiel einerseits, belehrende Vorträge zu pädagogischen Fragen andererseits und allerlei andere Aktivitäten von Wanderungen bis zu geselligen Vergnügungen bestimmen die satzungsgemäß festgelegten Zwecke des Vereins. Die große, Geschichte machende Transformation zur Gartenanlage ist erst der zweite Schritt. Er geht auf Karl Gesell zurück, auch er ein Leipziger Lehrer, der in der Schrebergeschichte als «Spielvater» firmiert. Er habe angeregt, daß die Kinder am Rande der Wiese kleine Beete anlegten, vermutlich – wie das Eltern heute nicht anders praktizieren – um ihren Sinn für Gartenarbeit und vielleicht auch ihr individuelles Verantwortungsbewußtsein zu stärken. Das gelang offenbar nicht recht, so daß die Eltern sich der Sache annahmen – aus den Kinderbeeten wurden Familienbeete. Um diese Beete vor Übergriffen anderer zu schützen, wurden sie eingezäunt, dann kamen Unterstellhütten hinzu – der Garten, die Gärten waren geboren, die seither den Schrebergärten das Gesicht geben.

Die Veränderung hat sich offenbar rasch vollzogen. Nur drei Jahre nach der Einweihung der ersten Schreberwiese 1868 entstehen die Beete, kurz darauf die Gärten, zwei Jahre später, 1870, zählt man bereits hundert Gärten. Gleichwohl ist der Vorgang in seiner Tragweite gar nicht zu unterschätzen. Die große Wiese, die ursprüngliche Idee, die den Kindern den Platz zum Spielen sichern sollte, wurde sozusagen von den Gärten, der Möglichkeit des Für-sich-Seins und der nützlichen Tätigkeit, aufgezehrt – weitgehend, nicht ganz, denn noch immer gibt es in allen Schrebergartenanlagen eine große Fest- und Spielwiese. Gleichwohl läßt sich dieser Wandel als ein Prozeß der Individualisierung eines ursprünglich gemeinsamen Gutes begreifen – und damit zumindest als die Abbreviatur einer Veränderung, die in der großen Fallinie der Sozialgeschichte liegt. Das Interesse der bürgerlichen Einzelnen setzt sich gegen das Gemeinschaftliche durch – wenn auch eingebunden und transformiert in den Zusammenhang des Vereins und seines organisatorischen Reglements.

III.

Es sind die lebensreformerische Intention und diese Transformation eines gemeinschaftlichen Vorhabens in eine Form der Individualisierung, bei der gleichwohl vom ursprünglichen Ansatz der Verein und ein vereinshaftes Zusammenwirken übrig bleiben, die die Schrebergärten charakterisieren und ihnen gegenüber anderen Kleingarten-Formen den besonderen Rang geben. Denn natürlich hat es Kleingärten und Kleingärten-Anlagen schon früher gegeben. Doch bei den sogenannten Armengärten, die als ältester Zweig des Kleingartenwesens gelten können, steht der Gedanke im Vordergrund, Armut zu lindern, und zwar durch die Bereitstellung von Pachtland, auf dem sich bedürftige Familien durch eigene Arbeit ernähren sollten. Solche Armengärten hat es im 19. Jahrhundert an vielen Orten gegeben, die Anlage in Kappeln an der Schlei steht in dieser Tradition; es gibt offenbar auch Fälle, wo solche Anlagen in die spätere Tradition der Schreberanlagen übergehen. Aber Armengärten sind, ihrer Grundanlage nach, ökonomisch und patriarchalisch ausgerichtet, sie werden von der Absicht getragen, Bedürftigen zu helfen, indem sie ihnen die Möglichkeit zur Selbsthilfe eröffnen, und es ist die Obrigkeit, die alles ins Werk setzt. Der Gedanke, die Bedürftigen vom Müßiggang und vom Alkohol abzuhalten, spielt dabei eine wichtige Rolle, und insgesamt ist der Zusammenhang mit der traditionellen Armenpflege nicht zu übersehen. Das ist wohl auch der Grund dafür, daß diese Form der Kleingärten im Laufe des Jahrhunderts wieder untergeht – sie wird gleichsam von der sozialen Entwicklung überholt, die Flächen fallen der Verstädterung zum Opfer, der paternalistische Fürsorgegedanke der Ausbildung der kommunalen Sozialpolitik.

Gewiß sind auch die Schrebergärten und zumal ihre massenhafte Ausbreitung nicht ohne die sozialen Problemlagen der zweiten Hälfte des 19. Jahrhunderts zu denken. An ihrer Wiege stehen alle die Phänomene, die die große Veränderung des Lebens und Arbeitens in diesen Jahrzehnten kennzeichnen – die Verstädterung mit ihrer Veränderung der Lebens- und Wohnverhältnisse, die Entwurzelung und Vermassung, die den Weg des Fortschritts begleiten, die Erschütterung der Lebensformen, die der zivilisatorische Wandel mit sich bringt. Es ist auch kein Zufall, daß die Schrebergärten nicht etwa in den Elendsprovinzen entstehen, wie sie im Schatten der Industrialisierung in den Heimarbeiter-Regionen Schlesiens oder des Thüringer Waldes entstehen, sondern im Bannkreis der Städte. Man darf durchaus daran denken, daß sich die Anfänge der Schrebergartenbewegung zur gleichen Zeit in der gleichen Stadt vollziehen, in der sich die deutsche Arbeiterbewegung als Partei konstituiert. Doch das auslösende, begründende Moment ist der idealistische, im weiteren Sinne lebensreformerische Impuls.

Kurz: Die Schrebergärten entstammen dem deutschen Bildungsdenken, so wie es der Fluß der Geschichte auf seinem Grund durch das 19. Jahrhundert hindurch transportiert hat, und seiner Begegnung mit den Herausforderungen der modernen Welt, und sie sind damit selbst ein Stück dieser Welt. Sie sind von ihren Anfängen her auch ein bürgerliches Unternehmen. Das hat zu DDR-Zeiten den Obrigkeiten einige Kopfschmerzen bereitet, denn sie hätten in dieser Erscheinung – zumal sie ihren Ursprung auf ihrem Territorium hatte – gern eine proletarische Erfindung gesehen. Aber schon die Berufe der Mitglieder, die dem Ur-Schreberverein in seinen frühen Jahrzehnten vorstanden, sprechen dagegen – es sind Lehrer, Kaufleute, Handwerker, also bürgerliche Honoratioren im weitesten Sinn. Auch ist offenbar, daß die Schrebergärtner auf der nationalen Woge des deutschen Bürgertums ihrer Zeit mitschwammen. Sie feierten den Sedanstag, pflanzten Bismarck-Eichen und Wettin-Eichen – zur 800-Jahr-Feier des Hauses Wettin, des sächsischen Herrscherhauses –, beteiligten sich an den Schiller-Feiern 1905 und an der Feier des Völkerschlachtdenkmals, und in den Annalen des Ur-Schrebergartens ist mit Stolz der Besuch des sächsischen Königs Albert im Jahre 1898 verzeichnet. «Sehr hübsch. Eine schöne Einrichtung. Diese Gärtchen geben gewiß viel Freude», erklärte Majestät, und der Vereinsvorsitzende William Kreyß, ein Fabrikant, erwiderte devot, ganz beiläufig die ideelle schrebergärtnerische Metaphorik benutzend: «Gewiß, Majestät. Für jeden Besitzer ist so ein Gärtchen ein kleines Eden und wird mit unermüdlichem Fleiß gehegt und gepflegt.»[12]

IV.

Schrebergärten sind Kleingarten-Vereine, aber nicht alle Kleingarten-Vereine sind Schrebergärten. Sieht man auf das Kleingartenwesen in seiner ganzen Breite, so bilden die Schrebergärten nur die historisch gewichtigste Form einer seiner Richtungen – ihrer bürgerlichen, lebensreformerischen Gattung. Zu ihr gehören vor allem jene Kleingärtner-Anlagen, die aus der Naturheilbewegung hervorgegangen sind. Auch bei ihnen, die die Rückkehr zu einer natürlichen Lebensweise verfechten, verbinden sich ideelle und praktische Motive – eine «Menge Bücher» und «eine hölzerne Sitzbadewanne» werden dem «Verein für naturgemäße Gesundheitspflege und arzneilose Heilkunde» im erzgebirgischen Aue bei seiner Gründung 1868 als Patengeschenke überreicht;[13] ein paar Jahrzehnte später legte er Schrebergärten an. Davon unterscheiden sich die Berliner Laubenkolonien ebenso wie die sogenannten Arbeitergärten vom Roten Kreuz. Ungleich stärker als die Schrebergärten sind sie herausgewachsen aus der Not und dem Elend, in das die Industrialisierung große Teile vor allem der Arbeiterschaft stürzte; demgemäß steht für sie der soziale und sozialpolitische Zweck im Vordergrund. Bezeichnenderweise haben sowohl die Laubenkolonien wie die Arbeitergärten ihren Ursprung in Berlin, das in diesen Jahrzehnten zur Metropole heranwächst und zu einem Brennpunkt der sozialen Probleme wird.

An diesem Ursprung ändert nichts, daß die Berliner Laubenkolonien und ihre Bewohner, die Laubenpieper, inzwischen zu einem gemüthaften, folkloristischen Versatzstück des Bildes geworden sind, das die Stadt von sich kultiviert – in Bonner Regierungszeiten hieß der Sommer-Empfang der Berliner Landesvertretung Laubenpieperfest, und die sommerlichen Einladungen eines langjährigen Senators in seinen Kleingarten gehörten in Berlin zu den Höhepunkten des gesellschaftlichen Lebens. Es ist das Berlin der Mietskasernen und des Schlafburschen-Elends, der Zille-Zeichnungen und der Bodenspekulation, das die Laubenkolonien hervorgebracht hat. Am Anfang standen die sogenannten Pflanzer, die auf Pachtland Kartoffeln und Gemüse anbauten, um ökonomisch zu überleben. Und es war die nach 1872 in Berlin ausbrechende Wohnungsnot, die die eigentliche Ursache dafür wurde, daß sich die Laubenkolonien massiv ausbreiteten. Ihre Zahl stieg sprunghaft: Um 1880 zählte man etwa 2500 Pflanzer, von der Mitte der neunziger Jahre bis in das erste Jahrzehnt des 20. Jahrhunderts rund 40 000. Die Laubenkolonien entstanden im Einzugsgebiet der wachsenden Großstadt, im Wettlauf mit der Bodenspekulation, wie überhaupt kommerzielle Interessen bei ihrer Entstehung eine wichtige Rolle spielten. Generalpächter vergaben die Grundstücke und unterhielten in den Kolonien zugleich Kantinen, um Schnaps und Bier zu verkaufen – was dazu beitrug, den proletarischen Charakter der Laubenkolonien durch lumpenproletarische Züge zu ergänzen.

Dagegen waren die Arbeitergärten des Roten Kreuzes getragen vom sozialreformerischen Bemühen der staatstragenden Schichten. Ihr Anreger war ein Geheimer Regierungsrat – Alwin Bielefeldt, tätig im Reichsversicherungsamt, der bei der Pariser Weltausstellung 1900 die französischen Arbeitergärten kennengelernt hatte. Die ersten Gärten entstanden 1901 in Charlottenburg, dem damals noch nicht eingemeindeten Berliner Stadtteil. Sie wurden dem Vaterländischen Frauenverein angegliedert, und obzwar Bielefeldt befand, die deutschen Gartenvereine erforderten – im Unterschied zu den französischen – die «tatkräftige Mitarbeit und finanzielle Unterstützung vom Gartenbesitzer, wie sie dem deutschen Arbeiter, der keine Gnadengeschenke will, nach seiner ganzen Lebensauffassung zuzumuten ist»[14], beruhte die Verwaltung doch auf dem Patronatswesen, und die Mitglieder wurden nach politischen und sozialen Kriterien ausgewählt. Vorsitzende waren Honoratioren, im Falle des ersten Charlottenburger Gartens die Frau des damaligen preußischen Innenministers Georg von Rheinbaben, und die Vorsitzende aller Vaterländischen Frauenvereine war niemand geringeres als die deutsche Kaiserin Auguste Victoria.

Wenn sich gleichwohl im allgemeinen Sprachgebrauch der Begriff Schrebergarten für alle Kleingärten eingebürgert hat, so hat das seine Berechtigung darin, daß zumindest im öffentlichen Bewußtsein der Gedanke der Schrebergärten die stärkste Ausstrahlung gehabt hat. Insofern überschattet die Leipziger Gründung mit all ihren Ober- und Untertönen, mit ihrem lebensreformerischen Ansatz wie dessen Verbürgerlichung, ja Ver-Kleinbürgerlichung in der Praxis auch jene Kleingarten-Gründungen, in denen sich die sozialpolitischen Auseinandersetzungen der Zeit niedergeschlagen haben: sei es, daß sie sich im Kontext der sozialen Emanzipationsbewegungen verwirklichten, sei es, daß sie im Rahmen einer konservativ inspirierten Sozialreform Gestalt gewannen, sei es «von unten», sei es «von oben», wie es die kleingärtnerische Linke auch ausdrücklich formulierte.[15] In diesem Sinne kann man in den

Laubenkolonien vielleicht die proletarische Wurzel der Kleingärten sehen, in den Arbeitergärten vom Roten Kreuz den patriarchalischen Weg. Vollständig wäre aber das Bild der deutschen Kleingarten-Landschaft damit noch nicht. Auf den beim Eisenbahnbau übriggebliebenen Flächen entstand die «Eisenbahner-Landwirtschaft» – zuerst mit Unterstützung der preußisch-hessischen Staatsbahnen, dann der Reichbahn; sie organisierte sich 1920 in einem eigenen Verband und besteht nach wie vor. Auch eine Reihe von Firmen errichtete Kleingartenanlagen – die Leipziger Maschinenfabrik Karl Krause bereits 1892, Alfred Krupp in Essen 1895.

V.

Verändern sich Kleingärten? Leisten sie dem Wandel der Zeitläufte ihren Tribut? Hält man sich an historische Fotografien von Kleingärten, so hat sich ihr Charakter in den rund hundert Jahren ihres Bestehens nicht wesentlich verändert. Fast könnte man meinen, die Zeit gehe an ihnen vorbei. Es paßt dazu, daß es zum Selbstverständnis des Kleingartenwesens gehört – und zu dem Bild, das sich die Öffentlichkeit von ihm macht –, daß es unterhalb der großen politischen Strömungen existiert und von den gesellschaftlichen Auseinandersetzungen nur gestreift wird. Sofern die Welt des Gartenstolzes und des Vereinslebens eine politische Seite hat, erfüllt sie sich in der Tat im Verbandsleben mit Mitgliedsverbänden und Bundesverband, Kleingartentagen und Vorstandswahlen, von den Fragen des Kleingarten- und Vereinsrechts abgesehen. Aber natürlich grenzt diese kleine Welt immer an die große. Sie bewegt sich im Spannungsbogen von Zeit und Idylle, zwischen Aufschwüngen – vor allem in Zeiten des Mangels, also den beiden Weltkriegen – und der Verteidigung gegen Stadt-Wachstum und Verkehrsausbau, zwischen Politikferne und Politik-Versuchung. Ein Kleingarten ist ein Kleingarten und bleibt es im großen und ganzen im Wandel der Zeiten, aber der Zeitgeist weht darüber hin.

Die sozialen Konflikte haben sich bereits der Entstehungsgeschichte des Kleingartenwesens eingeprägt, ablesbar nicht zuletzt an der Verbandsbildung. Noch im Namen des ersten Gesamtverbands, des «Zentralverbands deutscher Arbeiter- und Schrebergärten», der, dem Zug der Zeit zur Bildung von Großorganisationen entsprechend, 1909 gegründet wird, zeichnet sich die Differenz zwischen den paternalistischen Reformunternehmen der Arbeitergärten und den bürgerlichen Schrebergarten-Vereinen ab. Die Berliner Laubenkolonisten-Vereine schlossen sich dem neuen Verband übrigens nicht an, weil sie ihn im Schlepptau der Sozialpolitiker des Obrigkeitsstaates sahen. Erst nach der Erschütterung des Ersten Weltkriegs kommt ein Reichsverband zustande – übrigens auf Initiative jener Berliner Laubenkolonisten, die 1909 nicht mit von der Partie sein wollten. Zumindest zu Anfang der Weimarer Republik klopfte die politische Öffnung mit ihren turbulenten politischen

Frontbildungen und stürmischen Bewußtseinsveränderungen auch an das Tor der Kleingarten-Welt. «Proletarisch-demokratische oder bürgerlich-patriarchalische Kleingartenbewegung?» heißt die Forderung auf dem ersten Reichskleingärtnertag 1921.[16] Die Gegner solcher Alternativen sprechen von «Organisationswut» und warnen vor der «Riesendummheit einer politischen Kleingärtnerbewegung». Wie solle man einen Kleingartenverein politisch führen, «der aus zehn Kommunisten, dreißig Unabhängigen, vierzig Mehrheitssozialisten, zwanzig Demokraten und fünfzehn weiter Rechtsstehenden zusammengesetzt ist»?[17] Die Kleingarten-Bewegung bleibt übrigens unpolitisch – beim zweiten Reichskleingärtnertag ein Jahr später wird in der Satzung in § 1 die «Fernhaltung parteipolitischer und konfessioneller Bestrebungen» beschlossen.

Vor allem streift der Zug zur Modernität, der zu Weimars besten Zügen gehört, auch die Kleingärten und die Kleingartenbewegung. Sie wird in diesem Jahrzehnt, in dem die Massenphänomene die Gesellschaft zu beherrschen beginnen, mit 400 000 organisierten Mitgliedern selbst zu einer Massenerscheinung. Sie beginnt sich der Instrumente der Werbung zu bedienen, ein Film *Land in Sonne* entsteht, der Berliner Rundfunk richtet Sendereihen ein. Im reformerischen Klima der Weimarer Republik werden die Schrebergärten, gefördert von einer einsichtigen Bürokratie, propagiert als ein «wichtiger Faktor der Volksgesundheit und der Volkserziehung, vor allem aber der Jugenderziehung».[18] Insofern steht das Kleingartenwesen durchaus im Kontext der Schul- und Bildungsreformen, von Stadt- und Landschaftsplanung, Siedlungswesen und Gartenstadt-Bewegung, von progressiver Kommunalpolitik und den Bemühungen um eine zeitgemäße Infrastruktur, die in den zwanziger und dreißiger Jahren das Bild des öffentlichen Lebens nachhaltig prägen. Zugleich bleibt es im Bann des fortdauernden Traditionalismus, der die andere Erkennungsfarbe der Weimarer Republik ist: Ein Kleingarten bleibt ein Kleingarten, und mit der Apotheose der «Idealgestalt des Dr. Schreber», der «heute Gemeingut der deutschen Kleingärtnerschaft» sei, holt Heinrich Förster, der Präsident des Reichsverbandes, gleichsam den Ursprungsmythos zurück in die Epoche.[19]

Im Dritten Reich geraten natürlich auch die Kleingärtner unter den Druck der Politisierung – ihre Verbände werden gleichgeschaltet, ein Reichsführer nebst einem Emblem mit Reichsadler und Hakenkreuz wird ihnen verordnet, die Selbstverwaltung gemäß dem Führerprinzip umgestaltet und die offiziösen Verlautbarungen mit der einschlägigen Terminologie durchtränkt. Ob und wie weit der Nationalsozialismus die Kleingärten, über denen zweifellos auch Hakenkreuzfahnen geweht haben, verändert hat, ist schwer zu sagen. Massiv in sie eingegriffen hat jedenfalls der Zweite Weltkrieg, in dem sie rigide in die «Erzeugungs- und Ernährungsschlacht» eingegliedert wurden. Andererseits haben sie in dieser Zeit – in der ihre Zahl massiv zunimmt – ihre Rolle als Rückzugszone des bürgerlichen Lebens besonders nachdrück-

Der in Schrebergärten aufgeteilte Tiergarten (1945)

lich gespielt. Das gilt natürlich für die Ernährung der hungernden Großstadt-Bevölkerung, aber auch in bezug auf den Druck der Diktatur – bis hin zum Untertauchen von Juden in den weitflächigen Laubenkolonien, für das es zumindest in Berlin Beispiele gibt. Andererseits bot das Kleingartenwesen zumindest in seinem Selbstverständnis dem Dritten Reich auch eine offene Flanke. Wenn der Architekt der Kleingarten-Musteranlage Rehberge in Berlin 1937 sein Werk beschreibt – eine Initiative ganz aus dem Geist der Weimarer Republik –, gerät er wie von selbst in die Nähe des Vokabulars aus dem «Wörterbuch des Unmenschen». Gefordert wird da ein «einheitlicher Wille», von dem alle Kleingärtner «beseelt» sein müßten, die «Zurückstellung des eigenen Ichs», denn die echten Kleingärtner zeichnen sich dadurch aus, daß sie «in der Verbindung mit dem Boden die Erfüllung ihrer Sehnsucht finden» anstatt nur in der «Befriedigung eigner egoistischer Gedanken». Und natürlich haben alle Kleingärtner «Diener des Volksganzen» zu sein.[20]

Tiefer als alle Epochen vorher dürfte das Kleingartenwesen die Nachkriegszeit mit ihrer großen Transformation aller Lebenswelten verändert haben. Natürlich haben ihm die Festredner die einschlägigen Lobsprüche dargebracht. Aber die rasante Verstädterung, Technisierung und Motorisierung, Komfort-Denken und Freizeitgesellschaft haben das Kleingartenwesen in die Defensive gedrängt. Es hat an Boden verloren, im wörtlichen und übertragenen Sinne. Dem Ringen mit der Expansion der Städte, die immer mehr Kleingartenanlagen verdrängt, entspricht die Marginalisierung durch den Wandel der Gesellschaft, ihrer Werte und Lebensformen. Mobilität und Individualisierung machen die Kleingärten zu reinen Erholungs- und Freizeitgärten, ändern die soziale Schichtung der Besitzer und untergraben das Gemeinschaftsleben. Andererseits werden immer einmal wieder neue Aufschwünge des Kleingartenwesens gemeldet, zumeist im Einklang mit den Zyklen des Zeitgeistes, der nach Grün und Rückzug verlangt. Selbst den Proteststimmungen der späten sechziger und siebziger Jahre hat das Kleingartenwesen seinen Tribut geleistet – mit einer Debatte über Vorzüge und Nachteile von alternativen, «wilden» Gärten, an der Spitze der damalige Innenminister Baum, der, zuständig für Umweltschutz, auf dem Wildwuchs in seinem Garten bestand, gegen die Satzung des Kleingartenvereins, dem er angehörte.

Eine Ausnahme machte die DDR, obwohl auch dort das Kleingartenwesen zunehmend unter dem Druck des Wohnungsbaus stand. Ungeachtet der staatlichen Reglementierung, die den Kleingärtnern unablässig ihren Beitrag zum Aufbau einer sozialistischen Gesellschaft abnötigte, und ihrer Ausrichtung auf die Verbesserung der Versorgungslage wurden die Kleingärten zu einem Eckstein jener DDR-Gesellschaft, die sich im System, unterhalb von ihm, zum Teil auch gegen es etablierte. Auf dem Boden, auf dem die Schrebergartenbewegung historisch gewachsen ist, in Berlin und Mitteldeutschland, erwiesen sich die Kleingärten als die ideale Verwirklichung des Nischen-Prinzips, das die innere Verfassung der DDR kennzeichnete. Kleingärten und Kleingarten-Anlagen, Kleingartensparten genannt, wurden zum Korrektiv einer gedrückten Gesellschaft, teils als «grüne menschliche Kuschelecke, wo man fernab von hochgedrehter Politpropaganda seinen vergleichsweise sehr bescheidenen Hobbys und Neigungen frönen konnte»[21], teils als Produzenten, die dem notorischen Mangel an Obst und Gemüse abhalfen, aber auch mit den Vereinshäusern, die für das notleidende Gaststättenwesen in die Bresche sprangen. Mit weit über einer Million Mitgliedern – bei einer Bevölkerung von 16 Millionen – wurde die DDR zu einer «Republik der Kleingärtner». Aber das Kleingartenwesen reproduzierte auch das spezifische Arrangement von zurückgenommener Privatheit und doktrinärer Staatlichkeit, von Nischenexistenz und ideologisch ausgelaugter Herrschaft, das typisch für die DDR war. In diesem Sinne kann man die DDR in der Tat als eine «umfassende Kleingartenanlage» bezeichnen.[22]

Mit der deutschen Vereinigung dürfte das der Vergangenheit angehören. Vielleicht hat es also seinen tieferen Sinn, daß das deutsche Kleingartenmuseum – über den historischen Bezug hinaus, den der Ur-Schrebergarten bietet – seinen Platz in der ehemaligen DDR gefunden hat.

Hagen Schulze

Versailles

I.

Versailles: soviel glänzend verdecktes Elend, soviel blutig erkaufter Glanz; Frankreichs, Deutschlands, Europas Ruhm und Menetekel. Das Schloß dieses Namens, in einem sumpfigen Waldgelände südwestlich von Paris gelegen, seit 1682 königliche Residenz und offizieller Regierungssitz, war von Anfang an mehr als die Behausung Ludwigs XIV. und seines Hofstaats: Versailles war ein politisches Manifest. Die prächtige Kulisse verkündete der Welt den betäubenden Ruhm des Alleinherrschers, der sich in der überwältigenden Architektur, in der verschwenderischen Ausschmückung, in der einschüchternden Strenge des Hofzeremoniells ausdrückte: das Sonnenschloß, von dem aus Europa nach dem Willen des Königs erleuchtet werden sollte.

Der Ruhm des Königs sprach aber nicht nur aus der Pracht seiner Umgebung, nicht nur aus der Förderung der Künste und des Handwerks, nicht nur aus den weisen Maßnahmen seiner Regierung, sondern vor allem anderen aus seinen kriegerischen Taten. Der Ruhm der barocken Herrscher Europas erfüllte sich auf dem Schlachtfeld – wieviel mehr galt dies für die *Gloire* des Sonnenkönigs, der in allem und jedem Vorbild für die Könige seiner Zeit sein mußte. Er selbst hat gestanden, um des Ruhmes willen mitten im Frieden die Welt in Flammen gesetzt zu haben, und er war es auch, der die Glorie des Schlosses mit der des Krieges verband. Die Gesandten der europäischen Mächte hatten auf dem Weg zur Audienz beim König den *escalier des ambassadeurs* zu ersteigen, die Treppe der Botschafter, um anschließend den Spiegelsaal zu durchqueren, 73 Meter lang und zehn Meter breit, von einschüchternder Pracht und ausgemalt mit allegorisch überladenen Szenen aus den Kriegen Ludwigs XIV. gegen Holland, Spanien und gegen das Reich. Ludwig nahm für sich den Vorrang vor allen übrigen Kronen Europas, selbst der des Kaisers, in Anspruch, und die Bildprogramme der Deckengemälde der Botschafterstiege und des Spiegelsaals drückten diesen Anspruch mit unübertroffenem Hochmut aus. Man sah den sündigen Stolz der auswärtigen Mächte Holland, Spanien und Reich allegorisch verkörpert, auf der anderen Seite ihre Züchtigung durch Ludwig: Der König entschließt sich zum Krieg, der König ruft seine Armeen auf, der König plant den Kriegszug, der König häuft Sieg auf Sieg, überschreitet den Rhein, erobert die Freigrafschaft Burgund, nimmt holländische Städte ein, gewährt schließlich einen strengen und gerechten Frieden. Keine Frage: Versailles war Ludwigs steingewordene Herausforderung an Europa.

Die Glorie der königlichen Kriege setzte sich auch nach der Vollendung der militärischen Ausmalung des Schlosses fort, eine harsche Provokation nach der anderen: die Reunionskriege, mit denen Städte im Elsaß und Lothringen gewaltsam der Krone Frankreichs unterworfen wurden, die Einnahme Straßburgs 1681, ohne jeden Rechtstitel, und dann der pfälzische Krieg 1688 bis 1697, mit dem Ludwig die unhaltbaren Erbansprüche seiner Schwägerin auf die Pfalz gewaltsam durchzusetzen suchte und, als dies gegen eine gegnerische Koalition scheiterte, auf dem Rückzug Stadt für Stadt systematisch zerstören ließ – im Gedächtnis der Bevölkerung blieben vor allem die Sprengung des Heidelberger Schlosses und die Schändung der Kaisergräber in Speyer. Auf deutscher Seite regte sich angesichts dieser Übergriffe ein früher Reichspatriotismus; die habsburgische Propaganda verstand es, in heftigen Schmähschriften die Irrtümer Ludwigs XIV. und die blutigen Ausschreitungen seiner Soldateska öffentlichkeitswirksam anzuprangern – Ludwig war «der das Französische und das Heilige Römische Reich verderbende grausame Greuel und Abgott», die «Geißel Gottes», «Aller Unchristlicher Franzosen König» oder – angesichts der als besonders empörend empfundenen Verbindung französischer mit osmanischen Interessen im Kampf gegen das Reich – der «Allerchristlichste Großtürk», der sein Land zur «französischen Türkei» unterwerfen und im Bündnis mit dem Sultan ganz Europa unterjochen wollte.[1]

Die Pracht von Versailles, die alle Welt faszinierte und in den Residenzen von Neapel bis St. Petersburg, von Wien bis Berlin Nachahmer fand, stellte sich als die Kehrseite der ruinösen Kriege dar, die der Sonnenkönig gegen Europa geführt und verloren hatte; für die Kosten mußte noch Ludwig XVI. hundert Jahre danach auf dem Schafott zahlen. Versailles stand für vergiftete Erinnerungen – zumindest scheint uns das so im Licht der Kenntnis dessen, was noch kommen sollte. Aber man darf das publizistische Aufbegehren patriotischer Deutscher, häufig im Dienst der antifranzösischen Koalitionen, gegen Ludwigs brutale Kriege nicht mit einer nationalen Stimmungswelle im Stil des 19. Jahrhunderts verwechseln. Noch gab es keinen deutschen Nationalgeist, der im Zeichen der Wegnahme von Straßburg und der Verwüstung der Pfalz durch die Truppen des Generals Mélac den Erbfeind jenseits des Rheins entdeckte; noch Voltaire hat über ein halbes Jahrhundert später auf einer Reise durch die Pfalz festgehalten, daß die Bevölkerung ihn überaus freundlich aufgenommen habe. Die Reiseberichte deutscher Versailles-Besucher des 18. Jahrhunderts strotzten keineswegs vor Bewunderung, sie stimmten in aller Regel ein in den europaweiten Chor der Kritik am französischen Königshof, aber die kriegerischen Wand- und Deckengemälde fielen nicht einem einzigen Touristen auf. Trotz der Propagandaflut gegen den Sonnenkönig und dessen Kriegführung – die übrigens auch Gegner der königlichen Außen- und Innenpolitik innerhalb Frankreichs auf den Plan rief – blieben Frankreich, Paris, Versailles die Mitte europäischer Zivilisation.

II.

Versailles, nach dem Tod des Sonnenkönigs Chiffre für den morbiden Glanz wie für die zunehmende innere Aushöhlung des Ancien Régime, überlebte die Revolution – seit jenem Tag im Oktober 1789, als die Pariser Fischweiber und Nationalgardisten die königliche Familie nach Paris schafften, blieb das Schloß leer und vergessen. Napoleon haßte Versailles, die wiederkehrenden Bourbonen fürchteten den Geist des Schlosses wie die Pest, und erst der Bürgerkönig Louis Philippe hatte die erlösende Idee, aus Versailles ein Nationalmuseum zu machen, gefüllt mit unzähligen Historiengemälden, «à toutes les gloires de la France». An diesem Ort, hieß das, sollten sich all die unterschiedlichen Erinnerungen und Gegenwartsströmungen Frankreichs im Zeichen der Nation zusammenfinden und wiedererkennen; daß die französische Geschichte, schritt man die Gemäldegalerie ab, eine nicht endenwollende Abfolge von militärischen Triumphen darstellte, war ein Zug der Zeit.

Während das Schloß im Dämmerschlaf lag, war jenseits des Rheins ein deutsches Nationalbewußtsein entstanden, mächtig angefacht durch die Kriege und Besetzungen Napoleons; Deutschland und Frankreich, so hatten die Propagandisten der Freiheitskriege von Ernst Moritz Arndt bis Johann Gottlieb Fichte dem national gestimmten Bürgertum eingeredet, waren seit jeher Erzfeinde gewesen, womit die Leiden und Triumphe der Gegenwart ohne weiteres auf die Vergangenheit übertragen wurden. «Der Rhein, Deutschlands Fluß, nicht Deutschlands Grenze», wie Arndt erklärt hatte, war der Schicksalsstrom, um den seit der Teilung des karolingischen Reichs die feindlichen Brüder Deutschland und Frankreich die Jahrhunderte hindurch ihre Kriege geführt hatten. Die Erinnerung an die «Raubkriege» Ludwigs XIV. besaß ihren besonderen Stellenwert in diesem Geschichtsbild: «Welche Empfindungen die französischen Greuel in ganz Deutschland erregten», so 1845 der Heidelberger Historiker Ludwig Häusser, «bezeugen die vereinzelten Ausbrüche eines tiefen Franzosenhasses, der nur leider in jenen Tagen nicht so zur Erhebung der Nation genutzt worden ist, wie dies gleichzeitig in England und Holland geschah [...].»[2] Das Ressentiment überkam selbst einen distanziert urteilenden Beobachter wie den jungen Bismarck: «Der Besuch von Heidelberg, Speyer und der Pfalz stimmte mich rachsüchtig und kriegslustig.»[3]

Das aufgebrachte nationale Selbstgefühl urteilte mit Vorliebe moralisch, und das um so mehr, als schon seit der Wiederentdeckung der «Germania» des Tacitus im 15. Jahrhundert der westliche Nachbar als den Deutschen moralisch-sittlich unterlegen galt. Die Verwüstung des Rheinlandes durch die Generäle des Sonnenkönigs schien aus dieser Perspektive notwendige Folge der Verwüstung der Sitten am Versailler Hof zu sein – Versailles, so drückte es der Schauspieler Ludwig Devrient 1846 aus, «ist der Brennpunkt der sogenannten glorreichen Zeit, in welcher alle sittliche und politische Scheußlichkeit ihren Gipfel erreicht hatte. Alle die gränzenlosen Leiden, die Frankreich seitdem erduldet, ich sah sie im Geiste als lange entsetzliche Züge von Höllengeistern von diesem Lustreviere aus sich nach allen Richtungen hin verbreiten, die heiligsten Verhältnisse vergiften, und mit den Stacheln des gräulichsten Übermuthes ein heitres Volk in reißende Tiere umwandeln. Kann man es denn ohne die tiefste Empörung sehen, wie der glorreiche König sich in Gestalt des Sonnengottes in Marmor abbilden läßt, umgeben von seinen vier Hauptmaitressen, während seine Soldaten die deutschen Gränzländer mit systematischer Barbarei verwüsten?»[4]

III.

Eigentlich hatte das, was sich am 18. Januar 1871 im Spiegelsaal des Schlosses von Versailles abspielte, mit dergleichen Reminiszenzen wenig zu tun. Die Armeen der verbündeten deutschen Staaten waren auf die französische Kriegserklärung vom 19. Juli 1870 hin nach den großen Umfassungsschlachten von Metz und Sedan bis vor Paris vorgedrungen, das sie nun belagerten. Das deutsche Hauptquartier befand sich deshalb in Versailles, weit genug von der französischen Hauptstadt entfernt, um nicht von dort aus beschossen zu werden, aber dennoch in guter Beobachtungsposition. Da sich neben den militärischen Stäben auch der preußische König Wilhelm I., der Kronprinz sowie der Kanzler des Norddeutschen Bundes Otto von Bismarck im Hauptquartier zu Versailles befanden, spielte sich hier auch ein Teil der politischen Entscheidungen ab, die zur Gründung des Deutschen Reiches führten. Nachdem Prinz Leopold von Bayern in Versailles das Schreiben seines Neffen König Ludwigs II. übergeben hatte, in dem der König von Preußen im Namen aller deutschen Fürsten und Freien Städte aufgefordert worden war, das Präsidium des künftigen Deutschen Reiches unter dem Titel eines Deutschen Kaisers wahrzunehmen, hatte am 18. Dezember 1870 auch eine Delegation des Norddeutschen Reichstags dem König von Preußen im Namen der deutschen Nation die Annahme der Kaiserwürde angetragen. Indem Wilhelm I. beide Anträge annahm, waren die notwendigen Voraussetzungen dafür geschaffen, daß die Verfassung des Deutschen Reichs mit dem Neujahrstag 1871 in Kraft trat.

Die Kaiserproklamation vom 18. Januar 1871 war verfassungsrechtlich ohne Bedeutung; es ging lediglich um eine zeremonielle Bestätigung des Kaisertitels. Daß die Zeremonie gerade zu diesem Datum stattfand, hatte nur indirekt mit der Königskrönung des brandenburgischen Kurfürsten Friedrichs III. am 18. Januar 1701 zu tun; auf diesen Tag fiel das alljährlich begangene Fest vom Orden des Schwarzen Adlers, und preußisch-pragmatisch beschloß man, die Gelegenheit für eine Kaiserproklamation zu nutzen. Viele der Eingeladenen wußten deshalb gar nicht, was auf sie wartete, als sie am Morgen des 18. Januar den Spiegelsaal des Schlosses von Versailles betraten. Auch die Wahl des Ortes war von schlichten Nützlichkeitserwägungen diktiert – es war der größte Saal, den man in Versailles bekommen konnte, auch die Delegation des Reichstags war hier empfangen worden; ansonsten diente der Spiegelsaal als Lazarett. Im übrigen war dem königlichen Hauptakteur die Zeremonie unbehaglich, er wollte sie so schnell wie möglich hinter sich bringen und glaubte, mit ihr werde das alte Preußen zu Grabe getragen. Im preußischen Offizierkorps teilte man diese Sicht in aller Regel und dachte gar nicht daran, die Ausrufung des Kaisers für besonders wichtig zu halten: «Es war sehr feierlich, mir aber wehmüthig zu Muth bei dem Tode des schönen Königthums», so Generalleutnant Leonhart Graf von Blumenthal in seinem Tagebuch[5], und dem Oberstleutnant Paul Bronsart von Schellendorff fiel am Vortag dazu ein: «Morgen ist hier großer Mummenschanz, d. h. es soll der Deutsche Kaiser proklamiert werden», und während der Zeremonie selbst fiel ihm hauptsächlich auf: «Der improvisierte Altar stand einer nackten Venus gegenüber, ein allerdings im Schloß von Versailles schwer zu vermeidendes Verhältnis.»[6]

Andere sahen die Ereignisse vom 18. Januar allerdings mit völlig anderen Augen. Für sie mag der Kronprinz stehen, der in direktem und offenem Gegensatz zu seinem Vater Kaiser und Reich über das preußische Königtum stellte, er betrachte, schrieb er, «das heutige Kaisertum als dasselbe, welches seit mehr als tausend Jahren in Deutschland bestanden und nur seit der im Jahre 1806 erfolgten Abdankung Kaiser Franz II. solange geruht hat, bis es jetzt, nach 65jährigem Interregnum [...] wiederhergestellt worden ist».[7] Kein Wunder, daß Kronprinz Friedrich Wilhelm die Kaiserproklamation zu Versailles in großer Perspektive wahrnahm: «Ich ließ meine Blicke während eines Teils der Feier über die Versammlung und an die Decke schweifen, wo Ludwigs XIV. Selbstverherrlichungen, riesig in Allegorien und erläuternden, prahlenden Inschriften abgebildet, namentlich die Spaltung Deutschlands zum Gegenstand haben und fragte mich mehr als einmal, ob es denn wirklich wahr sei, daß wir uns in Versailles befänden [...].»[8] Auf diesen Tenor war auch die Predigt des Schloßpredigers Bernhard Rogge gestimmt, dessen Ausführungen eher eine Strafpredigt gegen Ludwig XIV. als eine Festpredigt für Wilhelm I. darstellten und in den Worten gipfelten: «In dem heutigen Werke sehen wir die Schmach gesühnt, die von dieser Stätte und von diesem Königssitze aus dereinst auf unser deutsches Volk gehäuft worden ist.»[9] Rache für den Raub Straßburgs und die Zerstörung der Pfalz – dieses Gefühl findet sich in den Selbstzeugnissen der meisten Teilnehmer, wobei mancher sich von den Deckengemälden Le Bruns zu chauvinistischen Betrachtungen anregen ließ; über dem Kopf Wilhelms I. «sah man den jugendlichen französischen König thronend, aufblickend zu der Götterschar des Olymp, von denen Merkur hinüberfliegt zu drei Frauengestalten, den Sinnbildern der Nachbarreiche Deutschland, Spanien und Holland, ihnen allen die Selbstherrlichkeit Ludwigs XIV. anzukündigen».[10]

Das war eine relativ gemäßigte Stimme; den meisten Betrachtern erschien das Bildprogramm an der Decke des Spiegelsaals ausschließlich als hochmütige Unterwerfungsgeste gegen Deutschland; daß die Darstellung von Ludwigs Rheinübergang nichts mit Deutschland, sondern mit dem holländischen

Anton von Werner: Kaiserproklamation im Spiegelsaal von Versailles

Feldzug von 1672 zu tun hatte, bemerkte niemand. Mit zunehmendem Abstand von der Festlichkeit nahm auch die Grobschlächtigkeit des Urteils zu; ein national entflammter Oberleutnant, der in den hintersten Reihen das Geschehen verfolgte, notierte geradezu: «Die Wiederaufrichtung des Deutschen Kaiserreichs gerade hier in dem Versailler Schloß, das jetzt von deutschen Uniformen angefüllt war, als Wahrzeichen der Rache, die Deutschland für mehrhundertjährige Unbill nahm, als Kennzeichen der Siege, durch die wir das von Ludwig XIV. geraubte Straßburg wiedererwarben.»[11]

Daß dergleichen Gefühle nicht auf die Anwesenden beschränkt blieben, dafür sorgten die Zeitungskorrespondenten, die ein national hochgestimmtes Publikum in Deutschland zu bedienen hatten. Die Gazetten der neuen Reichshauptstadt waren sich einig in der Genugtuung darüber, daß die deutsche Einheit ausgerechnet «in dem Schlosse Ludwigs XIV., in dem alten Centrum einer feindlichen Macht» verkündet worden war, wobei die patriotische Predigt des Hofpredigers Rogge mit ihren «großartigen geschichtlichen Vergleichen» bewundernde Erwähnung fand.[12] Andere Journalisten fanden heraus, daß die Zerstörung des Heidelberger Schlosses durch die Truppen des Generals Mélac an einem 18. Januar begonnen worden war, und zogen die verwegensten historischen Parallelen. Wirkungsvoller als die Zeitungsartikel waren aber die Bilder, namentlich jenes Malers, dessen Gemälde von der Kaiserproklamation die Imagination der Deutschen vom Bismarckstaat wahrscheinlich bis heute in erster Linie bestimmt: Anton von Werner. Die bekannteste erste Fassung seines Gemäldes, millionenfach reproduziert und in jedem deutschen Schulbuch abgedruckt, gibt sämtliche Details der Deckenbemalung wieder, um hervorzuheben, daß der Jubel der Fürsten und Offiziere nicht nur dem König von Preußen, sondern auch der Überwindung des französischen Erbfeindes galt.

So wurde die Kaiserproklamation im Spiegelsaal zu Versailles auch von französischer Seite aus gesehen. Die Ausrufung des Deutschen Kaisers an einem der heiligsten Orte des Geschichtsbewußtseins Frankreichs – nicht umsonst war das Schloß «à toutes les gloires de la France» gewidmet –, verbunden mit der militärischen Katastrophe und der Einkreisung von Paris durch den Feind, setzte ein tiefes Trauma im nationalen Gedächtnis. Die Kaiserproklamation wirkte aus französischer Sicht wie ein plumper, höhnischer Triumph, als «eine Art politischer Vergewaltigung des nationalen Kulturguts».[13] Auf die deutsche Rache folgte fast unvermeidlich die französische Revanche: ein Gewebe von triumphalen und demütigenden Erinnerungen, Legenden und Symbolen, an dem Generationen Deutscher und Franzosen gewirkt hatten, ein europäisches Leichentuch, zu dem nur der Saum noch fehlte.

Lazarett im Spiegelsaal von Versailles

IV.

Ein halbes Jahrhundert und einen Krieg später: Am 28. Juni 1919 entstiegen auf dem Bahnhof von Versailles zwei graugekleidete Herren dem Zug, wurden hastig von französischen Gendarmen in ein geschlossenes Automobil verfrachtet, um zum nahen Schloß gefahren zu werden, durch ein Spalier johlender, fäusteschüttelnder Zuschauer. Es waren der deutsche Reichsaußenminister und Parteivorsitzende der Sozialdemokratie, Hermann Müller, und der der Zentrums-Partei angehörende Reichspostminister Johannes Bell, die es auf sich genommen hatten, die letzte und schwerste Folgerung aus einem verlorenen Krieg zu ziehen. Im Spiegelsaal drängten sich bereits mehr als tausend Menschen, am einen Ende die Presse, am anderen die Angehörigen der alliierten Delegationen. In der Mitte – dort, wo einst Hofprediger Rogge seine Haßpredigt auf Ludwig XIV. gehalten hatte – stand der Tisch, an dem die Unterzeichnung vor sich gehen sollte, dahinter eine hufeisenförmige Tafel; hier hatten die Bevollmächtigten der Entente-Regierung Platz genommen, in der Mitte als Gastgeber Georges Clemenceau, der französische Ministerpräsident. Hoch über seinem Kopf allegorischer Prunk, die Siege Ludwigs XIV. glorifizierend. Harold Nicolson, Mitglied der britischen Delegation, berichtet: «‹Faites entrer les Allemands›, sagt Clemenceau in die Stille hinein. Seine Stimme klingt wie von weither, aber scharf durchdringend. Dann wieder Totenstille. Durch die Tür am Ende des Saals erscheinen zwei Huissiers mit Silberketten. Sie marschieren im Paradeschritt. Hinterdrein kommen vier Offiziere, ein französischer, ein britischer, ein amerikanischer und ein italienischer. Und dann, abgesondert und bedauernswert, kommen die beiden deutschen Delegierten. Die Stille ist beklemmend. Ihre Schritte auf dem Parkettstreifen zwischen den Savonnerie-Teppichen hallen hohl im Doppeltakt wider. Sie halten die Blicke von diesen zweitausend sie anstarrenden Augen weggerichtet, zum Deckenfries empor. Sie sind totenbleich. Sie schauen nicht aus wie die Repräsentanten eines brutalen Militarismus [...]. Das ganze ist höchst peinvoll.» Dann die Unterzeichnung, eine stundenlange Zeremonie; an die beiden deutschen Unterschriften reihten sich siebzig weitere an, stellvertretend für die siebenundzwanzig Staaten, gegen die Deutschland Krieg geführt hatte. «Wir blieben noch sitzen, während die Deutschen abgeführt wurden wie Sträflinge von der Anklagebank, die Augen noch immer auf irgendeinen fernen Punkt am Horizont gerichtet [...]. Wir reden kein Wort miteinander. Das Ganze ist zu widerlich gewesen.»[14] Andere Berichte lauten ähnlich: Am Abend des 28. Juni 1919 herrschte nicht nur in Deutschland, sondern auch in den Entente-Delegationen Katzenjammerstimmung.

Dabei waren noch ein halbes Jahr zuvor Begeisterung und Zukunftshoffnung in den Siegerstaaten ungetrübt gewesen: Die Welt hatte das erste Mal einen totalen Krieg erlebt, nun sollte der Frieden nicht weniger total werden. Die Staatsmänner der Siegermächte, an erster Stelle der amerikanische Präsident Woodrow Wilson, hatten geplant, die alten und neuen Krisenherde Europas zu entschärfen, Deutschland, den Balkanraum, Osteuropa und Rußland. Auf der Grundlage des Selbstbestimmungsrechts der Völker hatte man ein Netz vertraglicher und institutioneller Garantien schaffen wollen, um den Frieden für alle Zukunft zu sichern und «to make world safe for democracy». Als Krönung des Friedenswerks war ein Weltparlament gedacht, der Völkerbund, der alle Ungerechtigkeiten im Verhältnis der Nationen zueinander ausgleichen und den Frieden gegen die Aggressoren notfalls erzwingen konnte. Nie zuvor waren die Pläne für das Zusammenleben der Völker so weitreichend, so nobel gewesen, nie hatte der ewige Friede so greifbar nahe geschienen.

Auch die Deutschen hatten bei allem Elend, das Kriegsniederlage und innere Wirren mit sich brachten, Grund zur Hoffnung. Zwar predigten namentlich die französischen Militärs und Politiker einen harten Friedensschluß, da man auf den Zerfall des Reichs und Gewinnung der Rheingrenze hoffte, aber da waren Wilsons Versprechungen, die insgesamt einen milden Frieden erwarten ließen – denn da der amerikanische Kriegseintritt den alliierten Sieg ermöglicht hatte, war es nun nicht Sache des amerikanischen Präsidenten, die Friedensbedingungen zu diktieren? Die deutsche Seite wiegte sich in euphorischen Illusionen und überhörte die Warnung des amerikanischen Unterhändlers Oberst Conger: «Deutschland macht seine eigenen Interpretationen der 14 Punkte Wilsons und vergißt dabei, daß die Alliierten den Krieg gewonnen haben.»[15]

Daher starres Entsetzen, als am 7. Mai 1919 die alliierten Friedensbedingungen bekannt wurden: Abtrennung eines Siebtels des Reichsgebiets mit einem Zehntel der Bevölkerung – ein Achtel der Kartoffel- und Getreideernte, ein Viertel der Kohleförderung, die Hälfte der Eisenerzgewinnung waren verloren. Und das war nur der Anfang; hinzu kamen Wiedergutmachungsforderungen in atemberaubender Höhe, Entwaffnungsbestimmungen, die das Reich außerstande setzten, seine Grenzen zu verteidigen, und viele andere schwerwiegende, in diesem Ausmaß nie dagewesene Lasten. «Der Vertrag», rief Reichsministerpräsident Scheidemann vor der deutschen Nationalversammlung aus, «ist unerträglich und unerfüllbar. Welche Hand müßte nicht verdorren, die sich und uns in solche Fesseln legte!»[16] Doch die Alternative hieß Krieg; der aber war längst verloren. Um nicht auch noch die Besetzung und Aufteilung Deutschlands in Kauf nehmen zu müssen, beugte sich schließlich die Mehrheit der Nationalversammlung dem alliierten Druck; Bell und Müller unterschrieben in Versailles nur einen Frieden, den sich der Gegner sonst mit Gewalt geholt hätte – und heute wissen wir, daß die alliierten Staatsmänner erheblich milder gehandelt hatten, als Militärs und die öffentliche Meinung in den Siegerstaaten von ihnen erwartet hatten.

V.

Versailles als Symbol für die deutsche Kriegsniederlage – das war das eigentlich Unheilvolle, mehr noch als der materielle Inhalt des Versailler Vertrags. Gebietsabtretungen, Reparationszahlungen, militärische Beschränkungen: Das kannte man aus früheren Verträgen, das gehörte zur Normalität des Friedensschließens. Daß die Zahlungen an die Siegermächte über die Kraft Deutschlands gingen, traf zwar zu, aber auch, daß diese Zahlungen in der geforderten Höhe bei weitem nicht geleistet werden sollten und daß ihre Auswirkungen auf die wirtschaftliche Lage Deutschlands bei weitem nicht die Rolle spielten, die ihnen aus propagandistischen Gründen beigemessen wurde. Aber schwerer noch wogen aus dem Blickwinkel des deutschen Bürgertums die «Schmachparagraphen»: die «Kriegsschuldlüge», enthalten in dem ominösen Artikel 231 des Versailler Vertrags, der Deutschland und seinen Verbündeten die ausschließliche Schuld am Ausbruch des Weltkriegs gab. Dann war da die Forderung nach Auslieferung der deutschen «Kriegsverbrecher», an ihrer Spitze Wilhelm II., und nicht zuletzt auch – heute schwer zu begreifen – die «Kolonialschuldlüge», die allerdings im Vertragstext selbst nicht vorkam – freilich wurde in der Öffentlichkeit der Siegermächte die Einziehung der deutschen Kolonien mit der angeblich erwiesenen besonderen Unfähigkeit der deutschen Kolonialverwaltung begründet, was in Deutschland als besonders infam empfunden wurde; schließlich hatte die «verspätete Nation» Deutschland ihr kolonialistisches Nachholbedürfnis von Anfang an mit der besonderen deutschen Kulturmission begründet. Nicht von ungefähr gipfelte der Aufruf des Reichskolonialbundes gegen den «Kolonienraub» von Versailles in der emphatischen Frage: «Was wäre die Welt ohne die Taten der deutschen Kolonialpioniere?»[17] Da kaum jemand das umfangreiche Konvolut wirklich gelesen hatte, häuften sich die Stammtischgerüchte über angeblich weitere ehrabschneiderische Bestimmungen des «Schandfriedens» – so hieß es, die Kreuze auf den deutschen Gefallenenfriedhöfen müßten laut Versailler Vertrag schwarz gestrichen werden, und die Naumburger Stifterfiguren, weil Ikonen deutscher kultureller Identität, seien an Frankreich abzuliefern.

Die «Schmachparagraphen» waren der schwerste Fehler, den die Entente-Mächte in ihrem Bestreben begingen, das deutsche Problem für die Zukunft zu entschärfen: Sie beschränkten sich nicht auf sachliche Maßnahmen, sondern suchten ihre Forderungen mit moralischen Argumenten zu untermauern. Wo Handeln nicht zweckrational begründet wird, sondern eines sittlichen Mäntelchens bedarf, da wuchern die Antagonismen, denn zwischen Gut und Böse gibt es keinen Mittelweg. Nun gaben zwar die alliierten Militärs und Politiker der Versuchung nur zu leicht nach, den geschlagenen Feind auch moralisch zu vernichten, waren aber zu schwach, daraus die einzig sinnvolle Konsequenz im Sinne Machiavellis zu ziehen: «Demütige niemanden, den du nicht vernichten kannst.» Als karthagischer Friede war aber Versailles zu weich: Der Vertrag nahm Deutschland zwar für den Augenblick die Großmachtstellung, beließ ihm aber die Möglichkeit, sie künftig wiederzuerlangen.

Damit wurde die Revision von Versailles für jeden deutschen Politiker, von ganz rechts bis zur äußersten Linken, zum politischen Imperativ. Hier lag die einzige wirkliche Gemeinsamkeit aller politischen Kräfte der Republik, das einzige wirkungsmächtige Symbol von Weimar, und das war durch und durch destruktiv. Nicht die politische Gegenwart war es daher, auf die sich allgemeines politisches Handeln richtete, sondern ihre Überwindung, nicht die Zukunft eines demokratischen deutschen Staatswesens in einer freien Völkergemeinschaft, sondern die Wiederherstellung einer in der kollektiven Erinnerung der Deutschen glanzvoll vergoldeten Vergangenheit: eine negative, rückwärtsgewandte Utopie. Die innen- wie außenpolitische Durchschlagskraft des Versailles-Revisionismus war so erfolgreich, weil jedermann dabei ein gutes Gewissen besaß, mochte auch der Friedensvertrag nicht Bestandteil des internationalen Rechts, sondern sogar geltendes Reichsrecht sein: «Wenn jemand von mir bei gefesselten Armen und unter Vorhalten des Revolvers auf die Brust die Unterzeichnung eines Stücks Papier forderte, wonach ich mich verpflichten müsse, in 48 Stunden auf den Mond zu klettern», so hatte bereits Reichsminister Matthias Erzberger anläßlich der Unterzeichnungsdebatte im Reichskabinett erklärt, «so würde jeder denkende Mensch – um sein Leben zu retten – dies unterzeichnen.»[18] Versailles war eine massenwirksame Provokation, die auch demokratisch gesonnene Gemüter veranlaßte, den Fehdehandschuh aufzuheben: «Mein politischer Rat wäre,» meinte Thomas Mann im Hinblick auf die Vertragsunterzeichnung, «es unter Protest und unter jedem moralischen Vorbehalt zu thun und es den Feinden zu überlassen, ob sie eine so gegebene Unterschrift annehmen oder nicht. Wenn nicht, dann nimmt die Allianz immerhin ein schweres Odium auf sich. Wenn ja, so ist ihre Demobilisierung und der Wechsel der geistigen Situation abzuwarten, um den ‹Vertrag› umzustoßen oder nicht zu erfüllen.»[19] Genau so sollte es kommen.

VI.

Der Versailles-Revisionismus reichte allerdings noch weiter – der Vertrag stand für den Haß auf die junge Weimarer Demokratie überhaupt. Der Versailler Vertrag, von links bis rechts stets «Diktat» genannt, was er allerdings auch war, stand für die unbegriffene Niederlage. Alles, was bisher axiomatische Gültigkeit besessen hatte, war jetzt erschüttert: der Glaube an die zivilisatorische Mission des deutschen Volkes, an das Recht Deutschlands auf einen «Platz an der Sonne», an die militärische Überlegenheit der Deutschen. Das in der wilhelminischen Epoche hypertrophierte nationale Selbstbewußtsein hatte sich bis weit in den Krieg hinein bestätigt sehen können: Fast bis zuletzt waren gegen «eine Welt von Feinden», wie man gerne sagte, erstaunliche Siege erfochten worden; daß die letzte und entscheidende Schlacht im

Westen verloren worden war, blieb unverständlich, zumal bis Kriegsende die deutschen Heere zum Teil Hunderte von Kilometern jenseits der Grenzen standen. Wann hatte es das bisher jemals gegeben, daß ein Krieg verloren war, ohne daß auch nur ein einziger feindlicher Soldat die Grenze überschritten hatte? Verrat, das war's! Die deutsche Rechtsopposition besaß mit der «Dolchstoßlegende» ein Schlüsselwort, mit dem sie ihre Ängste und ihre Wut benennen konnte. War nicht das deutsche Heer «im Felde unbesiegt» gewesen, war nicht erst durch die Friedensresolution der sozialdemokratischen, katholischen und liberalen Parlamentarier 1917 die innere Geschlossenheit des Reichs auseinandergebrochen, hatte es nicht Revolten bei der Marine und Kampfverweigerungen beim Heer gegeben, hatten nicht Unabhängige und Spartakusleute alles getan, um die Heimatfront zu unterminieren, hatte nicht Karl Liebknecht «den Feind im eigenen Lande» gesehen?

Und doch war die Rede vom «Dolchstoß» die Unwahrheit, denn die Heimatfront hatte vier Jahre lang die schwersten Opfer auf sich genommen, einfach weil militärische Führer dem Volk gesagt hatten, es müsse sie bringen. In Wahrheit war das Reich 1918 ausgeblutet gewesen, kein Politiker, kein General hatte noch geglaubt, daß der Krieg über den nächsten Winter hinweg geführt werden konnte. Doch die Dolchstoßlegende war ebenso wirkungsmächtig wie das nicht weniger fruchtbare Schlagwort von den «Novemberverbrechern», denjenigen demokratischen Politikern, die Deutschland nach der Lesart des Generals Ludendorff seines sicheren Sieges beraubt hatten, indem sie den Vertrag von Versailles unterschrieben – desselben Generals Ludendorff, der Ende September 1918 eben diese Politiker fast gewaltsam zur Macht gedrängt hatte, um sie die Kapitulation an Stelle der Generäle unterschreiben zu lassen.

Und da die deutsche Demokratie unter den schweren Belastungen von Kriegsniederlage und Revolution ins Leben getreten war, war es ein leichtes, Versailles und Weimar in eins zu werfen. «Das Volk», resümierte der demokratische Schriftsteller Stefan Zweig, «hat die Republik als eine Hoffnung auf Rettung in dem ungeheuren Elend genommen wie eine Arznei. Betrügen wir uns nicht: Es war nicht der Geist, der Glaube, die Überzeugung, die jene Wandlung bewirkten, sondern die Not, der Haß, die Erbitterung.»[20] Das Fazit aus alledem zog ein katholischer Kirchenfürst, der Münchener Kardinal Michael Faulhaber, mit der schlichten Erkenntnis: «Die Republik ist Meineid und Hochverrat und wird mit einem Kainszeichen gezeichnet bleiben, auch wenn sie da und dort gute Erfolge neben schlechten hat, denn eine Untat kann aus Grundsatz nicht heilig gesprochen werden.»[21]

Versailles war also eine besonders wirksame Chiffre für die deutsche Kriegsniederlage und für alles, was aus der Perspektive der Deutschen damit zusammenhing: Revolution, Republik, Demokratie, Inflation, außenpolitische Diskriminierung. Und da die Weltkriegssieger der westlichen Welt angehörten und ihre politische Kultur bis hin zur liberalen Demokratie und zum parlamentarischen Verfassungsstaat den geschlagenen Mittelmächten oktroyiert hatten,

Plakat der Deutschen Volkspartei

bedeutete Versailles zu alledem noch eine Verstärkung der antiwestlichen Vorurteile, die ohnehin bereits seit der napoleonischen Okkupation in Deutschland virulent gewesen waren. Der Herausgeber der Zeitschrift «Die Grenzboten», Max Hildebert Boehm, formulierte das Ressentiment so: «Den stärksten Widerwillen empfindet die Jugend gegen die Reaktion von heute, gegen die westlerische, liberale Weltreaktion, der der Präsident Wilson die Fahne vorangetragen hat, die uns niedergeworfen und vergewaltigt hat und deren Henkersknechte, die Erzberger und Scheidemänner, die Formaldemokraten aus allen Lagern sind.»[22]

Der Autor war rechter Nationalist, aber das Zitat hätte ohne weiteres von einem Kommunisten stammen können. «Versailles» war mehr als eine Parteiparole, es war Inbegriff eines umfassenden, diffusen, vergifteten politischen Klimas. «Wir empfanden den Friedensschluß von Versailles als eine Schande», erinnerte sich später ein Journalist an seine Kindheit in einem katholischen, demokratisch gesinnten Elternhaus, «und wir schämten uns des verlorenen Krieges und erst recht des Staates, der daraus hervorgegangen und nur in Gestalt ständigen Parteigezänks gegenwärtig war. Wer hatte uns diese Scham gelehrt, dieses Schandegefühl beigebracht? Ich weiß es nicht. Der Vater und das Elternhaus waren es gewiß nicht [...]. Es waren wohl eher Gespräche mit den Schulkameraden, mit Leuten auf der Straße und die in der Öffentlichkeit überall anzutreffende intensive Propaganda, die so starke Wirkung auf uns ausübten. Es gab auch Lehrer, die kräftig in diese Kerbe schlugen. Wir wußten zwar nichts Genaues über Versailles. Wir kannten aber die Fakten, die wir als Schande zu empfinden hatten.»[23]

Versailles stand für die Krankheit der Weimarer Republik, ihre Heilung hieß Revision, und im Streit um die Überwindung von Versailles mußte derjenige siegen, der den Revisionismus am rücksichtslosesten in den Dienst seiner Partei stellte. Hitler verstand es besser als jeder andere Politiker, das populärste Projekt der Weimarer Zeit, die Revision von Versailles, auf seine Fahnen zu schreiben und alle übrigen politischen Kräfte der Republik – und damit die Republik selbst – wegen ihrer mangelnden Revisionsfreudigkeit zu diffamieren. Hatten nicht demokratische Politiker den Versailler Vertrag unterzeichnet, hatten sie nicht sogar versucht, ihn zu erfüllen? Für Hitler waren dies «Angehörige jener Parteien, die durch diese Unterzeichnung nur ihrem jahrzehntelangen Landesverrat die letzte Krönung aufsetzten».[24]

Nicht, daß Hitler wirklich die Revision von Versailles als den Dreh- und Angelpunkt seines Programms angesehen hätte – wer aufmerksam «Mein Kampf» gelesen hatte, wußte, daß seiner Meinung nach keineswegs der Friedensvertrag, sondern «innere Fäulnis, Feigheit, Charakterlosigkeit» zu Deutschlands derzeitiger Schwäche geführt hatten.[25] Überhaupt kann kein Zweifel bestehen, daß die Absichten und Ziele des «Führers» aus der Kontinuität deutscher und europäischer Politik hinausführten. Die klassischen Themen der europäischen Diplomatie waren ihm fremd und gleichgültig, wie ihm auch nichts ferner lag als eine Rückkehr zu den scheinbar so goldenen Zeiten vor 1914. Er wollte etwas vollständig anderes – die Weltherrschaft einer Herrenrasse, die nur in den kranken Köpfen einiger Ideologen existierte und die auf den Knochen anderer, minderwertiger Rassen errichtet werden sollte. Das war der Ausbruch aus allen Traditionen, die zerstörerische Rolle der reinen Ideologie.

Aber es ist auch wahr, daß Hitlers Herrschaft nur deshalb möglich wurde, weil er in der deutschen Öffentlichkeit ganz anders wahrgenommen wurde. Alle Welt glaubte, es gehe ihm lediglich um die Revision des Versailler Vertrags und der Ergebnisse des Ersten Weltkriegs, wenn er in fast jeder Rede den Gegensatz zwischen Deutschlands ruhmreicher Vergangenheit und den heutigen Demütigungen geißelte und die Revolution als Werk von Verbrechern und Juden mit dem Versailler Vertrag gleichstellte, dem Instrument der Versklavung Deutschlands durch England und Frankreich. Mit seinen Angriffen gegen die Friedensordnung von Versailles, den «Schmachfrieden», verdeckte er seine wirklichen, revolutionären Ziele; das deutsche Bürgertum, und mit ihm die alliierten Beobachter und Staatsmänner, konnten daher Hitlers Außen- wie Innenpolitik als konsequente Fortsetzung des Weimarer Versailles-Syndroms ansehen, als riskanten und gewaltbereiten Überrevisionismus, der sich aber schon noch abschleifen werde. Und war nicht Hitler seinerseits eine von Versailles hervorgebrachte Kreatur? Otto Wels, der Vorsitzende der Exil-SPD, drückte es knapp und klar aus: «Erst kam das Diktat, dann der Diktator.»

VII.

Ohnehin war der Versailler Vertrag lange vor Beginn des Zweiten Weltkriegs Makulatur. Schon in den letzten Jahren von Weimar waren die Reparationen praktisch beendet, war die grundsätzliche Rüstungsgleichheit Deutschlands mit seinen Nachbarn hergestellt; gegen die gewaltsamen Revisionsakte Hitlers, vor allem die Besetzung des Rheinlandes und die Einführung der allgemeinen Wehrpflicht, legten die Siegermächte des Ersten Weltkriegs nur noch müden Protest ein. Auf dem Reichsparteitag von 1937 proklamierte der «Führer»: «Der Vertrag von Versailles ist tot! Deutschland ist frei!»[26] Die Reminiszenz an den der Republik zugeordneten «Schandfrieden» verblaßte bereits während des «Dritten Reichs». Während des Zweiten Weltkriegs vermied es Hitler, die vielfältige Symbolkraft von Versailles zu beschwören, um Vichy-Frankreich nicht unnötig zu kränken. Als er 1940 das Schloß besuchte, durchmaß er mit langen Schritten und wortlos die leere Hülle, aus der alle Kunstgegenstände evakuiert worden waren. Danach zogen Tag für Tag Gruppen deutscher Besatzungssoldaten durch den Spiegelsaal und lauschten den zeitgemäßen Erzählungen ihrer Offiziere von Triumphen und Demütigungen. Aber es schien bereits vor Kriegsende, als habe sich der Erinnerungsort Versailles verbraucht, als sei die Metapher nach ihrer Überanstrengung in der Weimarer Zeit so leer geworden wie das Schloß.

Nach Kriegsende war von Versailles als Zeichen deutsch-französischer Erbfeindschaft vollends keine Rede mehr. Verglichen mit den Verwüstungen des Zweiten Weltkriegs und seinen Folgen wirkte das Ende des Ersten Weltkriegs nun weitaus weniger zerstörerisch und umwälzend. Im übrigen hatten die westlichen Staatsmänner die Lektion von Versailles gelernt und zumindest den westlichen deutschen Teilstaat verhältnismäßig schnell in die Völkergemeinschaft aufgenommen. Vermutlich hätte das Weimarer Revisionssyndrom weitaus weniger unheilvoll gewirkt, wenn ein Ebert, ein Stresemann, ja selbst noch ein Brüning sich ähnlichen alliierten Wohlwollens hätten erfreuen können, wie es Konrad Adenauer nach dem Ende des Zweiten Weltkriegs besessen hat. Anders als im Schatten von Versailles hieß jetzt Demokrat sein, erfolgreich zu sein. Wie tief sich Europa verändert hatte, wurde sichtbar, als Konrad Adenauer und Charles de Gaulle 1963 auf den Feldern der Champagne, die vom Blut so vieler deutsch-französischer Schlachten getränkt waren, eine gemeinsame Parade französischer und deutscher Truppen abnahmen. Mit dieser Zäsur in der europäischen Geschichte schwand die Erbfeindschaft, und mit ihr das Gespenst von Versailles.

Klaus Tenfelde

«Wissen ist Macht»

I.

Gern pflegte Wilhelm Liebknecht, der neben August Bebel bedeutendste Führer der deutschen Arbeiterbewegung im 19. Jahrhundert, seinen Zuhörern während seiner unzähligen Vorträge vor Arbeitern jenes «herrliche Wort» Johann Jacobys zuzurufen: «Die Gründung des bescheidensten Arbeitervereins ist für die Kultur eine wichtigere und ruhmvollere Tat als die größten und blutigsten und glorreichsten Schlachten.» Der Satz findet sich, unter anderem, in Liebknechts großer Bildungsrede über «Wissen ist Macht – Macht ist Wissen», die er am 5. Februar 1872 dem Dresdener und am 25. Februar 1872 dem Leipziger Arbeiter-Bildungsverein zu deren Stiftungsfesten hielt.[1] Als Broschüre fand diese Rede zumal in der Zeit des Sozialistengesetzes (1878–1890) in mehreren Auflagen weite Verbreitung. In doppelter Hinsicht lag in solchen Worten ein aufmunternder Zeitbezug: Anfang 1872 blickten die weitaus meisten Deutschen stolzgeschwellt auf das Reichsgründungsjahr zurück, das ihnen Bismarck nach drei siegreichen Feldzügen beschert hatte. Das war nicht die Stunde der noch sehr jungen Arbeiterbewegung gewesen. Bebel, soeben aus dem Gefängnis entlassen und damals einziger sozialistischer Abgeordneter, hatte im Reichstag am 25. Mai 1871 die Pariser Commune als ein «Vorpostengefecht» des europäischen Proletariats verklärt und die skeptische bis ablehnende Haltung etlicher Arbeiterführer, keineswegs jedoch der deutschen Arbeiter, zur Kriegführung gegen Frankreich darin überbetont. Die noch gespaltene gewerkschaftliche und politische Arbeiterbewegung hatte durch die Kriegsereignisse und das Reichsgründungsfieber einen Rückschlag erlitten – um so nötiger tat Bildung, gebündelt durch Organisation, denn Wissen war Macht. Ganz anders dann unter dem Sozialistengesetz, als sozialistische und gewerkschaftliche Vereine unterdrückt wurden und vorsichtig organisierte Bildung in der Tat eine gewisse Tarnung gegen die Nachstellungen der Polizei bieten konnte.

Liebknecht, 1848er Revolutionär und – oftmals rüde kritisierter – Freund der Londoner Exulanten Marx und Engels, galt der frühen deutschen Arbeiterbewegung als ein «Lehrer des Proletariats». Zu seinen stets volkstümlichen Reden sind Tausende geströmt. Er wirkte als Publizist der Arbeiterbewegung stets gleichsam «nach unten», mit einem Herz für die Bildungsnöte der Unterschichten. Nichts könnte dies besser verdeutlichen als sein *Volks-Fremdwörterbuch*, das – wie August Bebels *Die Frau und der Sozialismus*, ein anderes, großes Bildungsbuch der Arbeiterbewegung – ein «Kind des Gefängnisses» war, wo er sich infolge seiner Reden und Veröffentlichungen immer wieder für länger oder kürzer einzufinden hatte: 1874 erschien es erstmals, 1910 war die zwölfte Auflage erreicht. Die eine inhaltliche Hauptaufgabe der Arbeiterbildung, den sprachlich eklatanten Abstand zwischen dem Volk und den «Gebildeten zu überwinden», blieb erhalten, auch nachdem die große Zeit der Arbeiterbildungsvereine wohl vorüber war, und sie ist letztlich bis heute erhalten geblieben. Die andere, eher politische Aufgabe lag in «Wissen ist Macht», dem proletarischen Bildungsbekenntnis schlechthin, begründet: Gemeint war, «durch Wissen zur Macht» zu gelangen. Bildung der Arbeiter als Voraussetzung der politischen Machtgewinnung, diese Auffassung wurde noch in der Weimarer Republik überall in Kreisen der sozialdemokratischen und kommunistischen Arbeiterbewegung geteilt. Ihr lag die doppelte Überzeugung zugrunde, daß Staat und Gesellschaft dem wohlverstandenen Bildungsauftrag der politischen Führung nicht genügten, darin also Nachholbedarf bestehe, und daß – so hat Heinrich Schulz, der bedeutendste sozialdemokratische Lehrer und Bildungspolitiker der Generation nach Liebknecht, das formuliert – für die Arbeiterklasse «die Einzelheiten ihrer politischen Taktik objektiv aus den Tatsachen und Notwendigkeiten der politischen Entwicklung nachzuweisen» seien.[2] Schulz (1872–1932), ein von der Schulbehörde gemaßregelter Lehrer, kam 1894 mit Hilfe Liebknechts an die Arbeiterbildungsschule Berlin, wurde 1906 Leiter des Zentralbildungsausschusses der SPD, wirkte in der Freien Volksbühne mit, redigierte verschiedene Zeitungen und verfaßte 1907 das erste sozialdemokratische Schulprogramm. Nach der Revolution wurde er 1919 Vizepräsident der Nationalversammlung und Reichstagsmitglied, dann Staatssekretär für Schul- und Bildungsfragen im Reichsinnenministerium; seit 1920 prägte er maßgeblich die vom Zentralbildungsausschuß der SPD herausgegebene Monatsschrift *Arbeiter-Bildung*.

In dieser Karriere wird deutlich, daß Arbeiterbildung auch in späterer Zeit Domäne der gewerkschaftlichen und politischen Arbeiterbewegungen blieb, ja, von diesen letztlich als Instrument einer parteipolitischen Sozialisation hochgeschätzt und, jenseits aller Bestrebungen zur Verbesserung des Zugangs der Unterschichten zur Bildung durch Schulpolitik, sozusagen parteistrategisch vereinnahmt wurde. Das bescherte der Arbeiterbildung in den Jahren der Weimarer Republik eine hohe Konjunktur, während Ansprüche und organisatorische Ansätze in der Zeit nach 1945 ziemlich bald versiegt sind – die SPD hat irgendwann in den 1970er Jahren das Amt eines «Bildungsbeauftragten» in allen Ortsvorständen wieder eingeführt, während die Gewerkschaften in ihren Bildungsschulen bald eine eher funktionärsbezogene Bildungsarbeit organisierten. Hatte Arbeiterbildung mithin in den Jahren der Weimarer Republik gewiß «ihren Ort» im Sinne einer gesellschaftlichen und politischen Funktion, so lag ihr eigentlicher «Gründungsort» doch in der Frühgeschichte der Arbeiterbewegung – als hochbedeutsamer Impuls zur Emanzipation der Unterschichten.

Das nun war die Zeit Liebknechts und Bebels und zahlreicher Vorgänger und Zeitgenossen gewesen, bei denen sich allesamt enge Bezüge zu Arbeiterbildungsvereinen als den Kristallisationen der frühen proletarischen Bildungsanstrengungen nachweisen lassen, ja, Persönlichkeiten wie Bebel oder auch Stephan Born – Liebknecht war «Akademiker» – wiesen immer wieder mit Stolz auf ihre Herkunft aus dem frühen organisierten Bildungsmilieu der Arbeiterbewegung hin. Ihnen allen war, noch und gerade im hohen Alter, das Bildungsstreben als ein mächtiger Impuls ihrer Lebenskarrieren erinnerlich. Mehr noch, sie sahen, und die neuere Forschung ist ihnen darin differenzierend gefolgt, in den Bildungsvereinen wenn nicht die eigentliche, so doch eine besonders wichtige Wurzel der modernen Arbeiterbewegungen. In diesem Sinne kann man die Zeitspanne von ungefähr 1830 bis zur Reichsgründung als die «Blütezeit» der Arbeiterbildung bezeichnen.

II.

Die Bildungseuphorie der Zeitgenossen hatte dabei zahlreiche Gründe, und sie war keineswegs auf Arbeiter und Arbeiterführer beschränkt, ganz im Gegenteil. Liebknechts (und Jacobys) Ansicht, wonach sich im Bildungsauftrag der Arbeitervereine eine große Kulturleistung vollzog, wurde gerade vom reformorientierten Bürgertum im Vormärz und in den Entscheidungsjahrzehnten zwischen Revolution und Reichsgründung geteilt. In Kreisen der Gebildeten mochte man sich der Tatsache inne geworden sein, daß auch die eigene Emanzipation, wie wir gleich sehen werden, unter einer dezidierten und organisierten Bildungsanstrengung namens «Aufklärung» erreicht worden war, denn Bildung war ja, um ein Wort Kants zu variieren, das Instrument der Entlassung des Menschen aus der selbstverschuldeten Unmündigkeit. Wie reich an Facetten ist der Bildungsbegriff in der deutschen Emanzipationsgeschichte des 18. und 19. Jahrhunderts! Mit den Karrieren von Wilhelm Meister und Anton Reiser im Kopf und Goethes Faust im Gepäck strebte der deutsche Gebildete längst schon nach Veredelung durch lebenslange Bildung als Selbsttätigkeit, nicht eben nur als «éducation» im Sinne formaler Bildung an Schulen und Universitäten. So gesehen und mit Reinhart Koselleck, war Bildung im Bürgertum längst schon eine Art zeugender Urkraft der Emanzipation geworden, als es die Arbeiter und das Proletariat so recht noch gar nicht gab.[3]

Aus ganz anderen Gründen war auch der Begriff des Arbeiters in jener Zeit, als Arbeiterbildungsvereine die Wiege der deutschen Arbeiterbewegung formten, «abstrakt und mehrdeutig».[4] Erst mit fortschreitender Industrialisierung konzentrierte sich der Sinngehalt des Begriffs auf unselbständige Lohnarbeiter in größeren, zentralisierten Gewerbebetrieben und umfaßte dann bald auch die «Landarbeiter». Von solchen Lohnarbeitern gab es zur Zeit der Revolution in Deutschland nicht mehr als eine halbe Million. Sehr viel höher war noch die

Zahl derjenigen, deren Beschäftigungsformen rechtlich und materiell ganz anders definiert waren. Man denke an das Gesinde in Stadt und Land, ein Beruf, in dem junge Frauen als städtische Dienstmädchen bereits bei weitem überwogen, oder an die an sich selbständigen Hausindustriellen im Textil-, Spielzeug- oder Uhrmachergewerbe, deren faktische Abhängigkeit von Rohstofflieferanten und Produktabnehmern die Überlebenschancen der Familien bedrängte. Eine – immer schon vorhandene – Zwischenform der Existenz zwischen ländlichem Kleinbesitz und saisonaler städtischer Lohnarbeit erlangte mit zunehmender Industrialisierung größeres Gewicht. Den Kern abhängiger Beschäftigung machten aber in der Gründungszeit der Arbeiterbildungsvereine die Handwerksgesellen aus, und es besteht heute weitgehend Übereinstimmung, daß sie es waren, in deren Obhut und Trägerschaft die junge deutsche Arbeiterbewegung entstand. Es kann als eine semantische Konstruktionsleistung von erheblicher Bedeutung verstanden werden, wenn mit der Selbstbezeichnung als «Arbeiter», die mit der Fremdbezeichnung als «Handarbeiter» korrespondierte, gerade Handwerksgesellen und zeitweilig gar Handwerksmeister sich einen Sammelbegriff gaben, der die besonderen Lebenslagen und Interessen der abhängig Beschäftigten außerhalb der Administrationen und bürokratisch geführten Einrichtungen und bald auch Dienstleistungen umschloß.

«Arbeit», «Arbeiter» und «Bildung» waren mithin zeitgenössisch stark im Fluß befindliche Begriffe, deren Gehalte eben erst Konturen gewannen. Wer über Bildung unter Bezug auf die Unterschichten sprach, meinte in erster Linie Schulbildung, elementares Wissen, Lesen und Schreiben und Kenntnis der Religion, in zweiter Linie dann Ausbildung, berufliche Qualifikation, drittens schließlich jene lebenslange Bildung des Menschengeschlechts, die das Bürgertum und die deutsche Klassik seit Ende des 18. Jahrhunderts stilisiert hatten. Nachdem es Schulpflicht in deutschen Ländern nominell längst, wenn auch faktisch vor allem auf dem Lande zögernd, gab, waren die Voraussetzungen elementarer Bildung an sich nicht schlechter, eher besser als anderwärts. Die soziale und ständische Umhüllung der Bildungsgüter jenseits des Elementaren war vielen Zeitgenossen indessen eine Selbstverständlichkeit. Es gab sie seit alters her, während die Vorstellung, Bildung sei als Gemeingut jedermann zugänglich zu machen, eben erst vordrang. Nur den Gebildeten – und dazu gehörten der Adel jetzt zunehmend, Bauern und städtische Kleinbürger nicht und Unternehmer oder Kaufleute noch nicht – war die Vorstellung von Bildung als Voraussetzung für die Erlangung des höchsten Glücks für die größte Zahl geläufig. Das waren vornehmlich Lehrer an höheren Schulen und Universitäten, noch um gesellschaftliche Anerkennung kämpfende Freiberufler als Ärzte oder Juristen und vor allem höhere Beamte in staatlichen Diensten; die frühe Bürokratisierung der deutschen Staaten hatte einen, wenn man so will, staatsnahen «Stand der Gebildeten» geschaffen, das deutsche Bildungsbürgertum, das sich zeitweilig in deutlichem Kontrast zum noch aufstrebenden Wirtschaftsbürgertum sah.

III.

Arbeiterbildungsvereine entstanden in mittleren und größeren Städten mit stärkerem Gewerbe und wohl immer einer vom städtischen Bürgertum vorgelebten Vereins- und Bildungstradition. Es waren eben nicht die Ärmsten der Armen, die sich in Vereinen sammelten – der Hunger ist kein guter Organisator. Eher verlangte es die städtischen Handwerksgesellen nach Schutz und Unterstützung, Bildung und Geselligkeit. Der Ruf der Zeit aber ging vom reformorientierten Stadtbürgertum aus und zielte auf Hilfe zur Selbsthilfe in der Not. Ludwig von Vincke etwa, Oberpräsident in Westfalen, begrüßte und förderte, manchmal persönlich, die Entstehung und Entwicklung von Vereinen, die sich die elementare und berufliche Bildung der Armen und der Handwerker-Arbeiter zum Ziel setzten. Friedrich Harkort, bergischer Metall-Unternehmer, schlug in seinen *Bemerkungen über die Hindernisse der Civilisation und Emancipation der untern Klassen* (1844) sowie in weiteren Schriften etwa über die preußische Volksschule und in seinen berühmten *Bienenkorb-Briefen* während der Revolution dringlich die Verbesserung und den Ausbau des staatlichen Bildungswesens vor, in Berlin begründete von Klöden die offenbar früheste Gewerbeschule, die Handwerkern die «Hebung» ihres Fachwissens ermöglichen sollte. Dann, 1844, rüttelte der Weberaufstand in Langenbielau und Peterswaldau (Niederschlesien) die Gewissen der Richter, Beamten und Minister wach, bis zum preußischen König reichte die Erschütterung, und man begann, Vereine, jenes Teufelswerk der Oppositionellen, für geeignete Foren der Bildung und Unterstützung für notleidende Unterschichten zu halten – der «Centralverein für das Wohl der arbeitenden Classen» wurde mit Filialen im Staatsgebiet und regierungsamtlicher Unterstützung begründet. Das blieb vor allem deshalb ein halbherziger Versuch, weil die Befürchtung, der Verein werde von kritischen Oppositionellen unterwandert, um sich griff. Auch kirchliche Kreise dachten über notwendige Reformen nach. Adolf Kolping begann das Werk seiner Gesellenvereine 1845, übrigens gegen die Skepsis wohl der meisten katholischen Bischöfe gegenüber Laien-Vereinen; Ernst Wiechern wirkte mit seiner «Inneren Mission». Wieder lag allen Bildung am Herzen; August Bebel beschreibt, wie er seine ersten Impulse zur Fort- und Selbstbildung in einem katholischen Gesellenverein bezog. Bebels Autobiographie *Aus meinem Leben* zeigt deshalb auch, daß es einer bewußten Abkehr von bürgerlich-philanthropischen oder sozial-konfessionellen Reformbestrebungen bedurfte, um Eigenständigkeit zu gewinnen. Doch zunächst zu den Vereinsgründungen.

Bisherige Forschung hat die wohl größten, bis zu 1000 Mitglieder umfassenden Arbeiterbildungsvereine mit den Gründungsdaten 1844 in Berlin («Handwerkerverein»), 1845 in Hamburg («Bildungsverein für Arbeiter») und 1846 in Bremen («Vorwärts») identifiziert; oft genannt wird auch der Mannheimer «Gesellenverein» von 1844, der jedoch schon 1847 von den

Behörden verboten wurde. Bekannt sind, für die vorrevolutionäre Zeit, solche Vereine ferner in Stettin, Kiel, Magdeburg, Oldenburg, Altona, Danzig, Chemnitz, Elberfeld, Leipzig, Breslau, Bielefeld, Hannover und einigen anderen Orten. Man muß hier in Rechnung stellen, daß die Quellen oftmals versagen. Nicht jede Vereinigung mit Bildungszwecken wurde gemeldet, nicht jede fiel den Behörden auf, und nur, wenn dies geschah, entstanden Quellen, die den Fährnissen der Überlieferung ausgesetzt waren. Für die 1850er Jahre weiß man, daß es Hunderte derartiger Vereine gab. Und ein Jahrzehnt später wurde der entscheidende Kampf um das Protektorat über diese Vereine geführt: Sollten sie, unter linksliberal-bürgerlicher Vorherrschaft, dem Vereinstag der deutschen Arbeitervereine angehören – oder sich der Bebel-Liebknechtschen Richtung zuwenden, die ja in Nürnberg 1868 eine Palastrevolution bestanden und bis zum Eisenacher Kongreß 1869 den Großteil der Vereine auf ihre Seite, die der Sozialdemokratischen Arbeiterpartei, gebracht hatte? Den Weg hatte sechs Jahre zuvor bereits Ferdinand Lassalle gewiesen, als er auf Bitten des Leipziger Bildungsvereins das Programm des Allgemeinen Deutschen Arbeitervereins entwarf und, mit der Präsidentschaft beauftragt, die Massen zeitweilig euphorisieren konnte, ja, von Bismarck als möglicher Partner einer Politik der konservativen Sozialreform zeitweilig ernst genommen wurde.

Aber der letztlich zur autonomen politischen Arbeiterbewegung namens SPD führende Kampf um Protektorat oder Autonomie fand schon früher statt, hatte typische Vorläufer. Im Berliner Handwerkerverein «Johannisstraße» – er war 1844 auf Veranlassung des Magistrats gegründet worden – tat man alles, um den Einfluß der bürgerlichen Initiatoren abzusichern: Der Vorstand erhielt «diktatorische Vollmachten», und der Leiter des Vereins, Stadtrat Hedemann, berichtete den Behörden insgeheim über die Vereinsaktivitäten; die Rechte der eigentlich angesprochenen Gesellen als Mitglieder blieben beschränkt. Vielmehr sollten die Geschicke des Vereins fest in Händen der städtischen Honoratioren verbleiben. Das löste Proteste aus, führte zur Formierung von Opposition, die offenbar in Verbindung zum Bund der Gerechten in Paris stand. Im Berliner Handwerkerverein sammelte Stephan Born politische Erfahrungen. Er wurde während der Revolution 1848/49 Führer der «Arbeiterverbrüderung», der ersten wirksamen und überregionalen Organisation der deutschen Arbeiter, in der zwischen gewerkschaftlichen und politischen Zielen noch kaum unterschieden wurde. Der Verein «Johannisstraße» war nicht der erste und einzige Berliner Handwerker-Bildungsverein, aber er wurde der bei weitem größte und dürfte in Deutschland überhaupt der bedeutendste gewesen sein: Mit zeitweilig rund 3000 Mitgliedern gehörten ihm mehr als acht Prozent der statistisch nachgewiesenen Berliner Handwerksgesellen in der Zeit vor der Revolution an. Eigentümlich war, daß sich die Mitgliedschaft in der Tat auf Handwerksgesellen beschränken sollte. Mehrfach wöchentlich fanden Vorträge mit bis zu 800 Zuhörern statt, wobei historische und naturwissenschaftliche

Themen das Publikum fesselten – stets aber unter Aufsicht der Polizei, die manche der Redner, deren Auffassungen man in den Amtsstuben nicht teilte, regelrecht mit einem Berufsverbot belegte.

In Hamburg, ebenfalls einer Hochburg der späteren Arbeiterbewegung, war schon in den 1830er Jahren eine geheime Gemeinde des Pariser Auslandsvereins entstanden. 1845 bildete sich dort eine «Bildungsgesellschaft», die sich wenig später der Hamburgischen Patriotischen Gesellschaft zuwandte, und zwar vor allem, um Schutz vor polizeilicher Verfolgung zu finden. In der «Bildungsgesellschaft» wirkte der Tischler Joachim Friedrich Martens. Er hatte im Jahr zuvor an einem Diskussionszirkel des deutschen Frühsozialisten Wilhelm Weitling teilgenommen und war Ende der 1830er Jahre Mitglied eines jungdeutschen Lesevereins in Genf gewesen – im Jahre 1864 finden wir ihn als Mitglied des Ausschusses des Verbands deutscher Arbeitervereine, jener sozialliberalen Vereinsbewegung, aus der Jahre später die Eisenacher Sozialdemokratie hervorgehen sollte. In Hamburg diskutierte man eifrig Weitlings Schriften, und zeitweilig gab es ein eigenes Vereinsblatt; mehrere hundert Mitglieder nahmen an Kursen und Veranstaltungen zur Verbesserung der elementaren Bildung teil.

Vereine wie diese strebten weit über allgemeine und berufliche Bildungsziele hinaus. Sie betrieben, wie man heute sagen würde, «politische Bildung» und besorgten sich, wo nicht die Auslandserfahrungen wandernder Handwerksgesellen und die von ihnen mitgebrachten Schriften ausreichten, Bücher und Zeitungen, ja, legten sich kleine Vereinsbibliotheken zu. Bekannt ist dies für den 1845 in Hannover entstandenen Buchdrucker-Leseverein, dessen Bücherbestand 1854 immerhin 1144 Titel umfaßte. Sehr viel kleiner waren die Bücherlisten des erwähnten Berliner Vereins und des Mannheimer Gesellenvereins, aber letztere zeigten dieselben Schwerpunkte: Man las Populäres über Geschichte und Politik, aber auch Romane und Novellen, vor allem dann Reisebeschreibungen und Nachrichten von fernen Ländern. Der Mannheimer Verein organisierte Unterricht und Übung in elementarer Bildung und ließ über Geographie und Geschichte referieren, empfahl die Lektüre «guter» Literatur und vermittelte gewerblich-technische Kenntnisse; auch konnte man hier Gesangsunterricht nehmen. In Hamburg pflegte man an Sonntagen Diskussionsveranstaltungen und versuchte offenkundig, die Vereinsmitglieder auch rhetorisch zu schulen. Das bewegte sich hin zu Übungen in politischer Agitation. Zur Diskussion stand etwa, was vom Gesellenwandern zu halten sei, wem die Presse am meisten nütze, was radikal sei und was das ewige Leben, auch, was von der Freimaurerei zu halten sei. Man diskutierte über den Pauperismus und über stehende Heere, über die bürgerlichen Freiheiten und darüber, ob Politik verboten sei – und natürlich über die Zwecke des eigenen Vereins.

Die Nachrichten über diese und zahlreiche weitere Vereine sind selten in einer Dichte überliefert, mit der sich zuverlässig über Ausbreitung und Wirkung urteilen ließe. Das allermeiste wissen wir von den argwöhnisch und im Zweifelsfall harsch verfolgenden Behörden, die noch jeder Nachricht über unbotmäßige Bestrebungen nachgingen. Einhalt gebot diesem repressiven Treiben nur die Revolution vom März 1848, freilich begrenzt und vorübergehend. In dem Augenblick, in dem die Gesellenbewegung sich frei zu formieren vermochte, strebte sie nach politischen Auseinandersetzungen, vereinte sich überregional, und ihre große Definitionsleistung bestand darin, daß sie dies als «Arbeiterbewegung», nicht länger als zünftlerische Gesellenbewegung tat. Wohl möglich, daß hierzu die Bildungsbestrebungen der vormärzlichen Jahrzehnte beigetragen haben. Indessen sollte sich, mit Niederschlagung der Revolution, die altbekannte Situation erneut einstellen: Repressive Verordnungen gegen politische Vereinigungen sollten seit 1850 jedwede Vereinigungsbestrebungen scharf behindern. Wir finden seither Arbeiterbildung weiterhin als grundlegende Anstrengung für die Emanzipation der Arbeiter – und zugleich als eine Möglichkeit, diese politischen Anstrengungen zu tarnen, dem behördlichen Zugriff gewandt zu entziehen.

Die Arbeiterverbrüderung der Revolutionsmonate war der erste Versuch einer die Staaten des Deutschen Bundes übergreifenden Dachorganisation der rasch zahlreich gewordenen, sehr vielfältigen Arbeitervereine gewesen. Sie scheiterte nicht, sie wurde Schritt für Schritt – hier früher, dort später – unterdrückt. Im Jahrzehnt der nachrevolutionären Reaktion erhielt sich indessen mancher Regionalverband noch einige Jahre, mancher Verein in lokaler Umgebung auch durchgehend und besonders dann, wenn er sich auf scheinbar unpolitische Bildung oder auf das Singen und auch Turnen beschränkte. Erst seit 1859 wehte wieder ein frischerer Wind. Die neue Vereinsbewegung erfaßte dabei stärker als zuvor auch kleinbürgerliche und kirchennahe Kreise. Kolpings Gesellenbewegung faßte Fuß; katholische Gesellenvereine, deren Bildungsprogramm sich im wesentlichen nur durch geistliche und fromme Veranstaltungen gegenüber dem anderer Vereine akzentuierte, boten vielen, und besonders den wandernden, Handwerksgesellen eine Heimstatt auch am fremden Ort. Die Arbeiterbildungs-Bewegung strebte einem Höhepunkt, der organisatorischen Zusammenfassung im «Verband Deutscher Arbeitervereine» seit 1863, zu.

Zuvor schon hatte sich der Leipziger Bildungsverein allerdings zu den Grundsätzen bekannt, die Ferdinand Lassalle in seinem «Offenen Antwortschreiben» für die künftige Arbeiterbewegung entworfen hatte – entgegen dem Konkurrenzentwurf des liberaldemokratischen Professors Roßmäßler und mit der Folge einer eigenständigen, zentralistischen, ganz der Politik zugewandten Organisation, des «Allgemeinen Deutschen Arbeitervereins». Man kann diese Entwicklung für «verfrüht» halten, wies sie doch seltsam radikale Züge auf und beging auch den Fehler, die eben neu – nach Vorläufern in der Revolutionszeit – entstehende Gewerkschaftsbewegung zu vernachlässigen, ja, zu bekämpfen. In der Emanzipation der Politik von der Bildung war Lassalle seiner Zeit voraus, denn denselben Prozeß vollzog, nach mehrjähriger, spannungsreicher Debatte, eben auch der Verband, auf dessen Vereinstagen seit 1863 jährlich Hunderte von Vereinsdelegierten zusammenkamen. 1863 waren es 110 von 54 Vereinen aus 48 Städten, und die Arbeiterbildung war allererster Verhandlungsgegenstand dieser Versammlung. Einmütig stimmte man einer Formulierung eben jener Ziele der Bildungsarbeit zu, die bisher schon im Zentrum der Vereine gestanden hatte, beschwerte sich auch über die gewöhnliche Volksschulbildung: Die Mädchen und Knaben wüßten wohl, «wie es bei der Zerstörung von Sodom und Gomorrha und von Jerusalem zugegangen ist, von der Zerstörung Magdeburgs im Dreißigjährigen Krieg oder von dem großen Brande von Hamburg [1842] wissen sie dagegen nichts.»[5]

Den ersten Tagesordnungspunkt der nachfolgenden Jahresversammlung des Verbandes bildete der Entwurf eines gemeinsamen Lehrplans, und man stritt über die Anerkennung der Coburger *Deutschen Arbeiterzeitung* als Verbandsorgan. Immer mehr Vereine entsandten Delegierte zu den Jahreskonferenzen, und die Beratungsgegenstände wurden unverkennbar politischer: Es war die Zeit des preußischen Verfassungskonflikts, jener fundamentalen Herausforderung des deutschen Liberalismus, aber auch der preußischen Kriege gegen Dänemark und Österreich, die Zeit auch einer aufblühenden Wirtschaft, die zur Gründung von gewerkschaftlichen Fachverbänden führte – diese aber riefen nach dem Koalitionsrecht. Eine große und folgenschwere Auseinandersetzung zwischen liberal-demokratischen und sozialdemokratischen Stimmen bahnte sich an. Der fünfte Vereinstag in Nürnberg 1868 entschied sich, unter der Rekordbeteiligung von 115 Delegierten (für 93 Vereine bzw. Gaue), für die Annahme des Programms der Internationalen Arbeiterassoziation, und das führte zur Spaltung, zur Gründung der Bebel-Liebknechtschen Sozialdemokratie im Jahre darauf. Damit spaltete sich auch die Arbeiterbildung in einen liberalen und einen sozialdemokratischen Zweig.

Die Bildung war politisch mediatisiert worden. Sie nahm fortan nicht mehr den ersten, sondern einen besonders wichtigen von zahlreichen Plätzen im politischen Forderungskatalog der Sozialdemokratie ein. In ihr lebte der Bildungsgedanke zwar ungebrochen fort, verlor aber an Autonomie. Anfänglich – und noch im späten Kaiserreich – stärker als in späteren Zeiten, verstanden sich sozialdemokratische Ortsvereine stets als Vermittler politischer Bildung entlang der für richtig gehaltenen Leitlinien der Partei für den politischen Kampf. Im Leipziger Bildungsverein, der vielleicht aktivsten sozialdemokratischen Gesellschaft dieser Art, wurden 1875 nicht weniger als 62 Vorträge gehalten, Unterricht im Umfang von einer Wochenstunde wurde in zehn Fächern angeboten, darunter englischer und französischer Sprachunterricht, und 22 «Diskussionsstunden» über sozialpolitische und naturwissenschaftliche Fragen fanden statt.[6]

Die Partei strebte, auf einem zweiten bildungspolitischen Aktionsfeld, in ihren programmatischen Forderungen nach einer Verbesserung der Allgemeinbildung, der elementaren Schulbildung und des Zugangs zumal der Unterschichten zu den in Deutschland beinahe vollständig staatlichen Bildungseinrichtungen. Gerade hierin prägte sich ein Grundzug hin zu polytechnischen berufsbezogenen Bildungswegen aus. Die 1906 auf dem Mannheimer Parteitag verabschiedeten «Leitsätze» über «Volkserziehung und Sozialdemokratie», die von Heinrich Schulz und Clara Zetkin vorbereitet worden waren, forderten in Beachtung der «ökonomischen Triebkräfte» aller Entwicklung eine «einheitliche Erziehung für die Gesamtheit des Volkes»; das war eine wohl etwas totalitäre Versuchung, auch wenn man eigentlich auf die Abschaffung der «Klassenerziehung» zielte. Es sollte ein Reichsschulgesetz geben; Unterricht, Lehrmittel und Verpflegung waren unentgeltlich bereitzustellen, die Schule war weltlich und koedukativ, und darin lag der Zündstoff künftiger Jahre. Vorschul-Unterweisung sollte es geben, Schulheime und Sonderschulen für die weniger Begabten, Fach- und Fortbildungsschulen für die schulentlassene Jugend sowie «Arbeitsunterricht» in allen Schulen, Lehrwerkstätten und Kunstunterricht. Und natürlich forderte man niedrigere Klassenfrequenzen, Schulärzte und Ferienkolonien, angemessene Schulräume, Schwimm- und Speisehallen, schließlich – abseits der Schulen – Volksbibliotheken und «Institute für Volksbelehrung», nicht zu vergessen die Fortbildung des Lehrpersonals. Das war umfassend genug, es trug die sozialdemokratische Bildungspolitik über die nächsten Jahrzehnte.[7]

Die Partei wirkte, drittens, über die ihr mehr oder weniger eng affiliierten Organisationen der Arbeiterkulturbewegung, die zahlreichen Theater-, Gesangs- und sonstigen Freizeitvereine, stets auch im Rahmen ihrer Ursprünge bildend und unterhaltend für Mitglieder und Anhänger. Das waren Bildungswege eigener Art, die sich hier entfalteten. Vielfach pflegten die Vereine der Arbeiterkulturbewegung gleichfalls, je auf ihre Weise und im Dienste ihrer Zwecke, Bildung, Vortrag und Lektüre. Nur sehr schwer beschreiben läßt sich die Wirkung auf die Mitglieder und Anhänger. Feste, darunter die Maiveranstaltungen, waren eben immer auch Ereignisse der politischen Bildung, wie noch an jedem Vereinsabend Demokratie geübt wurde: Es gab einen Vorstand, der periodisch zu wählen war, die Kasse führte, Protokolle schrieb, das Veranstaltungsjahr durchplante. Multi-Mitglieder und Multi-Funktionäre waren üblich und notwendig, der Kontext des Milieus, mit der Vereinsorganisation als Rückgrat, verband sich als Meinungs- und Wertgefüge. Will man bildungsbezogene Grundzüge betonen, so fällt das allerdings eher programmatische Bekenntnis zur Verbindung von Beruf und Bildung auf – und jener andere Grundzug, die bis heute währende Hochschätzung der Autodidakten in der Arbeiterbewegung, zu schweigen von der Selbstverständlichkeit der Forderung nach freiem Zugang und Chancengleichheit im staatlichen Bildungswesen.

Und schließlich errichtete die Sozialdemokratie mit dem Ziel der Stärkung und Professionalisierung der Massenorganisationen, ebenso wie die Gewerkschaften, eigene Bildungseinrichtungen für ihre fast immer der eigenen Anhängerschaft entsprungenen Funktionäre. Man bedurfte, etwa auf dem Feld der Rechtsberatung, auch kursartig organisierter Lehrveranstaltungen, aus denen heraus dann die ehemaligen ehrenamtlichen Funktionäre und Redakteure der Arbeiterpresse mit spezialisiertem Wissen etwa als Arbeitersekretäre eine bedeutende politische Karriere beginnen konnten. Das gipfelte im Jahre 1906 in der Gründung der Zentralen Parteischule, in deren Motto «Ohne Macht für das Volk kein Wissen! Wissen ist Macht – Macht ist Wissen!» ein vertrauter Refrain erklingt. Hier lehrten etwa Franz Mehring, Rosa Luxemburg, Rudolf Hilferding und Heinrich Schulz; politische Führer der Nachkriegszeit wie Wilhelm Kaisen und Wilhelm Pieck gingen aus der Zentralen Parteischule hervor.

IV.

Die Abspaltung und eigenständige Konstituierung der politischen Arbeiterbewegung in den Jahren 1868/69, so fundamental sie die Funktion der Bildung im Prozeß der Formierung der Arbeiter verschob, bedeutete doch keineswegs ein Ende für die bürgerlich-liberalen Bildungsbestrebungen zugunsten von Arbeitern und Handwerkern – ganz im Gegenteil. Zwar läßt sich kaum bezweifeln, daß sich die von Gustav Mayer diagnostizierte Trennung der proletarischen von der bürgerlichen Demokratie gerade auch auf dem Felde der Arbeiterbildung vollzog. Aber damit versickerten die Bildungsbestrebungen der anderen Seite keineswegs im Fließsand der Geschichte. Auch darf man die kirchlichen und kirchennahen Arbeiter- als Bildungsvereine nicht übersehen: Kolpings Gesellenvereine galten zur Zeit der Reichsgründung als erfolgreich; regional wirkten «rote Kapläne» mit dem Ziel einer auch politischen Bildung in der christlich-sozialen Bewegung der Gründerjahre, und in der Zeit des Sozialistengesetzes konnte Franz Hitze mit dem Verband und der Zeitschrift *Arbeiterwohl* als Dachorganisation der Paulus- und sonstigen katholischen Arbeitervereine reüssieren, auch, weil die wichtige politische Konkurrenz wegen Verbots entfiel. Im Ruhrgebiet konnten katholische Knappenvereine eine eher kirchentreue und fromme Bildungstradition und Geselligkeit entfalten – hier und sonst in der katholischen Arbeiter- und Gesellenbewegung galt das Wort der Präsides, der örtlichen Pfarrer als Sachwalter auch der Laienvereine, und der Grundton blieb der Welt des Katholizismus verhaftet: Heiligenviten in Vortrags- und Lehrveranstaltungen. Man sollte das nicht unterschätzen; diese Vereine gehörten zum Reservoir der 1894 entstehenden christlichen Gewerkschaftsbewegung, und mit den Bildungsangeboten des Volksvereins für das katholische Deutschland stand seit 1890 ein zentral organisiertes Bildungs- und Professionalisierungsangebot für Vereinsführer bereit, das funktional der späteren sozialdemokratischen Parteischule glich. Mit der Enzyklika *Rerum novarum* sprach der Papst im übrigen 1891 ein sozialtheoretisches Leitwort, auf das sich christlich-katholische Sozialpolitik fortan wirksam berufen sollte.

Protestantische Bestrebungen zur Bildung der Arbeiter hatte es gleichfalls früh gegeben. Sie verbanden sich mit der Inneren Mission; eine eigenständige evangelische Arbeitervereins-Bewegung datiert wohl erst seit den 1890er Jahren und entstand als Antwort auf die Erfolge der anderen Konfession. Gewiß hatte es auch politisch gemeinte Vorläufer-Organisationen gegeben, etwa die Stoecker-Bewegung in Berlin während der 1880er Jahre. Auch spielten, wie bei den Katholiken, einzelne, sozial engagierte Geistliche eine wichtige Rolle. Anders aber als in den katholischen Vereinen lebte die evangelische Vereinsbewegung, in der es immer auch um Bildung ging, aus preußisch-nationalem Geist. In dieser Sicht galten kirchennahe Vereine vornehmlich als Bollwerke gegen die anbrandende Sozialdemokratie, deren politische Erfolge gerade auch in der Geistesverwandtschaft mit den Freien Gewerkschaften seit 1890 wieder jedermann sichtbar wurden. Eben diese Grundhaltung teilten die konfessionellen Bildungswerke vor allem seit der Reichsgründung mit den bürgerlich-liberalen Arbeitervereinen, die aus der Spaltung des Verbandes deutscher Arbeitervereine 1868/69 wenn nicht ohne politische Führung, so doch mit einem stärker der Bildung verhafteten Werte- und Zielkanon hervorgegangen waren.

Hilfe leisten zur Selbsthilfe, das war das Motto des sozial engagierten Bürgertums unter Einschluß weitsichtiger Unternehmerpersönlichkeiten seit dem Vormärz gewesen. Die Befähigung zur Selbsthilfe erlangte man demnach durch möglichst umfassende, elementare, berufliche und humane Bildung. «Assoziation», das war das Zauberwort bis zur Reichsgründung: die Kräfte bündeln in Vereinen unter tatkräftiger Hilfe und Patronat bürgerlicher Gebildeter. Überhaupt, jenseits der Sozialdemokratie blieben die Vereine stärker durchmischt, boten sich vielfach als ein Experimentierfeld eines einerseits konfessionellen Sozialismus, andererseits sozialen Liberalismus. Nach Nürnberg bestanden zunächst Gau- und Regionalverbände liberaler Arbeiterbildungsvereine fort, darunter vor allem ein wichtiger, bald traditionsreicher Verband in Baden. Schon 1871 entstand unter deutlich liberal-bürgerlichem Patronat die «Gesellschaft zur Verbreitung der Volksbildung». Unter ihren Gründungsmitgliedern fanden sich alte Vorkämpfer des belehrenden und helfenden Vereinswesens wie Schulze-Delitzsch, Franz Duncker und Max Hirsch, Johannes von Miquel, Ludolf Parisius, der längst berühmte Arzt und Linksliberale Rudolf Virchow, aber auch Unternehmerpersönlichkeiten wie Borsig und Werner Siemens. Man gab eine Zeitschrift, den *Bildungs-Verein*, heraus und zögerte nicht, die wirklichen Feinde zu benennen: Das waren jene, die auf Umsturz sannen, «die jesuitischen Römlinge, die Partikularisten und die feudalen Konservativen, zu diesen die Sozialdemokraten, Internationalen, Kommunisten u.s.w. Diese Elemente rechnen auf die Beherrschung der geistig umnachteten Massen, um sie gegen die moderne Geisteskultur in den Kampf zu führen.»[8]

Reichsgründung, sozialdemokratische Emanzipation, Bismarcks desintegrative Politik und die Geister der Vergangenheit spalteten die Arbeiterbildung. Es ging vielfach mehr um das Gegen als ein sinnvolles Dafür. Die Gesellschaft bestand lange, und sie wechselte ihr Profil: Zu Beginn der 1930er Jahre gehörten ihr anscheinend überwiegend Angehörige des Bildungsbürgertums an und kaum noch Gewerbetreibende. Zahlreiche ältere und neue Verbände schlossen sich an, darunter der 1889 gegründete «Frankfurter Ausschuß für Volksvorlesungen». Noch 1912 gehörten 65 Arbeiterbildungsvereine mit 26 500 Mitgliedern sowie weitere 30 kaufmännische und Beamtenvereine mit 12750 Mitgliedern zur Volksbildungs-Gesellschaft; aber es gab darunter und daneben zahlreiche Regionalverbände, in denen sich anscheinend das wohlbekannte regionale Verteilungsbild des deutschen Liberalismus abzeichnete.

Der «Frankfurter Ausschuß» zeigt – im Vergleich zur Volksbildungs-Gesellschaft –, welche Kraft und welche Einflußfelder die Arbeiter- und Volksbildung auch in der Zeit des späten Kaiserreichs noch entfalten konnte. In Frankfurt, der neuen und ziemlich unpreußischen Stadt Preußens, herrschte ein außerordentlich günstiges Klima für solche Bestrebungen. Dort gab es seit 1861 einen Arbeiterbildungsverein, wo Johann Baptist von Schweitzer, der spätere zeitweilige Präsident der Lassalleaner, früh den Vorrang der politischen Bildung betonte. Dieser Verein bezog auch bald schon städtische Subventionen. Als eher bildungsbürgerliche Vereinigung existierte schon seit 1859 das Freie Deutsche Hochstift, eine Art Akademie der Wissenschaften, in der im übrigen auch Karl Flesch, späterhin bekannter Frankfurter Sozialpolitiker, wirkte. Schließlich gab es seit 1871 in Frankfurt einen Zweigverein der Volksbildungs-Gesellschaft. Der Boden war mithin jahrzehntelang bereitet, als 1889 der Ausschuß begann, unter Berücksichtigung auch der gewerkschaftlichen Interessen und unter deren Mitwirkung Vorlesungen zu organisieren, den Zugang zu Museen zu erleichtern, Theater- und Konzertveranstaltungen den Minderbemittelten zugänglich zu machen und Lehrgänge einzurichten, in denen bestimmte Stoffgebiete vermittelt wurden. Das war so erfolgreich, daß das konkurrierend aufgebaute Bildungsangebot der örtlichen Sozialdemokratie versandete. Im Jahre 1906 verbanden sich im Ausschuß nicht weniger als 67 Vereine und Gewerkschaften mit über 21 000 Mitgliedern.[9]

V.

Welche Spuren hat die frühe Bildungsgeschichte der Arbeiter und der Arbeiterbewegungen hinterlassen? Daß nach der begrenzten Ausbauphase der Arbeiterbildung durch die Arbeiterbewegungen im späteren Kaiserreich ein Höhepunkt an bildungspolitischen Aktivitäten vor allem der sozialistischen Arbeiterbewegung noch in den Jahren der Weimarer Republik stattfand, darauf wurde eingangs bereits verwiesen. Man hat nach 1945 durchaus versucht, hierauf bezogene Strukturen und Organisationen, die unter den Nationalsozialisten gleichgeschaltet und ihrer Sinnbezüge beraubt worden waren, wieder zu beleben. Wer die Schreckensphase überlebt und zuvor im Milieu der sozialistischen und auch katholischen sozialen Bewegungen herangebildet worden war, nahm diese Fäden wie selbstverständlich wieder auf, soweit das in der Zeit des Hungers und der zerstörten Milieubezüge nach 1945 nur ging. Eine neue Lücke für die Arbeiterbildung schien sich dadurch aufzutun, daß die Schulpolitik in den Besatzungszonen und während der 1950er Jahre stark restaurative Züge trug: Man etablierte wieder die klassische Dreizügigkeit des Schulsystems und damit die ihm inhärenten Tendenzen sozialer Exklusion, ließ damit Bildungsreserven brachliegen und bedurfte deshalb korrigierender Maßnahmen, etwa des Zweiten Bildungsweges in Gestalt von Kollegs und Abendgymnasien, um höchst begrenzt mittels Erwachsenenbildung Aufstiegsschleusen zu eröffnen. Nachdem in den 1960er Jahren die deutsche «Bildungskatastrophe» medienwirksam konstatiert worden war, fanden Verbesserungen der Schulstruktur statt, und die höhere Schule wurde sozial durchlässiger; gerade die neugegründeten Universitäten etwa des Ruhrgebiets zogen nun in erheblichem Umfang die Söhne – und nun endlich auch die Töchter – der Arbeiter auf sich.

Im selben Maße, wie der grundgesetzliche Anspruch auf Bildung für alle eingelöst wurde, verengte sich das Arbeitsfeld einer politischen Kraft, die auf die Bildung einen gewissermaßen klassenspezifischen Monopolanspruch erhoben hatte. Ein Teil dieser Bestrebungen war ja, unter maßgeblicher Mitwirkung der Sozialdemokratie und anderer Reformkräfte, zumeist schon in den 1920er Jahren durch Volkshochschulen in kommunaler Zuständigkeit gleichsam abgelöst worden. Nachdem nun die sozialdemokratische Arbeiterbewegung nach 1945 ganz bewußt auf die Wiedererrichtung der großen alten Arbeiterkulturbewegung verzichtet hatte, hätte systematisch betriebene Arbeiterbildung durch die Gewerkschaften und die Sozialdemokratie der alten Milieubezüge von vornherein entbehren müssen. Der alte Bildungsauftrag schien sich damit mehr und mehr auf die Gewerkschaften, die nunmehr als Einheitsgewerkschaften sowieso bessere Voraussetzungen boten, zu begrenzen. Hier galt es dann vorrangig, das loyale und kampfbereite Gewerkschaftsmitglied heranzubilden und im Zuge dessen den eigenen Funktionärsnachwuchs zu rekrutieren und zu formen. Durchaus bedeutsame Eigenständigkeit wurde auch auf der Ebene der Universitäten mit Hochschulen oder Akademien für Arbeit erreicht. Stipendienprogramme halfen; insofern darf man heute noch die Stipendienwerke der Hans-Böckler- und der Friedrich-Ebert-Stiftung als Instrumente der Begabtenförderung in gewissem Umfang den Traditionen der Arbeiterbildung zurechnen.

Der gute Ruf der alten sozialdemokratischen Arbeiterbildung ist aber dahin. Daran haben auch psychologisch und soziologisch orientierte Belebungsversuche und das erkennbare Bemühen der neuen sozialdemokratischen Mitgliedergeneration in den 1970er Jahren, sich mittels Arbeiterbildung den klassenspezifischen Bildungstraditionen zu nähern, nichts geändert. Nicht, daß man Arbeiterbildung kaum noch benötigte; daß jedoch das staatliche Bildungssystem stets auch Ort und Schleuse individueller Emanzipationen sein muß, diese Überzeugung wird weithin geteilt, während der klassenbezogene Bildungsanspruch, die politische Funktion der Arbeiterbildung, mit der gesellschaftspolitischen Reformorientierung der sozialdemokratischen Arbeiterbewegung aufgegeben worden ist. Eines die bürgerliche Gesellschaft bekämpfenden Bildungsanspruchs bedarf es dann nicht mehr, wenn man Teil dieser Gesellschaft geworden ist und wenn die Gesellschaft selbst Instrumente der Inklusion, der bildungspolitischen Korrektur erkannter Mängel – man denke an Bildung und Ausbildung für Ausländerkinder –, wie immer unzureichend, entwickelt hat.

Einen solchen bildungspolitischen Idealzustand wird kaum je eine Gesellschaft erreichen. Recht verstanden, liegt deshalb der Sinn der Arbeiterbildung heute in deren Appellcharakter. Immer noch, und zeitweilig wieder zunehmend, ist die Teilnahme der Angehörigen minderprivilegierter Erwerbs- und Statusgruppen in Deutschland auch seit den 1960er Jahren zurückgeblieben. Das galt auch für die ehemalige DDR, die sich mit dogmatischer Enge als Träger und Vollender gerade der politischen Funktion der Arbeiterbildung verstanden und deshalb in der Tat nach ihrer Gründung eigene Instrumente zur Überwindung der Bildungskluft, darunter die Arbeiter- und Bauernfakultäten, etabliert hatte. Am ehesten noch findet man heute in den großen Städten und Regionen mit starken Traditionen der Arbeiterbewegung institutionelle Spuren der alten Arbeiterbildung. Dort am ehesten werden die Mitgliederversammlungen der örtlichen SPD auch als Bildungsveranstaltungen begriffen, freilich nachdrücklich im Sinne jener politischen Bildung, die den Parteien ganz allgemein grundgesetzlich auferlegt ist. Die Volkshochschulen als ureigenes Aktionsfeld einer bildungspolitisch aktiven Arbeiterbewegung werden dieser kaum noch zugeordnet; die institutionelle Verselbständigung hat hier Trennung bewirkt. Im Ruhrgebiet verband sich die Gründung der Ruhr-Universität in Bochum im Jahre 1965 mit einem nachdrücklichen Bildungsauftrag für die Arbeiterschichten der Region, so daß eine eigene universitär-gewerkschaftliche Kontaktstelle, eine – heute im Institut für soziale Bewegungen ressortierende – Bibliothek der Arbeiterbewegung gepflegt und ein in Recklinghausen beheimatetes Forschungsinstitut für Arbeiterbildung errichtet werden konnten. In Recklinghausen werden auch weiterhin die jährlichen Ruhrfestspiele von den Gewerkschaften mitgetragen und -finanziert.

Maiken Umbach

Made in Germany

Die ‹Erfindung› der modernen deutschen Nation war ein langer Prozeß, der sich nicht nur durch das gesamte 19. Jahrhundert, sondern weit in die Zeit des Heiligen Römischen Reiches zurückverfolgen läßt. Und er war mit der Staatsgründung von 1871 keineswegs abgeschlossen. Die Diskussion um die deutsche Nation wurde im Zeitalter des Wilhelminismus mit nie zuvor gekannter Intensität und Breitenwirkung geführt. Nicht nur Politiker und Schriftsteller, sondern Hunderttausende «gewöhnlicher Deutscher» engagierten sich in neuen nationalistischen Massenvereinen. Im Reichstag, in der nationalen Presse, aber auch in einzelnen Landesteilen, in Hamburg wie in Bayern, im Ortsverein und im Kneipengespräch wetteiferten Menschen und Gruppen unterschiedlicher sozialer, regionaler und konfessioneller Ausrichtung darum, ‹Deutschland› in ihrem Sinne zu definieren.

In diesem Definitionsprozeß spielte Geschichte eine konstitutive Rolle. Wie schon in der Romantik wurde Nation auch im Zeitalter des Wilhelminismus zunächst vor allem als historische Kategorie ‹erinnert›. Dieses Erinnern war nicht nur ein Prozeß gelehrter Rückschau in privatem Rahmen. Nationale Erinnerungsorte wurden im Wilhelminismus in nie zuvor dagewesener Weise öffentlich zelebriert. Dieser ostentative Geschichtssinn prägt bis heute das populäre Bild dieser Epoche. Zu oft wird dieser Historismus aber einseitig als Modernitätsflucht und Regression verstanden. Die jüngere Forschung, vor allem jene Arbeiten, die aus dem Projekt-Kreis «Kunst, Kultur und Politik im Deutschen Kaiserreich» der Fritz-Thyssen-Stiftung hervorgingen, betonen, wieviel progressives, optimistisches und oft verblüffend modernes Denken auch in der ‹offiziellen› Seite der wilhelminischen Kultur steckte. Es gehört zu den charakteristischen Paradoxien dieser Epoche, daß oft gerade das Historische zu einem Vehikel wurde, mit dem Nationalvorstellungen transportiert wurden, die die traditionelle Ständegesellschaft und ihre Denkweisen überwanden. Das galt nicht nur für den kurzen wirtschaftlichen ‹Boom› der Gründerjahre. Der Kulturpessimismus eines Nietzsche oder Thomas Mann darf nicht darüber hinwegtäuschen, daß dies für viele ein Zeitalter großer Zukunftsgläubigkeit war. Jenseits theatralischer Hohenzollern-Inszenierung und intellektuellen Schopenhauer-Kults war für die meisten wilhelminischen Deutschen die Nation das zu Schaffende, das im Entstehen Begriffene – vor allem: ein Projekt der Moderne. Daß dabei Modernität und Geschichtsbezogenheit oft Hand in Hand gingen, soll im folgenden an einem charakteristischen Beispiel erläutert werden.

Wilhelminische Nationalisten begriffen das Deutschland der Zukunft vor allem als ‹Industriestaat›. So lautete denn auch der Titel eines programmatischen Aufsatzes des linksliberalen Politikers Friedrich Naumann von 1919. Mit ‹Industriestaat› war weit mehr als nur eine erfolgreiche Wirtschaft gemeint. Was Naumann und den anderen ‹Modernisierern› vorschwebte, war ein Staat, der seinem ganzen Wesen nach durch die moderne Industrie geprägt sein sollte. Politisch hieß das: durch ein Bündnis von Arbeitern und industriellen Arbeitgebern gegen die traditionellen Eliten, vor allem die Agrarier und ihre protektionistische Politik. Auch im kulturellen Leben der Nation würde dann die landbesitzende Aristokratie ihre dominante Rolle verlieren, und ein zukunftsorientierter, ‹bürgerlicher› Nationalstil würde an die Stelle der pseudo-aristokratischen Repräsentationskultur treten. Solche Vorstellungen waren keineswegs auf die kleine Partei der Fortschrittsliberalen beschränkt, sondern fanden Ausdruck in zahlreichen gesellschaftlichen, wirtschaftlichen und kulturellen Institutionen und Debatten dieser Jahrzehnte. Gemeinsamer Nenner war das Vorbild England. Was uns heute, verbunden mit dem Namen Tirpitz, vor allem als der Rüstungswettlauf zweier Kriegsflotten bekannt ist, war Teil eines breit angelegten Programms rivalisierender Nachahmung, das, bei aller imperialistischen Aggressivität, eben auch für den ‹Fortschritt› eintrat. Dieser blieb nicht abstrakte Idee. Die wilhelminischen Modernisierer hatten zunehmend Grund zu der Annahme, die historische Entwicklung auf ihrer Seite zu haben. Ein anschauliches Beispiel, das die öffentliche Diskussion der Zeit prägte, war die rapide expandierende neue Handelsflotte der HAPAG und des Bremer Lloyd. Sie wurde mindestens so sehr nationales Symbol wie Tirpitz' Kriegsflotte. Denn die Handelsflotte war ja Ausdruck des entstehenden Industriestaates, dessen Produkte sie in alle Welt verschiffte. Zwischen 1870 und 1913 stieg der Anteil Deutschlands an der Weltindustrieproduktion von 13 auf 16 Prozent. In der gleichen Zeit sank der Anteil Englands von 32 auf 14 Prozent. Als die Wilhelministen glaubten, die industrielle Vormacht des «Made in Germany» erreicht zu haben, inszenierten sie den dahinterstehenden imperialen Anspruch mit pathetischer Gebärde. Der Kaiser-Freund Albert Ballin, Chef der HAPAG, ließ 1913 seinen neuen Luxusdampfer, der auf den Namen «Imperator» getauft worden war, seine Jungfernfahrt nach Southampton machen. England war schockiert, denn am Bug des Schiffes prangte als Galionsfigur ein riesenhafter, vergoldeter Reichsadler mit der Reichskrone auf dem Haupt, in den Fängen die Weltkugel, die das HAPAG-Motto zeigte: «Mein Feld ist die Welt». Der Londoner *Daily News Leader* verkündete im Januar 1914: «Ballin hat der Welt den Krieg erklärt.»[1] Daß hier wirklich Englands Parole «Britannia Rule the Waves» in Frage gestellt werden sollte, macht eine naive Reimerei anläßlich der Jungfernfahrt deutlich: «Wir sahen deinen Riesenleib/An Englands Strand sich wiegen./Da hat es heiß durch unser Herz/In freud'gem Stolz geglutet:/Von deutscher Kraft ist dieser Stahl,/Dies Wunderwerk durchflutet./So ziehe weiter deine Bahn/Siegreich, ein Triumphator,/Und künde deutschen Namens Ruhm/Des Meeres Imperator!»[2]

Feierten die ‹modernen› Nationalisten in Deutschland solche Erfolge, so wurde im Ausland dieselbe Entwicklung nicht ohne Sorge wahrgenommen.

Vor allem in England wuchs die Angst vor deutschen Exporten, die zunehmend den englischen Markt überschwemmten. Im *Merchandise Marks Act* von 1887 wurde daher für alle deutschen Waren, die für den Export nach Großbritannien oder in englische Kolonien bestimmt waren, eine Kennzeichnungspflicht eingeführt. Der Aufdruck «Made in Germany» sollte den englischen Verbraucher vor den vermeintlich minderwertigen Billigprodukten aus Deutschland warnen und so die heimischen Erzeugnisse schützen.

Um die Jahrhundertmitte war Deutschland in der Tat dafür bekannt gewesen, durch billige und eher minderwertige Imitationen vor allem englischer Qualitätswaren das englische Freihandelssystem für sich auszunutzen. Doch schon wenige Jahrzehnte später stellte der deutsche Export auf Qualitätsprodukte um. In besonders modernen Bereichen industrieller Produktion kehrte sich das Verhältnis zwischen den rivalisierenden Mächten geradezu um. Die Farbindustrie, zunächst von England dominiert, wurde innerhalb von nur zwei Jahrzehnten fast ein deutsches Monopol. Zunehmend beschränkte sich England darauf, Kohlenteer-, Primär- und Zwischenprodukte nach Deutschland auszuführen und teure, veredelte Farbstoffe zurückzukaufen. Dieser Aufstieg Deutschlands war zu einem Großteil Ergebnis technischer Neuerungen. Ein Vergleich der Patentvergabe ist aufschlußreich. Zwischen 1886 und 1900 patentierten die sechs größten deutschen Unternehmen in Großbritannien 948 Erfindungen; die sechs größten britischen Unternehmen 86.[3] Die Rolle der Banken und des Staates als Kapitalgeber begünstigte die deutsche Entwicklung. Ausschlaggebend für den raschen Fortschritt war jedoch die enge Verbindung von Produktion und neuesten wissenschaftlichen Erkenntnissen, die ihre Voraussetzung in einer erheblichen Ausweitung der wissenschaftlichen Ausbildung von Ingenieuren, Physikern und Chemikern an Politechnika und technischen Hochschulen hatte. 1900 beschäftigten dieselben sechs größten deutschen Unternehmen etwa 350 Techniker und Diplomingenieure sowie 500 wissenschaftlich qualifizierte Chemiker. Die Zahl der Chemiker in der gesamten britischen Farbstoffindustrie wurde zu dieser Zeit auf etwa 30 bis 40 geschätzt.[4] Als 1911 in Deutschland die Kaiser-Wilhelm-Gesellschaft gegründet wurde, schrieb *Nature* in einem Kommentar zu der neuen deutschen Einrichtung zur Förderung der Wissenschaft, es sei «wonderful how deeply the spirit of trust in science has penetrated the whole German nation [...]. This spirit, which permeates the German people, from the Emperor on his throne to the representatives of the peasants, causes admiration; would that it could inspire imitation!»[5]

Vor diesem Hintergrund gewann die Kennzeichnung «Made in Germany» eine ganz neue Bedeutung, die den Intentionen ihrer Erfinder diametral entgegengesetzt war: Sie wurde zum Markenzeichen für modernste Qualitätsprodukte, zum Signet für ‹Deutsche Wertarbeit›. Und da die Idee des Industriestaates auch ein Nationsentwurf war, wurde «Made in Germany» somit auch für den nationalistischen Diskurs relevant: Es wurde geradezu zum Emblem des neuen Deutschlands.

Die Umwertung eines technischen Gütesiegels zu einem appellativen Symbol moderner nationaler Identität verlief dabei zunächst über die Ästhetik. Das lag im Charakter der Zeit. Der Wilhelminismus dachte in Stilen. Es ist eine ebenso weitverbreitete wie irrige Annahme, daß diese Stile «sinnlos» und «bloß dekorativ» verwendet wurden. Für den historistischen Architekten war Stil ein historisch entstandener Ausdruck für eine bestimmte kulturelle Funktion. Kirchen wurde meist neo-gotisch, Rathäuser im Stil der Renaissance, Theater im Neo-Barock und Parlamentsgebäude oft in neo-klassizistischem Stil erbaut. Natürlich gab es Abweichungen vom Schema. Doch die waren ikonographisch, nicht nur dekorativ begründet. Die Debatte um den passenden Stil für den Deutschen Reichstag in den 1880er Jahren zeigt dies. Das katholische ‹Zentrum› wollte ein gotisches Gebäude, Nationalliberale plädierten für einen repräsentativen barocken Bau (der dem Kaiser den traditionellen Stil der Macht streitig machen würde), Fortschrittsliberale wollten ein möglichst schlichtes Gebäude mit Anklängen an die Renaissance. Der Kaiser empfahl für repräsentative Reichsbauten – allerdings nicht für das von ihm als «Reichsaffenhaus» titulierte Parlament – den Stil der deutschen Hoch-Romanik: Sinnstiftendes Vorbild waren dabei die deutschen Kaiserdome Speyer und Worms. Stil stand also stets für ein bestimmtes Nationsverständnis.

Welcher Stil konnte nun also das Projekt der deutschen Nation als Industriestaat verkörpern? Auch bei der Lösung der Stilfrage spielte England eine wichtige Vorbildrolle. Der Zusammenhang zwischen wirtschaftlicher Modernisierung und kultureller Reform erschließt sich am besten, wenn wir den englischen Einfluß an einigen konkreten Fällen nachzeichnen. Um die Jahrhundertwende begann die preußische Regierung damit, sogenannte Kulturattachés nach England zu senden. Sie hatten den Auftrag, den Ursachen des englischen Industrialisierungserfolges nachzuspüren. In mancher Hinsicht waren sie gewöhnliche Industriespione, doch ihr Aufgabenbereich reichte über den bloßen Technologietransfer hinaus: Sie sollten die sozialen, politischen und ideologischen Voraussetzungen einer erfolgreichen Industrialisierung erkunden. Ein solcher Kulturattaché war der Architekt und Journalist Hermann Muthesius, der in den Jahren 1886 bis 1905 im Auftrag der preußischen Regierung in England tätig war. Das Ergebnis waren außer dem berühmten mehrbändigen Werk *Das Englische Haus* über 600 Aufsätze und Essays, die Muthesius in mehr als sechzig verschiedenen Zeitschriften publizierte, sowie zahllose öffentliche Reden und Vorträge. All diese Werke stellten die Frage nach den kulturellen Voraussetzungen des Naumannschen ‹Industriestaates› – Muthesius und Naumann waren übrigens enge politische Freunde. «Bestimmend für eine erste Rolle ist nur der der Leistung innewohnende ideale Eigenwert, der Kulturwert. [...] Nur dadurch, daß England eigenes gab, wurden seine Stoffe, seine Teppiche, seine Möbel in den letzten zwanzig Jahren zu etwas, was auf dem Weltmarkte eine eigene Note darstellte. Der kommerzielle Erfolg marschiert im Gefolge solcher beherrschenden inneren Werte. [...] Die Produktion braucht dann nicht mehr ängstlich den Modelaunen nachzuspüren, sie kann den Geschmack diktieren.»[6]

Dieser ‹kulturelle Eigenwert› war jedoch nicht in der höfischen Formsprache des Historismus zu finden. In einem Aufsatz mit dem Titel *Die moderne Bewegung* von 1901 gab Muthesius die Richtung an. Dort stellte er, ausgehend von John Ruskin, die englische Reformbewegung als den eigentlichen Quell des Erfolges der englischen Modernisierung dar: «Ihm [Ruskin] gelang es, die Herzen des englischen Volkes für die Kunst zu öffnen. Und zwar für die Kunst in dem besonderen germanischen Sinne, für das Werkmäßige, Charakteristische, Bodenwüchsige, Ursprüngliche in ihr, für die Kunst des täglichen Lebens und der ganzen menschlichen Umgebung.»[7] Die abgelehnte Kultur ist die aristokratische, aber auch die südliche, ‹romanische› – d. h. die vom offiziellen Historismus bevorzugten Stile der Renaissance, des Barock und des Rokoko. An ihrer Stelle will Muthesius einen ‹germanischen› Stil sehen. Seine Inspiration hat also durchaus ‹völkischen› Charakter. In den Händen von Architekten wie Schulze-Naumburg, des bekanntesten Repräsentanten des gleichzeitigen ‹Heimatstils›, hatten solche Formen nostalgischen und offensiv anti-modernen Charakter. Typisch für die Ambivalenzen des wilhelminischen Zeitalters ist aber, daß bei Muthesius dieselben völkischen Traditionen zum Instrument praktischer und ideologischer Modernisierung werden konnten. Denn für Muthesius war im heimatlich-ländlichen deutschen Baustil, jenseits aller gewollten und künstlichen Stilisierung, der Ursprung des eigentlich ‹Funktionalen› zu suchen. So konnte der ‹Heimatstil› hier zur Grundlage einer industriekompatiblen, ‹modernen› Kultur werden.

Diese Spannung führte 1914 auf der Tagung des Deutschen Werkbundes in Köln zum offenen Konflikt zwischen den unterschiedlichen ideologischen Lagern. Architekten wie Henry van der Velde und Walter Gropius attackierten die der maschinellen Produktion inhärente Tendenz zur Normierung und verteidigten das ‹Spezifische› – das, je nach Ansicht, individuell künstlerisch, regional oder national Charakteristische. Muthesius aber erklärte diese Fraktion zu den «Gestrigen» und pries die ‹Typisierung› als das Design der Zukunft. Paradoxerweise wurde dann aber bei Muthesius gerade diese standardisierte, d. h. eigentlich nicht mehr spezifisch deutsche Form zum Vehikel einer aggressiven nationalistischen Ideologie. Muthesius konstatierte, «daß eine Zeit wie die unsere [...], in der der internationale Austausch [...] an die Stelle örtlicher Beschränkung getreten ist [...], auch in der Kunst ihre eigenen Ausdrucksform haben muß. Das Volk nun, daß diese Ausdrucksformen zuerst findet, wird tonangebend für die ganze fernere Entwicklung werden, es wird die Führung in der Stilbildung übernehmen, den Sieg über die Welt davontragen. [...] Es ist anzunehmen, daß diejenigen Formen, die in der deutschen Bewegung für die Fassung der Industrie-, Geschäfts- und Verkehrsbauten entwickelt sind, zugleich die Weltformen werden.»[8]

Nicht nur Muthesius, sondern auch Peter Jessen und viele andere der Werkbündler argumentierten, Deutschland müsse aufhören, als Europas Japan zu gelten, das für seine billige und mindere Arbeit bekannt sei. Nur durch Förderung technischer und ästhetischer Vorzüglichkeit in seiner Ausfuhr könne Deutschland seine Kulturmission erfüllen und die anderen Länder mit seinem Rang als Weltmacht aussöhnen.[9] Naumann hob dabei vor allem die soziale Nützlichkeit der angestrebten neuen Nationalkultur hervor. Wertarbeit wurde für ihn, in Anlehnung an Ruskin, zur Methode, um die Entfremdung des Arbeiters vom Produktionsprozeß zu überwinden. Der Gedanke der Identifikation mit der Arbeit wurde aus dem Handwerk entwickelt, im Kontext des Werkbunds aber auf den industriellen Arbeitsprozeß übertragen.[10]

Der Werkbund wurde zur institutionellen Verkörperung dieser Synthese der Reformbewegung einerseits – die sowohl bei Ruskin als auch im deutschen Bund Heimatschutz noch anti-industriell definiert war – mit der industriellen Moderne andererseits, denn nur diese konnte ja Deutschlands Streben nach Weltmachtstatus angemessen unterstützen. Der DWB war ursprünglich eine vor allem mittelständische Vereinigung. Neben Architekten und Designern gehörten Firmen wie die *Deutschen Werkstätten für Handwerkskunst* (mit ungefähr 600 Angestellten) und die *Thonet Stuhlfabriken* (mit ungefähr 6000 Angestellten in sieben separaten Betrieben) zu den Mitgliedern. Schon vor dem Ersten Weltkrieg traten allerdings auch größere Konzerne wie AEG, Siemens, Bosch, BASF und Mercedes Benz dem DWB bei. Diese Firmen übernahmen damit einen ursprünglich aus dem Handwerk entwickelten Anspruch auf Qualitätsarbeit, der sich dann als typische Eigenschaft des «Made in Germany» durchsetzte. Außenpolitisch entsprachen die Ziele des Werkbundes der offiziellen Politik – Markteroberungspolitik war auch Weltpolitik. So wurde zum Beispiel im Zusammenhang mit der Bagdadbahn argumentiert, die deutschen Lokomotiv-, Waggon- und Schienenhersteller brauchten Ersatzmärkte für den im wesentlichen ausgeschöpften heimischen Markt. Indem es gelang, die Kennzeichnung «Made in Germany» zunehmend über die rein technische Qualität des Industrieprodukts zu definieren, hatte man eine «Weltform» auch ohne eine ästhetische Komponente – und damit auch ohne Geschichte. Denn obwohl der Werkbund gegen den repräsentativen Historismus zu Felde zog, entwickelte man die funktionale Form aus einem Traditionsbestand, der dem des anti-industriellen Heimatstils zum Teil verblüffend ähnelte.

Doch mit den Erfolgen der deutschen Industrie setzte sich gegenüber dem im Grunde noch traditionellen Funktionalitätsbegriff eines Muthesius oder Naumann nun zunehmend das Primat des rein Technischen durch. «Made in Germany» transportierte Eigenschaften, die, sozusagen überhistorisch, als «typisch deutsch» präsentiert wurden: zuverlässig, dauerhaft, funktionssicher, leistungsstark, innovativ. Außerdem war «Made in Germany» durch die englische Formulierung auf den modernen Weltmarkt bezogen, beanspruchte also nicht nur innerdeutsche, sondern globale Geltung. Das nationale Kennzeichen wurde damit vom innenpolitischen Argument zum Symbol einer wirtschaftlich begründeten deutschen «Weltpolitik».

Diese Entwicklung wurde in England sehr deutlich wahrgenommen. Bereits um 1900 fälschten englische Hersteller die Kennzeichnung, um ihre Produkte unter dem Label «Made in Germany» besser verkaufen zu können. 1896 veröffentlichte der englische Journalist E. E. Williams ein Buch, das noch im gleichen Jahr in deutscher Übersetzung unter dem Titel *Made in Germany: Der Konkurrenzkampf der deutschen Industrie gegen die englische* erschien. Hier wird deutlich, daß sich das Etikett «Made in Germany» in dem Moment, in dem es zum nationalen Symbol wurde, von bestimmten Produkten löste und zu einem Wertbegriff avancierte, der gleichermaßen für alle deutschen Produkte galt, ganz gleich, ob sie nun zu den kennzeichnungspflichtigen Kategorien gehörten oder nicht. So war auch Williams' Traktat über «Made in Germany» keineswegs auf kennzeichnungspflichtige Produkte beschränkt. Er präsentierte auch keine volkswirtschaftliche Analyse des deutschen Erfolges. Williams' Buch war ein politisches Pamphlet, das warnend auf den Niedergang der englischen Nation hinwies. Nach dem Schema von Gibbons' *Decline and Fall of the Roman Empire* wurde dabei der wirtschaftliche Vormarsch Deutschlands zum Indikator für die innere Schwäche Englands.

Williams' Argumentation ist vor allem eine moralische. Seinen englischen Landsleuten bescheinigt er einen Mangel an Energie, Wachsamkeit und Unternehmergeist, der nötig wäre, um dem Rivalen Deutschland wirkungsvoll entgegenzutreten. Englische Unternehmer werden als altmodisch, bequem, hochmütig und gleichzeitig als geldgierig und an ihrem privaten Luxus mehr interessiert als an dem Wohlergehen ihrer Firmen dargestellt. Auch die englischen Arbeiter greift Williams an; sie seien schwerfällig, schlecht ausgebildet und zu destruktiven Streiks geneigt. Die deutschen Unternehmer kommen allerdings in Williams' moralischer Bewertung nur wenig besser weg: Gierig drängen sie sich in jede Tür, die einen winzigen Spalt offensteht, und schrecken dabei vor Markenbetrug und Dumpingpreisen nicht zurück. Doch lobt er ihre Flexiblität und Pragmatik, die sie zu schneller Anpassung an die rasch wechselnden Bedürfnisse des Marktes befähigen. Doch auch hier wird der konkrete unternehmerische Erfolg zum Symptom für den Aufstieg der deutschen Nation insgesamt. Die Allgegenwart des «Made in Germany» wird zu einer Art Menetekel: «Made in Germany – diese Phrase ist Jedermann geläufig, aber wie allgemein anwendbar sie ist, wird niemand eher gewahr, bis er nicht eigene Studien gemacht hat. Ihr werdet finden, daß der Stoff einiger Eurer Kleider vielleicht in Deutschland gewebt ist, die Kleider Eurer Frauen sind wahrscheinlich aus Deutschland eingeführt. Zweifellos sind die prächtigen Mäntel und Jacken, mit denen Eure Dienstmädchen sich an ihrem Sonntage schmücken, in Deutschland gemacht [...]. Der Verlobte Eurer Gouvernante ist ein Kommis in der City, aber auch er ist ‹made in Germany›. Die Spielsachen, die Puppen, die Märchenbücher sind ‹made in Germany›. Ja sogar das

Papier, auf dem Eure patriotische Lieblingszeitung gedruckt wurde, hat sicherlich denselben Geburtsort. Durchstreift das ganze Haus und die verhängnißvolle Marke blickt Euch aus jedem Winkel an, vom Flügel in Eurem Wohnzimmer bis zum Kruge auf Eurem Küchenschrank, obgleich er mit der Aufschrift ‹present from Margate› prunkt. Steigt zu den Kellerräumen Eures Hauses, dort werdet Ihr finden, daß sogar die Gartenspritzen ‹made in Germany› sind. Nehmt aus dem Papierkorb die Reste eines Kreuzbandes, auch sie sind ‹made in Germany›. Ihr werft sie wieder ins Feuer und überlegt dabei, daß sogar das Schüreisen in Deutschland geschmiedet worden ist. Ihr springt vom Kaminplatz auf und stoßt einen Zierrath von Eurem Kaminsims herunter; während Ihr die Scherben aufhebt, lest Ihr auf einem Stück ‹manufactured in Germany›. Eure trüben Betrachtungen schreibt Ihr mit einem Bleistift, der ‹made in Germany› ist, nieder. Um Mitternacht kommt Eure Frau aus einer Oper nach Hause, die ‹made in Germany› ist. Die Oper wurde aufgeführt von Regisseuren, Sängern und Schauspielern, die aus Deutschland stammen, die Saiten- und Blasinstrumente des Orchesters waren ‹made in Germany›. Ihr geht zu Bett und starrt wüthend auf einen Spruch an der Wand; er ist mit einer englischen Dorfkirche geschmückt und war ‹printed in Germany›. Neigt Ihr zu Phantasien und Alpdrücken, so werdet ihr träumen, wie St. Peter mit einem regelrecht gestempelten Heiligenschein um seinem Haupt und einem Bund Schlüssel aus dem Rheinland in der Hand Euch den Eintritt in's Paradies verweigert, weil Ihr nicht das Zeichen des Salvatorbockes auf Eurer Stirn tragt und nicht ‹made in Germany› seid. Aber schließlich tröstet Ihr Euch mit dem Gedanken, nur in einem Bierhaus Paradies gewesen zu sein und wacht am anderen Morgen von dem helltönenden Rasseln einer deutschen Uhr auf.»[11]

Diese Passage macht deutlich, daß Williams' Buch nicht nur den Erfolg des einen oder anderen deutschen Exportschlagers zum Thema hat. Zwar zählt Williams die einschlägigen Statistiken auf, wobei er besonders auf die enorme Steigerung der deutschen Roheisen- und Stahlproduktion zwischen 1878 und 1895 sowie auf die Steigerung der Ausfuhr von Baumwollwaren eingeht (Williams gibt für die Zeit von 1883 bis 1893 eine Rate von 127 % für Deutschland und nur 25 % für England an).[12] Doch der Siegeszug deutscher Produkte bis in die Privatsphäre des englischen Heims wird im Zusammenhang mit dem Siegeszug deutschen Denkens und deutscher Kultur geschildert: Der Kommis in der *City* ist Deutscher, die Oper ist eine deutsche – und in der abschließenden Alptraum-Phantasie wird sogar der Zugang ins Himmelreich von einem deutschen Petrus kontrolliert.

Das von Robert Wuttke verfaßte Vorwort der deutschen Ausgabe deutete diese Diagnose natürlich positiv. Zur Begründung des von Williams beschriebenen deutschen Aufstiegs weist Wuttke auf die Modernität der deutschen Wirtschaft hin, die nicht wie die englische, durch frühe Erfolge verwöhnt, überkommenem Denken anhänge.[13] Doch auch hier reicht die Interpretation über wirtschaftsimmanente Faktoren hinaus. Deutlicher als Williams selbst unterstreicht Wuttke die politische Dimension. Die eigentliche Triebkraft des deutschen Erfolges sei der deutsche Nationalstaat: «Wie ist dies alles gekommen? [...] Auch bei uns mußten die alt überlieferten Formen zusammenbrechen [...]. Dem eigentlichen Charakterzug aber, den unser Volk von jeher aufweist: kraftvolle Entwicklung der Staatsgewalt, sind wir treu geblieben und so auf völlig anderem Wege als England haben wir uns schließlich zu einem mächtigen Staatswesen entwickelt, das jetzt politisch und wirthschaftlich kühn seine Glieder nach allen Erdtheilen ausstreckt und sich anschickt, Weltpolitik zu treiben.»[14]

Der *Merchandise Marks Act* wird von Wuttke mit besonderer Genugtuung als Meilenstein in der deutschen Erfolgsgeschichte registriert: «Die englische Industrie hat keinen Vortheil davon gehabt, denn der Nimbus, der sie umgab, ist gebrochen worden. Die Käufer in allen Weltgegenden fanden, daß viele der so angepriesenen englischen Waren aus dem so sehr geschmähten Deutschland stammten. Durch dieses Gesetz errang Deutschland zunächst einen moralischen Sieg; die Anerkennung seiner Industrie wuchs und wir können nur wünschen, daß dieses Stempelgesetz noch lange in Kraft bleiben möge.»[15]

War «Made in Germany» eine Kennzeichnung der Industriegesellschaft, so fungierte es metaphorisch als Symbol einer Kulturgesellschaft. Bei der Abstrakion der konkreten Kennzeichnung zu einem allgemeinen Qualitätsbegriff blieb man noch im industriellen Rahmen, im zweiten Schritt aber wurde «Made in Germany» zur nationalen Agitationsparole, die das Wesen des Deutschen ausdrücken sollte. Nur durch diese doppelte Bedeutung läßt sich die lang anhaltende Erfolgsgeschichte dieses nationalen Topos erklären. Das «Made», das Machen, verwies zum einen auf die Ursprünge der Industrie-Ideologie im Kontext des Werkbundes und einer zunächst noch an der handwerklichen Qualitätsarbeit orientierten Reformbewegung. Andererseits ließ es sich rhetorisch auch zu einer offenen, d. h. bewußt mehrdeutigen Pathosformel umdeuten. Was in Deutschland «gemacht» wurde, war auch die Zukunft der Nation, ja, die Zukunft einer «deutschen Welt». «Made in Germany» sagte ja nichts eigentlich Technisches über ein Produkt aus: Erstaunlicherweise hat es zu keinem Zeitpunkt irgendeine amtliche Festlegung von Mindestanforderungen gegeben, die ein Produkt mit dieser Kennzeichnung erfüllen müsse. Da «Made in Germany» also im wahrsten Sinne des Wortes nichts als die nationale Herkunft aussagte, verwies die Kennzeichnung sozusagen auf die moralischen Qualitäten der Nation, deren Betrieben und Fabriken die Produkte entstammten.

Gleichzeitig leitete diese Formel ein neues Verständnis von Funktionalität ein. Jenseits der ikonograpischen ‹Funktionen› der historistischen Stile traten nun Begriffe wie sachlich, rational, funktionell, industriegerecht, maschinengemäß und modern in den Vordergrund. Dieser Aspekt des «Made in Germany» paßte kongenial in die großen Modernisierungsprojekte der Weimarer Republik: die Neue Sachlichkeit, das Neue Bauen, besonders der reifere Bauhaus-Stil (d. h. jener Stil, der nach dem Ende der expressionistischen Anfangsphase ab 1922 das Bauhaus charakerisierte). Gemeinsam waren ihnen ein ausgeprägter Anti-Individualismus sowie die Nähe zu ingenieurmäßiger Exaktheit und überhaupt zur Maschine. Im Modernisierungsdiskurs dieser Zeit meinte der Begriff ‹Neue Sachlichkeit› viel mehr als nur eine ästhetische Moderne. Er umschloß Phänomene wie Fordismus, Taylorismus, fortschreitende Rationalisierung der Arbeitswelt, avancierte Technologie, «also alle jene Tendenzen, die auf eine quantitativ gesteigerte und qualitativ verbesserte Produktion hinausliefen, um dem Schlagwort ‹Made in Germany› wieder einen qualitätsverbürgenden Klang zu geben. Dinge wie Fabrikwesen, Technik oder Industrie, die man bürgerlicherseits als schmutzig, proletarisch oder gar links empfunden hatte, wurden daher nach 1923 innerhalb der mittelständisch-liberalen Ideologie zusehends ins Positive umfunktioniert und als Ausdruck einer amerikanisierten Fortschrittlichkeit hingestellt.»[16] Interessanterweise lehnte allerdings der Paradearchitekt des ‹rationalen› Bauhaus-Stils, Walter Gropius, die von Philip Johnson eingeführte Etikettierung ‹Internationaler Stil› ab und betonte immer wieder, daß seine Architektur sich stets auf regionale Traditionen und Gegebenheiten beziehe.

Hier findet also eine weitere signifikante Umdeutung des «Made in Germany» statt. Bei Muthesius waren die ‹nationalen› Ursprünge des Funktionalitätsbegriffs noch sichtbar. Je mehr Funktionalität aber rein technisch definiert wurde, desto mehr löste sich das «Made in Germany» von konkreten nationalen Bezügen. Damit verlor es aber keineswegs an Bedeutung. Im Gegenteil: Je weniger sichtbar der vermeintlich ‹nationale› Charakter eines Produkts, desto mehr wurde die Formel «Made in Germany» selbst mit nationalem Inhalt gefüllt. Sie bezeichnete nicht mehr einen wiedererkennbaren, typisch deutschen Stil – sie war selbst das Deutsche.

Zwischen dem Industriedesign des wilhelminischen Werkbundes und dem der Weimarer Republik lag der Jugendstil. Dessen Irrationalität und organologische Formensprache schien der «Made in Germany»-Ideologie fundamental entgegengesetzt zu sein. Doch auch innerhalb der Jugendstilbewegung kam es zu einer Abwendung vom anti-modernen Reflex, an dessen Stelle eine Art Neoklassizismus oder Neubiedermeier trat, von dem aus der Brückenschlag zu einer modernen, funktionalen Formsprache möglich wurde. Hervorragendes Beispiel für diese Entwicklung ist das Werk von Peter Behrens. Schon 1904 arbeitete Behrens als Entwerfer und Ausstellungsplaner für die ‹Anker›-Linoleum-Werke in Delmenhorst, ab 1907 begann er dann seine epochale Arbeit für die AEG in Berlin. Zu seinen berühmtesten früheren AEG-Entwürfen gehört die Neugestaltung der Lichtbogenlampen (1908/09), der Tischventilatoren und der berühmten Serie der elektrischen Tee- und Wasserkessel. Besonders bei den Wasserkesseln führte Behrens seine Fähigkeit zu industrie- und produktionsgerechter Gestaltung vor, denn auf der Basis von nur drei Prototypen entstand hier ein breites Angebot, indem mehrere Oberflächen, Formen und Größen multiplizierend kombiniert wurden.

Der internationale, bis in die Gegenwart reichende Erfolg der Bauhaus-Produkte (über die Ulmer Schule bis zu Dieter Rams) und der Bauhaus-Architektur belegen, wie einflußreich dieses deutsche Industriedesign wurde. Da die Nationalsozialisten in Teilbereichen an diese technoide Ästhetik anknüpften, konnten auch sie die «Made in Germany»-Ideologie weiterführen. Allerdings wurde diese Ästhetik hier – wie auch Klassizismus und Heimatstil – eklektizistischer eingesetzt, als es im Sinne von Muthesius oder Behrens gewesen wäre. Ein charakteristisches Produkt dieser Kompromißbildung war der ‹Volksempfänger›, Pendant zum ‹Volkswagen›. Das Radiogerät war bereits 1928 von Walter Maria Kersting entworfen worden. Kersting war Professor an der Kölner Werkkunstschule, Mitglied des DWB und Gründungsmitglied des *Rats für Formgebung*. Der ‹Volksempfänger VE 301› wurde ab 1933 produziert, insgesamt in 12,5 Millionen Exemplaren. Daß die NS-Ideologen den Entwurf akzeptierten, liegt zweifellos daran, daß die Einfachform des Gehäuses mit einer zeittypischen Mischung von biedermeierlichem Klassizismus und Art Déco aufgerüstet worden war. Auch das Material bezeichnet einen Kompromiß: Jugendstil und Art Déco schätzten edle Materialien wie Elfenbein und Ebenholz. Für die Massenproduktion mußten diese Materialien des Kunsthandwerks durch billige und leicht zu verarbeitende Kunststoffe ersetzt werden. Dazu benutzte man ab 1909 das billige Bakelit. Und aus schwarzem Bakelit (gewissermaßen ein Ebenholz-Imitat) wurde das Volksempfänger-Gehäuse gepreßt. Die NS-Akzeptanz dieses Produktes als Ikone deutscher Industriekultur drückt sich in der Typenbezeichnung ‹VE 301› aus: VE steht für Volks-Empfänger, 301 für 30. 1., den Tag von Hitlers Machtergreifung.

Doch auch diese Variante von ideologischer Halb-Moderne hatte ihre Ursprünge vor 1933. Etliche Arbeiten aus dem Werkbund und einige aus dem Weimarer Bauhaus weisen ganz ähnliche bemüht-künstlerische und traditionsverbundene Charakteristika auf. Anders dagegen die Produkte, die ihren industriellen Ursprung bewußt zur Schau stellen und den Mythos des «Made in Germany» vor allem begründeten: die Geräte und Anlagen der elektrotechnischen Großfirmen AEG und Siemens, also Turbinen und elektrische Motoren aller Art, vom Kleinmotor für den Zahnarztbohrer (ebenfalls von Behrens gestaltet) bis zu den großen Generatoren der Kraftwerke; Lokomotiven von Borsig, Henschel und Maffei, Flugzeuge von Heinkel, Dornier oder Junkers, Zeppeline, Automobile von Mercedes, Autounion oder BMW, Schiffe von der Vulcan-Werft, Stettin oder Blohm & Voss, Hamburg; Mikroskope und Ferngläser von Zeiss sowie Kameras von Zeiss und Leitz.

Einige dieser Produkte finden sich im New Yorker Museum of Modern Art als Muster hervorragenden Industrie-Designs – zum Beispiel ein funktional perfekt gestaltetes, aber sicher im künstlerischen Sinne designfreies Kugellager von SKF, entworfen 1929. Einer ästhetischen Theorie folgend, die Ornament Verbrechen nannte und Funktionalität in den Rang einer neuplatonischen Idealform erhob, konnte das Industrieprodukt in den Rang eines kulturellen Leitbildes erhoben werden, das im Museum, jenem Hort bürgerlichen Kulturglaubens, seinen angemessenen Platz fand.

Bald kamen Geräte, die wegen ihrer funktionalen Gestaltung und technischen Qualität geradezu als Synonyme von «Made in Germany» erscheinen, wie etwa die Leica-Kamera, ohne die Kennzeichnung selbst aus. Frühe Exportausführungen haben unter der Firmenbezeichnung «Ernst Leitz/Wetzlar» die Gravur «Germany» sowie die Patentschutz- (D. R. P.-) Nummer, aber nicht mehr das charakteristische «Made in». Ein anderer Produkttypus, der wesentlich zur nationalen Mythologisierung des «Made in Germany» beitrug, waren die schon erwähnten Lokomotiven, besonders die der Firma Henschel. Sie galt als die bedeutendste Lokomotivfabrik Europas. Zwischen 1848 und 1935 wurden 38 000 Lokomotiven hergestellt, bis Mitte 1924 gingen davon 6700 ins Ausland, auch in englisch kontrollierte Gebiete, zum Beispiel nach Ägypten. Die für den Export bestimmten Lokomotiven hatten auf dem Typenschild die Inschrift: «Henschel & Sohn AG, Kassel, Germany». Daß es sich hier trotz Fehlen des «Made in ...» um einen prominenten Bereich des «Made in Germany»-Images handelt, belegt der folgende Katalogtitel: *Lokomotiven made in Germany*, herausgegeben 1972 vom Exportförderungsverband der deutschen Lokomotiven-Industrie, der in deutscher, englischer, französischer und spanischer Sprache erschien.

Im allgemeinen Bewußtsein gilt auch die Werkzeugmaschinenproduktion als ein wichtiger Bereich für die internationale Akzeptanz des «Made in Germany». Doch die Annahme, daß handwerkliche Fähigkeit und Neigung zu Präzisionsarbeit die Deutschen von vornherein zu Gewinnern auf diesem Markt gemacht hätten, ist falsch. Hier hatte zunächst England, später dann Amerika eine klare Führungsposition. Erst Ende des 19. Jahrhunderts gelang es Deutschland ganz allmählich, Anschluß zu gewinnen. Doch solange das Lohnniveau in Deutschland niedrig blieb, bestand kein Drang zur Anschaffung teurer Präzisionsmaschinen, die das Fräsen, Schleifen, Stanzen und automatische Revolverdrehen übernahmen. 1871 ließ die preußische Regierung drei komplette amerikanische Gewehrfabriken (von Pratt & Whitney) importieren. Im Gefolge der Weltausstellung in Philadelphia 1876 kam es dann zu einer Steigerung des Imports amerikanischer Maschinen.

In der Nachkriegszeit wurde der funktionale Stil endgültig international: Amerikanische «Stromlinien»-Produkte waren nicht mehr von ihren deutschen Äquivalenten zu unterscheiden. Damit mußte auch das «Made in Germany» ganz abstrakt werden. Es war nur noch im ‹moralischen› Sinne als deutsch zu erkennen. Bruce Nußbaum, *Business Week*-Redakteur für internationale Wirtschaftsbeziehungen, sprach von Technik als einer Art deutscher Ersatzreligion und fragte: «Wo sonst [als in Deutschland] wird die fehlerlos konstruierte Maschine so verehrt?»[17] Gerade dadurch, daß die Geschichte in einem narrativen Sinne ganz aus dem Industriedesign verschwand, wurde Geschichtlichkeit aber wieder re-importiert. Denn wenn man absolute technische Zuverlässigkeit zur ultimativen Eigenschaft des «Made in Germany» machte, bezog man sich letztlich auf die handwerkliche Vergangenheit Deutschlands. «Im Vergleich zu allen anderen großen Industriemächten war

Plakat für deutsche «Qualitätsarbeit» (um 1955)

in Deutschland das Paradigma der handwerklichen Produktion am bedeutendsten geblieben.»[18] Die scheinbar rein zukunftsorientierte Parole «Made in Germany» wurde somit selbst zum deutschen Erinnerungsort, der einen traditionellen nationalen Tugendkatalog beschwor. Nicht zufällig trugen die Lehrer der Bauhaus-Schule den traditionell handwerklichen Titel «Meister». Wie im Bauhaus (dessen archaischer Name in diesem Zusammenhang auch signifikant ist) wurde also auch mit der Formel «Made in Germany» ein im Ursprung handwerklicher Begriff von ‹Wertarbeit› und Zuverlässigkeit für die industrielle Moderne nutzbar gemacht.

Der national-konservative deutsche Kunstwissenschaftler Wilhelm Pinder versuchte noch 1933 auf einer Kulturtagung in München, die sich mit der deutschen bildenden Kunst im neuen nationalsozialistischen Staat befaßte, den Bauhaus-Stil in diesem Sinne nationalistisch zu interpretieren und ihn damit für die neuen Machthaber akzeptabel zu machen. Es sei irrig, so Pinder, «diesen unseren Stil, den wir unter uns kurz Bauhausstil nennen, als bolschewistisch zu bezeichnen».[19] Doch die ideologische ‹Nationalisierung› der industriellen Moderne mit all ihren kulturellen Konnotationen war keineswegs nur Produkt einer politischen Zwangslage. Seit Muthesius gingen Fortschrittlichkeit und national-imperialistisches Machtgehabe Hand in Hand, und beide prägten die positive Umdeutung des englisch oktroyierten «Made in Germany» in eine nationalistische Pathosformel.

Im Nachkriegsdeutschland wurde die mit dem «Made in Germany» verbundene ‹gute Form› staatlich gefördert. Schon 1949 entstand als Teil des nationalen Wiederaufbaus ein *Design Center Stuttgart*, das mit einer jährlichen Ausstellung informiert. Auch das *Haus Industrieform Essen* hat eine ständige Produktschau. Der *Rat für Formgebung Darmstadt*, eingeführt 1951, fördert «die gute Gestaltung industrieller Erzeugnisse unter dem Schwerpunkt der Wirtschaftsförderung».[20] Der Begriff der ‹deutschen Wertarbeit› wurde Ende der siebziger Jahre wieder zum Instrument der Steigerung des deutschen Exports. «Made in Germany» mobilisiert somit weiterhin einen mythischen deutschen Tugendapparat für konkrete wirtschaftspolitische Zwecke. Auch wenn der direkte Konkurrenzkampf gegen das ausländische Produkt kaum noch thematisiert wird, bleibt das emphatisch Positive im Kampfbegriff «Made in Germany» als Appell bewahrt.

Dies gilt kurioserweise auch heute noch, d. h. in einer Zeit, in der sich ein nationaler Ursprungsort für ein Produkt gar nicht mehr eindeutig bestimmen läßt. In den 1990er Jahren äußerte sich in einem Tagungsband mit dem Titel *Made in Germany: die internationale Wettbewerbsfähigkeit der deutschen Wirtschaft* zu dieser Problematik ein deutscher Wirtschaftswissenschaftler: «Das Generalthema lautet ‹Made in Germany›; es steht stellvertretend für die Frage, ob mit diesem in der Vergangenheit bewährten Konzept der Wettbewerb der Zukunft zu bestehen ist. Diese Frage stellt sich vor allem in einer Phase zunehmender Internationalisierung der Arbeitsteilung und des Zusammenwachsens der Märkte. Die Antwort muß u. E. wie folgt lauten: Ein selbstbewußtes Abheben von dem Massenangebot, die konsequente Entwicklung von Firmen- und Länderimages, die Schaffung von Markenpräferenzen, das ‹Kultivieren› von identitätsprägenden Qualitätssymbolen (und nicht nur Symbolen!) ist in der gegenwärtigen und zukünftigen Wettbewerbssituation wichtiger denn je. Angesichts der für jedermann durchschaubaren Tatsachen, wie z. B. der Auslandsfertigung, des internationalen Zulieferwesens, des ‹global sourcing› ist allerdings Vorsicht mit dem ‹Made in Germany› geboten. [...] In diesem Sinne empfiehlt sich eine Akzentverschiebung: Vom ‹Made in Germany› zum ‹Conducted by German Management›. Hemmungen, diesen Führungsanspruch im europäischen Geleitzug zu übernehmen, sollte es dort nicht geben.»[21]

Auch wenn das «Made in Germany» hier zum «Conducted by German Management» wurde: das militärische Bild vom «Führungsanspruch im europäischen Geleitzug» erinnert sehr direkt an jene wilhelminischen Kampfparolen, mit denen Muthesius und seine ideologischen Freunde die Germanisierung der Welt einleiten wollten. Von jeder realen nationalen Spezifik abgelöst, hat die Formel «Made in Germany» somit heute an suggestiver Kraft eher noch gewonnen.

Sandrine Kott

Der Sozialstaat

«Die Kaiserliche Botschaft 1881, die Reichsversicherungsordnung 1911 und das Sozialgesetzbuch 1969/1981 sind Marksteine auf dem heute schon hundertjährigen Weg zur sozialen Sicherheit, zu deren Rechtsgarantie und damit zum sozialen Rechtsstaat im Sinne des Grundgesetzes für die Bundesrepublik Deutschland.»[1] Aus dieser Sicht hat sich der Sozialstaat über alle historischen Umbrüche und Zäsuren der vergangenen 120 Jahre hinweg als eine Säule der Beständigkeit erwiesen. Stabilität, Kontinuität und Verläßlichkeit – der Sozialstaat erscheint als beruhigender «Erinnerungsort», an dem eine unaufhörlich von ihrer Vergangenheit heimgesuchte Nation sich mit sich selbst versöhnt.

Die Schriften Lorenz von Steins gelten allgemein als Ursprung des Sozialstaatsbegriffs. Stein zufolge muß sich die Monarchie als «Socialer Staat» konstituieren, um die von der Industrialisierung erzeugten neuen Erscheinungsformen von Armut und sozialen Verwerfungen zu mildern. Der Sozialstaat muß dafür Sorge tragen, daß die Rechtsgleichheit gewährleistet bleibt, und zur Verbesserung der wirtschaftlichen und sozialen Lebensverhältnisse der Allgemeinheit beitragen.[2] Die Idee des Sozialstaats verwirklicht sich in einer Sozialpolitik, deren Geburtsurkunde die Bismarckschen Gesetze der 1880er Jahre sind. Indessen wird der Begriff des Sozialstaats im 19. Jahrhundert nur selten gebraucht, man zieht ihm noch den des Staatssozialismus vor. Erst in der Weimarer Republik, die sich als «sozialer Volksstaat» begreift, wird der Begriff gebräuchlich.

Hält man sich an die Bestimmungen der Fachlexika, hat der heutige Sozialstaat umfangreiche Aufgaben; er muß sich bemühen, allen Bürgern «soziale Sicherheit, soziale Gerechtigkeit, gesellschaftliche Integration, individuelle Freiheit»[3] zu garantieren. Die eher forschungsorientierten Arbeiten betonen dagegen den Aspekt der Integration und Regulation und unterscheiden sorgfältig zwischen dem deutschen Sozialstaat, der sich auf eine Verantwortungsethik gründe, und dem Fürsorge- oder Wohlfahrtsstaat als Erben einer Tradition des Helfens, die sich im französischen «Etat-Providence» oder im britischen «Welfare State» stärker durchgehalten habe. Der deutsche Sonderweg, der in der Tragödie des Nationalsozialismus kulminierte, hätte demnach seinen positiven Aspekt im Sozialstaat.

Im Ausland ist man jedoch weit davon entfernt, diese wohlwollende Auffassung zu teilen; aus Sicht der angelsächsischen und französischen Forschung ist das «deutsche Sozialmodell» vor allem korporatistisch und paternalistisch geprägt. Selbst in Deutschland stellt der Sozialstaat keineswegs ein unzweideutiges Erbe dar. So konnte der neugekürte Kanzler Helmut Schmidt im Jahr 1974 ausrufen: «Was der konservative Bismarck als Seitenstück zum Sozialistenverbot nur Arbeitern als politischen Köder zugedacht hat, hat der Sozialdemokrat Arendt [Bundesminister für Arbeit und Sozialordnung 1969–1976] fast ein Vierteljahrhundert später den Selbständigen und Bauern ermöglicht: soziale Sicherung [...] Übrigens hat Arendt 1972 verwirklichen können, was August Bebel 1889 im Reichstag vergeblich beantragt hatte [...].»[4]

Der Mythos, mit dem sich der Sozialstaat umgibt, verdient hinterfragt zu werden. Ein genauer Blick auf seine Ursprünge wird zeigen, daß sich der Sozialstaat von Anfang an als ein nationaler «Erinnerungsort» konstituiert hat, und dies nicht nur in der gesellschaftlichen Vorstellungswelt, sondern vor allem in der gesellschaftlichen Wirklichkeit. Auf diesem Sockel, so meine These, konnte sich der Mythos der nationalen Besonderheit und der Beständigkeit des Sozialstaats erheben, in Deutschland selbst, doch gleichermaßen auch im Ausland, wo er noch heute ein zugleich bewundertes und gefürchtetes Modell ist.

1. Der Aufbau des Sozialstaats: Geburt eines nationalen Mythos

Im Jahr 1878 wird die Gewerbeordnung des Reichs reformiert. Die Kinder- und Frauenarbeit in den Fabriken wird präziser geregelt und die Fabrikinspektion, bis dahin fakultativ, wird zur Pflicht. Mit den sogenannten Bismarckschen Gesetzen von 1883, 1884 und 1889 werden die Krankenversicherung der Arbeiter, die Unfallversicherung und die Invaliditäts- und Altersversicherung als Pflichtversicherungen eingeführt, im Jahr 1911 folgt das Angestelltenversicherungsgesetz und 1927 schließlich die Arbeitslosenversicherung. Und schon der Erlaß von 1890, der eine Mitsprache der Arbeiterschaft bei Änderungen der Fabrikordnung vorsieht und die Arbeiterausschüsse ins Leben ruft, stellt den ersten Pfeiler der Mitbestimmung dar. Diese Gesetze, im Lauf der Zeit durch schrittweise Reformen ausgeweitet, bilden das Fundament des deutschen Sozialstaats.

Die Aufbauperiode des Nationalstaats fällt in Deutschland also zusammen mit der Errichtung des ersten europäischen Sozialstaats. Die Historiker haben es nicht versäumt, diese zeitliche Übereinstimmung zwischen den beiden Entwicklungen zu betonen und die Rolle hervorzuheben, welche die Sozialgesetze im Selbstverständnis und im Grundgefüge des deutschen Nationalstaats spielen. Die Bekundungen, die mit der Einführung dieser Gesetze einhergingen, rechtfertigen solche Deutungen. Bismarck selbst sah sich in der würdigen Nachfolge Napoleons III., der dank der Einrichtung einer Rentenkasse die französischen Arbeiter ans Zweite Reich gebunden habe. Was Bismarck angeht, sind es weniger die Einzelnen als vielmehr die intermediären Körperschaften, die er auf diese Weise an den Staat binden will. Die Kaiserliche Botschaft von 1881, vorgetragen von Wilhelm I., doch von Bismarck konzipiert und oft als Geburtsurkunde des Sozialstaats betrachtet, zeugt ganz deutlich von dieser Absicht.

Mit der «Sozialversicherungseiche» wird dieses organizistische Bild von der nationalen Gemeinschaft erneut aufgenommen; der Einzelne existiert nur als Teil eines Ganzen, das er nährt und das wiederum seiner Existenz Sinn verleiht. In diesem Ursprungsbild ist die Versicherung, die Arbeiter, Unternehmer und Staat unausweichlich miteinander verknüpft, ein entscheidendes Instrument der Festigung einer nationalen Gemeinschaft unter Führung eines schützenden Staates. In dieser Gestalt entspricht sie zuallererst den Erwartungen Bismarcks und des preußisch-protestantischen Konservatismus. Diese sind jedoch keineswegs die einzigen Verfechter einer solchen Politik. Auch der Verein für Sozialpolitik, der in der Hegelschen Tradition stehende Nationalökonomen und leitende Beamte zusammenbringt, spricht sich für eine entschiedene und wohlwollende Interventionspolitik des neuen Staates aus, den man als gerechten und unparteiischen Richter sieht.[5] Die Unterstützung durch die Katholiken hat vielschichtigere Gründe. Sie beruht zunächst auf einer gemeinschaftsorientierten und antiliberalen Sicht der Gesellschaft, die sie mit den protestantischen Konservativen teilen, erklärt sich jedoch auch aus einer romantischen Vorstellung vom neuen deutschen Staat als Erben des Heiligen Römischen Reiches. Von Beginn an entspringt die Sozialpolitik also einem breiten Konsens, der die Legitimität des Sozialstaats begründet. Die ersten Sozialgesetze werden nach zahlreichen Änderungen verabschiedet, die, um den Forderungen von katholischer Seite Genüge zu tun, die Bedeutung der Gemeinschaft stärken und die Rolle des Staates beschränken, dem Bismarck eigentlich mehr Gewicht hatte verleihen wollen. Die rechtlichen Bestimmungen tragen unverkennbar die Spuren der Gesellschaftsbilder, denen sie entspringen. Sie betreffen damals nur die Fabrikarbeiter, die als hauptsächliche Opfer der Auflösung traditioneller sozialer Verbindungen gelten. Die Selbstverwaltung und das berufsgenossenschaftliche Prinzip bilden das organisatorische Fundament der ersten beiden Versicherungen und sollen ebenso wie die ersten Arbeiterausschüsse nach dem Gesetz von 1890 dazu beitragen, soziale Harmonie innerhalb der verschiedenen Berufsgruppen zu schaffen oder zu wahren.

Der nationale Sozialstaat fügt sich also rigoros in eine antiliberale Tradition ein, im Widerstreit mit den gesellschaftspolitischen Zielen der Sozialdemokraten und Liberalen, die gegen die ersten Gesetze stimmen. Die Linksliberalen sehen darin im Grunde ein Instrument zur Stärkung des Staates, die ihren Vorstellungen zuwiderläuft, während die Sozialdemokraten in den Bismarckschen Gesetzen vor allem eine gegen sie gerichtete Waffe erblicken. In der Weimarer Republik jedoch sind es eben diese politischen Kräfte, welche die soziale Verantwortung des Staates in den Katalog der Grundrechte aufnehmen lassen. Inzwischen scheint nämlich der Sozialstaat ein Vermächtnis geworden zu sein, ein «Ort», an dem sich sämtliche politischen Kräfte in Deutschland tummeln.

Diese Entwicklung ist das Ergebnis einer doppelten Bewegung. Die ersten Sozialversicherungsgesetze wie etwa der Arbeiterschutz werden rasch populär und zwingen sich auch jenen politischen Kräften auf, die ihnen einst feindlich gegenüber standen. Insbesondere die Sozialdemokraten drängen vermittels der Gewerkschaften in die von der Selbstverwaltung geöffnete Flanke und sichern sich die Macht in den Verwaltungsgremien der Versicherungen. Im Jahr 1913 sind mehr als drei Viertel der Vertreter der Ortskrankenkassen Gewerkschaftsmitglieder, die damit die große Mehrheit im Reichsversicherungsamt (RVA) innehaben. Um den Erwartungen ihrer Wählerschaft zu entsprechen und ihren katholischen Gegnern, die als erste die Initiative ergriffen hatten, Widerstand entgegenzusetzen, betreiben die Sozialdemokraten seit den 1890er Jahren die Rechtsauskunftsstellen, die die Bürger über ihre sozialen Ansprüche informieren und bei der Antragstellung helfen. Aus dem Mitarbeiterkreis dieser Büros und den Gewerkschaftsvertretern im RVA rekrutieren sich die wichtigsten Funktionäre der Sozialdemokratie des ausgehenden 19. und des beginnenden 20. Jahrhunderts, zugleich die vehementesten Vertreter der reformistischen Strömung. So hat der Sozialstaat zwar nicht, wie Bismarck es wollte, die Sozialdemokratie zum Verschwinden gebracht, aber er hat sie auf den im Entstehen begriffenen Nationalstaat eingeschworen.

Im Gegenzug tragen die Sozialdemokraten tatkräftig dazu bei, den Sozialstaat in ihrem Sinne umzuändern. Den sozialdemokratischen Kassenfunktionären gelingt es unter dem Schutz des Gesetzes, die soziale Absicherung auszuweiten und zu verbessern und vor allem im Bereich des Wohnungswesens eine eigenständige Hygiene- und Vorsorgepolitik zu entwickeln. In diesem Punkt gewinnen sie die Unterstützung linksliberaler Sozialreformer wie Alfred und Max Weber sowie Ferdinand Tönnies, die sich am Ende des Jahrhunderts in der «Gesellschaft für Sozialreform» neu formieren. Die Gesellschaft engagiert sich mit ihrer 1895 gegründeten Zeitschrift *Soziale Praxis* ebenfalls für die Umgestaltung der Arbeiterversicherung in eine umfassende Sozialversicherung. Jedoch haben sich die fortschrittlichen Liberalen mehr noch als die Versicherungsreform den Umbau der Selbstverwaltung und der Arbeiterausschüsse zum Ziel gesetzt. Diese waren zunächst als gemeinschaftliche Plattformen gedacht und sollten nun zu Medien des gesellschaftlichen Dialogs werden. Das Engagement der Liberalen für Diskussions- und Vermittlungsforen zieht wiederum sozialreformerisch orientierte Katholiken in den Schoß der «Gesellschaft für Sozialreform». Am Ende des 19. Jahrhunderts jedoch ist noch keines dieser reformerischen Vorhaben von Erfolg gekrönt. Die 1911 verabschiedete RVO hat ab dem Jahr 1908 eine breite nationale Debatte ausgelöst, doch es gelingt nicht, die Versicherungsgesetze zu vereinheitlichen und ihre Reichweite wesentlich auszudehnen. Und 1908 scheitert im Reichstag auch das Projekt der Arbeitskammer. Allerdings werden in diesen Debatten die Grundsteine für künftige Entwicklungen gelegt. Im Jahr 1916 macht das Hilfsdienstgesetz die Gewerkschaften zu vollwertigen Sozialpartnern, zum einen über den Weg der betrieblichen Arbeiterausschüsse, zum anderen und in größerem Maße vermittels der Kriegsgemeinschaften. 1918 dann werden die letzten Hindernisse für die Koalitionsfreiheit beseitigt, die Arbeitsvermittlung wird paritätisch verwaltet. Die Weimarer Verfassung, entworfen von dem Linksliberalen Hugo Preuß, gewährt das Recht auf Arbeit, auf soziale Sicherung, auf Arbeiterschutz. Unter dem Einfluß des Mehrheitssozialdemokraten Hugo Sinzheimer begibt sich die neue Republik auf den Weg zur «Verrechtlichung der kollektiven Arbeitsbeziehungen». Mit der Verordnung vom 23. Dezember 1918 erhält der Tarifvertrag seinen rechtlichen Rahmen, und 1920 legt ein Gesetz die Befugnisse der Betriebsräte fest, die an die Stelle der alten Arbeiterausschüsse treten. Die Zentralarbeitsgemeinschaft von 1918, Frucht eines Abkommens zwischen Unternehmervereinigungen und Gewerkschaften, symbolisiert die «konstitutionelle» Dimension der Sozialpolitik.

So scheint die konservative und paternalistische Sozialpolitik, die auf der Entwicklung der Sozialversicherung beruhte, unter dem gemeinsamen Einfluß der Linksliberalen und der Sozialdemokraten am Ende einen konstitutionellen Sozialstaat geboren zu haben, der auf Gleichheit und gesellschaftlichen Dialog setzt. Das Wechselspiel im Arbeitsministerium der Weimarer Republik zwischen den Sozialdemokraten Gustav Bauer (1919), Alexander Schlicke (1920), Rudolf Wissel (1928–1930) und den Katholiken Heinrich Brauns (1920–1928) und Adam Stegerwald (1930–1932) mag als Sinnbild dieser «Doppelgeburt» gelten. Am 13. Februar 1931, als der Weimarer Sozialstaat unter dem Feuer mächtiger Kritiker steht, verteidigt Adam Stegerwald die von Linksliberalen und Sozialdemokraten als Fundament der sozialen Demokratie betrachtete Tarifpolitik mit den Worten: «Man könnte sich vorstellen, daß wir auch unser künftiges Tarifrecht als eine Art Gemeinschaftsrecht genossenschaftlich, oder besser korporativ, aufziehen würden.»[6]

In dieser Zweideutigkeit, von den Sozialpolitikern gekonnt ausgenutzt, bildet sich der Mythos des deutschen Sozialstaats als Verkörperung der deutschen Nation und Garant ihrer Beständigkeit. Doch seine Kraft zieht er auch aus der Tatsache, daß er inzwischen eine gesellschaftliche Realität ersten Ranges geworden ist und energisch dazu beigetragen hat, eine sich herausbildende deutsche Gesellschaft zu «nationalisieren».

2. *Sozialstaat und Nationalisierung der Gesellschaft*

Am Vorabend des Ersten Weltkriegs ist die Sozialpolitik für den größten Teil der Bevölkerung des Reichs alltägliche Wirklichkeit. Mehr als sechs Millionen Arbeiter sind durch die Arbeitsgesetze geschützt, fast elf Millionen Menschen durch die Krankenversicherung (und noch mehr, wenn man die Anspruchsberechtigten zählt), dreizehn Millionen durch die Unfallversicherung und achtzehn Millionen durch die Alters- und Invaliditätsversicherung. Durchschnittlich sind mehr als 40 Prozent der Erwerbstätigen am Vorabend des Krieges sozialversichert; Deutschland hatte damit den größten Anteil an Versicherten weltweit.

Kann man daraus schließen, daß die Sozialpolitik eine nationale Realität darstellte? Vom Bismarckschen Projekt, das darauf abzielte, den vierten Stand an den entstehenden Nationalstaat zu binden, bleibt am Ende wenig übrig. Die Verwaltung der Versicherungen ist stark dezentral, und das Reichsversicherungsamt hat nur ein Überwachungs- und Rekursrecht im Falle von Rentenstreitigkeiten. Die Fabrikinspektoren bilden keine nationale Körperschaft und arbeiten unter je nach Land sehr unterschiedlichen Bedingungen. Von Anfang an hat sich der Sozialstaat im übrigen in eine Vielzahl von Kassen und Institutionen aufgespalten, die ihre Vorrechte eifersüchtig verteidigen und finanziell zu schwach sind, um sich zu sozialen Institutionen auszubilden. Ab den 1890er Jahren kommt es auf Drängen der Verwaltungsfunktionäre wie auch unter dem Einfluß führender Vertreter und Funktionäre der Sozialdemokratie zu Neugruppierungen und es bilden sich nationale Zusammenschlüsse. Sie gewährleisten in den Augen ihrer Befürworter eine effizientere Verwaltung und größere soziale Gerechtigkeit. Auch wenn Tonio Bödiker, erster Präsident des Reichsversicherungsamts, nicht der erste große Arbeitsminister wurde, von dem er träumte, tritt das Amt aus seiner Randexistenz heraus. 1894 bezieht man ein eigenes Gebäude, Befugnisse und Haushaltsmittel steigen in dem Maße, als die ihm übertragenen Aufgaben wachsen und die Streitfälle, die ihm zugewiesen werden, deutlich zunehmen. Am Ende des Kaiserreichs ist das RVA die Schule der besten Fachleute für Sozialpolitik im ganzen Land. Diese «Nationalisierung» zeigt sich insbesondere am Ende des Krieges und zu Beginn der Weimarer Republik. Die Gründung des Reichsarbeitsamtes, des künftigen Reichsarbeitsministeriums (RAM), durch einen der letzten Erlasse Wilhelms II. war, wenn es noch eines solchen bedurfte, Symbol der Kontinuität zwischen kaiserlichem und republikanischem Sozialstaat. Das neue Ministerium faßt zentral zusammen, was zuvor auf verschiedene Ämter verteilt war. Es überwacht die Sozialversicherungen (und so auch das RVA), und seit 1922 organisiert es den Arbeitsmarkt über das Reichsamt für Arbeitsvermittlung. Es ist verantwortlich für den Arbeiterschutz, das Arbeitsrecht und das Wohnungs- und Siedlungswesen. Mit seinen mannigfaltigen Funktionen schreibt es sich in den Kern der Gesellschaft ein. So subventioniert es zwischen 1919 und 1932 81 % der Wohnungsneubauten; in den letzten Jahren des Kaiserreichs waren es noch 5 % gewesen. Zwischen 1924 und 1932 vermitteln die direkt vom Amt ernannten Schlichter 76 000 Schlichtungsverfahren mit 4000 staatlichen Verbindlichkeitserklärungen. Man kann in dieser Allgegenwart einen «Mißbrauch staatlicher Macht» sehen, dennoch kommt man nicht umhin, auch die nationale Ausstrahlung des RAM und der von ihm abhängigen Institutionen ins Auge zu fassen. Ein Zeugnis dieser Aus-

Der Segen der Alters- und Invalidenversicherung (Holzstich, um 1890)

strahlung ist die Vervielfachung der an das Ministerium gerichteten Anträge und Eingaben; sie belegen das wachsende Vertrauen, das die Verwaltungen des Sozialstaats in einer Bevölkerung genießen, die die Eingriffe des Staates nicht nur hinnimmt, sondern verlangt – eines Staates, den man als fernstehenden, doch wohlwollenden Vermittler betrachtet. Im Lichte dieser Erwartungen, die sich schon seit Ende des 19. Jahrhunderts deutlich manifestieren, muß die Rolle des Vermittlers, die der Staat von Weimar in den sozialen Konflikten gespielt hat, neu bewertet werden. Das Verfahren der Zwangsschlichtung, eingeführt mit zwei Verordnungen von 1923, stellt nicht nur eine Erscheinungsform des obrigkeitstaatlichen Weimar oder einen Vorläufer der Nazidiktatur dar, sondern steht gleichfalls in der Tradition der Forderungen von Linksliberalen wie von freien Gewerkschaften, die im Nationalstaat ein

Gegengewicht zur Übermacht der Industriellen sehen, die als die eigentlichen «Herren» der neuen Zeit gelten. Gerade weil er dazu beiträgt, die lokalen Kräfteverhältnisse aufzubrechen, steht der Sozialstaat vielleicht am Ursprung einer Doppelbewegung von Nationenbildung und Etatisierung, die von einem Großteil der Bevölkerung gutgeheißen oder gar gefordert wird.

Zudem spricht einiges für eine ausgeprägte Bindung großer Teile der Bevölkerung an die Institutionen und Symbole des Sozialstaats. Die Quittungskarte der Altersinvaliditätsversicherung, auf welche die Arbeitgeber Woche für Woche die mit dem kaiserlichen Adler geschmückten Marken kleben, stellt 1889 das erste und einzige nationale Dokument für die Versicherten dar. Von den Arbeitern wird die Karte zunächst mit Mißtrauen betrachtet, denn man fürchtet, daß die Fabrikherren damit nur eigene Interessen verbinden; gleichwohl wird sie als Symbol eines verteidigungswürdigen und geschätzten Rechts sorgsam gehütet. Die elsässischen Arbeiter zögern nicht, viele Kilometer zu Fuß zu gehen, um aus den Händen des preußischen Arbeitsinspektors den Zettel zu empfangen, auf dem das Gesetz des Reiches zu lesen ist. Noch in den entlegensten Dörfern der Vogesen werden so die traditionellen paternalistischen Verhältnisse durch den Eingriff des Staates aufgewirbelt, in Gestalt eines Dokuments mit dem auf Hochdeutsch verfaßten Gesetzestext, der für alle Reichsbürger gilt. So entwickelt sich der Sozialstaat in den alltäglichen Erfahrungen der Menschen dieser Region wie in ganz Deutschland zu einem mächtigen Faktor der Nationalisierung der Bevölkerung. Diese frühe und erfolgreiche Bindung der einzelnen an die Sozialpolitik innerhalb einer im Aufbau begriffenen Nation ist entscheidend für das Verständnis der nationalen Dimension des deutschen Sozialstaats jenseits des Mythos, mit dem er sich umgibt. Die Bindung großer Teile der Bevölkerung an die ihnen gewährten neuen Rechte trägt entscheidend dazu bei, den Sozialstaat auch im alltäglichen Handeln zu verankern.

Man mag versucht sein, diesen Schluß auf die jüngsten Entwicklungen der deutschen Geschichte zu übertragen und im Transfer der westdeutschen sozialstaatlichen Institutionen in die «neuen Länder» ein wirksames Instrument der Einigung zu sehen. Doch Vorsicht ist geboten. Die DDR garantierte ihren Bürgern beträchtliche soziale Vorteile, welche die Bundesrepublik nicht bewahrt hat: Die Vollbeschäftigung und die Familienpolitik stellen nur die augenfälligsten Elemente dar. Die Ostalgie in den neuen Ländern, die ein Identifikationsdefizit mit dem neuen Deutschland deutlich macht, nährt sich auch aus diesen Verlusten. Die Langzeitarbeitslosen, die Familienmütter, die wieder an den Herd zurückgekehrt sind, die neuen Ausgeschlossenen des Sozialstaats – finden sie sich nicht gleichermaßen an den Rändern der neuen deutschen Nation?

Denn der Mythos der nationalen Beständigkeit des Sozialstaats gründet sich auch auf dem Vergessen derjenigen, die er ausgestoßen oder verlassen hat. Schon im Kaiserreich wurden die Landarbeiter, nach Max Weber die neuen Sklaven der Moderne, der Obhut der Großgrundbesitzer überlassen, während die an Tuberkulose erkrankten Sozialversicherten, die sich eine Behandlung in einer der Heilanstalten erhofften, einer gnadenlosen Selektion unterworfen wurden. Nur Kranke, deren Heilung gesichert erschien, kamen in den Genuß einer solchen Behandlung, die damals noch nicht als ein Versichertenrecht galt. Nur ein Teil der Arbeitslosen konnte somit wirklich von der neuen Versicherung profitieren, die für sie geschaffen worden war. Man hat in diesem Verfahren eine Vorform der nationalsozialistischen Praktiken gesehen. Doch die Nazis haben sich nicht darauf beschränkt, die Anspruchsberechtigten einer Selektion zu unterwerfen, sie haben die vom Sozialstaat errichteten medizinischen Institutionen benutzt, um ein umfassendes eugenisches Programm in die Tat umzusetzen. Der Sozialstaat hat also nicht nur eine integrative Funktion, er stellt auch einen machtvollen Ausschlußmechanismus dar. Doch ist diese doppelte Bewegung nicht wesentlich für den Aufbau jeder nationalen Identität? In dieser Hinsicht hat der Sozialstaat eines der von Bismarck mit ihm verbundenen Hauptziele tadellos erfüllt.

3. Kontinuitäten, Loyalitäten, Erinnerungen

Wer heute auf die Kontinuität des deutschen Sozialstaats hinweist, begründet dies zu Recht mit der Fortdauer der Ende des 19. Jahrhunderts geschaffenen Institutionen. Diese Beständigkeit erklärt sich zum Teil aus dem «Beharrungsvermögen» der Institutionen selbst, auf denen sich der Sozialstaat gründet – es wird von der angelsächsischen Literatur als «path dependency» (Pfadabhängigkeit) bezeichnet. Doch zeichnet sich eine deutliche Tendenz ab, über diese institutionelle Deutung hinauszugehen und die Kontinuität der Institutionen mit der Fortdauer der gesellschaftspolitischen Vorstellungen zu erklären, die das eigentliche Fundament des deutschen Modells bildeten.

Begriff und Prinzip der Gemeinschaft in ihren vielfältigen Erscheinungsformen sind in dieser Hinsicht von zentraler Bedeutung für die Bestimmung des deutschen Sozialstaats. Die Begrifflichkeit der Gemeinschaft taucht immer wieder auf, vom Erlaß von 1881 bis zur Bestimmung des Unternehmens als organisierter Gemeinschaft in den sechziger Jahren der Bundesrepublik, zwischenzeitlich in der Weimarer Zentralarbeitsgemeinschaft oder der Werkgemeinschaft, der nazistischen Betriebsgemeinschaft und der Ulbrichtschen Menschengemeinschaft. Im Hinblick auf das Arbeitsrecht hat man von einem Modell oder einer «Kultur der Gemeinschaft», von einer «großen Stabilität und bemerkenswerten Kontinuität der Vorstellungen vom Ende des 19. Jahrhunderts bis in unsere Zeit» sprechen können.[7] Dieses Paradigma der Gemeinschaft wirkt sich in zwei Richtungen aus: einer autoritären Richtung, die im Nationalsozialismus ihren Höhepunkt findet, und einer demokratischen Richtung, die in Weimar und später dann in der Bundesrepublik Gestalt annimmt.

Allerdings muß man solche Selbstdefinitionen auf ihren Gehalt hin befragen. Hinter denselben Begriffen können sich, wie wir gesehen haben, ganz unterschiedliche Realitäten verbergen. Ihr Gebrauch hat oft genug dazu gedient, Verwandtschaften herzustellen, «Traditionen zu erfinden», die dazu beitrugen, umstrittene Legitimitäten zu begründen oder sich ihrer zu bemächtigen. In der vom Reichsarbeitsministerium im Jahr 1928 zur Feier seines zehnjährigen Bestehens herausgegebenen Festschrift beispielsweise wird behauptet, man habe die Vorkriegspolitik, die auf halbem Wege stehen geblieben sei, hinter sich gelassen, doch zugleich schreibt man sich entschieden in die Kontinuität aller Bewegungen ein, die im Kaiserreich entstanden sind – der konservativen, katholischen, liberalen oder sozialdemokratischen –, um dann zu schließen: «Die Frage der Schaffung eines sozialen Reichsamts ist so alt wie das Deutsche Reich.»[8] Wie es in Wirklichkeit auch damit bestellt sein mochte, solche Behauptungen hatten zweifellos eine legitimierende Aufgabe; der Sozialstaat war damals heftig umkämpft; in einer Zeit der politischen und wirtschaftlichen Krise wirft man der Sozialpolitik von Weimar vor, den wirtschaftlichen Reichtum zu behindern und ein Grund für die Verschärfung der sozialen Spannungen zu sein. Um auf diese Anklagen zu antworten, schreiben die Verteidiger des Sozialstaats, darunter auch die Sozialdemokraten, ihre Politik in die Kontinuität eines unangreifbaren Bismarckschen Vermächtnisses ein.

Die Nazis werden dann die soziale Dimension ihrer Politik gleichermaßen herausstreichen, um die Bevölkerung zur Arbeit zu mobilisieren und sich ihre Loyalität zu sichern. Um die Legitimität ihrer Sozialpolitik zu begründen, zögern sie nicht, in Übereinstimmung mit der Führung des RAM das Bismarcksche Erbe in Anspruch zu nehmen: «Bismarck erkannte, daß der wahre Wert und Reichtum eines Landes auf der Arbeit beruhte und daß deshalb auch derjenige, der die Arbeit leistete, Anspruch auf genügenden Schutz gegen die Gefahren und Nöte des Arbeitslebens haben sollte. Es bedurfte daher der Schaffung einer Einrichtung, die diesen Schutz gewährte und zugleich den Arbeiter in eine Verbindung zu Staat und Volk brachte.»[9]

Die über längere Zeit verantwortlichen und mehrheitlich katholischen und konservativen Spitzenbeamten des Reichsarbeitsministeriums wie etwa Gerhart Albrecht und Johannes Krohn stellen daher das Gesetz vom 5. Juli 1934, mit Bedacht fünfzig Jahre nach dem Krankenversicherungsgesetz von 1884 veröffentlicht, in die Bismarcksche Tradition. Mit dem Gesetz von 1934 gelingt es jedoch genausowenig wie mit der Reichsversicherungsordnung, die unterschiedlichen Versicherungszweige zu vereinheitlichen. Hingegen wird das Selbstverwaltungsprinzip abgeschafft und die Kassen werden einem ernannten Leiter unterstellt. Dieser drastische Bruch wird dennoch als Rückkehr zum Bismarckschen Geist dargestellt, für den die Sozialpolitik zuallererst eine Gabe des Staates gewesen sei. Als Wahrer des Gemeinwohls ermögliche es der Leiter, die Versichertengemeinschaften neu zusammenzuschweißen und mit den politischen Verschiebungen zu brechen, derer sich die

Weimarer Sozialdemokraten schuldig gemacht hätten. Dieser Geist prägt auch das Gesetz zur Ordnung der nationalen Arbeit vom 20. Januar 1934. Es etabliert die Betriebsgemeinschaft unter dem Führer des Betriebes, flankiert von einem Vertrauensrat mit beratender Aufgabe. Das große paternalistische Unternehmen vom Ende des 19. Jahrhunderts, in dem Arbeiter und Fabrikbesitzer eine ideale Gemeinschaft gebildet hätten, bietet sich damals als ein mögliches Modell an. Ab 1940, wiederum in dem Versuch, das Bismarcksche Erbe zu reklamieren, möchte Robert Ley, Leiter der Deutschen Arbeitsfront (DAF), den widerstrebenden Beamten des RAM Reformen aufzwingen. Zwar wird vor allem das Vorbild Bismarck für die Legitimation des nazistischen Sozialstaats in Anspruch genommen, doch beruft sich die Partei, wenn es ihr nützlich scheint, auch auf das sozialpolitische Vermächtnis Weimars. So behaupteten die Nazis seit den zwanziger Jahren, sie wollten den Artikel 163 der Verfassung verwirklichen, und forderten das «Recht auf Arbeit».

Wie ihre Vorgängergebilde beruft sich auch die Bundesrepublik auf die deutsche Tradition des Sozialstaats. Artikel 20 des Grundgesetzes bezeichnet sie als einen «demokratischen und sozialen Bundesstaat». Im Unterschied zur Weimarer Republik wird das Sozialstaatsprinzip im Gesetz nicht definiert und hat «keinen Vorrang». Dennoch, die Staatsrechtler und Politiker haben den westdeutschen Sozialstaat in die Tradition von Weimar gestellt: «In ihrem rechtsschöpferischen Wollen [aber] war sie [die Sozialpolitik] von der Zielsetzung getragen, im Gegensatz zu diesem beseitigten nationalsozialistischen Erbe auch das soziale Leben der werktätigen Bevölkerung unter eine Arbeitsverfassung zu stellen, die unter Fortentwicklung der Gedanken, welche für ihre Gestaltung bis zum Jahre 1933 richtungsgebend waren, den politischen Grundsätzen einer demokratischen Staats- und Sozialverfassung entspricht.»[10] Die Kommentatoren des Betriebsverfassungsgesetzes von 1972 insistieren ebenfalls auf dessen Verwandtschaft mit dem Gesetz vom 4. Februar 1920, das die Nazis mit ihrem Gesetz vom 20. Januar 1934 abschafften.

Die Verwandtschaft mit Weimar erlaubt es jedenfalls, sich von den Vorhaben und Taten der Nazis abzugrenzen und zugleich die neue soziale Demokratie in einem Vermächtnis deutscher Politik zu verwurzeln. Die Betonung einer solchen Abstammung erfüllt nicht nur eine Funktion der inneren Stabilisierung, sie ist auch eine Antwort auf die Vorhaben der Alliierten. Mit dem Vorbild dessen, was sie in Berlin schon verwirklicht hatten, wollten diese tatsächlich die verschiedenen Zweige der Sozialversicherung zusammenführen. Auch wenn man das Scheitern des Projektes mit den internationalen Spannungen erklären kann, so war es doch zunächst über die Gegnerschaft und den Widerstand der Deutschen selbst gestolpert, vor allem der Versicherungsfunktionäre, denen es gelang, Vertreter des Mittelstands, der Ärzte und der Arbeitgeber in ihrem Umkreis zu mobilisieren. Um Johannes Krohn, Leiter des RAM von 1933 bis 1939, der sich schon vehement gegen die Umgestaltungsvorhaben Robert Leys gewehrt hatte, und Andreas Grieser, seinen

Vorgänger von 1922 bis 1928, hatte sich eine Gruppe von konservativen Beamten gebildet, die energisch gegen die Reformprojekte der Alliierten kämpfte und sich dabei auf die Tradition der deutschen Sozialversicherung berief, die 1947 von Grieser als «Geschenk des deutschen Volkes an die Welt» bezeichnet wurde.[11] Während es also die Weimarische Tradition ist, die in den Augen der politisch Verantwortlichen von 1949 den westdeutschen Sozialstaat begründet, ist es die Gestalt Bismarcks, welche die konservativen Beamten seit dem Ende des Krieges in Anspruch nehmen, um die deutsche Sozialversicherung zu schützen. Dabei gewinnt diese Gruppe übrigens die Unterstützung des einstigen sozialdemokratischen Arbeitsministers und Gewerkschafters Rudolf Wissel.

Diese ungewöhnliche Allianz zeigt deutlich, wieviel die Beamten des RAM dazu beigetragen haben, den Mythos der Kontinuität des Sozialstaats auszugestalten und zu verbreiten, dessen Verkörperung sie auch tatsächlich waren. So finden sich denn auch zahlreiche Experten, die über die wechselnden Ordnungen hinweg, vom Kaiserreich bis zur Bonner Republik, das Gedächtnis des Sozialstaats bewahrt und sich zu Hütern des Tempels aufgeschwungen haben.

Hingegen läßt sich die schrittweise Abkehr vom Mythos der Kontinuität des Sozialstaats zum Teil durch die Erneuerung des genannten Personenkreises erklären. Im Jahr 1978 feierte man unter Mißachtung weiter zurückreichender Traditionen den 25. Geburtstag der Selbstverwaltung, «weil die Jahre von 1951 bis 1953 die Zeit des erzwungenen Niedergangs dieses freiheitlichen demokratischen Gestaltungsprinzips in der Sozialversicherung beendeten». Freilich gestand man ein, «die heutige, seit 1953 wieder aktive Selbstverwaltung verdankt ihr Entstehen einer langen Entwicklung».[12] Doch über die Auswirkungen des Generationenwechsels hinaus spielt auch der politische Kontext zweifellos eine wichtige Rolle in dieser «kollektiven Amnesie». In der Stunde, da Deutschland endlich neue internationale Ausstrahlung gewonnen hat, die sich auf dem Bekenntnis zu einem «Neuanfang» gründet, in der Zeit des europäischen Aufbaus wird es selbstverständlich, wie es Walter Auerbach, Staatssekretär und Vorsitzender der Sozialgesetzbuchkommission der Bundesregierung im Jahr 1974 tat, auf den radikal neuen Charakter des deutschen Sozialstaats hinzuweisen: «Dennoch wird immer wieder die Pflasterkasten-Sozialpolitik des Ausgangs des vorigen Jahrhunderts als Leitbild heutiger Politik vorgestellt. Jene Sozialpolitik [...] ist heute jedoch so lebendig wie die steinernen Dinosaurier in Hagenbecks Tierpark. In fast einem Jahrhundert haben sich Aufgaben, Wirkungsmöglichkeiten und Wirkungsweise der Sozialpolitik fundamental verändert.»[13] Interessanterweise sind es nun die Gegner einer Ausweitung der Sozialpolitik, welche das Bismarcksche Erbe hochhalten. Die Liberalen der FDP spielen gekonnt mit den Begriffen und verkünden in ihrem Programm von 1985: «Schluß mit dem Wohlfahrtsstaat», wobei sie zugleich ihre Treue zum Bismarckschen Sozialstaat betonen.[14] In der DDR wird der Bruch mit dem Sozialstaat vom Ende des 19. Jahrhunderts von Beginn an bekräftigt und in die Tat umgesetzt. Die Einheitsversicherung wird nun von der Einheitsgewerkschaft, dem FDGB, verwaltet; der Arbeiterschutz obliegt, im Zentrum des Betriebs, dem Betriebsleiter und der Gewerkschaft, die Organe der Mitbestimmung werden formell gestärkt, jedoch der umfassenden Kontrolle der Gewerkschaft und der Partei unterstellt. Der Sozialstaat des 19. Jahrhunderts, dessen Erbe die BRD darstelle, wird wie folgt charakterisiert: «Beginnend mit der fälschlicherweise als sozialpolitisches Grundsatzprogramm bezeichneten ‹kaiserlichen Botschaft› [...] bis in die Gegenwart der BRD spannt sich ein Bogen der staatlichen Sozialpolitik, die gekennzeichnet ist durch sozialpolitische Zugeständnisse und Sozialabbau im Interesse verbesserter Verwertungsbedingungen des Kapitals.»[15] Weil die DDR sich als Arbeiterstaat ausweist, kehrt sie jeder Form der Sozialpolitik, die als Krücke des Kapitalismus gilt, den Rücken. Bis Anfang der sechziger Jahre wird sogar der Begriff gemieden, und erst in den siebziger Jahren wird die Sozialpolitik, in ihrem unauflöslichen Zusammenhang mit der Ökonomie, vom Regime in Anspruch genommen, das inzwischen die Befriedigung der individuellen Bedürfnisse zu einer der Grundlagen seiner Legitimität macht. Man mag hier Parallelen ziehen zwischen dem Paternalismus Honeckers und dem Bismarcks, und es trifft zu, daß die Rehabilitierung Bismarcks in der DDR-Geschichtsschreibung der achtziger Jahre sich weitgehend auf die sozialpolitische Dimension seines Lebenswerkes gründet. Jedenfalls finden die politisch Verantwortlichen der DDR weniger im symbolischen Bezug auf Bismarck als vielmehr in den Kämpfen und Erfolgen der Arbeiterbewegung und der Sozialpolitiker von Weimar ihre Vorbilder. Der Gedanke der unzertrennlichen Einheit von Wirtschaft und Sozialpolitik wurde nämlich zuerst von den Weimarer Sozialpolitikern entwickelt, die sich gegen Attacken aus Unternehmerkreisen zu wehren hatten. Die Bedeutung und Ausgestaltung der präventiven Gesundheitspolitik in den Polikliniken der DDR verdanken viel mehr den sozialistischen Hygienikern Weimars als dem nationalsozialistischen Modell. Im Grunde ist die Sozialpolitik der DDR trotz aller gegenteiligen Bekundungen mehr deutschen als sowjetischen Geistes. In diesem Sinne würde die DDR einen Gegenpol zu den Vorgängerregimen bilden: Während diese das Gedächtnis des Sozialstaats zum Zweck der politischen Legitimation bemühten, hat die DDR, gezwungen, diese Erinnerung zu verdunkeln, auf ein wesentliches Legitimationsinstrument nach innen wie nach außen verzichtet.

Und dennoch wurde das gesamte soziale Sicherungssystem in Ostdeutschland seit der Vereinigung weniger aufgrund seiner «historischen Illegitimität» als vielmehr wegen seiner angeblichen wirtschaftlichen Ineffizienz abgewickelt und das westdeutsche System einfach auf die neuen Länder ausgedehnt. In dieser Hinsicht hat die Vereinigung zweifellos die Macht des Sozialstaats deutscher Tradition verstärkt. Jedoch waren es vor allem wirtschaftliche und soziale Effizienzargumente, die von den politisch Verantwortlichen ins Feld geführt wurden, während im Zentrum der Expertendiskussion eher technische Aspekte des Transferprozesses standen. Ein wenig scheint es, als ob die Deutschen, seit der Vereinigung in eine Zeit der «nationalen Normalität» eingetreten, darauf verzichtet hätten, den alten Mythos des Sozialstaats erneut zu mobilisieren. Doch die eigentliche Idee des «sozialen Modells Deutschland» ist nicht tot, um so weniger, als es im Ausland, vor allem in Frankreich, immer wieder auftaucht. Dies gibt sogar Anlaß zu fragen, ob der Blick von außen, vor allem in den letzten Jahren, nicht kräftig dazu beigetragen hat, den Mythos zu bewahren.

4. Der Blick der anderen: Deutschland als Modell?

Für die ausländischen Beobachter, besonders die Franzosen, die sich zu Verfechtern der nichtinterventionistischen Politik gemacht haben, tragen die Sozialgesetze der 1880er Jahre unzweifelhaft den Stempel der verhaßten Nation, die sie erzeugt hat. Im Jahr 1889, anläßlich des ersten Kongresses über Arbeitsunfälle, verkündet Emile Cheysson, der ehemalige Direktor der großen Metallwerke von Le Creusot und überzeugter «mutualiste»: «Der germanischen Rasse die autoritäre Lösung auf Grundlage des Staatssozialismus, der lateinischen Rasse die liberale Lösung auf Grundlage des Teilens und der Freiheit.»[16] Die Kritik der deutschen Sozialversicherung fußt auf der Annahme der politischen «Verspätung» Deutschlands, die der Modernität Frankreichs im Grunde entgegenstehe. So kann man 1890 in der liberalen Tageszeitung *Le Temps* lesen: «Der Staatssozialismus ist das neueste Modell des Feudalismus. Es ist der feudale Schutz, den der Herr den demütig Unterworfenen gewährt. Einst jedoch trug die Obrigkeit den Harnisch; heute nimmt sie den Drillich.»[17]

Diese Analysen zeugen von dem Bedürfnis, sich um der Identität willen abzugrenzen, sie nähren sich jedoch auch von der durchaus realen Distanz zwischen Franzosen und Deutschen, wenn es um die Umsetzung sozialpolitischer Maßnahmen geht. Im Namen der Solidarität, zur Doktrin des Solidarismus erhoben, und nicht im Namen der Gemeinschaft, rechtfertigen die Republikaner die Möglichkeit des staatlichen Eingriffs ins Soziale, wobei die Fürsorge den Vorzug vor der Versicherung hat. Das erste französische Versicherungsgesetz, die Altersrenten für Arbeiter und Bauern, nach zehnjähriger Debatte 1910 verabschiedet, ist im übrigen Ausdruck dieser Vorstellung. Im Gegensatz zu den deutschen Arbeiterversicherungsgesetzen und vor allem zur Alters- und Invaliditätsversicherung von 1889 gründet sich der gesetzliche Anspruch nicht auf die Arbeit, sondern auf die (französische) Staatsbürgerschaft. Derselbe Unterschied findet sich im Typus der Hilfe wieder, den das Gesetz ermöglicht. Während das deutsche Gesetz vor allem die Invalidität betrifft, wird vom französischen Gesetz einzig das Alter (ab 65 Jahren) abgesichert. Man könnte noch viele solche Beispiele aufzählen. Sie zeigen, daß die Differenzen zwischen den nationalen Sozialpolitiken nicht nur in den sozio-ökonomischen Unterschieden, sondern auch in den verschiedenen Vorstellungen von Staatsbürgerschaft, der sozialen Bindung und der Rolle des Staates wurzeln. Sie sind also durchaus, und nicht nur in Deutschland, bevorzugte Mittel der Vergewisserung nationaler Identitäten.

Doch Deutschland nimmt auf diesem Gebiet einen besonderen Platz ein, weil seine Sozialgesetzgebung bis 1914 anderen Nationen weitgehend als Meßlatte gedient hat. Die französischen und englischen Fachleute, die ihre eigenen nationalen Gesetze ausarbeiteten, studierten sorgfältig die deutschen Vorlagen, auch, um sie am Ende zu verwerfen. Deutschland hatte damit gewiß einen Weg gefunden, um die internationale Ausstrahlung zu gewinnen, die ihm auf anderen Gebieten fehlte. Unter diesem Aspekt kann man die erste internationale Konferenz zum rechtlichen Schutz der Arbeiter, die auf Initiative Wilhelms II. 1890 in Berlin stattfand, als Startschuß für die wilhelminische Weltpolitik begreifen. Das RVA trug im übrigen tatkräftig zu diesem sozialen «Imperialismus» bei, indem es sich die Parole Wilhelms zu eigen machte: «Am deutschen Wesen soll die Welt genesen.» Die Beamten des RVA brachten viele Bücher und Broschüren in diversen Sprachen heraus, in denen die Erfolge der Sozialpolitik dargestellt wurden, während die internationalen Ausstellungen, insbesondere die Weltausstellung von 1900, bevorzugte Bühnen waren, auf denen man die Überlegenheit des deutschen Modells verkündete. Auch in der Weimarer Republik übrigens hielten die Beamten des RAM den deutschen Sozialstaat für ein international vorbildliches Modell – im Jahr 1928 proklamierten sie: «Wohl nirgends sind dem neugeschaffenen Amte die sozialpolitischen Aufgaben so vollständig und ausschließlich zugewiesen worden wie dem deutschen Reichsarbeitsministerium.»[18]

Diese Bekenntnisse werden mit um so mehr Überzeugung vorgetragen, als am Ende des Krieges die «Ächtung», deren Opfer das besiegte Deutschland ist, den Sozialstaat nicht ausspart. Die internationale Arbeitsbehörde, die gemäß den Bestimmungen des Versailler Vertrags gegründet wird, drängt den «deutschen sozialen Volksstaat» an den Rand. Die deutschen Vorschläge werden verworfen, Deutsch wird nie als offizielle Sprache anerkannt, und Deutschland muß ohne Einspruchsmöglichkeit die Statuten einer internationalen Arbeitsorganisation anerkennen, deren Zurückhaltung die Beamten des Arbeitsministeriums damals beklagen. Damit hat Deutschland, das nach dem Ersten Weltkrieg von England und Schweden beim Prozentsatz der Versicherten überholt wurde, als Sozialmodell für andere Staaten ausgedient.

Während die ausländischen Regierungen in jenen Jahren Anstalten machen, sich vom Vorbildcharakter der deutschen Erfahrungen in sozialen Fragen zu lösen, wird gleichzeitig in reformsozialistischen Kreisen das deutsche «Sozialmodell» zum Bezugspunkt und hat zweifellos gewisse soziale Maßnahmen der französischen «Front populaire» (Volksfront) angeregt. Am Vorabend des Krieges war der deutsche Sozialstaat in seiner «demokratischen» und regulatorischen Dimension zwar weit davon entfernt, die Einheit unter den sozialistischen Parteien Europas herbeizuführen, doch war er ein Modell für die internationale sozialistische Bewegung geworden, wie zuvor schon für den sozialliberalen Katholizismus und die französischen Christdemokraten. Dieses Modell wird auch weiterhin einen großen Teil des «Verwaltungssozialismus» inspirieren, vor allem während des Ersten Weltkriegs den sozialistischen Minister für die Kriegsbewaffnung, Albert Thomas, der 1903 mit einer Arbeit über den deutschen Sozialismus promoviert hatte. Interessanterweise ist es eben dieser Thomas, der als Chef der internationalen Arbeitsorganisation von 1920 bis 1932 die Marginalisierung Deutschlands betreibt! Zudem benutzen die Franzosen bis heute die Formel vom «deutschen Sozialmodell» nicht ohne gemischte Gefühle. Während es wegen seiner Befriedungsmacht bewundert wird, hat man es doch auch im Verdacht, auf einer «Ganzheitsvorstellung» zu gründen, die den Zielen und Freiheiten des einzelnen zuwiderläuft.

Der deutsche Sozialstaat entgeht also nicht den Rivalitäten, Mißverständnissen und Klischees, welche die Nationen trennen und ihre Existenz bis heute begründen. Doch die Angriffe, denen er sich ausgesetzt sah, ineins mit der ihm eigenen Ausstrahlung, erlauben es ihm auch, sich als wirksames Instrument der Bildung nationaler Identität zu bestätigen.

5. Schluß

Wenn der Begriff des Erinnerungsorts nicht existieren würde, müßte man ihn für den Sozialstaat erfinden, denn er war ein ausgesprochen wirksamer Kristallisationskern für Identitätssuche und Identitätsprojektionen der Deutschen. Seine Ursprünge spielen dabei eine wesentliche Rolle. Der Bismarcksche Sozialstaat hat sich in der Zeit des Aufbaus des Nationalstaats als nationale Realität durchgesetzt, verschiedene politische Kräfte haben ihn zurechtgeschnitten und ihre eigenen Vorstellungen von der Welt auf ihn projiziert, die deutsche Bevölkerung hat ihn angenommen und ihm Leben eingehaucht. Nach zehn Jahren bereits war der Sozialstaat eine unumgehbare gesellschaftliche Realität. Am Vorabend des Krieges bestritt keine politische Kraft seine Legitimität. Alle politischen Ordnungen sahen ihre Legitimität auf ihrer sozialen Komponente ruhen, alle außer der DDR stellten sich früher oder später als Erben des ursprünglichen Sozialstaats dar, wobei sie nacheinander und oft gleichzeitig die Bismarcksche oder die Weimarische Tradition für sich beanspruchten, um dies schließlich, wie es scheint, in den letzten Jahrzehnten zu vergessen. Dabei wurde jede dieser Traditionen nach Kräften umgemodelt und von Politikern und hohen Beamten ausgebeutet. Doch ob man das Erbe annimmt oder verwirft, eine Idee ist geblieben: die der Beständigkeit des Sozialstaats, der unverbrüchlichen Treue der Nation und des Staates zu den Grundsätzen des sozialen Ausgleichs, der Verantwortung und der Subsidiarität. Sie bildet einen unanfechtbaren Gründungsmythos.

Die ausländischen und vor allem die französischen Beobachter haben sich weniger von der Wirklichkeit, von der sie sich durchaus inspirieren ließen, als vom Mythos des deutschen Sozialstaats abgegrenzt, wobei das deutsche Schreckbild oft als Begründung für ihre eigene Untätigkeit herhalten mußte. Damit haben sie zweifellos dazu beigetragen, das «deutsche Modell» zu etablieren und zu «verewigen».

Wie steht es schließlich um die Einzelnen und Gruppen, die den Sozialstaat im Alltag leben? Jene, durch und für die er existiert? Denn das kollektive Gedächtnis ist nicht nur ein politischer und nationaler Kampfplatz, es ist auch die Summe der Erinnerungen und der Erfahrungen der Individuen. Konzentriert man die Aufmerksamkeit nur auf die herrschenden Vorstellungen, läuft man Gefahr, die konkreten Ausgestaltungen zu vernachlässigen und zu vergessen, daß der Sozialstaat auch und vor allem von jenen bewahrt wird, die seit Ende des 19. Jahrhunderts von Generation zu Generation von ihm profitiert haben: die Arbeitsinvaliden, die Tuberkulosekranken, die Schwangeren, die Kinder in den Fabriken und all die anderen, ob Deutsche oder Ausländer, die in Deutschland gearbeitet haben. Doch diese Erinnerung gründet sich auch auf dem Ausschluß jener, die, ob Ausländer oder Deutsche, vom Sozialstaat zielgerichtet ausgeschlossen wurden oder zu deren Vernichtung er gar beigetragen hat. Den Sozialstaat zu erinnern darf nicht heißen, eine imaginäre Nation zu feiern.

Aus dem Französischen von Klaus Fritz

Jörn Eckert

Das Bürgerliche Gesetzbuch (BGB)

Das Bürgerliche Gesetzbuch für das Deutsche Reich (BGB), unter das Kaiser Wilhelm II. (1859–1941) am 18. August 1896 seinen Namenszug setzte und das mit dem 1. Januar 1900 in Kraft trat, brachte Deutschland die langersehnte Einheit der Privatrechtsordnung. Es regelte mit dem bürgerlichen Recht den Kernbereich des Privatrechts, der die Rechtsbeziehungen aller Menschen, die im Deutschen Reich lebten, untereinander nach den Grundsätzen der Gleichordnung und der Privatautonomie ordnete. Das BGB trat an die Stelle der territorial zersplitterten Privatrechte im Deutschen Reich und beendete damit nicht nur eine Unvollkommenheit des Rechtszustandes, sondern auch einen Mangel im Verfassungszustand der Nation.[1]

Bereits die Tatsache, daß das BGB am 1. Januar 2000 seinen 100. «Geburtstag» feiern konnte, verdient es, hervorgehoben zu werden. Das Gesetzbuch hat in ganz unterschiedlichen politischen Systemen mit unterschiedlichen verfassungsinstitutionellen Rahmenbedingungen gegolten und hatte folglich deutlich voneinander abweichende innergesellschaftliche Beziehungen zu regeln: Im Kaiserreich in Kraft getreten, überlebte es die politischen Wendezeiten von 1918/19 ebenso wie die von 1933 und 1945. Es galt gleichermaßen in der Monarchie, der Weimarer Republik, dem NS-Staat, der DDR bis 1976 und der Bundesrepublik Deutschland seit 1949.

1. Der Rechtszustand in Deutschland vor dem BGB

Vor dem Inkrafttreten des BGB herrschte in Deutschland auf dem Gebiet des Privatrechts ein hohes Maß an Rechtszersplitterung. Neben einigen Landesgesetzen wie dem Preußischen Allgemeinen Landrecht von 1794, dem Bayerischen Codex Maximilianeus von 1756 und dem Sächsischen Bürgerlichen Gesetzbuch von 1863/65 fand auf dem Code Civil von 1804 beruhendes französisches Zivilrecht Anwendung. Es galten aber auch vielerorts noch immer Bestimmungen des römisch-rechtlichen sog. Gemeinen Rechts, verschiedenste mittelalterliche Vorschriften, z. B. friesisches, jütisches und dänisches Recht, oder auch der aus dem 13. Jahrhundert stammende Sachsenspiegel.

Die fehlende Rechtseinheit Deutschlands ließ sich mit dem spätestens nach dem Sieg über Napoleon I. (1769–1821) erwachenden Nationalgefühl der Deutschen nicht länger vereinbaren. Bereits 1814 kam es daher zu einer als «Kodifikationsstreit» berühmt gewordenen Auseinandersetzung zwischen zwei der bedeutendsten Rechtswissenschaftler dieser Zeit. Während Anton

Friedrich Justus Thibaut (1772–1840) nachdrücklich forderte, die allseits angestrebte nationalstaatliche Einheit Deutschlands durch eine Vereinheitlichung seiner Rechtsordnung zu vollenden, sprach Friedrich Carl von Savigny (1779–1861) seiner Zeit die Befähigung zur Kodifizierung des Privatrechts ab. Er forderte, zunächst dem geltenden Recht durch eine vertiefte Durchdringung des überlieferten römischen Rechts eine solide wissenschaftliche Grundlage zu verschaffen. Dies gelang in den folgenden Jahren durch die von Savigny und Karl Friedrich Eichhorn (1781–1854) gegründete Historische Rechtsschule sowie die sich hieraus entwickelnde Pandektistik und Begriffsjurisprudenz, aber auch die diese überwindende Zweckjurisprudenz. Gleichzeitig sorgte die trotz des Rückschlags durch das Scheitern der Revolution von 1848/49 fortschreitende Entwicklung hin zu einer staatlichen Einheit Deutschlands für den nötigen politischen Rahmen eines solchen Gesetzeswerkes. Wichtige Meilensteine auf diesem Weg waren die Gründung des Deutschen Zollvereins von 1834, des Norddeutschen Bundes von 1867 und vor allem die Reichsgründung von 1871. Parallel hierzu kam es zu einer Vereinheitlichung des deutschen Wirtschaftsrechts durch die Allgemeine Deutsche Wechselordnung von 1847/48 und das Allgemeine Deutsche Handelsgesetzbuch von 1861. Mit den Reichsjustizgesetzen von 1877/79 wurde schließlich in Deutschland auch die Rechtseinheit auf dem Gebiet des Zivilprozeßrechts verwirklicht.

2. Die Entstehung des BGB

Die Durchsetzung der Rechtseinheit auf dem Gebiet des bürgerlichen Rechts wurde erst mit der politischen Einigung im Rahmen des Norddeutschen Bundes und des Deutschen Reiches möglich. Ihrer Herstellung standen zunächst die Verfassungen des Norddeutschen Bundes (1866/67) und des Deutschen Reiches (1871) im Wege. Diese ließen zwar eine unmittelbare Gesetzgebung des Bundes bzw. Reiches ohne den Umweg über entsprechende Landesgesetze der Bundesstaaten zu, doch beschränkte sich die Bundes- bzw. Reichskompetenz auf «die gemeinsame Gesetzgebung über das Obligationenrecht, Strafrecht, Handels- und Wechselrecht und das gerichtliche Verfahren».[2]

Diese Beschränkung der Gesetzgebungskompetenz wurde namentlich von nationalliberaler Seite schon bald als zu eng empfunden. Der nationalliberale Abgeordnete Johannes v. Miquel (1828–1901) hatte sich bereits 1867 vergeblich dafür eingesetzt, die Kompetenz des Norddeutschen Bundes auf «die gemeinsame Gesetzgebung über das bürgerliche Recht, das Strafrecht und das gerichtliche Verfahren»[3] auszudehnen. 1869 stellte er zusammen mit dem Nationalliberalen Eduard Lasker (1829–1884) im Reichstag den Antrag, dem Bund die gemeinsame Gesetzgebung über «das gesamte bürgerliche Recht, das Strafrecht und das gerichtliche Verfahren, einschließlich der Gerichtsorganisation» zuzuweisen.[4] Der Reichstag nahm diesen Antrag zwar am 5. Mai 1869 mit «sehr großer Majorität» an, doch scheiterte er am Bundesrat. Nach der Gründung des Deutschen Reiches wiederholten Miquel und Lasker ihren Antrag in den Jahren 1871, 1872 und 1873 im Reichstag. Der Antrag fand zwar stets die große Mehrheit des Reichstages, verfehlte aber die verfassungsmäßige Mehrheit des Bundesrates. Erst nachdem der Reichstag am 3. April 1873 den verfassungsändernden Antrag zum vierten Mal – und diesmal mit noch breiterer Mehrheit – angenommen hatte, billigte auch der Bundesrat diesen Beschluß am 12. Dezember 1873. Damit konnten endlich die Arbeiten am BGB unter der Hoheit der Länder aufgenommen werden.

Hinter der zögerlichen Haltung des Bundesrates gegenüber einer Ausdehnung der Reichskompetenzen standen föderalistische Bedenken. Der Empfindlichkeit einiger kleinerer Länder, die gerade hinsichtlich des bürgerlichen Rechts und der Gerichtsorganisation einen Eingriff in das Eigenleben der Einzelstaaten fürchteten und insoweit am Status quo festhalten wollten, wurde von der preußischen Regierung lange Zeit Rechnung getragen.

Nachdem schließlich durch Reichsgesetz vom 20. Dezember 1873 die Gesetzgebungskompetenz des Reiches für das gesamte bürgerliche Recht, das Strafrecht und das gerichtliche Verfahren begründet worden war, setzte der Bundesrat noch am 28. Februar 1874 zunächst eine vorwiegend aus Praktikern bestehende Vorkommission ein, die gutachtliche Vorschläge zu Plan und Methode der Erstellung des Entwurfs eines bürgerlichen Gesetzbuches erarbeiten sollte. Diese unterbreitete dem Bundesrat bereits am 15. April 1874 ein Gutachten über die Vorgehensweise bei den Arbeiten am Bürgerlichen Gesetzbuch.

Zur Ausarbeitung des Entwurfs selbst berief der Bundesrat am 22. Juni 1874 die sog. Erste Kommission aus elf nach Länderproporz berufenen Mitgliedern unter dem Vorsitz des Präsidenten des Reichsoberhandelsgerichts Heinrich Eduard Pape (1816–1888). Dieser gehörten vornehmlich Praktiker, Richter und Ministerialbeamte an. Die Rechtswissenschaft war durch zwei führende Gelehrte vertreten, die den beiden Zweigen des gemeinen Rechts angehörten, den Pandektisten Bernhard Windscheid (1817–1892) und den Germanisten Paul Rudolf von Roth (1820–1892). Die erste Kommission trat bereits im September 1874 zu ihren ersten Sitzungen zusammen, auf denen vor allem der Arbeitsplan festgelegt wurde. Die Mitglieder hielten sich bei ihrer Arbeit weitgehend an die Vorschläge der Vorkommission. Sie beschlossen, für die fünf Bücher, aus denen das Gesetz bestehen sollte, fünf Redaktoren einzusetzen, die Vorentwürfe ausarbeiten sollten, auf deren Grundlage dann die eigentlichen Kommissionsberatungen zu erfolgen hätten. Alle fünf Redaktoren bezogen Wohnung in Berlin. 1879 waren der Vorentwurf des Erbrechts, 1880 diejenigen des Sachen- und des Familienrechts und 1881 derjenige des Allgemeinen Teils fertiggestellt. Da der Vorentwurf des Schuldrechts 1881 wegen der Erkrankung des Redaktors noch nicht fertiggestellt war, griff man bezüglich einzelner Materien des Besonderen Teils des Schuldrechts auf den Dresdner Entwurf eines Obligationenrechts von 1861 zurück. Die Kommission beriet in den Jahren 1881 bis 1887 gemeinsam auf der Grundlage dieser Vorentwürfe. Über den Fortgang der Arbeiten und den Inhalt dieser Beratungen drang in dieser Zeit kaum etwas an die Öffentlichkeit, so daß die Erwartung der interessierten Kreise immer größer wurde.

Ende 1887 wurde der Erste Entwurf nebst Motiven dem Bundesrat überreicht. Die von diesem am 31. Januar 1888 beschlossene Veröffentlichung des Entwurfs löste eine lebhafte Diskussion in der deutschen Juristenwelt – anders als beim Preußischen Allgemeinen Landrecht von 1794 hatte man nicht die ganze gebildete Welt zur Stellungnahme aufgefordert – aus. Es erschien eine Flut von über 600 Stellungnahmen, die sich mehr oder minder kritisch mit dem Gesetzentwurf auseinandersetzten. Josef Kohler (1849–1919), der als der größte deutsche Jurist der wilhelminischen Zeit galt, äußerte sich im Jahre 1904 auch im Rückblick noch voller Zorn über den Ersten Entwurf: «So war denn auch der Entwurf im höchsten Grade ungenügend, schemenhaft, farblos, abstrakt, in seiner Fassung fast unverständlich. Man erkannte sofort, daß die Kommission mit schwerem Ungeschick gearbeitet und, anstatt frisch ins Leben zu greifen, sich mit formalistischen Abstraktionen abgequält hatte. Denn gearbeitet hatte sie bis zur Erschöpfung, aber nicht das Maß, sondern das Ergebnis der Arbeit kommt in Betracht [...]. So mußte denn den patriotisch Gesinnten im Jahre 1888, als er den Entwurf kennen lernte, eine tiefe Verstimmung erfassen, und diese trat denn auch unverhohlen zu Tage.»[5]

Ohne Einschränkung gerühmt wurden aber der ungeheure Fleiß, mit dem die Kommissionsmitglieder bestehende Gesetze und Lehrmeinungen berücksichtigt hatten, und die gewissenhafte Sorgfalt, mit der die Vorschriften redigiert worden waren. Auch wurde von der großen Mehrheit der Kritiker anerkannt, daß der Entwurf als Grundlage für die weiteren Arbeiten durchaus geeignet sei. Ganz überwiegend wurden denn auch nur einzelne Änderungen vorgeschlagen.

Kohler bezog sich aber in erster Linie auf die Kritik einiger maßgeblicher Rechtsgelehrter, die den Ersten Entwurf in seiner Gesamtheit und mit aller Schärfe ablehnten. Zwar handelte es sich hierbei nur um vereinzelte Stimmen, doch sollten diese die öffentliche Wahrnehmung des Entwurfs und auch des BGB nachhaltig bestimmen. Hierzu gehörten namentlich der Germanist Otto von Gierke (1841–1921) mit seiner Schrift *Der Entwurf eines bürgerlichen Gesetzbuchs und das deutsche Recht* (1888/89) und der Wiener Professor für Zivilprozeßrecht und «Kathedersozialist» Anton Menger (1841–1906) mit seinem Werk *Das bürgerliche Recht und die besitzlosen Volksklassen* (1889/90). Menger bemängelte die soziale Rückständigkeit des Entwurfs. Dieser, von durchweg dem höheren Bürgertum angehörenden Juristen erarbeitet, entspreche zwar deren Interessen und Wertvorstellungen, mißachte aber durch seinen «individuellen Egoismus» und seine dem gemeinen Mann unverständliche Sprache die Interessen der breiten Volksmassen. Gierke sah in dem Entwurf die äußerste Überspitzung der romanistisch-individualistischen Privatrechtstheorie und setzte ihm das Ideal eines «Deutschen Rechts» entgegen, aus dem er die «soziale Aufgabe des Privatrechts» ableitete. Letztere hatte er in einem berühmt gewordenen Vortrag über *Die soziale Aufgabe des Privatrechts* mit den Worten beschrieben, «in unserem öffentlichen Recht muß ein Hauch des naturrechtlichen Freiheitsraumes wehen und unser Privatrecht muß ein Tropfen sozialistischen Öles durchsickern».[6]

Seine Kritik am Entwurf faßte Gierke in den Sätzen zusammen: «Wird dieser Entwurf nicht in diesem oder jenem wohlgelungenen Detail, sondern als Ganzes betrachtet, wird er auf Herz und Nieren geprüft und nach dem Geiste befragt, der in ihm lebt, so mag er manche lobenswerte Eigenschaft offenbaren. Nur ist er nicht deutsch, nur ist er nicht volkstümlich, nur ist er nicht schöpferisch – und der sittliche und sociale Beruf einer neuen Privatrechtsordnung scheint in seinen Horizont überhaupt nicht eingetreten zu sein! Was er uns bietet, das ist in seinem letzten Kern ein in Gesetzesparagraphen gegossenes Pandektenkompendium.»[7]

Der so kritisierte Gesetzentwurf fand auch bei Reichskanzler Otto von Bismarck (1815–1898) wenig Gefallen. Er behandelte ihn hinhaltend, indem er ihn am 27. Juni 1889 zur Stellungnahme an die Landesregierungen gab.

Nach Bismarcks Sturz war es wiederum Miquel, der – nunmehr preußischer Innenminister – die Initiative ergriff. Am 4. Dezember 1890 beschloß der Bundesrat die Einsetzung einer Zweiten Kommission, die den Auftrag zur Überarbeitung des Entwurfs erhielt. Die Zweite Kommission erhielt auf Vorschlag Miquels eine von der Ersten grundlegend abweichende Zusammensetzung. Sie bestand aus elf ständigen und 13 nichtständigen Mitgliedern. Die ständigen Mitglieder waren Regierungsvertreter, die nichtständigen Vertreter der politischen Parteien, einzelner Wirtschaftszweige, der juristischen Praxis und der Wissenschaft. Letztere war durch den Nationalökonomen Johannes Ernst Conrad (1839–1915) und den Rechtswissenschaftler Rudolf Sohm (1841–1917) vertreten, der statt des von Preußen in Aussicht genommenen Gierke als Germanist in die Zweite Kommission kam.

Die Zweite Kommission gestaltete den Entwurf in wesentlichen Teilen um, ohne aber an dessen Grundstrukturen etwas zu ändern. Die Sprache wurde deutlich verbessert, die Grundgedanken des Gesetzes wurden präziser herausgestellt. Vor allem im Dienstvertrags-, im Miet- und im Pachtrecht wurden Änderungen vorgenommen, die den wirtschaftlichen und sozialen Gegebenheiten gerechter wurden. Hervorzuheben ist weiter, daß die Zweite Kommission im Gegensatz zur Ersten öffentlich tagte und die von ihr geänderten Teilentwürfe laufend im Reichsanzeiger publizierte.

Ergebnis der durch die Zweite Kommission vorgenommenen Überarbeitung des ursprünglichen Gesetzentwurfes war der sog. Zweite Entwurf, der am 24. Oktober 1895 dem Bundesrat überwiesen wurde. Dessen Plenum nahm nach kurzen Beratungen und einigen vor allem im Vereinsrecht vorgenommenen obrigkeitsstaatlichen Korrekturen den sog. Dritten Entwurf am 16. Januar 1896 an und leitetete ihn am folgenden Tag zusammen mit einer Denkschrift des Reichsjustizamtes als Gesetzesvorlage an den Reichstag weiter. Im Reichstag wurde der Entwurf nach seiner ersten Lesung vom 3.–7. Februar 1896 einer aus 21 Abgeordneten bestehenden Kommission des Reichstages überwiesen, die ihn eingehend beriet und erheblich umarbeitete. Diese XII. Kommission schlug nicht nur Änderungen des Vereins-, des Dienstvertrags-, des Eherechts und des Rechts der unerlaubten Handlungen vor, sondern fügte in den Gesetzentwurf auch eine Reihe von Vorschriften ein, die zu «sozialrechtlichen Kernstücken der Zivilrechtsordnung» geworden sind.[8] Hierzu gehörten die Regelungen über den Wucher und die Schikane, die Ausweitung der Fürsorgepflicht des Dienstherrn und die Ausdehnung der Schadensersatzpflicht wegen Verstoßes gegen die guten Sitten, der Tierhalter- und Wildschadenshaftung sowie des Unterhaltsanspruchs des nichtehelichen Kindes. Über diese Änderungsvorschläge sowie über einige weitere Anträge wurde im Plenum des Reichstages in der Zweiten Lesung vom 19.–27. Juni 1896 beraten und abgestimmt. Die Beratungen im Plenum befaßten sich kaum mit den grundlegenden Problemen des Gesetzbuchs. Lebhaft gestritten wurde nur noch um die Ehescheidung wegen Geisteskrankheit eines Ehegatten und um den Umfang der Wildschadenshaftung. Es mutet heute merkwürdig an, daß das BGB, das eine Fülle grundlegender privatrechtlicher Fragen aufrührte, fast an der Regelung der Wildschadenshaftung gescheitert wäre, aber die Konservativen machten sich zum Fürsprecher der Jagdberechtigten und drohten mit der Ablehnung des ganzen Gesetzes, wenn es bei der von der Reichstagskommission zugunsten der Bauern beschlossenen Ausdehnung der Haftung der Jäger auf die von Hasen verursachten Schäden bleibe. Durch diese angesichts der Bedeutung der Sache völlig unangemessene Drohung erreichten sie schließlich eine Mehrheit von 178 gegen 69 Stimmen für die Streichung der durch Hasen verursachten Schäden. Die Dritte Lesung fand am 30. Juni und 1. Juli 1896 statt und endete mit der Schlußabstimmung über das BGB und das Einführungsgesetz (EGBGB).

Bei dieser Schlußabstimmung am 1. Juli 1896 stimmten von den 288 Reichstagsabgeordneten 222 für den Gesetzentwurf, 48 lehnten ihn ab, während 18 Abgeordnete sich der Stimme enthielten. Gegen den Entwurf stimmten alle 42 sozialdemokratischen Abgeordneten, drei konservative und drei föderalistisch gesinnte Abgeordnete. Der Bundesrat billigte in seiner Sitzung vom 14. Juli 1896 die vom Reichstag beschlossenen Änderungen. Nachdem Kaiser Wilhelm II. am 18. August 1896 das Gesetz ausgefertigt hatte, wurde dieses als «Bürgerliches Gesetzbuch» im Reichsgesetzblatt am 24. August 1896 veröffentlicht und trat am 1. Januar 1900 in Kraft.

3. Die Aufnahme des BGB durch die zeitgenössischen Juristen

Bei seinem Inkrafttreten wurde das neue Gesetzbuch von Rechtswissenschaftlern und Praktikern überwiegend positiv, ja teilweise geradezu euphorisch aufgenommen. In der *Deutschen Juristen-Zeitung* vom 1. Januar 1900 konnten die Zeitgenossen folgende, für eine juristische Zeitschrift wahrlich ungewöhnliche Zeilen lesen:

> Durch Not gewandert und durch lange Nacht,
> Zum Leben immer wieder auferwacht,
> Was hielt, o Deutschland, aufrecht Dich im Streit?
> Glauben an ewige Gerechtigkeit.
> Des heil'gen Glaubens war Dein Herze voll,
> Dass nicht dem Zufall diese Welt entquoll,
> Dass nicht die Willkür herrschend drüber steht,
> Dass ein Gesetz durch Welt und Zeiten geht:
> Gut ist das Gute, und das Schlechte schlecht,
> Und immer bei der Wahrheit ist das Recht.
> So grossem Inhalt hast Du Wort gesucht,
> Im Wahrspruch hast die Wahrheit Du gebucht;
> Und wie die Väter einst das Recht erkannt,
> So ward's geschrieben von der Väter Hand.
> Doch wechselnd spiegelte das Bild des Rechts
> Sich im Gemüt zerklüfteten Geschlechts;
> Der Satz, den man im Norden ausgeprägt,
> Er ward im Süden still beiseit' gelegt,
> Und zu dem Wort, daran der Süd geglaubt,
> Schüttelte Deutschlands Norden kühl das Haupt.
> Wie Gartenwildnis, wie ein Labyrinth,
> Wo Irregang des Wandrers Fuss umspinnt,
> In Staat und Stadt, wo nur ein Kirchturm stand,
> Den Folianten zeugend der Foliant,
> So spross und schoss im Wucher-Wuchs geschwächt,
> Das Recht der Deutschen, doch kein deutsches Recht.
> Bis dass nach Zwietracht, Wirrsal, Scham und Gram
> Endlich die Stunde des Besinnens kam.
> Da war's, als wenn der Star vom Auge fiel,
> Vor allen Augen plötzlich stand das Ziel.
> Sehnsucht, die im Vereinzelten gebrannt,
> Als Sehnsucht Aller wurde sie erkannt;
> Es heischte neu geborenes Geschlecht
> Mit ihm gebor'nes ein'ges neues Recht.

Vollendet ward es, und das Werk ist da.
Beglückte Stunde, die es werden sah!
Nun wandelt durch das deutsche Vaterland
Gerechtigkeit im heimischen Gewand.
Sie spricht, und jedem Ohre klingt's vertraut,
Denn in der Muttersprache tönt ihr Laut.
Aus ihres Volkes tiefstem Seelenschatz
Schöpft sie ihr Wort, Wahrspruch und Rechtes Satz.

O Deutschland, Du im Kampf vereint und Schlacht,
Und nun geeint durch Rechtes Friedensmacht,
Erkenne, dass zu jedem höchsten Thun
In Deiner eignen Brust die Mächte ruh'n.[9]

Aber auch sachlichere Stellungnahmen aus der Zivilrechtswissenschaft lassen erahnen, welche hohen Erwartungen von den Zeitgenossen an das neue Gesetz geknüpft wurden. So schrieb Ernst Zitelmann (1852–1923) in derselben Ausgabe der *Deutschen Juristen-Zeitung*: «In dieser Sylvesternacht scheidet das bisherige bürgerliche Recht Deutschlands vom Leben und das neue Gesetzbuch tritt seine Herrschaft an. Le roi est mort, vive le roi! Feierlich wollen wir den neuen Beherrscher unseres Rechtslebens begrüßen, aber dem Gewicht dieser schicksalsvollen Stunde würden lauter Festjubel und prunkvolle Worte nicht entsprechen; wir vereinigen uns in ernster Sammlung zur Rückschau auf das, was wir verlieren, zur Würdigung dessen, was wir soeben erwerben, zur Hoffnung, zur Mahnung, zum Gelöbnis.

Eine alte Sehnsucht wird heute erfüllt, von Leibniz' Tagen ab zog sie sich durch das deutsche Leben, bald leiser, bald lauter anpochend, alle Wechsel der Geschicke überdauernd. Unsere erste Empfindung heute richtet sich an die, denen wir dieses endliche Geschenk verdanken. Da werden vor uns wieder die großen Tage unserer Geschichte lebendig; ohne das Blut, das auf Frankreichs Feldern geflossen, hätten wir heute dieses Werk nicht. Das Volk hat es sich in Waffen erobert. Und darum gedenken wir unserer Helden, des greisen guten Kaisers, seines unsterblichen Kanzlers, seiner kühnen Feldherren als derer, die den Platz für den neuen Rechtsbau gewonnen und bereitet haben.»[10]

Dezidiert negative Urteile über das BGB lassen sich hingegen, abgesehen von einer Schrift Gierkes von Anfang 1896, kaum finden. Rechtswissenschaft und Praxis teilten vielmehr ganz überwiegend die von Kohler formulierte Feststellung: «Der Gesetzgeber hat hiermit seine Aufgabe erfüllt; an uns ist es nunmehr, die Aufgabe der Rechtswissenschaften und Rechtspflege kraftvoll in die Hand zu nehmen.»[11]

Allerdings wurde diese grundsätzlich positive Aufnahme des neuen Gesetzbuchs in der Zunft dadurch eingeschränkt, daß sich fast alle wissenschaftlich tätigen Juristen der damaligen Zeit bereits zwischen 1888 und 1895 ausführlich zu den Entwürfen geäußert hatten. Diese oben bereits dargestellte teilweise heftige und grundsätzliche Kritik an den rechtspolitischen und rechtsdogmatischen Entscheidungen des Gesetzgebers wirkte nach 1900 fort und bestimmte auch nach dem Inkrafttreten des BGB dessen Einschätzung durch die Zeitgenossen, ja sie wirkte das ganze 20. Jahrhundert hindurch weiter und beherrschte die weitere Privatrechtsgeschichte Deutschlands nachhaltig. Grundtenor dieser Kritik war, daß das Gesetzbuch weder auf die nationale Frage der Einheit und Integration des deutschen Volkes noch auf die soziale Frage der Integration der arbeitenden Klassen eine befriedigende Antwort gab. Diese Kritik war im Kern unberechtigt, weil sie die spezifisch privatrechtliche Natur des BGB mißachtete. Es war und ist nicht die Aufgabe einer privatrechtlichen Kodifikation, die soziale Frage zu lösen oder die Nation zu integrieren. Sie hat allein das Zusammenleben freier Personen zu ordnen, und zwar ungeachtet ihres Vermögens, ihres Standes und ihrer Nationalität. Gleichwohl war diese Kritik nicht grundlos, maß sie doch das Gesetz an dem Anspruch, den das BGB selbst erhob, nämlich einen Beitrag zur Einheit der gerade erst zur Staatlichkeit gelangten deutschen Nation zu leisten. Weil das BGB diesen Anspruch aber gar nicht erfüllen konnte, wirkte diese Kritik fort und stellte die ganze gesetzgeberische Leistung nachhaltig und letztlich erfolgreich in Frage. Was allein blieb, war die allseits anerkannte «technische Meisterleistung» des Gesetzgebers, seine Kunst, «mit solcher Straffheit der Form so reiche Entwicklungsfähigkeit seines Inhalts» zu verbinden.[12] Gerade diese formal-technischen, dogmatischen und systematischen Vorzüge des Gesetzbuches waren aber schon vor dessen Inkrafttreten als «volks- und lebensfremde Begriffsjurisprudenz» scharf kritisiert worden.[13] Die streng begriffliche Methode des BGB befand sich unter dem Einfluß der Gedanken von Interessenjurisprudenz und Freirechtsschule von Anfang an in der Defensive.

4. Ziele und Wertvorstellungen des BGB bei seinem Inkrafttreten

Über das Wirtschafts- und Sozialmodell des BGB ist viel geschrieben worden, ohne daß über die Einzelheiten Konsens erzielt worden wäre. Wie alle Kodifikationen bildet auch das BGB jedenfalls den Höhepunkt und den Abschluß einer Epoche. Im Fall des BGB handelt es sich um diejenige des liberalen Bürgertums, das sich obrigkeitlicher Bevormundung weitgehend erfolgreich entzogen hatte und im Gefolge der fortschreitenden Industrialisierung zur prägenden Schicht des deutschen Kaiserreichs geworden war. Leitbild des BGB-Gesetzgebers ist daher der vernünftige und selbstverantwortlich handelnde Rechtsgenosse, der selbst am besten geeignet ist, seine Interessen durchzusetzen, wenn man ihm nur die dafür erforderlichen Freiräume schafft. Das Privatrecht stellte danach den eigentlichen Hort bürgerlicher Freiheit dar, die als individuelle Freiheit ohne Rücksicht auf politische Verhältnisse und Staatsverfassungen garantiert und geregelt wurde.

Darum bemüht sich das BGB, indem es durch eine Verschmelzung römischer und deutscher Rechtstraditionen die überkommenen liberalen Forderungen mit den Mitteln des Privatrechts verwirklicht: Rechtsgleichheit, Vertragsfreiheit, Freiheit des Besitzes und des Eigentums sowie Testierfreiheit sind die tragenden Säulen der Rechtsordnung des BGB. Mit Ausnahme weniger sozial motivierter Schutzvorschriften wird darauf vertraut, daß das freie Spiel der Kräfte am ehesten zu einem gerechten Ausgleich der Interessen führen wird. Insgesamt war somit oberstes Ziel des BGB bei seinem Inkrafttreten die Begründung der Rechtseinheit in Deutschland auf dem Gebiet des Bürgerlichen Rechts als notwendige Voraussetzung eines modernen, liberalen Nationalstaats. Wie wenig dagegen eine Veränderung der gesellschaftlichen Zustände bezweckt war, zeigt am deutlichsten das patriarchalische Familienrecht, von dem nicht umsonst heute allenfalls noch vereinzelte Regelungen zu Randfragen mit dem Gesetzestext von 1900 übereinstimmen.

5. Das BGB als Verfassung des Deutschen Reiches

Auffallend ist, daß die verfassungsrechtliche Bedeutung und namentlich der grundrechtliche Gehalt des BGB bis heute kaum thematisiert werden. Diese Zurückhaltung ist vermutlich in erster Linie damit zu erklären, daß der moderne Jurist wie selbstverständlich von einer Hierarchie der Rechtsquellen ausgeht, bei der das Privatrecht als «einfaches Recht» im Rang unter dem Verfassungsrecht steht.[14] Bei einem solchen Ausgangspunkt stellen sich zwar Probleme einer «Drittwirkung» der Grundrechte, der Abgrenzung von Verfassungs- und Privatrecht oder der Nachprüfung zivilgerichtlicher Urteile durch das Bundesverfassungsgericht, doch werden die grundlegenderen Fragen nach der verfassungsrechtlichen Funktion des Privatrechts wie auch umgekehrt nach der privatrechtlichen Funktion des Verfassungsrechts leicht ausgeblendet. Dieser – insbesondere von der Zivilrechtswissenschaft zunehmend hinterfragte – Vorrang der Verfassung vor dem BGB als «einfachem» Gesetz und die daraus abgeleitete Unterordnung und Unselbständigkeit des Privatrechts gegenüber dem Verfassungsrecht haben sich aber erst nach 1919 entwickelt und wurden erst nach 1949 durch das Grundgesetz in Art. 20 Abs. 3 normiert, können also für die Zeit des Inkrafttretens des BGB keineswegs zugrunde gelegt werden.

Naturgemäß kann es bei der Frage nach der verfassungsrechtlichen Funktion des BGB kaum um das Staatsorganisationsrecht gehen, da dieses in den Verfassungen geregelt ist und, sieht man einmal von der Gesetzgebungskompetenz für das Privat-, Zivilprozeß- und Gerichtsverfassungsrecht ab, keine spezifisch privatrechtliche Bedeutung hat. Dies bedeutet allerdings nicht, daß im Kaiserreich bezüglich staatsorganisationsrechtlicher Fragen genau zwischen Verfassungs- und Privatrecht unterschieden worden wäre und Grenzüberschreitungen nicht möglich gewesen wären. Dies hätte mangels eines «Reichsverfassungsgerichts» zur Folge gehabt, daß im Kaiserreich föderative Streitigkeiten zwischen mehreren Bundesstaaten oder zwischen einem Bundesstaat und dem Reich, Verfassungsstreitigkeiten innerhalb eines Bundesstaates, Organstreitigkeiten und Normenkontrollverfahren nicht möglich gewesen wären, ein für jedes Verfassungsleben unerträglicher Zustand. Deshalb wurde die Entscheidung namentlich bei föderativen Streitigkeiten und bei Normenkontrollen von dem nach Art. 76 der Deutschen Reichsverfassung an sich zuständigen Bundesrat einer neutralen Instanz als Schiedsgericht übertragen. Als Schiedsgericht fungierten zunächst das Ober-Appellationsgericht der drei freien und Hansestädte in Lübeck bzw. das Reichs-Oberhandelsgericht und ab 1879 einzelne Zivilsenate des Reichsgerichts in Leipzig. Das Reichsgericht nahm damit bereits im Kaiserreich die Aufgaben eines «Reichsverfassungsgerichts» wahr, obwohl es noch kein gesetzlich institutionalisiertes Verfassungsgericht gab. Diese Einschaltung des Reichsgerichts als Schiedsgericht anstelle des Bundesrates macht deutlich, wie sehr sich der rechtsstaatliche Gedanke der Gewaltenkontrolle in der Verfassungspraxis bereits durchgesetzt hatte. Es war einfach nicht mehr legitim, den Bundesrat selbständig verbindliche Entscheidungen in Verfassungsstreitigkeiten treffen zu lassen, da die beteiligten Parteien in ihrer Eigenschaft als Bundesstaaten selber Mitglieder im Bundesrat und damit zugleich Richter in eigener Sache waren. Die Übertragung der Entscheidung auf eine unabhängige Austrägalinstanz und die Wahrnehmung dieser Aufgabe durch Zivilsenate des Reichsgerichts förderten die Entwicklung einer unabhängigen gerichtlichen Instanz für Verfassungsstreitigkeiten.

Grundsätzlich anders verhielt es sich mit den Grundrechten. Für den einzelnen Bürger bestand im Deutschen Reich keine Möglichkeit, seine in den Verfassungen garantierten individuellen Rechte gerichtlich durchzusetzen. Erst das Grundgesetz von 1949 ermöglichte mit der Verfassungsbeschwerde die Einklagbarkeit der Grundrechte und damit die rechtsstaatliche Sicherung des Individuums. Hinzu kam, daß die Deutsche Reichsverfassung von 1871 gar keinen Grundrechtsteil enthielt, sondern ein reines Organisationsstatut darstellte. Dies hing weniger mit einer Abneigung Bismarcks gegen reichsrechtliche Garantien bürgerlicher Freiheit zusammen, sondern in erster Linie damit, daß die damaligen Landesverfassungen ausgedehnte Grundrechtskataloge enthielten. Da das Reich keine eigene Verwaltungskompetenz hatte, die Grundrechte aber nach damaligem Verständnis nur als Abwehrrechte des einzelnen gegen die Exekutive verstanden wurden, bestand kein Bedarf für die Aufnahme der Grundrechte in die Reichsverfassung. In der Reichsverfassung enthaltene Grundrechte hätten vielmehr allein die Exekutive der Länder beschränkt, ein mit dem Charakter des Reichs als Bundesstaat kaum zu vereinbarender Widerspruch.

Vor diesem Hintergrund stellte sich naturgemäß das Verhältnis von Privat- und Verfassungsrecht ganz anders dar als heute. Zwar gab es inhaltliche Übereinstimmungen, da beide Rechtsgebiete auf den Grundsätzen der Freiheit und Gleichheit aufbauten und gleichermaßen den Wandel von der ständisch-feudalen zur bürgerlichen Gesellschaft vollzogen, doch standen Verfassungs- und Privatrecht grundsätzlich unabhängig nebeneinander. Die Verfassungen entfalteten für den Gesetzgeber keine bindende Wirkung, konnten ihm daher auch keinen verbindlichen Auftrag zur Veränderung des Privatrechts erteilen. Der Schutz der bestehenden Privatrechtsordnung wurde ebenfalls nicht durch das Verfassungsrecht geleistet. Dies hing mit der geringen Bedeutung der Grundrechte im Kaiserreich zusammen. Ein Vorrang der Verfassung vor den einfachen Gesetzen war noch nicht anerkannt und die Befugnis der Gerichte, Gesetze auf ihre Vereinbarkeit mit der Verfassung zu prüfen, schlicht nicht denkbar. Hinzu kam, daß in der zeitgenössischen Rechtswissenschaft Grundrechte nicht als subjektive Rechte der Bürger, sondern als Schranken der Staatsgewalt begriffen wurden, die sich nur gegen die Verwaltung und nicht gegen den Gesetzgeber richteten. Damit konnte die Verfassung nichts zum Schutz der Grundrechte und der Privatrechtsordnung beitragen. Der Grundrechtsschutz wurde vielmehr durch einfache Gesetze geleistet, und zwar ebenso wirkungsvoll wie heute durch das Grundgesetz: das Verbot rückwirkender Strafgesetze durch das Strafgesetzbuch von 1870, das Briefgeheimnis durch das Postgesetz von 1871, das Recht auf den gesetzlichen Richter und die richterliche Unabhängigkeit durch das Gerichtsverfassungsgesetz von 1877, der Schutz der persönlichen Freiheit, der Wohnung und des Besitzes vor willkürlicher Verhaftung, Durchsuchung und Beschlagnahme durch die Strafprozeßordnung von 1877.

In diesen Zusammenhang gehört auch das BGB. Das in ihm kodifizierte Privatrecht galt den Zeitgenossen als der eigentliche Hort bürgerlicher Freiheit. Es regelte die Rechtsbeziehungen der einzelnen auf der Grundlage individueller Freiheit und formaler Gleichheit, und zwar ohne Rückbindung an die Verfassung des Reiches. Das BGB enthielt mit seinen Kerninstituten Person, Vertrag, Eigentum und Besitz, Ehe und Familie das konstituierende Recht der bürgerlichen Gesellschaft. Diesem gegenüber war das Verfassungsrecht von untergeordneter Bedeutung. Dem BGB kam ein Vorrang gegenüber dem Verfassungsrecht zu. Das in ihm geregelte Privatrecht enthielt zum Beispiel mit der Vertrags-, Eigentums,– Eheschließungs- und Testierfreiheit ein System von Freiheitssphären und Freiheitsschranken, dem die Rolle von Grundrechten zukam. Gerade weil das Deutsche Reich von 1871 auf die Einfügung der bürgerlichen Gesellschaft in die Staatsordnung angelegt und angewiesen war, hatte das BGB nicht nur Bedeutung für die Ordnung der privatrechtlichen Beziehungen der einzelnen, sondern auch für den Staat als ganzen. Die Kerninstitute des Privatrechts waren konstitutive Bestandteile des Verfassungsganzen, die nicht nur für die Rechtsbeziehungen zwischen Individuen, sondern auch für den Staat als solchen von elementarer Bedeutung waren. Ihre Regelung im BGB gewährleistete nicht nur den Schutz der Rechte des einzelnen, sondern machte das Deutsche Reich zugleich zu einem Rechtsstaat. Darin liegt die Bedeutung des BGB als Denkmal der Rechtskultur.

6. Das BGB im 20. Jahrhundert

Das BGB unterlag in den 100 Jahren seiner Geltung mancher grundsätzlichen Anfeindung. Insbesondere die totalitären Machthaber des NS- und des SED-Staates hielten naturgemäß wenig von einer auf den Grundsätzen der Gleichordnung und der Freiheit beruhenden Privatrechtsordnung. Bereits das Parteiprogramm der NSDAP von 1920 hatte daher die Ersetzung des BGB durch ein von völkischem Rechtsdenken geprägtes «deutsches Gemeinrecht» verlangt. Die Arbeiten an einem solchen «Volksgesetzbuch» wurden von der Akademie für Deutsches Recht nach 1933 auch alsbald aufgenommen, scheiterten jedoch an der Schwierigkeit, mehr Rechtsstoff als im BGB in weniger Vorschriften, aber dennoch volkstümlicher zu regeln. Letztlich kam das Vorhaben 1943/44 kriegsbedingt zum Erliegen, ohne daß bis dahin mehr als ein Teilentwurf fertiggestellt werden konnte.

Obwohl das BGB auch mit sozialistischem Gedankengut nicht in Einklang zu bringen war, blieb es in der DDR bis zum 1. 1. 1976 in Kraft. Die besonders ideologiebefrachteten Gebiete des Arbeits- und Familienrechts wurden allerdings bereits 1961 und 1966 aus dem übrigen Privatrecht ausgegliedert und gesondert geregelt. Ab 1976 ersetzte dann das Zivilgesetzbuch der DDR (ZGB) in seinem Geltungsbereich die verbleibenden Teile des BGB. Charakteristisch für das ZGB war der Instrumentalcharakter des Rechts, die weitgehende Verdrängung der Privatautonomie des einzelnen Bürgers durch staatlich gelenkte Planwirtschaft.

Aber auch abgesehen von derart fundamentalen Angriffen war das BGB wiederholt Gegenstand umfangreicher Reformen, so daß der Gesetzestext des Jahres 2001 nur noch in Teilen mit demjenigen von 1900 übereinstimmt. Diese Änderungen, die hier nur kurz skizziert werden können, betrafen namentlich das Sozialmodell des Gesetzes und das Familienrecht. Bereits im Ersten Weltkrieg griff der Staat zunehmend in die Vertragsfreiheit seiner Bürger ein. Im Interesse der Steuerung des Wirtschaftslebens verdrängten staatlich diktierte Verträge, vor allem im Miet- und Arbeitsrecht, immer stärker die Privatautonomie. In der Weimarer Republik begann zudem eine Aushöhlung des BGB und seiner Grundbegriffe durch die Abspaltung von Kernbestandteilen aus der für alle Bürger geltenden Privatrechtsordnung. So entwickelte sich das

Arbeitsrecht endgültig zu einer selbständigen, von den Bestimmungen des BGB nahezu vollständig unabhängigen Privatrechtsdisziplin. Ebenso bewirkte das Jugendwohlfahrtsgesetz von 1922 umfassende Änderungen des Familienrechts. Aber auch die rechtlichen Neuerungen, die in unmittelbarem Zusammenhang mit der verheerenden wirtschaftlichen Lage Deutschlands in dieser Zeit standen, wirkten sich auf die Vorschriften des BGB aus. So kam es im Bereich des Mietrechts zu einem Ausbau des Mieterschutzes bei gleichzeitiger Fortführung der staatlichen Wohnraumbewirtschaftung der Kriegszeit: Nicht Vertragsfreiheit, sondern Abschlußzwang des Vermieters mit ihm zugewiesenen Mietern, Mietpreisbindung und ein deutlich ausgeweiteter Kündigungsschutz sollten die Grundversorgung der Bevölkerung mit Wohnraum gewährleisten.

Im Nationalsozialismus wurde die Vereinbarkeit des überlieferten Zivilrechts mit nationalsozialistischem Gedankengut durch die Ausgliederung des Eheschließungsrechts aus dem BGB in das stark ideologisch geprägte Ehegesetz von 1938 sowie durch das Testamentsgesetz des gleichen Jahres erleichtert. Die Kontrollratsgesetze der Alliierten mußten daher nach 1945 gerade im Bereich des Familien- und Erbrechts weit in die bestehende Privatrechtsordnung eingreifen, um diese von nationalsozialistischem Inhalt zu befreien.

Unter dem Grundgesetz mußte insbesondere das Familienrecht auf der Grundlage von Art. 3 Abs. 2 und Art. 6 GG fast vollständig umgeformt werden. Kernstücke der damit verbundenen Reformen waren das Gleichberechtigungsgesetz von 1957 sowie die vielfältige, meist durch Entscheidungen des Bundesverfassungsgerichts erzwungene Gesetzgebungstätigkeit zur Reform des Namens- und Nichtehelichenrechts, die erst 1998 ihren vorläufigen Abschluß gefunden hat.

Andere Entwicklungen des Privatrechts der letzten Jahrzehnte trugen den gewandelten technischen und wirtschaftlichen Gegebenheiten, aber auch dem Verfall des Wertekonsenses innerhalb der Gesellschaft Rechnung. Beispiele hierfür sind die Ersetzung des Verschuldensprinzips durch das Zerrüttungssprinzip bei der Ehescheidung, die Besserstellung geistig Behinderter durch die Abschaffung der Entmündigung, die Weiterentwicklung eines sozialen Mietrechts, die Konkretisierung der Rechtsmißbrauchsregeln oder der Ausbau der Vertrauens- und Rechtsscheinshaftung. Leitmotiv nahezu sämtlicher Reformen des Bürgerlichen Rechts war dabei der Schutz des wirtschaftlich oder sozial Schwächeren. Dies wird besonders deutlich bei den Verbraucherschutzvorschriften im engeren Sinne, also dem Gesetz über die Allgemeinen Geschäftsbedingungen, dem Haustürwiderrufgesetz, dem Verbraucherkreditgesetz, dem neuen Reisevertragsrecht oder der Anerkennung wucherähnlicher Kreditgeschäfte, die allein wegen der überzogenen Höhe der vereinbarten Zinsen zur Nichtigkeit des Vertrages führen. Ebenfalls hierher gehören die drastischen Haftungsverschärfungen im Vertrags- und Deliktsrecht. Dazu zählen die Konstruktion von vertraglichen Schutzwirkungen zugunsten Dritter, der Ausbau der Verkehrssicherungspflichten und der Gefährdungshaftung, die Beweislastumkehr zugunsten des Patienten und Verbrauchers bei der Arzt- und Produzentenhaftung, die dem Schutz vor unseriösen Anlageberatern dienende Prospekthaftung sowie das Produkthaftungsgesetz, das für den Hersteller fehlerhafter Produkte neben der Verschuldenshaftung auch eine Gefährdungshaftung begründet.

Grundlegend änderte sich aber auch das Verhältnis des BGB zum Verfassungsrecht. Dies begann bereits mit dem Ende des Kaiserreichs, da die Weimarer Reichsverfassung einen eigenen Grundrechtsteil enthielt, der eine Reihe privatrechtlicher Institute wie Eigentum, Ehe, Familie, Elternrecht, Vertragsfreiheit im Wirtschaftsverkehr und Erbrecht gewährleistete. Da nunmehr auch der Vorrang der Reichsverfassung vor einfachen Gesetzen anerkannt wurde, kam diesen verfassungsrechtlichen Verbürgungen erhebliche Bedeutung zu, weil sie die Kerninstitute des Privatrechts, denen nun gerade von seiten des Gesetzgebers erhebliche Gefahren drohten, zwar nicht gegen gesetzliche Einschränkungen, aber doch zumindest gegen ihre völlige Abschaffung sicherten.

Das Grundgesetz betonte den Vorrang der Verfassung noch stärker und erhob die Grundrechte zu unmittelbar geltendem Recht. Zugleich wurde ihre Durchsetzung durch Schaffung einer Verfassungsgerichtsbarkeit ermöglicht. Inhaltlich bestätigte das Grundgesetz weitgehend das Grundkonzept des BGB. Es stärkte einige der zentralen Institute des Privatrechts, vor allem die Vertrags-, Eigentums- und Testierfreiheit, durch die Verleihung von Verfassungsrang und erweiterte die Reihe der privatrechtlich bedeutsamen Grundrechte durch Verfassungsaufträge zur Gleichberechtigung der Geschlechter und Gleichstellung nichtehelicher Kinder. Zugleich wurden der gesetzlichen Beschränkung dieser Rechte deutlich engere Grenzen als in Weimar gezogen.

Nachhaltiger als durch den Wortlaut des Grundgesetzes wurde das Verhältnis des BGB zur Verfassung aber durch die Rechtsprechung des Bundesverfassungsgerichts zur Wirkung der Grundrechte im Privatrecht verändert. Das Bundesverfassungsgericht geht davon aus, daß in den Grundrechten neben der klassischen Abwehrfunktion gegen staatliche Eingriffe auch eine Einrichtungsgarantie und eine objektive Werteordnung enthalten seien, die für alle Bereiche des Rechts gelten müßten. Dieses Wertesystem beeinflusse auch das bürgerliche Recht, so daß keine bürgerlichrechtliche Norm in Widerspruch zu ihm stehen dürfe, sondern jede Vorschrift in seinem Geiste auszulegen sei.[15] Nach dieser Lehre wird das Privatrecht des BGB durch eine andere rechtliche Ordnung, ein verfassungsrechtliches «Überprivatrecht» überlagert und wegen des Vorrangs des Grundgesetzes vor «einfachen Gesetzen» verdrängt. Das Privatrecht verliert seine Eigenständigkeit und wird von öffentlichrechtlichen und sozialrechtlichen Prinzipien überformt. Dies hat weitreichende Konsequenzen für eine auf Freiheit und Gleichheit beruhende Privatrechtsordnung: Die Freiheit der Selbstbestimmung des einzelnen wird zum

Zwecke der Herstellung sozialer Gerechtigkeit beschränkt, Rechtsunklarheit und -ungewißheit steigen wegen der geringen Regelungsdichte und der unbestimmten Fassung der Grundrechte, und das Bundesverfassungsgericht wird von einem Verfassungsorgan zum «obersten Zivilgericht».[16]

Gegenwärtig wird das BGB aber nicht nur durch diese verfassungsrechtliche Überformung in seinem Bestand als geschlossene und eigenständige Privatrechtsordnung gefährdet. Weit bedrohlicher erscheint das Wirken des deutschen Gesetzgebers. Dieser hat in den letzten Jahren mit seiner Gesetzgebung namentlich zur Umsetzung von Richtlinien der Europäischen Union in das deutsche Recht die Einheit und systematische Geschlossenheit des BGB zerstört und sich als unfähig zu einer dem BGB als Denkmal der Rechtskultur angemessenen Gesetzgebung erwiesen. Dem Gesetzgeber fehlt am Beginn des 21. Jahrhunderts jeglicher Respekt vor dem über 100 Jahre alten BGB, und es läßt Schlimmes befürchten, wenn die Bundesjustizministerin Herta Däubler-Gmelin anläßlich der Veröffentlichung des Entwurfs eines auf die Zerstörung des gesamten Schuldrechts des BGB angelegten «Schuldrechtsmodernisierungs-Gesetzes» angekündigt hat, es würden «geheiligte Kühe, die seit hundert Jahren auf der juristischen Weide herumgetrieben werden», aus dem Verkehr gezogen.[17]

Sabine Behrenbeck

«Heil»

Was macht das «Heil» zu einem Ort des deutschen Gedächtnisses? Und wo liegt dieser Ort? Umschreibt doch das Wort den höchst immateriellen Stoff von Glaubensvorstellungen, Sehnsüchten und Hoffnungen, also von Utopien. Ein Un-Ort ist es demnach, der die deutsche Identität zu konstruieren hilft, und zuweilen auch ein unwirtlicher Ort, wie wir noch sehen werden.

Inwiefern handelt es sich überhaupt um einen Ort der Erinnerung? Denn Heil ist ein eschatologischer Zustand, der immer nur als ein zukünftiger gedacht, ersehnt, prophezeit werden kann, jedoch keine Erfahrung darstellt, die man sich ins Gedächtnis ruft. Erinnerungen an das Heil in der deutschen Geschichte sind also Erinnerungen an die Ideen, die sich frühere Zeiten von diesem Zustand gemacht haben, und daran, wie sich diese verändert haben. Erinnern kann man sich außerdem an die äußeren Zeichen, die das Heil in der Geschichte markieren, aber auch an Menetekel als Mahnung für das bedrohte oder verlorene Heil.

Doch das Unbehagen über die Aufnahme dieses Begriffs in den Kanon der deutschen «loci memoriae», die das «Heil» gewissermaßen zum Pendant der «Gloire» der Franzosen macht, hat noch eine weitere Ursache. Denn anders als der Ruhm ist das Heil mittlerweile zu einem diskreditierten Erinnerungsort geworden. Die historische Erfahrung des Nationalsozialismus und seiner Heilsversprechen zwingt gewissermaßen zur Distanzierung von den Vorstellungen, die sich frühere Zeiten vom Heil in der Geschichte gemacht haben. Dabei funktioniert das Dritte Reich wie ein Nadelöhr, durch das sich die Erinnerungen an historische Heilsvorstellungen hindurchmühen müssen.

So ist wohl auch die erste Assoziation, die «Heil» heutzutage im Gedächtnis der meisten Deutschen auslösen dürfte, der sogenannte «Deutsche Gruß». Wie kam dieser Gruß zustande, welches Heilsversprechen transportierte er, und wo lagen seine Wurzeln? Geht man den Antworten auf diese Fragen nach, so begibt man sich unweigerlich auf eine abenteuerliche Zeitreise: Sie führt weit zurück bis in die Spätantike und zu den «alten Germanen», von denen der Gruß wie auch der Wortstamm abgeleitet werden und weiter über die Wandlungen im Wortverständnis infolge der Christianisierung und Erlösungstheologie im Mittelalter. Sie trifft auf das schwärmerische Revival der Germanen im 19. Jahrhundert und die völkische Bewegung, bis sie wieder bei der politischen Heilslehre der Nationalsozialisten anlangt. Ganz offensichtlich handelt es sich beim Heil um einen Gedächtnisort der «longue durée». Wenden wir uns nun also dem Heil zu und suchen es nicht gleich in der Flucht vor einem heiklen Thema, sondern in einer (vielleicht) heilsamen Anamnese.

1. Das Heil als Grußform

Der Film-Klassiker *Eins, Zwei, Drei* von Billy Wilder erinnerte die Deutschen Anfang der sechziger Jahre noch einmal daran, daß der Heilsgruß so manchem nach zwölfjähriger Alltagspraxis in Fleisch und Blut übergegangen war: Ein strammes «Heil, Obersturmbannführer» rutscht heraus, als der Chauffeur eines amerikanischen Getränkeherstellers auf seinen ehemaligen Vorgesetzten trifft. Das Routinegedächtnis des Körpers konnte verräterisch sein und in unbewußt-spontanen Reaktionen die nachträglich behauptete Distanz zu den Machthabern des Dritten Reiches Lügen strafen.

Es fiel den Deutschen offenbar schwer, diesen Abstand zur nationalsozialistischen Volksgemeinschaft wenigstens nach der katastrophalen Niederlage einzunehmen. Sonst wäre es wohl kaum erforderlich gewesen, im Rahmen der Entnazifizierung auch die Abzeichen, Fahnen und Grußformen der Nazis zu verbieten. Im Artikel IV von Gesetz Nr. 8 des Kontrollrats vom 30. November 1945 legten die Siegermächte fest: «Das Tragen seitens deutscher Staatsangehöriger von Militär- oder Nazi-Uniformen, Abzeichen, Fahnen, Bannern oder anderen Symbolen oder von militärischen oder zivilen Orden und Ehrenzeichen sowie der Gebrauch charakteristischer Nazi- oder militärischer Gruß- und Begrüßungsformeln sind verboten. Alle anderen symbolischen Gesten, die den Nazigeist zum Ausdruck bringen, sind verboten.»[1] Zuwiderhandelnde setzten sich strafrechtlicher Verfolgung aus. Alliiertes Recht blieb auch nach der Gründung der beiden deutschen Teilstaaten in Kraft, wurde aber teilweise in neue Gesetze gefaßt. Bis heute ist der Hitlergruß in der Bundesrepublik untersagt und wird mit bis zu drei Jahren Freiheitsstrafe geahndet. Solche Verbote belegen, daß der nationalsozialistische Heilsgruß auch nach über 50 Jahren nicht aus dem sozialen Gedächtnis gelöscht ist. Zu erklären ist die stabile Verankerung nicht nur mit Tabuisierung oder Verdrängung, sie hat auch mit der Geschichte der Heilsvorstellungen im kollektiven Gedächtnis der Deutschen zu tun. Das Heil kam nicht erst durch die Nazis in die deutsche Geschichte, hat durch sie aber eine tiefgreifende Wandlung erfahren.

Auch die Grußform, die sich den Deutschen so überaus zählebig eingeprägt hat, geht auf eine wesentlich ältere Vorgeschichte zurück. Denn wie in so vielen anderen Aspekten ihrer Propaganda hat die NSDAP auch ihre Grußpraxis nicht neu erfunden. Der Heilsgruß tauchte lange vor ihrer Existenz sowohl im Alltag wie auch im politischen Zusammenhang vielerorts auf. Nicht nur unter Bergsteigern (‹Bergheil›), Anglern (‹Petriheil›), Jägern (‹Weidmannsheil›) oder Skifahrern (‹Skiheil›) hatte er sich bereits im 19. Jahrhundert eingebürgert, sondern war in Österreich auch als Trinkspruch unter Studenten gebräuchlich geworden. Dabei nahm das Wort früh einen politischen Beiklang an.

Als einer der ersten hatte der Begründer der Turner-Bewegung, Friedrich Ludwig Jahn, für seine Vereinigung den Gruß «Gut Heil» eingeführt. Andere

Sportlerbewegungen wie die Radfahrer (‹All Heil›), die Arbeitersportler (‹Frei Heil›), aber auch zahlreiche völkische oder patriotische Bewegungen wie die Sänger folgten seinem Beispiel. Besonders die Jugendbewegung machte den Heilsgruß populär. In Österreich wurde er zum vaterländischen Gruß der Alldeutschen. Gebräuchlich war die Formel auch, um in Liedern oder Festspielen dem jeweiligen Herrscher zu huldigen. Die Hymne der Hohenzollernkaiser «Heil Dir im Siegerkranz» sei hier nur beispielhaft ins Gedächtnis gerufen. Besonders während des Ersten Weltkrieges tauchte der Heilswunsch im Titel zahlloser Publikationen auf, zunächst zum Zwecke der Erbauung einer kriegsbegeisterten bürgerlichen Schicht, später dann eher als Mittel der Durchhaltepropaganda. Was lag da näher, als auch nach dem heillos beendeten Krieg der umkämpften Demokratie von Weimar als Prolog für die republikanischen und Reichsbanner-Feste ein «Heil Dir, junge Republik!» mit auf den Weg zu geben.[2] Schließlich versammelten sich auch die Feinde der Republik wie die Mitglieder des «Stahlhelm – Bund der Frontsoldaten» unter dem Gruß «Front Heil!».[3] Doch nicht nur politische Gruppierungen nahmen den Gruß auf, auch kirchliche Jugendverbände benutzten ihn ohne Berührungsängste.

Unter den nationalistischen Gruppierungen der Nachkriegszeit befand sich auch die NSDAP. In ihren frühen Partei- oder SA-Versammlungen gab es noch keine eigene Grußform, die Anhänger antworteten nach einer Rede jedoch häufig mit beifälligen Heilrufen. Seit Ende 1922 schloß Adolf Hitler seine Reden vielfach mit Formeln wie «Heil euch!» oder «Heil Deutschland».[4] Damit stand die Partei in der Tradition anderer völkischer oder vaterländischer Kreise. Doch gewann ihr Heilsgruß eine andere Dimension im Kontext der Reden, in denen Hitler die dramatische Notsituation Deutschlands eindringlich schilderte und sich im Heil-Ruf der Zuhörer die Sehnsucht nach Rettung ausdrücken konnte. Der Heilswunsch am Schluß seiner Ansprachen nahm bereits eine Wendung zum Besseren vorweg und provozierte die entsprechende Akklamation: «Wir glauben nicht an den Untergang unseres Volkes, sondern wir glauben, daß das Unheil, das heute unser Herrgott über Deutschland schickt, die Geißel ist, die uns aufpeitschen soll und aufpeitschen wird zu einer neuen Größe, zu einer neuen Macht und Herrlichkeit, zu einem Deutschland, das zum ersten Male das erfüllen soll, was Millionen unserer Besten durch Jahrhunderte und Jahrtausende sich im Inneren erhofften, zum Deutschland des deutschen Volkes.»[5]

Auf dem Parteitag im Januar 1923 marschierte Hitler erstmals mit dem grüßend gestreckten Arm in den Saal des Münchner Löwenbräukellers ein. Vermutlich orientierte sich diese neue Grußpraxis im Gestus des hochgereckten rechten Armes am Beispiel der italienischen Faschisten, deren «Marsch auf Rom» am 28. Oktober 1922 die NSDAP stark beeindruckte und Hitlers Selbstbewußtsein grundlegend veränderte. Nun gab es ein Vorbild für den diffus ersehnten tatkräftig-heroischen Führer, der zur Rettung seines zerstrittenen und zerrissenen Landes herbeimarschierte. «Weniger als eine Woche nach dem

Masse beim Hitlergruß

Staatsstreich in Italien verkündete Hermann Esser am 3. November 1922 im vollbesetzten Hofbräuhausfestsaal: ‹Deutschlands Mussolini heißt Adolf Hitler.› Dies ist der symbolische Moment, als Hitlers Anhänger den Führerkult erfanden.»[6] In den folgenden Monaten begannen seine Gefolgsleute, den Hoffnungsträger mit «Heil-Hitler»-Rufen zu feiern. Zu seinem 34. Geburtstag begrüßte ihn der junge SA-Führer Hermann Göring bei einer Großkundgebung im Zirkus Krone am 20. April 1923 als «den geliebten Führer der deutschen Freiheitsbewegung».[7] Auch der Tenor der Reden änderte sich. Hatte Hitler zuvor vor allem die Not seines Volkes beschrieben und mit einer unbestimmten Hoffnung auf den Wiederaufstieg des Vaterlandes geendet, so wurde er im Juni 1923 konkreter: «Von unten herauf muß das Heil kommen! Von oben haben wir nichts zu erwarten. Träte einer aus der deutschen Nation mit dem nötigen Willen vor uns hin, so hätte er das ganze deutsche Volk hinter sich. Das Volk muß sich selbst erlösen, wenn andere versagen.»[8]

Nachdem er sich jahrelang nur als den «Trommler», den Wegbereiter des kommenden Diktators gesehen hatte, entwickelte sich nun sein Selbstbewußtsein. Zugleich stieg der Erwartungsdruck seiner Anhänger. Bezeichnenderweise waren am 9. November 1923 in der Münchner Innenstadt sowohl von den Putschisten als auch vom herbeigeströmten Münchner Publikum die Rufe «Sieg Heil» und «Heil Hitler» zu hören. Spätestens nach seinem Auftritt vor Gericht, wo Hitler sich 1924 wegen des fehlgeschlagenen Aufstandes zu verantworten hatte, reifte in ihm die Auffassung, er selbst sei der von vielen Seiten ersehnte heroische Führer zur Rettung Deutschlands.

Es ist kein Zufall, sondern gehört zu dieser Entwicklung, daß zur selben Zeit der Hitler-Gruß in Parteikreisen üblich wurde. Das Heil des Volkes wurde im Gruß mit dem Namen des ersehnten Führers verbunden. Dabei wurde jedoch die für die Grußform übliche Reihenfolge umgekehrt: Das Heil trat nach vorne. Anders als beim «Skiheil» oder «Weidmannsheil» wünschte man damit nicht seinem Gegenüber Glück und Wohlergehen bei dessen Unternehmungen, sondern der Heilswunsch war an Hitler adressiert. Er hatte damit zum einen die Bedeutung eines «Errette uns, Hitler!» und brachte zum anderen den Wunsch nach einem gesunden und starken Führer zum Ausdruck. In jedem Fall trug der Gruß Bekenntnischarakter.

Dies bestätigen Nachschlagewerke aus den dreißiger Jahren. Sie geben Auskunft über das nationalsozialistische Verständnis des «Deutschen Grußes», der seit 1933 als ausschließlicher Gruß im Dritten Reich gelten und das Bieten der Tageszeit verdrängen sollte: «Er allein ist der würdige Ausdruck der Begegnung freier Menschen, der alles Unterwürfige der früher und in anderen Ländern noch üblichen Höflichkeitsformen des G.[russes] abstreifte. Das Erheben der offen ausgestreckten Hand galt den Germanen als Zeichen des Vertrauens, daß man sich waffenlos, also freundschaftlich, nahe. Es war auch bereits alter germanischer Brauch, den erwählten Führer durch das Erheben des rechten Armes und durch den Heilruf zu grüßen. [...] Der mit dem Erheben des rechten Armes verbundene G.[ruß] ‹Heil Hitler!› entspricht also der urspr. germanisch-dt. G.[ruß]form. Er bedeutet eine immer neu zum Ausdruck kommende Ehrung des Führers und ein ständiges Bekenntnis zu ihm.»[9]

Tatsächlich haben lateinische Schriftsteller den Brauch des Heilrufes für die Goten überliefert, indem sie sich über das «kulturlose Barbarenvolk» mokierten: «Beim gotischen Ruf: Heil, schaff' zu essen, schaff' zu trinken, wer soll da würdige Dichterwerke formen können».[10] Daraus leiteten die Nationalsozialisten keineswegs ab, daß hier von einem Trinkspruch (ähnlich dem «Prosit» oder «Zum Wohl») die Rede sein könnte. Vielmehr wurde dieses Zitat als Beweis gewertet, daß der Heilsgruß «schon für urgermanische Zeiten anzusetzen» sei, «und wenn dieser Ruf wieder der deutsche Ruf geworden ist, so ist dies ein sinnfälliges Zeichen dafür, daß wir uns wieder bewußt sind der Verbundenheit mit unseren Vorfahren, deren Geist und Blut aus Vorzeittagen in uns weiterlebt».

2. *Wortgeschichte und Bedeutungswandel im Heilsverständnis*

Das Heil, wie es die Nationalsozialisten verstanden, war eine ebenso politische wie religiöse Angelegenheit. Dem Trauma der Niederlage von 1918, Revolution und Wirtschaftskrise, ausgemalt mit Hilfe apokalyptischer Metaphern, setzten sie ihr Heilsversprechen der nationalen «Wiedergeburt» und des kommenden Reiches entgegen. Mit leiblichem Wohlergehen und Gesundheit hatten sie hingegen wenig im Sinn. Damit ignorierten sie allerdings eine wichtige Bedeutungsebene im überlieferten Wortverständnis von «Heil» zugunsten der politisch-sozialen Interpretation.

Wie vielschichtig die Verständnismöglichkeiten von «Heil» sind, zeigt ein Blick in die Wortgeschichte. Sprachgeschichtlich geht das Adjektiv auf den gotischen Stamm «hails» für «gesund, ganz, unversehrt, gerettet» zurück und weist ähnliche Formen und Bedeutungen im Alt- und Mittelhochdeutschen (*heil*), Angelsächsischen (*holy, whole*) und Altfriesischen auf.[11] «Das Wort ist vermutlich aus dem kultischen Sprachgebrauch in die Profansprache gedrungen.»[12] Das Substantiv «Heil» trug im Mittelhochdeutschen die Bedeutung von Glück, Gesundheit, Heilung, Wohlergehen, Rettung, Beistand. Das Adjektiv «heilig» wiederum ist entweder von einem Substantiv «haila» in der Bedeutung von «Zauber, günstiges Vorzeichen» abgeleitet oder vom Adjektiv «heil» (s. o.). Im Althochdeutschen findet sich außerdem das Verb «heilazzen» im Sinn von «begrüßen». «Heil» wurde naheliegenderweise als Glück- und Segenswunsch, aber auch als Trinkspruch oder in begrüßender Anrede benutzt.

In den Kontext des germanischen Heilsverständnisses gehört die Ehre. «Die Ehre eines Menschen ist seine totale Integrität, seine Unverletztheit in körperlicher wie geistiger, materieller wie ideeller Hinsicht. Wer Ehre hat, ist heil, besitzt Heil. Wer ehrlos wird, wird auch heillos, er wird ‹feig›, das heißt, er ist dem Tode geweiht. [...] Wenn die Ehre intakt ist, heilt sie, strahlt sie Heil aus. Je vornehmer die Familie, desto stärker kann dieses Heil sein, das von den Göttern stammt. Das größte Stück Heil besitzen die Könige.»[13]

Die Vorstellung vom «Geblütscharisma» oder «Königsheil» war unter den keltischen und germanischen Stämmen der Völkerwanderungszeit sehr verbreitet. Allerdings mußte sich das Königsheil – besonders der Heerkönige aus der Wanderzeit – fortwährend durch den Erfolg des militärischen Führers beweisen. Infolge der Ansiedelung und Territorialisierung ihrer Herrschaft versuchten die neuen Gründerkönige, ihre Autorität durch den Rückgriff auf mythische Vorgänger zu steigern. Dabei wirkte sowohl die Idee des römischen Kaisertums nach, wie auch christliche Vorstellungen Einfluß erhielten. Für die Verchristlichung des germanischen Königsgedankens, die später zum «Heiligen Römischen Reich Deutscher Nation» führen sollte, war jedoch ein Ereignis von fundamentaler Bedeutung: der Übertritt der fränkischen Stämme zum Christentum.

Als der Frankenkönig Chlodwig sich Weihnachten 498 (?) zusammen mit 3000 Männern aus seinem Heer taufen ließ, bot seine Entscheidung für den katholischen Glauben einen machtpolitischen Vorteil: «Im Gegensatz zu den anderen Germanenreichen, die dem arianischen Glauben anhingen, sicherte die ‹Rechtgläubigkeit› Chlodwigs und seiner Franken im gallischen Raum die Unterstützung der Bischöfe und mindestens die Sympathien der nichtfränkischen (weitaus überwiegenden) Bevölkerungsmehrheit. Eine wesentliche Voraussetzung für längerfristige Herrschaftsbildung bei gleichzeitiger Integration der unterschiedlichen Einwohnerschichten war damit erreicht.»[14] Doch kleidete die Geschichtsschreibung sein politisches Kalkül in eine Bekehrungslegende, in der pagane und katholische Heilsvorstellungen verschmolzen. Als Motiv, das den germanischen Fürsten zur Taufe bewog, überliefert im ausgehenden 6. Jahrhundert der gallorömische Bischof Gregor von Tours das stärkere Heil des neuen Gottes. Auf dem Höhepunkt der Schlacht gegen die Alemannen (um 496/97) habe Chlodwig den Christengott angerufen und ihm im Falle des Sieges seine Bekehrung versprochen.

Das Königsheil, das für die keltischen und germanischen Volks- und Heerkönige die Legitimität ihrer Herrschaft sicherte, veränderte sich nach der Christianisierung: Es entstand die Idee des theokratischen Sakralkönigtums. Sie fand Ausdruck in der Herrschersalbung bei Westgoten und Franken, in der Verehrung heiliger Könige seit der Merowingerzeit sowie in der engen Verbindung von Politik und Mission unter Karl dem Großen. Diese christliche Überformung des germanischen Königsheils brachte die Vorstellung vom «Gottesgnadentum» des Herrschers hervor und lehnte sich dabei an weitere – und mindestens ebenso wichtige – Wurzeln sowohl im Alten und Neuen Testament wie auch in der hellenistisch-römischen Tradition der Antike an.

Die Vorstellung der göttlichen Setzung des Herrschertums im Frankenreich beeinflußte umgekehrt auch die Entwicklung des christlichen Glaubens. Die im frühen Mittelalter verehrten Heiligen waren meist hoher, aristokratischer Herkunft, ihren Reliquien wurde übernatürliche Wunder- und Heilkraft zugeschrieben. Auf der anderen Seite erhielten sich Relikte des paganen Sakralkönigtums und brachten die Vorstellung der herrscherlichen Heilsbegnadung hervor: Den König zu berühren sollte Heilung von den «Skrofeln» bringen.

3. Christliche Heilsvorstellungen

Im Neuen Testament ist die Verwirklichung von Heil ausschließlich an Jesus Christus gebunden und bezieht sich auf alle Formen von physischer, psychischer, sozialer und spiritueller Not. Jesus Christus wird als Mitte einer Gesamtgeschichte verstanden, die von der Erschaffung der Welt bis zu ihrer Vollendung im Reich Gottes verläuft. Das Reich Gottes bedeutet die Befreiung von Krankheit und Leid, die Errettung aus unmittelbarer Lebensgefahr, die Versöhnung mit Gott, die Auferstehung und das ewige Leben. Heilungswunder, Dämonenaustreibungen und andere Machterweise Jesu verdeutlichen die verschiedenen Dimensionen der Heilsbotschaft.

Dieses christliche Heil war universal auf den gesamten Kosmos gerichtet. Durch die «konstantinische Wende» verschmolzen die säkulare Salusideologie des *Imperium Romanum* und die christliche Soteriologie miteinander. Gesellschaftliches Wohlergehen und spirituelles Heil wurden seitdem als Einheit gesehen, dadurch waren Papstkirche und Reichsgewalt eng miteinander verbunden. Verwaltet und vertreten wurde das Heil im *Corpus Christianum* durch *sacerdotium* (Priestertum, Kirche) und *imperium* (Kaiserreich). Das Reich war sakral legitimiert, als *Sacrum Imperium Romanum* in der Heilsgeschichte verankert. Um den heilsgeschichtlichen Sendungsauftrag des Reiches zu manifestieren, waren die Reichsinsignien zugleich Heiligtümer (Reliquien) und Herrschaftszeichen.

Es dauerte allerdings Jahrhunderte, bis die Christianisierung auch das einfache Volk erreichte und der neue Glaube mehr als einen dünnen Firnis über den älteren paganen Praktiken darstellte. Doch spiegelt sich auch im Wortgebrauch von Begriffen wie «Heil», daß die autochtonen Glaubensinhalte schließlich weitgehend in der christlichen Glaubenslehre aufgingen. Unter dem Einfluß des Christentums nahm das germanische Wort «Heil» in erster Linie die Bedeutung ‹Erlösung von den Sünden und Gewährung der ewigen Seligkeit› an.

Dies wird besonders deutlich an dem Begriff «Heiland»,[15] einer Lehnübersetzung des kirchenlateinischen *salvator* (griechisch *soter)*, in dem die Bedeutungsebenen von «heilen, gesundmachen» im leiblichen und «erretten, erlösen» im seelischen Sinne zusammenfließen. Als im 9. Jahrhundert die christliche Verkündigung erstmals in der Volkssprache festgehalten wurde, wählte man das althochdeutsche Wort *heilant* (heilend) als Übersetzung für Jesus als dem Retter. Der Begriff des Heilands setzte sich seit dieser Zeit in der Sprache der Bibel, des Katechismus, des Gebets wie auch des Kirchenliedes durch und wurde in der Katechese des 18. und 19. Jahrhunderts unter dem Einfluß des Pietismus fast inflationär gebraucht.[16] Zu Jesus, dem Heiland und Mittler des Heils, nahm der Gläubige seine Zuflucht und brachte ihm Liebe und Hingabe dar; das daraus erwachsende Heil war die Gabe Gottes, entsprang seiner Gnade und gewährte Erlösung von den Sünden. Die Religionswissenschaft übertrug später den Begriff «Heiland» auf heilsvermittelnde Gestalten anderer Religionen, die von Schuld, Sünde oder Krankheit befreien.

4. Heilsgeschichte und Geschichtsphilosophie

Wie sehr die Heilsvorstellungen bis in die Neuzeit vom Christentum dominiert wurden, zeigt ein Blick in das *Zedlersche Lexicon* von 1735: Einträge zu Heil tauchen ausschließlich im Zusammenhang mit Bibelzitaten auf, wie z. B. Johannes IV, 22: «Heil kommt von den Juden»: «Heil bedeutet insgesamt alles Gute, Wohlfahrt und Seligkeit; hier wird dadurch verstanden das ganze Heil, oder alles, was zum ewigen wahren Heil und Seligkeit gehöret.»[17] Unter dem Stichwort «Heilen» verweist Zedler auf Jeremias III, 22 und setzt das Wort gleichbedeutend mit Sündenvergebung: «[...] denn die Sünde kan [!] und mag gar wohl mit einer Krankheit verglichen werden: denn wie eine Krankheit den ganzen Leib durchkreucht, so ruhet die Sünde auch nicht in sinem [!] Theile, sondern durchdringet alle Kräfte der Seelen, [...] diese Krankheit aber kann niemand heilen als Gott».

Als verschiedene Bedeutungsebenen des Heils unterscheidet Zedler: «Heil heisset überhaupt entweder zeitliche Glückseligkeit, Freude, Vergnügen und alles Gute, so wir uns wünschen mögen; oder geistliche Güter der Seele, Gottes Gnade, Vergebung der Sünden, Gerechtigkeit, Trost und Ruhe des Gewissens, Glaube und Hoffnung der Seligkeit; oder auch das ewige Leben bey Gott selbst, und weil Christus uns dies alles erworben hat, wird er auch insonderheit Gottes und unser Heil genennet.» Heilsgeschichte war bis zur Aufklärung nicht zu trennen von der profanen Historie, man verstand auch politische Ereignisse als Zeichen für das Heilshandeln Gottes in der Welt. Sein Endziel sei die Erlösung des ganzen Erdkreises. Um als einzelner Mensch an diesem Heil teilzuhaben, war der rechte Glaube notwendig. In der hoch- und spätmittelalterlichen Spiritualität wurden die Heilsvorstellungen zunehmend verinnerlicht (*Devotio moderna*).

Einen Bruch mit dieser Einheit von Welt und Geschichte innerhalb der Heilsverheißung brachte die Neuzeit mit der Entstehung von Geschichte als Wissenschaft, die sich nicht auf die Bibel und Glaubensautoritäten, sondern auf die Beobachtung der Natur und die kritische Überprüfung der Überlieferung stützte. Doch auch wenn man nun bemüht war, historische Entwicklungen vernünftig zu erklären, also ohne Fabeln und Wunder, so blieb es dennoch das Ziel der neu entstehenden Geschichtsphilosophie, Gottes Heilsplan in den weltlichen Verlauf der Zeiten hineinzuholen. Es erschien den Aufklärern unvorstellbar, daß es hinter den einzelnen historischen Ereignissen keine Absicht, sondern nur den Zufall geben könnte. Ebenso wie der christliche Glaube die Kontingenzerfahrung mildern und eine Antwort auf verwirrende und unerträglich leidvolle Erfahrungen geben sollte, wurde dies auch von einer säkularen Geschichtsphilosophie erwartet. Die Gesetze hinter den Tatsachen und Handlungen, das Ziel des Weltenlaufs, der Sinn der Menschheitsgeschichte – über nichts Geringeres erhoffte man Aufklärung durch eine nicht länger theologisch begründete, sondern vernünftig argumentierende Wissenschaft.

Die seit dem Neuen Testament prägende Zusammenschau geschichtlicher Erfahrung unter dem Aspekt des Heils wurde in säkularisierter Form von den geschichtsphilosophischen Systemen der Aufklärung, des Idealismus und des Marxismus fortgeschrieben. Welt- und Menschheitsgeschichte müßten einer Kausalität folgen, deren Ziel die Vervollkommnung des Menschengeschlechts vom Stand der Natur zum gesitteten Stand, zum ewigen Frieden oder zur Befreiung der Unterdrückten sein werde. Allerdings ging man davon aus, daß der göttliche Plan für den einzelnen Menschen nicht erkennbar sei, sondern ihm als Labyrinth erscheine. Erst wenn man einen Standpunkt über der Geschichte einnehme, würde sie sich als Harmonie erschließen. Der Geschichtsphilosophie kam laut Johann Gottlieb Fichte (1762–1814) die Aufgabe zu, den

«Weltplan» *a priori* zu deduzieren, wobei die philosophisch abgeleitete Geschichte der Vernunft nicht notwendig im Gegensatz zur theologischen Heilsgeschichte stehen müsse.

Für die Geschichtsphilosophen stand fest: Die Geschichte realisiert ihr Endziel nicht im Individuum, sondern nur in der Gattung Mensch, aber – so Immanuel Kant – es gebe Erfahrungsspuren, sogenannte Geschichtszeichen, die den Endzustand als wirklich, wenn auch noch entfernt bevorstehend beglaubigten. Diese Geschichtszeichen seien Begebenheiten, welche die Gesamttendenz des menschlichen Geschlechtes als Fortschreiten zum Besseren beweisen könnten. Die moralische Tendenz zeige sich nicht in bestimmten Taten oder Untaten, sondern in der öffentlich dokumentierten Denkungsart der Zuschauer, ihrer inneren Reaktion auf das Geschehen. Als wichtigstes Beispiel diente Kant die Französische Revolution: «Diese Revolution [...] findet doch in den Gemüthern aller Zuschauer [...] eine Theilnehmung dem Wunsche nach, die nahe an Enthusiasm grenzt, und deren Äußerung selbst mit Gefahr verbunden war, die also keine andere als eine moralische Anlage im Menschengeschlecht zur Ursache haben kann.»[18] Diese Distanz zwischen Ereignis und Enthusiasmus fiel mit der Hegelschen Kritik an der Differenz von Sein und Sollen in sich zusammen. Hegel setzte voraus, daß der «Plan der Vorsehung» offen zutage trete und gewußt werden könne, die Zeichen wurden zu «Erscheinungen» der Vernunft und verloren ihren bloß hindeutenden Charakter. Die historischen Ereignisse selbst waren nun die Zeichen. Ein fester teleologischer Rahmen wies jedem Ereignis einen Platz im Gesamtzusammenhang zu.

Damit war die alte Heilsgeschichte «entzaubert», mehr und mehr setzte sich die Idee durch, daß die Menschen ihre Geschichte zwar nicht aus freien Stücken machten, aber daß sie sie selbst machten. Zugleich wurde das Heil immer weniger als eine transzendente Wirklichkeit verstehbar und erhielt statt dessen zunehmend eine innerweltliche Ausrichtung als umfassende Humanisierung der Lebensverhältnisse, deren Realisierung zwangsläufig in die Verantwortung des Menschen überging.

5. Das Heilsverständnis der Germanenschwärmer

Neben dieser kurz skizzierten Entwicklung zur säkularen Heilsgeschichte gab es allerdings eine andere Tendenz, die sich weniger vernünftige, sondern mehr irrationale Vorstellungen von der Geschichte machte. Die Romantiker forschten nach den spezifischen Wurzeln des deutschen Volkes und suchten dabei auch vorchristliche germanische Traditionen wiederzubeleben. Doch wie authentisch war das Bild von der germanischen Vorzeit nach einer fast tausendjährigen Unterbrechung der Tradition?

Man wußte nicht mehr viel von den Germanen, als man sie im 19. Jahrhundert als Vorfahren der Deutschen wiederentdeckte. Doch kaum war das

Hermannsdenkmal im Teutoburger Wald 1875 eingeweiht, begann die Produktion von literarischen Stoffen, die das deutsche Bildungsbürgertum mit entsprechenden Inhalten versorgte. 1876 erschien der überaus populäre Roman *Kampf um Rom*, in dem Felix Dahn den Kampf der letzten Goten beschrieb, das Bayreuther Festspielhaus wurde mit Richard Wagners *Ring des Nibelungen* eröffnet. Da standen nun Heroen mit seltsamen Namen und in befremdlichen Kostümen auf der Bühne und sangen: «Heil dir, Sonne! Heil dir, Licht! Heil dir, leuchtender Tag!»[19]

Das Hauptmotiv für die sich im 19. Jahrhundert entwickelnde «Germanen-Ideologie» war die Suche nach einer völkischen Identität der Deutschen, die ähnlich anderen europäischen Nationen möglichst weit in die Geschichte zurückreichen sollte. Doch gab es eben keine reiche und lebendige Überlieferung, die das germanische Erbe zu einem allgegenwärtigen nationalen Kulturbesitz hätte machen können. Die archäologischen Funde in deutschem Boden waren zumeist römische oder auch keltische Hinterlassenschaften. Die ältesten Texte stammten von lateinischen und griechischen Autoren, wie z. B. die *Germania* des antiken Schriftstellers Tacitus, die zur Zeit des Humanismus wiederentdeckt worden war. Sie boten jedoch vor allem ein Klischeebild des «Barbaren» als Gegenbild zu den zivilisierten Römern und weniger eine realistische Darstellung.

Noch bis zum Ende des 18. Jahrhunderts war das Germanenbild von einer theologisch-christlichen Einstellung bestimmt worden: Die Germanenzeit erschien als «eine rohe, den düsteren Stimmungen von Tod und Untergang nahestehende Welt, [...] die der Erlösung durch christliche Gesittung bedarf».[20] Wobei sich die Erforschung der germanischen Vergangenheit vor allem auf den skandinavischen Raum, seine Mythen und Lieder, Epen und Kunstwerke bezog. Erst Johann Gottfried Herder (1744–1803) schuf die Voraussetzungen für das romantische Germanenbild, in dem der enge religiöse Blickwinkel aufgegeben wurde und die Betonung auf dem «Geist der Nation» lag. Zugleich brach er mit der auf den römisch-deutschen Gegensatz konzentrierten Sichtweise der Humanisten und machte den Weg frei für die Vorstellung, «daß die skandinavische Überlieferung der Ausdruck eines Volkstums sei, dem die Deutschen in gleicher Weise angehören wie die Skandinavier selbst». Mit den Brüdern Grimm und ihren Materialsammlungen bürgerte sich schließlich der romantische Gebrauch des Wortes «deutsch» im Sinne von «germanisch» ein.

Die Deutschen mußten sich also ihre germanische Vergangenheit zum großen Teil vom Norden erborgen. «In Skandinavien [...] ist alles das vorhanden, was man im eignen Land vergebens sucht: Felszeichnungen, Runensteine, Wikingerburgen, dazu eine reiche mythologische Überlieferung. So wird in der deutschen Wissenschaft des 19. Jahrhunderts das skandinavische Mittelalter nun tatsächlich [...] zur ‹Rüstkammer› des germanischen Geistes.»[21] Zur Popularisierung des «Nordischen Menschen» leisteten die Nordlandreisen Kaiser

Wilhelms II. einen nicht unerheblichen Beitrag. Hinzu kamen um die Jahrhundertwende die Lebensreformer, die auf ihrer Suche nach neuer Ursprünglichkeit, Glaubenskraft und einfachem Leben Skandinavien entdeckten und für die deutsche Suche nach einer Vorgeschichte fruchtbar machten. Sie gaben ihren Landkommunen Namen wie «Mittgart» oder «Donnershag», taten sich in der «Germanischen Glaubensgemeinschaft» zusammen und neigten dazu, «Hygiene- und Rohkostprogrammen den Charakter von Heilsbotschaften zu geben».[22] Sie legten die Betonung primär auf den leiblich-spirituellen Aspekt des Heils, ohne die sozialen und politischen Dimensionen völlig außer acht zu lassen. Ihre schwärmerisch-esoterischen Reformideen verliehen der Germanen-Ideologie die Spuren sektiererischer Verschrobenheit.

Das massenhafte Auftauchen solcher «Kohlrabi-Apostel» in Deutschland stand jeweils im Zusammenhang mit einer gesellschaftlichen Krisenerfahrung, durch die «apokalyptische Erregtheit und millenarische Erwartung auch bei den Massen durchschlug».[23] Sie traten vor der Jahrhundertwende, aber besonders in den zwanziger Jahren als Massenphänomen in Erscheinung. In den selbsternannten Heiligen, Christusfiguren und Wanderpredigern verschmolzen Politik und Religion zu einer Erneuerungsbewegung, welche die spirituelle Läuterung des Einzelnen mit dem Neubeginn der Nation zusammenfaßte. Nachdem die alten Großautoritäten Kirche und Staat durch den Zusammenbruch des Kaiserreichs und die militärische Niederlage ihre traditionelle Funktion als Sinn- und Ordnungsstifter teilweise eingebüßt hatten und sich die Lebensangst der Menschen durch Hyperinflation und Wirtschaftskrise noch steigerte, suchten zahlreiche Zeitgenossen ihr Heil weniger in rationalen politischen und ökonomischen Programmen, sondern nahmen vielfach Zuflucht zu messianischen Führern. Die drohende Katastrophe schien nur noch durch eine totale und unmittelbar bevorstehende Transformation abwendbar zu sein. Auf die umfassende Wertekrise und den Verlust an Lebensorientierung antworteten die Inflationsheiligen mit dem Versprechen, ein total erneuerter Lebensvollzug, der den ganzen Menschen erfasse, werde die gegenwärtige Unordnung überwinden und einen neuen Gewißheits- und Heilszustand herbeiführen. «Diese ‹präpolitische› Einstellung war gleichzeitig transpolitisch, bezweckte sie doch die Heilung der zeitlichen Übel durch die Erlösung und Heiligung.»[24]

Hitler war zunächst nur «eine Mutante des Typus Inflationsheiliger»[25], er fand auf die gleichen sozialen und spirituellen Nöte seiner Zeitgenossen ähnliche Antworten: der erlösende Führerheld, die magischen Heilszeichen, die architektonischen Entwürfe für Kultbauten. Dementsprechend hatte Hitler Mühe, sich gegen die «Inflationsheiligen» abzugrenzen, die mehrfach Kontakt zu ihm oder der NSDAP aufnahmen, und warnte seine Anhänger «vor jenen deutschvölkischen Wanderscholaren».[26] Ihre Gefährlichkeit liege vor allem darin, daß sie sich nicht als Glieder in die Bewegung einfügen, sondern die Führerschaft beanspruchen würden und daß sie durch Religionsstreitigkeiten die Kraft des Volkes verzehrten, statt dieses in geschlossener Front gegen den jüdischen Feind zu führen. Zu Beginn seiner politischen Karriere war Hitler allerdings durchaus nicht unempfänglich für die völkische Germanen-Ideologie. Dies wird nachvollziehbar, wenn man die Suche nach einem Parteisymbol für die NSDAP betrachtet, das eben auch ein Heilszeichen sein sollte.

6. Das Hakenkreuz als Heilszeichen

Das Hakenkreuz war – wie der Heilsgruß – ebenfalls keine nationalsozialistische Erfindung. Unter dem Einfluß eines verbreiteten Arier-Mythos und Okkultismus hatte sich bereits im 19. Jahrhundert ein neues Interesse an diesem fast weltweit anzutreffenden Glückszeichen entwickelt. Der Sonnenkult der Lebensreformer begünstigte die weitere Popularisierung. Im politischen Kontext tauchte es einige Jahre vor der Etablierung als Parteiemblem bereits in mehreren völkischen, nationalistischen und antisemitischen Gruppierungen auf: Wandervogel, Wehrverbände und Freikorps benutzten das Sonnenrad bereits. Gerade aufgrund dieser Verbreitung bot es sich als Parteiemblem an. Denn Hitler hatte vorwiegend propagandistische Motive für die Wahl des Zeichens. Er erkannte die Nachteile, daß «den Parteigenossen jedes äußere Kennzeichen ihrer Zusammengehörigkeit fehlte» und fand es unerträglich, «eines Zeichens entbehren zu müssen, das den Charakter eines Symbols der Bewegung besaß und als solches der Internationale entgegengesetzt werden konnte».[27]

Bei der Suche nach einem geeigneten Symbol ging es Hitler ebenso um die Versinnbildlichung der Kampfziele der Partei wie um die plakative Wirkung des Abzeichens, um so bei großen Menschenmassen rein optisch «den ersten Anstoß zum Interesse» an seiner «Bewegung» zu erreichen.[28] Unmittelbar nach der Fertigstellung des Entwurfs brachte Hitler seine eigene Deutung des Parteisymbols kurz und bündig auf den Punkt: «Das Rot ist sozial, das Weiß ist national, und das Hakenkreuz ist antisemitisch.»[29] Durch die Wahl der Farben sei das Hakenkreuz zu einem «deutschen Zeichen» geworden, allerdings mit einer wesentlichen Verbesserung zur alten Trikolore des Kaiserreiches: Die Farben Schwarz-Weiß-Rot erschienen nicht mehr neben-, sondern ineinander, als Zeichen dafür, daß das Zweite Reich verwandelt wiederaufgerichtet und alles Nebeneinander zu einer Ganzheit vollendet worden sei.

Es gab innerhalb des Nationalsozialismus allerdings eine ideologische Richtung, die sehr viel mehr Wert auf die Verwurzelung des Dritten Reiches in der nordisch-germanischen Frühgeschichte legte. Diese Orientierung, die teilweise recht okkulte und esoterische Züge annahm, wurde vertreten von Alfred Rosenberg, Robert Ley und Heinrich Himmler, die zeitweise miteinander kooperierten oder auch heftig konkurrierten. Die von diesem Kreis verbreiteten Deutungen des Hakenkreuzes argumentierten weniger pragmatisch als Hitler, sondern umgaben sich mit einem archaisch-germanischen Nimbus, der pseudowissenschaftlich abgesichert wurde. So lieferte Alfred Rosenberg in seinem 1930 erschienen *Mythus des 20. Jahrhunderts* ebenfalls eine Symboldeutung des Hakenkreuzes, die viele Assoziationen ansprach: «Wird dieses Zeichen entrollt, so ist es Gleichnis für alt-neuen Mythus; die es schauen, denken an Volksehre, an Lebensraum, an nationale Freiheit und soziale Gerechtigkeit, an Rassenreinheit und lebenerneuernde Fruchtbarkeit. Immer mehr wird es umwittert auch von Erinnerungen an jene Zeit, da es als Heilszeichen den nordischen Wanderern und Kriegern voranzog nach Italien, Griechenland [...]. Das Symbol der organischen germanischen Wahrheit ist heute bereits unumstritten das schwarze Hakenkreuz.»[30]

Der pragmatischen Auffassung Hitlers wollte man eine tiefere Sinndeutung des Hakenkreuzes hinzufügen und erwartete, daß «das Wissen um seine Vergangenheit, Entstehung und Bedeutung» das Sinnbild den Anhängern der NS-Bewegung «um so wertvoller und verehrungswürdiger machen» werde.[31] Das Hakenkreuz sollte daher keineswegs nur als Parteiabzeichen, sondern ausdrücklich als ein Heilszeichen verstanden werden. Als angeblich arischem Symbol wurde dem Hakenkreuz zugleich eine antisemitische Stoßrichtung zugewiesen. Allerdings sei dies nur eine sekundäre, zwangsläufige Folgeerscheinung, da es «gerade vom alten Semitentum nie angenommen worden und diesen aus guten Gründen stets fremd geblieben» sei. Die positive Bedeutung blieb jedoch außerordentlich vage: «Entstanden in ferner Vorzeit aus dem Fühlen und Schauen unserer Ahnen als Zeichen ihrer Art, ihrer Stärke und ihres hohen Wollens, ist das Hakenkreuz nach seinem Emporsteigen aus tausendjähriger Versunkenheit wieder zum Sinnbild der Reinheit unserer Rassengemeinschaft und ihrer Festigkeit geworden. Ein hehres, sieghaftes Zeichen der Lebensbejahung, der Herzenswärme und Schöpferkraft unseres Volkes. Heiliges Symbol des Ewigen Deutschland!»[32]

Hitler war Realpolitiker genug, um schon während der «Kampfzeit» die Einbindung der völkischen Strömungen in seine Partei zur Stärkung der eigenen Position zu dulden, was ihn jedoch nicht daran hinderte, gegen sie zu polemisieren. Er hielt sie schlicht für altmodisch. Mitte der dreißiger Jahre war es mit der Toleranz jedoch vorbei. Nicht nur die nationalsozialistische Vorstellung einer arteigenen Kunst hatte sich mittlerweile gefestigt und den «nordischen Expressionismus» als «rassefremd» verworfen. Auch die arisch-nordischen Glaubensgemeinschaften, zusammengeschlossen in der «deutschgläubigen Sammlungsbewegung», lösten sich 1936 auf. Auf den Nürnberger Reichsparteitagen 1936 und 1938 zeigte Hitler den politikfernen Germanenschwärmern innerhalb der Partei die kalte Schulter. Seiner Auffassung nach eigneten sich die Rückgriffe auf das germanische Erbe nicht als Stoff für einen nationalsozialistischen Gründungsmythos. Während des Krieges verwies Hitler gelegentlich auf die mangelnde Kulturleistung der nordischen Germanen: «In einer Zeit, wo die anderen schon Steinstraßen besaßen, hat unser Land Zeugnisse einer Kultur nicht aufzuweisen. Zur Kultur haben nur die See-Germanen etwas beigetragen. Die Germanen, die in Holstein geblieben sind, waren nach zweitausend Jahren noch Lackel [...].»[33] Statt dessen berief sich Hitler bevorzugt auf die griechische Antike, deren «Geist» er jedoch ausschließlich aus ihrer Baukunst und den Skulpturen ableitete. Außerdem schien das mittelalterliche Kaisertum – ungeachtet seiner christlichen Prägung – als Anknüpfungspunkt durchaus geeignet. Gerne zog man die «gewaltigen Dombauten» der Salier als Beweis für ihre politischen Erfolge heran. Zugleich suchte man mit eigenen Schöpfungen wie dem berühmten «Lichtdom» bei Massenkundgebungen religiöse Assoziationen zu wecken und an die mittelalterliche Herrschaftsidee mit der Verbindung von *regnum* und *sacerdotium* anzuknüpfen.

Aber auch die Sektierer und Germanenschwärmer innerhalb der NSDAP, unter ihnen besonders SS-Führer Heinrich Himmler, richteten ihre Aufmerksamkeit auf das Mittelalter. Himmler hielt sich selbst gar für eine Reinkarnation König Heinrichs I. (876–936) und schwor an dessen Gruft im Quedlinburger Dom 1936, die Ostmission des Sachsen fortzusetzen und zu vollenden. Im übrigen aber dienten die von Himmler unterstützten Forschungen zur germanischen Frühzeit wie auch zum Mittelalter vor allem der Herstellung eines pseudogermanischen Brauchtums, das das ideologische Vakuum der SS füllen sollte.

7. Nationalsozialismus als politische Heilslehre

Aber noch ein anderer Grund begünstigte diese Hinwendung zum Mittelalter. Denn seit der romantischen Wiederentdeckung dieser Epoche im 19. Jahrhundert verband sich in Deutschland mit dem Mittelalter auch politische Hoffnung auf eine Wiedererrichtung des 1806 untergegangenen «Heiligen Römischen Reiches Deutscher Nation». Mit der Wende zum 20. Jahrhundert bildete sich aus solchen diffusen chiliastischen Erwartungen ein aggressiver nationalistischer Mythos, der nach 1918 neue Nahrung erhielt. Der Erste Weltkrieg war bereits bei seinem Ausbruch als epochale Zeitenwende interpretiert worden. Doch erst recht nach der für Deutschland katastrophalen Niederlage wuchsen die Sehnsüchte nach einem umfassenden Neuanfang, einer «deutschen Zeitenwende». «Deutschland wurde von den Propheten des neuen Glaubens an ein Tausendjähriges Reich zum Träger der großen Erneuerung, zum von der Vorsehung auserwählten Volk erhoben.»[34] Im Schrifttum konservativ-revolutionärer Autoren wurden mittelalterliche Formeln vom Tausendjährigen oder Dritten Reich aus den Prophetien des Joachim von Fiore (1130–1202) mit politischer Naherwartung versehen. Der Zisterzienserabt hatte in seiner «Lehre von den drei Zeitaltern» nach dem

John Heartfield:
Der Sinn des Hitlergrußes

Reich des Vaters und dem des Sohnes das Kommen des Dritten Reiches des Heiligen Geistes verkündet, als dessen Führer der Guten er einen *Dux* angekündigt hatte. Diese Dreiteilung wurde nun aus dem religiösen Bereich übersetzt: Das erste Reich sei 1806 untergegangen, das zweite habe von 1871 bis 1918 bestanden, die politischen Hoffnungen galten dem Dritten Reich. Adolf Hitler und Joseph Goebbels übertrugen sie auf die nationalsozialistische Bewegung und ihren «Führer».

Dieser hatte bereits in seiner Programmschrift *Mein Kampf* eine entsprechende neue Heilsbotschaft verkündet: die Wiederauferstehung des Reiches durch den Einsatz und Opfermut einer kleinen heroischen Elite. Den Arier – einen sehr vage definierten Artgenossen des Germanen, der als rassistischer Gegenbegriff zum Juden konstruiert war – bezeichnete Hitler als «Licht der Welt» und «Ebenbild des Herrn» und wies ihm die heilsgeschichtliche Aufgabe zu, die Welt vom Bösen in Gestalt des Juden zu erlösen. Der arische Held befinde sich in einem kosmogonen Kampf gegen die Mächte der Finsternis und der Zerstörung, sein Sieg bedeute das Heil der Menschheit, seine Niederlage ihren Untergang.

Hitlers apokalyptische Bildersprache zur Charakterisierung seines politischen «Kampfes» läßt sich über verschiedene Traditionslinien auf die biblische Vorlage zurückführen. In seinen Reden und Schriften beschreibt er die Notlage seines Volkes, das von einer überirdischen Instanz als Träger des Lichtes zur Herrschaft über die Welt berufen sei, aber von den Mächten der Finsternis unterdrückt und geknechtet werde. Er schildert, wie er selbst eine Offenbarung erlebt und eine Berufung zur Verkündigung dieser Heilsbotschaft erfahren habe. Der Inhalt dieser Botschaft besteht vor allem in der Entlarvung jener Kräfte, welche die Ursache des Bösen seien und die Auserwählten durch zahlreiche Plagen und Versuchungen vom Weg des Heils abzubringen suchten. Schließlich kündigt er an, was in Zukunft geschehen werde: der eschatologische Endkampf gegen das Böse, in dem die Erwählten an der Seite einer überirdischen Instanz kämpfen und daher siegen würden. Nach der Vernichtung des Bösen werde die ewige Herrschaft der Erlösten anbrechen.

Jedoch: Von jenem «Neuen Jerusalem», dem «Dritten Reich», das die Nationalsozialisten zu errichten gedachten, war bei Hitler und seinem Chefpropagandisten Joseph Goebbels auffallend wenig die Rede. Sie verwandten keine Phantasie darauf, die paradiesischen Zustände auszumalen, wie es der biblische Text tut, um die gegenwärtige Unterdrückungserfahrung erträglicher zu machen. Dagegen beschäftigten sie sich viel ausgiebiger mit dem globalen Zerstörungswerk, das dem Anbruch des neuen Reiches vorausgehen werde und das die notwendige Voraussetzung für das Kommen des neuen Reiches sei, als dessen Wegbereiter und Vollstrecker Hitler sich selbst sah. Denn im Unterschied zu anderen chiliastischen Bewegungen wollte Hitler seine Anhänger nicht nur seelisch stärken und aufrichten, damit sie ihre extreme Leidenssituation noch kurze Zeit ertragen könnten, bis die Rettung von außerhalb käme. Der «Endzustand der Fülle» sollte vielmehr aktiv herbeigeführt werden, und zwar durch die Vernichtung des Feindes im «Weltgericht». Der Apokalyptiker Hitler wollte Erlösung nicht geschehen lassen, sondern an die Stelle Gottes treten und als ihr Vollstrecker seine Omnipotenzphantasien ausleben.

Als Gegenspieler des Bösen übernahm Hitler zugleich die Rolle des Retters. Seine eigene Funktion im historischen Ablauf wurde um so bedeutsamer, je umfassender die Gefahr beschrieben wurde, die er zu bekämpfen vorgab. Seine göttliche Sendung beweise derjenige, welcher im Kampf gegen das Böse siegreich sein würde. Durch die Verschmelzung von Sieg und Heil – die sich kaum zufällig in einer zweiten Grußform niederschlug – hing das eigene Leben von der Vernichtung des Feindes ab. Die bloße Existenz eines Anderen, der nicht unter die Kategorie der eigenen Identität fiel, stellte in dieser «Logik» bereits eine ernsthafte Bedrohung dar und mußte daher ausgelöscht werden.

8. *Menetekel des Unheils*

Sein umfassender Erlösungsanspruch machte den Nationalsozialismus zu einer politischen Religion, die ihre Heilsversprechen aus eschatologischem Bewußtsein heraus gab und den «Führer» zum Messias aller Deutschen stilisierte. Zugleich eignete sich die Formel vom «Tausendjährigen Reich» und vom bevorstehenden «Endkampf» zur Begründung radikaler Maßnahmen, die mit normalen ethischen Maßstäben nicht zu rechtfertigen waren. Auch die propagandistische Beschwörung eines «Großgermanischen Reiches» als Ziel des Vernichtungskrieges sollte den Einsatz hochtreiben und den Deutschen jeden Rückweg abschneiden. Damit das deutsche Volk Hitlers Weltmachtplänen folgte, brach er durch die Art der Kriegführung und die Judenvernichtung die politischen Brücken hinter ihm ab und führte es in einen Kampf, an dessen Ende nur der totale Endsieg oder der komplette Untergang stehen sollte. Eine Alternative zum Nationalsozialismus sollte sich den Deutschen nicht bieten.

Gegen Ende des Zweiten Weltkrieges mußten die Deutschen erkennen, daß Hitlers Heilsankündigung sich in eine Katastrophe verwandelt hatte, daß der deutsche «Kreuzzug» unfaßbares Unheil und Zerstörung über Europa gebracht und sich schließlich auch gegen die Urheber gekehrt hatte. Auschwitz wurde zum Menetekel des Unheils schlechthin. Nach Auschwitz schien eine politische Heilserwartung unmöglich geworden zu sein. Politische Amtsträger versprechen heute nur noch, dem «Wohl des Volkes» zu dienen. Die Unheilserfahrung wurde zur konstitutiven Erinnerung für beide Nachkriegsgesellschaften. Zwar hielt im Osten Deutschlands eine andere Version vom Heil in der Geschichte Einzug: die Erlösung durch den Sieg der Arbeiterklasse. Aber auch sie blieb vier Jahrzehnte lang Prophezeiung, nicht Erfahrung und verlor immer mehr Gläubige.

Auf den Horizont der Heilserwartungen hatte die totale Unheilserfahrung einen einschneidenden Einfluß: Er fiel nach dem Zweiten Weltkrieg auf einen nie gekannten Tiefstand. Im Gegensatz zu früheren Zeiten sind Heilsvorstellungen in Deutschland heute entweder vollständig individualisiert oder aber nicht mehr exklusiv auf Gott, Nation bzw. Rasse, sondern eher universalistisch auf Menschenrechte oder andere konsensfähige Werte bezogen. Im Kontext mit Heil assoziieren nur noch wenige die Kirchen, sondern vor allem körperliche Wiederherstellung: Heilmittel sind Anwendungen im Dienste der körperlichen Gesundheit. Heilsversprechen im spirituellen Sinne bieten Sekten und esoterische Gruppierungen. Von politischen Parteien wird gegenwärtig nur noch wenig Heil erwartet. Scheinen sie doch von der gerechten Verteilung des Wohlstandes oder der Neuordnung des Gesundheitssystems bereits überfordert zu sein. Fast hat es den Anschein, als sei das Heil im politisch-historischen Kontext mittlerweile ein abgestorbener Erinnerungsort. Doch vielleicht braucht es nur eine neue Unheilserfahrung, damit die Sehnsucht nach dem Heil wieder politisch instrumentalisiert werden kann.

Peter Reichel

Auschwitz

1. Der Ort und das Verbrechen

Auschwitz – das ist ein eigentümlich ortloser Ort. Eine Stadt mit dieser deutschen Bezeichnung sucht man heute vergeblich auf der Landkarte – als Erinnerungsort und Symbol des Schreckens hat der Name universale Geltung. Auschwitz abstrahiert nicht in der Weise von der Geschichte wie die später populär gewordenen Begriffe ‹Shoah› und ‹Holocaust›, die das konkrete historische Geschehen mit einem religiösen Bedeutungsfeld umgeben. Auschwitz steht exemplarisch für das menschenverachtende nationalsozialistische System von Zwangsarbeit und Völkermord, medizinischen Versuchen und Verwertung des Vermögens sowie der körperlichen Überreste der Ermordeten. Es war ein von Menschen betriebenes System rationeller Reduktion von Menschen auf tote Materie. Rationell, denn die Ausbeutung wurde planvoll und arbeitsteilig organisiert, die Vernichtung, so wollte es das System, emotionslos exekutiert – wie ‹am laufenden Band›, so ein SS-Arzt.

Auschwitz ist der Name für die industriell organisierte Ermordung von fünf bis sechs Millionen Juden, die während des Zweiten Weltkrieges aus den von Hitler-Deutschland besetzten europäischen Ländern in die östlichen Vernichtungslager deportiert und dort umgebracht wurden: Allein in Auschwitz waren es über eine Million Juden, der größte Teil von ihnen stammte aus Polen und Ungarn. Etwa eine Viertelmillion nichtjüdische Polen, sowjetische Kriegsgefangene, Sinti und Roma und andere kommen hinzu.

Aber wie kam der kleine südpolnische Ort, der Ende der dreißiger Jahre etwas mehr als zehntausend, zur Hälfte jüdische Einwohner zählte, zu seiner bedrückenden Berühmtheit? Wie wurde aus Oswiecim Auschwitz? Diesen Namen trug die südwestlich von Krakau gelegene Stadt an der Weichsel zweimal in ihrer wechselvollen Geschichte: nach ihrer deutschen Gründung 1270, also während der Germanisierung Ostmitteleuropas, und im Zweiten Weltkrieg, als der ostoberschlesische Ort dem ‹Großdeutschen Reich› eingegliedert wurde. Die Stadt liegt verkehrsgünstig an dem Eisenbahnknotenpunkt der Strecken Berlin–Lemberg und Wien–Warschau. Sie verfügte über eine Kaserne, und Himmler, der als Reichsführer-SS zugleich Reichskommissar für die Festigung des deutschen Volkstums war, verknüpfte die Standortwahl mit der ‹Ostsiedlung›. So entstand das 40 Quadratkilometer große ‹Interessengebiet KL Auschwitz›.

Mit dem Bau des ersten Lagers, des späteren Stammlagers (Auschwitz I) begann die SS bereits im Frühjahr 1940. Im Sommer desselben Jahres kam der erste Transport mit ca. 700 polnischen politischen Gefangenen ins Lager. Ab März 1941 entstanden, wenige Kilometer entfernt, zwei weitere Lager: das Arbeitslager Buna-Monowitz (Auschwitz III) für die IG-Farben-Werke, mit vielen Nebenlagern, deren Häftlinge für Unternehmen der SS und der deutschen Großindustrie (Krupp, Siemens-Schuckert, Rheinmetall-Borsig u. a.) arbeiten mußten, und im Dorf Brzezinka das Vernichtungslager Birkenau (Auschwitz II). Dort wurden im September 1941 an russischen Kriegsgefangenen die ersten Massenvergasungen vorgenommen. Aber noch Ende 1942, als die Deportationszüge aus vielen Ländern nach Auschwitz fuhren, sprach man im Westen von einer «unbekannten Ortschaft im Osten».[1]

Bald häufen sich im Westen die Meldungen von den deutschen Massenmorden in Osteuropa. Aber noch Ende Juli 1941 warnt der britische Informationsminister vor «zu extremen» Darstellungen von Konzentrationslagern: sie würden «den Normaldenkenden» abstoßen. Von Anfang an ist Unglaubwürdigkeit und Unverständlichkeit ein zentrales Problem im Umgang mit diesem Gewaltverbrechen. Nachrichten von den Greueltaten kursieren auch in Deutschland. Viele halten sie für ein Gerücht oder für feindliche Propaganda. Öffentliche Aufklärung darüber ist lebensgefährlich, wird zum Akt des Widerstands. Im Sommer 1942 macht die ‹Weiße Rose› in ihrem zweiten Flugblatt auf die bestialische Ermordung mehrerer hunderttausend Juden in Polen aufmerksam.

Skepsis und Unglauben dominieren auch im Westen. Immerhin wird Ende 1942 das Unglaubliche offiziell bestätigt: Vor dem Unterhaus nennt der britische Außenminister Anthony Eden die NS-Gewaltverbrechen erstmals beim Namen und verurteilt sie als «this bestial policy of cold-blooded extermination».[2] Die Moskauer Außenminister-Konferenz im Oktober 1943 verweist auf Beweismaterial von Massenexekutionen im Osten. Aber erst in Nürnberg wird das ganze Ausmaß der Verbrechen offenbar.

Die deutsche Bevölkerung reagiert verstört auf die ersten Bilder und Berichte von den *Todesmühlen* (so der Titel eines der frühen Dokumentarfilme). Das habe man weder gewußt noch gewollt, heißt es immer wieder, und auch: Widerstand gegen den Nazi-Terror sei zwecklos gewesen. Es dauert lange, bis sich das kollektive Bewußtsein für dieses Geschehen öffnet, ganz ist es nie gelungen. Erst seit Beginn der sechziger Jahren, als die Gewaltverbrechen über mehrere Jahre hinweg Gegenstand und Anlaß von Strafprozessen, Parlamentsdebatten und Theaterskandalen sind, findet Auschwitz Eingang in die deutsche Umgangssprache, wird der Name zur Metapher für *die* Menschheitskatastrophe der jüngeren Geschichte. Der Weg dahin ist lang.

Die Erinnerung an Auschwitz begann am Ort des Verbrechens, aufbewahrt in den Tagebüchern von ermordeten jüdischen Häftlingen der ‹Sonderkommandos›, aufbewahrt in den berühmten Auschwitz-Protokollen entkommener Juden, aufbewahrt in den Aufzeichnungen von Auschwitz-Überlebenden. Die offizielle Gedächtnisgeschichte von Auschwitz, das nun wieder Oswiecim hieß, begann, als der Ort im Juli 1947 per Gesetz und für ‹ewige Zeit› zum polnischen Nationaldenkmal erklärt wurde. Auschwitz ist Gedenkstätte und staatliches Museum, Dokumentation und Archiv authentischer Überreste. Es ist ein gewerblich genutzter Ort und eine Touristenattraktion, die Jahr für Jahr mehr als eine halbe Million Menschen anzieht. Auschwitz ist ein Ort des Sichtbaren und Unsichtbaren und nicht zuletzt der größte Friedhof der Welt, ein Friedhof ohne Grabsteine.

Das Grab der Opfer hat viele Orte. Spuren finden sich in ihren schriftlichen Zeugnissen und im Gedächtnis der materiellen Dinge, die von ihnen übriggeblieben sind, in den Briefen, Tagebüchern und Zeichnungen, in den Bergen von Brillen, Haaren, Koffern und Schuhen, aber auch in den technik- und baugeschichtlich aussagekräftigen Relikten wie dem Eingangstor mit dem zynischen Schriftzug ‹Arbeit macht frei›, der Rampe oder den Zaunpfählen der hohen Lagerzäune. In diesen lagerarchäologischen Fundus gehört auch die Fülle der Fotografien mit den schockierenden Bildszenen, durch die sich dem Gedächtnis der Nachlebenden die Stationen der Vernichtung imaginativ eingeprägt haben: von der ‹Ankunft und Selektion› der Deportierten auf der Rampe, über die sich aneinander drängenden, entkleideten Menschen vor der Gaskammer, die Verbrennung ihrer Leichname nach der Tötung, bis hin zu den Bergen von körperlichen Überresten und persönlichen Gegenständen. Insofern diesen emotionalisierenden Bildern von suggestiver Kraft vom Betrachter die Autorität einer authentischen Realität zugeschrieben wird, werden sie zu Ikonen der Vernichtung.

Das Grab der Toten hat seinen Platz aber auch im kommunikativen Gedächtnis der Nachlebenden. In ihm erfährt die Erinnerung an die Ermordeten widersprüchliche Deutungen, in ihm wird sie auch bedroht. Nicht zuletzt deshalb ist die Verbreitung der sogenannten Auschwitz-Lüge in manchen Ländern ein strafrechtlich relevantes Vergehen. Zu Recht sind die nicht nur in Frankreich einflußreichen Auschwitz-Leugner als «assassins de la mémoire» (P. Vidal-Naquet) bezeichnet worden.

Gut vierzig Jahre gab es auf die Frage: Wem gehört Auschwitz? nur eine Antwort. Sie fand im Museum und in der Gedenkstätte Oswiecim ihren Niederschlag. In den größtenteils erhalten gebliebenen Gebäuden in Auschwitz I wurde seit 1947 durch die polnische Regierung und ehemalige Häftlinge in einer allgemeinen Ausstellung und in Länderausstellungen «die Geschichte des Leidens der polnischen Nation und anderer Nationen»[3] erzählt, eine heroische Leidensgeschichte, die über den antifaschistischen Widerstand zum Sieg des Kommunismus über Hitler-Deutschland führte. Unvereinbar mit dieser Deutung war, daß in Auschwitz-Birkenau ein Großteil der polnischen und europäischen Juden ermordet wurde. Erst in den späten siebziger Jahren kam die Ausstellung «Das Leiden und der ‹Kampf der Juden» hinzu.

Das Ende der kommunistischen Herrschaft brachte für den Erinnerungsort Auschwitz langwierige Konflikte und manch schnelle Korrektur. Umstandslos entfernt oder verändert wurden jene bald nach dem Krieg errichteten Denkmäler zur ehrenden Erinnerung an den Sieg der Roten Armee. Damit war die erste, den Befreiern gewidmete Erinnerungsschicht beseitigt. Der 1989 gegründete «International Auschwitz Council» beschloß, auch das bisherige kommunistische Geschichtsbild zu korrigieren.

Der eigentliche, die neunziger Jahre hindurch virulente Konflikt ging von polnischen Katholiken aus. Bereits im kommunistischen Polen gab es an diesem Erinnerungsort eine kaum übersehbare Präsenz christlicher Symbole und Einrichtungen. Der Besuch des Papstes 1979 hatte den Bau einer weiteren Kirche zur Folge. Sie ist dem heiliggesprochenen katholischen Mönch Maximilian Kolbe gewidmet, der sich für einen Mitgefangenen opferte, wegen seiner antisemitischen Veröffentlichungen aus der Vorkriegszeit heute allerdings nicht unumstritten ist. Der Streit spitzte sich weiter zu, als auch noch ein Karmelitinnen-Kloster eingerichtet und ein acht Meter hohes Holzkreuz aufgestellt wurde.

Jüdische Organisationen protestierten. Ihre Sorge, die Polen könnten Auschwitz für sich vereinnahmen und zu einem Ort des christlichen Antijudaismus machen, ist ebenso ausgeprägt wie die polnische Angst, daß die Juden Auschwitz judaisieren und die Polen auf die Täterseite stellen könnten. Die Juden können christliche Symbolik an diesem Ort nicht akzeptieren, weil er der größte Friedhof des europäischen Judentums ist und sich die Ermordung der Juden unter den Augen des christlichen Europas ereignet hat. Als Papst Johannes Paul II. im Oktober 1998 die zum katholischen Glauben konvertierte Jüdin Edith Stein, die 1942 in Auschwitz ermordet wurde, heiligsprach, wurde das angespannte polnisch-jüdische Verhältnis erneut belastet. Edith Stein in Auschwitz als Märtyrerin zu verehren ist nicht unproblematisch, denn sie wurde nicht wegen ihres katholischen Glaubens, sondern wegen ihrer Herkunft aus einer jüdischen Familie ermordet.

Aber Oswiecim ist nicht nur der Ort, an dem Erinnerung die Geschichte vereinfacht, verfälscht und darüber gestritten wird, wem er gehört und welche Erinnerungssymbolik dort angemessen ist. In Oswiecim gibt es noch ein anderes Problem im Umgang mit der Vergangenheit: Auschwitz verfällt. An der Sammlung staatlicher und privater Geldspenden des «International Auschwitz-Birkenau Preservation Committee» hat sich auch die Bundesrepublik beteiligt. In der parlamentarischen Aussprache darüber begründete Konrad Weiß (Bündnis 90) im November 1992 die Notwendigkeit mit dem Argument, daß «kein Gras über Auschwitz»[4] wachsen dürfe.

Gut zwanzig Jahre zuvor hatte Werner Maihofer (FDP) anläßlich der vierten Verjährungsdebatte im Bundestag diese Gedächtnismetapher schon einmal benutzt. Er bezog sich allerdings nicht auf Oswiecim, den Ort des Opfergedenkens, sondern auf die Schuld der Täter und Mittäter, den deutschen Erinnerungsort Auschwitz, dessen Speicher und Medium die Ermittlungsakten, Zeugenaussagen, Prozeßprotokolle und Urteile sind.

Die Schuldfrage betraf nicht nur das Verhältnis von Siegern und Besiegten sowie von besiegten Deutschen und überlebenden Opfern. Sie war auch unter den Deutschen selbst umstritten und von Anfang an Gegenstand des deutsch-deutschen Erbenstreits. Die DDR spielte sich an der Seite der Sowjetunion als Sieger und als lachender Erbe der deutschen Geschichte auf. Sie war gefangen zwischen antifaschistischer Vergangenheitsverklärung, kommunistischer Zukunftsgewißheit und Schuldabwehr. Demgegenüber verstand sich die Bundesrepublik als Rechtsnachfolger des liquidierten Deutschen Reiches. In der westdeutschen Öffentlichkeit war insofern der Wille sichtbar, wie widerstrebend auch immer, «sich der Vergangenheit und ihren Belastungen auszusetzen und eine Wiederholung, aber auch eine Verharmlosung oder gar Verteidigung des Grauens zu verhindern».[5] Auschwitz wurde überall dort gegenwärtig, wo sich der Nationalsozialismus vor Gericht verantworten mußte. Der erste große Prozeß fand in Nürnberg statt.

2. Nürnberg und die deutsche Schuld

Die Alliierten hatten schon während des Krieges erklärt, daß sie die ‹Hauptkriegsverbrecher› vor Gericht stellen würden, wobei die Vorstellungen über die konkrete Vorgehensweise zunächst sehr unterschiedlich waren. Zeitweilig dachte man daran, die Hauptverantwortlichen, deren Schuld über jedes Gerichtsverfahren hinausging, standgerichtlich erschießen zu lassen. Die führenden Nazis sollten keine Gelegenheit erhalten, sich vor der Weltöffentlichkeit zu erklären. Dem Vorwurf der Siegerjustiz wollte man sich aber auch nicht aussetzen. Mit dem Internationalen Militärtribunal in Nürnberg und den zwölf Nachfolgeprozessen verfolgten die Alliierten, voran die Amerikaner, vor allem zwei Ziele. Zum einen wollten sie die Hauptschuldigen bestrafen. Zum anderen sollten die deutsche Bevölkerung und die Weltöffentlichkeit durch die Ermittlung der kriminellen Tatbestände und Sicherstellung umfassender Beweismaterialien aufgeklärt werden. Für Nürnberg als Gerichtsort sprach, daß die ‹Stadt der Rassengesetze› und der ‹Reichsparteitage› neben München und Berlin am stärksten nationalsozialistisch geprägt war.

Vorbehalte gegen das Verfahren gab es von Anfang an. So wenig die Berechtigung eines Sühneverlangens und die Legitimität der Bestrafung bezweifelt wurden, so groß waren die Bedenken hinsichtlich der Legalität des Prozesses. Der Haupteinwand betraf den rechtsstaatlichen Grundsatz ‹nulla poena sine lege› – niemand darf nach Gesetzen bestraft werden, die erst nach der Tat in Kraft getreten sind –, das sogenannte Rückwirkungsverbot. Immerhin konnte sich der Gerichtshof auf das Völkerrecht vor dem Zweiten Weltkrieg berufen (Briand-Kellogg-Pakt 1928). Auch für Kriegsverbrechen boten die Haager Landkriegsordnung und die Genfer Kriegsgefangenenkonvention eine Rechtsgrundlage. Und die Verbrechen gegen die Menschlichkeit waren nach dem Recht aller Rechtsstaaten als Straftaten anzusehen. Vorbehalte richteten sich auch gegen die Zusammensetzung des Gerichts, dem nur Deutschlands Kriegsgegner, aber keine neutralen Staaten angehörten. Nicht nur die Angeklagten, auch deutsche Juristen sprachen vom «Besatzungsgericht».

Später ist der Prozeß in seiner nationalen wie internationalen Bedeutung auch von deutschen Juristen und Historikern sehr viel besser beurteilt worden. Angesichts der ungeheuerlichen Verbrechen, die das Nürnberger Tribunal aufgedeckt hat, verblaßten die juristischen Einwände gegenüber der Einsicht, «daß hier Recht geschehen ist».[6] Aber wohl nur wenige fanden ein so positives, treffendes Urteil wie Robert W. Kempner. Göring hatte den damaligen Justitiar der Polizei im Preußischen Innenministerium 1933 aus dem Amt gejagt. Nun war er als stellvertretender amerikanischer Chefankläger nach Deutschland zurückgekehrt. Das Nürnberger Tribunal nannte er «die größte politologische und historische Forschungsstätte». Denn noch nie zuvor sei ein Staat «so systematisch durchforscht» worden.[7] Tatsächlich gilt der Prozeß längst nicht nur als juristische Großtat, sondern auch als eine historiographische Aufklärung von bleibendem Wert.

Die Protokolle allein der 218 Sitzungen des Hauptverfahrens füllen über 16 000 Seiten. Die Anklage und Verteidigung legten zusammen 5000 Beweisdokumente vor, 240 Zeugen wurden gehört. Erstmals in einem Strafverfahren wurde auch filmisches Material benutzt, insbesondere der von der US-Armee gedrehte Dokumentarfilm *Nazi Concentration Camps*. Zeitungen und Wochenschauen berichteten kontinuierlich und ausführlich. Zumindest in den ersten Monaten war das öffentliche Interesse in Deutschland groß. Die Amerikaner hielten den aufklärerischen Wert und die visuell-dramatische Attraktion des Prozesses für so hoch, daß sie auch einen Dokumentarfilm über das Hauptverfahren drehten. Aber *Nürnberg und seine Lehren* kam zu spät – nämlich erst Ende 1948 – in die Kinos und hat keine große Beachtung mehr gefunden. Die grauenhaften Bilder wollte man nicht mehr sehen, und die vormaligen Kriegsgegner schickten sich bereits an, Bündnispartner zu werden.

Der Hauptprozeß begann am 14. November 1945 gegen 21 der 24 Angeklagten und endete am 1. Oktober 1946 mit zwölf Todesurteilen. Die Alliierten stützten ihre Anklage auf vier verschiedene Verbrechenskomplexe, die sie im Londoner Abkommen über die «Bestrafung der Hauptkriegsverbrecher» definiert und erläutert hatten: Verschwörung gegen den Frieden; Führung eines Angriffskrieges; Kriegsverbrechen im Sinne der Haager Landkriegsordnung und der Genfer Kriegsgefangenenkonvention und Verbrechen gegen die Menschlichkeit, definiert als Vertreibung, Versklavung, Deportation und Ermordung der Zivilbevölkerung.

Das Interesse der Vereinigten Staaten zielte jedoch vorrangig darauf, den Angriffskrieg zu ächten, zumal das nach dem Ersten Weltkrieg nicht gelungen war. Nicht Auschwitz, sondern das Verbrechen gegen den Frieden stand für Robert H. Jackson im Vordergrund. Dem korrespondiert die angelsächsische Sicht auf den Kontinent und Deutschland, die nicht von den großen Brüchen, sondern vom Primat der Balance ausging und die Bedrohung des machtpolitischen Gleichgewichts durch Hitler-Deutschland in den Vordergrund stellte. Die Ankläger bezweifelten nicht, daß sich bereits vor dem Krieg Verbrechen gegen die Menschlichkeit ereignet hatten. Damit sie aber als solche gewertet werden konnten, mußten sie nach dem Gerichtsstatut in Verbindung mit der aggressiven Kriegführung begangen worden sein. Nur für Straftaten im Zusammenhang von Kriegshandlungen hielt sich der Gerichtshof zuständig. Diese Selbstbeschränkung schloß die Judenverfolgung bis zum Beginn des Krieges aus der Strafverfolgung von Verbrechen gegen die Menschlichkeit aus. So erschien der Judenmord als Folge von Kriegshandlungen und Teil der Kriegsverbrechen, aber nicht als ein Verbrechenskomplex der ‹nationalsozialistischen Rassenpolitik›. Man sprach vor allem von «War Crimes» und «War Criminals».

Für das Bild von Auschwitz war das langfristig fatal. Zwischen Kriegsverbrechen und Menschlichkeitsverbrechen wurde kaum mehr unterschieden. Die Ausdehnung des Begriffs Kriegsverbrechen auf alle Arten nationalsozialistischer Straftaten machte die alliierten Strafverfahren in der deutschen Öffentlichkeit zu rein politischen Prozessen. Die Angeklagten galten als ‹Kriegsverurteilte›. Damit wurden alle in der NS-Zeit begangenen Verbrechen zugleich entkriminalisiert, zumal das Alltagsverständnis das Verbrechen auf den Einzelmord bezieht, Straftaten aber, die darüber hinausgehen, der Politik, dem Krieg und der Geschichte zuordnet.

Zwar hat sich der Bundesgerichtshof Anfang der fünfziger Jahre um Verdeutlichung bemüht und das «Für-Nichts-Achten» des Menschen als den Wesenskern der NS-Gewaltverbrechen herausgestellt. Aber die Definition blieb zunächst weitgehend unbeachtet. Noch im Sommer 1967 sah sich Bundesjustizminister Gustav Heinemann (SPD) veranlaßt, die obersten Bundesbehörden darauf hinzuweisen, zwischen «Kriegsverbrechen» und «nationalsozialistischen Verbrechen» zu unterscheiden.[8]

Nun gab es in Nürnberg allerdings nicht nur den Prozeß gegen die Hauptkriegsverbrecher. Eine weitere Möglichkeit, einer größeren Öffentlichkeit die nationalsozialistischen Gewaltverbrechen ins Bewußtsein zu bringen, boten die in alleiniger Verantwortung der USA geführten 12 Nürnberger Nachfolgeprozesse. Gleich mehrere befaßten sich unmittelbar mit dem Komplex der Menschlichkeitsverbrechen. Drei Beispiele.

Der erste war der Ärzteprozeß. Schon dieses Verfahren ließ erkennen, wie fragwürdig die alliierte Konstruktion im Hauptverfahren gewesen war, Gewaltverbrechen als Folge von Kriegshandlungen zu sehen und jene Verbrechen auszuklammern, die Deutsche an Deutschen begangen hatten. Der Prozeß widmete sich ausgiebig der sogenannten Euthanasie-Aktion und konnte den Nachweis erbringen, daß eine enge Verbindung zwischen den medizinischen Tötungsspezialisten und dem Personal der Vernichtungslager bestand.

Die hohe Bedeutung von Interessen wirtschaftlicher Ausbeutung im Vollzug der ‹Endlösung› trat im I. G. Farben-Prozeß zutage. Das Verfahren ließ keinen Zweifel an der Mitverantwortung des Konzerns für den Krieg, für die Zwangsarbeit und die Ermordung von Kriegsgefangenen. Über die milden Strafen spottete der amerikanische Chefankläger, daß sie «einen Hühnerdieb»[9] erfreut hätten. Alle Manager waren bald wieder in Freiheit, manche kehrten in die Spitze der drei Nachfolgeunternehmen (Bayer, BASF, Hoechst) zurück. Einer von ihnen schrieb in einer im Wiederaufbau der fünfziger Jahre gern gelesenen Unternehmensbiographie, daß sie unter den schwierigen Verhältnissen des Krieges nur ihre Pflicht getan hätten. Auschwitz war in dieser Lebensbilanz kaum mehr als eine Fehlinvestition.

Die höchste Zahl von Todesstrafen wurde im Prozeß gegen hochrangige Angehörige der Einsatzgruppen verhängt, jener mobilen Mordkommandos, die zu Beginn des Rußlandkrieges hinter der vorrückenden Wehrmacht vor allem gegen die ‹jüdisch-bolschewistische Intelligenz› vorgegangen waren und mehr als eine halbe Million Menschen umgebracht hatten. Das Gericht verbarg seine Rat- und Sprachlosigkeit im Urteil nicht und nannte die Schrekkenstaten Verbrechen, die in ihrer «Vertiertheit der Beschreibung trotzen» und in nichts hinter «Dantes imaginärem Inferno» zurückstünden.[10]

Gleichwohl haben US-Hochkommissar John McCloy und der ihn beratende Begnadigungsausschuß unter dem innenpolitischen Druck der USA und der Bundesrepublik erhebliche Strafmilderungen verfügt und nicht wenig dazu beigetragen, das grassierende «Gnadenfieber» (Robert W. Kempner) in Deutschland zu beruhigen. Die Begnadigungspraxis markierte die Bruchstelle zwischen dem anfänglichen amerikanischen Programm der Bestrafung der ‹Kriegsverbrecher› und der Demokratisierung der deutschen Gesellschaft auf der einen Seite und den neuen außenpolitischen Optionen für den vormaligen Kriegsgegner als Konsequenz des Kalten Krieges auf der anderen. Diese Optionen hießen Westintegration und Wiederbewaffnung.

In diesem politischen Spannungsfeld muß man letztlich auch die Bedeutung der Nürnberger Prozesse insgesamt würdigen. Sie boten für einen kurzen Augenblick die Möglichkeit, die sich nicht ein zweites Mal ergeben sollte, der internationalen und deutschen Öffentlichkeit Art und Ausmaß eines bis heute schwer verständlichen Verbrechenskomplexes vor Augen zu führen, die verbrecherischen Organisationen (SS, Gestapo, SD, NSDAP-Führerkorps) als solche zu benennen und zahlreiche der hauptverantwortlichen Täter zu verurteilen. Der «extraterritoriale Gerichtsstaat» (Robert W. Kempner) Nürnberg hat die deutsche Schuld ermittelt. Man übertreibt nicht mit der Bewertung, daß Nürnberg Auschwitz zu einem deutschen und menschheitsgeschichtlichen Erinnerungsort gemacht hat.

Im kollektiven Gedächtnis der frühen deutschen Nachkriegsgesellschaft hat das im wesentlichen aus zwei Gründen keinen nachhaltigen Niederschlag gefunden. Zum einen wegen der tendenziellen Gleichsetzung von nationalsozialistischen Gewalt- und Kriegsverbrechen, an der das Nürnberger Tribunal nicht unbeteiligt war. Zum anderen, weil das unglückliche nationale Bewußtsein der Deutschen die zuvor nach außen gewendete, völkisch-aggressive Wir-Ihr-Unterscheidung schuldentlastend nach innen kehrte. Nun verlief die Trennungslinie zwischen einem dämonisch-übermächtigen Hitler mitsamt seiner kriminellen NS-Führung und den gutgläubigen, in ihrem Pflichtbewußtsein und ihrer ‹Gefolgschaftstreue› mißbrauchten Deutschen. Angehörige der Funktionseliten aller gesellschaftlichen Bereiche suchten sich aus der Mitverantwortung zu ziehen, indem sie auf ihre fachlich-neutrale Tätigkeit verwiesen. Selbst die zahlreich zum Tode verurteilten Angeklagten im Einsatzgruppenprozeß profitierten von der strafmindernden Wirkung der ‹Gehilfentheorie›.

Das schuldentlastende Opferbewußtsein wurde durch aktuelle Erfahrungen noch verstärkt. Unter der bedrückenden Erfahrung der Kriegsniederlage, der Trümmerwüsten, der Entnazifizierung und des materiellen Elends sahen sich Millionen Deutsche selbst als Opfer des Krieges, vor allem die Kriegsheimkehrer und Ausgebombten, die Flüchtlinge und NS-Belasteten. Daß die beiden damals populärsten Figuren auf Bühne und Leinwand, Wolfgang Borcherts Beckmann und Wolfgang Staudtes Dr. Mertens orientierungslose, schuldlos-schuldige Kriegsheimkehrer waren, ist kein Zufall gewesen. Mit ihnen konnten sich Millionen, die ähnliche Erfahrungen gemacht hatten, identifizieren.

Auch in Ostdeutschland dominierte ein Opferselbstbild, ein heroisches allerdings. Zwar sprach man von Millionen Opfern des Hitler-Faschismus, aber der mit sozialer Anerkennung verbundene Status ‹Opfer des Faschismus› sollte den ‹antifaschistischen Kämpfern› gegen den Nationalsozialismus vorbehalten bleiben. Die Geschichtsdoktrin der DDR erklärte die Machteroberung der Hitler-Bewegung mit der Dimitroff-Formel, also aus den bündnispolitischen Machenschaften der chauvinistischen, imperialistischen und aggressiven Teile des deutschen ‹Finanzkapitals›. Diese hätten mit dem Hitler-Regime die drohende proletarische Revolution abgewehrt und den seit langem geplanten Eroberungskrieg gegen die Sowjetunion begonnen. In dieser Sicht erscheint die deutsche Arbeiterschaft als Opfer des NS-Staates, weil er ihre Organisation zerschlagen, ihre politischen Repräsentanten verfolgt und die Arbeiterschaft mit seinen ‹sozialimperialistischen› Instrumenten verführt und mißbraucht hat.

Angesichts so vieler Opfergruppen und Opferselbstbilder überrascht es kaum, daß der Judenmord anfangs nur eine unter vielen Katastrophen war. Die ebenso abstrakte wie niederschmetternde Bilanz von über 55 Millionen Toten des Krieges und der Gewaltherrschaft ließ ein sensibilisiertes Bewußtsein, einen eigenen Begriff für den Völkermord zunächst nicht entstehen. Eine Kollektivschuld wurde von Anfang an abgelehnt. Durchgängig unterschied etwa die Hälfte der Befragten zwischen dem terroristischen NS-System und der «guten nationalsozialistischen Idee». Damit waren die wirtschaftlichen und sozialen Verhältnisse der Vorkriegszeit gemeint. Sie wurden in Interviews noch in den fünfziger Jahren als eine Zeit bewertet, in der es Deutschland «am besten gegangen» sei. Daraus läßt sich kaum ableiten, daß die Deutschen mehrheitlich nationalsozialistisch eingestellt waren. Der Befund verweist eher auf ihre schwach ausgebildete Fähigkeit zur politisch-analytischen und moralischen Bewertung der Vorgeschichte der NS-Verbrechen. Auschwitz konnte so an den Rand des kollektiven Bewußtseins gedrängt werden.

Die frühen Umfragen zeigen zudem, daß der Nürnberger Prozeß gegen die Hauptkriegsverbrecher von der deutlichen Mehrheit der befragten Bevölkerung als fair, lehrreich und notwendig angesehen und die Strafen als angemessen bewertet wurden. Etwa die Hälfte der Befragten war bereit, «einige Verantwortung» für die Folgen der Hitler-Diktatur zu übernehmen, in etwa so viele hielten es für ausreichend, daß nur die «höheren Führer» bestraft werden. Vier Jahre später, nach Abschluß der Nürnberger Nachfolgeprozesse also, hatte sich die positive Grundeinstellung gegenüber den Prozessen offenbar drastisch verändert. Nun vertrat nur noch ein gutes Drittel der Befragten die Auffassung, daß die Nürnberger Prozesse gerecht gewesen seien. Ebenso viele hielten die Strafen jetzt für zu hoch.[11]

Das geschah zu einer Zeit, als der Ruf nach Gnade und Versöhnung in der Gesellschaft immer lauter wurde. Die Kirchen, die in der Schulddebatte eine maßgebliche Rolle spielten, waren auch in der Lobby der Amnestiebewegung tonangebend. Beide Kirchen standen bei den Alliierten von Anfang an in hohem Ansehen. Durch ihre Schuldbekenntnisse hatten sie sich Respekt verschafft. Über ihre Schuld gegenüber Israel und den Judenmord sprachen sie allerdings nur ungern und erst nach einigen Jahren.

Den Anfang der Debatte über die Schuldfrage hatte Karl Jaspers bereits im Wintersemester 1945/46 gemacht. Als politischer Philosoph galt er damals als die wichtigste geistig-moralische Autorität in Deutschland, hoch angesehen auch bei den Amerikanern. Mit einer Jüdin verheiratet, war er trotz Berufs- und Publikationsverbot in Deutschland geblieben, hatte aber mit dem NS-Regime nicht kollaboriert. Jaspers unterschied verschiedene Schuldbegriffe. So brachte er das diffuse, zwischen Akzeptanz und Abwehr schwankende Schuldbewußtsein seiner orientierungslosen Landsleute auf einen politisch pragmatischen Begriff. Aber die akademisch-systematische Form und die pädaogogische Diktion («Jeder Deutsche prüft sich: Was ist meine Schuld?»), in der er das tat, waren einer größeren Verbreitung seiner Überlegungen wohl abträglich. Von Kollegen wurde er wegen seiner unbequemen Einlassungen als ‹Praeceptor Germaniae› attackiert.

Eine strafrechtliche Kollektivschuld für die Beteiligung an den NS-Verbrechen wollte Jaspers nur für eine «kleine Minderheit» gelten lassen. Damit war die Realität sanktioniert. In den Nürnberger Prozessen wurden etwas mehr als 200 Personen verurteilt. Fünftausend Verurteilte in den Besatzungszonen kamen hinzu. Insgesamt wurde etwa 800 Mal die Todesstrafe ausgesprochen, aber nur in weniger als 500 Fällen vollzogen. Die Zahlen erhöhen sich, wenn man die Verfahren in den anderen europäischen Ländern hinzunimmt. Aber die Gesamtzahl der Bestraften erscheint gering, wenn man ihr jene geschätzte halbe Million Menschen gegenüberstellt, die an der ‹Endlösung› beteiligt waren, in welcher Funktion auch immer.

Eine «moralische Kollektivschuld» erschien Jaspers jedoch ganz unstrittig. Er entzog sie allerdings dem politischen Zugriff der Alliierten. Das zielte gegen die unpopuläre Entnazifizierung und begnügte sich mit einer Art individuellen Selbstprüfung. Nachdrücklich sprach er sich für die «politische Haftung» jedes Deutschen aus: «Der Verbrecherstaat fällt dem ganzen Volk zur Last», befand er. Entschieden trat er für die Bereitschaft zur Wiedergutmachung jedes Einzelnen ein und für eine – angemessen kritische – Akzeptanz des Siegerwillens. Politisch klüger konnte man mit der gewaltigen Schuld- und Schuldenlast gesellschaftlich kaum umgehen. Und Jaspers beließ es nicht dabei. Er machte auch noch eine Reihe von schuldentlastenden Argumenten geltend, indem er zwischen Ursache und Schuld unterschied, auf die Ohnmacht der Deutschen verwies und auf die Mitschuld der anderen Staaten. Daß aber auch Jaspers ein Kind des dämonologischen Zeitgeistes war, zeigt sich in den mythischen Bildern, die er für die Lebenslüge der Nachkriegsdeutschen fand: Von Hitler, den er nicht nennt, spricht er so, als ob «ein einziger verantwortungsloser Führer» Deutschland in den «Abgrund getanzt» hätte. Und in einem anderen Vortrag aus dem ersten Nachkriegsjahr nennt er die zwölf Jahre zuvor eine Zeit, in der «die Teufel auf uns eingehauen und uns mitgerissen haben in eine Verwirrung, daß uns Sehen und Hören verging».[12] Woher die Teufel kamen, wer sie gewählt, wer mit ihnen 1933 einen Pakt geschlossen hatte und ob sie sich noch unter den Deutschen befanden, danach wollte man zunächst nicht mehr fragen.

3. Über Auschwitz wächst kein Gras

Die Auseinandersetzung um die materielle Entschädigung der Opfer stand zunächst im Vordergrund. Sie kam nur mühsam voran. In seiner ersten Regierungserklärung am 20. September 1949 versprach Adenauer nachdrücklich den deutschen Kriegsopfern Hilfe und Unterstützung, eine Entschädigung für die jüdischen Opfer des Nationalsozialismus erwähnte er nicht. Dies zu tun blieb dem Oppositionsführer Kurt Schumacher (SPD) vorbehalten. Der amerikanische Hohe Kommissar John McCloy nannte die Wiedergutmachung einen Prüfstein der neuen deutschen Demokratie.

Angesichts der Ost-West-Konfrontation und des Koreakrieges standen jedoch zunächst andere außen- und innenpolitische Fragen auf der westdeutschen Tagesordnung: die Beendigung des Kriegszustands, die Souveränität der Bundesrepublik, die Westintegration und der Aufbau einer neuen deutschen Wehrmacht, wie man damals noch ganz unbekümmert sagte. Das Verlangen nach dem Schlußstrich unter die Vergangenheit war groß. Amnestiegesetze, Abschluß der Entnazifizierung und Revision des Besatzungsstatuts trugen dem Rechnung.

Ende September 1951 bot der Bundeskanzler Israel Wiedergutmachungs-Verhandlungen an. Im Bundestag sprach er von den «unsagbaren Verbrechen» der NS-Zeit und versprach, mit Israel und den jüdischen Organisationen zu einer Lösung des materiellen Wiedergutmachungsproblems zu kommen. Auf Beschönigung der Geschichte mochte Adenauer nicht verzichten. Von Völkermord sprach er nicht. Die meisten Deutschen konnten sich schuldlos fühlen, denn, so Adenauer wörtlich: «Das deutsche Volk hat in seiner überwiegenden Mehrheit die an den Juden begangenen Verbrechen verabscheut und hat sich an ihnen nicht beteiligt.»[13] Das war bis in die achtziger Jahre die gleichsam staatsoffizielle Sicht.

Daß erhebliche Widerstände gegen die Wiedergutmachung in der westdeutschen Gesellschaft vorhanden waren, zeigte sich in Meinungsumfragen und auch im Parlament. Zur Abstimmung über dieses international stark beachtete Abkommen am 18. März 1952 war der Bundestag nicht vollzählig versammelt. Zahlreiche Abgeordnete protestierten durch Abwesenheit oder Stimmenthaltung. Ohne die Zustimmung der oppositionellen SPD-Fraktion wäre die Ratifizierung gescheitert. Die DDR wies alle auch an sie gerichteten Forderungen mit dem Hinweis ab, daß sie bereits in der Vergangenheit den «Opfern des deutschen Faschismus in großzügiger Weise» geholfen und die von den Alliierten festgelegten Reparationen erfüllt habe.[14]

Die Bundesrepublik verbuchte einen beachtlichen Prestigegewinn, der allerdings die Mängel des innerstaatlichen Entschädigungsrechts kaum überspielen konnte. Die Berechtigten mußten Deutsche sein. Der weitaus größte Teil der Millionen NS-Opfer ging leer aus. Zahlreiche ‹vergessene› Opfergruppen blieben auf Jahre von Leistungen ausgeschlossen. Für den Umgang mit dem Holocaust im öffentlichen Bewußtsein war das langfristig bedeutsam. Der quantitative Umfang des Verbrechenskomplexes wurde erheblich verkleinert, die Akzeptanz dieses unpopulären Themas erleichtert. Das Ende der Vergangenheitsbewältigung erschien absehbar. Die Mehrheit verlangte längst einen Schlußstrich. Doch die gewünschte Stille um die NS-Vergangenheit trat nicht ein.

1955 erschien Anne Franks Tagebuch als Taschenbuchausgabe. In wenigen Jahren wurden eine dreiviertel Million Exemplare verkauft, Millionen sahen die amerikanische Bühnenfassung und den Spielfilm. Anne Frank machte den Holocaust, der diesen Namen noch nicht trug, erstmals zu einem Medienereignis. Die Anonymität der großen Zahl bekam durch sie ein menschliches Gesicht, der Massenmord eine geradezu verführerisch versöhnliche Botschaft:

«Trotz allem glaube ich noch an das Gute im Menschen.»[15] Mit diesem manipulierten Erlösungsschluß erschien das Böse in der Welt, erschien Auschwitz überwindbar. Der Name Anne Frank war in aller Munde. Nach Bergen-Belsen, ihrem Todesort, wurden ‹Pilgerfahrten› organisiert. Auch Bundespräsident Heuss sah in dem breiten Interesse für dieses Opferschicksal ein ermutigendes Zeichen angesichts der Welle judenfeindlicher Äußerungen.

Tatsächlich häuften sich Ende der fünfziger Jahre derartige Vorfälle: antisemitische Veröffentlichungen, Schändungen jüdischer Friedhöfe. Politische Skandale wurden daraus erst durch das zögerliche Verhalten von Justiz und Kultusverwaltung. Der Ulmer Einsatzgruppenprozeß gab den Anstoß für die Einrichtung einer Zentralen Stelle der Landesjustizverwaltungen zur Aufklärung nationalsozialistischer Gewaltverbrechen, die noch im Dezember ihre Arbeit aufnahm. Nachdem am Heiligabend 1959 die Kölner Synagoge mit Hakenkreuzen und antisemitischen Parolen beschmiert worden war, verabschiedete der Bundestag Anfang 1960 das ‹Gesetz gegen Volksverhetzung›, reagierten die Gerichte mit härteren Strafen gegen antisemitische Täter. Mängel der zeitgeschichtlichen Aufklärung und politischen Bildung wurden auch in Schule und Familie offenbar. Mehrere staatliche und gesellschaftliche Initiativen suchten Abhilfe zu schaffen. Heinrich Böll, Paul Schallück und andere Schriftsteller gründeten den Verein Germania Judaica. Zuvor war auf der evangelischen Synode in Berlin-Spandau die Aktion Sühnezeichen/Friedensdienste e. V. zur praktischen Versöhnungsarbeit ins Leben gerufen worden. Auch Funk und Fernsehen intensivierten die Auseinandersetzung mit der jüngsten Vergangenheit. Der nach dem Roman von Hans Scholz produzierte Mehrteiler *Am Grünen Strand der Spree* (1960) zeigte erstmals in einem fiktionalen Fernsehfilm Bilder der Judenvernichtung. 1960 erschien *Der gelbe Stern*, jenes auch fotografisch eindringlich dokumentierte Buch über die Verfolgung und Ermordung der Juden, das wie kein anderes für die in den 1940er Jahren Geborenen viele Jahre Pflichtlektüre war.

Die sechziger Jahre standen im Zeichen der großen Prozesse und Debatten. Noch einmal kam der Nationalsozialismus vor Gericht. Nun waren es die ‹Befehls›- und ‹Schreibtischtäter›. Die Eichmann- und Auschwitz-Prozesse gaben auch jungen deutschen Dramatikern die stoffliche Vorlage und den ästhetisch-politischen Vorwand, das Drama der Erinnerung auf die Bühne zu bringen. Rolf Hochhuths Papstanklage *Der Stellvertreter* (1963) erhielt durch Protestdemonstrationen und Schweigemärsche, diplomatische Interventionen, Aufführungsverbote und Theaterbesetzungen eine breite und nachhaltige Publizität. Auch außerhalb des aufgeschreckten katholischen Milieus wurde heftig darüber gestritten, ob allein und überhaupt Papst Pius XII. mit dem politischen Gewicht seines Amtes Hitler hätte aufhalten können.

Die Ermittlung von Peter Weiss wurde im Herbst 1965 gleichzeitig auf sechzehn ost- und westdeutschen Bühnen uraufgeführt. Die «wirkungsvollste Publikation über Auschwitz» (Martin Walser) jener Zeit war es gleichwohl nicht.

Eine größere Popularität verhinderte zunächst schon die Form des gesprochenen Oratoriums mit seiner in Verszeilen rhythmisierten Prosa der Prozeß-Protokolle. Ein Großteil der Kritiker-Debatte erschöpfte sich in der Frage, ob sich die Bühne ein «Theater-Auschwitz» (Joachim Kaiser) leisten könne. Entscheidend war, daß Weiss' kapitalismuskritische Auschwitz-Analyse zum Spielball im innerdeutschen Systemkonflikt gemacht wurde. Weiss hatte sich vor der Uraufführung zum Sozialismus bekannt, zugleich aber die Unfreiheit in der DDR kritisiert, was diese nicht hinderte, Stück und Autor gegen die Bundesrepublik auszuspielen. Im Westen traf ihn der Vorwurf, Auschwitz dem Kalten Krieg dienstbar zu machen. Weniger Aufmerksamkeit fand seine Deutung, die für den Judenmord nicht den Antisemitismus, sondern das Gewinnstreben der Konzerne verantwortlich machte, die nicht von Juden sprach, sondern allgemein nur von Menschen, nicht von Auschwitz, sondern vom Lager, die also das Verbrechen aus der deutschen Geschichte herauslöste und in ein universales Bedrohungsszenario stellte.

Vier Jahre nach den Hakenkreuzen am Heiligabend in Köln wurde die westdeutsche Bevölkerung erneut in weihnachtlicher Festfreude von ihrer Vergangenheit eingeholt. Am 20. Dezember 1963 begann in Frankfurt am Main der Auschwitz-Prozeß, der größte Strafprozeß der deutschen Nachkriegsgeschichte, unermüdlich vorbereitet von Fritz Bauer, dem Hessischen Generalstaatsanwalt. Das öffentliche Interesse war groß. Die Namen der Angeklagten Mulka, Boger, Kaduk, Capesius wurden schnell feste Begriffe. Die Anklage lautete auf Mord und Beihilfe zum Mord an Tausenden jüdischer Menschen. Zur Überraschung der Öffentlichkeit waren die Angeklagten keine Monster in Menschengestalt, sondern eher unauffällige Personen, die nach ihrer Mitwirkung am Massenmord offenbar problemlos wieder in das zivile Leben zurückkehrten und als Kaufmann, Angestellter, Krankenpfleger und Apotheker eine bürgerliche Reputation erworben haben. Sie sahen sich größtenteils selbst als Opfer des Nationalsozialismus, «als befehlsunterworfene Soldaten», wie sie gern sagten. Sie verwiesen auf ihre nationalsozialistische Erziehung, auf fehlendes Unrechtsbewußtsein und reklamierten für ihre Entlastung immer wieder den Befehlsnotstand – eine Schutzbehauptung, wie die sachverständigen Historiker nachweisen konnten.

Die meisten Angeklagten wurden zu mehrjährigen Freiheitsstrafen verurteilt, sechs zu lebenslangem Zuchthaus, drei freigesprochen. Sie alle, so der Staatsanwalt, gehörten zu denen, die den nachgeborenen Deutschen «den Weg in eine freie und glückliche Zukunft bis zur Unmöglichkeit erschwert haben».[16] In seinem Schlußwort betonte der Vorsitzende, Senatspräsident Hans Hofmeyer, daß das Schwurgericht nicht berufen war, die NS-Vergangenheit zu bewältigen. Und eben dies hat es in einer wesentlichen Frage doch getan. Erstmals wurde von einem deutschen Gericht festgestellt, wie die Vernichtungsmaschinerie Auschwitz funktionierte. Die Angeklagten hatten sich allesamt als Rädchen dieser Maschinerie dargestellt, deren Existenz keiner von ihnen bestritt. Von der täglichen Vergasung im Lager sprachen sie wie selbstverständlich. Was Hannah Arendt über den Eichmann-Prozeß schrieb, gelang auch hier: die «Rückverwandlung» dieser Rädchen in «Menschen».[17] Kein System, nicht die Geschichte stand vor Gericht, sondern Personen. Erstmals wurde öffentlich, daß hinter dem Tor des Vernichtungslagers, so der Vorsitzende, «eine Hölle begann, die für das normale menschliche Gehirn nicht auszudenken ist»[18], für die aber mehr oder weniger normale Männer verantwortlich waren, keine Bestien.

Ein für das Verständnis dieses Tätertyps aufschlußreiches Beweismittel, das auch im Gericht verlesen wurde, sind die autobiographischen Aufzeichnungen des ehemaligen Auschwitz-Kommandanten Rudolf Höß. Er ist 1947 in Polen zum Tode verurteilt und in Auschwitz gehenkt worden. Zuvor hatte er – nur als Zeuge der Verteidigung – in Nürnberg ausgesagt und dem Gericht bereitwillig und ungerührt mitgeteilt, daß er die Zahl der in Auschwitz vernichteten Menschen auf ca. 3 Millionen schätze. Der Gerichtspsychologe Gustave M. Gilbert beschreibt Höß als einen geistig normalen Mann «mit einer schizoiden Apathie» und einem «Mangel an Einfühlungsvermögen».[19] Höß, jugendlicher Kriegsfreiwilliger, Freikorps-Kämpfer und mehrere Jahre in Haft wegen Beteiligung an einem Fememord, bevor er über den Artamanen-Bund zur SS kam, beschreibt sich selbst als distanziert und schon als Kind isoliert, ohne emotionale Nähe zu den Eltern. Er fühlt sich zur Natur und den Tieren hingezogen und wäre gern Landwirt geworden. Statt dessen macht er im SS-Staat Karriere, die ihn von Dachau über Sachsenhausen nach Auschwitz bringt. Innere Spannungen kompensiert er durch Alkohol. Gegen das ihn «innerlich Aufwühlende» mobilisiert er jene Härte und Kälte, die von ihm, dem Lagerführer, verlangt wird. Bis zuletzt glaubt er an seine Aufgabe wie an eine soziale Utopie. Ob die «Massenvernichtung der Juden notwendig war oder nicht», darüber mochte er sich kein Urteil erlauben. Aber nicht ohne Stolz schrieb er, daß Auschwitz «nach dem Willen» Himmlers unter seiner Leitung «die größte Menschen-Vernichtungs-Anlage aller Zeiten»[20] wurde.

Die Öffentlichkeit verfolgte den Auschwitz-Prozeß mit großer Aufmerksamkeit. Er hat ihre Einstellung aber offenbar negativ beeinflußt. Noch Ende der fünfziger Jahre, also während der antisemitischen Vorfälle, sprach sich mehr als die Hälfte der Befragten für weitere Strafverfolgung aus. Mitte der sechziger Jahre votierten die Befragten jedoch mehrheitlich für einen Schlußstrich, weil wir Deutsche «endlich aufhören sollten, unser eigenes Nest zu beschmutzen». Eine deutliche Minderheit (30–40 %) verlangte die Fortführung der Verfolgung von NS-Tätern.[21]

Dieses zwiespältige Meinungsbild spiegelt sich auch in den fast zeitgleich stattfindenden Verjährungsdebatten des Deutschen Bundestages. Die erste fand 1960 statt. Trotz einer intensiven Debatte konnte nicht verhindert werden, daß die fünfzehnjährige Verjährungsfrist für die vor 1945 begangenen Totschlagsdelikte wirksam wurde. Die zweite Debatte wurde im März 1965 unter dem Eindruck des Jerusalemer Eichmann- und Frankfurter Auschwitz-Prozesses geführt. Die Reden der Abgeordneten Adolf Arndt (SPD), Ernst Benda (CDU) und Thomas Dehler (FDP) gehören zu den Sternstunden des deutschen Nachkriegsparlaments. Im wesentlichen standen sich zwei Positionen gegenüber. Die Bundesregierung wollte die zwanzigjährige Verjährungsfrist für Mord im Jahr 1965 wirksam werden lassen. Sie ging davon aus, daß die Zentrale Stelle inzwischen alle größeren Verbrechenskomplexe der Verjährung entzogen hatte. Im übrigen verwies sie auf das Rückwirkungsverbot (Art. 103 GG). Benda, der für eine generelle Verjährungsaufhebung eintrat, widersprach seiner Regierung. Er verwies auf das allgemeine Rechtsgefühl, das in «unerträglicher Weise» verletzt würde, wenn «Morde ungesühnt» blieben, «obwohl sie gesühnt werden könnten».[22] Ihre Ausstrahlungskraft gewann die Debatte durch die selbstkritische Eindringlichkeit der Sprecher: «Ich weiß mich mit in der Schuld», erklärte Arndt am Ende, «denn sehen Sie, ich bin nicht auf die Straße gegangen und habe geschrien, als ich sah, daß die Juden aus unserer Mitte lastkraftwagenweise abtransportiert wurden. [...] Ich kann nicht sagen, daß ich genug getan hätte [...]. Es geht darum, daß wir dem Gebirge an Schuld und Unheil, das hinter uns liegt, nicht den Rücken kehren.»[23]

Die politische Entscheidung enttäuschte. Der Bundestag konnte sich nicht entschließen, die zwanzigjährige Verjährungsfrist für Mord ganz aufzuheben oder sie um zehn Jahre zu verlängern. Man ließ die Verjährungsfrist erst im Jahre Eins der Bundesrepublik beginnen, also 1949. Das hatte 1969 eine dritte Debatte zur Folge, die zur Aufhebung der Verjährung von Völkermord führte und andererseits zur Verlängerung der Verfolgungsverjährung für Mord auf dreißig Jahre. Dadurch wurde 1979 eine vierte Debatte erforderlich, die schließlich auch die Verjährung für Mord aufhob. Damit war aber die bereits erreichte Unterscheidung zwischen Mord und Völkermord wieder zurückgenommen. Der FDP-Abgeordnete Werner Maihofer widersprach leidenschaftlich: «Über Mord wächst irgendwann einmal Gras, und zwar im Regelfall schon nach einer Generation. Über Auschwitz aber wächst kein Gras, noch nicht einmal in 100 Generationen.»[24]

4. Die Behaglichkeit des Gedenkens

In den ersten Jahrzehnten nach 1949 ist die NS-Vergangenheit deshalb mehr oder weniger gegenwärtig geblieben, weil das deutsch-jüdische bzw. deutsch-israelische Verhältnis vor allem bestimmt wurde durch die kriminelle Schuld, die politische Schuld und die materiellen Schulden als Folgen der Hitler-Diktatur. Diese Phase geht ihrem absehbaren Ende entgegen. Die Ludwigsburger Zentralstelle wird voraussichtlich noch ein Jahrzehnt bestehen. Mit größeren NS-Prozessen ist nicht mehr zu rechnen. Das materielle Schuldenverhältnis zwischen den heute lebenden Deutschen und den noch lebenden NS-Opfern findet mit der späten Entschädigung für Millionen Zwangsarbeiter eine mutmaßlich letzte Regelung.

Die politische Schuld erinnert an den Anfang des Nationalsozialismus. Sie liegt im Versagen der deutschen Gesellschaft und ihrer Eliten gegenüber der Herausforderung durch die Hitler-Bewegung. Diese Erfahrung blieb der posttotalitären politischen Ordnung mit ihren Stabilitäts- und Abwehrklauseln als Menetekel eingeschrieben. Mag auch im vereinten Deutschland ein «unglückliches nationalstaatliches Geschichtsbewußtsein»[25] fortbestehen. Mag das gesellschaftliche Harmoniebedürfnis bisweilen übermäßig groß erscheinen und das Konfliktbewußtsein nur schwach ausgeprägt. Mag auch das politische System der Bundesrepublik von einer schweren Belastungsprobe bisher verschont worden sein: Die demokratischen Strukturen und Prozesse gelten als gefestigt, an der gesellschaftlichen Basis wie bei den Funktionseliten. Das antisemitische und rechtsextremistische Potential wird nicht mehr – wie noch in den fünfziger und sechziger Jahren – als Bedrohung der politischen Kultur bewertet, sondern empirisch-nüchtern als Ausdruck einer für westliche Industriegesellschaften «normalen Pathologie» (E. Scheuch/H. D. Klingemann) angesehen. Bonn wurde nicht Weimar.

So bleibt die Frage nach der Relevanz des Schuldproblems für die politische Memorialkultur. Seit Jahrzehnten wird über Art, Umfang und Nutzen des Totengedenkens gestritten. Aus guten Gründen. Die Wertordnung des Grundgesetzes verlangt, die Würde aller Menschen, also auch der gewaltsam Gestorbenen, zu respektieren, das Opfer *und* seinen Mörder. Angesichts der extrem unterschiedlichen Lebens- und Tötungsgeschichten der «Opfer des Krieges und der Gewaltherrschaft» mußte das Totengedenken hierzulande früher oder später in ein Dilemma geraten. Diese gern benutzte, integrative und egalisierende Gedenkformel abstrahiert von dem einstigen Täter-Opfer-Verhältnis und macht alle Getöteten zu passiven Opfern, das in Bergen-Belsen ermordete jüdische Mädchen Anne Frank ebenso wie den bei einem Bombenangriff ums Leben gekommenen ‹Blutrichter› Roland Freisler. Die Gleichsetzung wird erleichtert, weil unsere Sprache, im Unterschied zur französischen, die Unterscheidung zwischen dem passiv-zufälligen ‹victime› und dem aktiv-freiwilligen ‹sacrifice› nicht kennt. Das Problem bestand von Anfang an.

Antifaschistische Gedenkveranstaltungen fanden schon in der frühen Nachkriegszeit statt, anfangs mit parteiübergreifender Beteiligung. In vielen größeren Städten wurde in den ersten Nachkriegsjahren jeweils Anfang September, zur Erinnerung an den Kriegsbeginn, ein Gedenktag für die ‹Opfer des Faschismus› veranstaltet, unter großer Beteiligung der Bevölkerung. Vielerorts entstanden aus Anlaß der Lagerbefreiung durch die alliierten Armeen improvisierte Denkmalinstallationen. Auch erste steinerne Gedenkstätten wurden errichtet. Dabei blieb es nicht. Überall im Land kamen weitere Denkmäler zur Erinnerung an die vertriebenen und ermordeten Juden hinzu, insbesondere am Standort von Synagogen, Deportationssammelstellen und Bahnhöfen. Die

Auseinandersetzung um die ästhetische Repräsentation des Holocaust hat nicht wenige der zeitgenössischen Denkmalkünstler dazu gebracht, die Erinnerung an den Holocaust als Leerstelle, als Lücke und als ephemere Denkmalinstallation zu konkretisieren. Denkmäler wie beispielsweise die von Esther und Jochen Gerz thematisieren ihr Verschwinden, ihre eigene Unsichtbarkeit und verweisen den Betrachter nicht umstandslos an die Vergangenheit, sondern auf das dialektische Verhältnis von Vergessen und Erinnern.

Wie vergeßlich öffentliche Erinnerungsveranstaltungen sein können, zeigte sich wiederholt in der Regierungszeit der CDU/FDP-Koalition seit 1982. Im Mai 1985 scheiterte der spektakuläre deutsch-amerikanische Versöhnungsversuch von Bundeskanzler Kohl und US-Präsident Reagan über den Gräbern von Bitburg und Bergen-Belsen mit ihren ungleichen Toten. Er scheiterte, obwohl er symbolisch nur bekräftigen wollte, was die NATO-Partner seit Jahrzehnten verbindet. Der Umgang mit den ungleichen Toten des ‹Dritten Reiches› führte wenige Jahre später zu einem weiteren Skandal, als auf Betreiben des Bundeskanzlers die Berliner Neue Wache zur Zentralen Gedenkstätte des wiedervereinten Deutschland umgestaltet wurde, mit der stark vergrößerten Plastik «Mutter mit totem Sohn», die Käthe Kollwitz 1937 zur Erinnerung an ihren im Ersten Weltkrieg gefallenen Sohn modelliert hatte. Das Denkmal schließt alles aus, was danach kam, die große Zahl von Frauen unter den Toten der Flucht und der Bomben, vor allem aber den gewiß nicht unerheblichen Umstand, daß ungefähr soviel Juden ermordet wurden wie deutsche Soldaten starben. Wo kein Sieg und keine Helden mehr gefeiert werden, wo die Trauer angesichts des millionenfachen Todes ins Leere fällt und nur noch nach Trost und Sinn gefragt werden kann, erscheint es kaum noch möglich, «ein Mahnmal zu finden, das die Wahrheit aushält, ohne daran zu scheitern».[26] Daß die Einweihung der mißglückten Denkmalstiftung scheiterte, konnte nur durch eine Tafel mit der Aufzählung aller gewaltsam Gestorbenen verhindert werden, also dadurch, daß sichtbar gemacht wurde, was die Gesellschaft heute weniger denn je akzeptiert, die Egalisierung der Toten. Der Zentralratsvorsitzende der Juden in Deutschland, Ignatz Bubis, der die Differenzierung gefordert hatte, erhielt zugleich die Zusage, daß den ermordeten Juden ein eigenes Denkmal errichtet wird. Damit geriet die Erinnerungspolitik in ein neues Dilemma.

Über ein Jahrzehnt hat sich der Streit um das sogenannte zentrale Holocaust-Mahnmal hingezogen. Von diesem Monument wurde von Anfang an viel, vielleicht zu viel verlangt. Auf einer rund 20 000 m^2 großen Fläche am Rande des Tiergartens, nahe dem Brandenburger Tor, sollte, so wünschten es die Auslober, ein monumentaler Gedenk- und Erlebnisraum architektonisch und skulptural gestaltet werden, geeignet, in den Besuchern «große Gefühle» zu wecken: Trauer und Scham, aber auch Achtung, Erkenntnis und Toleranz. Die öffentliche Auseinandersetzung darüber begann in den späten achtziger Jahren, erhielt durch die Vereinigung der beiden deutschen Staaten neue Akzente – und das Denkmal einen neuen Standort, denn ursprünglich war das sogenannte Prinz-Albrecht-Gelände, unmittelbar neben der Mauer, vorgesehen. In dem maßgeblich von einer bürgerschaftlichen Initiative angestoßenen nationalen Denkmalsprojekt haben sich später auch der Berliner Senat und die Bundesregierung als Träger engagiert. Am Ende mußte der Bundestag entscheiden. Im Verlauf der langen Debatte haben offenbar auch anfängliche Gegner eines Holocaust-Mahnmals die Überzeugung gewonnen, daß ein solches Denkmal unverzichtbar ist – als öffentliche Anerkennung der historischen Schuld Deutschlands und der daraus erwachsenden politischen Verpflichtung, dauerhaft an die nationalsozialistischen Gewaltverbrechen zu erinnern.

So beschloß der Bundestag im Sommer 1999, das sogenannte Eisenman II-Modell zu bauen, das von dem Architekten Peter Eisenman entworfene, mehrfach reduzierte, modifizierte und ergänzte, vertiefte Stelenfeld mit etwa zweieinhalbtausend Betonpfeilern unterschiedlicher Höhe und Neigung, aber auf strengem Raster. Die Kunstkritik erkannte darin eine abstrakte Anspielung auf das Gräberfeld eines jüdischen Friedhofs. Ein Vorläufer dieser Idee findet sich in der schon 1964 von den polnischen Künstlern Francisek Duszenko und Adam Haupt aus Tausenden Granitblöcken gestalteten Gedenkstätte des einstigen Vernichtungslagers Treblinka, wo die Deutschen nach der Ermordung von etwa 800 000 Juden auch die Spuren der Erinnerung daran beseitigten: die Massengräber, Gaskammern, Baracken, Bahngleise. Dieser Erinnerungsgestus ist nicht nur dem Ort angemessen, er gehört auch zur sepulkralen Praxis und Tradition der Überlebenden. Das Denkmal erinnert insofern nicht nur an die in Treblinka ermordeten Juden, sondern darüber hinaus an die zerstörten jüdischen Friedhöfe. Um den einstigen Lebens- und Sterbeort ihrer Angehörigen identifizieren zu können, haben überlebende polnische Juden zerstörte Grabsteine zusammengetragen und aus ihnen Obelisken, Friedhofshügel und Stützmauern zusammengefügt. Denn der Ausrottungswahn der Deutschen hatte den Juden nicht nur millionenfach das Leben genommen, sondern eben auch ihre Gedächtnisorte, ihre Geschichte auslöschen wollen. Auch deshalb erscheint eine monumentale, friedhofsähnliche Gedenkstätte für die jüdischen Opfer im Land der Täter unangemessen.

Kritiker sehen denn auch in diesem Mahnmal eine Anbiederung an die Holocaust-Überlebenden, ja, einen Fall von anmaßender Selbstentsühnung. Ein zentrales Holocaust-Trauermal als ein für die Nation repräsentatives, öffentliches Erinnerungszeichen müsste ein Schandmal (Chr. Meier) sein oder es gerät zu einer verlogenen Geste. Die Nachkommen der Verfolger haben sich hier in eine «Klagemeute» (E. Canetti) verwandelt, die sich das Trauermal auch noch von einem jüdischen Architekten bauen läßt. Trauer aber kann man nicht nachholen. Sie setzt die emotionale Bindung der lebenden Deutschen an die ermordeten Juden voraus, die auch vor Auschwitz kaum bestand. Eine solidarische Annäherung an die vertriebenen, verfolgten und ermordeten europäischen Juden verlangt vor allem, daß die heute Lebenden die einstige Todfeindschaft zwischen den deutschen Verfolgern und den Verfolgten anerkennen und in ihren komplexen Ursachen verstehen. Der Ort dafür sind die zahlreich vorhandenen KZ-Gedenkstätten, Dokumentationen und Museen, mit ihrem nationalen Kernstück, der «Topographie des Terrors», als dem zentralen «Ort der Täter». Diese Dokumentation, die erst nach großen Anstrengungen zustande kam und lange nicht mehr als ein Dauerprovisorium war, ist in ihrer Ende der neunziger Jahre begonnenen architektonischen Neugestaltung immer wieder politisch und finanziell unter Druck geraten. Ob und wann der ehrgeizige Bau des Schweizer Architekten Peter Zumthor, eine abstrakte Gebäudehülle als Ausstellungshalle vollendet wird, ist noch immer nicht abzusehen.

Zusammen mit dem spektakulären Libeskind-Bau des Jüdischen Museums in Berlin besteht inzwischen ein dreiteiliges, zentrales Ensemble der öffentlichen Erinnerung an den Judenmord. Man spricht von den drei Berliner «Grand Projets». Kollisionen sind in dieser Konkurrenz nahezu unvermeidlich, zumal keines der Projekte von Anfang an unumstritten war. Alle drei Projekte entstanden in den ausgabefreudigen Jahren vor der Vereinigung. Alle drei thematisieren den Holocaust und die Vergegenständlichung seiner Erinnerung. Für alle drei Projekte wurden renommierte Stararchitekten verpflichtet, die Berlin publikumsattraktive Baudenkmäler beschert haben: Daniel Libeskind den dekorativ und expressiv zerstörten Davidstern für das Jüdische Museum; Peter Zumthor eine schlanke, aus Stäben montierte, transparente Ausstellungsbox über SS-kontaminiertem Gelände für die «Topographie des Terrors»; und Peter Eisenman ein monumentales Stelen-Mahnmal. Sie alle verdanken sich dem erklärten politischen Willen, zentrale Einrichtungen für die dauerhafte öffentliche Erinnerung an den Judenmord zu schaffen. Die Zukunft wird zeigen müssen, ob und inwieweit sie zu jener spannungsreichen Einheit zusammenfinden, die das Bewußtsein über die Generationen hinweg bewahrt, daß sich der Holocaust weder zufällig noch zwangsläufig in Deutschland ereignet hat, aber eben doch ein wesentliches Element des deutschen Weges in die Moderne ist.

Die deutsche Erinnerungspolitik, die in den ersten Nachkriegsjahrzehnten in hohem Maße auf die ‹deutsche Katastrophe› fixiert war, hat in den achtziger und neunziger Jahren die ‹jüdische Katastrophe› in das Zentrum der Aufmerksamkeit gerückt. Die Beispiele sind zahlreich. Der spektakuläre Neubau des Jüdischen Museums in Berlin gehört ebenso dazu wie die Einführung eines Holocaust-Gedenktags und die allgemeine Gedenktagsrhetorik. Gern zitiert sie einen Kernsatz israelischen Gedenkens, wonach die Erinnerung *Erlösung* vom Exil verspricht, das Vergessen aber dasselbe verlängert. Aber der Satz wird nicht selten in verfälschender Eindeutschung benutzt: «Das Geheimnis der *Versöhnung* heißt Erinnerung.» Verknüpft man ihn mit der christlichen Erlösungshoffnung und Bitte um Schuldvergebung, dann bekommt der Satz seine eigentliche erinnerungspolitische Bedeutung: «Das Geheimnis der Erlösung heißt Versöhnung.»[27]

Schon macht sich eine Behaglichkeit im Gedenken breit. Das deutsch-jüdische Schuldverhältnis besteht fort, aber Form und Gegenstand haben sich verändert. Die Erinnerung an Auschwitz tut nicht mehr weh, mag ihr ritueller Charakter und ihre institutionelle Form auch manchen lästig sein. Zu fragen ist deshalb, was jeweils erinnert und was im Erinnern vergessen wird. Eines ist schon heute unübersehbar: Der Holocaustgedenktag und die zehnjährige Mahnmals-Debatte haben das Opfergedenken derart in den Vordergrund gerückt, daß die Täter hinter den Opfern unkenntlich werden und der deutsche Erinnerungsort Auschwitz hinter dem zivilisationsgeschichtlichen Gedächtnisort Auschwitz verblaßt.

5. Der ortlose Ort

Auschwitz ist längst weltweit zum Synonym für die Menschheitskatastrophe der Moderne geworden. Der Name steht zugleich für eine einschneidende Zäsur, eine Art Zeitenwende. Was Adorno in einem seiner meistzitierten Sätze – «Nach Auschwitz ein Gedicht zu schreiben, ist barbarisch» – nur auf Literatur und Kunst zu beziehen schien, war unausgesprochen umfassender gemeint. Seitdem hat das Wort «nach Auschwitz» aus dem Ortsnamen zugleich einen Zeitbegriff gemacht. Die Welt ist nach Auschwitz keine grundlegend andere geworden, aber Auschwitz hat ihr Selbstvertrauen nachhaltig erschüttert. Der Name steht für die radikale Infragestellung der Grundlagen menschlichen Lebens und Zusammenlebens.

Auschwitz hat die «Demarkationslinie zwischen Leben und Tod getilgt», wie Adorno in einem frühen Text schrieb, das ‹Bild von den Muselmännern› genannten Opfern vor Augen, denen der «Selbstmord mißrät, das Gelächter Satans über die Hoffnung auf Abschaffung des Todes».[28] Seit Auschwitz gibt es Schlimmeres als den Tod.

Durch Auschwitz ist der Glaube an die Verläßlichkeit der Selbstbindung moderner Medizin, Wissenschaft und Technik an humanitäre Grundnormen zerbrochen. Repräsentativ dafür ist der Lieblingstäter der Deutschen, Hitlers Chefarchitekt und Rüstungsminister Albert Speer. Er fühlte sich als Künstler und Techniker einer politikfernen Welt zugehörig. Politik war Hitlers Angelegenheit. Dessen «verrückter Judenhaß» beunruhigte ihn weniger als Hitlers schlechter Geschmack.

Auschwitz hat für einen Augenblick nicht nur im antifaschistisch-kommunistischen Lager den Kapitalismus in Verruf gebracht, sondern vorübergehend bei allen Parteien in Deutschland. Selbst die CDU wollte sich zunächst vom «kapitalistischen Gewinn- und Machtstreben», das sie in ihrem Ahlener

Programm für die «verbrecherische Machtpolitik» des NS-Staates mitverantwortlich machte, verabschieden.[29]

Auch die ästhetische Kultur des Westens blieb nicht unbehelligt. Sie hatte Auschwitz hervorgebracht und sah sich nun dem Verdacht ausgesetzt, selbst «barbarisch» zu sein. Das Wort blieb ein Stachel, auch wenn Adorno es später relativierte. Heute wird über die Aporie der Kunst nach und über Auschwitz debattiert, darüber, daß sie nicht nur Entsetzen hervorruft, sondern auch den «Genuß des Entsetzens» (K. Liesmann). Aber seine Legitimation findet der «Holocaust als Subkultur»[30] in der Gemeinschaft der Überlebenden, denen die Kultur in Auschwitz nicht half, die sie aber nach Auschwitz brauchten, um die Anklage gegen eben diese Kultur zum Ausdruck zu bringen und um im Überleben zu überleben, wenn sie es denn konnten.

Auschwitz ist seit Nürnberg auch der Name für eine neue völkerrechtliche Straftat: die Verbrechen gegen die Menschlichkeit. Sie haben die Relation von Strafe und Sühne außer Kraft gesetzt. Mit einer Unschuld der Opfer, die «jenseits der Tugend liegt», und mit einer «Schuld, die jenseits des Verbrechens steht», kann man, wie Hannah Arendt schon 1946 an Karl Jaspers schrieb, politisch und juristisch nicht mehr umgehen. Göring zu hängen sei «zwar notwendig» gewesen, aber «völlig inadäquat».[31] Das Ungeheuerliche der Tat kommt nicht zuletzt in einer neuen Tätermentalität zum Ausdruck, in der Verbindung von Mord und Moral, von Verbrechen und ‹deutschen Sekundärtugenden›. Himmler sprach wiederholt von der «schweren Aufgabe» der Judenvernichtung und lobte zugleich, daß seine SS-Männer, von kleineren Vergehen abgesehen, «anständig» geblieben seien.

Auschwitz hat schließlich die vielbeschworene deutsch-jüdische Symbiose geschaffen – in negativer Weise, als «eine Art gegensätzlicher Gemeinsamkeit».[32] Täter und Opfer repräsentieren unvereinbare Erfahrungswelten. Der Banalität des Verwaltungsmassenmordes auf der Täterseite steht die Monstrosität des Verbrechens und des Leidens auf der Opferseite gegenüber. Opfer und Täter sowie deren Nachkommen sind in einem komplexen und insoweit auch veränderlichen Schuld- und Schuldenverhältnis aufeinander bezogen, dessen Medium das Gedächtnis ist. Jene können nicht, diese dürfen nicht vergessen.

Insofern hat Auschwitz auch unser historisches Bewußtsein und unseren öffentlichen Umgang mit Geschichte grundlegend verändert. Wer heute mit Friedrich Nietzsche, Johann Strauss oder Bert Brecht das Loblied des Vergessens singt, wer gar darüber klagt, daß die NS-Vergangenheit nicht vergehen will wie andere Vergangenheiten auch, der bringt sich schnell in den Verdacht, diese sperrige Zeit zu verdrängen. Nach Auschwitz hat die Rede vom Nutzen des Vergessens nicht nur ihre Unschuld verloren. Auch ihr jahrhundertelang unbestrittener anthropologischer Wahrheitsgehalt ist nachdrücklich in Frage gestellt. Allerdings zeigt sich – am konkreten wie am abstrakt-allgemeinen Erinnerungsort Auschwitz –, daß zwischen kollektivem Vergessen und Erinnern eine komplizierte Verbindung besteht. Wir vergessen nicht nur, was wir nicht erinnern, wir vergessen auch und gerade im Erinnern und verdrängen das zuerst. Denn die Erinnerung wählt aus, ergänzt und erfindet, sie verharmlost, verklärt, verteufelt und versachlicht, mit einem Wort: sie verändert und vereinnahmt das Vergangene, aus welchen politischen Motiven auch immer. Zahlreiche Kollektive beziehen sich auf Auschwitz, die nichtjüdischen Deutschen in anderer Weise als die alliierten Siegermächte und die verschiedenen Opfergruppen, und diese durchaus nicht in identischer Sicht und in konfliktfreiem Gedenken.

Ob Auschwitz im öffentlichen Erinnern nationalisiert oder universalisiert wird, ob man Auschwitz trivialisiert oder nur noch Gespräche der Überlebenden dokumentiert, ob man Auschwitz soziologisch oder theologisch deutet – alle Auseinandersetzung führt früher oder später zur Frage der Grenze des Verstehens überhaupt und zum Problem der Theodizee. Daß es diese Grenze gibt, die uns angesichts der Verbrechen zwingt, «das Auge abzuwenden», wird allerdings in Geschichts- und Sozialwissenschaft gar nicht bestritten. Um so entschiedener beharrt sie darauf, sich dem «agnostizistischen Impuls zu entziehen». Andernfalls würde man «auf den Anspruch der prinzipiellen Erklärbarkeit der Welt» verzichten und schließlich auch «den Glauben an die rationale Ausrichtung unseres Handelns»[33] aufgeben.

Eine distanzierte, skeptische Haltung gegenüber der Möglichkeit, den Holocaust historiographisch zu erklären, nehmen Philosophen wie Agnes Heller, George Steiner und Elie Wiesel ein. Eine konsequente Relativierung empirischer Geschichtswissenschaft ist auch der Ausgangspunkt für Jean François Lyotards Versuch, eine «kanonische Formel» für Auschwitz zu finden, das im Sprachspiel Name und Zeichen wird. Sie alle verweisen die Auseinandersetzung mit Auschwitz als einem singulären Ereignis in den Bereich der Metaphysik und Metaphorik, setzen sich damit allerdings dem Vorwurf aus, den Holocaust beliebig darstellbar zu machen.

Er ist seit Jahrzehnten Gegenstand der Gedächtnisgeschichte und ihrer unterschiedlichen Strategien: Auschwitz wird wissenschaftlich gedeutet und ungeachtet aller Fachkontroversen und Debattenkonjunkturen versachlicht. Der schmerzliche Umgang mit Auschwitz wird im Totengedenken emotionalisiert, aber auch ritualisiert und beruhigt. Und in den Erinnerungserfindungen der ästhetischen Kultur wird Auschwitz sinnlich vergegenwärtigt, auch verfremdet und unterhaltsam vermittelt. Hinzu kommt der multinationale und multikonfessionelle Zugriff, der Auschwitz für je eigene Kollektivgedächtnisse erinnerungspolitisch benutzt und bewertet. Längst ist der Name zu einem ortlosen, einem globalen Erinnerungsort geworden, zur Metapher für ein «Jahrhundert der Barbarei» (J. Améry). Seine Identität als deutscher Erinnerungsort gewinnt und behält Auschwitz durch die eine beunruhigende Kern- und Doppelfrage: warum Hitler nicht verhindert werden konnte und warum das Gewaltverbrechen gerade in Deutschland geschehen ist.

Eva Hahn/Hans Henning Hahn

Flucht und Vertreibung

«Man kann das 20. Jahrhundert auch als das Jahrhundert der Flüchtlinge und Vertreibungen bezeichnen. Die schreckensvollste und am besten dokumentierte Vertreibung war wohl die Vertreibung der Deutschen aus Ost-, Ostmittel- und Südosteuropa. Mehr als 12 Millionen zogen seit Herbst 1944 ins Elend, in Armut und Heimatlosigkeit. Sie flüchteten vor der über die Grenzen des Deutschen Reiches flutenden Roten Armee oder kamen nach Kriegsende als Ausgewiesene und Vertriebene aus Pommern, Ostpreußen, Schlesien, aus dem Sudetenland, sowie aus anderen deutschen Siedlungsgebieten. Mehr als zweieinhalb Millionen starben auf dem Weg nach Westen. Sie verhungerten, erfroren, wurden erschossen, erschlagen. Die Überlebenden kamen in ein Deutschland, das die Bestimmung über sich selbst verloren hatte. Seine Gegner verfügten über Land und Volk, die Sieger klagten an und sprachen Recht. Gewaltig war das Ausmaß der Zerstörung. Hunger, Krankheit und Tod gingen unter den geschlagenen Deutschen um. Die hereinströmenden Massen an Flüchtlingen und Vertriebenen stellten eine Belastung dar, die kaum zu bewältigen war.»[1]

So erinnerten im Jahre 1995 die Autoren einer Dokumentation über «Aufnahme, Eingliederung und Wirken der Vertriebenen im Landkreis Traunstein nach 1945» an deren Ankunft in Bayern ein halbes Jahrhundert zuvor. In der *Frankfurter Allgemeinen Zeitung* klagte gleichzeitig einer der Herausgeber, Johann Georg Reißmüller, nur wenige deutsche Politiker seien bereit, zum Gedenken an die Vertriebenen aufzurufen, «daß im Gedächtnis der Nation auch die ungezählten Deutschen einen Platz haben, die am Ende des Krieges und nach dem Krieg von massenmordender Hand starben».[2] Und in der Zeitschrift *Aus Politik und Zeitgeschichte* bezeichnete zur gleichen Zeit Alfred Theisen die Vertreibung der Deutschen als «ein verdrängtes Thema».[3]

Und dennoch: Kaum eine andere kollektive Erinnerung wurde mit so viel Nachdruck in der Bundesrepublik gehegt und gepflegt wie die an «Flucht und Vertreibung», sei es in Sonntagsreden von Politikern aller Couleurs oder durch die finanzielle Unterstützung ihrer Opfer, ihrer Vereine und Verbände, ihrer Denkmale und Publikationen, von wissenschaftlich konzipierten Dokumentationen bis zu unzähligen Broschüren und repräsentativen Erinnerungsbänden. «Flucht und Vertreibung» ließen sich als ein *lieu de mémoire* par excellence in der deutschen Nachkriegsgeschichte dokumentieren – wenn dem mit soviel Aufwand staatlich gepflegten Erinnerungsort wenigstens im Ansatz politisch und kulturell gesamtgesellschaftlich übergreifende Elemente zugrunde lägen. Mit Aleida Assmann könnte man sagen, daß «Flucht und

Vertreibung» bisher einen «traumatischen Ort» darstellen, daß sie sich nach wie vor einer «affirmativen Sinnbildung versperren».[4] Es mangelte nicht an Worten, um «Flucht und Vertreibung» einen festen und wichtigen Ort als Denkmal in der nationalen Erinnerungslandschaft zu sichern, aber noch ist kein Gedenkort gefunden worden, der normativ besetzt und daher für eine kollektive Sinnstiftung in Anspruch genommen worden wäre. Es mangelt an gemeinsamer Sprache für die Artikulation der Erinnerungen, an symbolischer Repräsentation, die zwischen den damals direkt Beteiligten und ihren Mitbürgern und Nachkommen vermittelnd wirken könnte.

1. Die «Flüchtlinge und Vertriebenen»

«Taucher könnten unseren Fluchtweg rekonstruieren; auf dem Grund des Haffs und der Ostsee, von Fischen bewohnt, von Seepocken beschlagnahmt und besiegt vom Rost, liegen noch heute die unzähligen Zeugen unseres verzweifelten Zuges nach Westen, kolossale Findlinge der Not, Wegzeichen selbstverschuldeten Unglücks, die erbarmungslose Antwort der Gewalt, die wir selbst gesät hatten; ach, wie oft bin ich hinabgestiegen in die Lichtlosigkeit, in dieses Schweigen, hinab zur unterseeischen Todesspur, um mir die unfaßbare Sinnlosigkeit der Opfer bestätigen zu lassen.»[5]

Siegfried Lenz läßt seinen Romanhelden Zygmunt Rogalla die Erinnerungen an den Untergang eines Schiffes erzählen, wie auf der Flucht seine letzten Familienangehörigen vor seinen Augen den Tod fanden; seine Frau und sein Kind wurden schon zuvor vom ihm getrennt, und auch sie sah er nie wieder. Es ist eine der eindrucksvollsten literarischen Darstellungen des unermeßlichen Leids, das die «Flüchtlinge und Vertriebenen» erlebten, bevor sie ihre Zufluchtsorte in Deutschland fanden. Authentische Bilder als Zeugnisse dieser Schicksale, Photographien oder Filme, sind nur wenige vorhanden. Über «Flucht und Vertreibung» wurde vor allem geschrieben: autobiographisch, literarisch, essayistisch oder wissenschaftlich, und immer begegnen wir den Versuchen, das Traumatische zu schildern, sei es in den Beschreibungen sinnloser Gewalt, der endlosen Kolonnen und Transporte von Menschen ins Unbekannte. Das Gedächtnis an «Flucht und Vertreibung» ist vor allem ein schriftliches Gedächtnis, das Erinnern war vor allem die Suche nach Worten.

Wo der Anfang und wo das Ende des Ereignisses «Flucht und Vertreibung» anzusetzen sei, ist umstritten. Die Ankunft der «Flüchtlinge und Vertriebenen» in Deutschland selbst war jedenfalls keine Stunde Null, nach der sie ihre Erinnerungen an die soeben erlebten traumatischen Erfahrungen wie auf ein weißes Blatt aufzuschreiben begonnen hätten. Als sie ankamen, waren zumindest die Erwachsenen unter ihnen keine geschichtslosen Objekte fremder Gewalt gewesen. Sie brachten unterschiedliche Erinnerungen an ihre «Heimat» und an die «Flucht und Vertreibung» mit und nahmen ihre neue Umwelt unterschiedlich wahr. Die Zeit des Neuanfangs wirkte bei der Spurensicherung des einsetzenden Erinnerns konstitutiv mit, und es war keine gute Zeit für die «Flüchtlinge und Vertriebenen». Sie begegneten keiner mitfühlenden und vom Verständnis für das menschliche Leid aufgeschlossenen Gesellschaft. Depraviert, mittellos, entwurzelt waren die «Flüchtlinge» oder «Neubürger» in den Westzonen allerorts präsent, wenn sie auch kaum willkommen waren und nicht als Opfer eines Unrechts hilfsbereit wahrgenommen wurden: «Am Anfang stand die Schleuse der Lager, Ortschaften, deren Namen man nie gehört hatte, die nun in Schrecken versetzten: Wasseralfingen oder Pasing, Durchgänge für von Krätze Befallene, der Aussatz der Transporte, die Entlausung war mittlerweile zum Ritual geworden, auch die Typhusspritze in die Brust. [...] Zögernd und unter vielfältigen Widerständen vereinten sich Ost und West, oft trat Haß unverhüllt zutage, dem Verständnis wurde nicht nachgeholfen. Was sollten sie denen erzählen, die besaßen?»[6]

Was Peter Härtling 1967 in seiner Erzählung *Die Flüchtlinge* mit der kühlen Sachlichkeit des Details andeutete, bringt die Misere der «Flüchtlinge und Vertriebenen» unverblümt zum Ausdruck. Die begleitende Reflexion der Hilf- und Verständnislosigkeit verrät den Gegenwartsbezug der Schilderung von Erinnerungen, die Härtling längst hinter sich gelassen hatte, als er sie niederschrieb. Andere schilderten ihre emotionalen Befindlichkeiten aus der Zeit des Neuanfangs pathetisch, verbittert und in der aus dem Dritten Reich gewohnten Rhetorik: «Nach dem Zusammenbruch des Dritten Reiches traf der aufgestaute Haß mit voller Wucht die Sudetendeutschen – ob sie persönlich Schuld auf sich geladen hatten oder nicht. Das Drama der Austreibung rollte mit apokalyptischen Szenen ab. Für mich war – neben dem Verlust von Stellung und Heimat und dem Elend der Familie – das Schlimme daran, daß das alles von vielen, sogar von Deutschen im Reich, als gerecht empfunden wurde: ‹Hättet ihr euch mit den Tschechen vertragen, so wäre euch das nicht passiert!›. So konnte man es von Ahnungslosen hören. Solche Leute konnte ich wirklich hassen – mehr als die Tschechen, die mir bei all ihrer Barbarei doch einem bei allen Völkern angelegten Verhaltensmuster zu folgen schienen.»[7]

Insgesamt gehören die Erinnerungen an den Neuanfang bisher kaum zum deutschen kommunikativen Gedächtnis von «Flucht und Vertreibung», obwohl das Leid der Opfer im Augenblick des Neuanfangs davon kaum zu trennen ist. Der Begriff «Vertriebene» ist in großen Teilen der deutschen Gesellschaft bis heute negativ besetzt, und die «Vertriebenen», die sich als eine Belastung vorkamen, «die kaum zu bewältigen war»[8], und über das mangelhafte Gedenken ihrer Opfer klagen, drücken damit den fortdauernden Mangel an emotionaler Verwurzelung und Gemeinsamkeit mit ihren neuen Mitbürgern aus. Der Beginn des kollektiven Erinnerns an «Flucht und Vertreibung» war dabei nicht nur von wirtschaftlich ungünstigen Umständen in Nachkriegsdeutschland belastet. Der englische Feuilletonist George Mikes wies im Frühjahr 1952 mit der Bezeichnung «race hatred» auf einen noch ganz anderen mentalen Begründungszusammenhang hin. Während seiner Reise in der Bundesrepublik beobachtete er damals auch die Einstellung gegenüber Flüchtlingen und Vertriebenen («There is not much brotherly love wasted on the refugees») und kam zu der folgenden Schlußfolgerung: «It is probably a favourable turn of events that German race hatred, or animosity, is turned against other Germans. [. . .] the Germans seem to be in need of discharging a certain amount of race hatred just as a car must discharge poisonous gases. It is much better if they discharge these gases on the home market.»[9]

Der Mangel an Mitgefühl für das individuell erlebte Leid der Flüchtlinge und Vertriebenen erleichterte die politische Instrumentalisierung ihrer Depravation. «Die hereinströmenden Massen an Flüchtlingen und Vertriebenen» sind keineswegs mit allen Deutschen gleichzusetzen, die vor dem Zweiten Weltkrieg im östlichen Teil Europas lebten und ihre Heimat dort verloren. Der Begriff «Flüchtlinge und Vertriebene», wie er sich im allgemeinen Sprachgebrauch der deutschen Nachkriegsgesellschaft eingebürgert hat, bezeichnet nur einige von ihnen: Jene Flüchtlinge, die ihr Leben durch die Flucht vor dem nationalsozialistischen Regime retten konnten, pflegt man nur selten so zu nennen. Die meisten jener westdeutschen «Neubürger», die am organisierten kollektiven Erinnern der «Flucht und Vertreibung» nicht teilgenommen haben, ob aus persönlichen Motiven oder politischen Gründen, bekannten sich meist auch nicht zu der Vertriebenen-Identität. Die Vertriebenenpolitiker rekrutierten sich nie aus dem linken Spektrum des politischen Lebens, und es gab nur wenige Sozialdemokraten unter ihnen. Werke vieler deutschen Nachkriegsschriftsteller, die selbst aus Osteuropa stammen und die «Flucht und Vertreibung» anhand ihrer persönlichen Erinnerungen beschrieben haben, Peter Härtling, Siegfried Lenz oder Horst Bienek etwa, werden keineswegs zur «Vertriebenenliteratur» gezählt. Wenn man von «Flüchtlingen und Vertriebenen» spricht, denken die meisten Deutschen heute nur noch an diejenigen «Vertriebenen», die seit der Gründung der Bundesrepublik Deutschland von den sog. Vertriebenen-Verbänden repräsentiert wurden und die sie von Zeit zu Zeit in bunten Trachten als Publikum der sogenannten Vertriebenenpolitiker auf dem Bildschirm zu sehen bekommen (inzwischen meist nur noch bei der Berichterstattung über das alljährliche Pfingsttreffen der Sudetendeutschen).

Der Begriff «Flüchtlinge und Vertriebene» ist keine deskriptive Bezeichung, sondern die Konstruktion einer ganz bestimmten und umstrittenen Form der Erinnerung, die in den westlichen Besatzungszonen, vor allem aber in der Bundesrepublik mit der Unterstützung aller im Bundestag vertretenen Parteien und dementsprechend mit staatlicher Förderung in den fünfziger Jahren entwickelt und seitdem gepflegt wurde. Die westdeutsche Vergangenheits- und Erinnerungspolitik schuf mit großem Aufwand den Erinnerungsort «Flucht und Vertreibung» und bemühte sich um seine Verankerung im kollektiven Gedächtnis der westdeutschen Nachkriegsgesellschaft. Der Beginn des deutschen Erinnerungsortes «Flucht und Vertreibung» ist also nicht im Ereignis selbst zu suchen, der Erinnerungsort entstand auch nicht aus einem freien «Spiel» der Erinnerungen, sondern ist das Ergebnis einer ganz konkreten Erinnerungspolitik nach der Ankunft der aus Osteuropa geflüchteten und vertriebenen Deutschen in den westlichen Besatzungszonen.

Juristisch wurden durch das Bundesvertriebenengesetz von 1953 aus den meisten «Flüchtlingen», wie bis dahin alle «Neubürger» genannt wurden, behördlich ausgewiesene «Vertriebene». Ein «Vertriebener» zu werden bedeutete also, einen Status zu erlangen, der erblich auch allen Nachkommen zugeschrieben wurde, so daß schon dreißig Jahre später rund ein Drittel der Vertriebenen nach 1949 geboren waren.[10] Dementsprechend gab Rainer B. Jogschies seinem Essay, in dem er 1985 die bürokratisch erstarrte Praxis beschrieb, die sich der kollektiven Erinnerung an «Flucht und Vertreibung» in der Bundesrepublik bemächtigte, den Titel «Stempel drauf und fertig: Wie man heute Heimatvertriebener wird».[11]

Der von diesen «Vertriebenen» gepflegten kollektiven Erinnerung bemächtigten sich bald die politisch Erfahrenen unter ihnen, mit denen jedoch die zum Nationalsozialismus in Opposition stehenden Kreise kaum Verbindungen hatten. Wurden den aus dem völkisch-nationalsozialistischen Milieu stammenden Vertriebenenpolitikern von den Besatzungsmächten zuächst noch einige Barrieren auferlegt, so konnten sie nach der Gründung der Bundesrepublik 1949 ihre Bestrebungen ungehindert entfalten. Der neue Staat nahm sich ihres politischen Anliegens bereitwillig an und unterstützte die vom völkischen Milieu ausgehende Konstruktion des Erinnerungsortes «Flucht und Vertreibung», an der sich bald meist nur noch die in den Vertriebenenverbänden Organisierten beteiligten. Die «anderen» hatten «andere» Erinnerungen.

Angesichts der emotionalen Befindlichkeiten der deutschen Nachkriegsgesellschaft überrascht es kaum, daß die persönlichen Erfahrungen der Flüchtlinge und Ausgewiesenen bei der Konstruktion des Erinnerungsortes «Flucht und Vertreibung» nur in geringem Maße Objekte des öffentlichen Interesses waren: «Die Bilder des Schreckens von Vertreibung, Massentötungen, systematischen Vergewaltigungen und anderen Gewaltverbrechen gegen die Zivilbevölkerung rufen bei Millionen vertriebenen Deutschen traumatische Erinnerungen wach. Sie denken dabei nicht nur an persönlich erlittenes Leid, sondern auch an die tiefen kulturhistorischen und zivilisatorischen Wunden, die Deutschland und Europa mit der Vertreibung von Deutschen zum Ende des Zweiten Weltkrieges zugefügt worden sind.»[12] Die «kulturhistorischen und zivilisatorischen Wunden» gewannen in der öffentlichen Rhetorik bald die Oberhand, die Leidenszeit der einzelnen Vertriebenen wurde weitgehend ihnen selbst überlassen.

2. *Von der «Heimatkultur» zur «Heimatpolitik»*

«Den Toten der Heimat» – so lautet die Aufschrift an einem auf dem Friedhof von Hochheim am Main am 25. März 1951 eingeweihten über zwei Meter hohen Steinkreuz. Die dortige Ortsgruppe des Kreisverbands der Heimatvertriebenen e. V. lud am Ostersonntag alle «Heimatvertriebenen und Einheimischen zur Gedächtniskreuzfeier für die Gefallenen und Verstorbenen der Heimat» ein, und einige hundert Hochheimer waren anwesend.[13] Obwohl in dieser hessischen Kleinstadt seit dem letzten Jahrhundert ein «Heimatmuseum» zu den Sehenswürdigkeiten zählt, mißversteht heute kein Friedhofbesucher, um welche «Heimat» es beim Anblick des schlichten Steinkreuzes geht. Zwischen der Hochheimer Heimat und der «Heimat» gibt es einen Unterschied, der seit dem Kriegsende jedem Deutschen vertraut ist. «Die Toten der Heimat», denen beim Anblick des Kreuzes zu gedenken ist, sind keineswegs die toten Hochheimer, sondern die Toten der «Flüchtlinge und Vertriebenen». Rainer Münz und Rainer Ohliger schätzen, daß in den fünfziger und sechziger Jahren 400 bis 500 solche Denk- und Mahnmäler errichtet wurden.[14] Die Ehrenmale wurden zum «Gedenken der Toten in der Heimat» errichtet, sollten aber an alle «deutschen Väter und Söhne erinnern, die in den deutschen Ostgebieten gefallen sind», und dienten nicht nur der Erinnerung, sondern stellten die Verpflichtung dar, den Kampf um die Heimat nicht aufzugeben.[15]

Die «Heimat», wie sie gegen Ende des 19. Jahrhunderts konstitutiv für die Entstehung des Milieus der «Heimatkultur» geworden ist, wurde in Westdeutschland nach dem Kriegsende von den «Flüchtlingen und Vertriebenen» in Beschlag genommen. Die neue Bedeutung des Wortes «Heimat» implizierte die «verlorene Heimat im deutschen Osten». Der Begriff «Heimat» stand von nun an nicht mehr für eine individuelle emotionale Bindung an einen Ort, sondern verwandelte sich in das Medium des kollektiven Erinnerungsortes «der deutsche Osten». Als die Vertriebenen noch keineswegs auch nur gewissen Mindestanforderungen entsprechend untergebracht waren, als es noch keine Kreuze und Mahnmale gab, um die sich die traumatisierten Neubürger hätten sammeln können, und als Papier noch zu knapp war, als daß sie ihm ihre Erfahrungen hätten anvertrauen können, benützte man sie schon, um Informationen über den «Osten» zu sammeln. Die im Frühjahr 1946 gegründete «Arbeitsgemeinschaft für Ostfragen» in Bad Nenndorf machte aus ihren politischen Motiven kein Hehl:

«Landsleute! Die Erfassung und Sicherung dieses geschichtlichen Materials ist von entscheidender Bedeutung im Kampf durch Wort und Schrift um unsere Heimat. An uns allen liegt es, ob endgültig Schweigen und Vergessen über unsere Vertreibung, Not und Tod unserer Angehörigen herrschen wird, oder ob die Welt eines Tages das Unrecht von Potsdam und Yalta revidieren wird.

«Den Toten der Heimat». 1951 eingeweihtes Steinkreuz auf dem Hochheimer Friedhof

Daher betrachte jeder diese Aufgabe als seine persönliche Verpflichtung gegenüber der Heimat.»[16]

Die persönlichen Erinnerungen an das erlebte Leid und den Heimatverlust mischten sich von Anfang an mit dem konstruierten Kontext des kollektiven Verlustes des «deutschen Ostens», die einzelnen Opfer von «Flucht und Vertreibung» wurden so zum Instrument revisionistischer Politik. Die «Heimatvertriebenen» als Träger der erfolgreichen Vertriebenenpolitiker erhielten quasi eine Gedächtniskonstruktion, deren Objekt nicht ihr erlebtes Leid, sondern der «deutsche Osten» war. Zwar war der Erinnerungsort «Flucht und Vertreibung», wie er von den Vertriebenenpolitikern mit politischer und staatlicher Unterstützung in der Bundesrepublik konstruiert wurde, von Anfang an umstritten, er konnte jedoch seine oktroyierte zentrale Stellung im kollektiven Gedächtnis der deutschen Nachkriegsgesellschaft bis heute behaupten.

3. Deutsche Heimat im Osten

Unter dem Titel *Deutsche Heimat im Osten* wurde im Herbst 1950 in Berlin eine Ausstellung gezeigt, die später als Wanderausstellung in zahlreichen weiteren Städten zu sehen war. Das Bundesministerium für gesamtdeutsche Fragen unterstützte dieses Unternehmen und steuerte auch einen Begleitband bei. Der «Osten» meinte damals keineswegs die DDR, sondern stand für «die zum Deutschen Reiche gehörenden Gebiete östlich der Oder-Neiße-Linie, die seit Kriegsende, seit Potsdam, unter fremder Verwaltung stehen und deren deutsche Bewohner aus ihrer Heimat vertrieben worden sind». Das wohl damals im Gedächtnis zumindest eines Viertels der westdeutschen Bevölkerung als persönliche Erinnerung präsente Ereignis der «Flucht und Vertreibung» stand jedoch keineswegs im Mittelpunkt der Ausstellung. Vielmehr ging es um eine Erinnerung an den vermeintlich rein deutschen Charakter der «verlorenen» Gebiete. Die Ausstellung diente als Beweisführung für eine klar formulierte Aussage: «Thematisch umschließt es alle Bereiche des Lebens, soweit sie der Gestaltung durch den Menschen zugänglich sind. Und auf allen Gebieten zeigt es sich, daß dieses Land deutsch ist, seit der Pflug des deutschen Bauern es in Ackerland verwandelt, seit das Wort Gottes in deutscher Sprache in Klöstern und Kirchen verkündet wurde, seit deutsches Recht das Leben seiner Bewohner regelte, seit abendländische Kultur und Gesittung hier Geltung gewannen und zu hoher Blüte gelangten. Dies alles geschah auf einem unentwickelten, nahezu geschichtslosen Boden [...].»[17]

Von «der deutschen Leistung im Preußenland» über «die bildende Kunst des deutschen Ostens» und die «ostdeutsche Landwirtschaft» bis zu «Handwerk und Industrie des deutschen Ostens» – mit Bildern zu diesen Themen sollte die Ausstellung das «Deutschtum» des «Ostens» illustrieren. An den Zweiten Weltkrieg sowie an «Flucht und Vertreibung» erinnerte nur das Gedicht *Die Ausgewiesenen* von Ernst Wiechert (1887–1950), dessen Werke laut *FAZ* von 1980 «zum Absonderlichsten, was die deutsche Literatur im Dritten Reich hervorbrachte», gehören.[18]

Der völkisch-revisionistischen Darstellung der «deutschen Heimat im Osten» wurden seine von naiver Sentimentalität geprägten Verse hinzugefügt, die alle Bestandteile des Erinnerungsortes zum Ausdruck brachten (Besitz- und Heimatverlust, das Leid von «Flucht und Vertreibung», die Desorientierung, Verständnislosigkeit der Umwelt, Hilfslosigkeit und Hoffnung). Die gewollt einfache literarische Form in der Tradition der deutschen «Heimatkultur» und mystischer «Innerlichkeit» konservierte die Erinnerung der Hilflosen und gab sich «unpolitisch», war es aber keineswegs.

Diese Form kollektiver Vereinnahmung der von Einzelnen verlorenen Heimatbindungen, geprägt auch durch den Verlust ihres persönlichen Besitzes und Vermögens, wurde zunehmend von intensiver politischer Instrumentalisierung begleitet. Das Leid einzelner Menschen sollte als Argument dienen für die Bestrebungen deutscher Politiker, den «deutschen Osten» wiederzugewinnen, d. h. für die Bemühungen um die Revision der zum Kriegsende in Jalta und Potsdam getroffenen Vereinbarungen über die neue Grenzziehung Deutschlands. Auch die einmalig umfangreiche Dokumentation, die für die einen ein schriftliches Mahnmal zur Erinnerung an das Leid von «Flucht und Vertreibung» bedeutete, diente anderen als Vorbereitung der Unterlagen für die damals erwarteten Verhandlungen über einen Friedensvertrag zwischen den Alliierten und Deutschland.

Mit der *Dokumentation der Vertreibung der Deutschen aus Ost-Mitteleuropa*[19] wurde in den Jahren 1951–1961 «das früheste und größte Großforschungsvorhaben der Anfangsjahre der Bundesrepublik» verwirklicht. Das Projekt war nicht auf eine private Initiative von Vertriebenen zurückzuführen, an seiner Wiege stand vielmehr die politische Initiative führender deutscher Nachkriegspolitiker Pate: Getragen von der Bundesregierung, federführend das Bundesministerium für Vertriebene, Flüchtlinge und Kriegsgeschädigte, wurden auf insgesamt 5000 engbedruckten Seiten unter Beteiligung namhafter deutscher Historiker dreier Generationen individuelle Zeugnisse des erlittenen Leids zusammengetragen – mit umfangreichen politisch-diplomatischen Ergänzungen, damit Deutschland über ein unanfechtbares Dokument verfüge.[20] Trotz der klaren politischen Zielsetzungen schuf das Projekt eine einmalig umfassende Grundlage für das Speichergedächtnis an «Flucht und Vertreibung»: eine Sammlung von Berichten, an der keine Erinnerungsarbeit stillschweigend vorbeigehen kann. Die im Dienste der Politik stehende Wissenschaft schuf hier ein Denkmal in neuer Form von dauerhafterer Bedeutung, als es auch die schwersten und größten Steinquader je hätten darstellen können.

Der «deutsche Osten», zu dessen Wiedergewinnung der in dieser Weise konstruierte Erinnerungsort «Flucht und Vertreibung» beitragen sollte, mußte aber keineswegs erst nach dem Zweiten Weltkrieg erfunden werden. Als sich die diese Form von kollektiver Erinnerung tragenden Organisationen der Vertriebenen konstituierten, hatte der «deutsche Osten» schon lange, nämlich seit dem ausgehenden 19. Jahrhundert, als ein fester Bestandteil der deutschen nationalen Identität existiert. Die Vorliebe für die sogenannte Dokumentation deutscher Leistungen im Osten zeigt etwa der 1936 erschienene repräsentative Band *Der deutsche Osten. Seine Geschichte, sein Wesen und seine Aufgabe*, in dem besonders das nationalsozialistische Interesse an diesem Thema betont wurde: «Der deutsche Osten ist in den letzten Jahren Gegenstand eines mächtig anwachsenden Schrifttums geworden, das uns heute gestattet, über viele Fragen Auskunft zu erhalten, über die unsere Väter ahnungslos hinwegsahen [...].»[21]

Der Band selbst, über 600 Seiten stark, wissenschaftlich konzipiert und mit zahlreichen Karten und Abbildungen ausgestattet, ähnelt in vieler Hinsicht dem 1959 erschienenen und 1000 Seiten umfassenden Band *Das östliche Deutschland. Ein Handbuch*. Beide Bände behandeln das gleiche Grundproblem: Wie zieht man Grenzen in der «vorhandenen volkstumsmäßigen Gemengelage»[22] des «deutschen Ostens»? Gemeinsam war den Autoren beider Bände die Überzeugung, daß die Sieger des Ersten Weltkriegs 1918/19 ungerechte Entscheidungen getroffen hatten, ebenso wie die Vorstellung, daß erst «durch Vermittlung der Deutschen» das «östliche Deutschland zu einem wesentlichen Träger deutscher und abendländischer Kultur geworden war».[23] Unterschiede sind vor allem in der thematischen Schwerpunktsetzung festzustellen: Während 1936 das «Volkstum» ausführlich behandelt wurde, wird nach dem Krieg die Betonung auf das Völkerrecht gelegt. Die Zielsetzung änderte sich damit jedoch keineswegs. Wo vor dem Krieg politische Ansprüche im Namen des «deutschen Volkstums» angemeldet worden waren, forderte man nun das gleiche im Namen des «Rechts auf Heimat» für die geflüchteten und vertriebenen Deutschen. Die elaborierte Proklamation des «Rechts auf Heimat» stellt so die logische Schlußfolgerung der Konstruktion des Erinnerungsortes «Flucht und Vertreibung» dar.

Mit den Vertriebenen erhielt der Mythos vom «deutschen Osten» zwar kaum neue Formen, aber eine neue Trägerschicht innerhalb der deutschen Gesellschaft. Und war Schlesien oder Ostpommern den Ostfriesen, Rheinländern oder den Bayern vor der «Flucht und Vertreibung» nur ein rhetorischer Mythos, so wurde es mit der Ankunft der Heimatvertriebenen in der Bundesrepublik für jeden Deutschen zu einer hautnahen Wirklichkeit: Es war zwar verloren, aber es war da, inmitten der deutschen Gesellschaft. Diese Veränderung machte es möglich, daß all das, wovon die Ideologen des «deutschen Ostens» zuvor nie hätten träumen können, in Nachkriegsdeutschland zur Realität wurde: Nicht nur die Lehrer, Pfarrer und Bauern aus dem «Osten» als stumme Wissensträger waren da, sondern auch die unzähligen Akademiker, Journalisten, Heimat- und Volkstumsforscher, Gymnasial- und Hochschulprofessoren wetteiferten nun als Autoren, Vortragende, Tagungsteilnehmer und Publikum um die medienpolitische Popularisierung des «deutschen Ostens» in der Bundesrepublik der fünfziger und sechziger Jahre.

In den frühen fünfziger Jahren wurden ministerielle Erlasse und parlamentarische Beschlüsse gefaßt und verkündet, Institutionen errichtet sowie Bücher und Broschüren in einem heute kaum vorstellbaren Ausmaße produziert, um jedem Bundesbürger vom frühesten Schulalter an Kenntnisse über den «deutschen Osten» zu vermitteln. Die Anwesenheit der «Heimatvertriebenen» in der westdeutschen Gesellschaft diente dabei als eine plausible Begründung, warum die Popularisierung des «deutschen Ostens» nicht mehr als Anliegen eines bestimmten Teils des deutschen politischen Spektrums anzusehen sei, sondern als Ausdruck einer gesamtdeutschen Verbeugung vor den Opfern von «Flucht und Vertreibung». Vieles von den damaligen Aktivitäten, «Flucht und Vertreibung» ebenso wie die «deutsche Heimat im Osten» zum festen Bestandteil des deutschen nationalen Gedächtnisses zu machen, gehört längst nur noch dem Speichergedächtnis an. Manches veränderte die deutsche Erinnerungslandschaft nachhaltig, wie etwa die in Folge der Richtlinien des Deutschen Städtetags vom 13. 12. 1953 für die Pflege ostdeutscher Kulturwerte und für die kulturelle Betreuung von Heimatvertriebenen umbenannten Straßennamen: In jeder Gemeinde sollte «wenigstens eine bedeutsame Straße oder ein bedeutsamer Platz oder ein öffentliches Gebäude (insbesondere Schulen) oder ein Teil eines öffentlichen Gebäudes (Säle) einen an Ostdeutschland erinnernden Namen tragen (Namen einer ostdeutschen Persönlichkeit, Namen eines ostdeutschen Ortes oder einer ostdeutschen Landschaft)».[24] Außerdem wurden unzählige Institutionen zur Pflege des ostdeutschen Kulturerbes errichtet (von deren Reform zu sprechen erst Ende der neunziger Jahre ein Bundesminister wagte), Ostlandkreuze an den Friedhöfen aufgestellt, wurde Ostlandkunde im Unterricht eingeführt und Ostforschung in der Wissenschaft gefördert. Politiker aller Couleurs nahmen dabei stets Bezug auf «Flucht und Vertreibung», als handele es sich bei der Erinnerung an den «deutschen Osten» um die Erinnerung an «Flucht und Vertreibung», um das erlittene Leid der Vertriebenen und nicht um Variationen auf alte Themen der großdeutschen nationalen Rhetorik.

Die altneuen Traditionen einer vermeintlichen kulturellen Überlegenheit der Deutschen erlaubten es nicht, das multikulturelle Zusammenleben mit Polen und Tschechen zum Bestandteil des Erinnerungsortes «Flucht und Vertreibung» werden zu lassen. Gerade diese Traditionen wirkten auch dann noch fort, als der Mythos vom «deutschen Osten» schon nachhaltige Wandlungen erfahren hat und also in den neunziger Jahren weder von der «deutschen Heimat im Osten» noch vom «deutschen Osten» die Rede ist, sondern man das Schlagwort «Deutsche im Osten» bevorzugt und es keineswegs mit politischen Anspruchshaltungen, sondern ausschließlich mit Erinnerungen assoziiert. Die Rhetorik von «deutscher Leistung» und «kultureller Überlegenheit» bleibt jedoch ungebrochen bestehen.

Deutsche im Osten. Geschichte, Kultur, Erinnerungen hießen eine Ausstellung des Deutschen Historischen Museums in Berlin und der 1994 erschienene Begleitband. Das Deutsche Historische Museum habe allerdings auch diesmal nicht aus museal begründetem Interesse an Erinnerung gehandelt, sondern sei «den Anregungen aus dem deutschen Parlament gefolgt, weil es sich eine breitere Öffentlichkeit für das Gespräch über die Vergangenheit der Deutschen im Osten wünscht – in der Bundesrepublik wie zwischen ihr und den östlichen Nachbarstaaten».[25] Erinnert man sich an frühere Variationen zu diesem Thema, fällt diese Darstellung vor allem durch ihre Friedfertigkeit und das offensichtliche Bemühen um ein respektvolles Verhältnis zu den osteuropäischen Völkern auf. Der «deutsche Osten» wird nicht mehr als nur «deutsch» präsentiert (zwei der zehn Beiträge im Begleitband befassen sich mit der jüdischen Geschichte, die im Mythos vom «deutschen Osten» früher keinen Raum hatte). Die «Deutschen im Osten» werden inzwischen eindeutig der Vergangenheit zugeordnet, eine deutsche «Leistungsschau» bleibt als die Form der hier präsentierten Erinnerung jedoch nach wie vor erhalten – und deutliche Spuren der früheren Kulturträger-Identität der Vertriebenen ebenfalls: «Als Bauern, Handwerker und Kaufleute waren die Deutschen in die Böhmischen Länder gekommen. Als Arbeiter und Unternehmer, als Techniker und Baumeister, als Absolventen ihres bemerkenswerten Fachschulwesens oder dreier technischer Hochschulen beförderten sie ihre Heimat ins Industriezeitalter. Die Not hatte oft die Regsamkeit der Kleinbauern und Häusler geweckt, und die Heimweberei und Glasmacherkunst waren dabei, nicht ohne regionale Katastrophen, in das Maschinenzeitalter geführt worden. Der besondere Beitrag der Deutschen für die Landesentwicklung blieb in der industriellen Revolution derselbe wie in der agrarischen: die Wirtschaft. Dies geschah immer einen Schritt vor den Tschechen, in deutlicher räumlicher und deshalb auch national erkennbarer Distanz.»[26]

«Räume sind nicht, Räume werden gemacht»[27], wissen Historiker heute, und die Vorstellung von der «deutschen Heimat im Osten» wurde in ihrer gegenwärtigen Form seit dem frühen 19. Jahrhundert konstruiert, als die Historiker begannen, die mittelalterliche deutsche Ostsiedlung zu verherrlichen: «Kaum jemand zweifelte mehr daran, daß die deutschen Siedler den primitiven Slaven die Kultur gebracht hätten.»[28] Als die Politiker und organisierten Vertriebenen in der Bundesrepublik ihren Erinnerungsort «Flucht und Vertreibung» konstruierten, bedienten sie sich der vorhandenen Inhalte aus der Speicherkammer des deutschen nationalen Gedächtnisses. Sie schufen Variationen auf überlieferte Themen, und auch diese Variationen erfuhren einen Wandel während des halben Jahrhunderts seitdem. Aber auch im nahezu 400 Seiten umfassenden Ausstellungsband des Deutschen Historischen Museums aus dem Jahre 1994 sind gerade zwei Photos dem Thema «Flucht und Vertreibung» gewidmet: zwei nahezu idyllisch anmutende Bilder einer verschneiten schlesischen Waldstraße mit einer langen Reihe beladener Pferdewagen. Alles andere gehört zur historischen Leistungsschau der «Deutschen im Osten», die zum wichtigsten Träger des politisch geförderten Erinnerungsortes «Flucht und Vertreibung» in der Bundesrepublik geworden ist.

4. Die «anderen» Vertriebenen

«Ich fühle mich nicht als Vertriebener oder als Flüchtling, aber natürlich verläßt einen die Kindheit nie. Vertriebene sind wir alle in dem Sinne, daß wir aus der Kindheit in das Erwachsensein hinausgetrieben, vertrieben wurden. So möchte ich das Buch verstanden wissen: nicht als Klage darüber, daß Oberschlesien einmal deutsch war, sondern als Erinnerungen an das, was einmal war und was nicht mehr ist.»[29]

So sprach einer der bekanntesten deutschen Intellektuellen der Nachkriegszeit, Horst Bienek, über seinen im Jahre 1975 veröffentlichten Roman *Die erste Polka*. Der 1930 in Gleiwitz geborene Schriftsteller war einer der Autoren, deren Erinnerungen an «Flucht und Vertreibung» sowie an die «verlorene Heimat» anderer Art als die des deutschen Erinnerungsortes «Flucht und Vertreibung» waren, zu dessen wichtigsten Kritikern er gehörte.

In seiner Schlesien-Tetralogie erkundete Horst Bienek nicht nur sein Gedächtnis, sondern auch mit der peniblen Akribie eines Historikers die Geschichte von «Flucht und Vertreibung». Die letzten Wochen des Zweiten Weltkrieges bildeten den zeitlichen Rahmen der Handlung des vierten Bandes *Erde und Feuer*.[30] Bienek zeichnete das Bild eines gewaltgeladenen Chaos vol-

Flüchtlingstreck aus dem früheren Schlesien

ler beeindruckender Details. In seinen Bildern wurden stets nicht nur die Deutschen und ihre «Feinde», sondern auch alle «anderen» miteinbezogen, als fühlende und handelnde Subjekte der sich entfaltenden Tragödie, dominiert von der Desorientierung aller und mit dem Tod auch Tausender schlesischer Flüchtlinge im Inferno des Bombardements von Dresden endend. In seinen eigenen Erinnerungen an «eine Kindheit in Oberschlesien» schilderte Bienek sein persönliches Schicksal mit bescheidener Sprache:

«In unserem Haus hatten die zurückgebliebenen Bewohner beschlossen, dazubleiben. Jetzt bei 20 Grad Kälte ins Ungewisse, das wollten sie nicht. Wir verbarrikadierten uns im Keller, die Tür wurde mit dicken Brettern zugenagelt. Die Katjuschas sausten über uns hinweg. Eine ganze Woche lang ging das so, und keiner traute sich raus. Als der Kampflärm vorbei war, wagten wir uns hinaus, und wir sahen schon die ersten russischen Soldaten mit einem roten Stern auf den Pelzmützen.

Dieses Land war nicht mehr mein Land. Im Oktober desselben Jahres wurde ich von den polnischen Behörden ausgewiesen. Ich war fünfzehn Jahre alt. Ich fuhr in einem vollgestopften und von außen verriegelten Viehwaggon über die Oder und dann über die Görlitzer Neiße. In Richtung Westen. Ich sah nicht ein einziges Mal zurück.»[31]

Horst Bienek sah mehr als nur seine eigene Lebenslage, aber seine Erinnerungen waren «nur» die eines Einzelnen. Seine Erinnerung an die Vertreibung war Bestandteil seiner Erinnerungen an die Kindheit, seine Erinnerungskonstruktion galt nur ihm selbst und seinen Lesern. Sie versuchte nicht, Klage zu erheben, sondern möglichst viele Aspekte der eigenen Erlebnisse festzuhalten. Sie eignete sich deswegen nicht zur Konstruktion eines allgemeinen Erinnerungsortes, aber sie könnte zu dessen Bestandteil gemacht werden. So wie Horst Bienek sind viele der «anderen» Vertriebenen mit ihren Erinnerungen umgegangen und für die meisten von ihnen blieben ihre Erinnerungen nur ihr persönliches Erinnerungseigentum. Die wenigen von ihnen, die sich öffentlich artikulierten, gehörten nicht zum kulturellen Milieu der Vertriebenen. Dennoch waren sie deshalb nicht weniger «Vertriebene», auch sie waren Opfer von «Flucht und Vertreibung», aber ihre Erinnerungen fanden ihren Ausdruck innerhalb der jeweiligen deutschen Gegenwart, nicht im Rahmen des politisch gestalteten Erinnerungsortes.

Die 1948 gegründete Zeitschrift *Der Monat* gehörte zu den populärsten Plattformen des westdeutschen intellektuellen Diskurses, und einer jener Schriftsteller, die sich wie Horst Bienek mit der Erinnerung an «Flucht und Vertreibung» auseinandersetzten, Peter Härtling, war jahrelang einer ihrer Mitherausgeber. Zu den Autoren und Mitarbeitern einer anderen in der deutschen Nachkriegswelt ähnlich verankerten Zeitschrift, des Jahrbuchs *Jahresring*, das seit 1954 vom Kulturkreis im Bundesverband der deutschen Industrie als «Beiträge zur deutschen Literatur und Kunst der Gegenwart» herausgegeben wurde, zählten auch zahlreiche «vertriebene» Literaten und Künstler. In beiden Zeitschriften wurden in den ersten Jahrgängen Erinnerungen sowohl der ehemaligen NS-Opfer wie auch der Vertreibungsopfer zwar nicht oft artikuliert, jedoch keineswegs tabuisiert, wie der oft erhobene Vorwurf an die Adresse dieses kulturellen Milieus in der Bundesrepublik lautet. Die «anderen» Vertriebenen hatten eben nur «andere» Erinnerungen.

So ist etwa das intensive Verhältnis von Peter Härtling zur Tschechoslowakei infolge seiner Erfahrung als «Flüchtling und Vertriebener» dem *Monat* deutlich zu entnehmen; hier wurde 1967 sein schon oben zitierter Essay *Die Flüchtlinge* veröffentlicht, in dem er auch seine Erinnerungen an «Flucht und Vertreibung» zum Ausdruck brachte:

«Der Krieg, klagte jeder, kaum einer: die Politik. Zuerst waren es die Leute aus Bessarabien, die an der Weichsel angesiedelt worden waren von den Raumplanern, die vernichteten, wohin sie kamen, die auf der mörderisch vereinfachenden Idee vom Herren- und vom Untermenschen ihr Kolonialreich im Osten zu errichten trachteten. Schon damals bekam jeder seine Schuld zugemessen. Wer empfing, empfand sie? So gut wie keiner. Sie fingen an, sie abzuwälzen, nach Rangordnung, nach Befehlsstärke. Wußten sie nichts, die, gequetscht auf Pferdewagen sitzend, hinter Schlitten herstampfend, müde, abgerissen, noch die Hoffnung auf ein heiles, barmherziges Reich hegend, von den Ursachen, deren Opfer sie waren und die sie, womöglich, mitverschuldet hatten?»[32]

Diese politische Dimension, die Härtling der zuvor geschilderten Erinnerung an die Vertreibung hinzufügt, unterscheidet sein Bild von «Flucht und

Vertreibung» von den oben geschilderten Gedächtnis-Konstruktionen der Vertriebenenpolitiker um eine wichtige Dimension: um die Reflexion der Ursachen, der Schuld und der Verantwortung. Die Vertriebenen werden als Subjekte erinnert, d. h. als Träger moralischer und politischer Haltungen, nicht als stumme und handlungsunfähige Objekte fremder Gewalt. Ähnlich waren auch die Erinnerungen eines der bekanntesten Chronisten der «anderen» «deutschen Heimat im Osten», Johannes Bobrowski: «Mein Thema: Die Deutschen und der europäische Osten. Weil ich um die Memel herum aufgewachsen bin, wo Polen, Litauer, Russen, Deutsche miteinander lebten, unter ihnen allen die Judenheit. Eine lange Geschichte aus Unglück und Verschuldung, die meinem Volk zu Buche steht. Wohl nicht zu tilgen und zu sühnen, aber eine Hoffnung wert und einen redlichen Versuch in deutschen Gedichten [...]. Ich wollte diese Landschaft und Menschen schildern, um meinen deutschen Landsleuten etwas zu erzählen, was sie nicht wissen. Sie wissen nämlich nicht über ihre östlichen Nachbarn Bescheid. Bis heute nicht.»[33]

Hand in Hand mit den moralisch fundierten Erinnerungen an «Flucht und Vertreibung» gingen meist auch die «anderen» Gedächtnisformen, in denen die Erinnerungen an den multikulturellen Reichtum jener Gebiete, aus denen die Deutschen nach dem Zweiten Weltkrieg geflüchtet und ausgewiesen wurden, festgehalten wurden. Wie bei Bobrowski ist der «deutsche Osten» auch in Härtlings Erinnerung keineswegs nur deutsch, denn bei beiden Autoren treten die anderen ehemaligen Mitbewohner nicht nur als «Vertreiber», sondern ebenso wie die Deutschen als Subjekte schwieriger und oft kaum befriedigend lösbarer moralischer Entscheidungen auf. Diese «andere» Form der Erinnerung an «Flucht und Vertreibung» tabuisierte weniger als die staatlich sanktionierte, und bot deswegen keinen einfach gestrickten Erinnerungsort «Flucht und Vertreibung» an. Mit der Vielfalt ihrer intellektuell problematisierenden Reflexionen warf sie mehr Fragen auf, als daß sie in den fünfzig Jahren seit dem Geschehen ein spezifisches, abgrenzbares kulturelles Gedächtnismilieu hätte herausbilden können. Sie wirkte wie ein Ferment, um zu verhindern, daß sich trotz der starken staatlichen Förderung eine einzige übergreifend gemeinschaftliche deutsche Erinnerungslandschaft «Flucht und Vertreibung» in der Bundesrepublik herausbildete.

Neben dem anregend vielfältigen Miteinander unterschiedlicher Erinnerungs-Perspektiven an das Ende des Zweiten Weltkriegs wurde das reflexive Erinnern an «Flucht und Vertreibung» in dem kulturell und politisch nicht festgelegten intellektuellen Milieu der westdeutschen Moderne auch durch Einbettung der Erinnerung in eine sich von der erinnerten Vergangenheit klar absetzende Gegenwart gefördert. Kein anderes Thema hat in der Nachkriegszeit zu einer so intensiven Beschäftigung mit dem Phänomen des individuellen wie des kollektiven Erinnerns geführt. Siegfried Lenz, ein anderer der «anderen» Vertriebenen, setzte auch dieser intensiven Auseinandersetzung der westdeutschen Intellektuellen ein Denkmal in seinem Roman *Heimatmuseum*.

In seiner Geschichte eines masurischen Heimatmuseums vom Wilhelminischen Kaiserreich bis zur Errichtung eines neuen Heimatmuseums in Schleswig-Holstein nach der «Flucht und Vertreibung» und dessen Vernichtung durch den Gründer im Protest gegen die Versuche von Vertriebenenpolitikern, es zu vereinnahmen, führt Lenz seine Leser durch das subtile Gewebe vielfältiger Bemühungen um das vergegenständlichte Festhalten der Vergangenheit. Er weiß von der tröstenden Kraft, die in einem «Sammelsurium der Vergänglichkeit» steckt, ebenso zu erzählen wie von den Gefahren der politischen Inbesitznahme. Die «Fiktion vom Bleiben und Wiederkehr» weiß er mit liebenswürdiger Zuwendung zu seinen Romanfiguren ebenso zu würdigen wie die «Maulwürfe unserer Vergangenheit» zu warnen: «Der Wert unserer Erfahrungen läßt sich nicht beliebig weitergeben. Wir müssen damit einverstanden sein, wir leidenschaftlichen Schattenbeschwörer, daß andere in Zweifel ziehen, was uns so viel bedeutet; vielleicht ist alles zur Vergänglichkeit verurteilt, und unsere Versuche, einiges, das uns beispielhaft erscheint, ins Unvergängliche zu bringen, sind nur ein Ausdruck für die hoffnungslose Auflehnung gegen insgeheim erkannte Vergeblichkeit.»[34]

Auch Siegfried Lenz trug mit seinem umfangreichen und viel gelesenen literarischen Oeuvre entscheidend zur Bewahrung der kollektiven Erinnerung an «Flucht und Vertreibung» ebenso wie an die verlorene Heimat der Deutschen im östlichen Europa bei, ebenso wie so viele andere, die dem in der Bundesrepublik mit so viel Nachdruck konstruierten Erinnerungsort «Flucht und Vertreibung» fernstanden. Die «Masuren» sind im deutschen kulturellen Gedächtnis ebensowenig ohne seinen Namen denkbar wie Danzig ohne Günter Grass, Prag ohne Johannes Urzidil oder Gleiwitz ohne Horst Bienek.

5. *Die zerklüftete Erinnerungslandschaft*

In den neunziger Jahren schien sich in der deutschen Erinnerungslandschaft «Flucht und Vertreibung» eine Beruhigung anzubahnen: Die Vertriebenenpolitiker sprachen von «Versöhnung» und persönliche Kontakte vieler Vertriebener zu ihren ehemaligen Heimatorten belebten den Alltag ihrer Organisationen. Die Feierlichkeiten zum 50. Jahrestag des Kriegsendes erweckten den Eindruck, als hätten die Deutschen und ihre östlichen Nachbarn den Weg zu einem gemeinsamen Erinnern eingeschlagen. Ein paar Jahre später wurde die Atmosphäre jedoch wieder getrübt. Anfang 2003 war im Nachrichtenmagazin *Der Spiegel* von einem neuen Meinungsklima in Deutschland zu lesen – anläßlich des 60. Jahrestags des Kriegsendes könnten andere Festlichkeiten ins Haus stehen, wurde gar angekündigt. Zwei Themen aus der deutschen Vergangenheit seien enttabuisiert worden: «Flucht und Vertreibung» und der «Bombenkrieg». Man habe über beide Themen «jahrzehntelang mehr geschwiegen als geschrieben», und «erst seit ein paar Jahren kehrt, wie die

Erinnerung an Flucht und Vertreibung nach 1945, die Erinnerung an die Feuerstürme, die in den Jahren davor deutsche Stadtzentren verschlangen, ins öffentliche Bewußtsein zurück».[35] Die Meinung der *Spiegel*-Redakteure, es bahne sich ein neues Meinungsklima an, wurde von vielen Deutschen geteilt. Erregte Debatten nicht nur in Deutschland, sondern auch in den Nachbarstaaten, vor allem in Polen und Tschechien als den beiden unmittelbar betroffenen Ländern, machten bald Schlagzeilen: Vollzieht sich in Deutschland ein Mentalitätswandel, infolge dessen das Bild des Zweiten Weltkrieges revidiert wird? Wird hier mit neuen Geschichtsbildern ein Kampf um die mentalgeschichtliche Inanspruchnahme der Opferrolle im künftigen gesamteuropäischen Gedächtnis an den Zweiten Weltkrieg ausgefochten? Im Sommer 2003 kulminierte die ‹neue Erinnerungswelle› in der Auseinandersetzung um das Projekt des Bundes der Vertriebenen (BdV), in Berlin ein «deutsches Mahnmal»[36] in Form eines staatlich sanktionierten «Zentrums gegen Vertreibungen» zu errichten. Viele Deutsche verkannten die politische Brisanz des ‹neuen Erinnerns› und verstanden nicht, warum andere mit den Erinnerungen an die unbestreitbar leidvollen Erfahrungen vieler Deutscher Probleme hatten.

Selbst Günter Grass hatte sich zuvor im Jahre 2000 beklagt, «wie spät und immer noch zögerlich an die Leiden erinnert wird, die während des Krieges den Deutschen zugefügt wurden».[37] Zwei Jahre später sprach er sogar von einem «bodenlosen Versäumnis»[38]: «Themen wie Flucht und Vertreibung von über zehn Millionen Menschen aus den verlorenen Ostprovinzen sind in Westdeutschland weitgehend verdrängt worden, und in der DDR gab es sie überhaupt nicht.»[39] Seine Novelle *Im Krebsgang* aus dem Jahre 2002 gilt als die Initialzündung der ‹neuen deutschen Erinnerungswelle›.[40] Seine Schilderung jener Katastrophe, die sich am 30. Januar 1945 bei der Versenkung des Schiffes «Wilhelm Gustloff» mit über 10 000 Menschen an Bord abgespielt hatte, verstanden viele Deutsche als Ausdruck jenes Mentalitätswandels, der im *Spiegel* propagiert wurde. Wo Grass meinte, heute habe sich vieles verändert und deshalb könne man über «Flucht und Vertreibung» anders schreiben, jubelten viele seiner Leser (die ihn früher möglicherweise nur wenig gelesen hatten), daß heute deshalb alles anders sei, weil Günter Grass anders über «Flucht und Vertreibung» schreibe.

Erika Steinbach, 1943 als Tochter eines aus Westdeutschland stammenden Besatzungsoffiziers im polnischen Städtchen Rumia geboren und nach den in Deutschland gängigen Vorstellungen auch eine ‹Vertriebene›, wurde in ihrer Eigenschaft als Präsidentin des BdV zum «Star» der neuen Entwicklung. Anders als ihre Vorgänger ermahnte sie mit diplomatischem Geschick und modernen Sprachgepflogenheiten die deutsche Öffentlichkeit: «Wer die deutschen Opfer nicht auch als europäische Opfer anerkennt, lebt in überholten nationalistischen Kategorien und hat Europas Geist nicht verstanden.»[41] Sie hat auch bei vielen SPD-Politikern Unterstützung gefunden, und als *bête noire* blieb in ihren Augen nur noch Außenminister Joschka Fischer. Ihre Idee einer

Europäisierung der bundesdeutschen Erinnerungen an «Flucht und Vertreibung» rief auch in der deutschen Öffentlichkeit ein lebhaftes Echo hervor. Dementsprechend wurde ihr Projekt aus dem Jahre 1999, eine neue Gedenkstätte im Berliner Stadtschloß, ein «Zentrum der 15 Millionen», zu errichten, interessiert aufgenommen. Mit dem Argument, «es gibt ja bislang noch keinen Ort, wo das Schicksal der Vertriebenen dokumentiert wird»[42], wurde ihr später unter dem Namen «Zentrum gegen Vertreibungen» bekannt gewordenes Projekt vielfach unterstützt, während andere den leicht modifizierten SPD-Vorschlag zur Gründung eines «Europäischen Zentrums gegen Vertreibungen» bevorzugten, in dem ein «dunkles Kapitel europäischer Geschichte» gemeinsam mit den Nachbarstaaten aufgearbeitet werden solle.[43]

Außenminister Joschka Fischer, selbst Kind einer aus Ungarn vertriebenen Familie, bot zu derselben Zeit «andere» Erinnerungen: «Der Schmerz über das Verlorene, über die Zerstörung der deutsch-jüdischen Symbiose, der Schmerz über den unwiederbringlichen Verlust an Kultur, der Schmerz, den man empfindet, wenn man heute etwa in Galizien oder Thessaloniki ist, der Schmerz über den Verlust dieser alten jüdischen Kultur, die dort von den Nationalsozialisten dauerhaft zerstört wurde – das alles ist auch eine Selbstzerstörung deutscher Kultur. Das endete mit der Zerstörung alter deutscher Städte, mit dem Verlust der Heimat und mit der Zerstörung alter deutscher Minderheiten in Südost- und Osteuropa.-[...] Aus meiner Sicht geht es nicht um die Vertreibung, sondern um den Prozeß der deutschen Selbstzerstörung. Insofern auch nicht um die Deutschen als Opfer.»[44] Die Frage, wessen Opfer die Opfer von «Flucht und Vertreibung» eigentlich seien, beantwortete er eindeutig: Sie seien die Opfer des Nationalsozialismus und damit Opfer anderer Deutscher, nicht der sogenannten Vertreiberstaaten. Fischer widersprach auch der These von der jahrzehntelangen Tabuisierung: «Von wegen Tabu. Meine ganze Kindheit und Jugend besteht aus diesen Geschichten von Vertreibung, Besatzung, Bombennächten und den Treffen der Heimatvertriebenen. Die ganze Publizistik jener Tage ist voll davon. Ich hatte ganz andere Tabus, nämlich was die Frage der Schuld der Deutschen betrifft, das war ja vor Mitte der sechziger Jahre fast vollkommen ausgeblendet.»

Der beschworene Mentalitätswandel in der deutschen Öffentlichkeit hat sich als eine bloße Variante der seit einem halben Jahrhundert zerklüfteten deutschen Erinnerungslandschaft entpuppt. Wo früher «deutsche Heimat» und «der deutsche Osten» als Metaphern der kollektiven Erinnerung an «Flucht und Vertreibung» standen, ist heute vom «Unrecht» und den «verletzten Menschenrechten» die Rede; anstelle der Friedhofskreuze «Den Toten der Heimat» werden heute die Leidensgeschichten der anonymen «Vertreibungsopfer» erzählt; und wo früher mit Durchhalteparolen das «Recht auf die Heimat» beschworen wurde, werden heute Hoffnungen auf die Bewahrung des «deutschen Kulturerbes» in den «ehemaligen deutschen Gebieten im Osten und in den früheren deutschen Siedlungsgebieten in Mittel- und Osteuropa» gesetzt, wie es Bundespräsident Johannes Rau formulierte.[45] Und ähnlich, wie einst Peter Härtling, Horst Bienek und die «anderen» Vertriebenen Empathie für einzelne Vertriebene empfanden und dennoch den Zusammenhang von «Flucht und Vertreibung» mit der nationalsozialistischen Vorgeschichte dabei nicht aus den Augen verloren, stehen heute die Erinnerungen von Joschka Fischer für die «andere» Erinnerungskultur in der Bundesrepublik. Die lebhaften Proteste aus Polen und Tschechien im Sommer 2003 gegen die sich allmählich konkretisierenden Pläne von Erika Steinbach dürfen nicht darüber hinwegtäuschen, daß es vor allem die nach wie vor zerklüftete deutsche Erinnerungslandschaft ist, die scharfe Gegensätze aufweist, trotz aller Vorhersagen des *Spiegels*, in Deutschland bahne sich ein ‹neues Meinungsklima› an.

Diese Zerklüftung der Erinnerungslandschaft «Flucht und Vertreibung» läßt sich inhaltlich in drei Punkten zusammenfassen:

1. Von Anfang an gab und gibt es bis heute die Tendenz, den Erinnerungsort «Flucht und Vertreibung» mit dem Erinnerungsort «der deutsche Osten» zu identifizieren; beide Erinnerungsorte wurden und werden weitgehend identisch gebraucht mit allen mythisierenden Inhalten des letztgenannten seit dem 19. Jahrhundert. Ausstellungen zu «Flucht und Vertreibung» werden oft als Leistungsschau früherer deutscher Kultur im Osten mißbraucht; dadurch entsteht der Eindruck, daß der Erinnerungsort «Flucht und Vertreibung» als Vorwand herhalten muß für den Erinnerungsort «der deutsche Osten», weil dieser als nicht mehr *politically correct* gilt. Eine offene Frage bleibt, ob «Flucht und Vertreibung» und der Verlust des «deutschen Ostens» als moralisch-politisch unterschiedlich zu bewertende und historisch sich unterscheidende Tatbestände sauber voneinander zu trennen sind.

2. Die Debatte um historische Kontextualisierung und dementsprechende Ursachenermittlung läuft oft genug auf die Gegenüberstellung hinaus: der vom Deutschen Reich begonnene Zweite Weltkrieg vs. die angeblich traditionelle Deutschfeindlichkeit slawischer Gesellschaften. Entsprechend geht es dabei um die Motive der Entscheidungsträger von 1945: unvermeidbare politische Notwendigkeit vs. Deutschenhaß und ethnische Säuberung. Gleichzeitig ergibt sich daraus die Frage einer Charakterisierung «der Deutschen» als «Auch-Opfer» (wessen Opfer?) bzw. «der Anderen» als «Auch-Täter».

3. Die behauptete Singularität des Vertreibungsgeschehens wirkt sich auf zwei Argumentationsebenen aus: Zum einen geht es darum, es aus den direkten Kausalzusammenhängen des Zweiten Weltkriegs herauszunehmen, zum anderen soll es in eine Reihe von Ereignissen gestellt werden, die alle mit dem modischen Schlagwort «ethnische Säuberung» belegt werden. Damit wird einer Enthistorisierung Vorschub geleistet, die an die Debatte um den Holocaust der letzten Jahrzehnte erinnert. Die Bemühungen um eine Europäisierung des Gedächtnisortes «Flucht und Vertreibung» lassen die Vermutung aufkommen, daß hier eine ähnliche Entwicklung wie die Universalisierung des Gedächtnisortes Holocaust bzw. Shoah ins Auge gefaßt wird.

Erhard Schütz

Der Volkswagen

I.

Wenn am 21. September 1999 symbolträchtig und publicitywirksam in Berlin unterm Brandenburger Tor in einer großen Show das 100-millionste Fahrzeug des Volkswagen-Konzerns präsentiert werden konnte, dann hat das nicht nur mit Erfinder- und Wirtschaftsgeist, mit technischem Know-how und der Arbeitskraft von Millionen Menschen zu tun. Fast mehr noch ist die Erfolgsgeschichte unter dem Namen Volkswagen die Geschichte einer höchst unwahrscheinlichen, aber immer neu gelungenen Serie von Namens- und Bedeutungsübertragungen bei optimaler Nutzung der positiven und Verdrängung negativer Konnotationen. Zugleich aber hat diese gigantische Zahl so gut wie nichts mehr mit dem zu tun, woran sich Generationen beim Stichwort Volkswagen zuerst und jede sich anders zu erinnern pflegen. Volkswagen, das ist noch immer der Käfer, für viele das erste Auto, das Auto schlechthin, der Wagen, mit dem und in dem man tat, wozu irgendein Auto zu benutzen war. Eine mobile Heimstatt. Ob man sich noch an die mythischen Zeiten von Brezelfenster, ausklappenden Winkern und Blumenvase im Beifahrerblick erinnert, ob man das regelmäßige Rütteln und Tuckern, das Klingeln in den oberen Regionen im Ohr hat, ob man sich an den Zeitpunkt erinnert, an dem tatsächlich ein Bierkasten unter die Vorderhaube paßte oder man sich mit einem Nylonstrumpf als Keilriemen behalf, ob man beim röhrenden, zu spät wirkenden Gebläse winters fror oder beim nicht abstellbaren im Sommer kochte – der Volkswagen, der Käfer war erster Ort der mobilen Familienbande wie des erwachsenen Entronnenseins in Eigenständigkeit. Der Volkswagen war Arbeitsgerät und Freizeitglück. Er war für die einen das nachgeholte Autowandern, Naturverbundenheit und Singen noch auf der Autobahn, für die nächsten Vehikel zur sonntäglichen Naherholung oder der Italiensehnsucht, für die anderen ein Asphaltspielzeug und schließlich kurioses Nostalgieobjekt, verehrt und gepflegt in unzähligen ‹Käfer-Clubs› und Käfer-Rallyes.

Bewegt zwar, aber doch immer zugleich ein fester Ort, eingefügt in die als Gemeinschaft gedachte Gesellschaft und zugleich ein Laufstall der Individualisierung. Der Volkswagen war der Käfer, und das war nicht nur das Auto der Deutschen im Westen schlechthin, sondern zugleich das rollende Wirtschaftswunder, das gute Gewissen und die feste Burg derjenigen, die entschlossen waren, ihren bescheidenen Wohlstand zwar bescheiden, aber wohl zu leben.

Wenn im September 1999 eine Magazin-Anzeige von VW mit folgendem Dialog zwischen Vater und Sohn warb: «Stell Dir mal vor, den Golf gibt's jetzt schon seit 25 Jahren.» «Und was haben die Leute vorher gefahren?»[1] – dann will das auch die Erfolgsgeschichte des VW-«Käfer» zuvor in Erinnerung rufen. Es läßt aber zugleich um so mehr erkennen, daß diese Erfolgsgeschichte sich vielleicht ökonomisch fortsetzen, jedoch in ihrer singulären Bedeutung, in ihrer geradezu mythenbildenden Kraft nicht mehr wird wiederholen lassen.

Die Erinnerungsgeschichte des Volkswagens ist tatsächlich eine gänzlich unwahrscheinliche Geschichte. Eine Kombination aus Wagen, Werk und Werbung.

Am Anfang stand eine Typenbezeichnung für Kraftfahrzeuge, die, unter Berufung auf eine Autorität, die den Begriff gar nicht benutzt hatte, exklusiv auf ein spezifisches Produkt übertragen wurde, das zu dem Zeitpunkt der Übertragung noch nicht einmal existierte, und als es dann existierte, vorrangig unter anderem Namen und Aussehen anderen Zwecken diente: Der private Volkswagen war, ehe er in Serie ging, zum militärischen Kübelwagen mutiert. Unter Zurücklassung der schweren Hypothek aus dieser Umfunktionierung, aber unter Mitnahme der damit verbundenen Legenden wurde der ursprüngliche Name erfolgreich wieder installiert. So erfolgreich, daß das Produkt bald seinen weltweiten Siegeszug unter anderen, nämlich Kosenamen – Käfer, Bug, Beetle – antrat, während der ursprüngliche Name sich – vor allem in der Abkürzung – mit dem Werk verband, auf Zweigwerke ausdehnte und schließlich zum pars pro toto, ja, zum Synonym des bundesrepublikanischen Wirtschaftswunders wurde. Als das ursprüngliche Produkt nicht mehr in Deutschland und später überhaupt nur noch in Mexiko produziert wurde, ehe man 1985 auch dort die Produktion einstellte (seit 1993 wird der Käfer wieder in Brasilien hergestellt), war es längst einerseits gelungen, die Konnotationen des Begriffs erfolgreich auf die Parallel- und Nachfolge-Produkte zu übertragen, und andererseits, den Konzern, der sich zum Dach anderer, z. T. traditionsreicherer Markennamen – Audi, Skoda, Seat – gemacht hatte, fest mit der Marke zu verbinden. Von der Typenbezeichnung bis zum Global Player – Volkswagen oder kurz VW, das ist, trotz belasteter Vergangenheit in Deutschlands düstersten Zeiten, der überragende deutsche Mythos des 20. Jahrhunderts, Inbegriff aller erdenklichen ‹deutschen› Tugenden: Ausdauer, Bescheidenheit, Einfallsreichtum, Ehrlichkeit, Leistungsfähigkeit, Sparsamkeit und Zuverlässigkeit. Ja, schließlich sogar – wahrlich nicht im deutschen Kanon vornan – Humor, Witz und Selbstironie. Volkswagen, das ist ein Produkt einer in dieser Form einzigartigen Folge von günstigen Situationen und glücklichen Marketing-Entscheidungen.

Der «Käfer», ist überdies der einzige deutsche Beitrag zu der aus relativ wenigen Elementen bestehenden Globalkultur – im Status vergleichbar der Coca-Cola-Flasche oder Disneys Mickey Mouse. Wie die «Micky Maus» kann man cum grano salis den «Käfer» zum Zeugen anthropologischer Veränderungen machen, die man kulturpessimistisch als Infantilisierung, neutraler als materialisierte Sentimentalität oder ethologisch als Auslöser von Mechanismen der Liebeszuwendung bezeichnen mag, nämlich der – gegenläufig zum üblichen biologischen Prozeß – zunehmenden Herausarbeitung des Kindchenschemas. Mickey Mouse, die Ende der zwanziger Jahre ihre Karriere als eher boshafte, jedenfalls erwachsene Figur begann, wurde nicht nur alsbald zunehmend braver und vorbildlicher, sondern veränderte sich auch körperlich: Kopf und Augen wurden deutlich größer, und generell rundeten sich ihre Formen. Analoges läßt sich am Käfer beobachten: daß er u. a. durch sukzessive vergrößerte Stoßstangen, vor allem aber größere und geschwungenere Fenster- und Beleuchtungsflächen, sowie gebogenere Formen immer runder wurde, zu «dieser seltsamen Kugel, die man Käfer nennt»[2], bis er schließlich in der Retroästhetik des «New Beetle» geradezu selbstparodistisch in Babyform wiedergeboren erschienen ist. Wie die Mickey Mouse, so hat, mit anderen Worten, auch der Käfer als technisches Produkt «in gedrängter Form unsere eigene Evolutionsgeschichte»[3], die «Neotenie», nachvollzogen, der wir, so Konrad Lorenz in zeittypischer Formulierung 1950, «[d]ie für das Menschentum des echten Mannes so wesentliche Eigenschaft» verdanken, «dauernd ein Werdender zu bleiben».[4]

Zudem ist der Volkswagen die kollektivsymbolische Erinnerung daran, wie die Deutschen nach 1945 in ihrem Selbstbild wieder zu werden versuchten, was sie 1933 endgültig begonnen hatten, bald nicht mehr sein zu können: ‹normale›, ebenso unauffällige wie nützliche Mitglieder einer Gemeinschaft. Diesmal der demokratischen Gemeinschaft des Westens.

In den Nachkriegsjahren erhielt jeder Käufer eines Volkswagens einen von Heinrich Nordhoff unterschriebenen Brief, der mit dem Satz begann: «Ich begrüße Sie in der Gemeinschaft der Volkswagenfahrer [...].»[5] Der ideologiekritische Reflex, darin den ebenso bedenkenlosen wie selbstentlarvenden Weitertransport nationalsozialistischer Volksgemeinschaftsideologie sehen zu wollen, greift jedoch entschieden zu kurz, nicht nur, weil der Gemeinschaftsbegriff bald in das intimere Bild der «Familie» überging und VW sich in den USA good corporate citizenship angelegen sein ließ, gewissermaßen die kommunitaristische Variante im Gemeinschaftlichen. Zwar war der Volkswagen in mehr als einer Hinsicht ein wesentliches, besonders prominentes Element im Propaganda-Konzept der Volksgemeinschaft und ist der Erfolg von VW nach 1945 schwerlich ohne diese Herkunft zu denken, aber gerade hier gelang es, die positiven, auch in demokratischen und liberalen Gesellschaften wünschenswerten Aspekte sozialer Bindungen und korporativen Vertrauens von den totalitären, disziplinär hierarchischen Implikationen unbedingter Führer-Gefolgschaft-Bande zu lösen. Aus der vom rassistischen Irrwitz dirigierten, militaristisch mobilisierten Beutegemeinschaft wurde so nach und nach eine zivil sich individualisierende, mobile Konsumgesellschaft. Allerdings um den Preis, daß damit zunächst auch der rassistische Rahmen und die verbrecherischen Ziele der Vergangenheit weithin ausgeblendet und verdrängt wurden.

VW-Werbung

Indes zeigt die Erfolgsgeschichte des Volkswagens in aller Welt, speziell aber in den USA, wie die Vergessensbereitschaft des Marktes zugleich eine resozialisierende Wirkung hatte. Gerade an der Geschichte des Volkswagen-Erfolgs, die entschieden eine Image-Geschichte war, läßt sich die ungemein diffizile Gratwanderung zwischen temporärem und zweckgebundenem Ausblenden und Absehen von belastender, stigmatisierender Vergangenheit als Voraussetzung sozialer (Re-)Integration und dem – wiederzugewinnenden – Bewußtsein der Untilgbarkeit wie Unabgegoltenheit der Geschichte studieren.

II.

«Ein Volk, das arbeitet, will und braucht seine Erholung, um leistungsfähig zu bleiben.» Und: «Weekend – Kraft durch Freude – Volkswagen – alle drei dienen der großen nordischen Neigung, die Enge des Raumes [...] zu überwinden [...] wenigstens zur Erholung.»[6] Als Fritz Todt dies 1937 verkündete, hatte er bereits erfolgreich die Basis zur propagierten Mobilität geschaffen, die Reichsautobahnen, die von ihm als solche inszenierten «Straßen des Führers». Zu diesem Zeitpunkt waren immerhin 2000 Kilometer Autobahn befahrbar, aber es fehlte entschieden an Nutzern, die der ‹nordischen Neigung› hätten Ausdruck geben können. Noch immer war der Motorisierungsgrad, insbesondere der private mit PKW, außerordentlich gering. Allenfalls waren die Deutschen bis dahin ein Volk der Motorradfahrer.

Für die volksgemeinschaftliche Mobilisierung im Rahmen einer rassistisch kontrollierten, als ‹organisch› propagierten Moderne hatte Todt mit den Reichsautobahnen die Infrastruktur erfolgreich in Angriff genommen. Und das betraf keineswegs nur die Fahrbahnen. Vielmehr waren ja die ‹Straßen des Führers› geradezu holistisch projektiert worden. Der Nationalsozialismus, der sich als «Bewegung» von allen bisherigen Parteiungen abzusetzen suchte, wollte sich in der Autobahn ein Denkmal setzen, das zeitgenössisch denn auch mit fast allen großartigen Bau-Zeugnissen der Menschheitsgeschichte verglichen und in Millennien visioniert wurde. Ein Denkmal, das die «Volksgenossen» buchstäblich erfahren sollten. Entsprechend wurde die Autobahn mit Ansprüchen überfrachtet. Als sichtbarer Beweis für die Ganzheitlichkeit der «Deutschen Technik» sollte sie die Versöhnbarkeit von Natur, Kultur und Technik demonstrieren und darüber hinaus dann die allseitige Verschmelzung zur «Volksgemeinschaft». Kaum etwas, das zu verbinden und auszugleichen ihr nicht programmatisch aufgegeben wurde: Bauern und Arbeiter, Ingenieure und Architekten, Mensch und Maschine, Arbeit und Freizeit, Tradition und Zukunft, die verschiedenen Gaue und Stämme, Stadt und Land und vor allem und immer wieder: Natur und Technik. In ihrer infrastrukturellen Geschlossenheit aus Straße und Versorgungseinrichtungen propagiert, sichtbar gemacht, visioniert und eingeübt durch einen komplexen Verbund aus Medien- und Künste-Einsatz, bedurfte es jedoch noch einer anderen Funktion als der der Selbstmonumentalisierung. Als sichtbares Zeichen der Wiederkehr der Arbeit, der Organisations- und Integrationskraft des Nationalsozialismus, weithin ungeeignet zu militärischen Zwecken, wurde so die Autobahn das zentrale Projekt alltagswirksamer Komfortisierungsversprechen des Nationalsozialismus.

Gemessen an Umfang und Art der Motorisierung im damaligen Deutschland war die Autobahn überflüssig, ja, im Blick auf den allgemein schlechten Zustand des übrigen Straßennetzes, auf dessen Kosten ihr Bau ging, geradezu dysfunktional. Darum war die Autobahn in dieser Hinsicht auch nicht gebaut worden, weil es einen Bedarf nach weiteren und schnelleren Wegstrecken gegeben hätte, sondern weil man auf diesem Wege allererst einen Bedarf an Kraftwagen erzeugen wollte. Dieser Bedarf nun wurde nicht zuerst vom Güterverkehr her projektiert, sondern vom Freizeitverkehr. Die Autobahn wurde propagiert als Infrastruktur fürs Autowandern. Sie sollte den ‹Volksgenossen› nicht nur die Schönheiten der deutschen Landschaft erschließen (und damit den ländlich abgelegenen Gebieten durch den Tourismus aufhelfen), sondern sie wurde selbst als Wanderziel und Freizeitort vorgestellt. Und genau hier kam der Volkswagen ins Spiel. Der Volkswagen stand für die zukünftige Massenmotorisierung Deutschlands – im Zeichen des Autowanderns.

So schwärmt Wilfrid Bade, hochrangiger Mitarbeiter im Propagandaministerium, Ende 1938 über ein «neues Weltgefühl auf neuen Bahnen»: «Noch können wir gar nicht ermessen, was diese Straßen des Führers dem deutschen Volke sein werden. Erst wenn sein zweites großes Geschenk an unser Volk ausgeteilt ist – der Wagen KdF, der Volkswagen – dann erst wird es ein jeder verstehen, und ein jeder wird an diesem Glück teilhaben.»[7] Walter Ostwald konkretisiert das mit Zahlen: «[W]as sind schon die vielleicht zwei Millionen deutschen Kraftfahrwanderer von heute gegen die Motorisierung der 80 Millionen Großdeutschlands. Für das kraftfahrende ganze deutsche Volk von morgen, nicht für uns immer noch verhältnismäßig wenige Vorläufer von heute, baut Dr. Todt die Straßen des Führers, auf denen und durch die das Kraftfahrwandern in Großdeutschland so ganz besonders schön geworden ist.»[8] In allen Medien warb man fürs Autowandern. Und der Volkswagen war immer dabei. Zumindest propagandistisch im Bild. Auf der Autobahn oder neben dem Zelt in freier Natur.

III.

«Wir haben den Wagen des deutschen Volkes geschaffen. An dir, künftiger KdF.-Wagen-Fahrer, liegt es nun, diese Maschine so zu verwenden, daß sie nur Freude bereitet und zum Segen des deutschen Volkes wird.»[9] Das schrieb Ferdinand Porsche als Geleitwort zu Otto Willi Gails um eine ‹Volkswagenfibel› erweiterte *Autofibel* im Dezember 1938. Zu diesem Zeitpunkt hatte der Volkswagen seine vorläufig endgültige Form gefunden, «die Vollendung der technischen Überzeugung einer ganzen Generation von Konstrukteuren»[10]: Mit Vierganggetriebe, 985 ccm Hubraum, 24 PS und 100 km/h Höchstgeschwindigkeit des luftgekühlten Vierzylinder-Boxermotors im Heck, Einzelradaufhängung, den bündig in die Kotflügel eingelassenen Scheinwerfern, den an der Mittelsäule schließenden Türen und dem durch überarbeitete Luftzufuhr zum Motor ermöglichten, charakteristisch geteilten Heckfenster, dem «Brezelfenster», ist die Ausgangsform nurmehr behutsamer Veränderungen gefunden. Doch existierten vom Typus VW 38 gerade einmal 64 Wagen, gebaut im Karosseriewerk Reutter in Stuttgart. Allerdings war im Mai desselben Jahres bei Fallersleben, nahe dem Mittellandkanal, der Grundstein für das Volkswagenwerk gelegt worden, Kernstück der «Stadt des KdF-Wagens», wo man – in propagandistischer Selbstberauschung – bereits 1939 anderthalb Millionen Einheiten pro Jahr produzieren wollte. Selbst realistischere Kalkulationen gingen immerhin davon aus, daß spätestens 1940 120000 Wagen hergestellt werden könnten. Bis dahin freilich hatte der Volkswagen bereits eine wechselvolle und hindernisreiche Vorgeschichte hinter sich gebracht.

Das berühmte «Brezelfenster»

Vom «Volksautomobil» war seit Beginn des Jahrhunderts geredet worden. Und unter dem Eindruck der Massenautomobilisierung in den USA durch Fords T-Modell waren schon im Deutschland der zwanziger Jahre zahlreiche Versuche zur Produktion massenhaft herstellbarer und massenhaft erschwinglicher PKW unternommen worden. Gerade die Vielzahl dieser Versuche aber war es, die zugleich deren jeweilige Chancen verhinderte, da nur hohe Stückzahlen einigermaßen Produktivität versprachen. Den angestrebten Typus – «einen kleinen und billigen, jedoch vollwertigen, also mit mindestens vier Sitzen und einem gewissen Bedienungskomfort ausgestatteten, für die gewerbliche wie private Nutzung geeigneten Gebrauchswagen»[11] – nannte man allgemein «Volkswagen». Noch auf der Internationalen Automobilausstellung (IAA) in Berlin, als Hitler verkündete, daß das Automobil nicht länger «ein Verkehrsmittel für besonders bevorzugte Kreise» bleiben dürfe, sondern «Millionen braver, fleißiger und tüchtiger Mitmenschen, denen das Leben ohnehin nur begrenzte Möglichkeiten einräumt, [...] vor allem an Sonn- und Feiertagen zur Quelle eines bisher unbekannten, freudigen Glückes» werden und man den Mut haben müsse, «dieses Problem entschlossen und großzügig anzugreifen»[12], waren sich zahlreiche Firmen in ihrer Werbung sicher, einen «Volkswagen» bereits im Angebot zu haben – so etwa Opel mit seinem Typ ‹Köln›, der für 1990 RM annonciert wurde.

Der Reichsverband der Automobilindustrie (RDA) hatte sich bis dahin gegenüber allen Plänen eines einheitlichen Volkswagens reserviert bis obstruktiv verhalten und immer wieder nach Subventionen gerufen. Als man jedoch erkannte, daß Hitler sich in seinem Popularitätsstreben den Gedanken eines Volksautomobils geradezu obsessiv zu eigen gemacht hatte – Carl Hahn, Direktor der Auto Union und Vater des späteren Chefs von Volkswagen of America, Carl H. Hahn, sprach sarkastisch von der «Lieblingsidee des Führers»[13] –, gründete man im Mai 1934 eine Arbeitsgemeinschaft zur Entwicklung des Volkswagens und beauftragte schließlich im Sommer 1934 das Konstruktionsbüro von Ferdinand Porsche mit ersten Entwicklungsarbeiten. Ferdinand Porsche (1875–1951), bis dahin Autokonstrukteur bei Steyr und Daimler-Benz, dann selbständig, gilt bis heute als Inbegriff des ‹genialen Tüftlers› und gehört mit seinen technischen Entwicklungen, beginnend mit dem Volkswagen, zu den legendären Figuren deutscher Techniktüchtigkeit. Porsche, der erst 1937 in die NSDAP eintrat und Mitglied der SS wurde, ist zugleich eine exemplarische Figur für den Typus des Technikers, der sich um Politik nur insoweit kümmert, als sie ihm die Spielräume für seine Entwicklungen zur Verfügung stellen soll.

In seinem Exposé betreffend den Bau eines deutschen ‹Volkswagens› benutzte Porsche den Namen noch im Sinne einer Typenbezeichnung. Aber inzwischen hielt der RDA diese Verwendung nicht mehr für opportun. Man befand, daß es einzelnen Automobilfirmen fürderhin nicht mehr erlaubt sein könne, den Namen frei zu verwenden. Unter Hinweis darauf, daß der Führer den Namen auf der IAA geprägt habe und ihm damit eine besondere Bedeutung zukomme, mahnte man Unternehmen, die für ihre Produkte mit dem Begriff Volkswagen warben, ab. Ein Notar, den man mit Maßnahmen zum Schutz des Namens beauftragt hatte, mußte den RDA jedoch darauf hinweisen, daß der ‹Führer› diesen Namen in seiner Rede gar nicht benutzt hatte und daß der Name – als Typenbezeichnung – nicht schützbar sei. Daraufhin entschloß man sich, ‹RDA-Volkswagen› als Verbandszeichen eintragen zu lassen. Nachdem auch die Firma Opel, die nahezu die Hälfte ihres Umsatzes in der Volkswagen-Klasse machte, Ende 1934 ihren Widerstand aufgegeben hatte, ging man daran, nun auch die einzelnen Autohändler von der weiteren Benutzung des Begriffs abzuhalten. Ob man das nun als «semantische Säuberungsaktion»[14] bezeichnen muß, ist mehr als nur eine Stilfrage. Der Begriff jedenfalls wurde im allgemeinen Gebrauch sehr schnell auf das von Porsche zu entwickelnde Fahrzeug eingeschränkt. Dazu trug vor allem die entsprechende Verwendung in der Presse bei, die wiederum vom Propagandaministerium einschlägig angewiesen wurde. Als die *Kölnische Zeitung* im April 1936 einen Bericht aus New York unter dem Titel «Wendezeit des Verkehrs. Der ‹Vater des Volkswagens›» brachte und darin Henry Ford mit der Vaterschaft bedacht wurde, kam es zu einer Rüge: «Eine derartige Darstellung ist völlig unmöglich. Bekanntlich soll über das Thema des Volkswagens überhaupt nichts geschrieben werden, aber abgesehen davon, kann als Schöpfer des deutschen Volkswagens in späterer Zeit nur Adolf Hitler genannt werden.»[15] Daß zu diesem Zeitpunkt möglichst nicht über den Volkswagen geschrieben werden sollte, obwohl Hitler auf der IAA 1935 einmal mehr «die Schaffung des Wagens der breiten Masse» verkündet hatte und auf der IAA 1936 bekräftigte, daß er «mit rücksichtsloser Entschlossenheit die Vorarbeiten für die Schaffung des deutschen Volkswagens durchführen»[16] lasse, lag an ungelösten Konstruktionsfragen. Porsche, der 1935 noch nicht einmal genau wußte, wie der Motor des Volkswagens aussehen sollte, hatte als ehemaliger Konstrukteur des von Hitler bevorzugten Mercedes-Cabriolets sich der besonderen Gunst Hitlers versichert. Dessen Protektion schützte ihn nicht nur gegen die Kritik des RDA, sondern brachte den Verband auch dazu, zähneknirschend zwar, aber bis Ende 1938 immerhin die stattliche Summe von 1,75 Millionen RM in das Projekt zu stecken. Zu dem Zeitpunkt wiederum hatte längst die Deutsche Arbeitsfront (DAF) die Federführung beim Bau des Volkswagens und beim Bau eines eigenen Werks, das Hitler bei einer Prototypen-Vorführung 1936 auf dem Obersalzberg visioniert und damit beschlossen hatte, übernommen. Der Volkswagen wurde nun – in Anlehnung an die Organisation der DAF, ‹Kraft durch Freude› (KdF) – als «KdF-Wagen» propagiert. Doch war der Name Volkswagen inzwischen so sehr mit dem Projekt verbunden, daß sich trotz offiziellem Gebrauch der Name «KdF-Wagen» nicht durchsetzen konnte.

Der Volkswagen war von Anfang an mit allem ausgestattet und belastet, was die Entstehung in einer Diktatur und der Willkürakt der Entscheidung dazu mit sich bringen: freie Hand bei der Planung, Erfolgsdruck und wirtschaftlich unrealistische Rahmenbedingungen. Hitler hatte den Preis willkürlich auf keinesfalls mehr als 990 Reichsmark festgesetzt. Das aber lag weit unter den Produktionskosten selbst des konkurrenzlos günstigsten Wagens der Zeit, des billigsten Opel-Modells, das für etwa 1450 Reichsmark zu haben war. Andererseits wurde die Inangriffnahme der Herstellung gegen den Rat jeglichen einschlägigen Sachverstands aus persönlichen und partei- und staatspropagandistischen Gründen forciert. Hitler wollte ein solches Fahrzeug und hatte sogar erkennen lassen, es notfalls eigenhändig privat zu fördern. Goebbels unterstützte ihn, weil er Hitler zu Diensten sein wollte. Und Robert Ley machte es zur Sache der DAF, weil er sich davon eine gestärkte Position in den innerparteilichen Konkurrenzen versprach. Nachdem sich Hitler auf der IAA 1937 kategorisch gegen weitere Einwände verwahrt hatte, wurde am 29. Mai durch die DAF die «Gesellschaft zur Vorbereitung des Volkswagens» gegründet, die nicht nur die 64 Wagen des Typs VW 38 bei Daimler-Benz in Auftrag gab, sondern auch die Planung und Erstellung der zukünftigen Werksanlagen übernahm. Die Zwangsorganisation der DAF, die nach Zerschlagung der Gewerkschaften Arbeiter und Unternehmer umfaßte, investierte fortan das den Organisationen der Arbeiterbewegung geraubte Geld in den Volkswagen und seine Fabrikationsanlage.

Nachdem die ersten Prototypen 1936 durchaus erfolgreich in den Dauer-Test gegangen waren, begann man mit Planungen und Bau des «KdF-Werks» und der dazugehörigen zukünftigen «Stadt des KdF-Wagens» in der Nähe von Fallersleben.

Der Beginn der Serienproduktion war für das Jahr 1938 versprochen worden, aber erst am 26. Mai wurde unter großem Pomp, in Anwesenheit von über 70 000 Menschen, der Grundstein gelegt. Von Robert Ley als «Olympia der Arbeit, gekrönt von einer Akropolis der Freude, der Schönheit»[17] angekündigt, wurde das Werk ohne Rücksicht auf volkswirtschaftliche Überlegungen aus dem Boden gestampft. An Fords ‹River Rouge› in Detroit orientiert, sollte das Werk zum modernsten in Europa werden.

Inzwischen war die Propaganda für das Volkswagensparen angelaufen. Der tatsächliche Kaufpreis war unterdes durch Versicherung, Transport etc. auf ca. 1200 RM erhöht worden. Für den Unterhalt mußten monatlich mindestens 70 RM veranschlagt werden. Die von Bodo Laffrentz für die DAF konzipierte und mit massivster propagandistischer Intensität popularisierte Kampagne brachte schließlich bis Ende 1939 170 000 Sparer zusammen, die wöchentlich mindestens 5 RM für den Wagen beiseitezulegen bereit waren. Nach vier Jahren sollte – ohne Anrechnung der Zinsen – der Wagen dann gekauft werden können. Daß diese Zahlen weit hinter den Erwartungen zurückblieben – bis Kriegsende waren es nur knapp 340 000 Verträge mit immerhin einem Sparvolumen von 300 Millionen Reichsmark – lag gewiß nicht am Desinteresse einer mobilitätsbegeisterten Bevölkerung, sondern ging auf die trotz deutlich verbesserter Lebensbedingungen nach wie vor viel zu niedrige Kaufkraft zurück. Unabhängig von solchen zur Zurückhaltung mahnenden Indikatoren verfolgte man das Projekt Volkswagenwerk geradezu als autonomes Wirtschaftskunstwerk. «Dem Volkswagenwerk ist ja nicht nur die Aufgabe gestellt, ein Fahrzeug auf die billigste Art herzustellen», hatte Anfang 1941 der Technische Leiter, Otto Dykhoff, erklärt, «sondern der Schwerpunkt der Aufgabe lag darin, ein vorbildliches Werk zu erstellen, in dem alle Gesichtspunkte von den Arbeitsbedingungen und Möglichkeiten deutscher nationalsozialistischer Auffassung in die Tat umgesetzt sind.»[18] Und diese Planung sicherte sich zu einem Zeitpunkt, in der so gut wie alles auf Rüstung ausgelegt war, nicht einmal durch militärische Nutzbarkeit ab. Es ist bezeichnend, daß die Fabrik, deren erste Ausbaustufe bereits für eine Jahresproduktion von 500 000 Wagen konzipiert war, es bis Ende des Krieges auf ganze 630 bis 650 «KdF-Wagen» brachte, in deren Fahrgenuß fast nur Testfahrer, Journalisten und ausländische Gäste – darunter der japanische Kaiser Hirohito – kamen. (Hitler selbst ist, soweit nachzuweisen, überhaupt nur zweimal mit dem Volkswagen gefahren.) Auch die Zahlen der Produktion zu militärischen Zwecken waren nicht überwältigend: ca. 50 000 Kübelwagen und ca. 14 000 Schwimmwagen.

Das Werk, ohnehin nicht für militärische Produktion konzipiert, war zu Beginn des Krieges nur hinhaltend und halbherzig auf militärische Interessen eingegangen. Vielmehr setzte man darauf, daß nach dem vermeintlich kurzen

Krieg die Nachfrage nach privaten PKW nicht nur in Deutschland, sondern in ganz Europa rapide steigen würde: «Im größeren Deutschland und dem künftigen Wirtschaftsgebiet Europa-Afrika-Asien erwachsen dem deutschen Markt derart große Räume, daß wahrscheinlich die Produktion jahrelang hinter den Absatz-Möglichkeiten zurückbleiben wird. Es besteht gar kein Grund zu glauben, daß Deutschland nicht gleich große Absatzgebiete in absehbarer Zeit haben wird wie Amerika.»[19]

Als sich abzeichnete, daß aus diesen Plänen so schnell nichts werden würde, und als sie dann überhaupt nicht mehr realistisch schienen, stellte man sich auf ausschließliche Kriegsproduktion ein. Das in jeder Hinsicht «hochmoderne Aggregat der Volkswagen GmbH» fungierte dabei, wie Hans Mommsen es plastisch formuliert hat, «als eine Art Lumpensammler der Industrie». Man fertigte fortan Munition, Bunkeröfen und Flugzeugteile ebenso wie hölzerne (!) Zusatztanks.[20] Die zu Kriegsende vorgesehene Fertigung der Flugbombe Fi 103 kam nicht mehr zustande. Zur Vorbereitung dazu hatte man u. a. das Außenlager Laagberg des KZ Neuengamme eingerichtet, in dem Häftlinge in großer Zahl zu Tode gequält wurden. Zumindest im Werkskern scheinen die Kriegsgefangenen und Zwangsarbeiter tendenziell besser behandelt worden zu sein als in anderen, vergleichbaren Werken. Aufs Ganze gesehen war aber die Werksleitung wohl nicht mehr und nicht weniger in die Vernichtungspolitik involviert als all die anderen Unternehmen.

IV.

Am 14. April 1945 besetzten amerikanische Streitkräfte Stadt und Werk. Sie, die einige Tage zuvor einfach vorbeimarschiert waren, waren von Angehörigen der Werksleitung gerufen worden, die Zerstörungen und Übergriffe durch die bisherigen Arbeitssklaven fürchteten. Das Werk konnte einen durch Auslagerung noch weithin funktionierenden Maschinenpark vorweisen, und die britische Besatzungsarmee, in deren Zuständigkeit es nun lag, hatte Kraftfahrzeuge dringend nötig. Von Demontage verschont, wurde das Werk unter energischem Einsatz englischer Offiziere schnell wieder funktionstüchtig gemacht. Da britische Kfz-Sachverständige zu dem Ergebnis kamen, der Wagen sei «zu häßlich und zu laut», um privatwirtschaftlich zu reüssieren, sah man in ihm keine Konkurrenz für die heimische Industrie und plante eine Produktion auf die nächsten drei Jahre.[21] Ende 1946 wurden in der Stadt, die von der britischen Militärverwaltung offiziell den Namen Wolfsburg erhielt, bereits wieder 10 000 Wagen hergestellt. Und damit begann der strahlendere Teil, die eigentliche Erfolgsgeschichte von VW.

Wie die Geschichte der Entwicklung mit dem Namen Ferdinand Porsches, so ist die Nachkriegsgeschichte des Werks mit dem von Heinrich Nordhoff verbunden.

Heinrich Nordhoff (1899–1968), in den zwanziger Jahren Konstrukteur von Flugzeugmotoren bei BMW, nach einem USA-Aufenthalt 1929 bei den Opel-Werken, Chef des Opel-Lastwagenwerks und seit 1942 Vorstandsmitglied, nach 1945 von General Motors entlassen, wurde am 1. 1. 1948 zum Generaldirektor bei Volkswagen bestellt. Unter Nordhoff, den man bald mit einem aufgeklärten Monarchen verglich und «König Nordhoff» nannte, nahm das Werk seinen Aufschwung, den man alsbald mit dem deutschen «Wirtschaftswunder» schlechthin zu identifizieren begann. Nordhoff, dem «heimlichen Sozialreformer», wie der *Spiegel* ihm huldigte[22], war maßgeblich das mustergültige Tarif-, Ausbildungs- und Sozialsystem zu danken, getragen wiederum von einer Arbeiterschaft, die ein hohes Maß von Heimatvertriebenen integrierte, politisch stark konservativ war, zugleich aber einen nahezu totalen gewerkschaftlichen Organisationsgrad aufweisen konnte.

Als Nordhoff 1958 als erster Automobilhersteller und erster Ausländer den Sperry-Preis, vergeben von den amerikanischen Ingenieursvereinigungen, erhielt, erläuterte er, worin er den revolutionären Erfolg von Volkswagen sah – in der Konstanz: Er habe viele Ratschläge erhalten, «warum nicht in kürzester Zeit bedenkenlos den Namen, die Konstruktion und damit ungefähr alles an dem Wagen ändern? Vielleicht war ich zu beschäftigt, um auf diese Ratschläge zu hören, auf jeden Fall wußte ich selbst genau, was ich zu tun hatte.»[23]

Am 5. August 1955 feierte man mit 100 000 Menschen und einem betont internationalen Programm eine Million gebauter Volkswagen. Längst brauchte man nicht mehr auf das Potential der Hunderttausende zurückzugreifen, die im Krieg zu Kraftfahrern ausgebildet worden waren. Eine nächste Generation von Volkswagenkunden begann schon heranzuwachsen.

Unterdessen hatte sich die Einwohnerzahl von Wolfsburg, das fortan auf dem Poststempel als «die junge, aufstrebende Volkswagenstadt» firmierte, gegenüber den ursprünglich 18 000 Barackenbewohnern mehr als verdoppelt. 1959 zählte die «blitzende Musterstadt»[24] 55 000 Einwohner.

Nordhoff, selbst im Kundendienst tätig gewesen, ließ sich die Pflege der Kundschaft besonders angelegen sein. Er habe, so urteilt Arthur Railton, eine «fast religiöse Einstellung» gegenüber dem Kundendienst entwickelt.[25] Immerhin mußte die Verkaufsorganisation nach 1945 völlig neu aufgebaut werden. An die sonstigen Kontinuitäten erinnerte man sich offiziell lieber nicht, ganz so, wie in Martin Beheim-Schwarzbachs Jugendbuch von 1953 ein VW erzählt: «Als mein jetziger Herr mich zu sich nahm, war ich schon einige dreißigtausend Kilometer alt und sah ziemlich abstrapaziert aus, denn ich war für offenbar militärische Zwecke benützt worden. [...] Erinnerungen habe ich indessen an diese Zeit nicht; wenn man sehr hart gefahren und wenig gepflegt wird, leidet das Gedächtnis [...].»[26]

Solche Produkte, bestellt oder nicht, gehörten, wie etwa die erfolgreichen Jugendbücher des Publizisten Erich Kuby (*Alarm im Werk*, 1955; *Thomas und sein Volkswagen*, 1956), zum PR-Umfeld des Volkswagens. Während so der

Nachwuchs auf die Gegenwart verpflichtet wurde, war die Vergangenheit bei den Älteren noch nicht vergessen – zumindest bei denen, die seinerzeit für den Volkswagen gespart hatten. Seit 1949 prozessierten Sparer, 40 000 davon zusammengeschlossen im Hilfsverein ehemaliger ‹Volkswagensparer›, gegen das Werk auf Lieferung der ersparten Wagen. Volkswagen lieferte sich mit den Sparern einen langen juristischen und publizistischen Kampf mit harten Bandagen. So entblödete man sich selbst der Argumentation nicht, daß der Entschluß zum Sparen «ein besonderes Vertrauen zur nationalsozialistischen Staatsführung dokumentierte».[27]

Erst Anfang der sechziger Jahre kam es zu einem Vergleich, der 135 000 Sparern Abschläge auf den Kaufpreis von bis zu 600 DM und Volkswagen neben einer erheblichen Neukundschaft die Verfügung über die immer noch 15 Millionen DM eingefrorener Sparguthaben brachte.

Zu diesem Zeitpunkt war Volkswagen das umsatzstärkste Unternehmen der Bundesrepublik und deren «bester Dollarverdiener».[28] Diese beispiellose Erfolgsgeschichte wäre ohne Nordhoffs frühe Hinwendung zum Dollar nicht möglich gewesen. Denn einerseits hatte Nordhoff früh erkannt, daß das Unternehmen sich nicht auf den einen Volkswagen als Produkt beschränken konnte: 1949 begann man daher mit der Herstellung eines Cabriolets, 1950 mit der des Transporters. Andererseits war klar, daß das Werk nur bei hochrationalisierter Massenproduktion wirtschaftlich sein konnte. Darum wagte Volkswagen den Versuch, am amerikanischen Markt Fuß zu fassen. Im Juli 1949 brachte man ein Export-Modell heraus, das auf der technischen Basis des Standard-VW eine komfortablere, qualitativ höherwertige und optisch ansprechendere Außen- und Innenausstattung bot. Damit wurde im Einheitsangebot eine erste Zäsur hierarchischer Differenzierung gesetzt: Standard oder Export hieß fortan die erste Frage.

1949 gingen ganze 330 Wagen in die USA. Ein Jahrzehnt später waren die USA mit einem Drittel des Auslandsabsatzes bereits der bei weitem wichtigste Exportmarkt für das Volkswagenwerk, das inzwischen selbst «das Erscheinungsbild eines multinationalen Konzerns nach amerikanischem Vorbild» bot.[29]

Die Marktlücke, in die der Volkswagen in den USA stieß, war ein von der amerikanischen Automobilindustrie bis dahin völlig ignoriertes Segment: der Kleinwagen als Zweitwagen. So wurde der Volkswagen zum Wagen der Frauen und der Heranwachsenden, später auch der Armen und Immigranten. Zugleich aber blieb er der Wagen der Mittelklasse und der Intelligenzia.

Der Erfolg, der aus der Lücke dann das Hauptstück werden ließ, verdankte sich einer spezifischen Volkstümlichkeit, Familiarität und – Mündlichkeit. So wie in Deutschland das öffentliche Beschweigen der Vergangenheit durch die privat und mündlich tradierten Legenden und Wundertaten des Wagens grundiert wurde, so ging auch in den USA die Fama vom Volkswagen zunächst von Mund zu Mund. Das betraf nicht nur die ersten Volkswagen, die als kuriose Mitbringsel von GIs Aufsehen erregten, sondern lange Zeit auch die offiziellen Exporte. Nordhoff war ein Mann des Marketing, aber ohne Interesse an Werbung. Statt dessen setzte er auf Meinungsbildung. Die Werbung für den Volkswagen stand gewissermaßen im Nachrichtenteil der Zeitungen und Magazine, zwischen Wirtschaft und Vermischtem: Vertrauensbeweise von Arbeit und Management und immer wieder Produktionsrekorde, herausgestellt «wie weiland die Meldungen des Oberkommandos der Wehrmacht».[30] Werbung war nicht nötig, sondern wurde als eine Art Bonus an die Verlage gewährt. Sie hatte denn auch mehr von offiziösen Bulletins als von Reklame – das lichte Himmelblau darin eine Art zweiter Staatsfarbe. Und ein Amtsblatt gab es auch – die Kundenzeitschrift *Gute Fahrt*.

Das war in den USA zunächst ganz ähnlich. Volkswagen mußte hier ohnehin nicht viel für den Absatz tun. Die Nachfrage war schnell und dann Jahrzehnte lang weitaus größer als das Angebot, auch wenn das Werk – im Blick auf den lukrativen Dollar – den USA Priorität vor allen anderen Auslandsmärkten gab. Als Carl H. Hahn, der zuvor vier Jahre Assistent von Nordhoff gewesen war, 1959 Chef von Volkswagen of America wurde, initiierte er eine Werbekampagne, obwohl es nach wie vor Lieferfristen von einem halben Jahr gab und der Volkswagen nach wie vor bestens auch ohne Werbung lief. Diese Kampagne war präventiv gedacht, weil absehbar war, daß die großen drei der amerikanischen Automobilbranche über kurz oder lang auch ins Geschäft mit den Kompaktwagen einsteigen würden.

Hahn hatte sich für die Werbeagentur Doyle Dane Bernbach (DDB) entschieden. Diese Entscheidung führte zu dem, was man später als eine Revolution in der Werbung bezeichnete, als wesentliches Element in der Geschichte der Werbung, ja als Teil der Folklore eines Vierteljahrhunderts, schließlich sogar als «Teil der Kulturgeschichte unserer Nation im 20. Jahrhundert».[31] Wohlgemerkt: nicht der deutschen, sondern der US-amerikanischen!

DDB, eine sehr junge Agentur, bis dahin nicht sonderlich aufgefallen, arbeitete vorzugsweise für jüdische Kunden, zunächst für das Kaufhaus Ohrbach's, dann u. a. für die israelische Fluggesellschaft EL AL, und hatte mehrheitlich Mitarbeiter jüdischer Herkunft. Ihre Anzeigen waren, so Stephen Fox, «jüdisch in Stil und Haltung».[32] Ausgerechnet eine jüdische Agentur sollte also für den deutschen Wagen werben, der mit seiner Herkunft aus dem Dritten Reich belastet war – und das derart erfolgreich, daß dieser Wagen als Teil amerikanischer Folklore und Kulturgeschichte galt, so sehr, daß bereits 1960 eine Werbeanzeige damit spielen konnte: «I don't want an imported car. I want a Volkswagen.»

Die Anzeigen von DDB wurden bald nicht nur in der Branche legendär. Vielmehr gewannen sie höchste Popularität und wurden Teil der Folklore, wie sie selbst auf Populäres und Folkloristisches rekurriert hatten. Schon, indem sie an die Mund-zu-Mund-Propaganda, an die mündliche Herkunft der Volkswagen-Fama anknüpften. Das scheint auf den ersten Blick widersprüchlich, enthielten doch die meisten der Anzeigen gar keine oder nur karge, einfache Bildelemente und, gegen alle Regeln der Branche, überproportional viel Text. Dieser Text jedoch knüpfte zum einen an alltägliche Formeln, Sprichwörter und Spruchweisheiten, aber auch an die zahllos kursierenden Witze über den Volkswagen an, deren Ergebnisse dann selbst wiederum in den kollektiven Wortschatz eingingen. So, unschlagbar allem voran, «Small is beautiful» und «Think small», wie dann in Deutschland später: «und läuft und läuft und läuft». Aber auch: «Ugly is only skin deep»; «It makes your house bigger», «Going, going» oder «Live below your means». Die langen Texte, die darunter dann zu finden waren, waren eher kleine Erzählungen denn die üblichen Anpreisungen. Vor allem erzählten sie – zumindest auf den ersten Blick – keine Protz- und Prahlgeschichten. Bis hin zu den Medien, in denen man die Anzeigen schaltete, vorzugsweise Magazine wie *Time* und *Newsweek* oder seriöse Illustrierte wie *Life*, wandte man sich an potentielle Käuferschichten mit höherer formaler Bildung, in der Regel gleichbedeutend auch mit höherem Einkommen und größerem politischen Interesse. Man setzte auf ein Wir-Gefühl der Leute, die zur Wahl gehen, die sich um das Wohl auch der Nachbarschaft kümmern, kurz, derjenigen, die die ‹Gemeinde› trugen. Aber man bot ihnen nun genau nicht das an, was in der Autobranche üblich war, Luxus, Imposanz, Überlegenheit – betont über Styling, Größe und Kraft –, sondern Sparsamkeit, Dauerhaftigkeit und Mäßigung – die Tugenden des kleinen Mannes, wie er selbst sich sah. Das wiederum tat man, indem man erkennbar untertrieb, vermeintlich negative Seiten in den Vordergrund rückte und sich immer wieder selbst ironisierte. Bescheiden und selbstironisch, darin zugleich aber selbstbewußt – das war der Kern, um den alle Anzeigen kreisten. Das rekurrierte auf Tugenden, die man gerade in Deutschland gern für sich reklamierte: Ausdauer und Sparsamkeit, Vernünftigkeit, Mäßigung und Unauffälligkeit, Ordentlichkeit und Exaktheit, immer wieder Zuverlässigkeit als Verläßlichkeit und Beständigkeit. Aber diese Tugenden wurden gerade nicht mit Deutschland in Verbindung gebracht, sondern mit den normalen, vernünftigen und verantwortlichen Leuten im Lande. Selbst dort, wo es um technische Exaktheit, sorgfältige Herstellung und akribische Kontrolle ging, vermied man explizite Beziehungen zum Herkunftsland. Das ‹Made in Germany› grundierte zwar unausgesprochen dieses Image, dessen Ziel es war, Volkswagens good corporate citizenship zu implantieren. Aber man kann einen noch größeren Effekt in der anderen Richtung annehmen: Volkswagen hat durch die Kampagnen von DDB allemal mehr für ein erneuertes, positiveres Deutschlandbild getan, als das Deutschlandbild für die Kampagne tun konnte. Insofern konnte Hahn im Juli 1963 in den *Wolfsburger Nachrichten* sagen: «Wir sind überzeugt, daß kein Land in den USA einen besseren Botschafter hat, als ihn Deutschland im Volkswagen besitzt.»[33]

V.

Verantwortlichkeit fürs Gemeinwohl erschien so als individuelles Merkmal des Werks wie seiner Betriebe, der Mitarbeiter und – über den Kauf des Produkts – auch der Kunden. Am prägnantesten charakterisiert das vielleicht jener Fernsehspot, in dem ein Mann in einer eisigen Landschaft zu seinem völlig eingeschneiten Wagen vordringt, ihn freilegt, ohne Probleme startet und dann durch verschneite, leere Straßen bis zu einer großen Halle fährt, in der er verschwindet. Dann öffnet sich das Hallentor, und ein Schneeräumfahrzeug kommt heraus. Dazu hört man: «Have you ever wondered how the man who drives the snowplow drives to the snowplow?» («Haben Sie sich jemals gefragt, wie der Mann, der den Schneepflug fährt, zum Schneepflug fährt?»)

Mit dieser Etablierung des Volkswagens als ‹Fahrzeug des kleinen Mannes›, als ungewöhnliches Vehikel der Normalität ging zunehmend die Exotisierung und Exzentrisierung dieses gewöhnlich gewordenen, ehedem befremdlichen Autos einher. Volkswagen, Käfer wie Bus, wurden Teil der counter culture, besonders der – kalifornischen – Hippie-Kultur. Der Volkswagen schien für alles gut. Man konnte ihn in psychedelischen Farben oder mit Blumen bemalen, mit Gras bepflanzen, mit Flokati oder Kunstfell überziehen, zum Stretch ausbauen, eine Mercedes-Motorhaube oder Heckflossen anmontieren, man konnte ihn zu immer neuen Rekordversuchen benutzen, erproben, wie viele Schüler oder Studenten in einen Wagen paßten – dem Volkswagen schien man alles zumuten und alles zutrauen zu können. In den USA wurde der Volkswagen Teil der Popkultur. Bücher, die seine Erfolgsgeschichte beschrieben, wie Walter Henry Nelsons *Small Wonder* (1963), waren Bestseller. Der Wagen wurde zur Ikone der Pop Art, so durch Christo, Don Eddy, Andy Warhol oder Tom Wesselmann, von Comics (z. B. in Robert Crumbs *Fritz the Cat)* bis zum Film, allen voran 1969 Disneys *The Love Bug* (dt.: *Ein toller Käfer)*. Diesem blockbuster folgten im Deutschland der frühen siebziger Jahre eine Reihe von Imitationen, so *Das verrückteste Auto der Welt*, *Ein Käfer geht aufs Ganze*, *Ein Käfer gibt Vollgas* oder *Ein Käfer auf Extratour*.

Trotz der 1966 in den USA einsetzenden Kritik an der Sicherheit hatte man 1972 mehr Exemplare des VW hergestellt als Ford vom uneinholbar scheinenden Modell T. 1978 wurde der letzte in Deutschland gebaute Käfer Richtung USA verschifft. Immerhin dauerte es noch bis 1985, bis zur Einstellung der Produktion in Mexiko, ehe per Anzeige das immerwährendes Fahren versprechende ‹Going, going› zur melancholischen Abschiedsformel wurde. Inzwischen hatte man, von vielen kaum für möglich gehalten, den Modellwechsel vom Volkswagen zum Golf, vom luftgekühlten Heckmotor zum wassergekühlten Frontmotor, vom Ei zur Schachtel, vom Beetle zum Rabbit ebenso erfolgreich geschafft wie einen grundlegenden Wechsel in der Unternehmenskonzeption, in dessen Gefolge Volkswagen neuerlich, nun in Sachen Mikrokorporatismus, Sozialpartnerschaft und kooperativer Konfliktlösung, als vorbildlich zu gelten begann. Hier hatte man sich längst der japanischen Herausforderung zu stellen gehabt sowie den Strukturveränderungen in der europäischen Produktion. Volkswagen, schon lange international produzierend und im Besitz von Audi, akquirierte nun auch andere europäische Marken, zunächst Seat und dann, nach der Auflösung des Ostblocks, auch Skoda. Mit dem Engagement und dem Produktionsaufbau in den neuen Bundesländern verbunden ist ein neuerlicher Schub durch Elektronisierung, zusammen mit einer neuerlichen Image-Korrektur, versinnbildlicht im Dresdner Zweigwerk, das Hochpreiskarossen herstellen soll – und zwar in einer gänzlich transparenten Fabrikationshalle, genannt: ‹Gläserne Manufaktur›. Als eine Art Disney World reinszenierter Industriearbeit, angesiedelt zwischen Anthropologisierung – die Herstellung und Übergabe an den Kunden in Metaphern von Geburt und Taufe – und Sakralisierung: ein «Himmlisches Jerusalem» erkannte die *Stuttgarter Zeitung*[34], ergänzt es so die museale Seite: die Stiftung AutoMuseum in Wolfsburg und den bis hin zur Blumenvase retroästhetischen Wiedergänger des Käfer, den ‹New Beetle›.

Von hier aus, von einer längst aus dem Amerikanischen herausgelösten, globalen Produktions-, Marketing- und Designkonzeption, den Bogen zu schlagen zur Volkswagenlegende ist kaum mehr möglich. So sehr der gleichnamige Konzern bemüht sein mag, die Verbindung erinnernd zu halten – das, was sich als ‹Erinnerungsort Volkswagen› ins kollektive Gedächtnis eingesprochen und -geschrieben hat, führt längst eine eigenständige, anderweitige, nämlich an das Wirtschaftswunder-Deutschland gebundene, imaginäre Existenz. Dazu hat einmal auch der Konzern, als er noch ein Werk, überschaubar und mit Namen wie Porsche, Nordhoff, auch Hahn identifizierbar schien, gehört. Er hat – paradox genug – begonnen, sich aus diesem Verhältnis zu lösen, als er – auch hier ein unerhörter Schrittmacher der modernisierten, sich wirtschaftlich und sozial transformierenden Bundesrepublik – 1960 in Form von ‹Volksaktien› in die ‹Tresore des Volkes› überging.

So beruhigend die ‹Normalisierung› und – auch wenn sie sich noch so sehr um Marketingmystifikationen bemüht – demystifizierende Transparenz des Wirtschaftsunternehmens sein mag, die Erinnerung an fast ein Vierteljahrhundert, in dem man nach dem Krieg geradezu die gesellschaftliche Identität über ein Wirtschaftsprodukt und seine Aura bestimmte, bleibt wert, jenseits von kritischem Dokumentarfilm *(Der VW-Komplex*, 1989) oder «Kult-CD-ROM» *(60 Jahre Käfer*, 1996) festgehalten zu werden.

Denn es ist ja hier in der ausgreifenden Darstellung von Vor-, Um- und Nachgeschichte noch immer die Kernsituation nachzutragen, die Zeit, in der die Bundesrepublik sichtbar zu einer offeneren Gesellschaft wurde.

Zunächst hatte der durch die Kriegszeit gegangene Volkswagen die Gesellschaft zivil mobiler und mobil ziviler gemacht. Dann hatte der wirtschaftliche Erfolg des Volkswagens in nahezu aller Welt, besonders aber in den USA, das

VW-Logo aus Spielzeugautos

heimische Selbstbewußtsein gestärkt, wurde zum sichtbarsten Zeichen des wirtschaftswunderlichen ‹Wir sind wieder wer›. Daß das Selbstbewußtsein, von der DDR unter intensivem Gebrauch von ‹Monopolkapitalismus›, ‹Imperialismus› und ‹Militarismus› heftig attackiert, sich nun nicht, jedenfalls nicht vorrangig, trotzig und dumpf an die Vergangenheit anschloß, zwar auch nicht reflektiert und skrupulös mit ihr auseinandersetzte, aber immerhin den Kern dieses Selbstbewußtseins ironisch distanziert umspielt finden konnte – auch das indiziert Volkswagen.

Eine nächste Generation, die das Autofahren zu einem Gutteil schon wieder beim Militär gelernt hatte, übernahm dann auch hier den bitterernsten Rückruf zur Vergangenheitserinnerung. Zugleich jedoch übernahm sie den Lifestyle der amerikanischen Altersgenossen. Und dazu gehörte der VW. So war der Volkswagen vermutlich die große Ausnahme: akzeptiert von einer Jugend, die ansonsten alles ablehnte, was von den Eltern kam. Volkswagen wurden zwischen den Generationen geschenkt, weitergegeben und vererbt wie früher vielleicht Taschenuhren. So hörte man andere Musik, las andere Zeitungen, trank andere Getränke, trug andere Frisuren, reiste in andere Länder, hatte ein anderes Bild von der Vergangenheit und eine andere Zukunft im Kopf, vielleicht sprach man sogar eine andere Sprache. Aber man fuhr immerhin die gleichen Autos …

Harold James

Die D-Mark

In der Geschichte eines jeden Staates ist die Beziehung zwischen Poetischem und Prosaischem problematisch. Deutschlands Geschichte ist in dieser Hinsicht besonders schwierig. Auf der einen Seite entwickelte es seit der Mitte des 19. Jahrhunderts eine wirtschaftliche Dynamik, die eine herausragende Rolle bei der Institutionenbildung und der Legitimierung des politischen Prozesses spielte. Das 1871 gegründete Reich und nach dem Zweiten Weltkrieg die Bonner Republik wurden weitgehend danach beurteilt, inwieweit es ihnen gelang, anhaltende wirtschaftliche Leistungsfähigkeit sicherzustellen; umgekehrt trug die wirtschaftliche Schwäche nach dem Ersten Weltkrieg wesentlich zum Niedergang der Weimarer Republik bei. Auf der anderen Seite gehört zur deutschen Kultur eine starke Tradition der systematischen Verleugnung: Geringschätzung ökonomischer Erfolge, eine pessimistische Einstellung zum Fortschritt, Auflehnung gegen die langweilige und einengende Welt der bürgerlichen Werte.

Von allen Symbolen der nationalen Einheit ist die Währung vielleicht das am meisten prosaische und am wenigsten poetische. Sie hat nichts mit den Träumen von nationaler Unabhängigkeit, Emanzipation und Selbstverwirklichung zu tun. Doch mit der Bildung der Nationalstaaten im 19. Jahrhundert entstanden auch die nationalen Währungen. Bis dahin hatte es in den meisten Staaten ein wildes, ungeregeltes Nebeneinander unterschiedlicher Münzen und Noten gegeben: Mitte des 19. Jahrhunderts stammte ein erheblicher Teil der in Deutschland regulär im Umlauf befindlichen Silbermünzen aus dem Ausland. Die Enttäuschung vieler Romantiker und Idealisten nach 1871 rührte von ihrem Eindruck her, daß der Traum von der nationalen Einheit durch prosaische Diskussionen über Währungssysteme und Zentralbanken abgelöst worden war.

Diese Art der Desillusionierung trat später noch einige Male auf. Bei der «Wende» 1989/90 bekam die Deutsche Mark auf einmal einen besonderen symbolischen Stellenwert in der politischen Dynamik, und die westdeutschen Intellektuellen wandten sich mit neuen moralischen Argumenten gegen die Dominanz der ökonomischen Werte: Verlangte das große Drama der Wiedervereinigung nicht die Debatte über deutsche Vergangenheit und deutsche Schuld? Und bestand nicht die Gefahr, daß Sühne und Buße in der Normalität und Banalität der Diskussionen über den richtigen Umtauschkurs und die Zuständigkeit der Zentralbank untergehen würden?

In der Zeit unmittelbar vor und nach der Wiedervereinigung 1990 trug die Deutsche Mark die schwere Last der deutschen nationalen Identität. Die Politiker begründeten die Notwendigkeit der Vereinigung vorwiegend mit der Zwangsläufigkeit einer Währungsunion. Der Unterschied zwischen Ost und West manifestierte sich gewissermaßen in den beiden Versionen der Mark: in der Bundesrepublik die starke, frei konvertierbare D-Mark, in der Deutschen Demokratischen Rebublik die nicht konvertierbare Mark der DDR, die 1989/90 zeitweilig zu einem Wechselkurs von 10:1 getauscht wurde. Der Autor dieses Beitrags erinnert sich noch lebhaft an eine Szene vor dem Berliner Bahnhof Zoo im März 1989: Zwei Betrunkene, der eine aus dem Osten, der andere aus dem Westen, standen vor einer Wechselstube. Der Mann aus dem Westen sagte zu seinem Kumpel aus dem Osten: «Guck, meine Mark ist stärker als deine.» Sehr häufig war in der Wendezeit der Satz zu hören: «Wenn wir die D-Mark nicht zu ihnen (den Menschen in der DDR) bringen, werden sie zur D-Mark kommen.» Der Soziologe Jürgen Habermas kritisierte das Drängen zur Einheit als Ausdruck eines von wirtschaftlichen Motiven angetriebenen, zutiefst materialistischen Imperialismus («DM-Nationalismus»). Er fragte: «Wird die D-Mark libidinös besetzt und in der Weise aufgewertet, daß eine Art wirtschaftsnationale Gesinnung das republikanische Bewußtsein überwältigt?»

Eine zweite, stärker von Nostalgie geprägte Phase der Auseinandersetzung über die Währung begann nicht lange danach mit den Verhandlungen über das Vertragswerk von Maastricht (Vertrag über die Wirtschafts- und Währungsunion) im Dezember 1991. Die Einigung über die Europäische Wirtschafts- und Währungsunion (EWU) bedeutete das Ende der nationalen Währungen und ihre Ablösung durch eine gemeinsame Währung, die (nach langer und kontroverser Diskussion) schließlich den Namen «Euro» erhielt. Am 1. Januar 1999 endete – auch wenn weiterhin die gleichen Münzen und Noten im Umlauf blieben – die Existenz der D-Mark als Währung, rechtlich gesehen ist sie seitdem nur noch eine bestimmte Stückelung des Euro (1 Euro = 1,9558 DM). In den Diskussionen über die EWU und den Euro wurde das Ende der D-Mark stets mit großer emotionaler Beteiligung geschildert, besonders von der Boulevardpresse. Es hatte den Anschein, als würde Deutschland mit der Einführung des Euro einen wesentlichen Bestandteil seiner nationalen Identität verlieren. Ein sicherer Besitz der Deutschen sollte in einer ungewissen europäischen Zukunft aufgehen, und das in einem Augenblick, da die Europäische Union vor vielen offenen Fragen und Herausforderungen stand: Wie würde es mit den Institutionen weitergehen, dem Verhältnis von Parlament und Kommission, den Bemühungen um eine gemeinsame Außen- und Sicherheitspolitik, mit Tempo und Umfang der Osterweiterung? Die Deutsche Mark schien all den Erfolg und die Stabilität zu verkörpern, die nun der Vergangenheit angehörten.

1. Eine Mark mit vielen Gesichtern

Tatsächlich waren Deutschlands erste Erfahrungen mit Währungen namens Mark nicht besonders glücklich. Die Mark wurde als gemeinsame Währung des ersten deutschen Nationalstaates (des Deutschen Reiches) eingeführt, jedoch erst zwei Jahre nach der Reichsgründung und der Kaiserproklamation in Versailles am 18. Januar 1871. Sie war ein Kompromiß zwischen dem in den norddeutschen Staaten gebräuchlichen Taler und dem in den süddeutschen Staaten üblichen Gulden. Aber bei dem Kompromiß wurde der Norden bevorzugt: Der Wert eines Talers wurde mit 3 Mark angesetzt, ein Gulden mußte komplizierter umgerechnet werden mit der Formel 1 Gulden zu 1,71 Mark. Die Währung brach schließlich wegen der Kosten des verlorenen Ersten Weltkriegs zusammen und weil die Wirtschafts- und Finanzpolitik der Weimarer Republik versagte. Die Hyperinflation der Zwischenkriegszeit, die die Mark auf $1/10^{12}$ ihres Wertes vor dem Krieg drückte, war eine der schlimmsten Währungskrisen des 20. Jahrhunderts und fügte der Weimarer Republik bleibenden Schaden zu. Es ist oft gesagt worden, der Verfall der Währung habe Hitler den Weg bereitet. Die galoppierende Inflation höhlte den Respekt vor den demokratischen Institutionen und das Vertrauen in sie aus. Sie führte zu einem erbitterten Ringen um den Umfang der Abwertungen (es gab unterschiedliche Sätze für unterschiedliche Arten von Vermögen und Verbindlichkeiten). Sie förderte die Spekulation und trug dazu bei, daß in der Öffentlichkeit das Klischeebild vom jüdischen Spekulanten Fuß fassen konnte. Vor allem aber verzerrte die Inflation das Bild der Menschen von der Realität und begünstigte Illusionen und Phantasien. Elias Canetti hat einmal gesagt, die Erfahrung, daß Zahlen in der Inflationszeit vollkommen bedeutungslos wurden, habe die Menschen dazu gebracht, auch Menschenleben nur als eine absurde Reihung von Zahlen wahrzunehmen, die ihnen genauso bedeutungslos und willkürlich erschienen wie das Rechnen mit der von der Inflation aufgeblähten Währung.

Nach dem Ende der Inflationszeit wurde Deutschland von seinen Politikern mit vielen verschiedenen Versionen der D-Mark bedacht, die alle Stabilität versprachen. Es gab die Goldmark, die an den Goldwert der alten Mark vor 1914 gebunden war. Stabilität erhoffte man sich auch von der Rentenmark, gedeckt durch eine Grundschuld auf allen landwirtschaftlichen Besitz. Die Parteien des rechten Flügels schlugen als Alternative eine Roggenmark vor. Und schließlich gab es noch die Reichsmark, die in den internationalen Verträgen von 1924 zur Neuordnung von Deutschlands Reparationsverpflichtungen festgeschrieben wurde. Aber man kümmerte sich zu wenig um die Reichsmark, und 1931 machte eine große Banken- und Finanzkrise ihrer internationalen Konvertibilität ein Ende. Die Finanzierung der Wiederbewaffnung mit der Notenpresse und der Zweite Weltkrieg schwächten die Kaufkraft der Reichsmark weiter. Unmittelbar nach Kriegsende 1945 waren die Aussichten für jede Form einer deutschen Währung nicht eben günstig.

2. *Die Väter der neuen Währung*

Eine Währung hat keine Geburtsurkunde. Vielleicht ist das ein Glück, denn bei der Deutschen Mark würde es ziemlichen Streit darüber geben, wer als Vater auf der Geburtsurkunde stehen sollte. War es eine deutsche Währungsreform oder eine alliierte? Eine britische oder eine amerikanische? Ein an der Vorbereitung der Währungsreform beteiligter Offizier der britischen Militärverwaltung, Noel Annan, schrieb, «zweifellos hätte Deutschlands Erholung ohne die auf britische Initiative durchgesetzte Währungsreform nicht beginnen können». Ein wesentliches Element des Mythos um Ludwig Erhard war der Erfolg der *deutschen* Währungsreform und seine Rolle dabei. In Wahrheit wurde Erhard erst am Nachmittag des 18. Juni 1948 von dem Termin für die Währungsumstellung in Kenntnis gesetzt, und General Lucius Clays Anmaßung erboste ihn so, daß er mit Rücktritt drohte. Doch eine Stunde später hatte er sich wieder gefaßt, und in einer Radioansprache im Hessischen Rundfunk informierte er das deutsche Volk amtlich und nüchtern über die bevorstehende Veränderung. Hans Möller, der bei den entscheidenden Beratungen im Frühjahr 1948 dabei war, schrieb später, daß «alle Meinungsäußerungen von deutscher Seite mehr und mehr ins Leere gingen und kaum auf Resonanz bei den Besatzungsmächten stießen». In neueren Untersuchungen zum Ablauf der Währungsreform wird meist einem jungen (damals 25jährigen) amerikanischen Leutnant namens Edward Tenenbaum eine Schlüsselrolle zugeschrieben.

Unbestritten hatte die D-Mark viele Väter. Das deutsche Währungssystem lag fraglos darnieder, und es mußte eine Lösung gefunden werden. Alles in allem gab es mindestens 250 mehr oder weniger ernstzunehmende Vorschläge für eine neue Währung.

Der Streit um die Vaterschaft ist deshalb so heftig, weil die Deutsche Mark ein solcher Erfolg wurde. Wäre sie ein Mißerfolg geworden, dann hätte sich eine vollkommen andere Debatte darüber entsponnen, wen die Verantwortung traf, eine so schwierige Aufgabe verpfuscht zu haben. Die Deutschen hätten vielleicht die Alliierten beschuldigt, und die Alliierten hätten sagen können, es liege alles daran, daß der «Zaster» schon 25 Jahre alt war. Aber wahrscheinlicher hätten die Amerikaner ein Scheitern der Währungsreform damit kommentiert, dies zeige nur ein neuerliches Aufwallen der nationalistischen Neigungen der Deutschen.

Bis 1948 stand Deutschland im Ruf, allzu sorglos mit Geld umzugehen, keine vernünftige Währungspolitik zu betreiben und der Inflation freien Lauf zu lassen. Der Erste Weltkrieg kulminierte in einer dramatischen Hyperinflation, der schlimmsten, die die Welt je gesehen hat (nach dem Zweiten Weltkrieg wäre es Ungarn beinahe gelungen, den Rekord der Reichsbank aus dem Jahr 1923 zu brechen). Die Wiederbewaffnung und dann der Zweite Weltkrieg erschütterten die Währung erneut. Bei Kriegsende beliefen sich die Schulden des Reiches auf über 400 Milliarden Reichsmark. Im März 1945 befanden sich über 60 Milliarden Reichsmark im Umlauf, mehr als zehnmal soviel wie 1933. Preiskontrollen hielten die offiziellen Marktpreise im Zaum, aber seit etwa der Mitte des Krieges blühte ein expandierender Schwarzmarkt. Die Menschen hatten Geld, doch sie konnten nichts dafür kaufen, und so sammelte sich ein enormer Geldüberhang an. Am einfachsten und wirkungsvollsten schien eine neuerliche Inflation – wenn die Preise kletterten, wäre der Geldüberhang bald aufgezehrt.

Durch die Währungsreform 1948 veränderte sich das Bild vollkommen: Deutschland war künftig das Musterbeispiel verantwortungsvoller Währungspolitik, Inbegriff der «Stabilitätskultur», wie man das nannte. Doch wie bei vielen anderen politischen, auch gesellschaftlichen und wirtschaftlichen Strukturen der Bonner Republik stand am Anfang eine bewußte Umgestaltung durch die Alliierten, insbesondere durch die Amerikaner.

3. Der Kampf gegen die deutsche Inflationspolitik

Während der heftigen Diskussionen über die Währungsreform bis zum Juni 1948 äußerten sich einige Amerikaner besorgt über den leichtsinnigen Umgang der Deutschen mit der Inflation. Tenenbaum hielt es für eine seiner größten Leistungen, daß er deutsche und amerikanische Pläne zu Fall gebracht hatte, im Interesse eines rascheren Aufschwungs bei der Produktion Inflation in Kauf zu nehmen. (In der Tat besteht eine Parallele zur Situation nach 1918. Damals war die Inflation nach Ansicht einiger Historiker ein geeigneter Weg, das Problem der Überkapazitäten zu bekämpfen und einer Nachkriegsdepression entgegenzuwirken.) Das Problem dabei ist, daß die Inflation eine sehr willkürliche und sehr zerstörerische umverteilende Wirkung entfaltet und somit rationale Investitionsentscheidungen unmöglich macht. Inflation kann eine Antwort auf drängende politische Probleme sein, die sich aus konfligierenden Einkommensforderungen ergeben, und sie kann sehr wirksam die technischen Probleme eines Geldüberhangs lösen. Aber Inflation ist keine gute Grundlage für eine erfolgreiche langfristige Entwicklung.

Über die Grundzüge der Währungsreform 1948 wurde auf höchster politischer Ebene entschieden. Weitere Entscheidungen fielen bei geheimen Beratungen in Rothwesten, einer heruntergekommenen Kaserne unweit von Kassel. Dorthin brachten die Alliierten am 20. April 1948 mit Bussen eine Gruppe deutscher Finanzfachleute, die vom Währungsausschuß des bizonalen Wirtschaftsrates ausgewählt worden waren. Die Fenster der Busse hatte man verhängt, ein weiteres Indiz für die Bedeutung und die Geheimhaltung der Operation. In Rothwesten berieten Währungsexperten, keine Politiker. Einige Politiker aus dem Währungsausschuß des Wirtschaftsrates, darunter auch Ludwig Erhard als neuernannter Direktor der Wirtschaftsverwaltung des Vereinigten Wirtschaftsgebietes, nahmen an einer einzigen gemeinsamen Sitzung teil. Doch die Experten hielten sich absichtlich von den deutschen Politikern fern.

In diesem Rahmen wurden die letzten Schritte zur Währungsreform festgelegt. Deutsche Auffassungen wurden dabei fast durchgehend übergangen oder zurückgewiesen.

4. *Der Weg zur Währungsreform*

Zunächst einmal war da das große Problem einer Währungsreform allein für die Westzonen. Mit der definitiven Entscheidung im Herbst 1947, diesen Weg einzuschlagen, begann der Kalte Krieg in Europa. Die Deutsche Mark war folglich ein Kind des Kalten Krieges. Mit der Währungsreform stellte sich die Frage, welche Rolle die Sowjetunion in Deutschland künftig spielen würde, und die Blockade Berlins als Antwort auf die Währungsreform war abzusehen. Die schwerwiegende politische Entscheidung, eine westdeutsche Währung zu schaffen, lag eindeutig bei den Amerikanern, deutsche Politiker und Finanzfachleute hatten dabei keine Mitsprache. Es war eine Frage der Beziehungen zwischen den Supermächten. Rückblickend können wir sagen, daß dieser Schritt entscheidend für den Erfolg der neuen Währung war und auch für den Erfolg der neuen Demokratie. Wenn zwei gegensätzliche Wirtschaftsordnungen durch eine einzige Währung verbunden worden wären, hätte keine realistische Erfolgschance bestanden. Die Deutsche Mark trat somit als Verkörperung der Marktwirtschaft und Absage an die Planwirtschaft ins Leben.

Es wurde lange über das Umstellungsverhältnis diskutiert, und dabei spielten die Deutschen und ihr Sachverstand eine gewisse Rolle. Das Umstellungsverhältnis von der alten auf die neue Währung ist ein zentraler Punkt bei jeder Währungsreform: Wenn die Reform sich bewährt, wird das Umstellungsverhältnis angenommen, wenn es Schwierigkeiten gibt, rückt das Umstellungsverhältnis ins Zentrum der Debatte und wird rückblickend kritisiert. So geht man heute allgemein davon aus, daß der im Juli 1990 für die innerdeutsche Währungsunion festgelegte Umtauschkurs von 1:1 ein Fehler war und den Osten in eine wirtschaftliche Krise führte. Allerdings wirkte sich der Umtauschkurs nicht so verhängnisvoll aus wie die rasche Angleichung der Löhne und Gehälter bei sehr unterschiedlicher Produktivität.

Das Kernkonzept der Amerikaner, das weiteren Vorschlägen und Programmen zugrunde lag, war der Colm-Dodge-Goldsmith-Plan aus dem Jahr 1946 (Colm und Goldsmith hatten beide Wirtschaftswissenschaften an deutschen

Frau mit D-Mark: «Endlich ist sie da – die gute harte Mark»

Hochschulen gelehrt und waren nach Amerika emigriert). Der Plan sah eine Abwertung von Schulden, Einlagen und Bargeld im Verhältnis 10:1 und die komplette Streichung aller Reichsschulden vor. 1948 hatten die amerikanischen Experten errechnet, daß danach immer noch zuviel Geld im Umlauf blieb, und in Rothwesten schlugen sie ein Umstellungsverhältnis von nur fünf bis sieben zu hundert vor. Es wurde schließlich auf 6,5:100 festgelegt.

Schließlich erzeugte die Währungsreform automatisch erhebliche Ungerechtigkeiten. Die politischen Auseinandersetzungen waren in den zwanziger Jahren in Deutschland nicht zuletzt deshalb so heftig gewesen, weil die Inflation bei den verschiedenen sozialen Schichten unterschiedliche Spuren hinterlassen hatte: Die ehemaligen Schuldner (Grundbesitzer, Geschäftsleute) standen deutlich besser da, die Gläubiger hingegen hatten ihren Besitz verloren. Die Kombination von Kriegs- und Nachkriegsinflation, dazu die schweren Schäden an Gebäuden und Produktionsanlagen als Folge der Bombenangriffe machten die Forderung nach einem Lastenausgleich nach 1945 noch drängender. Doch jede Form des Lastenausgleichs mit einer echten Umverteilung von Vermögenswerten mußte unvermeidlich bei denjenigen auf Ablehnung stoßen, die sich bestraft fühlten – oder die meinten, daß sie nicht genug bekommen hätten. Die Politik steckte in einer Sackgasse, aus der es anscheinend keinen Ausweg gab. Die deutsche Bevölkerung und die Politiker der neuen demokratischen Bundesrepublik verlangten beharrlich einen gerechten Ausgleich. Aber wie die Regelung auch ausfallen würde, große soziale Gruppen mußten sich als Verlierer fühlen.

Der ursprüngliche C-D-G-Plan sah auch einen Lastenausgleich vor. Die deutschen Experten diskutierten verschiedene Vorschläge. Aber dieses Thema war zu umstritten, und die Amerikaner fürchteten, die Deutschen würden eine zu großzügige Regelung verlangen. Darüber hinaus gewannen anti-kommunistische Positionen in Washington zunehmend an Bedeutung, und man lehnte die Umverteilung ab, weil sie allzu sehr nach sozialistischer Enteignung aussah. Letzten Endes verschwanden die Vorschläge für einen Lastenausgleich in der Schublade und wurden erst 1952 wieder hervorgeholt. Inzwischen waren die Umstände dank des Wirtschaftsbooms nach dem Korea-Krieg günstiger, und es war offenkundig, daß die Zukunft Wohlstand bringen würde.

Zusätzlich stellte sich die Frage, welcher institutionelle Rahmen für die künftige Währungspolitik geschaffen werden sollte. Die deutschen Teilnehmer der Beratungen in Rothwesten plädierten für ein Währungsamt, das unmittelbar dem Vorsitzenden des Verwaltungsrates (dem Vorläufer des Bundeskanzlers) unterstellt sein würde. Der Leiter des Währungsamtes sollte eine wichtige Rolle bei der Koordinierung der Regierungs- und Zentralbankpolitik spielen. Dieser Vorschlag entsprach der traditionellen deutschen Auffassung von der Stellung der Zentralbank. 1875 war die Reichsbank unmittelbar dem Reichskanzler unterstellt worden, 1922 war das Gesetz über die Unabhängigkeit der Reichsbank nur auf Drängen der Alliierten verabschiedet worden, die die Abhängigkeit der Zentralbank von der Politik während der großen Inflation mit Sorge sahen.

In der so wichtigen Frage der Unabhängigkeit der Zentralbank vertraten die Alliierten keine einheitliche Linie. Die Labour-Regierung in Großbritannien hatte soeben die Bank of England verstaatlicht und plädierte entschieden dafür, die Zentralbank demokratischer Kontrolle zu unterwerfen. Die Vereinigten Staaten hatten ihr eigenes, unabhängiges Zentralbanksystem vor Augen und erinnerten sich voller Mißtrauen an die durchgängig in der Geschichte zu beobachtende Neigung der Deutschen, mit inflationären Tendenzen nachlässig umzugehen; sie drängten auf ein unabhängiges Zentralbanksystem. Dieses Modell wurde dann auch tatsächlich mit der Bank deutscher Länder und ihrer Nachfolgerin, der Bundesbank, verwirklicht (zu Anfang war die neue Bank allerdings der Aufsicht durch die alliierte Bankenkommission unterworfen).

Bei der Einführung der neuen Währung gab es noch die symbolisch wichtige Frage, wieviel Geld am Tag der Währungsreform ausgegeben werden sollte. Dies war die erste bedeutende Frage, bei der sich die Alliierten den deutschen Argumenten beugten. Die ursprünglichen amerikanischen Vorschläge waren ziemlich knauserig – 15 DM für das Familienoberhaupt, 10 DM für jedes Familienmitglied. Die deutschen Experten drängten in Rothwesten auf eine großzügigere Regelung, worauf bei den Amerikanern sofort wieder Inflationsbefürchtungen wach wurden. Die schließlich gewählte Lösung (40 DM sollten sofort ausgegeben werden, weitere 20 DM zwei Monate später) entsprach augenscheinlich den deutschen Vorstellungen mehr als den amerikanischen. Diese Lösung verlangte kurzfristig die Ausgabe von Banknoten in erheblichem Umfang. Erhard machte sich in der Tat bald Sorgen über Inflationsgefahren der zweiten Geldausgaberunde.

1948 war noch zu klären, welche wirtschaftspolitischen Maßnahmen die Währungsreform begleiten sollten. Es ist vorstellbar, eine neue Währung durch die Fortführung der Preiskontrollen und Rationierungsmaßnahmen der Kriegszeit zu schützen. Die Aufhebung der Rationierungen ist Ludwig Erhards größte Leistung, auch wenn die Behauptung, alle Kontrollen seien schlagartig weggefallen, eher ins Reich der Legende gehört (Grundnahrungsmittel, landwirtschaftliche Erzeugnisse und viele Rohstoffe wurden weiter bewirtschaftet, Kleidung und Schuhe waren weiter rationiert). In seiner Radioansprache kündigte Erhard das Ende der Rationierungen an: «Der einzige Bezugsschein ist jetzt nur noch die Deutsche Mark.»

Am Ende blieb noch die große Frage, welcher politische Kurs nach der Währungsreform eingeschlagen werden sollte. In der Geschichte des Geldes gibt es viele Beispiele für neue Währungen, die oft durch ausgeklügelte Konstruktionen gedeckt waren und auf soliden makroökonomischen Berechnungen gründeten, aber doch bald scheiterten, weil sie neuen Herausforderungen nicht gewachsen waren. Als bald nach der Währungsreform im Juni 1948 die Preise stiegen, wuchs auch die Unzufriedenheit, und kritische Stimmen wurden laut. Der erste größere Vorstoß, die Stabilität der neuen Währung zu sichern, bestand darin, im November 1948 die geldpolitischen Zügel straff anzuziehen; die Gefahr einer Inflation wurde im Keim erstickt: Die Preise waren in den vorausgegangenen Monaten gestiegen und gingen nun abrupt zurück. Es war ein deutscher Schritt, nicht ein von den Alliierten veranlaßter.

Aber endgültig wurde das Thema erst 1950 erledigt, nachdem die beginnende wirtschaftliche Erholung zu einem Zahlungsbilanzproblem geführt hatte. Einflußreiche Stimmen in Deutschland verlangten die Wiedereinführung von Bewirtschaftungsmaßnahmen. Wieder empfahl eine außenstehende Instanz – in diesem Fall die Bank für Internationalen Zahlungsausgleich, die für die Abwicklung von Transaktionen innerhalb der Europäischen Zahlungsunion zuständig war –, nicht in das freie Spiel der Kräfte einzugreifen. Der Staat sollte Zurückhaltung bei Ausgaben üben, in der Geldpolitik die Zügel anziehen und durch flankierende Maßnahmen Hilfe leisten. Erst als von Rationierungen und Kontrollen endgültig nicht mehr die Rede war, stand der D-Mark – und ihrem Erfolg – nichts mehr im Weg.

5. Stabilitätskultur

Auf den ersten Blick fiel an der neuen Währung ihr fremdländisches Erscheinungsbild auf. Der Stil der neuen Banknoten war eindeutig amerikanisch, sie wurden in Amerika gedruckt und ähnelten den amerikanischen Dollarnoten sehr viel mehr als traditionellen deutschen oder europäischen Geldscheinen. Auch als die ersten deutschen Banknoten in Umlauf kamen, wirkten sie amerikanisch und sogar unmoralisch. Der 5-Mark-Schein zeigte eine Darstellung der Freiheit im Stil Delacroix' und erregte gleichermaßen Interesse und Protest, weil auf einem nationalen Zahlungsmittel eine weibliche Brustwarze zu erkennen war.

Anders als die Legende später erzählte, war die D-Mark nicht von Anfang an erfolgreich und allgemein begehrt: Am Anfang stand weniger Begeisterung als Enttäuschung, weil es nun zwar Waren gab, sie aber unerschwinglich waren. Öffentlich wurde gegen steigende Preise protestiert. In einem beliebten Schlager hieß es 1949: «Wer soll das bezahlen, wer hat soviel Pinkepinke, wer hat soviel Geld?»

Es ist bemerkenswert, daß die erfolgreichste Schaffung einer Währung in der deutschen Geschichte anscheinend so wenig Spuren in Literatur und Kultur hinterlassen hat. Die Inflation beschäftigte viele Autoren, die Währungsreform von 1948 spielt hingegen in den literarischen Hervorbringungen der unmittelbaren Nachkriegszeit und der späteren Phase des Wirtschaftswunders keine herausgehobene Rolle. Vielleicht sind erfolgreiche, stabile Währungen einfach zu prosaisch.

Anders als eine Inflation beflügelt stabiles Geld die politische Phantasie und Abenteuerlust nicht. In einer Inflationszeit gibt es viele Gründe, nicht an die Zukunft zu denken und einfach für den Augenblick zu leben, das Geld mit vollen Händen auszugeben und Schulden zu machen. Eine stabile Währung fördert bürgerliche Werte wie Sparsamkeit und Umsicht: Und in der Tat hatte Deutschland neben Japan (dessen Währung und Finanzordnung ebenfalls von außen geschaffen worden waren) in der zweiten Hälfte des 20. Jahrhunderts weltweit die höchste Sparquote. Eine Kultur der Stabilität ist definitionsgemäß unspektakulär: Vielen mag sie als das passende Äquivalent zu dem oft beklagten «Provinzialismus» (eine Lieblingsformulierung von Karl Heinz Bohrer) der Bonner Republik erschienen sein.

Die beiden Erfolgsgeschichten von Nachkriegsdeutschland sind miteinander verwoben: die stabile Währung und die stabile Demokratie. Vor 1948 waren die Deutschen als schlechte Hüter ihrer Währung und als schlechte Demokraten bekannt. Wenn Konsens besteht, daß eine stabile Währung politisch wünschenswert ist, werden die politischen Diskussionen aufrichtiger, weil die Versuchung geringer ist zu glauben, man könnte Übereinkommen und Kompromisse durch mehr Ausgaben erreichen, man könnte gewissermaßen der Notenpresse die wirklich harte Arbeit überlassen, einen politischen Konsens herzustellen. Politische Übereinkommen um den Preis der Inflation sind kurzlebig und – wie die Weimarer Republik gezeigt hat – bürden dem politischen Prozeß nicht zu bewältigende Lasten auf.

Die neue Stabilität symbolisierte eine Selbstbeschränkung der deutschen Politik. Die Deutsche Mark war stabil, weil die institutionellen Rahmenbedin-

Wechselstube DM-Ost – DM-West

gungen verhinderten, daß überhaupt politisch verführerische Gelegenheiten entstanden, eine expansive Geld- und Währungspolitik zu betreiben.

Zu Anfang war die Stabilität von außen gestiftet worden. Die Rolle der Alliierten bei der Währungsreform half der neuen Währungsordnung in dem Augenblick, als sie am meisten gefährdet war. Unmittelbar nach dem Juni 1948 regte sich großer Unmut, weil die Preise stiegen und viele Waren in den Regalen auftauchten, aber für die Konsumenten unerschwinglich blieben. Die Einschnitte im November 1948 führten zwar zu einem Rückgang der Preise, fanden aber keinen unmittelbaren Beifall. Die Parteien, die mit der Währungsreform in Verbindung gebracht wurden, CDU und FDP, verloren 1949 weiter an Sympathie bei den Wählern. Sie konnten sich schützen, indem sie die Währungsreform als Vorgabe der Besatzungsmächte darstellten und auf die verlockenderen Seiten des Besatzungsregimes hinwiesen – insbesondere auf den Beginn der Marshall-Plan-Hilfe (oder ERP, European Recovery Program).

Es ist bemerkenswert, in wie kurzer Zeit das Wirtschaftswunder dazu führte, daß die Werte der Stabilität internalisiert wurden. Bereits in den späten fünfziger Jahren gingen Bedrohungen der Stabilität nicht mehr von politischen Problemen im Land aus, sondern kamen von außen, von der durch hohe amerikanische Rüstungsausgaben und durch Investitionen amerikanischer Firmen im Ausland verursachten Dollarschwemme. Nun betrieb der Rest der Welt Inflationspolitik, und die D-Mark war zur Quelle von Stabilität und Vertrauen geworden. Ihre Rolle als Reservewährung hing weitgehend vom erfolgreichen Kampf gegen die Inflation ab. Unter den 23 größten Industriestaaten hatte Deutschland zwischen 1950 und 1995 die niedrigste durchschnittliche Inflationsrate: Sie lag bei 2,87 % im Gegensatz zu 3,18 % in der Schweiz, 4,11 % in den Vereinigten Staaten und 6,47 % in Großbritannien.

In dieser Hinsicht war die Rolle der D-Mark das genaue Gegenteil der

Geschichte des US-Dollars auf der internationalen Bühne. Für die Vereinigten Staaten war der Dollar häufig mehr als nur ein nationales Symbol. Er war eine Waffe in der internationalen Politik, weil die Vereinigten Staaten jederzeit mit einer Abwertung drohen konnten, um ihre handelspolitischen Vorstellungen durchzusetzen. Insbesondere seit der Präsidentschaft von Richard Nixon stand der Dollar eher für das, was mit Politik erreicht werden konnte, als für die Grenzen des politischen Handelns. In einer beliebten amerikanischen Formulierung ausgedrückt: Der Dollar ist eine «Kann»-Währung (die D-Mark hingegen war eine «Kann-nicht-Währung»).

Es ist frappierend, daß auf den amerikanischen Dollarnoten die großen Gründerfiguren der Republik abgebildet sind (Washington, Jefferson, Lincoln, Hamilton, Andrew Jackson, Grant, Franklin), während europäische Banknoten eher zu unpolitischen Figuren neigen, ja im Falle der deutschen Mark-Serien politische Gestalten grundsätzlich ausschließen. Bei der letzten Serie von Mark-Noten, die in den achtziger Jahren konzipiert wurde, erwogen drei bedeutende Historiker vorsichtig eine große Zahl von historischen Persönlichkeiten und trafen anschließend eine sorgfältig nach regionaler Abstammung, Geschlecht und Konfession ausbalancierte Auswahl von zum Teil ziemlich unbekannten Gestalten. Die große deutsche Malerin Angelika Kauffmann dagegen fand keine Berücksichtigung, weil sie nicht eindeutig mit einer bestimmten Region verbunden war. Als Ergebnis dieses historischen Proporzes erschienen Bettina von Arnim, Carl Friedrich Gauß, Annette von Droste-Hülshoff, Balthasar Neumann, Clara Schumann, Paul Ehrlich, Maria Sibylle Merian und die Gebrüder Jacob und Wilhelm Grimm auf den letzten deutschen Geldscheinen.

Die D-Mark und die Zentralbank gewannen an Glaubwürdigkeit, als sie unter Druck seitens der Politiker gerieten und ihre Unabhängigkeit von der Politik beweisen konnten. 1956 kritisierte Konrad Adenauer eine Zinsanhebung, machte sich aber selbst lächerlich, als er den Zentralbankrat attackierte: «Wir haben hier ein Organ, das niemandem verantwortlich ist, auch keinem Parlament und keiner Regierung [...]. Es ist der deutschen Konjunktur ein schwerer Schlag versetzt worden; auf der Strecke bleiben werden die Kleinen [...], das Fallbeil trifft die kleinen Leute, und deshalb bin ich sehr betrübt.» 1980/81 griff Helmut Schmidt wiederholt die «restriktive» Geldpolitik der Bundesbank an, aber damit schadete er seiner Reputation mehr als der Reputation der Bundesbank. 1998/99 untergrub Finanzminister Oskar Lafontaine mit polemischen Äußerungen gegen die Zentralbank seine politische Position. Aus Konflikten zwischen Politikern und der D-Mark ging stets die D-Mark als Siegerin hervor.

Die Unterschiede zwischen der deutschen und der amerikanischen Währung wurden in den sechziger Jahren deutlich. Damals spielte die D-Mark eine wichtige Rolle bei der Auflösung des Währungssystems von Bretton Woods, weil die Deutschen sich große Sorgen um die Währungsstabilität machten.

Viele Deutsche glaubten, daß die Verpflichtung aus dem Bretton-Woods-Abkommen, die D-Mark bei einem festen Nennwert zu halten, zu höheren Inflationsraten in Deutschland führte, und nach den Erfahrungen mit den zwei Weltkriegen war Inflation ein Schreckgespenst in Deutschland. Die festen Wechselkurse stürzten die Bundesbank in ein nicht lösbares Dilemma, denn wenn sie die Zinsen erhöhte, um die Nachfrage nach Krediten zu dämpfen, floß ausländisches Geld (Dollars) auf der Suche nach besser verzinsten Anlagemöglichkeiten ins Land und blähte die Geldmenge auf. Es gab keine Möglichkeit – außer der einer politisch sehr umstrittenen Wechselkursveränderung (die beiden Aufwertungen von 1961 und 1969 verursachten erhebliche politische Unruhe) –, das Geldmengenwachstum und damit den Preisanstieg zu bremsen. Letzten Endes war die Entscheidung im Mai 1971, die D-Mark frei floaten zu lassen, die einzig mögliche Reaktion auf die äußere Bedrohung der Währung.

Aus den Krisen in den frühen siebziger Jahren zog die Bundesbank die entsprechende Lehre. Sie suchte nach Regeln für die Geldpolitik. Ab 1975 orientierte sie sich primär an einem Geldmengenziel (für das Wachstum des «Zentralbankgeldes» oder der Geldmenge M3, wie es ab 1988 hieß) und nicht an einem Wechselkurs. Sie erklärte, daß die Kontrolle des Geldmengenwachstums praktisch zum «Symbol der deutschen ‹Stabilitätskultur›» geworden sei. Ab Mitte der siebziger Jahre verband die Bundesbank institutionell und politisch ihre Position mit einer starken Mark.

Der damalige Bundesbankpräsident Otmar Emminger bezeichnete die D-Mark stolz als «Weltstar» auf der internationalen Bühne. Runde Geburtstage der D-Mark wurden in der Presse, mit Vorträgen und öffentlichen Feierstunden begangen. Das neue Selbstbild der Bundesbank als Institution spiegelte vielleicht am besten, zumindest am deutlichsten, der Schriftzug am Rand des 1986 geprägten 5-Mark-Stücks wider, ein Ausspruch des Preußenkönigs Friedrichs des Großen: «Ich bin der Erste Diener meines Staates.» 1986 lag der Anstieg der Lebenshaltungskosten in der Bundesrepublik unter Null, und die Bundesbank glaubte, daß es ihr gelungen war, die Inflation in Deutschland praktisch auszurotten.

Die Bemühungen der Bundesbank und anderer, die D-Mark zum Kern einer Stabilitätskultur zu machen, waren sehr erfolgreich. Meinungsumfragen zur Popularität der D-Mark spiegeln die Einschätzung ihres symbolischen Wertes wider. Die Umfragen zeigen ab Mitte der siebziger Jahre einen starken Anstieg des Vertrauens in die deutsche Währung. Die Frage des Allensbacher Instituts für Demoskopie, ob eine gemeinsame europäische Währung die D-Mark ablösen solle, beantworteten 1974 57 % mit Ja, 1977 nur noch 35 %, und 1988 sank der Anteil weiter auf 20 %. (Der Wandel der Einstellung zur D-Mark fiel mit der Aufwertung der D-Mark gegenüber dem Dollar zusammen. Die Umfragen dürfen nicht nur als Ergebnis öffentlicher Diskussionen gewertet werden, sie sind auch eine Reaktion auf eine reale Aufwertung der Währung und Ausdruck der öffentlichen Anerkennung für die gestärkte Kaufkraft.)

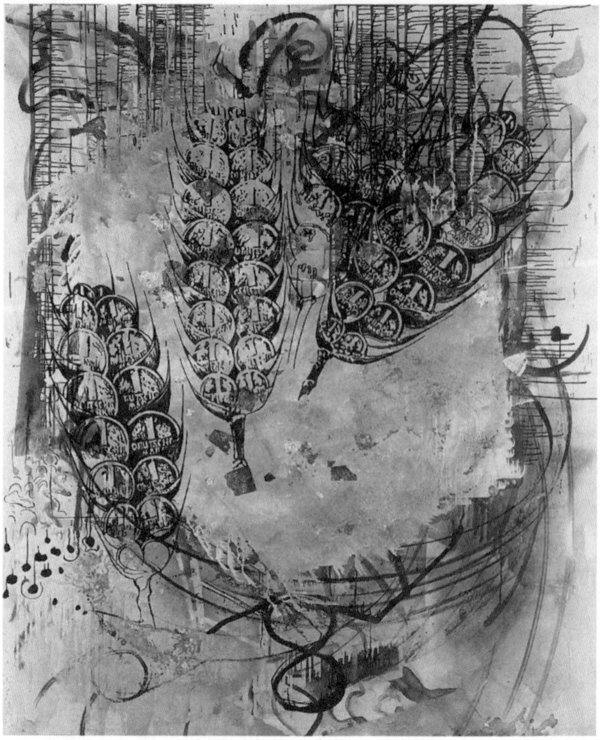

Sigmar Polke: Neid und Habgier (1984)

Es blieb nicht aus, daß die Stärke der D-Mark Bewunderung bei anderen Ländern weckte. Nach 1990 koppelten einige der ehemals kommunistischen Länder im Osten beim Übergang zur Marktwirtschaft ihre Währungen an die D-Mark, um auf diese Weise vom Stabilitätsimage der D-Mark zu profitieren. Als Symbol für Erfolg und Stärke von Nachkriegsdeutschland zog die D-Mark auch Kritik auf sich, nicht selten waren es verschrobene, irrige oder gar paranoide Vorwürfe. Einige britische Kommentatoren meinten beispielsweise, die Stärke der D-Mark sei nur Ausdruck des deutschen Analcharakters, Folge einer verfrühten Sauberkeitserziehung. Aber das waren bizarre Einzelmeinungen. Häufiger hörte man hohes Lob, wie es der britische Premierminister John Major im Sommer 1992, kurz vor Großbritanniens schmählichem Rückzug aus dem Wechselkursmechanismus des Europäischen Währungssystems, der D-Mark zollte, als er sagte, Großbritannien verfolge mit seinen Bemühungen um eine Erholung von Wirtschaft und Währung das Ziel, daß das Pfund eines nicht fernen Tages die Deutsche Mark als Stabilitätssymbol in Europa ablösen könne.

Die Bundesbank und das Bundesverfassungsgericht wurden zunehmend als die beiden Pfeiler gesehen, denen die Bundesrepublik ihren Erfolg verdankte. Sie setzten der Politik institutionelle Grenzen und beschränkten den

Spielraum für willkürliches politisches Handeln, für politische Abenteuer und Träumereien. Sie konnten es als ihren Erfolg verbuchen, daß die Bundesrepublik so langweilig war – und so stabil.

6. Trauer um die D-Mark

Beide Institutionen, das Verfassungsgericht und die Bundesbank, spielten bei der deutschen Wiedervereinigung 1990 und im Anschluß daran eine entscheidende Rolle. Das Verfassungsgericht schweißte zwei Rechtssysteme zusammen und wachte über die Einführung des Rechtsstaates nach der politischen Vereinigung.

Bei der Wiedervereinigung kam der D-Mark besondere Bedeutung zu. Aber der Beginn der deutschen Währungsunion am 1. Juli 1990, das heißt *vor* der politischen Vereinigung am 3. Oktober, wurde für die D-Mark zu einem zweifachen Schock. Erstens wurde aus politischen Gründen gegen den Rat der Bundesbank der Umtauschkurs auf 1:1 festgelegt (um den Wünschen und Erwartungen der Menschen in der DDR Rechnung zu tragen); die Bundesbank sah in Anbetracht der geringeren Produktivität in Ostdeutschland negative Auswirkungen für den Arbeitsmarkt voraus. Für manche Beobachter hatte es den Anschein, daß die D-Mark damit politischen Zielen untergeordnet wurde. Eine Folge des Umtauschkurses war, daß massive Unterstützungs- und Transferzahlungen erforderlich wurden. Die Bundesbank reagierte auf den fiskalischen Schock der Wiedervereinigung in der Weise, daß sie 1991/92 die währungspolitischen Zügel straffer anzog, was in ganz Europa zu einer Rezession führte, aber in ihren Augen unumgänglich war, um die Glaubwürdigkeit des Stabilitätsversprechens zu sichern.

Eine zweite politische Entscheidung fiel im Rahmen der diplomatischen Verhandlungen über die Wiedervereinigung. Im Dezember 1989 widersetzten sich der französische Staatspräsident Mitterrand und die englische Premierministerin Thatcher vehement der Wiedervereinigung. Nach Ansicht französischer Kommentatoren waren der «Euro», die Europäische Währungsunion und die europäische politische Integration der Preis, den Frankreich für seine Zustimmung zu einem größer gewordenen Deutschland verlangte (auch wenn Helmut Kohl nicht müde wurde zu betonen, daß für ihn die deutsche und die europäische Integration unauflöslich miteinander verbunden waren).

Andere Vorstellungen über die Aufgaben einer Währung standen Ende der neunziger Jahre zur Diskussion, als der fünfzigste Geburtstag der D-Mark mit ihrem Ende und der Ablösung durch den Euro zusammenfiel. Aus diesem Anlaß fand in der Frankfurter Paulskirche – einem Ort in Deutschland, der für viele gescheiterte Hoffnungen steht – eine Feierstunde in Anwesenheit von Bundeskanzler Kohl statt.

Bei der Geburt des Euro prallten wie bei der Geburt der D-Mark zwei unterschiedliche wirtschaftspolitische Sichtweisen aufeinander. Die eine Sicht findet sich heute häufig in der französischen Kritik an einer zügellosen, alles beherrschenden angelsächsischen Marktwirtschaft. Sie verbindet mit dem Euro die Erwartung, daß er Europa handlungsfähiger machen wird, so wie es beim Dollar in der Nachkriegszeit zumindest phasenweise der Fall war. Der Euro wird demnach eine Währung sein, die dem Dollar Paroli bieten kann. Der zweiten Sichtweise zufolge ist eine derartige Prestigepolitik bestenfalls unwichtig und schlimmstenfalls schädlich. Nach dieser Sicht, die aus dem Erfolg der D-Mark erwachsen ist, kann das Gut der Stabilität nur durch den Verzicht auf politische Einmischung erreicht werden.

Ein Erinnerungsort ist auch ein Ort, an dem die Geschichte kontinuierlich neu geschrieben wird. Die D-Mark begann als eine im wesentlichen von außen auferlegte Vorgabe und stieß auf wenig Interesse oder gar Begeisterung. Die Idee der Selbstbeschränkung – oder allgemeiner der Katalog der bürgerlichen Tugenden – wurde dann in das Selbstbild der Bundesrepublik integriert. Und so weckte die D-Mark gerade in dem Augenblick, als ihre Ära zu Ende ging, als Bonn durch die neue Hauptstadt Berlin abgelöst wurde, als militärische Abenteuer wieder möglich und sogar moralisch geboten erschienen, eine nostalgische Rückbesinnung auf die gesellschaftlichen, politischen und auch wirtschaftlichen Werte, die in den neunziger Jahren dahinschwanden. In den neunziger Jahren gehörte Deutschland nicht mehr zu den Spitzenreitern der Inflationsbekämpfung, sondern nahm nur noch einen Platz im Mittelfeld ein, ein ganzes Stück hinter Frankreich und Belgien.

Der «Mythos der Deutschen Mark», den die Bundesbank in den politisch und wirtschaftlich unsicheren und unruhigen siebziger Jahren unermüdlich propagiert hatte, strahlte am hellsten in dem Augenblick, als die D-Mark zum mächtigsten Symbol der alten Bonner Republik wurde, die als Folge der Wiedervereinigung von 1990 und Deutschlands Rückkehr auf die Weltbühne von Geschichte, Drama und Poesie für immer unterging.

Edgar Wolfrum

Die Mauer

Mauern sind in der Weltgeschichte immer schon errichtet worden. Der Hadrianswall in England und der Limes an Rhein und Donau sollten die römische Zivilisation von den Barbaren abschirmen. Burgherren schützten ihre Schlösser mit Mauern, Städte umgaben sich mit ihnen, um die Sicherheit ihrer Bürger zu gewährleisten. Die im 15. Jahrhundert fertiggestellte Chinesische Mauer war mit fast 2500 Kilometern Länge die größte Schutzanlage der Welt. Im 18. Jahrhundert gab es allerorten, auch in Berlin, Akzisemauern, die einen Zollbezirk eingrenzten und das Wirtschaftsgebiet kennzeichneten. Bis zum 13. August 1961 hatten Machthaber aber noch nie eine Mauer gebaut, um die gesamte eigene Bevölkerung einzusperren, um sie von einer Abwanderung abzuhalten. Die Berliner Mauer war die erste Mauer in der Weltgeschichte, die mitten durch ein Land und rings um den Teil einer Stadt ging. Sie existierte 28 Jahre, zwei Monate und 27 Tage. Sie veränderte über die Jahre hinweg ständig ihr Gesicht. Zunächst wurden, ganz primitiv, Stacheldrahtverhaue angebracht, dann Hohlblocksteine hochgemauert und mit Stacheldraht versehen. Danach folgten mehrere Mauergenerationen; die nach Westen stehenden vorfabrizierten Mauersegmente aus Stahlbeton hoher Dichte gab es erst seit 1975. Diese «Grenzmauer 75», so der Fachterminus der DDR, war die Mauer der vierten Generation: Jedes L-förmige Segment mit einem Gewicht von 2,6 Tonnen war 3,60 Meter hoch, wurde durch eine Betonröhre, die Mauerkrone, abgeschlossen, hatte eine Breite von 1,20 Metern und eine Wandstärke von 15 Zentimetern, die Widerlager reichten 2,10 Meter in den Boden. 45 000 dieser Segmente wurden in Berlin verbaut, jedes kostete in der Herstellung 359 Ostmark; aus dem Material der Befestigungsanlagen hätte man eine kleine Stadt bauen und mit dem Stacheldraht die ganze Erde umspannen können.

Der Ring um West-Berlin hatte eine Gesamtlänge von 155 Kilometern. Dabei bestand die Mauer aus zwei Mauern. Die eine, eben beschriebene, war die West-Mauer, sie bildete, aus Ost-Berliner Sicht, den Außenring, während der Innenring durch die Ost-Mauer markiert wurde. Dazwischen lag der bis zu hundert Meter breite Todesstreifen mit elf unterschiedlichen Hinderniszonen: Alarmgitter, Stolperdrähte, die Leuchtkugeln auslösen, einbetonierte Stahlspitzen, Hundelaufanlagen, Panzergräben, KfZ-Fallen, Spanische Reiter, über 300 Wachtürme, fast 50 Bunker, Asphaltstraßen für Patrouillen-Fahrzeuge; in Grenzgewässern wurden mit Nägeln gespickte stählerne Unterwassermatten und Sperrbojen eingelassen. An diesem Monstrum fanden 239 Menschen den Tod – noch im Februar 1989 erschossen DDR-Grenzsoldaten einen jungen Mann. Die Anlagen wurden immer perfekter und optisch «gefälliger»,

Schokoladenverpackung des Museums am Checkpoint Charlie

im Jahr 2000 sollte, so plante es die SED-Führung, die häßliche Mauer durch eine mit Sensortechnik und Elektronik versehene «High-Tech-Mauer 2000» ersetzt werden. Statt dessen kam der Mauerfall.

Der Mauerbau begann am Sonntag, den 13. August 1961 gegen zwei Uhr morgens unter Aufsicht schwerbewaffneter Volkspolizisten, und die meisten Berliner hatten ihn regelrecht verschlafen. Nachdem eine Woche zuvor in Moskau die Parteispitzen der Warschauer-Pakt-Staaten dem Bau der Mauer zugestimmt und damit dem Drängen Walter Ulbrichts nachgegeben hatten, war es der «junge Mann» im ZK der SED, Erich Honecker, der den reibungslosen Ablauf der Abriegelung organisierte. Die Sowjetunion sicherte die Aktion militärisch ab, Panzer hielten sich bereit, blieben aber im Hintergrund. Gegen sieben Uhr durchbrachen die ersten Flüchtlinge die Absperrungen aus Stacheldraht. Das SED-Organ *Neues Deutschland* erschien tags darauf mit der Schlagzeile «Unser Staat ist auf Draht».[1] Einen Tag später sprang der Grenzsoldat Conrad Schumann an der Ecke Ruppiner/Bernauer Straße über Stacheldrahtrollen in die Freiheit. Das spektakuläre Foto der Flucht ist weltberühmt, es wird bis heute wie eine Ikone gehandelt, ziert aber auch eine Schokoladentafel «Edelbitter», die man im Berliner Mauermuseum am ehemaligen Checkpoint Charlie, dem ehemals bekanntesten Grenzübergang der Welt, kaufen kann. 13 U-Bahnhöfe auf Ost-Berliner Gebiet wurden geschlossen, von 81 Sektorenübergängen mauerte man 69 zu, die ersten Todesschüsse fielen am 24. August. Das ganze historisch gewachsene Zusammenspiel der Millionenmetropole geriet endgültig aus den Fugen; Gas, Wasser, Elektrizität, auch Theater, Opern, Firmen und Behörden mußten auf jeder Seite der Mauer neu organisiert werden. Zwar war Berlin seit 1948 geteilt, aber die Stadt war bis zu jenem Augusttag, als es plötzlich Eingemauerte und Ausgemauerte gab, dennoch eine Einheit, und die Sektorengrenzen wurde täglich von etwa einer halben Million Menschen in beiden Richtungen überschritten. Daß nun das Brandenburger Tor geschlossen wurde, hatte Symbolcharakter. Nun sei, so hieß es im Westen, die letzte Tür verschlossen worden, die aus dem großen Gefängnis herausführte, das sich Deutsche Demokratische Republik nenne; die Bevölkerung sei buchstäblich in Sicherheitsverwahrung genommen worden, Ost-Berlin befinde sich im Belagerungszustand. In Ulbrichts Mauer hatte das kommunistische Zwangssystem ein drastisches Symbol gefunden. Die Konstruktion der Wachtürme sah aus wie die getreueste Kopie eines Wachturms aus den Konzentrationslagern des Dritten Reiches. Die DDR – ein riesiges Konzentrationslager für 17 Millionen Deutsche, solche Vergleiche hatten mindestens ein Jahrzehnt lang Konjunktur.

Den Deutschen erschien der Mauerbau als der schwärzeste Tag ihrer Nachkriegsgeschichte. Den Staatsmännern der Siegermächte des Zweiten Weltkriegs hingegen galt er nicht als Trauma, sondern als gelungenes Krisenmanagement, denn die vom sowjetischen Regierungschef Nikita Chruschtschow entfachte jahrelange Kraftprobe um Berlin, sein Versuch, West-Berlin in das sozialistische Lager einzubeziehen, hatte sich bis zur Kriegsgefahr gesteigert. Sollte man wegen Berlin einen Atomkrieg riskieren? Der von den Westmächten tatenlos hingenommene Bau der Mauer erschütterte und schockierte die Deutschen. Auf einer Massendemonstration von 300 000 West-Berlinern vor dem Schöneberger Rathaus herrschte ohnmächtige Wut. Willy Brandt, Regierender Bürgermeister von Berlin, forderte von den westlichen Alliierten energische Schritte, doch weder der britische Premierminister Harold Macmillan noch Frankreichs Staatspräsident Charles de Gaulle sahen sich veranlaßt, ihren Sommerurlaub abzubrechen. Auch Bundeskanzler Konrad Adenauer ließ sich erst nach zehn Tagen in Berlin sehen; seither hielt ihm die Opposition vor, er habe die Mauer akzeptiert. John F. Kennedy, der junge amerikanische Präsident, reagierte erleichtert auf den Mauerbau. Seine «Three essentials» vom Juli 1961 wollte er mit aller Macht sichern: die Anwesenheit westlicher Truppen in Berlin, den freien Zugang dorthin und die Lebensfähigkeit der Stadt. All das bezog sich freilich nur auf West-Berlin. Und der Bau der Mauer signalisierte ihm, daß Chruschtschow nachgab. Denn würde man eine Mauer bauen, wenn man das Gebiet jenseits von ihr in Besitz nehmen möchte? Die deutsche Frage war nun festgemauert, die deutsche Teilung schien zementiert, die Berlin-Krise war zwar beendet und der Westteil der Stadt sicherer als zuvor, aber die Mauer bedeutete die ständige Vergewaltigung des Vier-Mächte-Status' Berlins. Mit dem Mauerbau hatte die DDR die Notbremse gezogen, denn durch das Plebiszit mit den Füßen, durch die massenhafte Auswanderung und Flucht drohte der Staat auszubluten. Gerüchte über östliche Absperrungsmaßnahmen in Berlin, um die letzte Lücke im Eisernen Vorhang zu schließen, waren seit geraumer Zeit in Umlauf gewesen. Auf einer internationalen Pressekonferenz Mitte Juni 1961 hatte Ulbricht einer westlichen Korrespondentin eine denkwürdige Antwort gegeben: «Ich verstehe Ihre Frage so, daß es in Westdeutschland Menschen gibt, die wünschen, daß wir die Bauarbeiter der Hauptstadt der DDR dazu mobilisieren, eine Mauer zu errichten, ja? Mir ist nicht bekannt, daß eine solche Absicht besteht. Die Bauarbeiter unserer Hauptstadt beschäftigen sich hauptsächlich mit Wohnungsbau. Niemand hat die Absicht, eine Mauer zu errichten.»[2] Ulbricht war damit ein Freudscher Fehler unterlaufen, denn trotz aller Gerüchte im Westen hatte noch niemand von einer «Mauer» gesprochen. Schon wenige Tage nach dem Mauerbau prangte dieses im Gedächtnis der Deutschen bekannteste Ulbricht-Zitat im Westen auf großen Plakatwänden und war im Osten weithin sichtbar.

«Schandmauer» avancierte seit August 1961 im Westen zum geflügelten Wort; *Le Mur de la Honte* hieß ein in Frankreich weit verbreitetes Buch des Redakteurs Pierre Galante von der Massenzeitschrift *Paris-Match*. Die ersten Mauertoten heizten das angespannte Klima in der «Frontstadt» zusätzlich an, Mauerkrankheit und «Inselkoller» prägten zumindest bis Mitte der siebziger Jahre, als die Entspannungspolitik Erleichterungen brachte, das Bewußtsein der West-Berliner. Mochte Präsident Kennedy den unbeugsamen Freiheitswillen der Berliner auch rühmen und vor aller Welt bekunden «Ich bin ein Berliner»[3] – er mußte ja nicht in dieser Stadt leben. Leben in Berlin, das bedeutete Eingeschlossensein, stets unerfülltes Fernweh, Staus an den Grenzübergängen, überfüllte Wälder und Bäder, etwa am Wannsee, wo sich im Sommer sonntags Zehntausende wie in einer Heringsdose drängten. Trotz der Rede vom «Schaufenster des Westens» und den Berlin-Hilfen des Bundes fühlten sich die West-Berliner manchmal wie der Hinterhof der Nation. Die Abgeschlossenheit strapazierte die Nerven, doch wie mußte es erst den Bewohnern einiger Exklaven gehen, die zu West-Berlin gehörten, aber nicht an das Stadtgebiet angebunden und somit gänzlich vom Territorium der DDR und das hieß auf engstem Raum von der Mauer umgeben waren? Erst nach dem Vier-Mächte-Abkommen vom August 1972 bekam die Exklave Steinstücken im Bezirk Zehlendorf eine – von beiden Seiten ummauerte – Verbindungsstraße nach Kohlhasenbrück. Bis dahin mußten die Menschen zeitweise von US-amerikanischen Hubschraubern versorgt werden, einer davon, mit dem Namen «Spirit of Steinstücken», erinnert heute im Berliner Alliierten-Museum an diese kleine Luftbrücke.

Das eingemauerte Berlin lieferte Stoffe, aus denen Bestseller-Weltliteratur und Hollywood-Filme gemacht sind. Einen Zirkus von Spionage und Gegenspionage entfaltete der Brite John Le Carré in seinem bekanntesten, schließlich auch verfilmten Buch *Der Spion, der aus der Kälte kam*; sein Landsmann Len Deighton war mit *Brahms Vier* kaum minder erfolgreich. Wer kannte nicht die Glienicker Brücke zwischen Berlin und Potsdam, auf der zumeist im nebligen Morgengrauen Agenten-Austauschaktionen stattfanden? Der bekannteste deutsche Mauerroman ist Peter Schneiders *Der Mauerspringer*. In Billy Wilders und Alfred Hitchcocks Filmen gibt es zahlreiche Bezüge zur Mauer, ganz zu schweigen von deutschen Filmen wie *Ostkreuz* von Michael Klier oder *Das Versprechen* von Margarethe von Trotha und nicht zu vergessen Wim Wenders' *Der Himmel über Berlin* sowie die Fortsetzung *In weiter Ferne so nah*. Was den Stoff der Geschehnisse an der Mauer betraf, so kann sie mit dem von Troja verglichen werden, was das populäre Interesse an ihr angeht, mit der Chinesischen Mauer. Hier waren Schicksale greifbar, Fluchtversuche, die im Kugelhagel der Grenzpolizisten scheiterten, aber auch abenteuerliche, ja tollkühne erfolgreiche Unternehmen mit umgebauten Autos, Motordrachen, Mini-U-Booten. In der erfolgreichsten Fluchtaktion durch einen selbstgegrabenen Tunnel gelang im Oktober 1964 insgesamt 57 Personen die Flucht nach West-Berlin, in einer der spektakulärsten, die kurz darauf auch verfilmt wurde, konnten zwei Familien 1979 mit einem Heißluftballon die Freiheit erlangen. Mutige Menschen leisteten Fluchthilfe, geschäftstüchtige entdeckten darin eine lukrative Geldquelle. Um die 20 000 DM pro Person kostete die Flucht, für Familien gab es Mengenrabatt. Über 60 000 Menschen wurden wegen «Versuchs der Republikflucht» oder auch nur wegen «Vorbereitung» dazu verurteilt; die durchschnittliche Strafe betrug vier Jahre Haft. Für organisierte Fluchthilfe verhängte das SED-Regime lebenslängliche Zuchthausstrafen.

Nie zuvor hatte die Weltöffentlichkeit die Brutalität der DDR-Diktatur so hautnah wahrgenommen wie am 17. August 1962, als vor laufenden Fernsehkameras der 18jährige Peter Fechter im Todesstreifen angeschossen wurde und in einem 45minütigen Todeskampf qualvoll direkt hinter der Mauer an der Kreuzberger Zimmerstraße verblutete. In einer Geste der Hilflosigkeit warfen West-Berliner Polizisten Verbandspäckchen über die Mauer. Unter dem Schutz von Nebelgranaten barg die Grenzpolizei den leblosen Körper, die beiden Schützen wurden kurz darauf prämiert. Am 38. Jahrestag des Mauerbaus weihte der Berliner Senat ein Denkmal für Peter Fechter ein. Wo zuvor ein schlichtes Holzkreuz stand, erinnert seither eine Stahlsäule mit der Inschrift «Er wollte nur die Freiheit» an das weltweit bekannteste Maueropfer.

Deutsche schossen auf Deutsche, und jährlich gedachte man in Berlin der wachsenden Zahl der Mauertoten. Bundesdeutsche Delegationen reichten Beschwerden bei der Menschenrechtskommission der Vereinten Nationen ein. Auch im westlichen Ausland war das Echo auf die Jahrestage des Mauerbaus in den sechziger Jahren überaus stark. Die grenzenlose Unmenschlichkeit der Mauer war ein Affront gegen das zivilisierte Leben, in den Worten eines britischen Journalisten aus der Zeit: «Sie schändet die Kultur Europas».[4] «Niemals daran gewöhnen» lautete die einmütig ausgesprochene Verpflichtung in der Bundesrepublik Deutschland.[5] 1963 dachte, einer repräsentativen Umfrage zufolge, über die Hälfte der Westdeutschen spontan an die Mauer, wenn das Wort «Berlin» fiel. Anti-Mauer-Kundgebungen mit hochrangigen Politikern gab es jährlich, und das überparteiliche Kuratorium «Unteilbares Deutschland» organisierte einen Straßenverkauf von Plaketten und Anstecknadeln, auf denen vor

Abtransport des toten Peter Fechter (17. 8. 1962)

allem das Brandenburger Tor abgebildet war. 1962 besaß mehr als ein Drittel aller Bundesdeutschen eine solche Nadel, die der Volksmund jedoch sogleich als «Ablaßnadel» verspottete. In den Schulen sammelte man Wiedervereinigungspfennige, Berlin-Denkmäler entstanden in nahezu allen größeren Städten, Straßennamen wie «Berliner Freiheit» gab es zuhauf, in einigen Städten, etwa in Esslingen und Nürnberg, wurden in spontanen Aktionen «Berliner Mauern» vor den Rathäusern errichtet, um die Bevölkerung aufzurütteln, an Litfaßsäulen prangten Wortplakate wie «Freiheit für die Zone», am 13. August gab es zwischen 20 und 21 Uhr eine «Stunde der Stille», zuvor waren Autosternfahrten an die Mauer abgehalten worden, Fahnen mit Trauerflor hingen an zahlreichen öffentlichen Gebäuden, zu Weihnachten stellten die Westdeutschen Kerzen an die Fenster und die Berliner Weihnachtsbäume an die Mauer, um die «Brüder und Schwestern» nicht zu vergessen. Das alles hielt die deutsche Frage im Bewußtsein und die Deutschen über Mauer und Stacheldraht hinweg symbolisch zusammen. Aber konnte sich die Politik mit reinen Demonstrationen begnügen? Den Pathosformeln, den Deklamationen und den rituellen Beschwörungen haftete bald der Geruch von Alibi-Veranstaltungen an. Hatte die Politik die Ostdeutschen nicht schon längst abgeschrieben und wurde nicht versucht, die deutschlandpolitische Hilflosigkeit dadurch zu kaschieren, daß man Schweigemärsche und öffentliche Proklamationen abhielt? Daß sich in der Mauer, so der liberale Spitzenpolitiker Thomas Dehler 1962, der «böse, aggressive Wille der Sowjetunion» dokumentiere,[6] entsprach der Sichtweise der meisten Bundesdeutschen, von denen Mitte der sechziger Jahre die Mehrheit das Ulbricht-Regime schlimmer fand als die NS-Diktatur. Damit war aber die Frage, was man gegen die Mauer tun könne, nicht beantwortet. War die Mauer, wie die große französische Zeitung *Le Monde* 1966 mutmaßte, mittlerweile gar «une institution respectable?»[7]

«Die Mauer durchlässig machen»[8] lautete eines der Schlagworte der sozialliberalen Neuen Ostpolitik, deren Ursprünge im Mauerbau zu suchen sind und die zu einem tiefgreifenden Wandel der Erinnerungskultur führte. Die Mauer bedeutete den deutschlandpolitischen Reformern und immer mehr auch der öffentlichen Meinung die sichtbare Schwäche der Politik der Stärke. Hatte nicht der Mauerbau brutal offenbart, daß die Adenauersche Deutschlandpolitik in der Sackgasse war? Am Tag des Mauerbaus scheiterte die alte Wiedervereinigungspolitik des Westens – und zurück blieb Ratlosigkeit. Willy Brandt, seinerzeit Regierender Bürgermeister von Berlin, nun Bundeskanzler, sagte es im August 1971 vor dem Bundestag mit aller Deutlichkeit: «Damals ist ein Vorhang weggezogen worden, und es stellte sich heraus: Die Bühne war leer.»[9] Man durfte, so das Credo von Sozialdemokraten und Liberalen, nicht immer nur im Auge haben, wie man sich Gesamtdeutschland idealerweise wünschte, denn damit übersah man, wie es sich nach dem Mauerbau wirklich präsentierte. Nötig schien eine «Politik der kleinen Schritte», nur durch zähe Verhandlungen mit dem DDR-Regime, nicht aber durch seine rituelle Verdammung, konnten menschliche Erleichterungen für die Ostdeutschen erreicht werden. «Wandel durch Annäherung», ein bald geflügeltes Wort, das Egon Bahr 1963 in Tutzing geprägt hat, ging von einem Paradoxon aus: Der Status quo im geteilten Deutschland konnte langfristig nur überwunden werden, indem der Status quo zunächst anerkannt wurde.

Der Grundlagenvertrag zwischen der Bundesrepublik Deutschland und der DDR vom Dezember 1972 war in der öffentlichen Meinung Westdeutschlands höchst umstritten, aber eine Mehrheit der Bundesbürger unterstützte die Neue Ostpolitik der Regierung Brandt/Scheel. Die beiden deutschen Staaten erkannten sich zwar gegenseitig an, jedoch nicht im völkerrechtlichen Sinne. Die Gegenleistungen der DDR für die Anerkennung der Zweistaatlichkeit bestanden in der Zusage, praktische und humanitäre Fragen in einem Katalog von Abkommen zu regeln. Um die Neue Ostpolitik entfalteten sich nach der Wiedervereinigung 1990 mannigfache Kontroversen, hinter denen sich der Streit verbarg, wem der Lorbeer des Mauerfalls und der deutschen Einheit zustand. War das Konzept des «Wandels durch Annäherung» eine subversive Tat gegen die kommunistische Diktatur in der DDR? In dieser Erinnerung hing das SED-Regime – nachdem die Neue Ostpolitik die illusionäre Deutschlandpolitik der CDU hinter sich gelassen habe – am goldenen Angelhaken, den die bundesdeutsche Politik ausgelegt hatte und der die DDR in einen ruinösen Wandel trieb, an dem sie schließlich zugrunde ging. Dieser sozialliberalen «Angelhaken-Theorie» steht die «Konsolidierungs-Theorie» gegenüber, die dem eher konservativen Geschichtsbild entspricht. Ihr zufolge hat die Neue Ostpolitik eine Vereinigung Deutschlands verzögert, weil sie den Status quo festigte und die alten Machtstrukturen im Osten stabilisierte. Für beide Deutungen gibt es gute Argumente. Doch der Streit um die Erinnerung verdeckt die Gemeinsamkeiten – und das soll er auch. Denn die Kanzlerschaft Helmut Kohls kennzeichnete eine Kontinuität zur sozialliberalen Deutschlandpolitik, ja die Zusammenarbeit mit der DDR-Regierung erreichte ein Höchstmaß, angefangen beim Milliardenkredit für das SED-Regime, den Franz Josef Strauß 1983 einfädelte, bis hin zum Staatsbesuch Erich Honeckers in der Bundesrepublik 1987, den dieser als Krönung seines Lebenswerkes empfand.

Die «Politik der kleinen Schritte» hatte dort begonnen, wo die Wunde der Spaltung der Nation besonders schmerzte: in Berlin. Mit den Passierscheinabkommen zwischen 1963 und 1966 und den Neuregelungen seit 1972 konnte vom Westen aus die Mauer erstmals überwunden werden. Die bekannteste Passierschleuse war der «Tränenpalast» am Bahnhof Friedrichstraße. Wenngleich nach wie vor bürgerkriegsähnliche Zustände an der deutsch-deutschen Grenze herrschten und nach dem Grundlagenvertrag die DDR-Grenzorgane an der Mauer nun «gutnachbarlich» weiterschossen, verwiesen die Bundesregierungen trotz schärfstem Protest stets auf Fortschritte bei den menschlichen Erleichterungen. Wenigstens in geringem Umfange erreichte man Reisegenehmigungen, es gab viele Häftlingsfreikäufe, und Verträge über Gebietsaustausch verbesserten die Situation der West-Berliner Exklaven. Aber die DDR schränkte den Besucherverkehr immer wieder durch eine Erhöhung der Mindestumtauschpflicht ein. So folgte auf die Mauer aus Stein die Mauer des Zwangsumtausches.

Im Westen gewöhnte man sich allmählich an die Mauer. Die Bundesbürger erfuhren die Teilung nicht mehr als brennende Wunde. Seit dem Ende der sechziger Jahre waren für die meisten Deutschen im Westen die Zweistaatlichkeit und die Mauer kein unmittelbarer Störfaktor mehr für ihre Lebenszufriedenheit. Die in den Westen integrierte Bundesrepublik wurde nicht mehr als Provisorium, sondern als etwas Dauerhaftes betrachtet, und generationelle Wandlungen führten zu Brüchen im kollektiven Bewußtsein. In Berlin war eine Generation aufgewachsen, die die Stadt gar nicht anders kannte. Die Gewöhnung war der tückischste und wirksamste Verbündete der Mauerbauer; der gerechte Zorn der ersten Zeit nach der Tat verdampfte, es setzte ein großes Relativieren ein. Protestmärsche zur Mauer fanden kaum mehr statt. Die West-Berliner «übersahen» die Mauer zunehmend. An der Westseite der Mauer entstand eine Maueridylle mit Kaninchenställen und Alternativkultur, hier wuchs das Grün besonders üppig, die Flächen wurden Biotop genannt, und Camper machten es sich im Schatten der Mauer bequem. Als die West-Berliner Polizei im Juli 1988 ein Hüttendorf im Niemandsland an der Mauer räumen wollte, kletterten hundertachtzig Alternative über die Mauer nach Osten. Die Bilder von der ersten Massenflucht in die DDR gingen um die Welt. NVA-Soldaten nahmen die Mauerspringer mit offenen Armen und tätiger Kletterhilfe auf; allerdings durften sie die DDR wieder verlassen. Die Mauer durchschnitt auch 30 Kilometer Landschaftsschutzgebiet, das Jogger, Erholungssuchende und Ornithologen entzückte, nach 55 Jahren Pause wurde im Berliner Norden gar wieder der Graureiher heimisch.

Seit Mitte der siebziger Jahre sprachen die meisten Westdeutschen nicht mehr von der Mauer als Bankrotterklärung des DDR-Regimes, sondern betonten, daß sich dahinter eine in der Weltrangliste an siebenter Stelle stehende Wirtschaftsmacht enfaltete. Die Mauer wurde instrumentalisiert: Entspannungspolitiker taten Bilder von Mauertoten als Stimmungsmache ab, die an Zahl geringeren Entspannungsgegner prangerten die ihrer Ansicht nach kurzatmige und ungeschichtliche Friedenspolitik als Anbiederung an die Kommunisten an und bezeichneten die Erschossenen der Flüchtlingstragödien als «Gefallene im deutschen Freiheitskrieg».[10] Im Berliner Abgeordnetenhaus geriet das seit 20 Jahren übliche Gelöbnis zu Beginn einer jeden Sitzung in Verruf, wonach der Versammlungsleiter den «unbeugsamen Willen» des Hohen Hauses bekundete, dafür zu sorgen, daß «die Mauer fallen und daß Deutschland mit seiner Hauptstadt Berlin in Frieden und Freiheit wiedervereinigt werden muß».[11] Waren dies nicht Pathosformeln aus der Zeit des Kalten Krieges? In Politik, Publizistik und Wissenschaft wurde die Teilung Deutschlands oft als eine gerechte Strafe für die nationalsozialistische Gewalt- und Vernichtungspolitik und die Mauer als eine zwar häßliche, aber auch logische Konsequenz angesehen. Selbst in Berlin hatte sich bis 1988 die Sprache der Volksparteien gewandelt, statt von «Mauer» wurde immer häufiger von «Hürde» oder ganz wertfrei von «Grenze» gesprochen. Doch wer nachdachte, dem mußte die Existenz der Mauer beweisen, daß die deutsche Frage offen war.

Der Blick der Ostdeutschen auf die Mauer drückte aus, was das Leben in diesem Land zentral beherrschte: Enge, Eingesperrtsein und Abschottung. Vor allem junge DDR-Bürger ließ das Reiseverbot mit ihrem Staat hadern. Die meisten Menschen in der DDR verdrängten in ihrem Alltag die Mauer, so gut es eben ging. «Stadtbild-Erklärer» (DDR-Deutsch) rechtfertigten Touristen gegenüber die Sperranlagen damit, daß Westdeutschland seinerseits seit dem KPD-Verbot 1956 eine ideologische Mauer errichtet habe. In der Ausbildung lernten die Wehrpflichtigen der DDR auch den Idealaufbau einer Grenze auswendig. Da die Grenzsicherungsanlagen nach offiziellem Sprachgebrauch vor dem Feind im Westen schützen sollten, waren die Merkpunkte sorgsam von West nach Ost geordnet. Aber die Grenzverletzer, das konnte keinem verborgen bleiben, wurden eben nicht vom Westen kommend erwartet, sondern aus dem eigenen Land, stieg doch der KFZ-Sperrgraben statt feindwärts freundwärts sanft an, zeigte also in Richtung des eigenen Territoriums und bog sich doch der Stacheldraht in Richtung Osten. Am ersten Tag, so erinnerte sich ein ehemaliger Grenzsoldat, habe ihm der Vorgesetzte den Signalzaun gezeigt: «Junge, schau mal, wo die abweisende Seite hinzeigt».[12] Sie zeigte nach Osten. Der Feind war im Land, nicht außerhalb. Die SED-Legende vom «antifaschistischen Schutzwall» lautete freilich ganz anders. Am 13. August 1961 sei der Frieden in Europa gerettet worden. Ebenso wie die Schlacht von Stalingrad 1943 sei der Mauerbau für den bundesdeutschen Imperialismus und die «Ostlandmarschierer» um Verteidigungsminister Franz Josef Strauß nicht irgendeine Niederlage gewesen, sondern der entscheidende Wendepunkt, «der Tag, an dem in dem Ringen zwischen Imperialismus und Sozialismus in Deutschland die Vorentscheidung gefallen ist».[13] Am fünften Jahrestag des Mauerbaus 1966 fühlte sich die SED stark genug, erstmals eine bewußte Provokation der Ost-Berliner Bevölkerung zu wagen. Mit großem Aufwand wurde ein militärisches Schauspiel aufgeführt, eine Mauer-Parade Unter den Linden abgehalten, Volksfeststimmung verordnet. Die Mauer taufte man in «Kordon des Friedens» um, und die SED-Presse bezeichnete sie als «etwas sehr Menschenfreundliches».[14] Das geistige Klima in der DDR sei durch sie sauberer und optimistischer geworden, wirtschaftlich komme man schneller voran, es bestehe aller Grund zum Feiern. Der 13. August – für die DDR ein Freudentag, für den Klassenfeind ein Jammertag. Dies war purer Zynismus und eine Verhöhnung der eigenen Bevölkerung.

Aber, so paradox es klingt, die Mauer beruhigte. Mit der Mauer war das letzte Schlupfloch gestopft, jeder in der DDR mußte sich darauf einstellen, sein ganzes Leben in diesem Staat zu verbringen. Die Mehrzahl der Menschen verharrte nicht auf unbestimmte Zeit in Trotzpose und Widerstandshaltung. Das machte sie nicht zu Kommunisten, aber sie richteten sich in der DDR ein und waren stolz auf ihre Aufbauleistungen, die sie trotz aller äußeren und inneren Schwierigkeiten im Laufe der Zeit vollbracht haben. Die Mauer war immer Ulbrichts politischer Trumpf und zugleich die schwerste Hypothek seines Regimes, die DDR war ein Staat ohne Konsens mit den Bürgern. Aufführungen von makabrer Faszination fanden an der «Friedensgrenze» seit 1966 jährlich statt. Mit militärischem Gepränge, Feldparaden, Kampfappellen, Grenzjugendtreffen und Geländespielen suchten die Machthaber den Mauerbau zu einer feierlichen Haupt- und Staatsaktion zu machen. Sonderbriefmarken wurden gedruckt, sozialistische Bekenntnisdramen in Theatern aufgeführt, so 1971 das Stück *Jetzt schlägt's dreizehn* von Helmut Baierl. In den Zeitungen erschienen etwa unter dem Titel «Drei von der Grenze» Porträts von Grenzsoldaten, die «Auge in Auge mit dem Klassenfeind» ihren «opferreichen Dienst» tun,[15] und um – von Flüchtlingen – erschossene Grenzsoldaten entfaltete sich eine Art Heldenkult.

In der Ära Honecker seit 1971 wertete die SED den 13. August 1961 noch weiter auf. Man erklärte ihn zum Markstein in der Geschichte des ersten Arbeiter- und Bauernstaates und zu einem wesentlichen Teil des revolutionären Traditionsgutes der DDR. Im Geschichtsunterricht an den Schulen, wo das sozialistische Geschichtsbewußtsein geweckt und befördert werden sollte, firmierte der Mauerbau als «Höhepunkt der Klassenauseinandersetzung zwischen Sozialismus und Imperialismus», aus der die DDR als Sieger hervorgegangen sei.[16] Unter den Linden, dort, wo die am Mauerbau beteiligte Kampfgruppen-Hundertschaft «Adolf Deter» 1961 untergebracht war, richtete man ein «Traditionszimmer» ein, das besonders Schulkassen besuchten. Nur wenigen Schriftstellern der DDR gelang es, die Mauer in ihren Werken direkt beim Namen zu nennen. Wolf Biermann wurde ausgebürgert, nachdem er in seinem Gedichtband *Die Drahtharfe* den Stacheldraht mit den Saiten seiner Elektrogitarre verglichen hatte. Hingegen hieß das «schönste» Spiel der Jungen Pioniere am 13. August eines jeden Jahres «Mauerbau». Einer Richtlinie der DDR-Kinderorganisation zufolge gingen die Spielregeln so: lautlose Absicherung der Grenzen, von der der Klassenfeind nichts merken darf, dann Sicherung des Grenzabschnitts durch Fähnchen, Kreppapierstreifen und Luftballons. Zum 25jährigen Jubiläum des Mauerbaus 1986 zeigte das Museum für Deutsche Geschichte in Ost-Berlin die Ausstellung «13. 8. 1961». Gleich beim Eintritt fiel der Blick auf eine blaue Nivea-Creme-Dose, in der westliche Agenten geheime Filme über die Grenze geschmuggelt haben sollen. In einer anderen Ecke befanden sich verkohlte Holzbohlen; auch sie verwiesen auf den Mauerbau, waren sie doch angeblich Reste einer von Westspionen in Brand gesteckten Schule. In einem weiteren Glaskasten befanden sich Landser- und Soldatenromane, die im Westen gedruckt worden waren und als Beleg für den imperialistischen Militarismus herhalten mußten, der danach trachtete, die friedliche DDR zu okkupieren. Ansonsten waren Uniformen, Ehrenmedaillen, Maschinengewehre und Panzersperren ausgestellt. Daß letztere sich auf der östlichen Seite der Mauer befanden und damit nicht einem äußeren Feind galten, blieb natürlich unerwähnt.

Besonders in den sechziger Jahren teilten DDR-Grenzorgane an allen Übergängen und Kontrollpunkten Broschüren «Was ich von der Mauer wissen muß»[17] an Besucher aus dem Westen aus. West-Berlin, so die Mauer-Rechtfertigung, sei als «vorgeschobenes Provokationszentrum» mißbraucht worden, daher seien die «Schutzmaßnahmen vom 13. August» notwendig gewesen. «Bedenken Sie also, wenn man Sie auffordert, sich pflichtgemäß zu entrüsten: die antinationale, aggressive NATO-Politik hat statt einer deutschen Friedensregelung jene Mauer geschaffen, die beide deutschen Staaten trennt und auch mitten durch Berlin geht.» Manchem wird es beim Weiterlesen die Sprache verschlagen haben. «Man sagt Ihnen, wir hätten das nur gemacht, damit keiner mehr 'rüber kommt'. Aber ist das der wirkliche Grund? Natürlich hatten wir keine Lust, tatenlos zuzusehen, wie Abwerber mit den schmutzigsten Mitteln und Lügen Ärzte, Ingenieure und Forscher nach Westdeutschland lockten. [...] Aber nicht das war die Hauptsache. Etwas weit Wichtigeres haben wir verhindert: daß Westberlin zur Ausfallstellung für einen militärischen Konflikt und damit zum Sarajewo eines dritten, atomaren Weltkrieges wurde.» Mit Aggressivität habe die Mauer nichts zu tun: «Haben Sie jemals Angriffsabsichten damit verbunden, wenn Sie nachts Ihre Wohnungstür abschließen?» Der Schutzwall stehe ganz friedlich da. «Keiner Fliege tut er etwas zuleide, läßt man ihn in Ruhe.» Am Schluß stand eine offene Drohung: «Und überlegen Sie, ob dieser Aufenthalt unbedingt nötig ist. Lassen Sie sich nicht zu Provokationen mißbrauchen. Das kann ins Auge gehen. Denn wie überall in der Welt eignet sich eine Staatsgrenze weder als Wallfahrtsort noch als Turngerät.»

Die meisten Mauertouristen ließen sich durch solche Warnungen nicht einschüchtern. Die Mauer war eine Sensation und eine perverse dazu. Gab es in Europa je eine häßlichere Mischung von Tragödie und Touristenattraktion als diese mörderische Sperre? Die offizielle Berlin-Werbung kommerzialisierte die Perversion; bald nach dem 13. August 1961 warb West-Berlin mit der Sehenswürdigkeit Mauer. Auch Staatsmänner aus aller Welt begaben sich zur Mauer, für Gäste aus den westlichen Ländern war bei Besuchen der Bundesrepublik Deutschland ein Abstecher nach West-Berlin mit Besichtigung der Mauer ein Teil des Protokolls. So blieb der Ort weltweit in Erinnerung. Als John F. Kennedy im Juni 1963 in Begleitung von Kanzler Konrad Adenauer und dem Regierenden Bürgermeister von Berlin, Willy Brandt, die Stadt besuchte, was sich zu einem wahrhaften Triumphzug entwickelte, bestieg er auch, um nach Osten zu blicken, den Hochstand am Checkpoint Charlie, der seitdem «Kennedy-Podest» genannt wurde. Die amerikanischen Präsidenten Nixon, Carter und Bush taten es ihm gleich, und Ronald Reagans historische Rede vor dem Brandenburger Tor im Juni 1987 machte Furore. An Generalsekretär Michail Gorbatschow gerichtet sagte er: «Reißen Sie diese Mauer nieder!»[18] – Einen ähnlichen Mauertourismus ausländischer Delegationen aus befreundeten Staaten gab es auch in der DDR. Die SED präsentierte ihnen den «antifaschistischen Schutzwall» als eine Garantie für den Frieden in Europa, und nach dem Besuch der Staatsgrenze ging es zur Gedenkstätte für den an der Mauer erschossenen Unteroffizier Reinhold Huhn in der Jerusalemer Straße, die später nach diesem sozialistischen Märtyrer benannt wurde.

Im Westteil Berlins beförderte die Mauerkunst den Mauertourismus. Hier glich die Mauer einem postmodernen Kunstwerk, bei dessen Anblick weitgereiste Passanten sich an die Pariser Metro oder die New Yorker U-Bahn erinnerten. Ernsthaftes, Skurriles und Witziges befand sich auf dem Bauwerk, das bald die größte Leinwand der westlichen Popkultur genannt wurde. Die Mauer war graffitibunt, wahre Farborgien breiteten sich vor dem Auge des Betrachters aus, flotte Sprüche waren zu lesen, und die Mauer erschien fast freundlich und harmlos, jedenfalls verschwamm ihre eigentliche menschenverachtende Funktion. Orgiastische Phantasiewesen zwischen Mensch und

Tier hatten die französischen Graffiti-Künstler Charles Boucher und Thierry Noir aufgetragen, und Charles Hambleton malte seine Schattenmänner auf die Mauer, mit denen er schon in der amerikanischen Pop-Szene bekannt geworden war, ja selbst Keith Haring ließ es sich nicht nehmen, seine Kunst auf der Mauer zu verewigen. Aus dieser Mauerkunst entstand 1989/90 die 1,3 Kilometer lange East-Side-Gallery, die der schottische Galerist Chris MacLean angeregt hatte: 118 Künstler aus 21 Ländern gestalteten hier die größte Freiluftgalerie der Welt. Natürlich sollte die Mauerkunst auch ein Triumph der Vision über die Macht des Faktischen sein. Die Ursprünge von Christos Projekt zur Verhüllung des Reichstags speisten sich daraus, die Mauer wieder stärker ins Bewußtsein der Menschen und der Weltöffentlichkeit zu heben. In der Bildenden Kunst hatte es bis Anfang der siebziger Jahre kaum Interpretationen der Mauer gegeben, abgesehen davon, daß Axel Cäsar Springer 1966 Oskar Kokoschka dafür gewinnen konnte, im 19. Stock seines an der Mauer stehenden Verlagshauses ein Atelier einzurichten, in dem das Werk «Der 13. August 1966» entstand. Vier künstlerische Wettbewerbe, initiiert von der «Arbeitsgemeinschaft 13. August», änderten die im Ganzen doch auffällige Abstinenz der Mauer in der Bildenen Kunst, wenngleich von der Jury beklagt wurde, daß viele Entwürfe der Themenstellung fern lagen oder sie gar verfehlten. 1973 lautete der internationale Wettbewerb «Maler interpretieren DIE MAUER», 1976 «BERLIN – Von der Frontstadt zur Brücke Europas», 1984 «Die Überwindung der Mauer durch ihre Bemalung». Der bekannteste Wettbewerb fand im Jahre 1979 statt, sein Thema lautete «Wo Weltgeschichte sich manifestiert». Die 71 Entwürfe zur Bemalung einer 28 Meter hohen Hauswand am Checkpoint Charlie sollten Ausdruck internationaler Solidarität sein. Renommierte Namen versammelten sich, etwa Wolf Vostell, HA Schult, Johannes Grützke, Giovanni Rinaldi und Nemesio Antunez. Sieger der Publikumsjury war Matthias Keppels Entwurf «Die Niederreißung der Berliner Mauer»: Über die zerborstene Mauer hinweg reichten sich ein Ost- und ein Westdeutscher glücklich die Hände – ein Jahrzehnt vor dem realen Ereignis war der Mauerfall künstlerisch vorweggenommen worden.

Der Mauerfall und die Endkrise des SED-Regimes hatten sich schon einige Jahre vor 1989/90 angekündigt. Die Todesgrenze geriet seit Mitte der achtziger Jahre wieder stärker ins Bewußtsein der Deutschen und der Weltöffentlichkeit, weil die Fluchtversuche über die Mauer wieder zunahmen. Außerdem schnellte die Zahl der Ausreiseanträge in die Höhe und nahm ein für das Regime beängstigendes Ausmaß an. Im August 1987 konnte man in West und Ost erste «Die Mauer muß weg!»-Chöre vernehmen;[19] wenige Wochen zuvor war die DDR-Polizei gegen etwa 2000 Jugendliche vorgegangen, die auf der Ostseite der Berliner Mauer ein Pop-Konzert aus West-Berlin mithören wollten. 1988 tauchte als Pappkamerad dutzendfach Gorbatschow vor dem Brandenburger Tor auf – eine Aufforderung, die von ihm begonnene Perestrojka möge die Mauer einreißen. Im Januar 1989 wies der sowjetische Außenminister Eduard

Berliner stürmen die Mauer (9. 11. 1989)

Schewardnadse Appelle zum Abriß der Mauer nur noch zaghaft zurück; US-Außenminister George Shultz und sein britischer Kollege Sir Geoffrey Howe hatten bei der KSZE-Schlußfeier gefordert, daß die Mauer – das Relikt des Kalten Krieges – im Rahmen eines europäischen Friedensprozesses fallen müsse. Alle spürten den Wind der Veränderung, doch Honecker säuselte, die Mauer müsse die DDR vor Räubern schützen, sie könne noch hundert Jahre bestehen bleiben. Anfang Juli 1989 kam eine Lawine ins Rollen. Es begann die große Fluchtbewegung aus der DDR über westliche Botschaften. Im September öffnete Ungarn die Westgrenze auch für DDR-Bürger, etwa 50 000 überschritten sie, 6000 DDR-Bürger durften die bundesdeutsche Botschaft in Prag verlassen und in Sonderzügen in die Bundesrepublik ausreisen. Derweil wuchsen in Leipzig die Montagsdemonstrationen zu einer mächtigen Bürgerbewegung an, schon zählte man 100 000 Teilnehmer, bald sollten es eine halbe Million sein. Eine Urlaubssperre für die Bewacher der Mauer wurde verhängt, die SED befürchtete gewaltsame Durchbrüche. Bei den Feierlichkeiten zum 40. Jahrestag der DDR-Gründung im Oktober waren immer wieder «Gorbi-Gorbi»-Rufe zu hören. Zwölf Tage nach der Gründungsfeier wurde Erich Honecker im Politbüro gestürzt, Egon Krenz trat an seine Stelle und kündigte eine Wende an. Am 9. November 1989 fiel die Mauer – ein geschichtsträchtigeres Datum der so ambivalenten deutschen Zeitgeschichte hätte es nicht geben können:

taggleich 1918 war die Republik gleich zweimal ausgerufen worden: morgens die sozialistische von Karl Liebknecht und nachmittags die liberal-demokratische von Philipp Scheidemann; taggleich 1923 hatte sich der Hitler-Putsch ereignet, taggleich 1938 die Reichspogromnacht.

Die bewegenden Bilder davon, wie in dieser Nacht vom 9. auf den 10. November 1989 die Deutschen Ost und die Deutschen West zusammenflossen, gingen um die Welt. Die Menschen «tanzen auf der Mauer durch die Nacht», so hieß es in einem Lied der Gruppe «Rockhaus». Alles, was geschah, war unglaublich, unfaßbar; Gedränge, Szenen der Freude und der Ausgelassenheit, Ekstase, Freudenfeiern, Volksfestatmosphäre mit Feuerwerkskörpern und Wunderkerzen, Massenhappenings vor TV-Teams aus der ganzen Welt. Eine friedliche Revolution, genau zweihundert Jahre nach der Französischen, die mit großem Aufwand in Paris gefeiert wurde, aber hier, in Berlin, handelte es sich um sichtbare Geschichte. Bei den Demonstrationszügen hieß es fortan nicht mehr «Wir sind das Volk», sondern «Wir sind ein Volk». Die Deutschen waren überwältigt von ihren Gefühlen – und sie dachten an das Geld: Für die Ostdeutschen gab es im Westen Begrüßungsgeld, und Westdeutsche konnten Verwandtenbesuche in der DDR steuerlich als «außergewöhnliche Belastungen» absetzen. Die erste frei gewählte Regierung unter Lothar de Maizière beschloß den vollständigen Abriß der Mauer. Nach den 2 + 4-Verhandlungen und dem Einigungsvertrag fand am 3. Oktober die Vereinigung durch Beitritt der DDR zur Bundesrepublik Deutschland statt.

Die Mauer, das Zeichen der Unterdrückung von einst, wandelte sich seit dem Mauerfall zu einem Symbol des gewaltfreien Kampfes für das Erreichen politischer Ziele. Ein schwunghafter Handel mit Mauerstücken setzte gleich nach dem 9. November 1989 ein. Die Mauer wurde zum größten Exportschlager der noch bestehenden DDR, es kam zu einem Devotionalienhandel der Epochenwende. Die DDR-Außenhandelsfirma Limex-Bau Export-Import war mit der Mauervermarktung beauftragt, stellte Echtheitszertifikate aus, belieferte Galerien und Privatpersonen. Dem Treiben der Scharen von privaten Mauerspechten sollte somit Einhalt geboten und dem wilden Ausverkauf der Mauer ein Riegel vorgeschoben werden; schließlich war die Mauer Volkseigentum der DDR, und mit den Verkaufserlösen wollte man das dortige Gesundheitswesen sanieren. Rasch waren 60 Tonnen «Parts of Berlin Wall» auf dem Weg nach Amerika, Radiostationen in Boston und Chicago boten «Brocken der Freiheit» an – 30 Dollar kostete ein Stück Weltgeschichte. Zahlreiche Deutsche aus dem Westen kauften für viele Tausend Mark komplette Mauersegmente. Im Sommer 1990 versteigerte das berühmte Londoner Auktionshaus Sotheby's in Monte Carlo mehrere Dutzend Segmente, insgesamt hundert Meter Geschichte, für bis zu 30 000 DM pro Stück, die Einnahmen betrugen zwei Millionen Mark. Zu den Käufern gehörten die Enkelin von Winston Churchill – der das Wort vom Eisernen Vorhang geprägt hatte –, ein Familienmitglied der Cognac-Dynastie Hennessy und italienische

Industrielle. Zur gleichen Zeit führte Roger Waters, Mitbegründer der legendären britischen Rockgruppe «Pink Floyd», nördlich des Potsdamer Platzes eine bombastische, zwölf Millionen DM teure Inszenierung «The Wall – Berlin 1990» auf; 300 000 Menschen waren live dabei, und man schätzte, daß eine Milliarde Menschen das Spektakel weltweit an ihren Fernsehgeräten verfolgten. Als Ehrengeschenke gingen Mauerteile rund um die Welt. Die Stadt Berlin verehrte den früheren US-Präsidenten Reagan und Bush jeweils ein komplettes Segment. Bald schlugen amerikanische Wissenschaftler Alarm: Aufgrund der hohen Asbestkonzentration der Mauer handle es sich um gefährliche Souvenirs. Dennoch schenkte Berlin weitere Teile dem Papst, Museen in London, Israel, der UNO in Genf und den Städten Los Angeles, Prag und Riga. Selbst die Stadtverwaltung Moskaus bat um ein solches Präsent, und in Südkorea wurde ein Mauerteil – als Menetekel des Untergangs – an der Grenze zum kommunistischen Nordkorea postiert. Die Vermarktung der Mauer glich einem Wettlauf mit der Zeit, denn der Abriß der Grenzanlagen ging rasant voran. Die Mauer wurde maschinell zertrümmert und zu 65 Millimeter großen Bröckchen recycelt, die als Untergrundmaterial für den Straßenbau bestens geeignet waren. So liegt die Mauer heute als Splitt unter dem Fahrbahnnetz zwischen den alten und neuen Bundesländern.

Die Mauer war weg. Hilflose, enttäuschte Berlin-Touristen fragten bald, wo sie denn noch das berühmte Bauwerk des Kalten Krieges sehen konnten. Stadtpläne und Reiseführer «Wo die Mauer war» oder «Die Mauer entlang. Auf den Spuren der verschwundenen Grenze» waren nur ein fader Ersatz. Denkmalschutzbehörden konnten mit der Abrißgeschwindigkeit nicht Schritt halten. Wann immer ein Abschnitt der Mauer unter Denkmalschutz gestellt wurde, war er bereits vor der Beschlußfassung abgerissen worden. So sind heute nur noch ganz wenige Mauerreste erhalten, und der Berliner Senat plant, rund 20 Kilometer der ehemaligen Grenzanlagen mit einer doppelläufigen Reihe aus Pflastersteinen zu kennzeichnen, die den seit 1997 aufgetragenen provisorischen roten Strich durch die Stadt ersetzen soll. An die Maueropfer erinnert das vom Berliner Aktionskünstler Ben Wargin gestaltete «Parlament der Bäume» am Spreebogen gegenüber dem Reichstagsgebäude. Das Mauermuseum am ehemaligen «Vorposten der freien Welt», am Checkpoint Charlie – dessen Wachhaus sich heute wiederum im Alliierten Museum befindet –, existiert seit 1963 und war schon um 1985 von über sieben Millionen Menschen besucht worden; seit dem Mauerfall ist der Andrang auf das Museum, das ein fünfsprachiges Begleitbuch millionenfach verkaufte, noch größer. Hier sieht man dramatische Bilder und Originalobjekte gelungener Fluchten über die Mauer, die einen erschauern lassen – am Ausgang aber, welch ein Kontrast, können seit 1989 «Souvenirs für Freunde und Sammler» in Form gräßlichsten Mauer-Nippes jeglicher Art erworben werden, das Monstrum wird banalisiert. Daneben ist eine «Gedenkstätte Berliner Mauer» an der Bernauer Straße entstanden – dort, wo sich 1961 dramatische Fluchtszenen abspielten und wo die evangelische Versöhnungskirche stand, die das SED-Regime 1985 sprengen ließ. Von der Wettbewerbsauslobung 1994 bis zur vollständigen Eröffnung der Gedenkstätte 1999 gab es heftige Kontroversen. Die verhaßte Mauer unter Denkmalschutz zu stellen – dies schien vielen Berlinern makaber. Das Bemühen um eine Vergegenwärtigung der Geschichte kollidierte mit dem Verlangen nach einem Schlußstrich. Die Folge war ein Minimalkompromiß: Ein 70 Meter langer Teil der Mauer wurde saniert und mit zwei reflektierenden Stahlwänden, die den Gesamteindruck verstärken sollten, nach außen abgeschlossen; in einem Gebäude befindet sich ein multimediales Dokumentationszentrum. Aber können der Schrecken und die Brutalität der Mauer in diesem verharmlosenden Spiegelkabinett sichtbar werden?

Die Mauer reiste um die Welt. Eine vom Deutschen Historischen Museum zusammengestellte Wanderausstellung «Breakthrough. The Fight for Freedom at the Berlin Wall» durch amerikanische Großstädte hatte großen Erfolg, und es wurde deutlich, daß die US-Bürger diesen Kampf als Bestandteil ihrer eigenen Geschichte ansehen. In Berlin selbst war die reale Mauer zwar weitgehend verschwunden, dennoch existierte weitherhin eine auf den ersten Blick unsichtbare Grenze. In Bezirken des ehemaligen Ost-Berlins las man andere Zeitungen und wählte anders als im Westen, selbst eine Heiratsgrenze bestand. Der Beton war fort, aber die Mauern waren geblieben, man sprach von den «Mauern in den Köpfen». Die Deutschen, die sich beim Mauerfall in den Armen lagen, lagen sich wenige Jahre später in den Haaren. Die Entfremdung durch eine 40jährige getrennte Geschichte war größer, als man es sich im freudigen Taumel der Einheit zugestanden hatte. Die Lebensläufe der Deutschen waren vom 13. August 1961 gelenkt. Nach wenigen Jahren schwindelerregenden Umbruchs war vielen Ostdeutschen jene Zeit der Diktatur wieder so fern, daß die Vergangenheit manchem bereits in milderem Licht erschien. Im Osten herrschte posttotalitäre Melancholie und im Westen verstärkte sich in der Erinnerung nicht selten ein retrospektiver altbundesrepublikanischer Patriotismus. Zum Schutz gegen eine westliche Besetzung der ehemaligen DDR wollte ein unbekanntes «Mauerbau-Komitee» die Mauer wieder errichten. Dies war eine wenig ernstzunehmende Skurrilität, die allerdings auch schon zum Stoff von Spielfilmen wurde. Die Erinnerung an den mörderischen Charakter der Mauer belebte sich indessen durch die spektakulären Mauerschützenprozesse.

Heute ist die verschwundene Mauer das unbestrittene Symbol für das Scheitern und den Untergang des Kommunismus und zwar weltweit. So zum Beispiel in Italien: Bologna war die wichtigste, ja legendäre kommunale Bastion der italienischen Linken, dort regierte sie seit 1945 ununterbrochen, hier lebte das Italien der Volkshäuser und der roten Fahnen und hier fanden sich in umliegenden Dörfern immer noch Straßen, die den Namen Lenins trugen. Im Juni 1999 verlor die Linke ihre Mehrheit. Die Mailänder Zeitung *Il Giornale* fühlte sich an die welthistorische Wende des Jahres 1989 erinnert und erschien am Tag nach der Wahl mit der Titelschlagzeile: «Der Fall der Mauer von Bologna».[20]

Stefanie Flamm

Der Palast der Republik

Drum sei der Richtspruch, Friede unserem Palast,
den Volkes Kraft zum Wohl des Volkes baut!
Hier werden Mut und Freude sich vereinen!
In ihm wird Frohsinn wohnen und auch Glück!
Denn hinter diesen festen Marmorsteinen,
da schlägt das Herz der Republik.
Richtspruch für den Palast der Republik

Er wußte schon lange, daß es so nicht weitergehen konnte, aber er machte seinem Gastgeber zuliebe noch ein letztes Mal gute Miene zum bösen Spiel. Als er am Vormittag zusammen mit Erich Honecker durch die Hauptstadt der DDR gefahren war, hatten die Menschen seinen, und nur seinen, Namen gerufen, und sie riefen ihn noch immer, als er sich am Abend im festlich geschmückten Palast der Republik zum Abendessen einfand. Vielleicht war er ja ehrlich, als er zuvor einem Reporter der *Aktuellen Kamera* gesagt hatte, daß «eure Probleme im Vergleich zu unseren gar keine Probleme sind».[1] Doch vielleicht ahnte er schon, daß dieser 7. Oktober des Jahres 1989 den Anfang vom Ende markieren würde. Wir wissen es nicht, denn heute, am 40. Jahrestag der Gründung der DDR, tat er zum letzten Mal, was das deutsch-sowjetische Protokoll einem Generalsekretär der KPdSU für solche Anlässe vorschrieb. Michail Gorbatschow zeigte sich in Trenchcoat und Melone dem ostdeutschen Volk, er nahm mit saurem Lächeln eine ihm zu Ehren veranstaltete Militärparade ab und ließ abends in dem festlich geschmückten Palast der Republik das früh vergreiste Geburtstagskind noch einmal hochleben. Als einen guten Monat später die Mauer fiel, hatte sich Erich Honecker schon aufs Altenteil zurückgezogen. Mit seiner Hinterlassenschaft, einer grundmaroden Wirtschaft und der enttäuschten Illusion von einer effektiven «Einheit von Wirtschafts- und Sozialpolitik», konnte man keinen Staat mehr machen. Gorbatschow ließ die DDR fallen.

Man mag es eine groteske Volte der Zeitläufte nennen, daß ausgerechnet in dem von Honecker als «antiimperialistisches» Symbol konzipierten Palast der Republik der Untergang der DDR besiegelt werden sollte. Aber Geschichte hält sich, anders als Generalsekretäre, nicht ans Protokoll. Kurz nach den Geburtstagskalamitäten vom 7. Oktober wurde in dem prestigeträchtigsten Erbstück des ehemaligen SED-Chefs nicht nur die gesamte DDR-Gerontokratie in Rente geschickt, hier wurden die ersten freien Wahlen beschlossen und im März 1990 auch umgesetzt. Hier sagte Stefan Heym am Wahltag gegenüber einem Fernsehreporter den Satz, der ihm später noch leid tun würde:

«Es wird keine DDR mehr geben. Die DDR wird nichts sein, als eine Fußnote in der Weltgeschichte.»[2] Die Bilder, die noch am selben Abend über die deutschen Fernsehgeräte flimmerten, zeigen den Schriftsteller, wie er, von fünfzigtausend Glühbirnen festlich illuminiert, an einem Plastiktresen im Palastfoyer lehnte. Ohne Heym und den Tresen war das eine aus den Pausenfüllern des DDR-Fernsehens bekannte Einstellung. Jetzt hatte sie eine andere Bedeutung. Die fünftausend Haken in der Palastgarderobe – für jeden Besucher des Großen Saales einer – hingen noch, die 120 700 Besteckteile der Restaurants, die in jedem DDR-Reiseführer mit freudverdächtiger Genauigkeit nachgezählt wurden, waren noch in Benutzung, die gläserne Blume von Renigald Richter und Richard Wilhelm – das Highlight der Palastberichterstattung zu DDR-Zeiten – stand noch in kecker Asymmetrie im Eingangsbereich. Und doch war nun alles anders. Die palastinterne Kleinkunstbühne, bis dahin ein Ventil für systemkonforme Systemkritik, hatte kurzerhand eine unerhört freizügige Inszenierung von Heiner Müllers *Quartett* auf die Beine gestellt. Westler wagten vorsichtige Blicke in das «Schaufenster des Sozialismus». Im ehemaligen Volkskammersaal, wo sich zweimal im Jahr ein im Grunde machtloses Akklamationsorgan versammelt hatte, improvisierte das erste frei gewählte Parlament der DDR Demokratie. Dabei ging es so tumultuarisch zu, wie es zugehen muß, wenn fast alle Abgeordneten Debütanten auf der politischen Bühne sind. Mangelhafte Gesetzesvorlagen wurden in dramatischen Stegreifaktionen umformuliert, Fehler und Ungereimtheiten häufig erst im Protokoll korrigiert. In einer vom Sendungsbewußtsein aller Fraktionen dramatisch aufgeheizten Stimmung sollte die Große Koalition unter Lothar de Maizière bald zerbrechen. Dennoch schaffte die Kammer in der kurzen Zeit, die ihr vergönnt war, Beachtliches. In nur fünf Monaten wurde der Währungsunion zugestimmt, die Kommunalverfassung der DDR aufgelöst und die heutige Länderstruktur eingeführt. In einer zermürbenden Nachtsitzung vom 22. auf den 23. August stimmte das Übergangsparlament dem Beitritt der DDR zum Geltungsbereich des Grundgesetzes zu. Kein Zweifel, der Palast der Republik, eine zu DDR-Zeiten bis in den letzten Winkel ausgeleuchtete, perfekt organisierte und virtuos orchestrierte, durch die Staatssicherheit Tag und Nacht überwachte Amüsiermaschine, war zum Schauplatz einer Revolution geworden. Doch bevor er sich als Symbol für die Wende ins Gedächtnis der Bevölkerung brennen konnte, verordnete Volkskammerpräsidentin Bergmann-Pohl am 19. September 1990 seine Schließung.

Von der Asbestverseuchung des Hauses – die gesamte Stahlbaukonstruktion des Palastes war mit englischem Spritzasbest ummantelt – wußte man seit Beginn der achtziger Jahre. Daß sie jetzt plötzlich ernst genommen wurde, zeugte für viele Menschen aus dem Ostteil der Stadt nicht so sehr von später gesundheitspolitischer Einsicht der CDU-Politikerin. Nachdem sie fast fünfzehn Jahre mit und in diesem Gebäude gelebt hatten, schien ihnen das Asbest nur ein billiger Vorwand der neuen politischen Klasse, um den Renommierbau der Honeckerzeit so schnell wie möglich fliehen zu können. «Der Asbestgehalt des Palastes der Republik – das wissen wir jetzt endlich, so viele Jahre nach seiner Eröffnung, ist keine Materialfrage, sondern eine Frage der politischen Überzeugung»,[3] schrieb der Komiker Peter Ensikat. Der Architekturkritiker Bruno Flierl wurde deutlicher. Die Volkskammer sei nicht aus dem Palast ausgezogen «weil er asbestverseucht ist, sondern weil er als DDR-Symbol auch ideologisch verseucht erscheint».[4] Aber war das ehemalige Gebäude des Zentralkomitees der SED, in dem die Volkskammer ihre letzte Sitzung abhielt (und wo heute der Bundesaußenminister residiert), ideologisch nicht viel verseuchter als der die meiste Zeit für unpolitische Veranstaltungen genutzte Palast der Republik? Wie groß auch immer die tatsächliche Gefahr für Leib und Leben gewesen sein mag, die von dem Gebäude ausging – sicher ist, daß die überstürzte Flucht der Parlamentarier diesen Ort, wo sich ein deutsches Parlament erstmals aus freiem Willen und «ohne den Druck von Niederlage oder Besatzungsstatut»[5] eine freiheitliche Verfassung gab, um seinen Platz in der kulturellen Erinnerung aller Deutschen gebracht hat.

Wer ein knappes Jahrzehnt nach den Ereignissen über die Straße Unter den Linden in Richtung Alexanderplatz ging, sah auf dem ehemaligen Marx-Engels-Platz kein ostdeutsches Ballhaus. Der sah eine bis auf die Grundmauern abgemagerte Gebäudeleiche. Die markanten, einst braunrot schimmernden Thermoglasscheiben waren ermattet. Hinter den Marmorverkleidungen lugte schnöder Beton und verwitterte Holzverkleidung hervor. Der Palast der Republik, der einmal der belebteste Ort der Oststadt gewesen sein soll, wirkte nun unwirtlicher als eine verlassene Fabrik. Die Polizei hatte das einstige Volkshaus weiträumig abgesperrt, einzelne Beamte bewachten es rund um die Uhr. Die wenigen halbwegs aktuellen Bilder aus seinem Inneren verdanken wir einem Filmteam des Fernsehsenders «Arte», welches Ende der neunziger Jahre ausnahmsweise eine Dreherlaubnis erhalten hatte. Sie zeigen ein apokalyptisches Szenario: Zweihundert Sanierungsexperten mit Schutzmasken klopfen Tag und Nacht in drei Schichten die Verschalung von den Wänden, während riesige weiße Schläuche saubere Luft von außen hereinsaugen und durch einen Filter gereinigt wieder hinauspumpen. Nachdem viele Berliner, vor allem aus dem Ostteil der Stadt, die Asbestverseuchung auch Ende der neunziger Jahre noch immer für eine scheinheilige Inszenierung der neuen Eliten hielten, tat der Bauherr sicherlich gut daran, durch diese Art der Hochsicherheits-Sanierung vor aller Welt unter Beweis zu stellen, wie ernst er die Asbestgefahr nahm. Einem mit den Berliner Befindlichkeiten nicht so gut vertrauten Beobachter aber mußte es wie ein Schildbürgerstreich vorkommen, daß das Bundesbauamt Berlin 1997 bei einer denkbar angespannten Haushaltslage eine Summe von 69 Millionen Mark bereitgestellt hatte, um den krebserregenden Stoff aus allen Ecken und Ritzen eines Gebäudes kratzen zu lassen, dessen Zukunft damals, gelinde gesagt, unklar war.

Als im Herbst 1998 mit der Sanierung begonnen wurde, hatte die Öffentlichkeit schon acht Jahre lang erbittert darüber gestritten, was die Hauptstadt des vereinten Deutschland mit dem Honeckerbau anfangen könnte. Sollte man ihn vom Asbest befreien und an eine Hotelkette vermieten? Würde er sich als Kongreßzentrum gut machen? Könnte man nicht ein noch zu gründendes «Kulturhaus der Bundesländer» darin unterbringen? Oder eine Bibliothek? Viele hätten es gerne gesehen, der Palast wäre nach der Renovierung in der alten Form und Funktion einfach wieder eröffnet worden. Andere wollten ihn ganz abreißen lassen. Für all diese Vorschläge wurden Konzepte ausgearbeitet, die jeweils ausführlich diskutiert, durchgerechnet und verworfen wurden. Und ganz gleich, welche Lösung die Diskutanten im einzelnen favorisierten, es ging ihnen nicht in erster Linie um die sinnvollste Nutzung für die 37 000 Palastquadratmeter. Am Beispiel dieses prominenten Gebäudes wurden – wissentlich oder nicht – die verschiedensten Möglichkeiten der symbolischen Inbesitznahme der DDR-Hinterlassenschaft durchgespielt: Die SED-Nachfolgepartei PDS und der überwiegende Teil der Ostdeutschen wünschten aus unterschiedlichen Gründen seine Wiedereröffnung, die Konservativen verstanden den Palast der DDR auch nach dem Ende der deutschen Teilung als Affront und forderten seine Schleifung, die Söhne und Töchter der Entspannungspolitik suchten lange nach weniger radikalen Lösungen. Der FDP-Mann Jürgen Starnick beispielsweise plädierte 1992 dafür, das Gebäude «als Geschichtsdokument im Zusammenhang mit dem Deutschen Historischen Museum» zu musealisieren.[6] Der Bibliotheksarchitekt Fritz Bornemann dachte an seine Verwandlung in ein «Denkmal für den freien Geist».[7]

Anders als die damals gängigen Polemiken gegen das vermeintliche «Plattmachen von allem, was DDR war» unterstellten, war es Anfang der neunziger Jahre keineswegs so, daß eine geschlossene Front westdeutscher Geschichtsklitterer den Palast als gefährlichen Erinnerungsort der DDR so schnell wie möglich sprengen wollte. Am Anfang war es allein die Tatsache, daß es keinem westdeutschen Entscheidungsträger in den Sinn kam, diesen vielfältig deutbaren Mehrzweckbau in seiner gesamten Ambivalenz zu konservieren, die in Ostberlin über die Parteigrenzen hinweg Unmut erregte. «Es fällt auf», so höhnte auch ein so besonnener Denker wie Friedrich Dieckmann, «daß jene, die über die Zukunft des Gebäudes in öffentlicher Rede befinden, Menschen, Bürger, wir können nun sagen, Mitbürger sind, die das Haus weder bezahlt noch benutzt haben.»[8] Indem er in seiner Polemik darauf hinwies, daß die westlichen Wortführer in der Diskussion das Haus nur «aus den Fernsehübertragungen staatsoffizieller Tagungen, sei es der Volkskammer, sei es der alle fünf Jahre im großen Saal sich versammelnden SED-Parteitage» kannten, und deshalb nicht ganz genau wußten, wovon sie sprachen, benannte er als einer der ersten den wunden Punkt der Debatte: Die westlichen Kritiker argumentierten gegen die äußere Funktion des Palastes als Prunkbau der Politbürozeit. Seine östlichen Befürworter verteidigten den Palast, obwohl dort auch die Volkskammer und die SED getagt hatten, als zivilen Ort und «offenes Haus» mit vielen guten und billigen Restaurants, Cafés, Jugendtreffs, Konzertsälen und Bowlingbahnen. Anders als die westdeutschen Fernsehzuschauer erinnerten sich die Menschen aus der ehemaligen DDR gar nicht so sehr an die zahllosen Reden, die der senile Breschnew im Palast gehalten hatte, sondern an die Hochzeiten, Jugendweihen und Geburtstage, die hier gefeiert worden waren. Sie dachten weniger an die großen Sitzungen der SED-Junta als an die Konzerte von Katja Ebstein, Udo Lindenberg und BAP. «Sie müssen sich das Haus vorstellen – es war immer Leben drin, von zehn Uhr morgens bis Mitternacht war immer Leben drin. Die Türen waren auf für jedermann», so die Vorsitzende des «Vereins zur Erhaltung des Palastes der Republik» in einem Radiogespräch.[9]

Liselotte Schulz' Argument für den Palast, nämlich, daß er früher für unprivilegierte, normale DDR-Bürger einer der wenigen Orte war, wo man sich außerhalb der eigenen vier Wände jederzeit amüsieren konnte, hätte freilich schon kurz nach der Wende auch gegen ihn verwandt werden können. Nachdem das gastronomische Brachland Ostberlin sich binnen kurzem zu einem großen Freizeitpark entwickelt hatte, war es immerhin fraglich, ob der Palast auch später noch so beliebt gewesen wäre wie früher. Möglicherweise hätte er sich schon bald überlebt gehabt, und man hätte in Ruhe über alternative Nutzungsvorschläge oder Umbaumaßnahmen nachdenken können. Oder er hätte sich, wie Honeckers Revuetheater «Friedrichstadtpalast», als konsensfähiges Volkshaus der neuen Mitte behaupten können.

Aber es ist müßig, hier weiter über die Zukunft eines Hauses zu spekulieren, das nur noch eine Vergangenheit hat. So wie seine Nachwende-Geschichte nun einmal verlaufen ist, mußte der verriegelte Palast der Republik die Debatte in seiner erinnerten Form bestimmen. Die Wende, die vor seinen Türen eingeleitet und hinter seinen Mauern besiegelt worden war, erschien bald nur noch als «liebenswürdige Arabeske»[10] einer ganz anderen Bedeutungsgeschichte. «Als wären nicht in jenem Saal [dem Volkskammersaal] auch Hunderte von Beschlüssen von Politbüro und Zentralkomitee gefaßt worden», fand Wolf Jobst Siedler. Ihm und seinesgleichen blieb der Palast einfach ein unerfreuliches Relikt des ostdeutschen Unrechtsstaates, andere liebten ihn weiterhin als Riesensouvenir aus einer untergegangenen Welt, in der «ja auch nicht alles schlecht war». Und weil letztere in diesem Streit, der ursächlich gar kein Streit, sondern ein deutsch-deutsches Mißverständnis war, die weicheren Argumente hatten, geriet die Diskussion um den Palast der Republik schon bald in eine brisante Schräglage. Denn was konnte der verzweifelte Ausruf einer Postbotin, die nicht verstand, «daß das jetzt alles Mist gewesen sein soll»,[11] gegen den antikommunistischen Furor ausrichten, mit dem der CDU-Abgeordnete Lehmann-Brauns 1992 in einer Sitzung des Berliner Senates gegen diese «monströse Aufmarschkulisse» wetterte, eine «Aufmarschkulisse für Aufmärsche, die es zum Glück nicht mehr gibt»?[12]

Zu Hochzeiten der Palastdebatte sah es bisweilen sogar so aus, als würden im Namen dieses Gebäudes die Richtungskämpfe des Kalten Krieges als rhetorischer Schattenboxkampf noch einmal wiederholt: Zum Zeichen ihrer antikapitalistischen, sprich antibundesrepublikanischen, Gesinnung in DDR-Fahnen gehüllte Menschen veranstalteten vor dem Haus Mahnwachen und boten den in Bonn auf Lebenszeit verbeamteten Kommunistenfressern somit täglich neues Futter. Dennoch irrte, wer die gesamte Palastlobby als informelle Organisation einer allzu schnell entbrannten «DDR-Nostalgie» mißverstand, «die sich heute sogar an den gräßlichen Palast der Republik klammert wie eine Nachbarschaft an ihre Eckkneipe».[13] Von den 98 Prozent der Ostberliner, die 1993 in einer Umfrage für den Palast votierten, wollte nur ein sehr geringer Prozentsatz auch die DDR wiederhaben – und der demonstrierte natürlich medienwirksam mit Hammer, Zirkel und Ährenkranz. Die meisten Menschen verteidigten mit dem Palast nur ihre ganz private, unvermittelte Erinnerung an einen Ort, an dem sie (zu DDR-Zeiten) schöne Stunden verlebt hatten, gegen dessen politisch-historische Verurteilung durch «den Westen». Die Familienforscherin Petra Drauschke zum Beispiel hatte bis zur Schließung jedes Jahr ihren Hochzeitstag dort gefeiert. Sie glaubte, daß «nur von denen nachempfunden werden [könne], die ebenfalls den Palast für sich erschlossen hatten», wie «schmerzlich» sie die Schließung angegangen sei.[14] Und weil diejenigen, die solches nachempfinden konnten, naturgemäß eher im Ostteil der vereinten Republik anzutreffen waren, sollte es nicht lange dauern, bis diese an sich vollkommen anachronistische Debatte, die unter anderen politischen und emotionalen Bedingungen vielleicht Stoff für eine dadaistische Dauersoiree geboten hätte, zum Ost-West-Konflikt eskalierte. Je länger um die Zukunft des Palastes gerungen wurde, desto mehr wandelte sich das Haus von einem Sinnbild für eine konkrete, hier erlebte Vergangenheit zu einem Symbol für eine sehr viel abstraktere Ost-Identität, über das nicht mehr verhandelt werden konnte, ohne daß gleich die gesamte Lebenswirklichkeit der DDR auf dem Prüfstand stand. In einer Zeit, da die seit der Wende importierten neuen kulturellen und sozialen Standards dazu angetan waren, die ostdeutschen Biographien teilweise oder vollständig zu entwerten, schien der Palast der Republik den unübersehbaren Beweis dafür zu bieten, daß in der ehemaligen DDR am 3. Oktober 1990 nicht die Stunde Null geschlagen hatte.

Diejenigen, die seine Beseitigung oder Neudefinition verlangten, schienen als Preis für die Wiedervereinigung die Beseitigung der Erinnerung an das Leben in der DDR zu verlangen. Sie wollten, wie Bruno Flierl argwöhnte, «sich an diesem Ort als Sieger der Geschichte gegen die Verlierer der Geschichte inszenieren».[15] Gegen Flierl könnte man einwenden, daß es in dieser deutsch-deutschen Palastkontroverse nicht so sehr um die historische Beurteilung der DDR ging, in der sich Ost und West damals schon sehr viel einiger waren, als der Architekturkritiker glaubte. Nach vierzig Jahren der Teilung standen sich im frisch vereinigten Deutschland einfach zwei grundsätzlich verschiedene Erfahrungswelten und Erinnerungskontexte gegenüber, die sich nicht über Nacht einander angleichen wollten. Heute ist klar, daß Unterschiede zwischen Ost und West vorerst bleiben werden und bleiben müssen. Die aus dem Einheitstaumel jäh erwachte Bundesrepublik aber traf diese Erkenntnis wie ein Schlag. Jahrelang geisterte das Gespenst der «geteilten Erinnerung» durch Talkshows, Symposien und Leitartikel, in denen es um das vermeintliche «Scheitern der inneren Einheit» ging. Der Palast der Republik, in dem sich das dissidente Gruppengedächtnis der ostdeutschen Minderheit zu manifestieren schien, wirkte aus westlicher Sicht wie ein Stachel im Fleisch der deutschen Einheit. Wer ihn trotz der absehbaren Asymmetrie der Schmerzen ausreißen wollte, brauchte schon ein starkes, integratives Band, das die deutsche Einheit an ihrer Sollbruchstelle inmitten der neuen Hauptstadt zusammenhalten würde.

Der Wiederaufbau des 1950 von der DDR-Führung gesprengten Stadtschlosses, den Joachim Fest 1991 noch ohne größere Resonanz als politische Wiedergutmachung für Ulbrichts «Akt der Barbarei»[16] gefordert hatte, bot sich da förmlich an. Denn was waren schon fünfzehn oder zwanzig Jahre Palast der Republik gegen die vierhundert Jahre, da von diesem Schloß aus zuerst das preußische, dann das deutsche Schicksal gelenkt worden waren? Für ein neues Schloß hätte auch Friedrich Dieckmann schon 1992 den Palast geopfert. Selbst wenn sein Abriß aus emotionalen und historischen Gründen in jedem Fall ein «schwerwiegender Fehler»[17] bleibe, sei er hinzunehmen, wenn er Raum schaffe, «den schlimmeren Fehler von 1950 zu beheben», fand er. «Was hätten die Pariser gemacht, wenn der Louvre 1940 zerstört worden wäre und die deutsche Besatzungsmacht den Abriß der Ruine verfügt hätte? Sie hätten dasselbe getan, was die Warschauer in den sechziger und siebziger Jahren mit dem Königsschloß und die Budapester mit dem Burgschloß Maria Theresias taten: Sie hätten ihn neu erstehen lassen, als ein unverzichtbares Denkmal städtischer Kulturidentität.» Wie Dieckmann schlugen sich mit Wolfgang Thierse, Regine Hildebrand und Richard Schröder schon bald prominente Ostdeutsche auf die Seite der Schloßfreunde, aber bis Ende der neunziger Jahre repräsentierten sie nicht die Mehrheit.

Das Schloßphantom wollte sich als Integrationsmodell zunächst nicht so recht durchsetzen. Zwar hatten die Palastgegner mit dem Schlüterbau nun ein Argument, ja man ist versucht zu sagen, ein Pfand in der Hand, das stärker und vor allem dauerhafter war als jeder politische Generalvorbehalt. Und sie waren auch klug genug, die von Fest diktierte Sprachregelung – wenn der Abbruch des Schlosses das Symbol für den Sieg der kommunistischen «Herrschaftsidee» gewesen ist, «wäre die Wiedererrichtung das Symbol ihres Scheiterns» – nicht ungeprüft zu übernehmen, indem sie die Bedeutung des Schlosses «für den Stadtzusammenhang, für den Zusammenhang der Linden vor allem als Körper, als Gliederung» hervorstrichen.[18]

Die Sprengung des Berliner Schlosses

Doch auch ohne umgedrehte Ulbrichtparolen blieb das Schloß für die Palastlobby vorerst ein rotes Tuch. Wenn die Schloßlobbyisten beim Anblick des Honeckerbaus die «Phantomschmerzen der um ihr wichtigstes Bauwerk amputierten Stadt»[19] spürten und nach städtebaulicher Reparatur verlangten, war das eine klare Aussage gegen ihren Palast, der, man wurde es nicht müde, das immer wieder zu sagen, mit «Vielfalt, Charme und Wärme Menschen aus der ganzen Welt»[20] beglückt hatte. Denn egal, wer sich aus welchen Gründen zur Schloßplatzfrage äußerte, die in den drei verschiedenen Palastinitiativen organisierten Menschen sahen sofort Gefahr in Verzug. Reflexartig reagierten sie mit ihrem ewig gleichen Matra von den schönen Palasterlebnissen als ostdeutscher Identitätskonstante. Die auf den ersten Blick rein urbanistische Argumentation der Schloßbefürworter nahm sich im Vergleich dazu – Phantomschmerzen hin oder her – geradezu sachlich aus. Doch wäre es letzteren allein um die städtebauliche Dimension des Hohenzollernbaus gegangen, hätten sie sich mit vielen Schloßgegnern, die keine Palastfreunde waren, auf einen Neubau in der Kubatur des alten Schlosses einigen können. Schließlich wäre wohl auch ein entsprechend proportionierter Neubau imstande gewesen, dem zwischen Deutschem Dom und Spreeufer zerfließenden Stadtraum wieder Halt zu geben. Aber sie wollten keinen Neubau ohne jeden Erinnerungswert. Sie wollten ein neues Schloß «mit der Identifikationskraft des Alten».[21] Daß das liberale Feuilleton die «Schloßknappen» deshalb konservativ, rückschrittlich oder verlogen schalt, focht sie nicht an. «Mit Melancholie, denn das Gewesene ist unwiederbringlich, und Resignation, denn keine Wiederherstellung wird das von einer Handvoll deutscher Quislinge Vernichtete wiedergewinnen können, wird man nicht darum herum kommen, das Alte mit Abschiedsschmerz wieder herzustellen»,[22] forderte Wolf Jobst Siedler. Solchen mit Aplomb vorgetragenen Schloßbaufanfaren war mit rationalen Argumenten nicht beizukommen, weshalb sich auch Siedlers Gegner im linksliberalen Feuilleton in der Auseinandersetzung mit dem wortgewaltigen Verleger mehr und mehr aufs emotionale Terrain begaben. Tilman Buddensieg etwa, der den Palast der Republik an anderer Stelle schon ganz unumwunden ein «Provinzkasino in mitten der Hauptstadt»[23] geschimpft hatte, entdeckte plötzlich seine Sympathie für die ostdeutsche Not mit den neuen Verhältnissen. «Im Ritus der Wiedergeburt des Schlosses will man den Untergang der östlichen Ordnung feiern»,[24] kommentierte der westdeutsche Architekt, dem es dabei vermutlich weniger um die östliche Ordnung als um die Ehre der eigenen Zunft ging. Denn auf die waren Siedler und die 1992 gegründete «Gesellschaft zum Wiederaufbau des Berliner Stadtschlosses» nicht besser zu sprechen als auf den Palast. «Nicht in einem einzigen Fall» habe die zeitgenössische Architektur es fertig gebracht, «eine Stadt als urbanen Zusammenhang herzustellen», hieß es.[25] Doch bot das Schloß, so wie der Verein und der Verleger es sich wünschten, eine konsensfähige Alternative sowohl zum Palast als auch zu einem Neubau? Die Art und Weise, wie die Bürgerinitiative die Werbetrommel rührte, war anfangs nicht gerade dazu angetan, die ästhetischen und ideologischen Vorbehalte der Puristen gegen eine Schloßkopie zu entkräften. Verkleidete preußische Leibgardisten und Marschmusik nährten allenthalben die Befürchtung, hier werde historisierendes Blendwerk für den oberflächlichen Beobachter gefordert, der sich auch an einer «Betonmasse mit Natursteintapete» (Falk Jaeger) erfreut, sofern sie nur ein bißchen nach guter alter Zeit aussehe. Doch der Verein ließ sich durch Intellektuellengespött nicht verdrießen. Die Zahl seiner Anhänger wuchs beständig.

Bereits 1993 hatte Wilhelm von Boddien, der aus Hamburg stammende Gründer der Initiative, so viel Geld für seine Sache gesammelt, daß er ohne einen Staatspfennig bei der französischen Großbildkünstlerin Catharine Feff eine einunddreißig Meter hohe, zehntausend Quadratmeter messende Folie in Auftrag geben konnte. Einen Sommer lang simulierte sie, an einem Stahlgerüst vor den Palastfassaden befestigt, das Schloß in seinen städtebaulichen Dimensionen. Mit diesem auf Überrumpelung der Zweifler zielenden Trompe l'oeil erreichte Boddien zuerst allerdings nicht mehr als einen Achtungserfolg. Diejenigen, die ohnehin für das Schloß waren, sahen sich durch die Plastikattrappe in ihrer Auffassung bestätigt. Die Mehrheit der Berliner aber blieb, auch im Westen, mit dem Intendanten der deutschen Oper, Götz Friedrich, und dem Präsidenten der Akademie der Künste, Walter Jens, der Meinung, daß «eine

Stadt mit ihren Verlusten leben» müsse.[26] Der Palast, der nach seiner Schließung zum ostdeutschen Erinnerungsort sui generis avanciert war, galt ihnen allenfalls als denkwürdiges Zeichen dieses Verlustes. Als «Ost-Symbol» wurde er erst ein gutes Jahr später wieder von einer breiteren Öffentlichkeit diskutiert.

Nachdem 1994 auch im Westberliner Internationalen Congress Centrum (ICC) dramatisch erhöhte Asbestwerte gemessen worden waren, und man sich im Fall des ICC schnell einig war, das Gebäude bei laufendem Betrieb möglichst schnell und kostengünstig zu sanieren, spitzte sich die Debatte noch einmal dramatisch zu. Sollte etwa im Osten wegen Asbestverseuchung geschlossen und letztlich zerstört werden, was im Westen trotz Verseuchung stehenbleiben durfte? Rhetorische Verkürzungen vom «Asbest als Waffe im Kampf gegen eine von Kommunisten verseuchte Vergangenheit» und unsachliche Gefühlsausbrüche wie «Ist euer Asbest etwa besser?» wirkten plausibler denn je. Um in dieser Situation nicht vorschnell «vollendete Tatsachen zu schaffen»,[27] rang Bundesbauministerin Adam-Schwaetzer (FDP) sich schließlich dazu durch, den auf Druck der CDU im gemeinsamen Ausschuß Bonn-Berlin beschlossenen Palastabriß noch einmal zu vertagen. Sie wollte sich, jetzt da die Wogen wieder höher schlugen, nicht der symbolischen Enteignung des Ostens schuldig machen. Niemand wollte das.

Weil auf dem Schloßplatz aber endlich irgend etwas passieren mußte, einigte man sich 1997 darauf, den Palast, zu welchem Zweck auch immer, erst einmal vom Asbest zu befreien. Anfang 1998 wurde das gesamte Interieur sorgfältig in Einzelteile zerlegt, verpackt und in einer ehemaligen britischen Kaserne zwischengelagert. Die Kunst aus dem Foyer wanderte ins Depot des Deutschen Museums und wurde 1999 im Rahmen der umstrittenen Ausstellung «Aufstieg und Fall der Moderne» in Weimar noch einmal gezeigt.[28] Eingedenk der fast hunderttausend Unterschriften für den Erhalt des Palastes, die noch immer in seinem Bonner Büro lagen, versicherte Frau Adam-Schwaetzers Nachfolger, Bundesbauminister Toepfer (CDU), daß die Asbestbeseitigung die Möglichkeit einer Wiedererrichtung des Palastes in jedem Fall offen lasse. Dabei hätte Toepfer damals schon wissen müssen, was heute offensichtlich ist: Vom Palast der Republik würde nach der Sanierung nicht mehr viel übrig bleiben. «Rückbau bis auf den technischen Rohbau» lautete von Beginn an der Auftrag.

Als Bundeskanzler Schröder und sein damaliger Kulturstaatsminister Naumann sich nach dem Regierungsumzug im Sommer 1999 für den Außenstehenden unvermittelt für das Schloß aussprachen, befand sich das Gebäude schon in einem recht prekären Zustand. Es war im Laufe der Bauarbeiten nicht nur von Tag zu Tag häßlicher geworden, als seine schärfsten Kritiker jemals behauptet hatten. Es schien, als sei mit dem Asbest auch jene die Ostdeutschen ungeachtet ihrer konträren Schicksale und Nachwendekarrieren einigende Symbolkraft aus ihm herausgekratzt worden, die der Debatte jahrelang ihre Brisanz gegeben hatte. Die letzten Demonstranten, die im Sommer 1999 gegen Schröders eher beiläufiges Votum auf die Straße gegangen waren, boten bei ihrem aussichtslosen Kampf ums vertraute Milieu einen jämmerlichen Anblick. «Richtet Euren Blick auf den Palast der Republik», stand auf von ein paar Pensionären getragenen Transparenten. Zu spät. Das Haus war trotz seines nicht unerheblichen Umfangs von 180 mal 86 Metern aus dem Blickwinkel der Öffentlichkeit verschwunden. Zehn Jahre nach der real existierenden hatte nun auch die «erträumte DDR», wie Stefan Wolle den Palast einmal genannt hat, ihren ideellen Mehrwert verloren. Die Erinnerung an die dort verlebten Stunden qualmte nicht mehr, sie war, mit Pierre Nora gesprochen, zur Geschichte abgekühlt. Alles, was seit Beginn der Bauarbeiten noch über den Palast der Republik geschrieben wurde, umwehte schon die fatalistische Aura eines Nachrufes. In Stefan Wolles durchaus wohlwollender Darstellung aus dem Jahr 1998 wirkt er wie ein gut gepolstertes, aber stickiges Kleinbürgerparadies, in dem jeder aufgeklärte Mensch hätte nach Luft ringen müssen: «Für die Kinder gab es einen Eisbecher ‹Pittiplatsch›, für Vater ein Wernesgrüner Bier und für die Mama ein Stück Torte mit Schlagsahne – und dies alles zu zivilen Preisen. Im Untergeschoß vergnügte sich die ausgelassene Jugend beim Disco-Sound. Daneben gab es ein Bowling-Center, das zu einem der beliebtesten Treffpunkte für Brigadeabende wurde. Das TIP – wie das ‹Theater im Palast› gemeinhin hieß – entwickelte sich unter der Leitung von Vera Oelschlegel zur anspruchsvollen Kleinkunstbühne für den gehobenen Geschmack, und auf der großen Bühne bekam das Volk die Schlagersternchen aus dem Westen zu sehen. Überall war es sauber, ordentlich und gut ausgeleuchtet, damit das Wachpersonal jeden Winkel durch die Kontrollkameras einsehen konnte. Der Palazzo stellte die symbolhafte Inkarnation der Honecker-Ära dar: eine inszenierte Klein-DDR als Gesamtkunstwerk. Zwischen dem Weinrestaurant Spreeufer und dem Bistro im Obergeschoß war der Staat der kleinen Leute Realität geworden.»[29]

Es ist auffällig, wie wenig der DDR-Historiker sich 1998 noch mit den «kleinen Leuten» gemein machen will, denen er sein Schwärmen in den Mund legt. Die Bedürfnisse und Wünsche, die der Palast in ferner Vorzeit einmal befriedigt hatte, waren augenscheinlich nicht mehr die Bedürfnisse der Gegenwart. Aus retrospektiver Sicht fehlte dem Palast, wie Wolfgang Engler in seiner klugen Verteidigungsschrift der «Ostdeutschen» schreibt, «die Leidenschaft früherer Jahre, die Ungeduld, die jenen Aufbruch kennzeichnete». Nach außen ein behäbiger Kasten, der die Ingredienzien der architektonischen Moderne – Beton, Glas und Stahl – in eine disziplinierte Rasterfront zwang, wirkte er zwar großzügig, aber nicht kühn. «Man konnte sich in ihm wohl fühlen, aber nicht tagträumen.»[30] Er war selbst ein Tagtraum, der zu Zeiten, da die DDR schon fast bankrott war, mehr Subventionen verschlungen hatte als alle Theater und Opernhäuser der DDR zusammen. Und er war die Leistungsschau eines Staates, der in den siebziger Jahren aufgehört hatte, auf die klassenlose Gesellschaft zu hoffen, und sich statt dessen aufs Besteckzählen kaprizierte. In seinem protzigen Interieur, den vielen Lampen, den billigen Restaurants, Bars und Kegelbahnen manifestierte sich die neue Konsumorientierung der DDR, ihre Sehnsucht, auf ihre eigene sozialistische Weise ein bißchen so zu werden wie der Westen. Daß ausgerechnet dieser dem Westen ähnlichste Ort der DDR nach der Wende zur Ikone des ostdeutschen Sonderbewußtseins wurde, muß im nachhinein fast verwundern. Daß sein Schicksal nach den zehn Jahren, in denen seine ehemaligen Besucher die kapitalistische Überflußgesellschaft in Reinkultur erlebt hatten, keine Emotionen mehr schüren konnte, ist indes nur logisch.

Von der im Herbst 2000 durch die Bundesregierung eingesetzten «Expertenkommission Historische Mitte Berlin», die binnen Jahresfrist einen gültigen Vorschlag zur Gestaltung des Schloßplatzes vorzulegen hatte, wurde der Erhalt des Palastes nicht einmal mehr pro forma in Betracht gezogen. Zwar wurde weiterhin darüber gestritten, ob dort statt des Palastes wirklich ein Schloß hinkommen sollte, wie Bundeskanzler Schröder es wünschte. Aber es ging nun darum, ob man dieses Schloß wieder aufbauen kann, nicht ob man es nicht in Anbetracht der ostdeutschen Gefühle darf. Der Umzug der Bundesregierung von Bonn nach Berlin hatte zu einem vollständigen Paradigmenwechsel in der Schloßplatzdebatte geführt. Dieses von den Stadtvätern über Jahre hinweg sträflich vernachlässigte Areal, auf dem fast das ganze Jahr über Kirmes und Budenzauber stattfand, lag nun im Herzen des Regierungsviertels. Der Außenminister saß in dem ehemaligen Reichsbankgebäude und späteren ZK-Sitz am Werderschen Markt, das benachbarte ehemalige Staatsratsgebäude diente als vorläufiges Kanzleramt. Die schäbige Asbestruine, die vom Palast der Republik übrig war, lag nun wieder im Zentrum der Macht. Dennoch waren es nicht nur repräsentationsästhetische Gründe, die dazu führten, daß das Schloß unter der rot-grünen Regierung zur Staatsfrage wurde. Das Schloß, das ursprünglich ein Steckenpferd der Konservativen gewesen war, diente fortan als Bühne, auf der die «neue Mitte» ihr Verhältnis zur wiedervereinigten Nation neu inszenierte. «Es wird Zeit, daß dieses Land nicht immer vor seiner Tradition davonläuft und daß es nicht jedem ästhetischen und historischen Ressentiment nachgibt»,[31] sagte auch die Grünen-Politikerin Antje Vollmer. Der Bundeskanzler, dem seit je ein ganz besonderer Hang zum Populistischen eignete, drückte es so aus: «Wenn man in so einer historischen Situation ist, kann es außerordentlich befriedend und befriedigend sein, wenn man dem Volk etwas für die Seele gibt.»[32] All denen, die sich gerne vorstellen wollten, sie wären «der König von Preußen» und würden, «wie einst seine Majestät, von hier aus die ‹Linden› hinunterreiten»,[33] machte schon das halluzinierte Schloß ein Identifikationsangebot mit dem glanzvollen Leben am preußischen Hof. Anderen galt es als staatsbürgerliches Bekenntnis zur preußisch-deutschen Tradition.

Dreihundert Jahre nachdem sich Kurfürst Friedrich III. im Januar 1701 im winterkalten Königsberg selbst die Königskrone aufgesetzt hatte, und ein halbes Jahrhundert nachdem Preußen juristisch erloschen war, hatte das preußische Erbe den Ludergeruch der Reaktion endgültig verloren. Die alte Frage, ob Preußen ein Staat mit einer Armee war oder umgekehrt, wirkte jetzt unzeitgemäß. Nachdem bei allzu freundlicher Exegese der Quellen von dem rauhen Vernunftstaat nur noch ein aufgeklärtes, von Flötenspielern regiertes Arkadien übrig geblieben war, galt die Hinterlassenschaft Friedrichs des Großen als «Vermächtnis von Weltoffenheit und Toleranz».[34] «Wir brauchen Preußen, um unsere Identität zu finden und Mut zu schöpfen», sagte der brandenburgische Ministerpräsident Manfred Stolpe zum Auftakt des großen Preußenjahres. Das hörte sich gut an, doch was sollte es konkret bedeuten? Daß das gute Preußen all denen zum Vorbild gereichen sollte, die ihre liebe Not mit «preußischer Toleranz und Weltoffenheit» haben, und den anderen Balsam sein mochte für ihre geschundene deutsche Seele? Daß ein altes neues Preußenschloß der geläuterten Nation den Weg in eine selbstbewußte Zukunft weisen könnte? Das klang, mit Verlaub, ein wenig nach Walter Ulbrichts städtebaulicher Doktrin aus den fünfziger Jahren, als das neue Bauen plötzlich nicht mehr formalistisch und kosmopolitisch sein durfte, sondern «national in der Form» aber «fortschrittlich dem Inhalt nach» sein mußte.

Im Einklang mit dem Bestreben des ostdeutschen Staates, sich aus dem «fortschrittlichen» deutschen Erbe eine Vorgeschichte zu basteln, die nicht in den Nationalsozialismus, sondern von der bürgerlichen Revolution von 1848, über die Befreiungskriege, die Räterepublik und den «antifaschistischen Widerstand» geradewegs in die DDR führte, kam es beim Städtebau nun darauf an, «die gewaltige Bedeutung des klassischen Erbes zu erkennen [...] und vom Standpunkt der Erfüllung großer Aufgaben im Rahmen des Fünfjahrplanes weiterzuentwickeln».[35] Getreu dieser Richtlinie wurde beim Bau der Stalinallee Anfang der fünfziger Jahre dem Schinkelschen Klassizismus als «guter deutscher Tradition» wieder gehuldigt, wo es nur ging. Und wenn man unbedingt gewollt hätte, hätte man auch das alte Preußenschloß, Stolpe und Schröder vorwegnehmend, als volksnahes Manifest von «Toleranz und Weltoffenheit» unter die guten deutschen Traditionen subsumieren können. Weil der Schloßplatz seit Ende des 19. Jahrhunderts ein beliebter Demonstrationsort der Berliner Arbeiter gewesen war, hätten viele «Kulturschaffende» der DDR das sogar sehr befürwortet. Allein Walter Ulbricht ließ sich 1950 nicht mehr für den Schlüterbau als Sinnstiftungsressource einnehmen. Eine Dienstreise nach Moskau hatte ihn in seiner Überzeugung bestärkt, daß Berlin inmitten der Hauptstadt nichts so dringend brauchte wie ein Demonstrationsgelände, das größer war als der Rote Platz. Er träumte jetzt von Menschenblöcken, Quadern aus fahnenschwingenden Körpern, von einer geschlossenen marschierenden Masse, in der «Kampfwille und Aufbauwille unseres Volkes Ausdruck» fanden.[36] Und weil das im Krieg beschädigte, aber nicht zerstörte Schloß seinen Plänen im Weg stand, erklärte er es kurzerhand zur «Heimstatt des Preußischen Militarismus». Es kümmerte ihn nicht, daß darin seit nunmehr fast vierzig Jahren ein Kunstgewerbemuseum untergebracht war. Im September des Jahres 1950 mußte die «Junker-Trutzburg» seinem Größenwahn weichen. Doch wenn nicht gerade 1. Mai oder 7. Oktober war und auf dem ehemaligen Schloßplatz Volkes Kampfwille in Szene gesetzt wurde, gähnte hier eine betonierte Brache. Der «historische Boden»[37], auf dem der preußische König 1848 vor den Märzgefallen den Hut gezogen, auf dem Karl Liebknecht 1918 die sozialistische Republik ausgerufen, auf dem «Matrosen der Volksmarinedivision gegen die Reaktion gekämpft» und Ernst Thälmann zwecks Schaffung einer «breiten antifaschistischen Aktion zum Berliner Proletariat gesprochen» hatte, blieb über zwanzig Jahre lang leer. Erst der 1976 fertiggestellte Palast der Republik füllte die Lücke, die das alte Stadtschloß hinterlassen hatte. Kein revolutionäres Bauwerk, das sich kühn zur Sonne, zur Freiheit reckte, sondern ein kleinbürgerliches Volkshaus war an die Stelle des Schlüterbaus getreten. Vom «Kampfwillen» der Arbeiterschaft, den Ulbricht hier marschieren sehen wollte, war nichts mehr zu spüren. Im Gegenteil. Sogar aus der offiziellen Palast-Phraseologie war das Aufbaupathos der Nachkriegszeit entschwunden. «Friede unserem Palast, den Volkes Kraft zum Wohl des Volkes baut», forderte der von einem Obermeister im VEB Industriebau am 9. November 1974 vorgetragene Richtspruch, im ersten Vers noch recht witzig eine bekannte Formulierung Georg Büchners aus dem *Hessischen Landboten* variierend. Danach folgte ideologiefreie Pennälerpoesie über den Frohsinn und das Glück, die Freude und den Mut. Die DDR, die nach dem Krieg das Erbe der «fortschrittlichen Traditionen» der deutschen Geschichte für sich beansprucht hatte, war mit den Jahren zur Nachlaßverwalterin des deutschen Biedermannes geworden. Auf dem ehemaligen Schloßplatz schlug das «Herz der Republik» jetzt nur noch «hinter festen Marmorsteinen». Über die klassenkämpferischen Anfangsjahre hatte sich der Schleier des Vergessens gelegt. Von der historisch notwendigen Sprengung einer «Junker-Trutzburg» war nirgends mehr die Rede. «Das durch angloamerikanische Bombenangriffe im Februar 1945 schwer beschädigte Schloß» sei einfach «abgetragen» worden, hieß es in einem 1979 von dem Palastarchitekten Heinz Graffunder herausgegebenen Standardwerk.[38] Mit dem Palast der Republik hatte das wider alle Vernunft gesprengte Stadtschloß seine, wie man damals dachte, endgültige Negation erhalten. Honeckers Palast war die späte Rechtfertigung für Ulbrichts Vandalismus.

Daß heute kein Weg mehr an einer Schloßkopie vorbeizuführen scheint, liegt nicht zuletzt daran, daß dieser Rechtfertigungsbau unter den neuen politischen und sozialen Bedingungen nicht mehr viele überzeugt. Aber auch das Schloß steht, so wenig es die Brutstätte der deutschen Katastrophe war, wie Ulbrichts Historiker behaupteten, für Ereignisse und Entwicklungen, auf die die heutige Bundesrepublik sich ohne weiteres berufen könne. Sein Grundstein wurde 1443 im Konflikt zwischen Macht und Bürgerschaft gelegt. Kurfürst Friedrich II. mißachtete die damalige Ratsverfassung und usurpierte für seine neue Residenz den Ort, wo die Doppelstadt Berlin-Cölln sich ein

Kinder vor dem Palast der Republik

Rathaus hatte bauen wollen. Unter König Friedrich I. wurde dieses «Zwing-Cölln» genannte Palais von Andreas Schlüter zum bedeutendsten Barockbau nördlich der Alpen ausgebaut. Trotz der unleugbaren kunsthistorischen Bedeutung dieses Meisterwerks der Bildhauerarchitektur repräsentiert es ein aus heutiger Sicht fragwürdiges, unplurales Selbstverständnis der preußischen Könige. Alle Achsen der Stadt liefen auf dieses Haus zu, alle umliegenden Gebäude orientierten sich an seinen Proportionen. Indem Friedrich Wilhelm IV., der mächtigste Gegner des demokratischen Aufbruchs von 1848, diesem steingewordenen Manifest des preußischen Absolutismus im 19. Jahrhundert seine alles überragende Kuppel aufsetzen ließ, unterstrich er den Machtanspruch der Monarchie.

Doch Steine, auch Kuppelsteine, sind geduldig. «Sie schaffen Orte, an denen mitunter etwas geschieht, dessen Bedeutung, solange sie währt, sich an diese Ort heftet.»[39] Aber eben nur, solange sie währt. Die Sowjets mußten sich nicht um das Zeichensystem monarchischer Repräsentation scheren, als sie 1917 die Rote Fahne auf dem Kreml hißten, genausowenig wie die Französische Revolution, als sie den Louvre in Besitz nahm. Sie unterzogen die alten Gemäuer einer grundlegenden Umwertung und deuteten sie fortan als Zeichen des Sieges, eines historischen Sieges über alles, was vorher war. Doch dem Vorbild der französischen Sansculotten zu folgen ist Anfang des 21. Jahrhunderts das letzte, was die Deutschen im Sinn hatten. Karl Liebknecht mag von revolutionärer Aneignung der Hohenzollerntradition geträumt haben, als er am 9. November 1918 auf dem Schloßbalkon stehend verkündete, durch dieses Tor werde «die neue sozialistische Freiheit der Arbeiter und Bauern einziehen». Das Schloß, von dem das vereinigte Deutschland träumt, hat eine andere Symbolik. Es ist das «Signal an alle, die heimkehren wollen in die deutsche Geschichte, und trägt in sich das Versprechen der Versöhnung mit sich selbst».[40]

Doch obwohl die vom Bundeskanzler eingesetzte Expertenkommission am 17. April des Jahres 2002 für den Wiederaufbau des Hohenzollernschlosses plädierte und am 4. Juli 2002 auch der Deutsche Bundestag mit 384 gegen 133 Stimmen für die Rekonstruktion votierte, ist es heute wieder fraglich, ob das Schloß dieses Versprechen jemals wird einlösen können. Seitdem klar ist, dass es gebaut werden wird, ist es wieder merkwürdig still geworden um die historische Mitte Berlins. Ohne nennenswerte Anteilnahme der Öffentlichkeit machen sich die Fachleute nun Gedanken darüber, wie dieses alte neue Schloß genutzt werden soll. Vielleicht wird es einmal die außereuropäischen Sammlungen der Dahlemer Museen aufnehmen, die Zentral- und Landesbibliothek und Teile der Humboldt-Universität, vielleicht aber auch nicht. Es spielt keine Rolle mehr. Seitdem der Abriß des Palastes beschlossene Sache ist, hat auch das imaginierte Schloß seine normative Kraft verloren. Heute merkt man deutlicher als zu Hochzeiten der Debatte, daß es nur eine Folie war, vor der die verschiedensten Ambitionen und Idiosynkrasien des vereinigten Landes verhandelt wurden. Ohne den Palast, als dessen Widerlegung es ursprünglich in der Debatte aufgetaucht war, kann es aus sich heraus keine positive Bedeutung entwickeln. Und es liegt eine gewisse Ironie darin, daß die Stadt den vom Asbest befreiten Palast im Sommer 2003 sogar zur Hauptattraktion der «Schaustelle Berlin» erklärte. Mittlerweile wird sogar laut darüber nachgedacht, das einst verfemte Haus für eine «Zwischennutzung» wieder ganz zu öffnen. Von einem entkernten, bedeutungsleeren Erinnerungsort geht offenbar keine Gefahr mehr aus. Das Schloß hat den Palast neutralisiert, Jahre vor dem ersten Spatenstich.

Heinz Bude

Achtundsechzig

1. 1968 zwischen 1945 und 1989

In der Mythologie der Bundesrepublik liegt 1968 zwischen 1945 und 1989. Was mit der Stabilisierung nach dem Zweiten Weltkrieg begann und in der unverhofften Einheit seine Vollendung fand, so die erzählte Ursprungslegende, brauchte den Aufbruch in den sechziger Jahren, um sich nicht nur der Grundsätzlichkeit, sondern auch der Dauerhaftigkeit des Bruchs mit der deutschen Nationalgeschichte zu vergewissern, der mit der Gründung der Bundesrepublik ins Werk gesetzt wurde. Worin die Zeitgenossen in den späten sechziger Jahren die Geburtsstunde einer «antisystemischen Bewegung»[1] sahen, wird jetzt zum Knoten-, Scheitel- oder Umschlagspunkt einer zivilen Nachgründung der «Demokratie ohne Demokraten» stilisiert. Wie nirgends sonst gilt 1968 in Deutschland als gelungener Testfall einer glücklichen Verwestlichung. In diesem Sinne führte kein geringerer als der Bundespräsident Richard von Weizsäcker in seiner Rede beim Staatsakt zum ersten Tag der deutschen Einheit am 3. Oktober 1990 aus: «Die Menschen haben im Laufe der Jahre Zuneigung zu ihrem Gemeinwesen entwickelt, frei von gekünstelten Gefühlen und nationalistischem Pathos. Gewiß, in der vierzigjährigen Geschichte der Bundesrepublik gab es manche tiefgreifenden Konflikte zwischen Generationen, sozialen Gruppen und politischen Richtungen. Sie wurden oft mit Schärfe ausgetragen, aber ohne den Hang zum Destruktiven, der die Weimarer Republik allzusehr belastete. Die Jugendrevolte am Ende der sechziger Jahre trug allen Verwundungen zum Trotz zu einer Vertiefung des demokratischen Engagements in der Gesellschaft bei.»[2] Indem der Mythos das historische Wissen in der Rückschau auf wenige einprägsame Zeichen und Symbole verkürzt, wird eine Tradition erfunden, die eine Kontinuitätsbrücke zwischen den Generationen, über den Einschnitten und jenseits der Kontroversen darstellt.

Aber anders als 1945 und 1989, die nach dem Ende des Kalten Kriegs Fragen nach Zukunft und Vergangenheit des neuen Deutschlands aufwerfen, bietet sich 1968 als sicherer Erinnerungsort im Kollektivgedächtnis dar. Zwar hat sich unterdessen die Geschichtswissenschaft nach berühmtem Vorbild das Ereignis zum Gegenstand gemacht, aber der mit dem Begriff der sozialen Bewegung erhobene Anspruch einer neuen Deutung, die sich dem Blick der Akteure entzieht und analytischen Kriterien folgt, bestätigt nur das allgemeine Bild des politischen Scheiterns durch gesellschaftlichen Erfolg. Was auch immer die Akteure gewollt, die Beobachter gesehen und die Kritiker bekämpft haben, am Ende ist die Bundesrepublik durch die Protestereignisse zwischen 1967, dem Jahr des Todes von Benno Ohnesorg, und 1972, dem Jahr des Wahlsiegs von Willy Brandt, erst von innen her zu einem liberalen und demokratischen Land geworden. Unter der Hand verbündet sich hier die Wissenschaft mit dem Mythos. Denn im Wechsel vom «Erlebnishorizont» des Zeitzeugen zum «Erklärungshorizont» des Historikers stehen nicht die politischen Intentionen, sondern die kulturellen Folgen, nicht die einzelnen militanten Aktionen, sondern die vielen spielerischen Regelverletzungen, nicht der Unterbrechungsimpuls, sondern die Anschlußselektion im Vordergrund. Es ist nicht mehr so wichtig, ob man 1968 als politische Revolte, kulturelle Revolution oder generationellen Bruch ansieht, wichtig ist allein die Frage, wie durch öffentliche Proteste sozialer Wandel herbeigeführt und in den zivilen Routinen verankert wurde. So wird eine schwache Version von 1968 tradiert, die im nachhinein von allen anerkannt werden kann und keinen der damals Beteiligten ins gesellschaftliche Aus manövriert.

2. Der Wahnsinn des Augenblicks

Mit Niklas Luhmann kann man die Entstehung sozialer Bewegungen als unerwartete Zusammenballung von Dissenseffekten verstehen, die auf die Lokkerung von psychischen Bindungen an gegebene normative Strukturen zurückzuführen sind.[3] Auf jeden Fall ergeben sich auf diese Weise günstige Gelegenheiten, die randständige Akteursgruppen ermutigen können, institutionelle Barrieren zu durchbrechen. Dabei fördert besonders die Unbestimmtheit der Situation im Hinblick auf Kampfstärke und Konfliktausgänge die Tendenz, daß sich die Bewegten in Richtung wachsender Abweichung stimulieren. Der Prozeß der sozialen Bewegung verzehrt die ursprünglichen Motive der Akteure, erzeugt neue Motive und radikalisiert sich mit ihnen. Bewegungsunternehmer treten auf, die die Organisation des Protests übernehmen, und sich dadurch die Legitimation verschaffen, die Protestnormen festzulegen. Und unter den Bedingungen der zunehmenden gesellschaftlichen Selbstbeobachtung durch die Medien wird «media coverage» zum zentralen Erfolgskriterium sozialer Bewegungen.

So beschleunigt sich eine soziale Bewegung immer weiter, bis sich schließlich ihre selbsterzeugten Energien erschöpft haben: Das Wachsen der Teilnehmerzahl, die Unwahrscheinlichkeit der Spontaneität und die Erhöhung der Militanz scheinen nicht mehr möglich. Nach dem Verebben der «heißen» Phase einer sozialen Bewegung widmet sich in der Regel ein Teil der Aktivisten dem Organisationsaufbau, ein anderer sucht in einer informellen Szene zu überleben, und ein dritter pflegt seine Verzweiflung über den Mißerfolg der Weltverbesserung. Die allermeisten jedoch richten sich in der gegenwärtigen Normalität ein und träumen zu bestimmten Anlässen von der vergangenen Zeit.

Die Erfahrung der sich aufschaukelnden und sie mitreißenden Eigendynamik eines sozialen Prozesses ist es, woran sich die an der Studentenbewegung Beteiligten heute mit einer Mischung aus Erstaunen und Erschrecken erinnern. Thomas Schmid (Jahrgang 1945) schrieb 1985 in einem Text über die *Vergesellschaftung der Ohnmacht*: «Es gibt Berge von Literatur zu ‹1968›; doch kaum etwas ist darunter, das eine lebendige Vorstellung gibt von der rasenden Geschwindigkeit und dem selbstgewissen Impetus, mit denen diese Bewegung die verkrustete Sozietät der Nach-Adenauer-Zeit (die immer noch eine Adenauer-Zeit war) in Unruhe versetzte und durcheinanderbrachte. Nachträgliche Kommentatoren waren zumeist bemüht, das Rationale dieser Bewegung von ihrem Irrationalen zu trennen und sie ausschließlich zu einer Reformkraft umzudeuten. Diese Interpretation ist die einzige, die im formulierten öffentlichen Bewußtsein haften geblieben ist. Ganz falsch ist sie nicht, doch sie übersieht eine Winzigkeit, die entscheidend war: diese Bewegung hat – *neben den bestehenden Institutionen und Beziehungen der Gesellschaft* – spontan Formen der Assoziation und Vergesellschaftung gefunden, die ungeheure subjektive Kräfte freigesetzt hat. Wäre das Wort nicht so verdächtig, könnte man von einer kollektiven Ekstase reden, die gleichwohl nicht Entrückung bedeutete, sondern eindeutig in dieser Welt stattfand.»[4]

Von Paul Veyne stammt die Bemerkung, daß 1968 die letzte heiße Revolution und die erste coole Revolte gewesen sei.[5] Gemeint ist der Widerspruch zwischen dem klassischen, zumeist dem Marxismus entliehenen Begründungsvokabular und den bunten Praktiken des Protests. Man wollte noch einmal eine Revolution der gesamten Lebensverhältnisse vom Zentrum bis zur Spitze, aber man liebte das Spiel der tausend Abirrungen. Es gab die esoterische Rede von Ableitungszusammenhängen, Ausbeutungsverhältnissen und Reproduktionsbedingungen, aber der spontane Erfolg der Bewegung beruhte auf der neuartigen Technik der gezielten Regelverletzung. Go-ins, Sit-ins und Love-ins dienten der Ausbreitung einer anderen Macht, die nicht der traditionellen Aufmarschordnung gehorchte, sondern aus einem Durcheinander einzelner, zufälliger und lokaler Provokationen bestand. Es war eher eine Ansammlung von Kämpfen als ein gezielter Angriff auf den Staat und seine Apparate. Deshalb konnte die «andere Seite» der Bewegung auch so schwer habhaft werden. Und zwar nicht nur ganz praktisch auf der Straße, sondern auch theoretisch im Verständnis und in der Einordnung. Für antitotalitäre politische Denker wie Richard Löwenthal oder Raymond Aron war das ganze Spektakel nur als «romantischer Rückfall»[6] oder als «revolutionärer Kirmes»[7] zu verstehen. Aber woher urplötzlich diese revolutionäre Improvisation kam, konnten sie sich nicht erklären.

Der damals schon ein paar Jahre ältere Karl Markus Michel dolmetschte, daß die Aktionen der Studenten gegen das «sauber getrennte Gehege des bürgerlichen Lebens» gerichtet waren, wo es zwischen den Bereichen Arbeit, Liebe, Politik, Kunst, Vergnügen und Wissenschaft nur Vermittlungen, aber keine Vermischungen geben durfte, wenn das Ganze nicht zusammenstürzen sollte.[8] Die Bewegung wurde dadurch zur Bewegung, daß sie die überkommenen Einzäunungen einer sich modern und differenziert gebenden Gesellschaft über den Haufen warf. Die auf 1968 zurückgehenden Erweiterungsbegriffe von Kultur und Politik haben in solchen Mischungen ihren Ursprung. Außerparlamentarische Politik und antigenialische Kunst erschlossen Felder von Praxis, die sich der Festlegung auf nur einen Schematismus entzogen. Sätze wie «Alles ist Politik» und «Jeder ist ein Künstler» enthalten eine Paradoxie, die nur an Ort und Stelle zu lösen ist. So könnte man 1968 als Beginn einer Periode vermehrter Ausnahmen und loser Koppelungen ansehen, die die gereinigten Verhältnisse und festen Einteilungen in Frage stellen.

3. *Emanzipation oder Surrealismus?*

Doch die Deutung von 1968 war von Anfang an nicht nur zwischen vermeintlich linken und rechten Beobachtern umstritten. So legten Karl Heinz Bohrer und Jürgen Habermas bereits Ende der sechziger Jahre sich diametral widersprechende Deutungen des sich vor ihren Augen abspielenden Phänomens vor.[9] Erkannte Bohrer in den besten Teilen von 1968 eine Renaissance surrealistischer Motive und surrealistischer Verhaltensweisen, zog Habermas den Trennstrich zwischen einer aktionistischen Minderheit und den anderen, noch in ihrer Radikalität an Prinzipien des aufgeklärten Handels festhaltenden Gruppen des aktiven Protests. Was für Habermas die gewissenlosen Handstreiche einzelner darstellte, die man allenfalls als Verzweiflungstaktik und Frustrationshandlung verstehen konnte, enthüllte für Bohrer das moderne kulturelle Urbild einer Explosion nach außen. Mit der surrealistischen Idee einer Kombination von Phantasie und Alltag kam man heraus aus dem panischen Idyll einer Wohlstands- und Anstandswelt. Wenn es im Pariser Mai von '68 hieß: «Die Wirklichkeit ist tot, es lebe die Phantasie», dann wurde die Frage nach dem Verhältnis von Kunst und Leben gleichermaßen politisch wie existentiell gestellt. Was in der Schonzeit der Rekonstruktionsperiode als undenkbar galt, war plötzlich in den Gedanken, Worten und Werken einer «kleinen, aber radikalen Minderheit» möglich: daß man einfach Schluß machen konnte mit einer gegebenen Wirklichkeit. Denn daß alles weitergeht, war bei Benjamin zu lesen, ist die Katastrophe.

Es gehört zur Unübersichtlichkeit von 1968, daß damit die hermetischen Kollektive des «undergrounds», die intellektuellen Krisenexperimente diverser Campus-Revolten und die revolutionären Blüten von Berlin, Paris, Prag oder Caracas gleichermaßen bezeichnet werden. Die Einheit dieser Vielfalt bestand in einer Politik der Authentizität, die einen Zusammenhang zwischen persönlichem Unglück und gesellschaftlichem Unrecht behauptete. Wurde in der Humphrey-Bogart-Zeit das persönliche Leiden noch ins existentielle

Demonstration gegen den Vietnamkrieg, Berlin 18. 2. 1968

Schweigen gezwungen, konnten jetzt die Klagen des Selbst zu einem legitimen Gegenstand politischer Forderungen werden. Die Proklamation des Rechts, in der ersten Person zu sprechen, brachte der «Neuen Linken» zwar einerseits mehr Zulaufmöglichkeiten, bedeutete aber andererseits eine enorme Erweiterung des Begriffs des Politischen. Wenn nämlich das Potential der Unzufriedenheit nicht aus harten Erfahrungen der Ausbeutung und Unterdrückung, sondern aus einem weichen, psychologisch bedingten Unbehagen in der Kultur hervorging, dann konnten sich die politischen Definitionen des gegenwärtigen Zustands nicht mehr an den klassischen Großgruppenkonflikten der industriellen Gesellschaft orientieren, sondern mußten sich einer raffinierten Kulturkritik der Jetztzeit überantworten.

Hier schieden sich die Geister. Begann für den Theoretiker des kommunikativen Handelns der Verfall schon mit jenen im Ansatz problematischen Provo-Praktiken, die am Ende den aufklärerischen Diskurs durch vorsätzlichen Irrationalismus dementierten, wurde für den Theoretiker der Plötzlichkeit die Sache trivial, als die selbsternannten Kulturrevolutionäre zur politischen Aktion übergingen und dabei auf den Marxismus als Anweisungslehre zurückgriffen. Rechnete Habermas mit der Möglichkeit, daß die grelle Protestbewegung in einer situationistischen Reizkultur verendete, die bestens mit dem Funktionalismus der gesellschaftlichen Apparate zusammenpaßte, stand Bohrer schon die Entstehung eines linken Just-milieus vor Augen, das der mittleren intellektuellen Aufgeklärtheit eine überlegene Haltung des

Durchschauens versprach, die den einzelnen nichts kostete, aber deshalb fürs Ganze auch nichts wert war.

So wie Habermas die Bewegung auf Emanzipation, wollte Bohrer sie auf Surrealismus verpflichten. Wo für den einen Intensität als Regression erschien, stellte sich für den anderen Rationalität als Degeneration dar. Einig waren sich beide lediglich darin, daß die Erfolge des Protests, gewollte wie nicht gewollte, ironisch waren. Man hatte 1968 zwar nicht erwartet, aber als es da war, fühlte sich eine immobil gewordene Gesellschaft zu sich selbst erlöst. Der «Geist der Saison» war auf Rebellion eingestellt, die intellektuelle Elite wartete auf die Gelegenheit, von Resignation auf Radikalität umzuschalten, und es gab genug Spielräume im System, die nur hergestellt und ausgenutzt werden mußten. Eine alte Garde von Restlinken übernahm nach der Vorstellung der beiden das Geschäft der nachträglichen Ad-hoc-Legitimation für die Aktionen und Erfindungen der jungen Genossen, eine einflußreiche Gruppe publizistischer Verstärker in den Zeitungen, Verlagen und Zeitschriften kümmerte sich um die Fortpflanzung der kulturrevolutionären Anstöße, und immer mehr linke Liberale übernahmen aus freien Stücken die Rolle nützlicher Idioten für eine wilde Bewegung, die eine kurzen Sommer lang Anarchie spielte.

4. Die Vielgestaltigkeit des Ursprungs

Allerdings hat M. Rainer Lepsius darauf aufmerksam gemacht, daß sich die Gesellschaftskritik der Protestbewegung, zumindest so, wie sie sich in Westdeutschland darstellte, aus ganz verschiedenen Quellen speiste.[10] Da war einmal der Neomarxismus, der die aus der Tradition der Arbeiterbewegung stammende sozialmoralische Idee der sozialen Gleichheit betonte. Hierdurch wurden Sympathie und Loyalität im linken Milieu von Gewerkschaften und Sozialdemokratie geschaffen. Die antiautoritären Aktionen dagegen konnten sich auf die Idee der antiinstitutionellen Autonomie berufen, die in Deutschland mehr auf die Tradition des fundamentalistischen Protestantismus als auf die des politischen Anarchismus zurückgeht. Dies erklärt die freundliche Sympathie gewisser Teile des protestantischen Bildungsbürgertums für das Aufbegehren der Jugend gegen die Zwangsanstalten des Staates und der Gesellschaft. Die bei den intellektuellen Führern der Studentenbewegung so beliebte Kulturkritik schließlich dramatisierte die Idee der existentiellen Echtheit, deren Vorbilder vor allem in den konservativen Bedrohungsszenarien gegen die nivellierende Wirkung von Demokratie und Moderne zu finden sind. Daher war das kulturkritische Feuilleton von Anfang an auf seiten der rebellierenden Studenten.

Den drei Quellen der radikalen Wertekritik lassen sich ganz verschiedene Szenen der Bewegung zuordnen. Der Neomarxismus wurde vor allem von

Ableitungsmarxisten und Parteiaufbauarbeitern verwaltet. Deren Zentrum war West-Berlin, wo sich in den siebziger Jahren verschiedene maoistische und revisionistische Parteien erbittert bekämpften und gleichzeitig ein «Projekt Klassenanalyse» versuchte, aus den Verwertungsbedingungen des Kapitals den Stand der Klassenkämpfe abzuleiten. Das Zentrum der Kulturkritik dagegen war Frankfurt am Main. Hier profilierte sich unter dem Einfluß der Kritischen Theorie die Fraktion der Essayisten, die sich ganz dem «Unbehagen in der Kultur» hingaben. In immer neuen Versuchen wurde der Beweis geführt, daß es nach 1945 nichts Harmloses mehr gab.[11] Die Botschaft lief darauf hinaus, daß einem nichts anderes blieb, als bei einem protestierenden oder einem resignierten Verhalten Zuflucht zu suchen.

Die weder von marxistischen Revolutionsträumen noch von adornitischer Verzweifelung beherrschten Sympathisanten der antiautoritären «Sponti-Szene» bildeten die Mehrheit und den Kitt der Bewegung. Sowohl in West-Berlin als auch in Frankfurt am Main oder in Marburg, Bremen oder Heidelberg, in Köln, Freiburg oder Essen stellte der Protest gegen die Institutionen der bürgerlichen Gesellschaft das organisierende Motiv der Studentenbewegung dar. Auf diesem Boden trafen sich Revolutionäre, Essayisten und das Gros der Mobilisierten in den «sonderbar leichten Tagen der Euphorie».[12]

Zur einzigartigen Stimmung des Augenblicks gehörte nicht nur der im wahrsten Sinne des Wortes heiße Sommer des Jahres 1968, sondern vor allem das Gefühl der globalen Resonanz. Das «unwahrscheinliche Jahr»[13] begann mit der Tet-Offensive des Vietcong im Vietnamkrieg (30. Januar); es folgten die Attentate auf Martin Luther King (4. April), Rudi Dutschke (11. April) und Robert F. Kennedy (6. Juni); einen gewissen Höhepunkt stellte die «Barrikadennacht» vom 10. auf den 11. Mai in Paris dar; und es endete mit der Niederschlagung des «Prager Frühlings» durch die Panzer der sozialistischen Bruderländer. Dazwischen funkten der Konflikt zwischen Protestanten und Katholiken in Nordirland, die Wirren der chinesischen Kulturrevolution, die Massaker in Mexiko, die Streikbewegungen in Italien, der Bürgerkrieg in Nigeria und die Hungerkatastrophe in Biafra. Für einen Moment schien sich das Weltsystem in einem Zustand labiler Reizbarkeit zu befinden, der sogar die seit zwei Jahrzehnten währende Spaltung der Einflußsphären durch den «Eisernen Vorgang» überwand. Nicht nur, daß über die Medien die ganze Welt zuschaute, jede einzelne Protestaktion konnte sich so selbstverständlich in einen globalen Kontext stellen.

Es war diese Stimmung, die letztlich für die ungezügelte Manifestation des latenten Unbehagens verantwortlich zeichnete. Die Modelle der Kritik lagen mit Habermas' Rekonstruktion der Reproduktionslogik von 1958, Enzensbergers Analyse des Neckermann-Katalogs von 1960 oder mit Walsers Annäherung an Auschwitz von 1965 längst auf dem Tisch.[14] Es fehlte nur noch der Funke, der aus dem verzweifelten Gedanken befreiende Wirklichkeit werden ließ. Pierre Bourdieu hat in stiller Anknüpfung an Louis Althusser vom «kritischen Moment» gesprochen, der den Kontinuitätszwang der alltäglichen Erfahrung außer Kraft und die Zukunft als wirklich kontingent setzt: «Der Augenblick als solcher scheint in der Schwebe, losgelöst, ohne vorgesehene oder vorhersehbare Folgen.»[15]

5. Der Wechsel der Haltung

Von dieser euphorischen Aufladung rühren freilich auch die Täuschungen von 1968. Die Studentenbewegung der späten sechziger Jahre war weder die erste noch die größte Protestbewegung in der Geschichte der Bundesrepublik. Als Rudi Dutschke von seinem Gesprächspartner Günter Gaus in dem berühmten Fernsehinterview vom 3. Dezember 1967 danach gefragt wurde, auf wieviele Mitstreiter sich der SDS stützen könne, gab er zur Antwort, daß der Kern der Bewegung in West-Berlin aus fünfzehn bis zwanzig engagierten Leuten und das aktivierbare Umfeld aus weiteren 150 bis 200 Leuten bestehe.[16] Der SDS hatte in der Zeit zwischen 1964 und 1970 bundesweit zwischen 2000 und 2500 Mitglieder, und die Großdemonstration im Anschluß an den «Internationalen Vietnam-Kongreß» in Berlin am 18. Februar 1968 zählte etwa 12 000 Teilnehmer. Der empirische Befund auf der Basis eines differenzierten Erhebungsschemas von Protestereignissen ergibt, daß in den Jahren 1968/69 zwar eine deutliche Protestwelle zu erkennen ist, die aber bei weitem nicht die Höchstwerte aus den mittleren fünfziger und den frühen achtziger Jahren erreicht. Überhaupt schneidet, wie Wolfgang Kraushaar detailliert dargelegt hat, die Protestgeschichte der fünfziger Jahre, was Teilnehmerzahlen, Kampagnenhäufigkeit und Bündnisstrukturen betrifft, im Vergleich zu den hochgerühmten späten sechziger Jahren gar nicht so schlecht ab.[17] Es ist weniger die quantitative als die qualitative Dimension des Protests, die den Mythos von 1968 begründet. Eine Politik der ersten Person definierte einen öffentlichen Raum jenseits des politischen Subsystems. Die Formel vom Herstellen von Öffentlichkeit bezeichnet eine Praxis situativer Inszenierungen, provokativer Effekte und imaginativer Erweiterungen, der nichts heilig und vor der niemand sicher war. Fritz Teufels berühmte Antwort auf die Aufforderung des Richters, sich beim Einzug des Gerichts zu erheben, «Wenn's denn der Wahrheitsfindung dient», gab eine zentrale Institution der bürgerlichen Gesellschaft der Lächerlichkeit preis. Das Beispiel verdeutlicht den Bruch zwischen den auf die Wirkung der Masse vertrauenden Demonstrationsformen der alten und denen auf punktuelle Bewußtmachung gerichteten der Neuen Linken. Denn es ging nicht um bestimmte politische «issues», sondern um das politische Vorstellungsvermögen selbst. Insofern konnten sich die Protagonisten des Protests als Vorhut einer allgemeinen gesellschaftlichen Erfahrung begreifen, die ein Umdenken im Ganzen erzwang.

Die Kommune 1 in Berlin

Anfang der achtziger Jahre diagnostizierte Albert O. Hirschman im Rückblick auf die abrupten Stimmungsschwankungen von den defensiven fünfziger zu den aufrührerischen sechziger und von diesen wieder zu den engherzigen siebziger Jahren einen periodischen Wechsel von Engagement und Enttäuschung.[18] Hirschman entwarf eine Phänomenologie kollektiver Begeisterung und Enttäuschung, die sich auf allgemeine Merkmale von Konsumerfahrungen stützt, so wie sie sich im Verlauf einer geschichtlichen Welle wiederholen. Jedesmal, so stellte Hirschman bei seiner Rekapitulation kollektiver Enttäuschungserfahrungen in den letzten zweihundert Jahren fest, wenn es die wirtschaftliche Entwicklung in den Ländern des Westens sozialen Gruppen zum ersten Mal gestattet, in großem Umfang am Konsum von Gütern und Dienstleistungen teilzunehmen, treten starke Reaktionen der Enttäuschung und Reue oder gar der Feindseligkeit gegen den neuen materiellen Wohlstand auf. George Bernhard Shaw schien mit seiner berühmten Bemerkung Recht zu haben: «Es gibt im Leben zwei tragische Erfahrungen: die eine ist, daß man nicht bekommt, was man sich sehnlichst wünscht, die andere, daß man es bekommt.» Der enttäuschte Verbraucher verliert die Lust am privaten Konsum und wendet sich auf seiner Suche nach einer anderen Form des Glücks dem öffentlichen Engagement zu. Daher bewegt sich der Bürger ewig zwischen seiner Bestimmung als Privatmensch und als Staatsbürger.

Doch was bringt die einzelnen dazu, plötzlich von ihrer Selbstbekümmerung zu lassen und das Gefühl zu genießen, einer sozialen Bewegung anzugehören? Für Hirschman war 1968 ein authentischer Ausdruck bürgerlichen Glücksstrebens: ein momentaner Triumph des jubilierenden Staatsbürgers über den grauen Konsumenten. Diese Zyklentheorie kollektiven Handelns hat etwas Beruhigendes, da sie uns versichert, daß wir uns nicht mit der vermeintlichen Normalität eines nur auf seinen Vorteil bedachten und vornehmlich mit sich selbst beschäftigten Privatmenschen abfinden müssen. Andererseits täuscht sich Hirschman womöglich über die schrecklichen Formen des Gemeinsinns. Die Geschichte der letzten zweihundert Jahre lehrt, daß die Ausbrüche des Bürgers aus dem Etui des Privaten genauso rechts und repressiv wie links und libertinär aussehen können. Und jugendliche Revolten an sich garantieren kein Weltbürgertum.

6. Die Metamorphose der 68er-Generation

Was dann von den nach innen oder außen gehenden Ausschlägen der kollektiven Leidenschaft übrigbleibt, sind die Generationen, die sich als Erfahrungs- und Erinnerungsgemeinschaften eines historischen Einschnitts fühlen. So kam ungefähr zehn Jahre nach der Rede von der 68er-Bewegung die Rede von der 68er-Generation auf, der die Rolle einer Verwalterin eines historischen Erbes zugemutet wurde, die sie aber auch selbst für sich in Anspruch nahm. Weniger auf dem Bruch mit dem kapitalistischen Weltsystem als auf dem mit der integristischen «Vergangenheitspolitik»[19] der Nachkriegszeit lag jetzt die Betonung. Man sprach vom «nachträglichen Ungehorsam»[20] der Studentenbewegung, der der Befreiung von Vergessenswünschen, Reparaturgesinnung und Fremdanklagen diente. Empfanden sich die Achtundsechziger in der Helmut-Schmidt-Periode der siebziger Jahre noch als Opfer innerstaatlicher Feinderklärungen und außergesellschaftlicher Resignationsprozesse, so konnten sie jetzt als Retter eines historischen Bewußtseins auftreten. Überhaupt brachten die achtziger Jahre im Horizont der «neuen sozialen Bewegungen» eine wundersame retrospektive Vermehrung dieser Generation, bei der sich neben einer Gruppe «alternativer Achtundsechziger» auf der rechten Seite des politischen Spektrums in einem mehr und mehr Gestalt gewinnenden psychosozialen Mittelstand unzählige gefühlsmäßige Achtundsechziger zu Generationsgenossen von Rudi Dutschke und Ulrike Meinhof erklärten. Voraussetzung für diese Verbreiterung der Zuschreibungsbasis war die biographische Zurückverlegung des generationsbildenden Ursprungszusammenhangs. Im Zuge eines die ganze westdeutsche Gesellschaft erfassenden Thematisierungsschubs von Vergangenheitsbewältigung verwandelte sich die Protestgeneration von 1968 in eine «Psychoklasse»[21] von Kriegskindern, die sich von einer identifikatorischen Gefangennahme durch ihre Tätereltern betroffen sah. Eine vielfältige Erinnerungsliteratur von Achtundsechzigern zeichnete das Bild einer von Empathie überlasteten und im Innern verwundeten «Gerümpelgeneration».[22] Erst jetzt wurde 1968 in Deutschland als eine auf die nationalsozialistische Vergangenheit antwortende Bewegung des Schuldgefühls und der Traumabearbeitung entschlüsselt. Die Kriegskinder erschienen als die «Container-Generation» der Nachkriegsgeschichte, worin sich ein ganzer Herkunftskomplex übernommener Traumata und entlehnter Konflikte abgelagert hatte. Die psychoanalytische Rede von der transgenerativen Traumatisierung bezog sich besonders auf diese «zweite Generation»[23] in der seelischen Genealogie der Nachfolge vom Nationalsozialismus. In gewisser Hinsicht vollendete sich in dieser Form des Generationsverständnisses der von M. Rainer Lepsius als spezifisch für die Bundesrepublik herausgearbeitete Modus der Internalisierung des übernommenen Erbes aus der nationalsozialistischen Vergangenheit.[24] Anders als in der DDR, wo die nationalsozialistische Vergangenheit als kapitalistische Gefahr universalisiert, und anders als in Österreich, wo sie als Anschlußschicksal externalisiert wurde, haben die Achtundsechziger in der Bundesrepublik in besonderer Weise die vergangenheitspolitische Begründung der Demokratie in Deutschland im Blick auf Auschwitz zum verborgenen Curriculum der politischen Sozialisation und zum metasozialen Kommentar des Gesellschaftsverständnisses gemacht. Die Schwierigkeiten mit der deutschen Einigung, wodurch so manche westdeutsche Machtpolitiker überraschenderweise als genuine Achtundsechziger zu erkennen waren, haben hierin ihren Grund.

Die weitere Geschichte der 68er-Generation ist nicht nur in Deutschland eine des langen Wartens. In den USA und in Großbritannien ist sie in den neunziger Jahren auf ihrem langen Marsch durch die Institutionen überholt worden. Weder Bill Clinton noch Tony Blair kann man als Repräsentanten der 68er-Generation bezeichnen. Sie gehören eher zu den Babyboomern der Nachkriegszeit, die von Anfang an auf feste Fronten und besetzte Plätze stießen. Deshalb leiten sich deren Versionen eines «dritten Wegs» weniger von der Anrechtsrevolution von 1968 als von der Optionsrevolution von Ronald Reagan und Margret Thatcher ab. Allein in Deutschland hat die Wahl von 1998 die Generation von 1968 spät genug zum führenden Generationstyp befördert. Voraussetzung dafür war freilich die demonstrative Abkehr von den Ideen von 1968. Im Wahlkampf dieses Jahres wurde im Zeichen von Verläßlichkeit und Anschlußfähigkeit die ganze kulturrevolutionäre Altlast von 1968 entsorgt. Was die Generation heute zuerst und vor allem charakterisiert, ist die dezidierte Hinwendung zu einer Politik des Pragmatismus, der Verantwortung und der Mäßigung. Damit ist 1968 auch für die Trägergruppe dieser «Bresche»[25] zur reinen Geschichte geworden.

7. Was bleibt

Was heute die schwache, auf der Idee einer kulturellen Evolution beruhende Version von 1968 stört, ist das «Todesspiel»[26] des «Deutschen Herbstes» von 1977. Ist der Terrorismus als eine «Inversion»[27] oder als eine Konsequenz der Ideen von 1968 zu verstehen? Wenn man die Emanzipationsidee als leitend ansieht, wird man zur ersten Antwort neigen, wenn man jedoch vom surrealistischen Impuls ausgeht, dann ist durchaus eine Linie vom Situationismus zum Terrorismus zu erkennen. Daß das surrealistische Spiel von Anfang an auch blutig ernst gemeint war, bezeugt jenes Flugblatt 8 der Kommune I, das aus Anlaß des Brandanschlags auf ein Brüsseler Kaufhaus am 23. Mai 1967 vor der Mensa der Freien Universität Berlin verteilt wurde: «Ob leere Fassaden beworfen, Repräsentanten lächerlich gemacht wurden – die Bevölkerung konnte immer nur Stellung nehmen durch die spannenden Presseberichte. Unsere belgischen Freunde haben endlich den Dreh heraus, die Bevölkerung am lustigen Treiben in Vietnam wirklich zu beteiligen: sie zünden ein Kaufhaus an, dreihundert saturierte Bürger beenden ihr aufgeregtes Leben und Brüssel wird Hanoi. Keiner von uns braucht mehr Tränen über das arme vietnamesische Volk bei der Frühstückszeitung zu vergießen.»[28] Der Text zitierte nicht nur Bretons Manifest von der simplen Tat, mit Revolvern in den Händen auf die Straße zu gehen und wahllos in die Passanten zu ballern, er inszenierte die plötzliche Wiederkehr des Surrealismus als Vollstreckung. Mit einem Schlag wurde hier das Nachkriegsgefühl innerweltlicher Ausweglosigkeit durchbrochen und die Gewalt als objektive Möglichkeit gesetzt, die dann nur noch auf ihre adäquate Verursachung wartete.

Was jenseits solch störender Fragen von 1968 bleibt, ist zuerst ein Register von Gesten, Bildern, Musikstücken und Accessoires, deren sich die jugendkulturellen Moden bedienen. Die Lederjacke von Rudi Dutschke, die Stücke der Musikgruppe «Can», die Choreographie der skandierenden Demonstrationspulks und die Redeweise von Ulrike Meinhof symbolisieren den Stil einer Revolte im Überbau. Dann stellt 1968 das Modell eines Protests dar, das heute vor allem von rechten Jugendbewegungen verwendet wird. Was man von 1968 über «media coverage», «Ressourcenmobilisierung» und «Gelegenheitsnutzung» lernen kann, steht in der «Bewegungsgesellschaft»[29] allen zur Verfügung, die institutionelle Ordnungen derangieren und Legitimationsdiskurse durcheinanderbringen wollen. Aber 1968 steht auch für ein bestimmtes Kapitel im Familienroman der Bundesrepublik in der Nachfolge des Nationalsozialismus. Es ist eine Geschichte von Aufruhr und Versöhnung, bei der der heftige Ablösungskonflikt einer jüngeren intellektuellen Generation als kollektiver Lernerfolg und gesellschaftlicher Zivilisationsbeweis bewertet wird. Von daher ist zu verstehen, daß in den aktuellen Kulturkämpfen zwischen west- und ostdeutschen Deutungssendern die Definition von 1968 eine

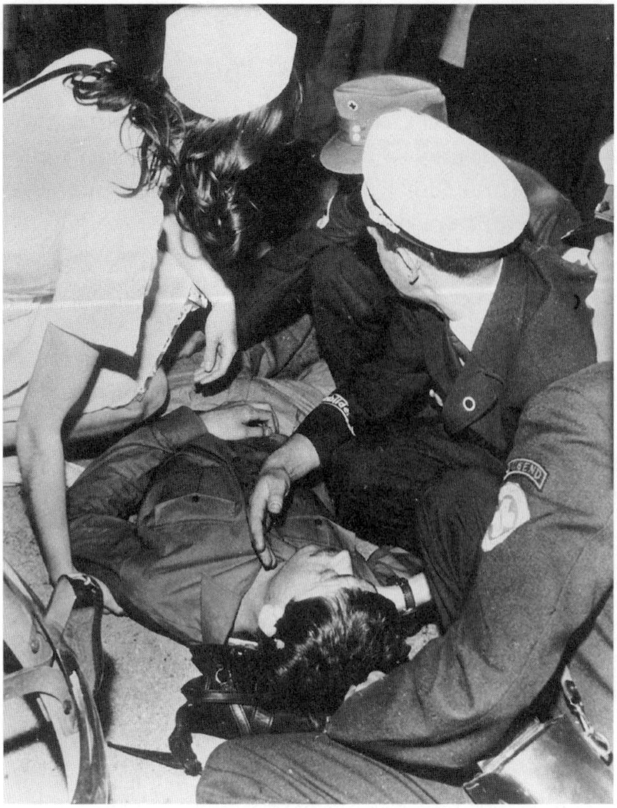

Benno Ohnesorg nach dem tödlichen Schuß (2. 6. 1967)

entscheidende Rolle spielt. Hier verquickt sich die Frage der jeweiligen Vergangenheitsbewältigung mit dem Problem der sozialisatorischen Verankerung der Zivilgesellschaft. Dabei sind nach dem Zusammenbruch des antifaschistischen Legitimationsgebäudes der DDR die Beweislasten klar verteilt. Inwieweit, so wird von westlicher Seite gefragt, hat der staatlich verordnete Antifaschismus den jugendkulturellen Bruch mit der Nazi-Vergangenheit der Eltern ersetzt, verdeckt oder gar unmöglich gemacht? So ist 1968 in Deutschland nicht nur ein Erinnerungsort romantischer Hoffnungen einer Veränderung der Welt, sondern zugleich der bleibenden gesellschaftlichen Spaltung der wiedervereinten Nation.

Adam Krzemiński

Der Kniefall

Genau zum 60. Jahrestag des deutschen Überfalls auf Polen verkündete der polnische Ministerpräsident Jerzy Buzek, der aus der «Solidarność»-Bewegung kommt, gegenüber seinem deutschen Amtskollegen, dem sozialdemokratischen Bundeskanzler Gerhard Schröder, in Warschau werde demnächst ein Platz oder eine Straße nach Willy Brandt benannt. Es war als eine bedeutsame polnische Versöhnungsgeste gemeint: Ein deutscher Regierungschef bekommt seine Straße in einer Stadt, die im September 1939 von der deutschen Wehrmacht beschossen, bombardiert und okkupiert wurde, deren Einwohner von den deutschen Besatzungsbehörden fünf Jahre lang als «Untermenschen» einer planmäßigen Vernichtungspolitik unterworfen wurden und die ein anderer deutscher Regierungschef, Adolf Hitler, nach zwei Aufständen – 1943 im Ghetto und 1944 im polnischen Teil – Straßenzeile für Straßenzeile und Haus für Haus, samt Kirchen, Museen und Archiven, sorgfältig in die Luft sprengen und dem Erdboden gleichmachen ließ.

Bemerkenswert war diese Geste des polnischen Ministerpräsidenten auch deswegen, weil nur wenige Wochen zuvor die Warschauer gegen eine andere politische Umbennenungsinitiative vehementen Widerstand geleistet hatten: Sie hatten es abgelehnt, den 1952 im stalinistischen Stil umbauten «Plac Konstytucji» (Platz der Verfassung) aus Dankbarkeit für die Unterstützung des damaligen amerikanischen Präsidenten für die «Solidarność» nach der Ausrufung des Kriegszustands im Jahre 1981 in «Ronald-Reagan-Platz» umzutaufen. Dabei hat Warschau durchaus schon ausländische Politiker mit eigenen Straßenschildern geehrt: So gab es etwa vor dem Krieg einen «Napoleon-Platz» (von den Kommunisten dann in «Platz der Helden Warschaus» umbenannt), es gibt auch einen «Wilson-Platz» (der allerdings zwischenzeitlich als «Platz der Pariser Kommune» ins offizielle Register eingetragen war) und einen «Washington-Platz», den selbst die Kommunisten in ihrer Epoche gewähren ließen; sogar ein zaristischer General, um die Jahrhundertwende ein tüchtiger und bei den Warschauern beliebter Verwalter dieser einstigen Provinzstadt des Russischen Imperiums, hat seinen «Starynkiewicz-Platz» behalten. Nur die Ehrung eines deutschen Staatsmannes im Warschauer Stadtbild war bislang undenkbar.

Die Entscheidung, einen Warschauer Platz nach Willy Brandt zu benennen, beendet wohl auch einen langen Streit in der polnischen politischen Klasse um die Bewertung sowohl der «neuen Ostpolitik» von SPD und FDP in den siebziger Jahren als auch der Haltung Willy Brandts selbst. Denn seine Anerkennung der Oder-Neiße-Grenze im Warschauer Vertrag vom Dezember 1970 und sein Kniefall vor dem Denkmal der Helden des Ghettoaufstands wurde zuerst von den ständigen Ungereimtheiten der deutsch-polnischen Tagespolitik in den siebziger Jahren und später von Brandts Ablehnung 1985, zu seinem Friedensnobelpreisträgerkollegen Lech Wałęsa nach Danzig zu pilgern, in den Augen vieler «Solidarność»-Politiker – und damit inzwischen auch eines großen Teils der jungen Generation – überschattet. Die ganzen neunziger Jahre hindurch war Willy Brandt in der Wahrnehmung und der Erinnerung vieler Polen irgendwo hinter der massigen Gestalt Helmut Kohls versteckt. Seit September 1999 dürfte das anders sein.

Bis dahin waren in der polnischen Hauptstadt zwar keine Straßenschilder mit dem Namen jenes Bundeskanzlers zu finden, der weithin mit dem Kniefall in Warschau assoziiert wird, dafür aber sehr viele Gedenktafeln und Denkmäler, die an die letzte Herrschaft der Deutschen in Polen erinnern. Man könnte behaupten, daß fast ganz Warschau ein deutscher Erinnerungsort an den Zweiten Weltkrieg ist und möglicherweise gerade deswegen immer wieder – wie beispielsweise 1995 in Dresden bei den Gedenkfeierlichkeiten an die Bombardierung – aus der Schicksalsgemeinschaft der während des Kriegs ausgelöschten Städte schier verdrängt wird. An Coventry, Leningrad, Hiroshima und andere wurde in Dresden damals erinnert, die Stadt aber, in der 1939 der Bombenkrieg gegen die Zivilbevölkerung begann, wurde in der Dresdener Gedenkreihe ebenso vergessen wie in der deutschen Symbolik des Zweiten Weltkriegs zumeist auch der Warschauer Aufstand von 1944, der schon fast regelmäßig mit dem Ghettoaufstand von 1943 verwechselt wird.

Worin besteht der «Warschauer Komplex» der Deutschen, den sie immer wieder so krampfhaft verdrängen? Entspringt er dem alten Überlegenheitsgefühl gegenüber dem östlichen Nachbarn? Ist er darin begründet, daß der «Feldzug in Polen» im kollektiven Gedächtnis der Deutschen eigentlich nicht viel mehr als die Rolle eines Kavaliersdelikts spielt? Nur wurde aus einem glänzenden militärischen Sieg bald der Auftakt zur größten militärischen und moralischen Niederlage Deutschlands im 20. Jahrhundert, der Griff nach den «Fleischtöpfen Europas» endete mit schmerzlichen Gebietsverlusten an Polen und den Vertreibungen der Deutschen aus Ostmitteleuropa. Ausgerechnet der verachtete und «unerträgliche» Nachbar im Osten – wie General von Seeckt noch in der Weimarer Republik sagte – wurde in den Augen vieler Deutscher zum entscheidenden «Handlanger» und – durch die Übernahme ostdeutscher Gebiete – auch «Nutznießer» der vom Deutschen Reich verschuldeten Katastrophe (daß Polen trotz der Westverschiebung noch erhebliche Gebietsverluste erlitt – ähnlich wie Deutschland wurde es um rund ein Fünftel seiner Fläche amputiert –, wurde dabei geflissentlich übersehen). Trotz aller moralischen Eindeutigkeit der Kriegsschuldfrage im Jahre 1939 schien die «polnische Erfahrung» der Deutschen im Zweiten Weltkrieg – verglichen etwa mit dem Schock der Ostfront, den Leiden des Bombenkriegs, die man an der «Heimatfront» erlebte, und den anschließenden Vertreibungen –

nebensächlich und unbedeutend zu sein. Den Polendiskurs der Deutschen nach dem Krieg dominierte jedenfalls fast ausschließlich die Grenzfrage und nicht etwa die deutsche Polenpolitik während der Besatzung von 1939 bis 1945.

Auch in den wichtigsten Debatten der achtziger und neunziger Jahre, angefangen mit dem «Historikerstreit» über die Goldhagen-Debatte und die Auseinandersetzungen um die «Wehrmachtsausstellung» bis hin zur Mahnmaldiskussion, spielte der polnische Aspekt der NS-Verbrechen eine marginale Rolle. Er tauchte erst auf im Kontext der Entschädigungen für ehemalige Zwangsarbeiter, der «Beutekunst», der angeblich immer noch offenen Eigentumsansprüche deutscher Vertriebener wie auch des makabren Streits um die Frage «Wem gehört Auschwitz?»: Ist es ein Symbol ausschließlich der Shoah seit 1942 oder auch der planmäßigen Vernichtung etwa der polnischen Intelligenzschicht durch die deutschen Besatzer seit 1940?

Während Warschau als Erinnerungsort des Zweiten Weltkriegs in der «deutschen Gedächtniskultur» keinen herausragenden Platz einzunehmen schien, war für das polnische Gedächtnis sowohl die staatlich organisierte als auch die individuell oder durch einzelne Widerstandsgruppen gepflegte Erinnerung an den Krieg jahrzehntelang von konstitutiver Bedeutung. Sie verdrängte auch die Tatsache, daß sich in Warschau seit langem deutsche Spuren finden lassen; schließlich lebten hier seit dem späten Mittelalter deutsche Siedler (ein Warschauer Stadtteil heißt Mariensztat), und im 18. Jahrhundert residierten hier auch die beiden Sachsenkönige (der größte Park im Stadtzentrum heißt Park Saski/Sächsischer Park, ein Stadtviertel am östlichen Ufer der Weichsel Saska Kępa/Sachsen-Werder usw.). Zudem war Warschau nach den Teilungen Polens fast zwölf Jahre lang (1795–1806) zu einer preußischen Provinz- und Garnisonstadt degradiert worden, deren Bevölkerungszahl um die Hälfte sank, deren Alkoholkonsum jedoch anstieg. Die Erinnerung an den traurigen Niedergang Warschaus unter der preußischen Herrschaft wird auch nicht durch die Tatsache ausgeglichen, daß zur selben Zeit eine Gesellschaft der Freunde der Wissenschaften (Towarzystwo Przyjaciół Nauk) ins Leben gerufen wurde oder daß E. T. A. Hoffmann ein Symphonieorchester und Samuel Bogumił (Gottlieb) Linde das Warschauer Lyzeum gründeten.

Auch die mehr als dreijährige (1915–1918) zweite preußisch-deutsche Besatzung während des Ersten Weltkriegs ist im «langen Gedächtnis» der Warschauer nicht gerade positiv besetzt. Die Requirierungen durch die deutsche Armee überschatteten die Proklamation eines polnischen Vasallenstaates (ohne festgelegte Grenzen) durch den deutschen Generalstab und die Wiedereröffnung polnischer Hochschulen. Wieder nahm die Bevölkerungszahl Warschaus ab, nicht zuletzt wegen der Demontage vieler Industriebetriebe zuerst durch die russischen, dann durch die deutschen Behörden.

Die dritte deutsche Okkupation (1939–1945) bedeutete für die Stadt und fast ein Drittel ihrer 1,8 Millionen Einwohner das Todesurteil. Schon die Belagerung Warschaus durch die Wehrmacht im September 1939 begann mit gezielten Luftangriffen auf die Zivilbevölkerung und vorsätzlichen Zerstörungen der Bausubstanz. Nach dem Einmarsch der Deutschen in die Stadt am 1. Oktober und der Siegesparade fünf Tage später setzte ein Terrorregime ein. Der polnische Stadtpräsident wurde nach wenigen Wochen entführt und ermordet, Geiseln wurden genommen – darunter bekannte Politiker, Journalisten, Künstler und Sportler – und wenige Monate später in Palmiry, einem Wald bei Warschau, erschossen. Bereits im Winter 1939 wurden auch erste öffentliche Hinrichtungen vorgenommen. Die Hoch- und Oberschulen wurden geschlossen, polnische Betriebe der deutschen Treuhand-Ost unterstellt, und den Polen wurde untersagt, Parks, Sportplätze und anspruchsvolle Theateraufführungen oder Konzerte zu besuchen; Geschäfte und Straßenbahnwaggons waren ohnehin in die «nur für Deutsche» und in die für die anderen, also die «Minderwertigen», eingeteilt. Zugleich wurde das gesamte soziale Gefüge Warschaus gesprengt. Parallel zur Errichtung des «deutschen Stadtviertels» in den noblen Gegenden Warschaus, wo Polen ihre Wohnungen kurzfristig verlassen mußten, weil man deutsche Besatzungsbeamte und Volksdeutsche in sie einquartierte, wurde die jüdische Bevölkerung Warschaus in den «jüdischen Wohnbezirk» zwangsumgesiedelt, wo sie dann ab dem Frühjahr 1940 mit einer Mauer umringt und eingesperrt wurde.

In den langfristigen politischen Plänen der deutschen Besatzer sollte Warschau eine Stadt «nur für Deutsche» werden mit nicht mehr als 200 000 Einwohnern und nur einem Zwanzigstel seines ursprünglichen Territoriums, entlang der Achse von der Altstadt zum Belvedere-Palast, der als Gästehaus für Hitler vorgesehen war. Die alten Baudenkmäler wollte man abtragen, die dicht bewohnten Viertel im Norden und im Westen der Stadt schleifen und die polnische Bevölkerung auf das östliche Weichselufer, also gewissermaßen nach Asien, vertreiben. Die 1944 tatsächlich erfolgte Sprengung des Königsschlosses und die nicht mehr in Angriff genommene Errichtung einer «Volkshalle» sollten die Krönung des Landraubs bilden.

Für die Polen war Warschau während der Besatzungszeit Zufluchtsort, Golgotha und das Herz des Widerstandes zugleich. Die Stadt war überfüllt mit Vertriebenen aus den ans Reich angegliederten Gebieten. Hier wurden die blutigsten Repressalien – vor allem gegen die polnische Intelligenz – durchgeführt, und hier war das Zentrum der polnischen Untergrundarmee und des Untergrundstaates.

Für die polnischen und später auch die aus dem Westen hierhin deportierten Juden wurde das Warschauer Ghetto, in dem 1941 fast eine halbe Million Menschen eingepfercht waren, zur tödlichen Falle, zuerst durch die vorsätzlich schlechte Versorgung und die dort ausbrechenden Krankheiten, dann durch den kaltblütig geplanten und durchgeführten Völkermord.

Für die Besatzer war Warschau die größte Etappe hinter der Ostfront und zugleich ein besorgniserregender Unruheherd. Generalgouverneur Hans

Frank nannte Warschau im Dezember 1943 den «Grund allen Übels», dem man nur mit «außerordentlichen Befriedungsaktionen» beikommen könne, also mit Straßenrazzien, der Verschickung willkürlich auf den Straßen aufgegriffener Passanten in die KZs und zur Zwangsarbeit und schließlich – zur Abschreckung – mit öffentlichen Exekutionen tatsächlich oder vermeintlich verdächtiger Bürger und Geiseln (zumeist Angehöriger der Intelligenz).

Während des Zweiten Weltkriegs war Warschau Schauplatz zweier Aufstände, deren Legenden mittlerweile in der internationalen «Aufmerksamkeitsökonomie» miteinander konkurrieren: des Ghetto-Aufstands in der Karwoche 1943 und des Warschauer Aufstandes im August/September 1944. Der Aufstand im Ghetto war eine verzweifelte Auflehnung der letzten polnischen Juden gegen die Liquidierung des «jüdischen Wohnbezirks» und die planmäßige Vernichtung seiner Bewohner in den Gaskammern von Treblinka. Der Warschauer Aufstand wiederum war der Versuch, den polnischen Staat nach einer Zurückdrängung der Deutschen doch noch vor Stalins Zugriff zu retten. Beide Aufstände sind militärisch gescheitert, und beide sind zu moralischen Gründungsmythen von Nachkriegsstaatlichkeiten geworden. Für viele Juden begann mit dem bewaffneten Widerstand im Warschauer Ghetto der Kampf, der fünf Jahre später zur Gründung des Staates Israel führte. Für viele Polen war der Warschauer Aufstand nicht nur ein Glied in der langen Kette polnischer Aufstände seit den Teilungen im 18. Jahrhundert bis zum Wahlsieg der Solidarność im Juli 1989, sondern auch ein Zeichen für die Kontinuität eines deutsch-russischen Zusammenspiels auf Kosten Polens selbst bei einem gegenseitigen Wettkampf der beiden übermächtigen Nachbarn.

Die beiden Aufstände sind natürlich in ihrer existentiellen Symbolik nicht gleichbedeutend. Während der Kampf der jüdischen Kampforganisation ein einsamer Protest gegen die Vernichtung ohne irgendwelche Aussichten auf Erfolg war, weil die Ostfront noch tausend Kilometer weit entfernt verlief und die polnische Bevölkerung auf der «arischen Seite» der Ghettomauer, selbst versklavt und terrorisiert, nicht imstande und/oder willens war, viel effizienter zu helfen als geschehen, stand der polnische Kampf 1944 immerhin noch in der klassischen Tradition einer «Fortsetzung der Politik mit anderen Mitteln». Die jungen jüdischen Kämpfer, die mit wenigen Maschinenpistolen und Revolvern die zur endgültigen Auflösung des Ghettos einrückenden SS-Einheiten beschossen, hatten nichts zu verlieren und konnten nicht siegen; ihr Tod war bereits im Januar 1942 während der Wannsee-Konferenz beschlossen worden, die Vernichtung der Juden aus dem Warschauer Ghetto konnten sie nicht verhindern. Die jungen Polen, die angesichts der herannahenden sowjetischen Panzer den Kampf gegen die übermächtigen deutschen Besatzer aufnahmen, setzten nicht nur ihr eigenes Leben aufs Spiel, sondern auch das Schicksal der polnischen Hauptstadt. Und sie verloren – nicht nur politisch. Etwa 200 000 Warschauer Zivilisten wurden während des Aufstands von den deutschen Truppen und ihren russischen und ukrainischen Helfern hingemordet, und weite Teile der Stadt wurden während des 63 Tage dauernden Aufstands zerstört. Was an Baudenkmälern, Bibliotheken, Museen und Archiven noch übriggeblieben war, wurde in den anschließenden vier Monaten (Oktober–Januar) akkurat, sozusagen «in deutscher Wertarbeit», Haus für Haus in die Luft gesprengt und in Schutt und Asche gelegt. Für den Aufbau einer nazistischen «Volkshalle» anstelle des Königsschlosses reichte dieser deutsche Erfolg nicht mehr, aber im Januar 1945 war Warschau tatsächlich nur noch ein Meer von Ruinen (zu über 90% zerstört) mit lediglich einem Zwanzigstel seiner Vorkriegsbevölkerung in den Vorstädten, die übrigen waren tot: in Treblinka vergast, erschossen, mit Flammenwerfern niedergebrannt und von Panzern plattgewalzt, in die KZs deportiert, zur Zwangsarbeit verschickt oder einfach geflohen. Zu einer Warschauer Legende wurden die wenigen Menschen, die die Wintermonate 1944/45, in Kellern und Ruinen versteckt, auf eine Befreiung durch die Rote Armee warteten. Unter ihnen war auch jener Komponist und Pianist jüdischer Herkunft, Władysław Szpilman, der im September 1939 noch während der Belagerung Warschaus vor den offenen Mikrophonen des Polnischen Rundfunks bis zu dessen Zerstörung im Bombenhagel stundenlang Chopin gespielt hatte. Nun – im letzten Kriegswinter – verdankte der polnische Jude sein Überleben einem deutschen Offizier, der ebenfalls leidenschaftlicher Pianist war. Das Stück, das er ihm damals vorspielte, um seine Behauptung, Musiker zu sein, zu beweisen, war ausgerechnet Chopins Nocturne in cis-moll – das letzte Opus, das er vor der Zerstörung des Senders 1939 gespielt hatte und zugleich das erste, mit dem er 1945 seine Tätigkeit als Musikdirektor des Polnischen Rundfunks begann.

Diese Episode mag symbolisch für die «zähmende Wirkung» der Musik in einer inhumanen Welt gewesen sein. Doch ihr singulärer Charakter versank nach dem Krieg in einer «Kultur des Hasses», wie man es in der polnischen Nachkriegspublizistik offen formulierte.

Die Bewältigung des eigenen Leidens und das Entsetzen über die Deutschen, die fast ausschließlich als Henker und Mörder wahrgenommen wurden, prägten nicht nur die polnische Nachkriegsliteratur, sondern auch das öffentliche und private Bild der Deutschen in der polnischen Gesellschaft in den ersten Monaten nach Kriegsende. Man diskutierte öffentlich über das «Recht auf Haß», klatschte bei der öffentlichen Hinrichtung von höheren NS-Verbrechern laut Beifall und betrachtete alles Deutsche als von Übel. Die Aussiedlung der Deutschen aus den Gebieten, die infolge der Potsdamer Beschlüsse polnisch wurden (als Gegenleistung für die Hälfte Vorkriegspolens, die Stalin 1939 Hitler abgehandelt hatte und die ihm Roosevelt und Churchill nun endgültig überließen), wurde in Polen allgemein als gerecht empfunden. Der Wiederaufbau Warschaus – der sächsischen Prachtbauten ebenso wie der Mariensztat, die in vielen (darunter notabene auch von Szpilman komponierten) populären Liedern besungen wurde –, war ein Zeichen des Trotzes nicht nur gegen die tragische Geschichte, sondern auch gegen den Vernichtungswillen des westlichen Nachbarn. Und mit den neuen Mauern der Altstadt erschienen in den Warschauer Straßen neben den Einschußlöchern in den Mauern auch die ersten Gedenktafeln an die während der deutschen Besatzungszeit dort öffentlich Hingerichteten. Nur nannte man die Täter, die 20, 30, 50 Geiseln öffentlich erschossen hatten, nicht «Deutsche», sondern «hitlerowcy» (Hitleristen). Die Spaltung Deutschlands und die Gründung der kommunistischen DDR erzwangen auch eine Spaltung des offiziellen Bildes der Deutschen. Der Teufel, an den in den Warschauer Straßen erinnert wurde, trug eine Naziuniform, und seitdem bekam Warschau auch zahllose Denkmäler mit deutschem Hintergrund. Die Wehrmachtsoldaten im Stahlhelm waren virtuell ständig präsent, «marschierten im Geiste mit», als nach 1945 den polnischen Freiheitskämpfern und Soldaten Denkmäler gesetzt wurden – und wurden damit ein konstitutives Element des polnischen Selbstbewußtseins.

Doch was ist der Teufel ohne Engel, das Böse ohne das Gute? Allerdings: Selbst wenn der Teufel ein gefallener Engel ist, heißt das noch lange nicht, daß ein «gefallener», also «bekehrter» Teufel automatisch zum Engel wird. Kein Denkmal für einen «guten Deutschen» wurde nach dem Krieg in Warschau errichtet. Keinem namenlosen deutschen Antifaschisten widmeten die Polen eine Gedenktafel, wurden die Männer des 20. Juli doch als preußische Nationalisten herabgewürdigt, die die polnische Beute bloß ohne Hitler behalten wollten. Auch die deutsche kommunistische Widerstandsbewegung war den Polen nicht ganz geheuer, da sie vor 1939 oft für Stalin und gegen Polen spionierte. Nur in Ost-Berlin wurde Ende der sechziger Jahre eine historisch ziemlich aus den Fingern gesaugte Bruderschaft in Granit gehauen: ein Denkmal für den polnischen Soldaten und den deutschen Antifaschisten. So stehen sie bis heute da – auf einem Haufen Abfall, den angeblich die Ostberliner Müllabfuhr in die Grube kippte, in der dann der Betonsockel gegossen wurde. Und trotzdem schufen sich die Polen eine Legende vom «guten Deutschen» und pilgerten sogar zu seinem Denkmal, wenn auch nicht in Warschau, sondern in einer Kleinstadt bei Krakau. Dort wurde der gefallene Teufel doch zum Engel: Der Grabstein des österreichischen Wehrmachtsoldaten Georg Schimek auf einem Friedhof in Machowa, von dem man wollte, daß er erschossen wurde, weil er keine Polen erschießen wollte, wurde zum Wallfahrtsort. Nur daß die Geschichte so nicht stimmt. Schimek wurde als Deserteur erschossen, die erträumte heldenhafte Geste hat es nicht gegeben.

Gleich in den ersten Nachkriegsjahren setzte in Warschau ein zähes Tauziehen um die Erinnerung an die deutsche Besatzungszeit und den polnischen Widerstand ein. Der «Denkmalkrieg», den während der Besatzungszeit die Deutschen begonnen hatten, als sie polnische Nationaldenkmäler, wie das von Jan Kiliński, einem Anführer der Warschauer Insurrektion gegen die Russen 1794, aber auch das Chopin- und das Fliegerdenkmal (in Erinnerung an die Siege des polnischen RWD-Flugzeugs im europäischen Challenge 1932 und 1934) einschmolzen oder zerstörten, ging weiter. Gegen den Mythos der «unbeugsamen Stadt», der sich auf die Verteidigung im September 1939, den Widerstand während der deutschen Besatzung und die 63 Tage des Warschauer Aufstands stützte, de facto aber auch die polnische Souveränität angesichts der beiden übermächtigen Nachbarn meinte, traten die Kommunisten, deren Hausmacht im Lande selbst sehr schwach war und die daher vorwiegend auf die Rückendeckung der Roten Armee angewiesen waren, mit dem aufoktroyierten Mythos von der «polnisch-sowjetischen Waffenbrüderschaft» an. Symbolisiert werden sollte sie durch die Präsenz auch polnischer Soldaten (der kommunistisch geführten Berling-Armee) an der Seite der ruhmreichen Sowjets seit 1943 bis zur Erstürmung Berlins. Noch in den vierziger Jahren errichteten die Kommunisten daher im Stadtteil Praga, auf dem östlichen Ufer der Weichsel, wo die Sowjets im September 1944 seelenruhig abgewartet hatten, bis die Deutschen den Warschauer Aufstand niedergeschlagen hatten, ein bombastisches Denkmal der «polnisch-sowjetischen Waffenbrüderschaft». Der Volksmund taufte es sehr bald in «Denkmal der vier Schlafenden» um, weil am Sockel unter einer Gruppe westwärts stürmender Soldaten (zwei Sowjets, ein Pole) vier wie im Schlaf erstarrte Figuren Ehrenwache schieben. Der Spottname galt mit ziemlicher Sicherheit nicht allein der Gestaltung der Figuren, sondern auch der zwielichtigen Rolle der polnischen Armee an der Seite der Sowjets.

Das Problem der neuen Machthaber war die Würdigung des starken Widerstands der polnischen Heimatarmee während des Kriegs, die von der Londoner Exilregierung geleitet worden war. In der Zeit des Stalinismus *sensu stricto,* der in Polen von relativ kurzer Dauer war (1948–1954), wurde dieser bürgerliche Widerstand als antisowjetische Kollaboration diffamiert und der Septemberfeldzug 1939 ebenso wie der Warschauer Aufstand 1944 als Blamage eines «halbfaschistischen Regimes» dargestellt, das dem polnischen Volk durch die Ablehnung einer Allianz mit der Sowjetunion 1939 gegen Hitler-Deutschland nur unermeßliches Leid gebracht habe. Diese Diktion wurde auch in der DDR zum offiziellen Bild der polnischen Geschichte des Zweiten Weltkrieges. Wolfgang Schreyer, ein Ex-Nazi, der selbst während des Krieges in Warschau gewesen war, schrieb 1957 einen Bestseller, *Unternehmen Thunderstorm,* in dem er den Warschauer Aufstand als ein unverantwortliches Verbrechen bürgerlicher, antisowjetischer Politikaster darstellte, und ein ähnliches Bild zeichnete in den sechziger Jahren Rainer Kerndl, später Feuilletonchef des *Neuen Deutschland,* in seinem in der DDR damals überaus populären Theaterstück *Die seltsame Reise des Alois Fingerlein,* in dem ein aufrechter, junger, antifaschistischer Volksdeutscher aus Polen 1943 während des Ghettoaufstands tapfer den Warschauer Juden hilft und später – widerwillig – auch am «falschen» Aufstand, eben dem Warschauer von 1944, teilnimmt. Der Zynismus dieser beiden Machwerke war offenkundig. In beiden Fällen wurde Polen seiner wahren Geschichte wie auch seines Status als Überfallener und Alliierter der Westmächte vom ersten Tag des Zweiten Weltkriegs an beraubt, während die tatsächlichen oder vermeintlichen deutschen Antifaschisten (Kerndl selbst war bei der HJ gewesen) nicht nur zum «Sieger der Geschichte», sondern auch zu moralischen Richtern über den östlichen Nachbarn stilisiert wurden. Diese Entgleisung war übrigens keine reine DDR-Erfindung, sie entsprach der stalinistischen Sichtweise, die auch im Warschauer Stadtbild Spuren hinterließ. Das einzige «Denkmal» der frühen fünfziger Jahre, das indirekt an den Warschauer Aufstand erinnerte, war eine – geradezu heidnische – Grabstätte einiger kommunistischer Funktionäre, die zu Beginn des Aufstands bei einem Bombardement umgekommen waren. Nach 1945 wurden sie nicht, wie es sich gehörte, auf den Soldatenfriedhof Powązki umgebettet, wo die anderen Aufständischen begraben liegen, sondern pompös in einer Grünanlage an der Hauptflaniermeile Warschaus bestattet. Erst nach Stalins Tod wurden in Warschau zahlreiche Denkmäler aufgestellt, die an den Zweiten Weltkrieg erinnern. Ihre Entstehungsgeschichte spiegelt in jedem einzelnen Fall den Eiertanz zwischen «wahren» und «herrschenden» Geschichtsversionen wider.

Die beiden Aufstände in Warschau 1943 und 1944 wurden jedoch nicht nur von kommunistischen Propagandisten gegeneinander ausgespielt, sondern im Kalten Krieg durchaus auch vom Westen. Während der Ghetto-Aufstand bald zum Gründungsmythos des Staates Israels gehörte und das zur Erinnerung an ihn errichtete Denkmal, das bereits 1944 von Natan Rappaport in Paris gestaltet und dann mit dem Schiff nach Polen transportiert wurde, in aller Welt bekannt war, wurde der Warschauer Aufstand im Westen zunehmend verdrängt, erinnerte er doch daran, daß man den polnischen Alliierten in Jalta Stalin überlassen hatte. Die Umschreibung der Geschichte ging so weit, daß in einer Reihe von amerikanischen Bibliotheken das Schlagwort «Warschauer Aufstand» aus den Katalogen entfernt und die Bücher selbst unter «Ghetto-Aufstand» eingeordnet wurden. Im übrigen werden gerade in Deutschland Fernsehdokumentationen über den Ghettoaufstand bis heute gelegentlich auch mit Aufnahmen vom Warschauer Aufstand bebildert.

Die Entstalinisierung, die 1956 zum «Polnischen Oktober» führte, bedeutete auch eine weitgehende Korrektur des offiziellen Geschichtsbilds in Polen. Mit der nun einsetzenden Rehabilitierung des «Londoner Widerstands» bekam Warschau in den sechziger Jahren auch erste Denkmäler, die nicht nur den kommunistischen Widerstand meinten. An der südlichen Einfallstraße nach Warschau, der Opaczewska-Straße, dort, wo am 6. September 1939 die ersten Panzerverbände der Wehrmacht durch eine Barrikade gestoppt wurden, wurde ein recht unprätentiöses Denkmal errichtet: eine quer zur Fahrbahn stehende Barrikade, die im wesentlichen aus dem Datum 1939 in Granit besteht. Und am westlichen Ufer der Weichsel, ungefähr an der Stelle, wo polnische Soldaten der Berling-Armee – ohne sowjetische Unterstützung – im

September 1944 vom anderen Ufer über die Weichsel setzten, um den Aufständischen zu Hilfe zu kommen, entstand in derselben Zeit ein anrührendes Denkmal eines knienden Pioniersoldaten, der gerade inmitten von schräg in den Himmel ragenden Streben, mit denen eine Explosion angedeutet wird, eine Mine entschärft.

Der Warschauer Aufstand selbst blieb allerdings weiterhin suspekt und wurde mit keinem Denkmal gewürdigt – nur einen geeigneten Standort hielt man – für alle Fälle – frei, nämlich den früheren «Napoleon-Platz», an dem sich während des Aufstands die Kommandantur befunden hatte und der nun in «Platz der Warschauer Aufständischen» umbenannt wurde. Regierung und Partei bemühten sich, den Aufstand in einem Symbol für das «allgemeine» Leiden und die heroische Unbeugsamkeit der Warschauer zu verstecken; daher wurde am Theaterplatz, an dem vor dem Krieg der Bürgermeister seinen Amtssitz hatte, die «Warschauer Nike» aufgestellt, eine vollbusige Frauenfigur mit vor Entsetzen weit aufgerissenem Mund, in der einen Hand ein Schwert, die andere gen Himmel ausgestreckt, als bäte sie um Hilfe. Die Nike wurde von den Warschauern zwar angenommen, doch sie sahen in ihr kein Symbol für «den» Widerstand. Die Veteranen des Warschauer Aufstands drangen auf ein eigenes und eindeutiges Mahnmal, doch die Obrigkeit sperrte sich bis in die achtziger Jahre hinein. Bis dahin dienten die Quartiere der gefallenen Pfadfinder auf dem Soldatenfriedhof Powązki als Ersatz – dort drängten sich jedes Jahr an Allerheiligen abends die Menschen dicht an dicht, und die Kerzen verbanden sich zu einem roten Lichtermeer. In den siebziger Jahren erhielten die Warschauer endlich ein kleines «Ersatzdenkmal» für die Aufständischen von 1944, das rasch große Beliebtheit errang: An der alten Stadtmauer wurde die Figur eines Meldegängers aufgestellt, eines kleinen Jungen, der in dem für ihn viel zu großen deutschen Wehrmachtstahlhelm mit weiß-roter Binde geradezu ertrinkt. In den achtziger Jahren dann, im Kriegszustand, wurde schließlich am Krasiński-Platz, wo die Aufständischen im September 1944 in die Abwasserkanäle hinabstiegen, um sich nach der Aufgabe der Altstadt ins Stadtzentrum zu evakuieren, ein offizielles und allzu realistisch geratenes Denkmal des Warschauer Aufstands errichtet. Hier hielt am 1. August 1994 Bundespräsident Roman Herzog seine bewegende Rede, die er mit den erlösend wirkenden Worten abschloß: «Heute aber verneige ich mich vor den Kämpfern des Warschauer Aufstandes wie vor allen polnischen Opfern des Krieges: Ich bitte um Vergebung für das, was ihnen von Deutschen angetan worden ist.»

1943 verlief unweit des Krasiński-Platzes die Ghetto-Mauer, und auf der «arischen» Seite stand ein Kettenkarussell, von dem aus man beim Hochfliegen ins brennende Ghetto hineinschauen konnte. Czesław Miłosz fing diese Szene in einem seiner stärksten Gedichte ein («Campo di Fiori»). Nur etwa einen Kilometer weiter nordwestlich liegt jener Platz mit dem Denkmal der Helden des Warschauer Ghettos, vor dem am 7. Dezember 1970 Willy Brandt, der damals als erster deutscher Kanzler Polen einen Besuch abstattete, um im Namen der Bundesrepublik die Oder-Neiße-Grenze anzuerkennen, für alle völlig überraschend niederkniete.

Willy Brandts Kniefall in Warschau wurde sofort zu einem Symbol und zugleich zu einem Zankapfel. Dem volkspolnischen Establishment war diese christliche Geste des deutschen Regierungschefs aus drei Gründen nicht ganz geheuer:

Zum einen herrschte damals, trotz der verordneten «Freundschaft» mit der DDR, in Polen weitgehend eine antideutsche Stimmung vor. Der Vernichtungskrieg lag erst 25 Jahre zurück, und die Kriegsgeneration bestimmte das öffentliche Leben. Der Krieg, der Widerstand und die erbrachten Opfer waren konstitutiv für das polnische Selbstwertgefühl. Der alte Komplex des westlichen Verrats an Polen 1945 und der Verkennung der polnischen Tragödie durch die Außenwelt wirkte noch stark, und das Mißtrauen gegenüber der Bundesrepublik war um so virulenter, als die jahrzehntelange Ablehnung einer Grenzanerkennung und die offenen Forderungen nach einer Revision dieser Grenze nicht nur seitens der Vertriebenenverbände der kommunistischen Propaganda in Polen jahrzehntelang als willkommenes Disziplinierungsargument gedient hatten. Als 1965 dann auch noch die deutschen Bischöfe auf den Brief der polnischen Bischöfe mit dem inzwischen berühmten Satz «wir vergeben und bitten um Vergebung» kühl und eher abweisend antworteten, reagierten die meisten Polen mit Unwillen auf die angeblich allzu versöhnliche Geste des polnischen Episkopats.

Zum anderen löste der Ort des Kniefalls Irritationen aus – was in den siebziger Jahren auch mehrmals nationalkommunistische polnische Gesprächspartner gegenüber deutschen Diplomaten zum Ausdruck brachten. Es war noch nicht ganz zwei Jahre her, daß im März 1968 in der regierenden kommunistischen Partei ein heftiger Machtkampf ausgetragen worden war, bei dem der faschistoide Innenminister, General Mieczysław Moczar, seine «Jungtürken» im Parteiapparat mit nationalistischen und antisemitischen Parolen zum Putsch gegen die alte Garde geführt hatte. Infolgedessen wurden bis zu 30 000 polnische Juden – zumal die in gehobenen Positionen – Schikanen ausgesetzt und zur Emigration gedrängt. Damals war eine der zugkräftigsten Parolen der Moczar-Leute, daß die Welt ausschließlich von den jüdischen Opfern des Kriegs spreche, die polnischen dagegen verschweige und schmälere. Das Ergebnis war, daß in den ersten Jahren «nach dem März» die Existenz der Juden in der polnischen Geschichte und der Völkermord an den europäischen Juden einer strikten Zensur unterlagen. Der Kniefall fand also «am falschen Ort und zur falschen Zeit» statt, wie sich noch Jahre später ein höherer polnischer Beamter grimmig gegenüber einem deutschen Kollegen ausließ.

Und schließlich kam es zu dem Kniefall insofern im falschen Moment, als nur eine Woche später an der Ostseeküste – in Danzig und in Stettin – eine große Streikwelle ausbrach, die blutig niedergeschlagen wurde. Der Architekt

Willy Brandts Kniefall in Warschau

der neuen polnischen Deutschlandpolitik, der Erste Sekretär der PVAP, Wadysaw Gomułka, wurde gestürzt, und sein Nachfolger Edward Gierek – ein Technokrat ohne humanistische Bildung und Sinn für die Geschichte – betrieb eine Politik der faktischen Öffnung nach Westen, ohne die Politik der Symbole subtil zu beherrschen.

Der Kniefall selbst war kurz in der Tagesschau des polnischen Fernsehens und in der Wochenschau, die damals noch vor jedem Hauptfilm in den Kinos gezeigt wurde, zu sehen, auch die Zeitungen brachten ihn in Kleinformat, doch die Zensurbehörde hatte die Vorschrift, das Bild nicht allzu exponiert herausstellen zu lassen. Das zugelassene Bild zeigte zudem eine bezeichnende Einstellung, der Agenturphotograph hatte es schräg von vorne geschossen, somit schien der Bundeskanzler vor einem polnischen Soldaten der Ehrenwache zu knien, das Denkmal selbst war kaum erkennbar. Mit der Zeit wurde der kommunistischen Obrigkeit selbst dieses Bild zu gefährlich. Daher wurde es – so man es überhaupt druckte – auf Anweisung der Zensur unten abgeschnitten. Damit sah es so aus, als knie Willy Brandt nicht, sondern als stehe er. Auch so können Bilder «entschärft» werden.

Dennoch wirkte Willy Brandts Kniefall auf alle, die dabei waren. Die Kriegsgeneration war ergriffen, und jungen Polen, die allmählich an dem antideutschen Komplex ihrer Eltern erstickten, gab diese Geste einen Impuls, den deutschen Nachbarn für sich zu entdecken. Willy Brandt schreibt in seinen Erinnerungen, der damalige polnische Ministerpräsident Józef Cyrankiewicz, ein ehemaliger Auschwitzhäftling und Sozialdemokrat, habe ihm am nächsten Tag erzählt, seine Ehefrau, eine bekannte Schauspielerin, habe am Abend mit ihrer Freundin in Wien lange über den Kniefall gesprochen, und beide hätten bitterlich geweint.

Daß das Bild des knienden Bundeskanzlers in Polen nicht zum optischen Symbol eines Durchbruchs in den deutsch-polnischen Beziehungen wurde, ist somit auf eine bewußte Manipulation seitens der Offiziellen zurückzuführen. Daß es aber auch später, in den neunziger Jahren, nicht nachträglich in Polen durchschlug, ist einem fatalen Mißverständnis aus dem Jahre 1985 zuzuschreiben. Als Willy Brandt vier Jahre nach Verhängung des Kriegszustands gegen die «Solidarność» zum 15. Jahrestag des «Warschauer Vertrags» vom 7. Dezember 1970 Polen besuchte, kam es nicht zu einem Treffen mit Lech Wałęsa. Verhindert hatten es banale terminliche Gründe. Eine Begegnung der beiden Friedensnobelpreisträger wäre nur in Warschau möglich gewesen. Nach Danzig zum legendären Arbeiterführer zu pilgern, hatte Willy Brandt keine Zeit, Lech Wałęsa wiederum war es – sozusagen als Gegenkönig – inzwischen gewohnt, die Großen der Welt gerade in seiner Danziger Hochburg zu empfangen. Später gab Willy Brandt zu, einen politischen Fehler begangen zu haben, denn bis in die neunziger Jahre hinein hielt sich bei vielen Solidarność-Anhängern der Eindruck, die SPD hätte ihnen weniger Rückendeckung gegeben als die Christdemokraten, auch wenn sich deren faktische Hilfe für die unterdrückte Freiheitsbewegung in den achtziger Jahren durchaus in Grenzen hielt, während wiederum nicht wenige deutsche Gewerkschaftler und Sozialdemokraten Vervielfältigungsmaschinen und andere nützliche Dinge nach Polen schmuggelten. Helmut Kohls Schwerpunkte in der Polenpolitik waren vor allem die Unterstützung für die deutsche Minderheit in Schlesien, die Pflege deutscher Soldatenfriedhöfe in Polen und bis zum letzten Moment noch nicht einmal die Anerkennung der «Bindungswirkung» des Warschauer Vertrags von 1970. Vielleicht wurde auch deshalb das Bild der «Umarmung von Kreisau» zwischen Helmut Kohl und Tadeusz Mazowiecki 1989 nicht zu einer allgegenwärtigen «Ikone der deutsch-polnischen Versöhnung».

Warschau ist ein schwieriges Pflaster für deutsche Politiker. Zu stark erinnert die Stadt daran, daß für die deutsche Politik Polen lange genug nur eine

Funktion der deutschen Rußlandpolitik war. Selbst der Besuch Willy Brandts stand – entgegen den ursprünglichen Plänen des Bundeskanzlers – im Schatten des Moskauer Vertrags vom 12. August 1970. Dennoch ist bis heute der Kniefall in Warschau das einprägsamste Sinnbild des Versuchs, die Vergangenheit zu überwinden. Willy Brandts Biograph Peter Koch schrieb, am Morgen des 7. Dezember 1970, als Brandt zum Ghetto-Denkmal fuhr, habe er gewußt, daß es diesmal «nicht so einfach geht wie bei anderen Kranzniederlegungen, nur so den Kopf neigen. Dies ist doch eine andere Qualität». Zuerst hielt sich der Bundeskanzler an das protokollarische Ritual. Er ordnete die Kranzschleife, verneigte sich und trat einen Schritt zurück. Plötzlich, die Hände vor dem zugeknöpften Mantel verschränkt, sank er in die Knie. Über dreißig Sekunden verharrte er in dieser fast religiösen Demutshaltung. Ruckartig stand er dann auf und wandte sich ab – das Gesicht noch immer zur Maske erstarrt.

Der Kniefall war auch eine Herausforderung an die deutsche Öffentlichkeit, denn viele fühlten sich keineswegs schuldig. Eine *Spiegel*-Umfrage zeigte, daß nur eine Minderheit der Deutschen – 41 Prozent aller Befragten – die spontane Geste Willy Brandts für angemessen hielt, während 48 Prozent sie als übertrieben bezeichneten; unter den 30–60jährigen waren es noch mehr – 54 Prozent. Ein deutscher Kanzler kniet doch nicht, und schon gar nicht in Polen ...

Sogar Brandts Weggefährten und Freunde waren sich der Bedeutung des Kniefalls nicht sofort bewußt. Egon Bahr beschreibt in seinen Erinnerungen, wie er ihn fast übersehen habe, weil er sich bei protokollarischen Routinehandlungen immer im Hintergrund, hinter dem Troß von Journalisten und Begleitpersonen hielt: «[...] da wird es plötzlich ganz still. Daß dieses hartgesottene Völkchen verstummt, ist selten. Beim Nähertreten flüstert einer: ‹Er kniet.› Gesehen habe ich das Bild erst, als es um die Welt ging. Den Freund zu fragen, habe ich mich auch am Abend beim letzten Whisky gescheut. Daß einer, der frei von geschichtlicher Schuld, geschichtliche Schuld seines Volkes bekannte, war ein Gedanke, aber große Worte zwischen uns waren unüblich [...].»

Einer, der Willy Brandt bei dieser historischen Reise nach Warschau begleitete und sich jahrelang für ihn und für die Anerkennung der Oder-Neiße einsetzte, gerade weil er aus Danzig stammte und die ineinander verwobene deutsch-polnische Geschichte kannte, war Günter Grass. In *Mein Jahrhundert* gibt er wohl die Stimmung sehr vieler Deutscher der Kriegsgeneration beim Anblick des Kniefalls treffend – wenn auch karikierend – wieder: «Reine Show alles. War aber als Aufmacher, rein journalistisch gesehen, ein Knüller. Schlug ein wie ne Bombe. Lief hübsch abseits vom Protokoll. Alle dachten, das geht wie üblich über die Bühne: Nelkenkranz ablegen, Schleifenbänder ordnen, zwei Schritt hinter sich treten, Kopf senken, Kinn wieder hoch, stur in die Ferne blicken. Und schon geht's mit Blaulicht ab nach Schloß Wilanów, ins noble Quartier, wo das Fläschchen und die Cognacschwenker warten.

Aber nein, er erlaubt sich ne Extratour: nicht etwa auf die erste Stufe, was kaum riskant gewesen wäre, sondern direkt auf den nassen Granit, ohne sich mit der einen, der anderen Hand abzustützen, gekonnt aus den Kniekehlen raus geht er runter, behält dabei die Hände verklammert vorm Sack, macht ein Karfreitagsgesicht, als wäre er päpstlicher als der Papst, wartet das Klikken der Fotografenmeute ab, hält geduldig ne starke Minute lang hin und kommt dann wieder nicht etwa auf die sichere Tour – erst das eine, dann das andere Bein –, sondern mit einem Ruck hoch, als hätte er das trainiert, tagelang vorm Spiegel, zack hoch, steht nun und guckt, als wär ihm der heilige Geist persönlich erschienen, über uns alle weg, als müßt er nicht nur den Polen, nein, aller Welt beweisen, wie fotogen man Abbitte leisten kann. Naja, gekonnt war das schon. Sogar das Sauwetter spielte mit. Aber so, hübsch schräg auf dem zynischen Klavier geklimpert, nimmt mir das meine Zeitung niemals ab, selbst wenn unsere Chefetage diesen Kniefallkanzler lieber heute als morgen weg hätte, gestürzt oder abgewählt oder sonstwie, nur weg!»

Wie stark der Kniefall Willy Brandts auf die unmittelbar betroffenen Opfer der nazistischen Mordmaschinerie wirkte, skizziert bewegend Marcel Reich-Ranicki in seiner Autobiographie, mit einer Bemerkung zur deutschen Debatte um das Berliner Mahnmal für die Opfer des Holocaust: «Ich benötige das Mahnmal nicht, mein Vater, meine Mutter, mein Bruder und meine vielen ebenfalls ermordeten Verwandten brauchen es erst recht nicht. [...] Wenn das Denkmal errichtet sein wird, werde ich es mir ansehen. Ob ich dabei viel empfinden werde, weiß ich nicht, gewiß nicht soviel wie im Dezember 1970, als ich das Bild sah, das durch die Weltpresse ging – das Bild des vor dem Denkmal des Warschauer Ghettos knienden Willy Brandt. Damals wußte ich, daß ich ihm bis zum Ende meines Lebens dankbar sein werde. Zum ersten Mal nach dem Warschauer Kniefall traf ich Willy Brandt Ende Januar 1990 in Nürnberg: er war schon von schwerer Krankheit gezeichnet, gekommen, um den neunzigjährigen Hermann Kesten, den Schriftsteller, den Juden und Emigranten, zu ehren. Ich habe versucht, Willy Brandt mit einigen unbeholfenen Worten zu danken. Er fragte mich, wo ich überlebt hätte. Ich erzählte ihm so knapp wie möglich, daß wir, Tosia und ich, im September 1942 von deutschen Soldaten zusammen mit Tausenden anderer Juden auf ebenjenen Warschauer Platz geführt worden waren, auf dem heute das Ghetto-Denkmal steht. Dort hätte ich zum letzten Mal meinen Vater und meine Mutter gesehen, bevor sie zu den Zügen nach Treblinka getrieben wurden. Als ich mit meinem kurzen Bericht fertig war, hatte jemand Tränen in den Augen. Willy Brandt oder ich? Ich weiß es nicht mehr. Aber ich weiß sehr wohl, was ich mir dachte, als ich 1970 das Foto des knienden deutschen Bundeskanzlers sah: da dachte ich mir, daß meine Entscheidung, 1958 nach Deutschland zurückzukehren und mich in der Bundesrepublik niederzulassen, doch nicht falsch, doch richtig war.»

Sicherlich wirkt die historische Geste des ersten sozialdemokratischen Bundeskanzlers in Deutschland und im westlichen Ausland stärker nach als in

Polen selbst. In der Wendezeit wurde in Polen verständlicherweise mehr über Katyń und alle anderen vorher totgeschwiegenen Orte des polnischen Martyriums in der Sowjetunion gesprochen als über das lange Zeit staatlich ritualisierte Gedenken an den Genozid in Auschwitz. Einige hundert Meter entfernt vom Umschlagplatz und dem Mahnmal, mit dem der 300 000 Juden aus dem Warschauer Ghetto gedacht wird, die vom Danziger Bahnhof aus in die Gaskammern von Treblinka geschickt wurden, befindet sich heute das erste Denkmal für die mehr als eine Million Polen, die nach 1939 in stalinistischen Lagern verschwanden, wo sie zumeist verhungerten oder wie in Workuta und anderswo zu Tode geschunden wurden: eine stilisierte Lore, vollbeladen mit Kreuzen, auf einem Gleis, in dessen Schwellen die Namen einzelner Gulag-Lager eingeritzt sind.

Dieses Denkmal wurde zwar nicht als Konkurrenz zum Umschlagplatz errichtet, dennoch wird es manchmal so aufgefaßt, zumal der «polnisch-jüdische Wettlauf der Opfer» spätestens 1997, während des Streits um die Kreuze in der Kiesgrube neben dem KZ Auschwitz, auch über Polen hinaus offenkundig wurde. Das Problem beruht darauf, daß viele Polen davon überzeugt sind, für die Weltöffentlichkeit «Opfer zweiter Klasse» zu sein, weil in ihrer Gedächtniskultur nur für das singuläre oder «absolute Opfer», das der Shoah, Platz ist.

Ein Willy-Brandt-Platz in Warschau wird wohl auch ein Zeichen dafür sein, daß aus dem traurigen Wettlauf der Opfer um die Wahrnehmung ihrer Leiden eine gemeinsame Anerkennung der moralischen Geste jenes deutschen Politikers wird, die um so schwerer wog, als er persönlich es nicht nötig gehabt hätte, die Schuld der Täter auf sich zu nehmen, da er im Krieg auf der richtigen Seite stand, und der damit einen Meilenstein auf dem Wege der Deutschen zu einer guten Nachbarschaft in Europa gesetzt hat.

Gesine Schwan

Der Mitläufer

«Aber das war so seine Gewohnheit, immer zu winken, wenn andere winkten, immer zu schreien, zu lachen und zu klatschen, wenn andere schrien, lachten oder klatschten» – so beschreibt Günter Grass in seiner *Blechtrommel* den Spießer Alfred Matzerath, dessen Initiative nicht besonders weit, aber immerhin so weit reicht, das Beethovenbild nach dem Machtantritt Hitlers mit dessen Konterfei zu vertauschen.[1] Ist Matzerath ein Mitläufer? Grass hat ihn wohl so verstanden. Wie verstehen wir ihn? Welches Bild machen wir uns von ihm?

1. Historisch-begriffliche Bestimmung

Spontan assoziiert man den Begriff «Mitläufer» mit der Zeit des Nationalsozialismus, und seine Verbreitung hat er in der Tat in der Folge der Entnazifizierungsprozesse gefunden. Aber es gab ihn schon vorher. Zwar vermeldet die Suche nach ihm in Wörterbüchern in der Regel Fehlanzeige, aber im *Deutschen Wörterbuch* der Brüder Grimm findet man unter Mitläufer bzw. «Mitlaufer» einen nicht uninteressanten Eintrag: «der wettläufer, der nicht blosz seine gröszere geschwindigkeit nutzt, sondern der seinen mitläufern ein bein unterschlägt».[2] Das Wort hat also schon im 18. Jahrhundert einen negativen Beigeschmack: Mitläufer rennen nicht einfach mit, sondern wollen mit unfairen Mitteln vorne sein. Keine angenehmen Zeitgenossen.

Den zweiten Eintrag finden wir in einem Nachschlagewerk aus dem Jahre 1989, das den bezeichnenden Titel trägt: *Brisante Wörter von Agitation bis Zeitgeist*.[3] Danach hat der Begriff seine spezifisch politische Bedeutung und zugleich seine abwertende Verwendung im Gefolge des Nationalsozialismus gewonnen. Aber sein Gebrauch beschränkt sich nicht auf diese Periode der deutschen Geschichte, sondern reicht bis in die Gegenwart. Wir können ihn in der Tat fast jeden Tag in der Zeitung finden. Seine pejorative Färbung scheint eindeutig, und wenn er zugleich ein gängiges Merkmal deutschen politischen Verhaltens und damit einen «Ort» deutscher Identität bezeichnete, dann wäre dies wohl keiner, an den man sich gern erinnerte, jedenfalls kein schmeichelhafter Erinnerungsort für die Deutschen. Hat er wirklich eine eindeutig negative Konnotation? Ja und Nein.

«Der Begriff Mitläufer ist das Stereotyp der Entnazifizierung schlechthin», schreibt Lutz Niethammer in seiner zum Standardwerk avancierten Untersuchung über die Entnazifizierung in Bayern, die den bezeichnenden Titel *Die*

Mitläuferfabrik trägt.[4] Nachdem die Alliierten in den Nürnberger Prozessen ausdrücklich nicht die Deutschen ganz allgemein, sondern nur die Hauptschuldigen und die an den NS-Verbrechen beteiligten Organisationen verurteilen wollten, ging es in den durchaus nicht einheitlichen Entnazifizierungskonzepten der Amerikaner darum, darüber hinaus die Verantwortung der einzelnen Organisationsmitglieder zu ermitteln und mit unterschiedlichen Strafen zu ahnden. Die schließliche Prozedur ging ab 1946 in deutsche Hände über und zog sich mehrere Jahre hin. Um den unterschiedlichen Beteiligungsgraden an den nationalsozialistischen Verbrechen gerecht zu werden, wurden die von der Entnazifizierung betroffenen Personen in fünf Kategorien eingeteilt: Hauptschuldige, Belastete bzw. Aktivisten, Minderbelastete, Mitläufer und Entlastete. Von den über sechs Millionen Betroffenen im Gebiet der Bundesrepublik wurden über 98 % als Mitläufer eingestuft bzw. als Entlastete betrachtet oder amnestiert. Dies ist ein erster wichtiger Tatbestand sowohl für die Bedeutung des Wortes als auch für Reichweite und Inhalt der Erinnerung, die es auslöst und von der es weitergereicht wird.

Denn es ist schwer vorstellbar, daß eine so große Zahl von Deutschen für sich die Einordnung in eine Kategorie, wie dies der Fall war, für wünschenswert gehalten hätte, die sie als moralisch und politisch abwertend wahrgenommen hätte. Zumal die Einstufung als Mitläufer auch handfeste materielle und berufliche Vorteile brachte. Entgegen der ersten Annahme wurde der Begriff, so wie er historisch und mit langanhaltender Wirkung in den Entnazifierungsverfahren geprägt wurde, denn auch keineswegs eindeutig abwertend, sondern im Gegenteil moralisch und politisch entlastend verwandt und verstanden. Während er aus heutiger Sicht auf eine Parteigängerschaft und ein politisches Mittun aus negativ bewerteten Motiven wie Konformismus, Karrierismus oder Opportunismus, jedenfalls nicht aus Überzeugung und schon gar nicht aus demokratischer Überzeugung verweist, wurde eben diese Überzeugungslosigkeit des Mitlaufens im Nationalsozialismus in den Entnazifizierungsverfahren positiv als Entlastungsgrund eingeschätzt. Solche Opportunisten, Karrieristen oder einfach Schwachen, die aufgrund sogenannter Persilscheine, die sie von allen nur möglichen wirklich oder vermeintlich unbelasteten Zeugen anbrachten, als «unpolitisch» und persönlich nicht böswillig qualifiziert wurden, waren eben dann keine Täter, sondern nur Mitläufer und als solche gegenüber dem Vorwurf, für die Taten des Nationalsozialismus mitverantwortlich zu sein, befreit. Sicher: Mitläufer waren keine Widerstandskämpfer, keine Helden – aber wer sollte das von normalen Menschen verlangen?

So entstand ein Bild von Normalität menschlichen und bürgerlichen Verhaltens, das politische Verantwortung und Anstand, wo diese Mut oder Zivilcourage erforderten, ausschloß und Opportunismus wie Karrierismus wenn nicht hoffähig machte, so doch als selbstverständliches menschliches Verhalten akzeptierte. Angesichts der geringen Zahl derer in Deutschland, die den Nationalsozialismus eindeutig ablehnten, ihm gar Widerstand leisteten, und der komplementär überwältigenden, partiell sicher erpreßten Zustimmung, auf die das Regime rechnen konnte, hätte eine klare Konfrontation des Mitläufer-Verhaltens mit demokratischen Maßstäben die Mehrheit der Deutschen kompromittiert und es erschwert, ihre Zustimmung zur neu errichteten Demokratie zu erringen. Zwar stand und steht die Normalität des Mitläufertums im Gegensatz zur Norm demokratischen Bürgerverhaltens. Aber demokratiepolitische Erwägungen und noch mehr der seit 1947 aufkommende Kalte Krieg sowie massiver passiver Widerstand machtvoller deutscher Eliten – auch der Kirchen – dagegen, die NS-Unterstützer eindeutiger abwertend zu kategorisieren und ihnen Verantwortung für das Geschehene zuzuschreiben, führten im Zeichen der Integration und des Bedarfs an funktionalen Eliten für die junge Demokratie de facto zu einer Legitimierung nicht nur a-politischer Motive wie Karrierismus und Opportunismus, sondern auch darin eingeschlossener undemokratischer nationalistischer und autoritärer Einstellungen, die die politische Kultur der jungen westdeutschen Demokratie erheblich belasteten. So kommt Lutz Niethammer für die Wirkung der Entnazifizierung, die das Selbstverständnis der Mitläufer in Deutschland entscheidend geprägt hat, zu folgendem Schluß: «Indem dieses sozusagen passive Engagement namentlich bürgerlicher Schichten, das gerade das faschistische System erst ermöglicht hatte, und die technisch-berufliche Funktionserfüllung auch in den Eliten von den Spruchkammern als Normalverhalten akzeptiert und durch die Erklärung zum Mitläufer bzw. Amnestierten honoriert wurde, wurden der Mangel an aktiver Demokratie und die korrespondierende autoritäre Prädisposition, wie sie vielfach als Hauptmerkmale der ersten 15 Jahre der Bundesrepublik festgestellt worden sind, durch die Entnazifizierung eher bestätigt als begründet.»[5]

Verstärkt wurde diese Tendenz der Rehabilitierung von NS-Aktivitäten im Gewand des Mitläufertums zu Beginn der fünfziger Jahre, in denen, wie Norbert Frei detailliert nachgewiesen hat, eine breite Öffentlichkeit sehr weitreichende Amnestieforderungen – auch für verurteilte Kriegsverbrecher – unterstützte. Der Kalte Krieg, insbesondere der Koreakrieg und die deutsche Wiederaufrüstung, die Adenauer wie der damaligen Bundesregierung geboten schien, trugen erheblich dazu bei, daß in den fünfziger Jahren in Westdeutschland öffentlich eine Schlußstrichmentalität überwog, die das Mitläufertum nicht mehr kritisch ins Visier nahm. Freilich gab es Minderheiten, die sich ganz anders engagierten, wie der Grünwalder Kreis, in dem namhafte Schriftsteller aus der Gruppe 47, Politiker wie Hans-Jochen Vogel und Hildegard Hamm-Brücher, Journalisten und Lehrer wie der damalige Gymnasiallehrer Ernst Nolte initiative- und phantasiereich gegen eine Renaissance neonazistischen Denkens angingen.

Auch in der Literatur erschienen, von Ausnahmen wie Wolfgang Koeppen abgesehen, markante gegenläufige Tendenzen erst Ende der fünfziger und in den sechziger Jahren. Heinrich Böll, Günter Grass, Martin Walser, Siegfried Lenz, um nur einige zu nennen, setzten sich in dieser Zeit mit den moralischen und politischen Dimensionen des Mitläufertums auseinander, stellten dessen vielfältige Facetten dar und seine abträglichen Wirkungen auf die Lebensatmosphäre, auf die Kultur im allgemeinen und die politische Kultur der jungen Bundesrepublik im besonderen. Bis zum Beginn der sozialliberalen Koalition Ende der sechziger Jahre wurden sie von der regierenden politischen Elite jedoch nicht als ernstzunehmende politische und kritische Partner akzeptiert.

Seit Beginn der sechziger Jahre wird die Diskussion über das Verhalten der Deutschen im Nationalsozialismus in der Öffentlichkeit zunehmend kritisch gegenüber dem Mitläufertum. Die sogenannte zweite Generation – etwa zwischen 1940 und 1950 geboren – stellt die moralische Qualität ihrer Eltern zum Teil rabiat in Frage. Entgegen aller Schlußstricherwartungen und -wünsche intensivieren sich nicht nur in Deutschland die Debatten über die Vergangenheit, es entsteht eine immer größere Welle von Erinnerungs- und Alltagsgeschichten, und die «Achtundsechziger» bezweifeln die demokratische Legitimität der zeitgenössischen Bundesrepublik angesichts der Kontinuität nationalsozialistisch belasteter Eliten in Justiz, Wissenschaft, Medizin, öffentlicher Verwaltung und zum Teil auch Politik. Dazu tragen erheblich öffentlich wirksame Gerichtsprozesse wie der Ulmer «Einsatzgruppen-Prozeß» (1958), der Eichmann-Prozeß in Jerusalem (1961/62) und der Auschwitzprozeß (1963–65) in Frankfurt bei, die die Brutalität der Morde und die Beteiligung vieler angeblich nur passiver Mitläufer dokumentieren und die Frage der Verantwortung dringlicher thematisieren. So wird der Eichmann-Prozeß in der deutschen Presse ausgiebig und durchaus selbstkritisch analysiert und kommentiert. Historische Forschungen zeigen ihrerseits etwa am Beispiel der Wehrmacht, aber zunehmend auch der Wissenschaft, wieviel aktiver, als Ende der vierziger und Anfang der fünfziger Jahre in den Entnazifizierungsverfahren behauptet, breite Segmente der deutschen Bevölkerung im Krieg und in den Arbeits- und Konzentrationslagern an den NS-Verbrechen beteiligt waren. Die Frage drängte sich auf, ob derartige Verbrechen und das unaussprechliche Leid der Opfer einfach auf das Konto einiger weniger Haupttäter verbucht und infolgedessen ohne genauere Benennung der konkreten Verantwortungen in einem Meer nur «passiver» Mitläufer zureichend erklärt und gewürdigt werden konnten.

Eine der westdeutschen vergleichbare öffentliche Diskussion über die Problematik der Mitläufer hat es in der DDR vor 1989 nicht gegeben. Der Nationalsozialismus wurde im wesentlichen nicht unter dem Aspekt individueller moralischer oder politischer Schuld und Verantwortung, sondern vor dem faschismustheoretischen Hintergrund interpretiert, demzufolge er eine Konsequenz kapitalistischer Produktionsweise und in deren Verantwortung zu verorten sei. Nach einer kurzen Phase radikaler und oft brutaler antifaschistischer Säuberungen erübrigte sich in der Sicht der DDR-Spitze eine Aufarbeitung der Vergangenheit für die breitere Bevölkerung, die um der Legitimierung des neuen kommunistischen Systems willen auf diese Weise durchaus absichtlich entlastet wurde. Die westdeutsche Bundesrepublik wurde offiziell zum Hafen aller verbliebenen und neu entstehenden faschistischen Tendenzen und Bewegungen deklariert. Das Phänomen des Mitläufers zu diskutieren hätte im übrigen vermutlich die Assoziation an analoge Verhaltensweisen in der DDR wachgerufen und war schon aus diesen Gründen nicht opportun.

Nach 1989 hat der Begriff «Mitläufer» unter zwei Aspekten eine neue Aktualität erhalten. Zum einen stellte sich sowohl in den allgemeinen öffentlichen Debatten als auch in Prozessen gegen Hauptrepräsentanten der DDR erneut die Frage nach der Verantwortlichkeit für das politisch legitimierte Unrecht, und es ergab sich die Notwendigkeit der graduellen Unterscheidung hinsichtlich dieser Verantwortlichkeit. Zum anderen warfen und werfen beunruhigende rechtsextreme Aktivitäten und Gewalthandlungen ein neues Licht auf das Phänomen des Mitläufers, sowohl was die anpasserische Beteiligung vieler Jugendlicher an diese Gewaltakte als auch was deren stillschweigende Billigung durch einen erheblichen Prozentsatz der Bevölkerung nicht nur im Osten Deutschlands angeht. In vielen Zeitungskommentaren ist in der Analyse dieses Phänomens wieder von Mitläufern die Rede, diesmal erneut mit einer deutlich abwertenden Konnotation. Hingewiesen wird auf Probleme möglicher Kontinuitäten autoritärer Dispositionen, die schon aus dem Nationalsozialismus (und aus der Zeit davor) herrühren und durch das politische System der DDR bekräftigt worden sind. Auch daraus ergibt sich die Notwendigkeit, das Phänomen des Mitläufertums und seine Erklärung zur «Normalität» unter grundsätzlich-philosophischem wie unter politisch-kulturellem Aspekt genauer zu erörtern.

2. Das Verhältnis von Normalität und Norm im Typus des Mitläufers

Normalität und Norm hängen nicht nur etymologisch eng miteinander zusammen. Zumal unter Bedingungen totalitärer oder diktatorischer Herrschaft, aber darüber hinaus überhaupt dort, wo eine willkürliche, die psychische und physische Integrität verletzende Behandlung von Mitmenschen oder Untergebenen durch Institutionen oder Bräuche begünstigt wird, stellt sich die Frage, wieviel Eigenständigkeit bzw. Widerstand man dagegen von Menschen erwarten kann oder soll. Die Norm dafür ist nicht empirisch zu ermitteln. Sie setzt eine von der konkreten historischen Situation unabhängige Annahme über die Grundbefindlichkeit von Menschen, ihre Motivationen oder Bestimmung voraus, deren Richtigkeit bzw. Wahrheit sich empirisch weder beweisen noch widerlegen, sondern nur in einem Akt des Glaubens vermuten, akzeptieren oder wagen läßt. Ohne solche vorhistorischen Annahmen kommt keine Einschätzung von Normen, d. h. von vorgegebenen Werten, Zielen oder Aufgaben der Menschen aus. Sie sind in weitere philosophische oder religiöse Begründungszusammenhänge eingebettet, mögen sie uns bewußt und in sich schlüssig sein oder nicht. Sie liegen auch den Vorstellungen von Normalität zugrunde.

Wenn zum Beispiel sowohl in den Entnazifizierungsverfahren als auch in wichtigen juristischen Nachkriegsprozessen die Norm zum Prinzip erhoben wurde, daß Verantwortung und Schuld der einzelnen Menschen erst dort beginnen, wo sie über die im politischen System angelegten und geforderten Verbrechen aus eigenem Impetus hinausgingen, wenn NSDAP-Mitglieder als bloße Mitläufer entlastet wurden, weil sie ohne Überzeugung, nur «unpolitisch», gewesen seien und gehandelt hätten, dann liegt dem die Annahme zugrunde, daß Menschen «von Natur» keine politische Verantwortung tragen, auch nicht für verbrecherische politische Systeme, in denen sie leben. Ganz anders hat Karl Jaspers in seinen 1945/46 gehaltenen Vorträgen zur «Schuldfrage» vier Arten der Schuld unterschieden: kriminelle, politische, moralische und metaphysische Schuld, deren Begründung in einem philosophischen Verständnis vom Menschen verankert ist. Jaspers begreift den Menschen immer schon – also unabhängig von der jeweiligen politischen oder sozialen Konstellation – in der Verantwortung nicht nur für seine individuellen, als moralisch qualifizierten, Handlungen, sondern auch für das politische System, in dem und von dem er lebt und dessen Prinzipien und Traditionen er sich zu eigen macht, wenn er ihnen nicht aus Überzeugung entgegenhandelt.

Noch grundlegender stellt sich in bezug auf Verantwortung und Schuld die Frage, ob nur das eigenständige und absichtliche Tun des Bösen oder auch schon die Unterlassung des Guten schuldig macht. In der Liturgie der katholischen Messe bitten die Gläubigen Gott und die Mitgläubigen zu Beginn um Vergebung dafür, daß sie «Gutes unterlassen und Böses getan» haben. Verantwortlich ist man demnach nicht nur für das Böse, das man aus eigener Initiative begangen hat. Der jüdische Religionsphilosoph Martin Buber interpretiert die Geschichte von Kain und Abel ähnlich. Wenn Gott – auf den ersten Blick ungerecht – Kains Opfer nicht anerkennt und ihn damit geradezu in den Haß gegen seinen Bruder Abel treibt, dann liegt die tiefere Berechtigung von Gottes Abweis darin, daß er in Kains Haltung erkennt, wie wenig dieser bereit ist, dem Bösen, dem «Lagerer», zu widerstehen. Kain weigert sich, Rede und Antwort zu stehen. «Er weigert sich, dem Dämon an der Schwelle entgegenzutreten; damit liefert er sich dessen ‹Sucht› aus. Die Vertiefung und Bestätigung der Entscheidungslosigkeit ist die Entscheidung zum Bösen.»[6] Für die Entlastung von Schuld reicht es nicht, untätig zu bleiben: «Aber ist denn das Böse nicht wesensmäßig ein Handeln? Durchaus nicht: das Handeln ist nur die Art des bösen Geschehens, die das Böse kundbar macht. Aber entstammt das böse Handeln nicht eben doch einer Entscheidung zum Bösen? Es ist der letzte Sinn unserer Darlegung, daß auch es primär der Entscheidungslosigkeit entstammt, vorausgesetzt, daß wir unter Entscheidung nicht eine partielle, eine Scheinentscheidung, sondern die ganze Seele meinen.»[7]

Wenn in der Folge dieser philosophischen Interpretation von Martin Buber Indifferenz nicht ausreicht, wenn unsere Verantwortung vor Gott (Kain verweigert Gott die Antwort!) bzw. vor unserem Gewissen die bewußte und klare Entscheidung *gegen* das Böse verlangt, dann stehen sowohl die schuldentlastende Definition des Mitläufers – dem zugute gehalten wird, daß er nicht ausdrücklich aus politischer NS-Überzeugung (*für* das Böse, müßte man ergänzen) gehandelt hat – als auch das Schuld-Prinzip im Auschwitz-Prozeß – nach dem schuldhaftes Verhalten auch bei KZ-Wächtern erst dort anfing, wo sie auf eigene Initiative *zusätzlich* sadistisch oder quälend handelten – dem grundsätzlich entgegen. Läßt man sich auf diese Voraussetzung nicht ein, dann muß man in Kauf nehmen, daß von Menschenhand Verbrechen begangen werden, für die die Täter doch nicht zur Rechenschaft gezogen werden können.

Wie immer diese Frage entschieden wird, sie ist keine rein akademisch-philosophische oder theologische, sondern von erheblichem praktischem Gewicht. Zwar folgt aus der eben immer nur philosophisch bzw. religiös legitimierbaren Norm noch keine Herleitung oder gar Legitimierung von Normalität. Aber wenn umgekehrt Mitlaufen ohne eigene Gewissensprüfung, also das Unterlassen der Entscheidung (gegen das Böse), als das Normale und die so eingestufte Person als entlastet gilt, dann wird eine unreflektierte Normalität zur Norm. So wurde in der Spruchkammerpraxis der Entnazifizierungsverfahren der Unpolitische, Angepaßte, der Karrierist und Opportunist, weil er vermeintlich nichts audrücklich Böses gewollt hatte, als Entlasteter de facto zur Norm; auch der großen Zahl der Mitläufer wegen. Dies ist der Grund, weshalb wir die Frage nach der abwertenden Bedeutung des Mitläuferbegriffs nicht eindeutig, sondern mit Ja *und* Nein beantwortet haben. Gilt diese Ambivalenz nur für die historischen Entnazifizierungsverfahren kurz nach dem Zweiten Weltkrieg oder setzt sie sich später, vielleicht sogar bis heute, fort?

Tendenziell kehrt sie bis heute erfahrungsgemäß dort wieder, wo das eigene Verhalten bei der Charakterisierung von Mitläufern mit angesprochen sein könnte. Offenbar legt die Angst, dem eigenen Anspruch nicht zu genügen, es nahe, die Meßlatte dort, wo sie an uns selbst angelegt werden könnte, nicht zu hoch zu hängen. Freilich stellt sich die Einschätzung in bezug auf die DDR und in bezug auf rechtsextreme Gewalttaten in der deutschen Demokratie in mancher Hinsicht anders dar als für den Nationalsozialismus.

Zunächst kommt der kommunistischen Überzeugung auch in den Augen ihrer Gegner nicht a priori dieselbe Negativbewertung zu wie dem Nationalsozialismus. Auch die verschiedenen Spielarten der Totalitarismustheorie haben deutlich auf den Unterschied zwischen den jeweiligen Begründungen bzw. Legitimationen einerseits und der Ähnlichkeit in den Strukturen der beiden totalitären Systeme andererseits hingewiesen. Überzeugter Kommunist gewesen zu sein bedeutet auch in den Augen von Antikommunisten nicht von vornherein ein Indiz für inhumane Gesinnung, da Teile seiner legitimatorischen Ideologie sich auf nach wie vor anerkannte, wenn auch kontrovers diskutierte humanistische Traditionsbestände der Aufklärung stützen. Ein nicht überzeugter Mitläufer gewesen zu sein hat für den Kommunismus damit nicht dieselbe entlastende Wirkung wie in den Entnazifizierungsverfahren.

Zudem war dem Kommunismus in der DDR aufgrund seiner sehr viel längeren Dauer sein Bewegungscharakter weitgehend abhanden gekommen. Zwar hatte die kommunistische Theorie in der DDR ihre Glaubwürdigkeit noch nicht in dem radikalen Maße verloren, wie dies (mit Ausnahme der Sowjetunion) in den übrigen Ländern des ehemaligen Warschauer Pakts der Fall war. Aber dort, wo sie ideell noch wirkte, suchte man nach demokratisierenden Reformen. Ansonsten waren seine Verteidiger weitgehend Anhänger des bestehenden Machtsystems und seiner manifest autoritären Merkmale, die sich – sowohl in den Strukturen als auch in den Einstellungen – ohne größere Schwierigkeiten mit rechtsautoritären deutschen Traditionen verbinden konnten und wohl auch von daher ihre Nachhaltigkeit gewannen. Da sich überdies die öffentliche Debatte über die Mitverantwortung für das DDR-Regime um die Belastung durch eine Stasi-Mitgliedschaft, durch Rechtsbeugung und durch Tötungshandlungen an der Mauer drehte, betrafen die in Rede stehenden Vorwürfe nicht so sehr das Engagement für die kommunistische Partei und Ideologie bzw. für ideologisch begründete Verbrechen (analog zum Mord an den Juden), sondern eher moralische oder juristisch zu ahndende Vergehen wie freiwilligen Verrat, Rechtsbeugung oder Tötung an der Mauer, die nicht notwendig aus der Parteimitgliedschaft folgten.

Die Ambivalenz des Mitläufer-Begriffs hatte, bezogen auf den Nationalsozialismus, darin gelegen, daß der Nationalsozialismus als ganzer, zumindest offiziell, als verbrecherisch diskreditiert war, während seine zahlreichen Mitläufer sich nachträglich zwar pauschal als unpolitisch von ihm distanzierten und exkulpierten, aber ihr konkretes Verhalten nicht kritisch prüften, keine Einsicht in selbstverschuldete Verhaltensweisen bekundeten und oftmals Teilen seiner Ideologie und Einstellungen weiter anhingen. Demgegenüber fällt die moralische Diskreditierung des DDR-Regimes weniger eindeutig aus, seine ideologische Unterstützung war erheblich geringer als die des NS-Regimes, und eine flächendeckende «Entkommunisierung» analog zur Entnazifierung fand dementsprechend nicht statt. Sie betraf allenfalls Anfragen hinsichtlich möglicher Stasi-Tätigkeit, sofern Personen im öffentlichen Dienst der vereinigten Bundesrepublik angestellt werden sollten. Die daraus folgenden

Ausschlüsse sind bekanntermaßen gering an Zahl. Der Begriff des Mitläufers hat infolgedessen bei der Aufarbeitung des DDR-Unrechts bei weitem nicht die Bedeutung gewonnen wie in der Folge des Nationalsozialismus. Und zugleich ist seine Ambivalenz, die im wesentlichen auf der Tendenz zur Selbstrechtfertigung derer, die so bezeichnet worden waren, beruht, zugunsten der Negativbewertung zurückgegangen. Es gab keinen zureichenden Grund für eventuelle Mitläufer des DDR-Kommunismus, sich selbst so zu bezeichnen und mit dieser Einstufung zu entlasten. Ein weiteres Indiz dafür, daß der Begriff Mitläufer eher mit dem historisch älteren Nationalsozialismus assoziiert und damit auch viel intensiver mit deutscher diktatorischer Vergangenheit verbunden wird, ist die Tatsache, daß der analoge Begriff des «Wendehalses» schon bald nach 1989 an Symbolkraft verloren hat.

Noch anders liegt die Situation bei Mitläufern rechtsextremistischer Gewaltaktionen. Hier könnte sich – da es sich um eine Anknüpfung an den in Deutschland sehr viel tiefer verankerten Rechtsautoritarismus handelt – eine neue Entlastungsfunktion des Mitläuferbegriffs ergeben. Dies hängt davon ab, wie groß die Zahl derer, die rechtsextremes Gedankengut teilen und, ohne selbst aktiv zu werden, daraus abgeleitete Gewalthandlungen billigen, auf längere Sicht sein wird.

Recht bald nach der Vereinigung Deutschlands im Jahre 1990, die insbesondere vom Ausland vielfach mit der Sorge vor der Renaissance eines deutschen Nationalismus begleitet worden war, setzte eine deutlich spürbare Zunahme von Gewaltakten gegen Fremde in Ost- wie Westdeutschland ein. Sie fand ein lebhaftes kritisches Echo in der Öffentlichkeit, und es schien, daß sich nach einigen Jahren diese Sorge als unbegründet erwiesen hatte. Seit dem Ende der neunziger Jahre finden sich allerdings verstärkt in den neuen Bundesländern, aber keineswegs nur dort, Zeichen für eine anhaltende Zunahme von Gewalt und Gewaltbereitschaft, vornehmlich gegen Fremde, aber mehr und mehr gegen alle, die als bedrohlich für die eigene materielle Situation und noch mehr für das eigene Selbstwertgefühl betrachtet werden. Wie diese Entwicklung weitergehen wird, ist noch nicht abzusehen. Einerseits reagiert die ganz überwiegende publizistische und politische Öffentlichkeit mit eindeutiger Verurteilung solchen Verhaltens, und sie mißt dies mehr oder weniger ausdrücklich am Maßstab der Demokratie. Andererseits stößt die vielfach für Gewalthandlungen gegebene «Erklärung», die Täter hätten das Gefühl, sozial, materiell oder psychisch zu kurz gekommen zu sein, auf ein durchaus breites Verständnis und die Bereitschaft zur Identifikation mit ihnen. Davon, ob die Grenze zwischen einer solchen prinzipiell legitimen «Erklärung» und deren Billigung auf längere Sicht eindeutig und mit immer breiterem Rückhalt in der Gesellschaft gezogen werden wird oder ob das Ressentiment derer, die sich als Zukurzgekommene fühlen, ein verstärktes, die Gewalt «legitimierendes» Echo finden wird, hängt ab, ob und wie weit der Begriff des Mitläufers im Zusammenhang mit den Gewaltakten, obwohl er den Anforderungen der Demokratie entgegensteht, de facto eine erneute inhaltliche Rehabilitierung erfährt. Dann würde das, was als «normal» empfunden würde, wieder de facto zur Norm bestärkt. Dann würde dies aber auch ein erhebliches Demokratiedefizit in Deutschland anzeigen. Wie ist das Spannungsverhältnis zwischen der «Normalität» des Mitläufertums und der Demokratie genauer zu verstehen? Vor welche Probleme stellt es die Demokratie?

3. Mitlaufen in die Demokratie?

In einer vieldiskutierten Rede hat sich Hermann Lübbe 1983 im Berliner Reichstag heftig gegen die Behauptung gewandt, die schuldhafte Teilhabe der Deutschen am Nationalsozialismus sei verdrängt worden, wodurch der Wandel der Deutschen von Anhängern und Mitläufern des Nationalsozialismus zu demokratischen Bürgern der Bundesrepublik verhindert worden sei. Dieser Verdrängungsthese hält er die vollständige öffentliche Diskreditierung der NS-Ideologie ebenso entgegen wie die Unmöglichkeit, die so offenkundigen NS-Verbrechen zu verdrängen. Vielmehr habe sich, im Schutz der radikalen öffentlichen Absage an den Nationalsozialismus, in einer «gewissen Stille» und im «kommunikativen Beschweigen» brauner Biographieanteile die «Verwandlung der dem Reichsuntergang so oder so entkommenen deutschen Bevölkerung in die Bürgerschaft der neuen Republik» vollzogen. Die Stille «war das sozialpsychologisch und politisch nötige Medium der Verwandlung» – nötig, weil die Mehrheit der Deutschen Anhänger oder Mitläufer des Nationalsozialismus gewesen war und man zwar gegen dessen Ideologie, nicht aber gegen die Mehrheit der deutschen Bevölkerung den neuen Staat habe einrichten können. Nur unter der Bedingung des Beschweigens hätten die Deutschen in die neue Demokratie integriert werden können, und dies sei auch gelungen. Zwar wisse man wenig über die «Binnenbefindlichkeiten» der Deutschen. «Aber was moralisch und politisch gilt – darüber sagen Binnenbefindlichkeiten individueller Subjekte wenig aus.» Das gehe vielmehr aus den moralischen und politischen Grundsätzen hervor, «denen man nicht widersprechen kann, ohne sich moralisch und politisch zu isolieren».[8]

Ohne es ausdrücklich zu sagen, sieht Lübbe damit ein Spannungsverhältnis zwischen dem Typus des Mitläufers und den normativen Grundlagen der Demokratie. Zugleich erklärt er die öffentlich-autoritative Setzung und die Anpassung der Bevölkerung an sie zum einzig möglichen und auch zureichenden Vehikel des erforderlichen politischen Wandels – nicht die innere Umkehr, die Veränderung der «Binnenbefindlichkeiten» aus eigener Initiative und eigener Verantwortung der Bürger. Anpassung an öffentliche politische Vorgaben als Weg zu demokratischer Verantwortlichkeit? Mitlaufen in die Demokratie? Oder braucht diese gerade selbständige, also nicht angepaßte Bürger, um sich zu erhalten und ihrer eigentlichen Bestimmung gemäß zu entwickeln, nämlich den Menschen ein Zusammenleben in gleicher Freiheit und Würde zu ermöglichen?

Eine altehrwürdige, in der griechischen Antike mit Platon und Aristoteles anhebende Tradition des Nachdenkens darüber, was politische Gemeinwesen zusammenhält und was sie umgekehrt zerstört, behauptet (und präsentiert auch zahlreiche Belege dafür), daß politische Systeme dann stabil bleiben, wenn die objektiven politischen Institutionen den subjektiven Einstellungen der Bürger entsprechen. Eine Despotie erhält sich dann und nur dann, wenn Furcht die Unterworfenen bestimmt; eine Monarchie dann, wenn sich ihre Untertanen vom Motiv der Ehre leiten lassen; eine Republik bzw. ein freiheitliches Gemeinwesen dann, wenn die Bürger Freiheit und Gleichheit lieben (nicht nur über sich ergehen lassen!), sie für ihre Mitbürger respektieren und sich danach verhalten. Geschieht dies nicht, dann verlieren die jeweiligen politischen Regime und ihre Institutionen ihre Wirkung: Die Despotie bricht ohne Furcht der Menschen (glücklicherweise!) zusammen, in der Monarchie will sich keiner mehr in Ehre vor der Krone hervortun und für sie einsetzen, die freiheitliche Demokratie geht an Korruption, Ehrgeiz, mangelndem Gemeinsinn und an Verantwortungslosigkeit zugrunde.

Dies ist – etwas großmaschig – das Raster der Zuordnung von politischen Institutionen und sogenannten politischen Kulturen. Als solche bezeichnet man in Fortsetzung dieser altehrwürdigen Tradition im 20. Jahrhundert die subjektiven Einstellungen, Wertorientierungen, bewußten oder unbewußten Mentalitäten und die psychischen Dispositionen, die sich – nicht immer gleich verteilt – in einer Gesellschaft finden und die gleichsam der subjektive Motor sind, der das Institutionenwerk am Laufen hält. Nach dem Zweiten Weltkrieg ist der politikwissenschaftliche Forschungszweig zur «politischen Kultur» vor allem in den USA gewachsen. Man wollte erkunden, weshalb in der Zeit zwischen den beiden Weltkriegen trotz ähnlicher sozioökonomischer Krisen in vielen Industriestaaten die einen (vor allem die angelsächsischen) ihre Demokratien erhalten konnten, während sie in anderen, insbesondere im nationalsozialistischen Deutschland, aber auch im faschistischen Italien, zusammenbrachen. Es konnte nicht nur an Wirtschaftskrisen und Arbeitslosigkeit gelegen haben. Die subjektiven Einstellungen, die Werte und Grundannahmen der Bürger ebenso wie ihre zum Teil historisch gewachsenen psychischen Dispositionen, kurz: ihre kognitive, bewertende und affektive Identifizierung mit dem jeweiligen politischen System mußten eine Rolle gespielt haben. Demnach ginge es, anders als Lübbe meint, doch um die «Binnenbefindlichkeiten»?

Aber wie kommt man von einer NS-Mitläuferbefindlichkeit zu der eines demokratischen Bürgers? Über Anpassung? Über Gewöhnung? Braucht es eine Katharsis, eine bewußte, auch schmerzliche Einsicht in eigene Fehler und eine Umkehr, oder geht es auch über eine vergleichsweise bequemere Anpassung an die neuen Gegebenheiten? Kann man vielleicht einfach auf die nachwachsenden Generationen setzen, die in einem neuen politischen und sozialen Rahmen aufwachsen und dessen eingelassene Werte gleichsam mit der «Muttermilch» aufnehmen? Oder bekommen auch die neuen Generationen gerade mit dieser «Muttermilch» eher die Einstellungen mit, die ihre Mitläufer-Eltern praktiziert haben und privat möglicherweise weiter praktizieren?

Vielfältige biographische und historische Untersuchungen, die in sogenannten qualitativen Interviews, in denen Menschen ohne vorformulierte Fragen frei aus ihrem Leben erzählen, die «Binnenbefindlichkeiten» der Menschen zu erkunden suchen, haben mittlerweile zu der Einsicht geführt, daß neue Institutionen keineswegs direkt zu neuen Einstellungen führen, daß tradierte Mentalitäten und Habitus sehr zählebig sind, daß zwischen Eltern und Kindern, Lehrern und Schülern auf komplexe und zum Teil gegenseitige Art Werte und Einstellungen weitergegeben werden. Dies führte immer mehr zu der Vermutung, daß öffentliche wissenschaftliche oder publizistische Vergangenheitsinterpretationen weniger auf die Geschichts- und Weltbilder der jungen Generationen einwirken als die Geschichten, die sie in ihren Familien hören und die ganze Menschen- und Weltbilder mittransportieren. Bei diesem Transfer von Werten, Einstellungen und psychischen Dispositionen spielen ungeklärte Schuldgefühle eine zentrale Rolle.

Wenn Eltern sich mit ihrem eigenen schuldhaften Verhalten nicht auseinandersetzen, übertragen sie häufig nicht nur zweifelhafte Einstellungen, sondern unerklärliche Schuldgefühle auf ihre Kinder, die deren Selbstwertgefühl erheblich beeinträchtigen. Da schuldig gewordene Eltern, die ihr Versagen verdrängen, dazu tendieren, die Wirklichkeit nach ihren latenten Rechtfertigungsbedürfnissen zu verformen und ineins damit ihre Gefühle, die sie sonst beunruhigen würden, gleichsam einzumauern, geben sie ihren Kindern damit eine doppelte Hypothek weiter: Sie versuchen zu ihrer eigenen Bestätigung, die Kinder auf ihre verzerrte Wirklichkeit zu verpflichten, und versagen ihnen den Gefühlskontakt und die Wärme, die sie brauchen, um zu einer umfassenden Realitätsfähigkeit und zur Ausbildung ihrer unabhängigen Persönlichkeit zu gelangen. Insgesamt beeinträchtigen unverarbeitete Schuldgefühle die Möglichkeit der nachwachsenden Generation, sich in gelungenen Identifikations- und Ablösungsprozessen zu eigenständigen selbstbewußten und, psychoanalytisch gesprochen, ich-starken Persönlichkeiten zu entwickeln. Sie mindern geradezu strategisch das Selbstvertrauen und das Selbstwertgefühl sowohl der Täter als auch der nachfolgenden Generation und damit die lebendige Substanz, auf die eine Demokratie in einem erheblichen Umfang angewiesen ist, wenn sie nicht zur leeren Hülle verkommen will.

Wenn Lübbes Einschätzung zutrifft, daß die ganz überwiegende Mehrheit der Deutschen Anhänger und Mitläufer Hitlers und des Nationalsozialismus waren, dann stellt sich die Frage, inwiefern auf sie der Zusammenhang zwischen unverarbeiteter Schuld und der daraus folgenden Beeinträchtigung der nächsten Generationen zutrifft. Welche Anteile moralischer Schuld, darum geht es in diesem psychologischen Kontext, enthielten deren braune Biographieanteile? Haben «normale» Mitläufer Schuld auf sich geladen, oder trifft dies nur auf einen kleineren Kreis von Hauptbelasteten zu? Dabei muß man wohl angesichts der in den letzten Jahrzehnten bis in die neueste Gegenwart von Historikern ausgewiesenen Breite, in der alle Schichten der deutschen Gesellschaft in verbrecherische Handlungen des NS-Staates involviert waren – als Soldaten und Offiziere im Krieg, zu Hause im Reich im Umgang mit Fremdarbeitern, in den insgesamt 10 000 KZs und ihren zahlreichen Nebenlagern, bei der Arisierung von Eigentum, das Juden gehört hat –, in den Kreis der Mitläufer erheblich mehr als die in den Entnazifizierungsverfahren amtlich festgehaltenen Personen einbeziehen.

Die Art und Intensität der jeweiligen moralischen Schuld von Mitläufern – vom Wegsehen über die aktive Ausnutzung der Notlage der Opfer bis zur ideellen oder physischen Beteiligung an ihrer Mißhandlung – hängt einerseits vom angelegten Maßstab ab und andererseits vom subjektiven Handlungsspielraum, den die in Rede stehenden Personen für sich selbst sorgfältig rekonstruieren müßten. Angesichts des Mutes, den dies erfordert, liegt die Tendenz nahe, den Maßstab niedrig zu hängen und eben nicht, wie wir dies bei Martin Buber sahen, bereits die Nichtentscheidung, die Indifferenz gegen das Böse für schuldhaft zu halten, sondern nur solche Absichten und Handlungen, die über das vom Regime Nahegelegte bzw. Befohlene aus eigenem Impetus hinausgingen. Eben dies erschiene als die typische Reaktion des Mitläufers.

Sie bliebe allerdings mit dem Kleinhalten des eigenen Schuldanteils auch beim Kleinhalten der akzeptierten Verantwortung. Damit würde in der familiären Weitergabe der Vergangenheitsinterpretation und des darin enthaltenen Politik- und Weltbildes die Verwandlung vom Mitläufer in den demokratischen Bürger erheblich erschwert. Um der eigenen Rechtfertigung willen würde die undemokratisch-autoritäre Einstellung des angepaßten Mitläufers begünstigt.

Wegen der Diskrepanz zwischen der offiziell anerkannten Legitimität der Demokratie, die ein ganz anderes Bürgerverhalten postuliert, und der Kontinuität der Mitläufermentalität legt diese Reaktion überdies eine Doppelzüngigkeit und eine innere Distanz zur Demokratie nahe, die unter schwierigen sozioökonomischen Bedingungen erneut eine erhebliche Gefahr für diese darstellen könnte. Auch ist nicht ausgemacht, ob ein so reduziertes Schuld- und Verantwortungsverständnis vor dem Hintergrund einer jahrhundertealten ethischen Tradition, die der NS-Moral entgegensteht, wirklich ohne die Verdrängung von Schuldgefühlen praktiziert werden kann. Eher steht das Gegenteil zu vermuten, was sowohl für die Tätergeneration als auch für deren Kinder mit einem deutlichen Verlust an Selbstvertrauen und Selbstwertgefühl einherginge, der seinerseits die normativen und psychischen Anforderungen an ein demokratisches Bürgerethos strategisch unterminiert. Mitlaufen in die Demokratie ist also kein probates Rezept.

Allerdings erscheint die Alternative – die sorgfältige und mutige Selbstprüfung und die innere Umkehr – vielen als eine ganz unrealistische Forderung. So bleibt das Dilemma, daß die hohe Zahl von Mitläufern, die der Nationalsozialismus hervorgebracht hat, die Demokratie in Deutschland dauerhaft zu schädigen droht, wenn es nicht gelingt, in einem unrealistisch anmutenden Ausmaß über die Generationen hinweg die Schuldanteile zu rekonstruieren und aufzuarbeiten, die einer Demokratisierung der psychischen Dispositionen und der zum demokratischen Bürgerethos gehörenden Werte entgegenstehen.

Auch wenn der Mitläufer, wie wir sahen, für das politische Regime der DDR weniger charakteristisch ist als für den Nationalsozialismus und für rechtsextreme Gewaltakte in den neunziger Jahren, so wurden doch wichtige Merkmale dieses Typus durch das politische System der DDR durchaus bestärkt: die Tendenz, sich um der Karriere willen anzupassen, auch zu denunzieren, der autoritäre Umgang mit Untergebenen, der Mangel an individuellem Nonkonformismus und an Zivilcourage, der Rückzug in die Privatsphäre und der Abweis politischer Verantwortung. Damit induzierte das Regime zudem vielfach schuldhaftes Verhalten, wie immer die Schuld im einzelnen zu bestimmen war. Das Potenzial für demokratisches Bürgerverhalten erfuhr so durch die Erfahrung der zweiten deutschen Diktatur im 20. Jahrhundert eine zusätzliche Schwächung. Auch aus dem Vereinigungsprozeß selbst ist dieses Potenzial weiter geschwächt hervorgegangen, mißt man es an der ausdrücklichen Zustimmung zur Demokratie und an der aktiven Ablehnung rechtsextremistischer Einstellungen und Gewalthandlungen im Deutschland der neunziger Jahre. Dazu haben nicht nur ökonomische Entwicklungen wie die relativ hohe Arbeitslosigkeit, sondern vor allem auch mentale Erfahrungen und Prozesse erkennbar beigetragen. Im Verhältnis zwischen Ost- und Westdeutschen wachsen die negativen Vorurteile eher an, die gegenseitige Empathie läßt durchaus zu wünschen übrig, und die Selbstdefinitionen vieler ehemaliger DDR-Bürger als Opfer haben zwar einerseits unübersehbare Anhaltspunkte in der Wirklichkeit, lassen aber auch einen Mangel an demokratischem Selbstbewußtsein erkennen. Dabei stellt sich die Frage, ob die dem zum Teil zugrundeliegenden Entwertungs-Empfindungen vieler Ostdeutscher nur auf zweifellos häufig unerträglich herablassendes Verhalten von Westdeutschen oder nicht auch auf den beschweigenden Umgang mit eigener Schuld zurückzuführen sind, die zu klären für viele offenbar so lange kein Anlaß besteht, wie sie sich vor sich selbst erfolgreich als Opfer – der Wiedervereinigung – definieren können. Dies würde einen Negativzirkel bezeichnen, der mit der Opfermentalität die Absage an die eigene Verantwortung und damit das Mitläufertum bekräftigen würde.

4. *Bleibt der Mitläufer auf unabsehbare Zeit ein deutscher Erinnerungsort?*

Wenn Erinnerungsorte in der Grundlegung von Pierre Nora markante Elemente kollektiver Erinnerung sind, die die Identität der erinnernden Gruppe, also in unserem Fall der deutschen Nation, wesentlich mitbestimmen, dann stellt sich zunächst die Frage, ob der Typus des Mitläufers nur oder vornehmlich Deutsche kennzeichnet, ob er für deren Mehrheit steht, ob und inwiefern er bei den Deutschen selbst (und nicht nur im Ausland) zur kollektiven Erinnerung an das gehört, was man mit Deutschland assoziiert, und ob dies gegebenenfalls auf Dauer so bleiben wird.

Keine dieser Fragen erlaubt eine präzise, empirisch begründete Antwort. Wir sind hier auf Spekulationen angewiesen. Daß es Mitläufer, Angepaßte, Karrieristen und Opportunisten nur in Deutschland gäbe, wird im Ernst niemand behaupten. Der Grund, warum der Begriff dennoch im In- und Ausland mit Deutschland assoziiert wird, liegt vermutlich zunächst in seiner Verknüpfung mit dem Nationalsozialismus, der als spezifisch deutsch und zumindest im 20. Jahrhundert als einzigartig in der Intensität seines verbrecherischen Charakters gilt. Auch seine Kollaborateure in anderen europäischen Ländern waren nicht im engeren Sinne Mitläufer, weil die nationalsozialistische Bewegung bei aller Sympathie, die kleine ausländische Gruppen für sie hegten, nun einmal in Deutschland Fuß gefaßt und von dort die Welt überfallen hat. Die Zuschreibung des Mitläufertums zur deutschen Identität entspringt insofern zunächst der unauslöschlichen Geschichte des Nationalsozialismus.

Ob der Mitläufer unabhängig von seiner historischen NS-Zugehörigkeit als politisch-kultureller Typus, der sich anpaßt, der ohne Überzeugung um der Karriere oder anderer Vorteile willen auch dort politisch mitmacht, wo dies landläufige moralische Gebote verletzt, der sich ohne nähere Überlegung für eine Ideologie, die sein Selbstwertgefühl stärkt, einfangen läßt – ob dieser Typus nur in Deutschland und dort mehrheitlich anzutreffen ist, mag bezweifelt werden. Insbesondere die Komponente der ideologischen Mobilisierbarkeit könnte nach der Diskreditierung der großen Ideologien des 20. Jahrhunderts für längere Zeit der Vergangenheit angehören. Was die anderen Merkmale, insbesondere die Labilität des Selbstwertgefühls angeht, sprechen eine Reihe von Umfragen für eine größere Verbreitung und längere Dauer. Da es überdies in Deutschland eine besonders hohe Erwartung an die Schutzfunktion des Staates gibt – die nicht einfach mit der Forderung nach sozialer Gerechtigkeit gleichzusetzen ist! – wäre damit weiterhin mit einem erheblichen Potenzial an Mitläufermentalität in Deutschland zu rechnen, sofern sich eine Führerpersönlichkeit öffentlich präsentierte, die die Ressentiments labilen Selbstwertgefühls zu bündeln und auf politische Zwecke zu orientieren verstünde. Freilich wären nationalistischen Konsequenzen angesichts der engen europäischen Einbindung Deutschlands wohl Grenzen gesetzt, die eine rein nationale Renaissance des massenweisen Mitläufers wenig wahrscheinlich machen.

Andererseits sind gegenläufige Merkmale wie Individualismus, Nonkonformismus, Zivilcourage, eigenverantwortliche Initiative und nachbarschaftliche Kooperationsbereitschaft bisher noch nicht hervorstechende Charakteristika, die man auf Anhieb mit Deutschland assoziiert. Erst recht nicht Eigenschaften wie Selbstdistanz, Humor, Freundlichkeit und vor allem Selbst- und Fremdvertrauen, die als Habitus eine besonders verläßliche Schranke gegen das Mitläufertum errichten würden. Wäre dies der Fall, so könnten wir mit einiger Beruhigung feststellen, daß Deutschland auch politisch-kulturell endgültig in der Demokratie angekommen wäre.

Eine gute Chance dafür bestünde, wenn der Begriff des Mitläufers ein solcher Erinnerungsort würde, bei dem die Deutschen auf die von Nora für Frankreich konstatierte Tendenz, sich «auf dem Weg über die Vergangenheit» selbst zu verehren, verzichten könnten, um statt dessen in ihrer Erinnerung und für ihre Identität die Ambivalenz des Mitläuferphänomens zur Warnung und zur demokratischen Neuorientierung zu akzeptieren. Es ist natürlich angenehmer, aber fast immer illusionär, sich in der nationalen Erinnerung nur auf Erhebendes zu beziehen. Doch die Einsicht in die Ambivalenz der Vergangenheit bietet vermutlich die beste Chance, sie für die Zukunft zu vermeiden.

Gunter Gebauer

Die Bundesliga

Der deutsche Fußball lebt in Geschichten, und er lebt von der Geschichte der Bundesrepublik Deutschland. Die großen Ereignisse der Geschichte der Bundesliga werden durch die Verklammerung mit der deutschen Geschichte bedeutsam gemacht, als hätten die gesellschaftlichen Veränderungen der ganzen Nation das Fußballgeschehen durchtränkt.

Der Beginn der nationalen Liga fällt in etwa mit Adenauers Rücktritt, im übrigen auch mit jenem Herbergers, zusammen. Die Alten müssen sich zurückziehen, die Jungen kommen. In den ersten Jahren der sozialliberalen Koalition, der Zeit der Ostpolitik, der großen Reformprojekte kommt es zu einem Aufbruch im Fußball, der nach dem Gewinn des Weltmeistertitels 1974, dem Jahr des Rücktritts Willy Brandts, zu Ende geht. Als auch Mönchengladbachs gute Jahre vorbei sind, bricht eine bleierne Zeit, die die Periode der Regierung Schmidt kennzeichnet, auch über die Bundesliga herein. Zu Beginn der Ära Kohl wird ein erfolgsorientierter Zweckfußball gespielt, wenig mitreißend, von Ausnahmen abgesehen auf Sicherheit bedacht. Daß der größte Erfolg dieser Jahre von Borussia Dortmund aus dem sozialdemokratisch regierten Ruhrgebiet errungen wurde (Champions League-Gewinn 1997), kann man als eine symbolische Markierung des Anfangs vom Ende der Kohlschen Regierungszeit lesen. Unter der Kanzlerschaft Schröders gewinnt das Bundesland Bayern immer mehr an Gewicht; zeitgleich erobert sich Bayern München eine unbestrittene Vorherrschaft in der Bundesliga, die der Verein im Jahr 2001 sogar auf den europäischen Fußball ausdehnt.

1. Das Ende des Krieges, dargestellt im Fußball

Es gab einen historischen Moment, in dem der deutsche Fußball mit einem Schlag die Repräsentation der Bundesrepublik veränderte; dies war der überraschende Gewinn der Fußballweltmeisterschaft im Jahr 1954. Dieser unerwartete, als nationaler Triumph gewertete sportliche Erfolg ist der Fluchtpunkt aller politischen Einschätzungen der politischen Rolle des Fußballs in Deutschland.

Das «Wunder von Bern» führte das Bild eines gewandelten deutschen Staats vor Augen, der Altes und Neues miteinander verschmolzen hatte und selbst zugeschriebene nationale Eigenschaften, die durch die Nazizeit kompromittiert waren, in die neuen Tugenden des Wiederaufbaus umformte. Im Berner Endspiel kamen die Sporttradition des Dritten Reichs und dessen

Männlichkeitsideale zu einem finalen Höhepunkt, aber nicht mehr als Merkmale faschistischer Krieger, sondern als höchst erfolgreiche Eigenschaften deutscher Fußballer, die das demokratische antimilitaristische Deutschland repräsentierten. Die Heldenfigur dieser Mannschaft und ihre mythische, aber nicht faktische Unbesiegbarkeit beeinflußt bis heute die Selbst- und Fremdwahrnehmung der Leistungen aller deutschen Nationalteams.

Im Mythos von 1954 ist die deutsche Mannschaft der Held. Sie war eine organische Gemeinschaft, die das provinzielle Deutschland verkörperte und die sich aufopferte, unter ihrem «Chef» Herberger. Ihr Erfolg war kein Sieg von Marschällen und Generälen; es war die Stunde der Mannschaft, was im Deutschen eine doppelte Bedeutung hat, einmal die Sportmannschaft, zum anderen die einfachen Ränge einer Truppe. Sie ist der eigentliche Motor der Entwicklung, die enorme Kraft, die bis dahin im Schatten gestanden hatte. Die Tugenden der Mannschaft und ihre Beschreibung («Opfer», «Helden», «Kampf», «Schicksal») waren noch aus alten Zeiten vertraut. Es war das Alte, aber auch schon etwas Neues: An der Stelle der alten Anführer sah man jetzt die niedrigen Ränge, den «kleinen Mann» in der Rolle des Helden. Es gab keine Repräsentation jener Kräfte, die das «Wirtschaftswunder» hervorbrachten, das 1954 im Entstehen begriffen war; anders als in Frankreich gab es in Deutschland keine Romantik des Volkes. Mit dem Gewinn der *Welt*meisterschaft wurde eine Bühne geschaffen, auf der die Kraft und Leistung der kleinen Leute pathetisch dargestellt wurde, mit höchster Glaubwürdigkeit und breiter Wirkung.

Jeder in Deutschland begriff, daß diese Fußball-Mannschaft die erlittenen Verletzungen symbolisch geheilt hatte. In dieser Perspektive erhält der Weltmeistertitel von 1954 einen anderen Sinn als jenen, den man ihm gewöhnlich beilegt:[1] Er ist das Ende des Krieges, in der symbolischen Repräsentation der Verlierer, insofern diese wieder ein Gesicht erhalten haben. Der Schlußpunkt eines Krieges ist – in den Augen der Verlierer – dann erreicht, wenn diesem Gelegenheit gegeben worden ist, sich in seine Niederlage zu finden und eine neue Rolle anzunehmen.

1954 wurde der Fußball zum ersten Mal als eine Bühne der nationalen Repräsentation angesehen. Aber diese Rolle sollte er nur für eine kurze Zeit behalten. Erst viel später, nachdem sich tiefgreifende Veränderungen sowohl in der Gesellschaft als auch im Fußball ereignet hatten, kam sie ihm dauerhaft zu. Der Grund für diesen langfristigen Bedeutungswandel liegt darin, daß die Erinnerung, die durch das Fußballspiel konstituiert wird, seit den siebziger Jahren von allen Klassen der Gesellschaft angenommen wird.

Wie kommt diese Erinnerung zustande und wie ist sie beschaffen?

2. *Nationale Repräsentation durch Fußball*

Ein Spiel ist nur dann fähig, nationale Handlungsstile zu verkörpern, wenn es zu den Leidenschaften der großen Mehrheit der Bevölkerung – insbesondere ihres männlichen Teils – gehört *und* wenn es zugleich von allen sozialen Klassen des Landes akzeptiert wird. Wenn sich für ein Spiel ausschließlich eine einzige soziale Schicht interessieren würde, egal, ob die obere, mittlere oder untere, hätte es immer einen gewissen Klassengeschmack. Wenn es, umgekehrt, *nicht* von den dominierenden Klassen angenommen wird, gilt es als eine mehr oder weniger primitive, wertlose oder veraltete Körperpraxis. Erst die Akzeptanz eines Spiels durch die Eliten spricht diesem einen Wert zu, so daß es mehr verkörpert als nur die Handlungsstile einzelner Gruppen oder Schichten. Es gehört dann zur legitimen Kultur, wird durch das Interesse auch der führenden Gruppen der Gesellschaft für wertvoll erklärt und auf diese Weise nobilitiert. In Deutschland war dieser Zustand in den fünfziger Jahren noch nicht erreicht; die tonangebenden konservativen, an bildungsbürgerlichen Werten orientierten Gruppen sahen im Fußball damals nichts anderes als eine vulgäre Körperpraxis der Massen. Diese Ansicht änderte sich allmählich nach dem Ende der Ära Adenauer und wurde in der Aufbruchzeit der sozialliberalen Koalition unter Brandt, als junge, außerordentlich erfolgreiche Mannschaften auf den Plan traten, geradezu in ihr Gegenteil verkehrt. Mit dem Gewinn des zweiten Weltmeister-Titels 1974 im eigenen Land entstand eine ähnliche Fußball-Euphorie wie 1998 in Frankreich.

Mit dem allgemeinen Interesse am Fußball erhielt dieser, im Kontext eines allgemeinen Kulturwandels, ein Ansehen, das die traditionelle Monopolstellung der Oper, des Konzerts und der Sprechbühne erschütterte. Autoren wie Peter Handke, Filmemacher wie Wim Wenders und Theaterregisseure wie Jürgen Flimm transportierten ihre Fußball-Leidenschaft in das Feld einer Kultur, die nun im Unterschied zum klassischen Bürgerzeitalter nicht mehr als Hochkultur aufgefaßt wurde, sondern sich den unteren sozialen Schichten und Thematiken des Alltagsleben öffnen sollte. Begonnen hatte dies Interesse mit einer grundlegenden Modernisierung des Fußballs in der Bundesrepublik im Jahr 1963 durch die Gründung der Bundesliga. Diese entstand aus einer Konzentration der Kräfte, die den Fußball der Bundesrepublik international wettbewerbsfähig machen sollte.

Von Anfang an konnte man erkennen, daß einige Klubs sogleich fähig waren, ihre traditionelle Organisation als Sportverein in Unternehmensstrukturen zu überführen[2]. Es waren die bürgerlichen Vereine, wie der 1. FC Köln, der erste Bundesliga-Meister, und seine Nachfolger Werder Bremen und Eintracht Braunschweig, die mit Mannschaften ohne Stars und Allüren den modernsten Fußball in Deutschland spielten. Diese Vereine hatten am besten begriffen, daß das Prinzip des professionellen Fußballs die Transformation eines von der Erinnerung produzierten Werts in einen ökonomischen ist. Daher ist es geschäftlich nicht unvernünftig, wenn vom DFB (Deutscher Fußball Bund) ständig die alten Werte beschworen werden; dies gehört mit zum Spiel. Es ist nur falsch, zu meinen, das Geld käme unabhängig dazu, als könnte es einfach über die Werte gelegt werden.[3] Dadurch daß die Fähigkeiten eines Spielers einen Preis haben, wird nicht notwendig der sportliche Wert seines Spiels zerstört, sondern im Gegenteil stimuliert das zirkulierende Kapital sowohl die Athleten als auch die Erinnerung der Liebhaber und treibt diese bei steigenden Preisen auf Hochtouren. Wertvoll im ökonomischen Sinne ist daran das Außergewöhnliche, das Große, das man immer wieder in die Gegenwart zurückzuholen wünscht. Ein solches Verlangen entsteht bei den Zuschauern insbesondere bei Taten und Geschehnissen, die mit einem selber zu tun haben und an deren Vergegenwärtigung man sich mit eigenen Beiträgen beteiligt.

Eine Gesellschaft wie die deutsche will in ihrem Lieblingsspiel die Spielweisen, die ihr vertraut sind, wiedererkennen. Sie will die Vorstellungen, die sie sich von ihren Tugenden und ihrem typischen Handlungsstil macht, auf dem Rasen gegen die internationale Konkurrenz aufgeführt sehen. Von einer deutschen Nationalmannschaft erwartet man Opferbereitschaft, Diszipliniertheit, Fleiß, mannschaftsdienliches Spiel, männliche Härte, Kampf, Abwehr einer drohenden Niederlage bis zum Schlußpfiff. An der Beharrlichkeit dieser Zuschreibung erkennt man, daß sie nicht beliebig ist, sondern eine Fundierung in der Wahrnehmung des eigenen und fremden Handelns hat. Ein Erfolg im Fußball wird als Beweis dafür angesehen, daß die nationale Mythologie lebt und den aktuellen Zustand der Nation trifft. Dieses Interesse, in dem Handlungsstile, Werte, Mythen und Gefühle zusammenfließen, bildet die engste Verbindung zwischen Fußball und Politik.

Handlungsstile sind zwar individuell – jedes Individuum handelt auf seine Weise; aber es gibt auch eine *soziale* Anlage menschlicher Handlungsweisen, eine Art sozialer Gußform, die alle Mitglieder einer sozialen Gruppe oder sogar einer ganzen Nation kennzeichnet. Man erwirbt gemeinsam mit anderen eine Art und Weise, wie man sich bewegt, bestimmte Dinge tut, Aufgaben erledigt, wie man seinen Körper dabei einsetzt, mit welchen Anteil an Kraft, Gewalt, Technik oder feinem Können. An der Art und Weise, wie man den Ball führt, ihn schlägt, aufs Tor schießt, den Nebenmann anspielt, einen Angreifer stoppt etc., erkennt man einen bestimmte Stil, Fußball zu spielen. Jeder Beteiligte, ob Spieler, Trainer oder Zuschauer kennt Modelle fußballerischer sozialer Motorik; man sieht sie an den Stars und am Spiel der großen Mannschaften; sie gehören zur sportlichen Sozialisation wie die Kenntnis von Spielregeln. Nachwuchsspieler wachsen mit ihnen auf, studieren sie mit Aufmerksamkeit und versuchen sie, so gut sie es können, nachzuahmen. In Fußball-Schulen, Internaten, im Vereinstraining, auf Verbandslehrgängen werden sie auf den Stil geschult, der für ihre Gemeinschaft kanonisch ist und von deren

Vertretern gefordert wird.[4] Für eine solche systematische Schulung gibt es seit langer Zeit nationale Modelle, deren historische Genese sich im einzelnen verfolgen läßt. In keinem Fall handelt es sich um aus der Natur entstandene Vorbilder, sondern diese sind immer Ausdruck einer «Sorge um den Stil», der von Vermittlungsinstanzen gepflegt wird, die bestimmte Weisen des Tuns durchsetzen und bewerten, in jeder Generation von neuem.

Solche «Techniken des Körpers» (M. Mauss) sind einerseits Produkte einer Spiel-Gemeinschaft; sie stellen auch umgekehrt, auf der Ebene der Motorik, die Gemeinschaft mit her; deren Mitglieder kennen sie aus eigener Erfahrung und werden an sie erinnert, wenn sie sie bei anderen wahrnehmen. Die soziale Motorik konstituiert ein besonderes Gedächtnis, ein sehr tief sitzendes und mit anderen Gedächtnisinhalten verbundenes; es funktioniert spontan und emotional. Dabei bleibt es nicht innerhalb der Körpergrenzen, sondern setzt sich in die Sprache fort: Es gibt eine Fülle von Ausdrücken und Darstellungsweisen, die es nicht nur beschreiben, sondern ihm eine solche plastische Präsenz geben, daß im Hörer oder Leser der Eindruck einer Beteiligung hervorgerufen wird. Die Radioreportage und die gekonnte Berichterstattung in Zeitungen lebt genau von dieser Möglichkeit, über die Sprache Bewegungsempfindungen auszulösen.

3. Deutsch-französische Duelle

Im Fußball wird das Verhalten einer typischen Männlichkeit eingeübt, wie man es in Jungengruppen findet. Von den Mitgliedern wird erwartet, daß sie die Anforderungen der Gruppe erfüllen und ihre Werte übernehmen. Die von den Jungen erworbenen Bewegungsweisen zeigen die Zugehörigkeit zu einem Muster, das sie als Mitglied der Gruppe ausgebildet haben. Auf diese Weise wird keine personale Zugehörigkeit oder Abhängigkeit konstituiert, sondern es handelt sich um die Übernahme eines Modells, das sich auch die anderen Mitglieder einer Gemeinschaft annehmen. Männlichkeit kann auf unterschiedliche Weise zum Ausdruck gebracht werden: durch erbarmungslose körperliche Härte oder durch Eleganz und Virtuosität der Bewegungen, durch die Ablehnung von ästhetischen Merkmalen oder durch das Streben nach Finesse und Schönheit, durch rigoros mannschaftsdienliches Spiel oder durch bravouröse Einzelaktionen. Im Fußball haben sich aus den Vorlieben einzelner Gruppen die charakteristischen nationalen Spielstile entwickelt.

Gerade zwischen den deutschen und den französischen Weisen, Fußball zu spielen, gibt es grundlegende Unterschiede, die Bedeutung weit über das Spiel hinaus haben. In den Begegnungen zwischen den Mannschaften beider Länder geht es immer auch um eine Rivalität von Männern, die sehr unterschiedliche Vorstellungen von sich selber haben. Was auf dem Spiel steht, sind die unterschiedlichen Rollen, Stile, Werte und Mythen von Männlichkeit in beiden Kulturen. Französische Spielkultur stand in Deutschland immer in hohem Ansehen, nicht weniger als die männliche Kleidungseleganz. Aber das Verhältnis ist doppeldeutig: einmal als unerreichbar bewundert, gegenüber den eigenen männlichen Eigenschaften aber als «zu fein», «hübsch», «süßlich» herabgesetzt. Beim Fußballspielen geht es nicht darum, auf einen Ball zu gehen und den Damen zu gefallen, sondern um harten Kampf, um Ertragen von Schmerzen, Ausdauer, Einsatz von Kraft in ihren rohen Formen des Tretens und Schlagens. In deutsch-französischen Begegnungen wollen deutsche Spieler den Franzosen regelmäßig zeigen, was sie unter «Athletik» verstehen. Im Halbfinalspiel der Weltmeisterschaft 1982 traf eine französische Mannschaft, die alle Fußballkenner durch ihre Finesse und ihren Einfallsreichtum begeisterte, unter ihrem inspirierten Regisseur Michel Platini in Sevilla auf eine ideenlose, biedere deutsche Truppe, die wild entschlossen war, dem alten Gegner zu zeigen, daß Fußball ein Spiel ist, das die härteren Männer für sich entscheiden. Der deutsche Torhüter Harald Schumacher demonstrierte gegenüber dem in freier Position angespielten Patrick Battiston die alte deutsche Fußballerdevise: Erst der Mann, dann der Ball. Mit der Wucht seines anstürmenden Körpers traf er den französischen Spieler voll ins Gesicht, schlug ihm dabei zwei Zähne aus, brach ihm einen Wirbel und ließ ihn ohne jede Regung des Bedauerns auf dem Platz liegen. Die deutsche Mannschaft erzielte den Ausgleich und schoß im entscheidenden Elfmeterschießen ein Tor mehr als die Franzosen. Im Endspiel unterlagen sie chancenlos der italienischen Mannschaft.

Bei der darauffolgenden WM 1986 in Mexico trafen Deutschland und Frankreich wieder im Halbfinale aufeinander. In den Spielen zuvor hatte die Equipe Tricolore das Publikum mit ihrem Spiel bezaubert; gegenüber der deutschen Mannschaft wirkten sie jedoch von Anfang an verunsichert und ungewohnt vorsichtig. Die deutsche Presse urteilte, sie seien erschöpft und ausgebrannt auf den Platz gekommen. Aber vielleicht hatte der deutsche Spieler Rummenigge recht, der süffisant die Angst «der Franzosen» als Grund anführte. Die deutsche Mannschaft siegte mit einer Mannschaft durchschnittlicher Spieler, die aber mit hoher Konzentration und siegessicher auftraten, mit 2:0.

Inzwischen haben sich die Verhältnisse deutlich ins Gegenteil verkehrt. Die französischen Nationalspieler sind ins Ausland gegangen, in die besten und härtesten Ligen der Welt. Sie sind dank einer überragenden Technik, einem gewaltig verbesserten athletischen Potential und einer Profimentalität fähig, sich überharter Manschaften erfolgreich zu erwehren. Angesichts der ängstlich und zaghaft auftretenden deutschen Spieler ist der Kapitän der französischen Mannschaft Zinedine Zidane auch jenseits des Rheins ein bewundertes Beispiel knochenharter und einfallsreicher mediterraner Männlichkeit.

4. Als Deutschland im Fußball noch groß war

Erzählen ist das wichtigste Medium des Sports, Erinnerungen zu bilden. Zuschauer und Journalisten sind mit ihrer Mannschaft dadurch verbunden, daß sie deren Spiele in Erzählungen nachbilden. In der narrativen Erinnerung der Bundesliga ist alles, was jemals im deutschen Fußball Größe hatte, große Spiele, große Vereine und Athleten, versammelt. Von ihr wird das aktuelle Geschehen durch die Beschwörung der großen Vergangenheit erhöht und bedeutsam gemacht. Alle, die sich an diesen Erzählungen beteiligen, sind bereit, in eine Welt der Leidenschaften einzutreten; sie sind Liebhaber im ursprünglichen Wortsinn.[5] Es gibt keine objektive Bedeutung der Welt der Bundesliga. Wenn man ihre Geschichte, die eine Geschichte der von Liebhabern des Spiels geglaubte Größe ist, berichten will, muß man ihre emotionale Sprache und ihre typischen Ausdrücke aufnehmen.

Die größte Zeit der Bundesliga setzte einige Jahre nach ihrer Gründung ein, nachdem in der zweiten Hälfte der sechziger Jahre Bayern München und Borussia Mönchengladbach in die höchste Spielklasse aufgestiegen waren. Beide Mannschaften boten zweifellos den intelligentesten Fußball, der in Deutschland je gespielt worden ist.[6] Mit ihnen erschienen junge Leute, von denen einige immense Talente waren; sie entwickelten einen neuen Spielstil, der auch die etablierten Vereine mitriß. Die neuen Klubs brachten unbekümmert etwas Neues; sie spielten einen herausfordernden Fußball in der Überzeugung, daß sie zu den Besten, auch international, gehörten. Ein solches Selbstbewußtsein der jungen Generation hatte es vorher nicht gegeben. Einen Vorgeschmack auf das Kommende konnte das Publikum bei der Weltmeisterschaft in England (1966) erhalten. Die jungen Spieler in der Nationalmannschaft stimulierten die Älteren, darunter die ersten Italien-Profis, und wären um ein Haar Weltmeister geworden, hätte es nicht das äußerst umstrittene «Wembley-Tor» gegeben.

Ein neues Spiel- und Selbstverständnis begann den Bundesliga-Fußball zu verändern – er wurde ästhetisch; seine Essenz waren die Torschüsse, langen Pässe, das Flügelspiel, die Einfälle. Bayern München gewann seinen ersten Bundesliga-Titel 1969 (dann wieder 1972 bis 74), Borussia Mönchengladbach errang die Meisterschaft 1970 und 71 (dann wieder 1975 bis 77). Der Trainer der Borussia, Hennes Weißweiler, hatte seine Mannschaft aus dem Nachwuchs des Vereins gebildet; er lehrte sie eine Mischung aus Kreativität, Mannschaftsspiel und Disziplin, die insbesondere vom Mittelfeld-Regisseur Günter Netzer in ein mitreißendes Spiel umgesetzt wurde. Bayerns Spielanlage war anders; die Mannschaft war stärker in der Abwehr; der Libero Franz Beckenbauer, von dem man öffentlich sagen durfte, daß er genial spielte, war von Mitspielern umgeben, die es ihm erlaubten, seine Stärken voll zur Geltung zu bringen. Mit Gerd Müller trat ein neues Phänomen auf: Daß es in einer deutschen Mannschaft einen Mittelstürmer gab, der immer, wenn es darauf

Vor Spielbeginn im Berner Wankdorfstadion 1954

ankam, ein Tor schoß. Die Mannschaft der Bayern war ideal geeignet, die neuen Entwicklungen in der Bundesrepublik zu repräsentieren:[7] Sie spielte erfolgsbezogen und inspiriert, zugleich aber auch verläßlich.

Im Grunde endete die Glanzzeit des Bundesliga-Fußballs mit dem Gewinn des Weltmeister-Titels 1974. In den Jahren danach wurde allmählich erkennbar, daß erfolgreiche Fußballer die Mentalität von erfolgreichen Geschäftsleuten übernahmen, nämlich auf die Sicherung ihres Vermögens bedacht zu sein. Hier zeigte sich, welcher Preis für die Verbürgerlichung des Fußballs zu entrichten war. Bei den allmählich älter werdenden Spielern setzte sich ein Erfolgsdenken durch – ihr Spiel wurde allmählich zweckorientiert, aber der Zweck lag nicht mehr nur im Fußball selbst, sondern in der Mehrung des privaten Vermögens. Die Tendenz wurde zuerst sichtbar bei den Bayern: Der Verzicht auf Risiko und das endgültige Ablegen jugendlicher Attitüden brachten dem Verein zwar die größten Erfolge in der Vereinsgeschichte, aber die Art und Weise, wie diese errungen wurden, löschten den Glanz früherer Tage. Er gewann dreimal in Folge den Europa-Cup der Landesmeister (1974–76). Auch diese Siege hatten ihre Ursache in einem ökonomischen Verhalten: Unbedingte Erfolgsorientiertheit bedeutet, daß die Athleten sich in den Spielen, in denen es darauf ankommt, aufs äußerste konzentrieren, um die sich dabei ergebenden Chancen auszunutzen. Im Falle des Sieges gegen die AS St. Etien-

Plattenhülle «Fußball ist unser Leben» (1974)

ne 1976 hinterließ der Erfolg einen schalen Nachgeschmack. Unter ihrem Kapitän Michel Platini boten die Franzosen ein überragendes Spiel, dem die Münchner nur ein destruktives Handwerk entgegenzusetzen hatten. Durch ein Tor in ihrem einzigen Angriff während des ganzen Spiels kamen die Bayern zu ihrem dritten Finalsieg. In Frankreich wurde die Mannschaft aus St. Etienne wie der eigentliche Sieger gefeiert.

Auch bei Mönchengladbach, obwohl noch dreimal nacheinander Deutscher Meister (1975–77), war der Schwung schon seit einiger Zeit dahin. Neben der Stagnation der Fähigkeiten und der Kalkuliertheit des Einsatzes spielt auch eine Rolle, daß die Stars alt geworden waren. Es gab zwar tüchtigen Nachwuchs, aber dieser kam in eine Umgebung, die an sportlichen Werten, wie Schönheit des Spiels, nur noch am Rande interessiert war. Es kam eine freudlose Zeit: Ermüdung und Lähmung der Öffentlichkeit, nicht nur im Fußball. Auch das Publikum gab seiner Enttäuschung Ausdruck. Alles, was zuvor als wertvoll galt – alles Werte der Jugend, wurde jetzt entwertet: Es wurde als kopflos und zu riskant befunden. Was das Publikum begeistert hatte – das Spielerische und das Vergnügen am Spiel –, wurde jetzt als Schwäche ausgelegt.

5. *Krise, schwierige Modernisierung und «Wende»*

Gegen Ende der siebziger Jahre zeichnete sich deutlich ab, daß die Bundesliga sich verändern, auf die veränderten Zeitläufe und defensiv gewordenen Spielstile mit neuen Attraktionen reagieren mußte. Als erster zeigte der Präsident des HSV, Dr. Krohn, ein Marketing-Fachmann, die Richtung des Weges an: die Transformation des Fußballs in eine Show. Trotz aller Peinlichkeiten und grotesken Züge hatte er etwas Richtiges erkannt: daß es auf einen neuen Professionalisierungsschub ankam, auf die systematische Bearbeitung der Öffentlichkeit, Veränderung der Präsentation des Sports, Erzeugung eines Unterhaltungswerts über das Fußballerische hinaus und hohe finanzielle Investitionen in den Kauf neuer Spieler. Der HSV wurde zur stärksten Mannschaft der Liga, gewann 1979 den deutschen Titel (1982 und 83 zwei weitere) und schließlich auch den Europa-Cup der Landesmeister (1983). In der Bundesliga spielten jetzt wieder internationale Spitzenmannschaften, nachdem es einige Vereine verstanden hatten, Wirtschaftlichkeit, Unterhaltung und fußballerisches Können miteinander zu verbinden. Die zweite erfolgreiche Mannschaft dieser Zeit waren wiederum die Bayern. Ähnlich wie in Hamburg wurden in München in zähen Anstrengungen eine neue Struktur des Managements und ein neuer, hochtechnischer und rationaler Stil des Fußballs geschaffen.[8] Im Unterschied zum HSV, der erfolgreich mit ausländischen Trainern und Spielern arbeitete, setzten die Bayern in jener Zeit auf deutsche Spitzenfußballer, die sie aus dem Ausland zurückholten und in ihre Mannschaft integrierten. Dies gelang mit durchschlagendem Erfolg; der Verein errang in der Zeit von 1980 bis 1990 siebenmal die deutsche Meisterschaft, mit fest verankerter regionaler Identität, starkem Rückhalt in der Landespolitik und engster Kooperation mit den Medien.

Das Bayern-Management, mit dem ehemaligen Spieler Uli Hoeneß an der Spitze, hatte zwei Dinge begriffen: Provinzielle Zugehörigkeit, gerade wenn sie mit krachledernem Selbstbewußtsein auftritt, und ständige Medienpräsenz steigern den Marktwert. «Das Bayerische», die nach außen zur Schau getragene Provinzialität des Vereins, beruht durchaus nicht auf einem Mangel an Denken im internationalen Maßstab; im Gegenteil strebt der Verein seit langem nach einer führenden Position in Europa. Freilich war der FC Bayern München bei weitem nicht so ein mitreißendes und erfolgreiches Produkt wie der FC Barcelona, in dem sich die katalanische Identität auf eklatante Weise verkörpert. Insgesamt fehlte den Bundesliga-Mannschaften ein höheres Niveau an Athletik, technischen Fertigkeiten, Mannschaftsspiel, strategischem Denken *und* an Leidenschaft, sich für Spitzengagen vollkommen hinzugeben. Auf dem deutlich höheren finanziellen und professionellen Niveau der italienischen und spanischen Liga war dies damals offenkundig möglich.

Im Laufe der neunziger Jahre veränderten sich die ökonomischen und in der Folge die sportlichen Verhältnisse der Bundesliga. Ihre Einnahmen und das öffentliche Interesse an ihr steigerten sich in vorher nicht gekannte Höhen. Ein grundlegender Einschnitt ergab sich Anfang der neunziger Jahre, eine bis heute wirkende Umstrukturierung, die nicht vom Fußball ausging, sondern von der medialen Darstellung der Bundesliga: Die Rechte für die Fernsehberichterstattung gingen vom öffentlichen Fernsehen an einen Privatsender (SAT 1); an die Stelle der traditionellen Sportberichterstattung trat ein neues Medienformat. Vorbei war es mit der relativ distanzierten Darstellung der Fußball-Ereignisse; jetzt gab es eine parteiische Darstellung der Bundesliga aus Fan-Perspektive, ohne jede kritische Distanz. Dominierend wurden die Bilder, deren Aufnahme- und Schnitttechnik von der Produktionsweise der Video-Clips aus der Popmusik-Szene übernommen wurden. Mit hoher Geschwindigkeit, schnellen Schnitten, ungewöhnlichen Perspektiven wurde die Stimmung einer Unterhaltungsshow erzeugt, untermalt von atemlosen, exaltierten Kommentaren, die die Sporthelden ins Überlebensgroße verzerrten. Auf diese Weise wurde ein vor allem junges und zahlungskräftiges Publikum für die Bundesliga interessiert.[9] Wie nie zuvor engagierte sich die Wirtschaft in der Bundesliga: Mit dem steigenden Zuschauerinteresse, stiegen die Werbeeinnahmen und der Wert der Fernsehübertragungen.[10] Unter dem Einfluß des Senders des Medienunternehmers Leo Kirch stiegen die Summen, die für Übertragungsrechte der Bundesliga gezahlt wurden, in gigantische Höhen bis zum Jahr 2002, als die unerwartete Insolvenz von «Kirch Media» die Finanzierung des gesamten Bundesliga-Betriebs in Frage stellte. Heute gibt es nur die eine Klarheit: daß der Fußball nicht länger das hohe finanzielle Niveau der Vorjahre halten kann.

Unter dem sportlichen Aspekt verläuft die Saison seit vielen Jahren nach dem gleichen Schema: Favorit sind die Bayern, der jeweilige Herausforderer versucht, ihnen den sicher geglaubten Titel abzujagen – manchmal mit Erfolg wie Werder Bremen (1988, 1993, 2004), 1. FC Kaiserslautern (1991, 1998), VfB Stuttgart (1992) oder Borussia Dortmund (1995, 96), der 1997 der Gewinn der Champions League gelang. Langfristig erwiesen sich der Markenname der Bayern, der geschickt vermarktet wurde, und die solide Finanzpolitik des Vereins als außerordentlich erfolgreich. Unter dem Trainer Otmar Hitzfeld, den sie von ihrem ärgsten Konkurrenten Borussia Dortmund abgeworben hatten, errangen die Bayern 2001 ebenfalls den Sieg in der Champions League. Fast wäre Bayer Leverkusen mit seinem Trainer Toppmöller, der aus deutschen und südamerikanischen Spielern eine homogene Mannschaft mit einem bravourösen Spielstil zusammengestellt hatte, im darauffolgenden Jahr der gleiche Erfolg gelungen – sie scheiterten nur knapp im Finale an Real Madrid.

Zu Anfang der neunziger Jahre hatte sich ein noch viel tieferer Einschnitt in der Geschichte des deutschen Fußballs als die ökonomische Neuorientierung ereignet – eine irreversible Veränderung, die das breite Publikum in der alten Bundesrepublik freilich kaum berührte: die sehr unglücklich verlaufene

«Integration» des Fußballverbands der DDR in die Strukturen des DFB. Tatsächlich bedeutete dieser Übergang, der in der Saison 1991/92 geschah, nicht nur das Ende der besonderen Geschichte des Fußballs in Ostdeutschland, wo dieser nicht weniger beliebt war als im Westen, sondern auch die völlige Auslöschung der Erinnerung an ihn. Der bekannte Trainer Hans Mayer aus der DDR konstatierte diesen Vorgang vor kurzem mit den bitteren Worten: «Das Ganze ist kurz und schmerzlos gelaufen, danach hatte die Ostseite keine Geschichte mehr.»[11]

Das Verhältnis der Ostdeutschen zum Fußball war die ganze DDR-Zeit hindurch ein schwieriges. Seit Gründung der Bundesliga nahmen sie Anteil am Fußballgeschehen im Westen, das sie im Fernsehen verfolgen konnten.[12] Ihre eigenen Mannschaften hatten es außerordentlich schwer, zu Erfolgen zu kommen. Die Sportart Fußball wurde gegenüber jenen Disziplinen zurückgestellt, in denen die DDR bei den Olympischen Spielen reichlich Goldmedaillen gewinnen konnte. Die Vereine durften sich keine ausländischen Spieler holen, nicht einmal Verstärkung aus den anderen Bezirken des eigenen Landes. Dennoch kam der DDR-Fußball zu einigen bemerkenswerten Triumphen. Bei der Weltmeisterschaft in der Bundesrepublik siegte das ostdeutsche Team im Vorrundenspiel in Hamburg gegen die westdeutsche Mannschaft, den späteren Turniersieger, durch das legendäre Tor von Jürgen Sparwasser. Im selben Jahr gewann der 1. FC Magdeburg den Europapokal der Pokalsieger gegen den ungleich höher eingeschätzten AC Milan mit 2:0. 1981 und 1987 standen noch einmal zwei Mannschaften aus der DDR im Finale desselben Wettbewerbs. Beide verloren ihre Spiele nur knapp, Carl Zeiss Jena gegen Dynamo Tiflis (0:2) und Lok Leipzig gegen Ajax Amsterdam (0:1). Nach der Wende kam es zu einem regelrechten Exodus der guten Spieler: Allein zwischen Oktober und Dezember 1989 verließen 100-Aktive die DDR in Richtung Westen. In die neue gesamtdeutsche Bundesliga wurden gerade zwei Vereine aus der DDR aufgenommen, Dynamo Dresden und Hansa Rostock. Die ostdeutschen Clubs waren auf den kapitalistisch organisierten Sport nicht vorbereitet: Die besten Spieler waren abgewandert, die Vereine hatten keine finanziellen Ressourcen, ihre Anlagen waren veraltet, das Management wurde in der Manier von Glücksrittern betrieben.

6. Mythische Erzählungen

Die Erinnerung an die Bundesliga wirkt für die Liebhaber in ihren epischen Erzählungen fort. Sie wird durch Spezialisten der narrativen und bildlichen Darstellung in Gang gehalten;[13] sie ist nie abgeschlossen, sondern wird aus einer Vielzahl von Narrationen zu einem unendlichen Gewebe weitergesponnen. Die Arbeit der Erinnerung ist ein dynamischer Prozeß; ihre Bilder werden immer wieder von neuem überarbeitet. Jede neue Erzählung ist ein Wiederholen des ursprünglichen Erzählens, ein immer erneuerndes Hineinholen in die jeweils neue Gegenwart. Diese unablässige Bewegung des Erinnerns, dieses Neu- und Groß-Erzählen des Alten ist das Kennzeichen des Epischen. Daher sind die alten Zeiten nicht wirklich alt. Der Krieg um Troja findet bis heute statt.

Die epische Erzählung beschreibt eine agonale Welt. An ihr ist in erster Linie die kämpfende Klasse beteiligt, also nicht die Chefs der Gesellschaft und nicht diejenigen, die für das materielle Wohlergehen sorgen müssen. Es ist also nicht zutreffend, wenn man meint, in der bürgerlichen Zeit könne es keine epischen Erzählungen mehr geben. Je stärker die bürgerliche Zeit ein Bewußtsein davon hat, daß sie eine Zeit der Kämpfe ist, also keine Aufteilung von Pfründen mehr, keine Honoratiorenwirtschaft oder Spielen an der Börse, desto besser sind epische Erzählungen geeignet, ihrer Lebenssituation Ausdruck zu verleihen. Insofern kam die Bundesliga genau zur rechten Zeit.[14] Die Erzählungen des Fußballs sind aus der gewöhnlichen Welt herausgehoben, aber auf merkwürdige, untergründige Weise doch mit dieser verbunden.[15] Der Kleinbürgersproß Beckenbauer wird zum Genie, das Arbeiterkind Berti Voigts zum Weltmeister durch Arbeit. In der Erinnerung der Bundesliga werden die bekannten Sportler zu Idealbildern dessen erhöht, was der männliche Durchschnittsbürger in seinem Alltag zu tun wünscht: Sie erhalten einen Handlungsspielraum und eine schrankenlose Macht des Handelns, die es seit langem nicht mehr gibt.

Worum es bei den Meisterschaften und Rekorden geht, in jenem Bereich des Sports, der die Ereignisse im Gedächtnis bewahrt, sie berichtet, in Geschichten und Bildern festhält, ist die Anstrengung, die Macht und Größe einer Person auf Dauer zu stellen, sie gegenüber der Vergänglichkeit zu schützen. Von allen Aktivitäten scheint der Sport am wenigsten geeignet zu sein, die Zeit «vom Fluch ihrer Vergänglichkeit zu erlösen» (Jacob Burckhardt). Ist er nicht im Gegenteil darauf angelegt, jede einmal erbrachte Leistung, jeden Rekord und Erfolg, kaum daß sie erzielt sind, zur Erneuerung freizugeben? Aber das Überwundene verfällt nicht dem Vergessen. Gerade weil der Sport auf eine sich ständig wiederholende Überbietung, auf ein unaufhörliches Weitersteigen der höchsten Marken auf der Meßlatte angelegt ist, funktioniert seine Erinnerung als Welterzeugung einer ewigen Gegenwart. Insofern er das Vergehen der Zeit für seine permanente Erneuerung nutzt, hat er eine Produktionsweise von Ereignissen ausgebildet, die eine für groß gehaltene Handlung in dem Moment, wo sie geschieht, in Erinnerung verwandelt. Ihre Wirkungsweise ist das Verewigen von Ereignissen in genau dem Moment, wo sie geschehen.[16] Die Gegenwart des Sports wird nicht nur in ihrer sinnlichen Präsenz wahrgenommen, sondern auch in der Perspektive ihres Erinnerungswerts.

Die Erzählungen über die Bundesliga sind zugleich epische Erzählungen über die Bundesrepublik. Sie ermöglichen es, Zeitpunkt für Zeitpunkt, Bild für Bild jene geschichtlichen Momente der Bundesrepublik in die Gegenwart zu holen, die mit den Fußball-Ereignissen verbunden sind. Die Bildlichkeit der mythischen Erinnerung läßt einzelne Zeitpunkte der Geschichte der Bundesrepublik mit ihrem sinnlichen Reichtum in der Gegenwart wiederentstehen. Mit einer solchen lebendigen Vergegenwärtigung der Vergangenheit kann die Aufmerksamkeit auf besondere Merkmale einzelner Zeitpunkte gerichtet werden, die auch für die politische Geschichte bedeutsam waren, aber an dieser selbst nicht erkannt werden konnten. Aus der Erinnerung der Bundesliga erfahren wir politische Stimmungen und Wünsche, Selbstentwürfe sozialer Gruppen und Vorstellungen von Größe. Sie werden besser in Bildern erfasst als von politischen Dokumenten , insbesondere in Bildern aus dem Lieblings-Spiel der Nation, das den Leidenschaften für die Dauer von zwei Halbzeiten ein unkontrolliertes Ausleben gewährt.

Hartmut Zwahr

«Wir sind das Volk!»

Was verleiht Worten Flügel? Was hebt sie über den Augenblick hinaus ins Bewußtsein der Zeitgenossen und bewahrt sie auf diese Weise vor dem Vergessen? Zweierlei ist bei einem solchen Flügelschlag in der Geschichte wohl immer im Spiel: ein grundstürzendes, die Strukturen brechendes Ereignis, wie Luthers Widerrufsverweigerung «Ich kann nicht anders, hier stehe ich, Gott helf' mir, Amen»[1] vor Kaiser und Reich am 18. April 1521 zu Worms, und eine Figur, die den Strukturbruch, wie die Reformation einer war, begeht, dann bekennt und gerade dadurch Anschlußhandeln bewirkt.

1. Ort und Zeit

Der bekennende und ermutigende, erweckende, ja mobilisierende Ruf der ostdeutschen friedlichen Revolution *Wir sind das Volk!* ging von Leipzig aus. Er war, bevor er von den vor der Nikolaikirche auf das Ende des Friedensgebets Wartenden in Sekundenschnelle aufgenommen und zum Massenruf wurde, das Bekenntnis eines einzelnen Menschen. Es ist nicht bekannt, wer die Worte zuerst gerufen hat, als Sprechchöre auf eine Beschimpfung reagierten, die den trotz aller Warnungen in die Innenstadt Gekommenen die Ehre abschneiden sollte. Vielleicht wollte der Ruf *Wir sind das Volk!* auch die Angst bannen, die auf allen lastete, seitdem sie wußten, daß «eine gewalttätige Konfrontation mit Schießbefehl seitens der staatlichen Organe zu befürchten wäre».[2] Sehenden Auges waren sie an Ansammlungen von Bereitschaftspolizisten vorübergegangen, an Einsatzkräften des Innenministeriums, Zivilisten, der Stasi, an Kampfgruppenleuten, vorbei an den an der Leine zerrenden Schäferhunden, Behelmten mit Schild und Schlagstock, gepanzerten Fahrzeugen mit aufgesessenen Uniformierten, denen sie in die jungen Gesichter gesehen hatten, die *Volkszeitung* dieses Montags mit der Verleumdung im Kopf.[3] In scharfen Worten hatte das Organ der SED-Bezirksleitung Leipzig jene, die sich der Selbstzerstörung des Landes demonstrierend entgegenstellten, als Rowdys beschimpft, bis die Antwort kam: in diesem Augenblick des Wartens vor der Kirche, am späten Nachmittag des 9. Oktober, zwischen fünf und sechs Uhr, als jemand in die Sprechchöre *Wir sind keine Rowdys!* hineinrief: *Wir sind das Volk!*

Aus dem Zorn der Gerechten, wie aus einem Funken, der zündet, formte sich der Sprechchor, laut und bestimmt in der Wiederholung und zur Welle anschwellend, bis das *Wir sind das Volk!* den Kirchenvorplatz füllte, von den

Mauern widerhallte und die Angst wich: Wir sind es mit dem Ruf nach Zulassung, nach Legalisierung des Neuen Forum; nicht ihr, die Mächtigen seid es, nicht ihr, die Waffenträger, die hierher Befohlenen, nicht ihr Presseleute, die ihr uns den Stempel, Rowdys zu sein (das waren Honeckers Worte[4]), aufdrückt. Die Verknüpfung *Wir sind das Volk! – wir sind keine Rowdys!*,[5] die offensichtlich nur einmal, und zwar in einem Bericht für den engeren Zirkel der Macht um Mielke dokumentiert ist,[6] enthüllt den entstehungsgeschichtlichen Zusammenhang des denkwürdigen Bekenntnissatzes des Leipziger 9. Oktober. Im Rezeptionsgeschehen durch Anschlußhandeln wurde die Bekenntnisformel dann spontan von der Zurückweisungsformel *Wir sind keine Rowdys!* abgetrennt. Das geschah im massenhaften Zugriff auf die Bekenntnisformel am 9. Oktober schon in Leipzig. Erst diese Umformung gab dem bekennenden *Wir sind das Volk!*, nachdem es aus dem Entstehungskontext herausgelöst war, sein Eigengewicht und seine politische Durchschlagskraft. Erst in diesem Gestaltwandel wurde es Postulat der Volkssouveränität, legitimierte es gegen Partei- und Staatsmacht gerichtetes Machthandeln, erhoben sich die, die es in Anspruch nahmen, in den Rang des politischen Volkes: *Wir sind das Volk!* Im Sprechchor-Stakkato der Menge wiederholt und in die Bezirke hinausgetragen, füllte es sich immer aufs neue mit der volkssouveränen Radikalität seines Wortsinns auf.

Damit war etwas Absolutes, nicht Hintergehbares an diesem Spätnachmittag des 9. Oktober draußen vor der Kirche geschehen. Da war der Raum plötzlich besetzt von der Gegenöffentlichkeit, körperlich wie geistig, auch durch die Macht der Geschichte, und das im 200. Jahr des Gedenkens an jene Revolution, die mit dem Sturm auf die Bastille begann und sich in der Erklärung der Rechte des Menschen und des Bürgers vom 26. August 1789 fortsetzte. Es heißt darin in Artikel 3: «Jegliche Souveränität liegt im Prinzip und ihrem Wesen nach in der Nation. Keine Körperschaft und kein einzelner kann eine Autorität ausüben, die sich nicht ausdrücklich von ihr herleitet.»[7] Der deutsche Bund der Geächteten, 1834, bekannte sich zur Erklärung der Menschen- und Bürgerrechte in der Textfassung des greisen Buonarroti: «Artikel 22. Die gesetzgebende Gewalt ruht allein im Herrscher (Souverain). Artikel 23. Der Herrscher ist das Volk. Artikel 24. Das Volk ist die Gesamtzahl der Bürger. Artikel 25. Die Herrschaft des Volkes ist unveräußerlich und unverjährbar. Artikel 26. Kein Teil des Volkes kann die Gewalt des ganzen Volkes ausüben; aber jede Abteilung des versammelten Volkes soll das Recht haben, ihre Meinung mit völliger Freiheit kundzutun.»[8]

Im *Chemnitzer Boten* vom 6. Juni 1848 stehen die Sätze: «Die Despoten sagen: Der Staat, das sind wir. Die Blutroten sagen: Wir sind das Volk. Daraus folgt: Alles durch das Volk (d. h. durch uns), für das Volk (d. h. für uns).»[9]

Wer die Texte kennt, dem mag das *Wir sind das Volk!* wie aus einer großen Tradition zitiert erscheinen, in der es in der Sache auch steht. Doch die Geschichte ging dabei ihre verschlungenen Wege bis zu dem Punkt, an dem sie das Postulat der Volkssouveränität in wortwörtlicher Übereinstimmung mit 1848 aus den Ereignissen hervortrieb.

Seit dem Leipziger 9. Oktober nahm das die Strukturen der DDR brechende, grundstürzende Geschehen der demokratischen Revolution einen friedlichen Verlauf; es wurde bald unumkehrbar.

2. *Drinnen und draußen*

Susanne Rummel, Hausfrau, damals 37 Jahre alt, berichtet, wie die Friedensgebetsgemeinde, die sich an diesem 9. Oktober wie jeden Montag versammelt hatte, den von Gewandhauskapellmeister Kurt Masur initiierten dringenden Aufruf zu «Besonnenheit» und zum «freien Meinungsaustausch über die Weiterführung des Sozialismus in unserem Land»[10] aufnahm. «Einen Moment lang entspannten sich alle – ein kurzes Aufatmen. Das hielt nicht an, denn *von draußen drangen die gewaltigen Sprechchöre zu uns hinein* (Hervorhebung – Z.): neben Pfiffen und Buh-Rufen und Klatschen das ‹Stasi raus!›, ‹Gorbi, Gorbi›, und ‹Wir bleiben hier!› und das wunderbare ‹Wir sind das Volk!›. Am lautesten aber der Ruf ‹Keine Gewalt!› Die Atmosphäre in der Kirche war zum Zerreißen gespannt. Irgendwie schienen wir uns alle zu ducken in Erwartung eines fürchterlichen Schlages [...]. Und dann kam noch der Landesbischof Hempel – er war vorher schon in den drei anderen Kirchen, die an diesem Tag ebenfalls Friedensgebete abhielten –, und sagte, er bete dafür, diese Nacht möge vorübergehen, ohne daß das Schlimmste passiere. Keiner von uns wollte das Wort Bürgerkrieg oder Blutvergießen aussprechen, aber allen schien es greifbar nahe. Die Pfarrer boten an, die Kirche geöffnet zu halten für alle, die sich nicht hinauswagten. Es gingen aber alle. Und der Nikolaikirchhof war voller Menschen. Zusammen liefen wir los; zögernd, stockend zunächst – bis wir dann auf dem Karl-Marx-Platz waren. Und da sahen wir sie: die Wagen, auf denen die Spezialeinheiten mit Helmen, Schilden und wer weiß, was noch, saßen. Die Einheiten, die uns einschüchtern und in Schach halten sollten. Nun war die Angst in mir schon so groß, daß ich dachte, ich müsse jetzt etwas dagegen tun. Da bin ich dann auf Leute von den Kampfgruppen zugegangen, die am Opernpark standen. Andere Demonstranten taten das auch. Wir haben mit ihnen geredet, sie gefragt, ob wir wie Chaoten oder Staatsfeinde aussähen und ob sie denn tatsächlich auf uns eingeschlagen hätten.»[11]

Der Massenruf der friedlichen Revolution, das beweist dieser Bericht, ist nicht aus der Friedensgebetsgemeinde der Bürgerrechtler im Kircheninneren hervorgegangen, denn er drang von draußen ins Kircheninnere hinein, so gewaltig war das Sprechchorrufen. Er dokumentiert, nachdem sich die Kirchentüren geöffnet hatten, das Zusammenwachsen der friedensgebetsbewegten Christengemeinschaft oder doch einer Mehrzahl von Christen, von denen die Ausreisewilligen, die Schutz und Resonanz suchten, nicht abgewiesen worden waren, mit dem draußen versammelten Teil des Volkes. Wer vor der Kirche stand, hatte die Blicke auf die aus den Kirchentüren Heraustretenden gerichtet, um sich mit ihnen zum Demonstrationszug zu vereinigen. Sinnfälliger als in diesem Vereinigungsgeschehen auf dem Nikolaikirchhof, bei dem die Friedensgebetsgemeinde, als sie die Kirche verließ, das Lied der nordamerikanischen Bürgerrechtsbewegung «We shall overcome» anstimmte, während die vorwiegend säkularisierte Gemeinschaft vor der Kirche ein um das andere Mal den Refrain der Internationale mit dem Menschenrechtsgebot «Die Internationale erkämpft das Menschenrecht» absang,[12] kann das Ineinanderfließen von Bürgerrechtsbewegung und der durch sie angestoßenen Bürgerbewegung seinen Ausdruck nicht finden.

3. Der «Rundlauf»

Vereint bewegte sich die Menge aus dem durch einen Bauzaun aus Metall eingeengten Nikolaikirchenvorplatz, dem Nikolaikirchhof, heraus zur Kundgebung vor der Oper auf dem Karl-Marx-Platz, von wo sie anschließend zwischen Oper und Hauptpost auf den innerstädtischen Ring einschwenkte und dem Hauptbahnhof entgegenzog, das heißt, im umgekehrten Uhrzeigersinn die Innenstadt zu umrunden begann.

Ein Leipziger vernahm die Signalworte der friedlichen Revolution erstmals am 9. Oktober, als er sich am Dittrichring in den Demonstrationszug einreihte. «Ich war von dieser großen Menschenmenge beeindruckt. Uns standen die Tränen in den Augen – vor Freude oder vor Furcht.»[13] Ein Abiturient notierte am Tag darauf: «Ich ging allein in Richtung Post. Dort waren schon Sprechchöre aus weiter Entfernung zu hören, die leise über den Menschenmengen schwebten. Sie schienen aus Richtung Leuschnerplatz zu kommen, was aber ein Trugschluß war; jedoch hörte es sich aufgrund des Schalls so an, sicher wegen der großen Gebäude auf dem Karl-Marx-Platz. Dann wurden die Chöre deutlich lauter; ein Zug kam auf den Karl-Marx-Platz ‹gerollt› – von der Nikolaikirche. Das laute Klatschen einer großen Menge war zu hören. Dann die Rufe: *Schließt euch an! Schließt euch an!* Und schon kam der Zug angerollt und bewegte sich an der Hauptpost vorbei. Ich schloß mich an, mit zwei Bekannten, die ich getroffen hatte. Es schien eine gewaltige Menge zu sein, die noch hinter uns kam. Neben mir eine große Gruppe von Arbeitern (in den Dreißigern), auch Leute mit Aktentaschen, die sicher von der Arbeit kamen! *Wir sind keine Rowdys! Wir sind keine Rowdys!* wurde angestimmt, verbreitete sich schnell weiter und schallte dem Bahnhof entgegen. Wir waren in Höhe Terrasse des Kellertheaters. *Wir sind das Volk!* und immer wieder: *Gorbi! Gorbi!* Dann: *Neues Forum zulassen!* und: *Wir wollen Reformen!* Der Zug war zu einer riesigen Demonstration angewachsen.»[14] Auch die Demonstration der 20 000

Demonstration in Berlin am 4. November 1989

am Montag, dem 2. Oktober, war eine «Demo» fast ohne Spruchbänder, ohne Schrifttafeln gewesen. Auch sie war entstanden, indem sich die friedensgebetsverbundene Gemeinschaft entschiedener Christen in den und außerhalb der Kirchgemeinden und der über sie hinausgreifenden alternativen Gruppen mit den vor der Kirche Wartenden, die keinen Einlaß mehr gefunden hatten oder in das säkularisierte Sympathieumfeld gehörten, auch Neugierige waren darunter, zur Demonstration vereinten. Daraus entstand die breite Bürgerbewegung des Volkes. Die SED-Bezirksleitung berichtete zum Verlauf dieser «erneuten Provokation feindlich negativer Kräfte im Anschluß an das Montagsgebet in der Nikolaikirche Leipzig» in einem chiffrierten Fernschreiben vom 3. Oktober an Honecker: «Nach der Beendigung des Montagsgebetes in der Nikolaikirche verharrten die Teilnehmer auf dem Kirchvorplatz mit den dort Angesammelten. Dabei kam es zu Sprechchören wie ‹Neues Forum zulassen›, ‹Wir bleiben hier›, ‹Freiheit, Gleichheit, Brüderlichkeit›, ‹Jetzt oder nie›, ‹Gorbi, Gorbi›, ‹Freiheit für die Inhaftierten›. Es wurde die Internationale gegrölt. Zirka 18. 25 Uhr setzte sich die Personenansammlung demonstrativ in Richtung Grimmaische Straße, Karl-Marx-Platz in Bewegung. Sie lief dann über Georgiring in Richtung Hauptbahnhof/Tröndlinring.»[15] Wie der Vergleich zeigt, gab es die Sprechchöre *Wir sind keine Rowdys!* und *Wir sind das Volk!* an diesem 2. Oktober nicht, auch nicht den nach der Eskalation von Gewalt in den Vortagen von Dresdner Demonstranten am 7. Oktober erstmals erhobenen Ruf *Keine Gewalt!*[16] Vorausgegangen waren die massiven Zusammenstöße zwischen der Bereitschaftspolizei und der Menschenansammlung am Hauptbahnhof in der Nacht vom 3. zum 4. Oktober, am 5. und noch am 6. Oktober, darunter viele zur Ausreise entschlossene Jugendliche, die hofften, in den mit Botschaftsflüchtlingen besetzten Zügen aus Prag die Ausreise zu erzwingen. Leipzigs Demonstranten übernahmen den Ruf *Keine Gewalt!* am 9. Oktober.

Daß das Bekenntnis *Wir sind das Volk!* am 9. Oktober entstanden ist, wird durch die Berichterstattung der Partei- wie der Staatsmacht zum Ereignisverlauf des 2. und des 9. Oktober gestützt. Erst zum 9. Oktober, so wurde gemeldet, sei neben den schon bekannten «Worten» erstmals auch *Wir sind das Volk!* gerufen worden.[17] Die Hauptlosung aber sei gewesen: *Keine Gewalt!* Sie und die Forderung nach Ächtung des MfS: *Stasi raus!*, das Anschlußhandeln einfordernde *Schließt euch an!* und das Verlangen, eine Perestroika durchzusetzen, was sich in den Sprechchören *Gorbi, Gorbi!* ausdrückte, wurden von den Demonstranten, soweit sie von außerhalb gekommen waren, in die Heimatorte mitgenommen. Im Unterschied zum 2. und zum 7. Oktober mit einer wohl noch vorwiegend innersächsischen Demonstrationskommunikation setzte am 9. Oktober die Ausbreitung der großen Wortschöpfungen der friedlichen Revolution landesweit ein: «Mindestens 5000 Teilnehmer kamen allein mit der Eisenbahn aus anderen Städten der DDR», berichteten Partei- wie Staatsfunktionäre aus Leipzig, nachdem die Demonstration des 9. Oktober friedlich zu Ende gegangen war, an die Machtzentrale in Ost-Berlin. «Aus vorliegenden Informationen ist die Teilnahme aus den Bezirken Dresden, Karl-Marx-Stadt, Gera, Cottbus und Berlin verbürgt.»[18] Auch von diesen Fahrgemeinschaften ist der Ruf *Wir sind das Volk!* verbreitet und rasch ins Land hinausgetragen worden. Telefon, Rundfunk, das bundesdeutsche Fernsehen und bald auch das der DDR haben ihn über alle Grenzen hinweg in die Welt getragen. Es gehört zu den Merkwürdigkeiten des Ost-Berliner Demonstrationsgeschehens, daß die Worte *Wir sind das Volk!* am 4. November, einem Sonnabend, auf der Kundgebung zum Abschluß der Demonstration der 500 000 zum Alexanderplatz zwar von prominenten Rednern, von Stefan Heym, Jan Josef Liefers und Christa Wolf, aufgegriffen worden sind,[19] auf den Spruchbändern und Schrifttafeln der Berliner, soweit Fotos und Texte dazu veröffentlicht worden sind, aber nicht vorkommen. Gründe lassen sich nur vermuten. Daß der bekennende Satz *Wir sind das Volk!* zu diesem Zeitpunkt allgemein bekannt war, kann vorausgesetzt werden. Er stand für die friedliche Erhebung der Bezirke, der «Provinz», gegen die realsozialistische Diktatur und deren Ostberliner Spitze, die aus einem Berg von Privilegien aufragte, auf dem auch mancher Hauptstädter seinen um einiges erhöhten Platz gefunden hatte. Daß jetzt zuerst Sachsen die Hand an diese Spitze legten, um sie abzuknicken, irritierte anscheinend sehr. Vielleicht war das zu viel für die Ostberliner, selbst für die, die mit der Partei nichts am Hut hatten, Menschen aus Sachsen aber jahrzehntelang als die «roten Sachsen» und die «falschen» Berliner erlebt hatten.

Auf der Leipziger Montagsdemonstration des 6. November, zwei Tage nach der Alexanderplatzdemonstration und drei Tage vor Öffnung der Berliner Mauer, bestimmte das *Wir sind das Volk!* – wechselnd mit den Sprechchören *SED, das tut weh!* und dem den Selbstkritik übenden Parteirednern am Opernhaus aus der Breite und Tiefe des Platzes davor entgegenschallenden *Zu spät! Zu spät!* – den Gang des Geschehens.[20] Dieses *Zu spät!* hörte sich an, als spräche ein antiker Chor sein Schicksalswort. Parteiredner, die den auf dem Karl-Marx-Platz Versammelten Rede und Antwort zu stehen versuchten, wie der frischgewählte SED-Bezirkssekretär Roland Wötzel, der jetzt auch dem SED-Politbüro neu angehörte, brachten kaum einen Satz heraus, eine solche Ablehnung schlug ihnen an diesem Regentag entgegen. Einige Tausend Menschen, viele ohne Regenschirm, standen ihnen im Nieselregen gegenüber. Teils zornig, teils mit grimmiger Lust stimmten sie ihre Sprechchöre an, beendeten sie den Dialogversuch der Partei und drängten sodann zum Rundlauf auf den Ring, bis sie, vorbei an der Bezirksbehörde des Ministeriums für Staatssicherheit, der sogenannten «Runden Ecke», zum Neuen Rathaus gelangten. Vor dem Portal mit den von Regen schwarzen steinernen Leipziger Löwen versicherten sie einander in Sprechchören und Gesängen, wiederzukommen. *Montags sind wir wieder da!* und *Jeder bringt noch einen mit!* dröhnte das Bekenntnis zur Permanenz der Demonstration zu den Amtsstubenfenstern, die dunkel blieben, hinauf. Die Ankommenden hatten die Transparente zu beiden Seiten des Rathauses in die Rabatten gestellt. Dieser Forderungskatalog blieb die Nacht über stehen. Niemand wagte ihn anzutasten. Erst am nächsten Morgen ist das Ganze weggeräumt worden, während das Wachs, das von Hunderten von Kerzen abgetropft war, auf der Bordsteinkante kleben blieb, bis dort von den Montagsdemonstranten der kommenden Woche erneut brennende Kerzen abgestellt wurden. Am 3. November war Leipzigs Oberbürgermeister zurückgetreten. Ein Foto zeigt, wie er mit geradezu irrem Blick inmitten von auf ihn einredenden Menschen steht.[21] Die Ereignisse waren auch eine Munizipalrevolution, denn allenthalben in den Städten wurden Lokalgrößen zum Rücktritt gezwungen.

Drei Tage nach Öffnung der Berliner Mauer, am 13. November 1989, riefen Demonstranten in Leipzig erstmals den Sprechchor *Deutschland einig Vaterland!* Diese drei Worte sind ein Zitat aus der Hymne der DDR. Ihren Text schrieb 1949 der Dichter Johannes R. Becher. Seit dem Vertrag über die Grundlagen der Beziehungen zwischen der Bundesrepublik Deutschland und der DDR, abgeschlossen im Dezember 1972, war dieser Text ein Tabu. Er wurde nicht mehr gesungen. Nun aber war das Tabu gebrochen. Ein Spruchband mit der Aufschrift *Wir schämen uns unserer Nationalhymne nicht* leitete zu diesem Tabubruch hin, der vielen, die es erlebten, den Atem stocken ließ. Die Vereinigungs-, die Wiedervereinigungsforderung eroberte den öffentlichen Raum. *Deutschland einig Vaterland!* Das war ein Auftrag! Das war das Gebot der Straße, wenn auch nicht aller, so doch einer übergroßen Mehrheit: abgeleitet aus der volkssouveränen Überzeugung des *Wir sind das Volk!* Das Vereinigungsgeschehen in seiner elementaren föderalen Verknüpfung mit der Wiederherstellung der ostdeutschen Länderstaatlichkeit: *Schwarz-rot-gold! Sachsen Freistaat! Freies Europa!* (Transparent, Leipzig, 13. November) war radikal-demokratisch; es hatte unverwechselbare ostdeutsche Lebensgrundlagen. Das Volk zerbrach ein politisches Tabu, das darin bestand, die Staatsdoktrin der Zweistaatlichkeit des Status quo über das Lebensinteresse der geteilten Nation zu stellen. Der Wille, zueinander zu finden, war zu diesem Zeitpunkt innerhalb der ostdeutschen Bevölkerung weitgehend ungebrochen.

Bechers Dichterwort aus dem Gründungsjahr der DDR hat als Sprechchor wie als Text auf Spruchbändern und Schrifttafeln, vielfältig abgewandelt oder anders gefaßt, die Wiedervereinigungsdemonstrationen im November und Dezember 1989 und noch im Januar 1990 bestimmt. Neue Mehrheiten waren entstanden. Auf ostdeutschen Straßen im Übergang zu einer faktisch nationaldemokratischen Revolution zerbrach der Status quo in Europa zuerst in den Köpfen der Demonstrierenden, ehe die bundesdeutsche Politik sich an eine deutsche Vereinigung mit dem auf die Schaffung «konföderativer Strukturen zwischen beiden Staaten in Deutschland» gerichteten Zehnpunkte-Programm der Regierung Kohl herantastete und die internationale Politik dem folgte. Als es im Bundestag am 28. November 1989 verkündet wurde, war es historisch ebenso überholt wie der von Ministerpräsident Modrow am 17. November 1989 der Volkskammer der DDR unterbreitete Vorschlag, zwischen den beiden deutschen Staaten eine Verantwortungsgemeinschaft herzustellen, den Demonstranten im vogtländischen Auerbach noch am gleichen Abend mit der Forderung *Volkskammer weg!* und in Leipzig am Montag darauf mit dem Ruf *Modrow zurücktreten!* beantwortet haben.

Weitab vom Ort intensivsten Erinnerns an *Wir sind das Volk!* ist eine Deutungslegende um das Schillerwort *Wir sind* ein *Volk, und einig wollen wir handeln*[22] entstanden, das, verkürzt zu: *Wir sind* ein *Volk!*, gleichfalls Leipziger Ursprungs ist, aber da war es – am 9. Oktober – an die bewaffnete Macht gerichtet, Waffen gegen das eigene Volk, das der DDR, nicht einzusetzen. *Wir sind* ein *Volk!* hat die Wirkungsmächtigkeit eines Sprechchor-Massenrufs nicht erlangt. Wie hätten die Demonstranten auch skandieren sollen: *Wir sind* ein *Volk!?* Immer wäre herausgekommen: *Wir sind ein* Volk! Der unbestimmte Artikel, der sich nicht im Sinne von «einig, einzig» skandieren läßt, widerlegt alle gegenteiligen Behauptungen. Die Chronistik vor Ort weist den Text *Wir sind* ein *Volk!* auf Transparenten und Schrifttafeln erst für den 4. Dezember 1989 nach.[23] Massenhaft ist er als Parteienaufkleber nach Leipzig gekommen und hat seitdem politische Kraft entfaltet. Die Legende hantiert oft nur mit diesem Satz allein, als gäbe es Gründe, Bechers *Deutschland einig Vaterland!* oder sein *Daß die Sonne schön wie nie über Deutschland scheint!* (gleichfalls eine Leipziger Spruchbandforderung) aus dem Gründungsjahr der DDR zu vergessen.

Demonstration in Berlin am 9. November 1989

4. Das Pendel der Geschichte

In einer Erklärung vor der Volkskammer hatte die Regierung der DDR 1952 das deutsche Volk aufgerufen, «durch die eigene schöpferische politische Tat» die deutsche Spaltung friedlich zu überwinden und darin den «natürlichen Gegenschlag des Pendels der Geschichte» gesehen.[24] Der «Leitsatz» des durch Wiedervereinigung zu erringenden Staates müsse sein: «Alles durch das Volk! Alles für das Volk! Alles mit dem Volke.»[25] Wer hätte sich vorstellen können, daß das deutsche Volk, damals in «Tausenden und aber Tausenden Familien» auseinandergerissen,[26] 1989 noch immer staatlich geteilt sein würde?

Der Staat der DDR wurde von überwiegend kommunistischen Staatsgründern als «sozialistischer Staat der Arbeiter und Bauern» konstruiert.[27] Der Staatsgründungsakt am 7. Oktober 1949 muß in der Konsequenz als der erneute Versuch des kommunistischen Kerns der Arbeiterbewegung aus der Generation des zu Ende gehenden 19. sowie jener des ersten Drittels des 20. Jahrhunderts angesehen werden, die bürgerliche Gesellschaft zu überwinden, und zwar entgegen der Jahrhunderterfahrung, daß eine Mehrheit der Arbeiter sich in die industrielle Gesellschaft einzuordnen suchte und ihren Platz darin gefunden hatte. Dafür stehen Entscheidungen im August 1914 und im November 1918 und – trotz des Widerstandes und der Opfer der Hitlergegner aus der Arbeiterklasse – selbst das Jahr 1933. Die Staatsgründer der DDR haben die Integrationsoption unter den Bedingungen antifaschistischer Fremdherrschaft zu korrigieren versucht und sind, indem sie eine Parteidiktatur in Gestalt einer staatsplanwirtschaftlichen, seit 1961 geschlossenen industriellen Gesellschaft errichteten, erneut gegen die bürgerliche Gesellschaft angetreten. Es ist nicht zu verkennen, daß sie diese Gesellschaft nach den Strukturprinzipien der modernen Arbeitswelt zu gestalten und durch sozialen Ausbau zu stabilisieren suchten. Was daraus entstand, war eine ineffektive, die Rationalität wirtschaftlichen Handelns immer wieder verletzende und entwertende realsozialistische Industriegesellschaft. Sie fand ihre Optimierungsschranke im Machterhalt des Partei- und Staatskaders und endete in Selbstzerstörung. Diese Gesellschaft gewann aber zeitweilig auch, ja wiederholt die partielle Akzeptanz eines großen Teils vor allem der Arbeiter und kleinen Leute, solange sich diese in der sachlichen Ordnung der Arbeitswelt und deren sozialstaatlichen Institutionen sowie einer scheinbar sozialen Vollendung dieser Welt mit Mitteln der Allgemeinheit wie der Verheißung durch Agitation und Propaganda wiederfanden, während sich überkommene sozialdemokratische und kommunistische Milieus weitestgehend auflösten. Im sozialpolitischen Ausbau der DDR auf der Stufe der nicht finanzierbaren «Einheit von Wirtschafts- und Sozialpolitik» bildete sich eine Gesamtheit miteinander wie gegeneinander wirkender gesellschaftlicher Interessen heraus. Schließlich funktionierten allein noch die gesellschaftlichen Interessen und nicht mehr das System, das sie hervorgebracht hatte.

In der friedlichen Revolution hat die Bürgerbewegung die Demontage dieses Systems eingeleitet. In den Märzwahlen des Jahres 1990 votierte die übergroße Bevölkerungsmehrheit der DDR für den Anschluß an das Grundgesetz, die soziale Marktwirtschaft und die Kapitalgesellschaft der Bundesrepublik Deutschland. Damit vollzog sich der Wechsel von einer diktatorischen, unerträglich schwerfälligen und nicht effizienten Form industrieller Herrschaft in die einer entwickelten parlamentarischen Demokratie. Am Ende erwies sich das *Volk* in der DDR als der wirksamste Gegenspieler der immer weniger funktionierenden realsozialistischen industriellen Gesellschaft, nachdem die an Zahl kleine Bürgerrechtsbewegung unter dem Dach der Kirchen und außerhalb derselben vorangegangen war. In der friedlichen Revolution handelte nicht die Arbeiterklasse. Es fand kein Klassenkampf gegen die Parteiherrschaft statt, obwohl Arbeiter und Arbeiterinnen in großer Zahl an den Demonstrationen teilnahmen. Das Volk führte den Untergang der DDR mit einem ganz offensichtlich neuartigen Prinzip und Regulativ des politischen Handelns, einer Massenhegemonie, herbei.

5. Massenhandeln und Massenhegemonie

Die Sprechchöre *Wir sind das Volk!* und *Keine Gewalt!*, mit dem die Gerechten im Stakkato der Wiederholung auf die Macht einhämmerten, kennzeichneten den Beginn der friedlichen Revolution, an der die DDR zerbrach. Die Hegemonie der Menge, der intelligenten, aufgeklärten Masse, wie sie in der deutschen Geschichte so vielleicht noch gar nicht hervortrat, äußerte sich in einem außergewöhnlich geschlossenen massenhaften Demonstrationshandeln. Rosa Luxemburg mag ein solches Handeln, das sie von einer Arbeiterrevolution erhoffte, vor Augen gestanden haben, wenn sie schrieb: «Nur ungehemmtes, schäumendes Leben verfällt auf tausend neue Formen, Improvisationen, erhält *schöpferische* Kraft, korrigiert selbst alle Fehlgriffe.»[28] Es hat einen solchen Revolutionstyp als Arbeiterrevolution nicht gegeben, aber vielleicht gibt es ihn oder wird es ihn als die friedliche Revolution des Volkes geben, ohne daß eine «Revolutionspartei»[29] in Aktion getreten wäre. Bei aller Wirkung, die das am 9. September 1989 gegründete Neue Forum beim Verknüpfen von Bürgerrechtsbewegung und Bürgerbewegung erlangte, hat es zu einer solchen Massenhegemonie nur beigetragen.

Am 9. Oktober setzte das Volk die Signale auf Halt. Es übernahm die Hegemonie in dem Gesamtgeschehen, das sich anschloß. Es handelte sehr folgerichtig, wie die konsequente Verweigerung des Dialogs mit Partei und Staat und die Permanenz der Demonstrationen eindringlich beweisen. Das Volk handelte nicht im Auftrage eines Dritten, der in dem bekannten Satz, daß die Theorie, wenn sie die Massen ergreift,[30] zur materiellen Gewalt werde, stets mitzudenken ist. Als sich die friedliche Revolution auf ihren Höhepunkt zubewegte, war weder ein Vordenker noch ein Überbringer noch ein Organisator, der in den Denkapparat des Volkes eingegriffen hätte, am Werke. *Wir sind das Volk!* Diese Erkenntnis ist im Sprechchorfluß des Leipziger 9. Oktober freigesetzt worden. Als landesweites Bekenntnis hat es den auf den Kampf gegen eine Konterrevolution fixierten Staats- und Parteikader gelähmt. Welcher Ausweg blieb ihm? Er hätte, wie am 17. Juni 1953, die sowjetische Besatzungsmacht, die Panzerwaffe gegen das Volk, darunter eine Masse von Arbeitern, einsetzen müssen. Die Lebenslüge auf diese Weise zu beenden, waren die Apparate glücklicherweise außerstande. So scheiterten sie an Unbewaffneten, an deren Massenhaftigkeit, den Symbolen, auch den Kerzen, und zugleich auch am eigenen Zweifel, der Erosion der Staatsziele und Glaubensinhalte, bis sie in der friedfertigen Aktion vielleicht sogar schon den Nachbarn aus dem Haus nebenan erkannten. Ich zitiere einen der Leipziger Sechs vom 9. Oktober, einen der Bezirkssekretäre der SED: Er habe gehandelt «aus Angst vor dem, was hätte passieren können». Und er habe es getan, fügte er hinzu, weil er sonst weder seiner Familie noch seinen zahlreichen Freunden «in die Augen hätte blicken können; daß ich dann Schuld auf mich geladen hätte, mit der ich nicht hätte leben können.»[31] Anders die Machtträger an der Spitze. Sie scheuten aus Gründen des Machterhalts vor dem Äußersten zurück, so Honecker am Abend des 13. Oktober, als er, ohne Begründung, der Bezirksbehörde der Volkspolizei (VP) Leipzig befahl, «unter allen Umständen» zu verhindern, «daß es [am 16. Oktober erneut] zu Massendemonstrationen im Zentrum Leipzigs» komme. «Neben den Kräften und Mitteln der DVP und des MfS sollten die Fallschirmjäger der NVA und die Spezialkräfte des MfS nach Leipzig verlegt werden und dort vorrangig für die Festnahme der Rädelsführer» bzw. besondere Einsatzaufgaben vorbereitet werden. «Unter keinen Umständen ist die Schußwaffe durch die Schutz- und Sicherungskräfte zum Einsatz zu bringen. Alle Maßnahmen unternehmen, daß soweit wie möglich der friedliche Ausgang der Demonstration gewährleistet wird. Es dürfen keine Maßnahmen eingeleitet werden, die zu einer Zuspitzung der Situation führen können.»[32] Bis zu diesem Zeitpunkt war der Gebrauch der Schußwaffe also nicht ausdrücklich untersagt. Daß er nach dem Dresdner 8. und dem Leipziger 9. Oktober strikt verneint wurde, ist eine Folge der überwältigenden Geschlossenheit des Massenhandelns gewesen. Der Minister des Innern, Dickel, wies die nach Berlin befohlenen Chefs der Bezirksbehörden der Volkspolizei am 21. Oktober an, daß «Handlungen» der Polizei «gegen Demonstranten und Kundgebungen», selbst wenn diese ungesetzlich seien, nur erfolgen sollten, «wenn Gewalttaten» begangen «oder durch Teilnehmer Schutz- und Sicherheitskräfte bzw. Objekte» angegriffen würden. «Was sollen wir machen?», so seine Frage. «Sollen wir dazwischen gehen, bei 20 000, 30 000, 40 000 Bürgern? Wissen Sie, was das bedeutet? Da können wir gleich SPW [Schützenpanzerwagen] oder Panzer einsetzen. Aber jeder wird verstehen, daß das in der gegenwärtigen Situation und bei der weiteren Entwicklung unmöglich ist.»[33] Das ist eine Machterhaltsbegründung; sie beruhte auf einem Auftrag, den Dickel, wie er erklärte, durchzusetzen hatte, und nicht auf einer Gewissensentscheidung. «Ich kann jetzt nicht nach persönlicher Meinung gehen. Ich würde am liebsten hingehen und diese Halunken zusammenschlagen, daß ihnen keine Jacke mehr paßt. Ich war 1953 verantwortlich hier in Berlin. Mir braucht keiner zu sagen, was die weiße Brut veranlaßt. Ich bin als Jungkommunist nach Spanien und habe gegen die Halunken, dieses faschistische Kroppzeug, gekämpft [...]. Mir braucht keiner zu sagen, wie man mit dem Klassenfeind umgeht. Ich hoffe bloß, daß Ihr das genau wißt. Umzugehen, schießen, liebe Genossen, und daß die Panzer dann vor der Bezirksleitung und vor dem ZK stehen, das wäre noch die einfachste Sache. Aber solch eine komplizierte Situation nach 40 Jahren DDR?»[34]

Was hat sich hier wirklich ereignet? Ein simpler Staatszusammenbruch oder eine friedliche Revolution? Die landesweite Demonstrationsbewegung hatte den Handlungsspielraum für den Machterhalt dramatisch eingeschränkt, wie das Tonbandprotokoll zu Dickel beeindruckend beweist, während die Staatsgewalt, die sich in die Defensive gedrängt wußte, ihre Handlungsfähigkeit verlor. «Natürlich ist das im Moment ein Zurückweichen, aber ich sage Euch noch einmal, bei Größenordnungen von zwanzig-, dreißig-, achtzig- oder hunderttausend ist gar nichts anderes möglich. Am Montag ist das gleiche wieder in Leipzig; das geht jetzt schon wochenlang, und wir schlagen uns hier die Nächte um die Ohren.»[35] Massenhandeln in der Perspektive strukturbrechender Veränderungen hat die Demontage der Macht eingeleitet, vorangetrieben, teils auch schon vollendet. Die Bürgerbewegung ist, nachdem dieses Zerstörungshandeln weitestgehend vollbracht war, stehengeblieben. Sie hat einen «dritten Weg» nicht zu beschreiten versucht.

6. *Volk und industrielle Gesellschaft*

Die friedliche Revolution in der DDR bewirkte die radikale Absage an die programmgewordene Forderung eines Sozialismus der Arbeiterklasse und seine zur Diktatur gewordene Bewegung. *Wir sind das Volk!* Das Volk war der einzige Gegenspieler, den die Geschichte für das realsozialistische System zu diesem Zeitpunkt bereit hielt. Das Volk bleibt auch in Zukunft der legitime Akteur, der auch das industrielle Prinzip der Kapitalverwertung um seiner selbst willen in Frage zu stellen vermag. Diese Frage lautet: Industrielle Gesellschaft für wen und wofür? Es erscheint sinnvoll, diese Frage erneut zu stellen. In die Richtung einer funktionierenden, sozial durchgeformten industriellen Gesellschaft, nicht darüber hinaus, wies der radikale Anspruch des *Wir sind das Volk!* Er ist auf keinen neuen Weltzustand zugelaufen, den die Theorie, die zur materiellen Gewalt zu werden versprach, verhieß. Das Ergebnis liegt vor aller Augen. Die Gesellschaftserneuerer haben, sofern sie tatsächlich einen «dritten Weg» suchten, kein neues und praktikables Modell von Herrschaft und freier Arbeit anbieten können. So führte die Revolution in der DDR politisch zu einer demokratischen Ordnung, staatlich zur Vereinigung der Deutschen und zur Rekonstitution der ostdeutschen Länder; ökonomisch führte sie ins Kapitalverhältnis zurück. In allem war sie beispiellos und neuartig.

Was verleiht Worten Flügel? Was erhebt sie zu einem Erinnerungsbestandteil, der Zeiten überdauert? Zweierlei muß wohl in jedem Fall zusammentreffen: das grundstürzende Ereignis und der Akteur, der es trägt. *Wir sind das Volk!* war das Signalwort der friedlichen, der ostdeutschen Revolution. Solange ihrer gedacht werden wird, wird es als deren Faktum bleiben. Gültig bleibt es wohl immer.

Michael Jeismann

Die Nationalhymne

Sang die deutsche Fußballnationalmannschaft vor dem entscheidenden Spiel um den Gewinn der Weltmeisterschaft 1954 in Bern die deutsche Nationalhymne? Man erinnert sich nicht daran – Pathos, Jubel und Freude sind vor allem konserviert im Tor, Tor-Rufen des Rundfunkkommentators Herbert Zimmermann. Gewiß, die Hymne durfte gesungen werden, das «Hoffmann-Haydnsche Lied» war seit 1952 offiziell Hymne der Bundesrepublik.[1] Allein, das gesungene Wir-Gefühl litt unter einer doppelten Hypothek. Die Nationalsozialisten hatten die Hymne nicht nur zwangsweise an das Horst-Wessel-Lied und den «Hitlergruß» gekoppelt, sondern das Lied selbst durch ihre Politik desavouiert.[2] Ein Lied, das in den Konzentrations- und Vernichtungslagern von Häftlingen zur Erbauung der SS-Wachmannschaften gespielt werden mußte, das als «Weihelied der Sehnsucht» einer aggressiven und menschenverachtenden Großraum- und Rassenpolitik einen Schmelz von Legitimation und Tradition verleihen sollte, war bei den politisch empfindenden Deutschen mit einem Makel versehen, über den man kaum hinwegsehen konnte. Andere hatten nach den Aufmärschen und dem vielen vaterländischen Singen schlichtweg jede Lust auch am Singen der Hymne verloren. Es war ein Gestus, ja eine Gefühlslage damit verbunden, die man scheute, in der man sich nicht mehr wiederfinden mochte.

Dieser Verfremdungseffekt wurde noch dadurch gesteigert, daß nicht mehr die erste Strophe, also «Deutschland, Deutschland über alles», sondern die weniger bekannte dritte Strophe «Einigkeit und Recht und Freiheit» bei Staatsanlässen gesungen werden sollte. Der fragwürdig gewordene Sangesgestus gepaart mit einem wie amputiert wirkenden Text – beides zusammen führte dazu, daß man mit der Hymne jegliche Reminiszenz an nationale Aufschwünge mied. Ein übriges hatte ein Befehl des Alliierten Kontrollrats vom September 1945 getan. Darin war befohlen worden, daß das öffentliche «Absingen oder Vorspielen … irgendwelcher nationaler oder faschistischer Hymnen oder beliebiger militärischer oder faschistischer Lieder oder Musik» verboten sei. Das Singen der Nationalhymne war zum ungesetzlichen Akt erklärt worden. Die angedrohten Strafen reichten bis zur Todesstrafe. Das Verbot sollte der «Unterbindung und Vorbeugung der militärischen Ausbildung» dienen – eine interessante Begründung, verweist sie doch darauf, in welchem Maß die Nationalhymne allgemein als aggressives Moment verstanden wurde, als Fanfare des Krieges. Wie die spätere Auseinandersetzungen um die Errichtung der Bundeswehr, insbesondere die «Ohne-Mich-Bewegung», bezeugten, entsprach die Tendenz des Verbots durchaus der Abneigung weiter

Bevölkerungsteile in Deutschland, an das nationale Pathos der ersten Jahrhunderthälfte anzuknüpfen. Auch das Grundgesetz, das die Farben schwarz-rot-gold für die Bundesflagge festschreibt, schwieg sich über die Staatshymne einfach aus.

Das führte unmittelbar nach dem Krieg und bis in die fünfziger Jahre hinein zu manchen kuriosen Situationen. So wurde der deutsche Sieger beim Internationalen Steherrennen geehrt mit dem Karnevalslied «Wir sind die Eingeborenen von Trizonesien». Der Text des Liedes ist nichts anders als eine Selbstbehauptung gegen die Zuschreibungen, die für die Deutschen aus den Greueln der nationalsozialistischen Vergangenheit in Anschlag gebracht worden waren sowie eine sarkastische Selbstbenennung nach der alliierten Zoneneinteilung. So heißt es in dem Lied: «Wir sind zwar keine Menschfresser, doch wir küssen um so besser.» Hier verbanden sich Galgenhumor, vitalistische Beharrung und Emphase des Augenblicks zu einem Song, der nicht etwa eine Gegen-Hymne, sondern das Gegenteil jeglicher Hymne schlechthin war. Beethovens «Freude schöner Götterfunken» war die ernsthaftere Ersatzmöglichkeit, die nicht selten an Stelle der Nationalhymne gespielt wurde.

Immer wieder kam es dazu, daß bei offiziellen Anlässen eine Leerstelle entstand, dort, wo Angehörige anderer Nationen ihre Nationalhymne spielten. Oder aber, wie häufig vor Spielen der Fußballnationalmannschaft: die Mannschaft blieb stumm, der Fußballfan aber sang die erste Strophe und hoffte bei «Deutschland, Deutschland über alles» auf einen Sieg seiner Mannschaft.

Daran änderte sich lange nichts, auch als die Nationalhymne offiziell bestätigt worden war. Das Dilemma einer deutschen Nationalhymne nach 1945 lag auf der Hand: Nicht nur, daß die Selbstverständlichkeit des Stolzes auf das eigene Land gebrochen und fragwürdig geworden war; die Teilung des Landes, die Gründung von BRD und DDR halbierten auch das Nationale der Hymne selbst. Allerdings sollte es bis zur Olympiade 1972 in München dauern, bis der DDR vom Internationalen Olympischen Komitee zugestanden wurde, ihre Sportler mit der «Becher-Hymne» und unter der schwarz-rot-goldenen Fahne mit Hammer und Zirkel vor aller Welt zu präsentieren.

Das Deutschlandlied von Heinrich Hoffmann von Fallersleben, 1841 komponiert, stand nicht nur deshalb auf dem Grat zwischen Wiederaufnahme und Neuanfang und repräsentiert bis heute dort, wo es bloße Freude zum Ausdruck bringen soll, auch eine Überwindung: Es muß, jedesmal wenn es gespielt wird, Worte und Mißtöne zum Verstummen bringen, die einmal zu ihm gehörten. Das Dilemma der deutschen Nationalhymne nach 1945 bringt der Briefwechsel zwischen dem Bundespräsidenten Theodor Heuss und dem Bundeskanzler Konrad Adenauer zu Beginn der fünfziger Jahre zum Ausdruck. Ende April 1952 bat Adenauer den Bundespräsidenten, seine Einwilligung geben zu wollen, das «Hoffmann-Haydnsche Lied» mit der gesungenen dritten Strophe zur Nationalhymne zu machen. Er argumentierte: «Ich will in diesem Augenblick die innerdeutschen Gefühlsmomente, deren Gewicht von uns beiden gleich hoch bewertet wird, gar nicht in Anschlag bringen. Es ist wesentlich der außenpolitische Realismus, der uns, Ihnen wie mir, nahelegen muß, die Entscheidung nicht weiter hinauszuzögern; ich möchte auch hoffen dürfen, und glaube, dazu Grund zu haben, daß die innenpolitischen Vorbehalte, die sich auf den Mißbrauch des Deutschlandliedes durch die Vernichter des alten Deutschland beziehen, an Schärfe verloren haben – war es doch der Reichspräsident Friedrich Ebert, der das Deutschlandlied durch eine staatsmännische Entscheidung zur Nationalhymne erklärte.»

Adenauers Bezug auf Friedrich Ebert und die Weimarer Republik war geeignet, das demokratische Potential des Deutschlandliedes zu betonen und gegen die Vereinnahmung durch die Nationalsozialisten einerseits, gegen jedwede monarchistische Nostalgie andererseits in Stellung zu bringen. Ebert hatte am 11. August 1922, dem dritten Verfassungstag der Republik, das Lied nicht ausdrücklich zur Nationalhymne erklärt, aber doch zum offiziellen Lied der Republik, das nach dem Willen Eberts über dem «Parteienstreit» stehen sollte. Im August 1922 wurde dann angeordnet, daß die Reichswehr das Deutschlandlied als Nationalhymne zu singen habe. Allerdings hatte das Deutschlandlied zu jener Zeit schon die Hypothek zu tragen, daß es Bestandteil des Langemark-Mythos wurde. Schließlich hatte der Heeresbericht vermerkt, die Blüte der deutschen Jugend sei mit «Deutschland, Deutschland über alles» auf den Lippen in den Tod gegangen.[3] Das war eine Mystifikation, gegen die schon allein die militärische Praxis sprach. Gleichwohl blieb auf Grund der großen Popularität des Liedes der Weimarer Republik kaum eine Wahl. Weder «Die Wacht am Rhein» noch «Was ist des Deutschen Vaterland» von Ernst Moritz Arndt noch «Heil dir im Siegeskranz» konnten es für die Zeitgenossen mit dem Deutschlandlied aufnehmen. Und anders als bei den anderen Liedern fehlte hier jeder genaue zeitgeschichtliche Bezug, der die Hymne hätte anachronistisch wirken lassen können.

Theodor Heuss willigte schließlich in Adenauers Vorschlag ein und erklärte noch einmal, warum er geglaubt hatte, die alte Hymne sei besser durch eine neue, andere zu ersetzen: «Als mich die Frage nach der Nationalhymne bewegte ..., glaubte ich, daß der tiefe Einschnitt in unserer Volks- und Sittengeschichte einer neuen Symbolgebung bedürftig sei, damit wir vor der geschichtlichen Tragik unseres Schicksals mit zugleich reinem und freiem Herzen, in klarer Nüchternheit des Erkennens der Lage bestehen werden. Ich weiß heute, daß ich mich täuschte. Ich habe den Traditionalismus und sein Beharrungsbedürfnis unterschätzt.» Wenn er also der Bitte der Bundesregierung entspreche, dann geschehe das «in Anerkennung des Tatbestandes», auf eine feierliche Deklaration verzichte er. Theodor Heuss gab aber auch seiner Hoffnung Ausdruck, daß nun die dritte Strophe des Deutschlandliedes allgemein im Bürgertum bei festlichen Anlässen gesungen werde. Das aber geschah ebensowenig wie das Beflaggen von Privathäusern mit der schwarz-rot-goldenen Fahne. Hier war offenbar die Grenze des Traditionalismus. Sie bezeichnet exakt die Linie zwischen privat und öffentlich. Aus Anhänglichkeit und Gewohnheit hielt man zwar am Deutschlandlied fest; die von Heuss in Auftrag gegebene «Hymne an Deutschland», gedichtet von Rudolf Alexander Schröder und komponiert von Hermann Reutter fiel denn auch beim Publikum gewissermaßen durch, als sie in der Neujahresnacht 1950/51 das erste Mal gespielt wurde. Hing man an der Melodie des Deutschlandliedes und wohl auch an der vertrauten ersten Strophe, so wollte man sich doch nicht mehr demonstrativ bekennen, auch nicht zum neuen demokratischen Staat. Deshalb sollte die Klage über die mangelhafte symbolisch-emotionale Identifikation der Bürger mit ihrem Staat in Westdeutschland bald zum Ritual der politischen Kultur der Bundesrepublik gehören. In seiner Neujahrsansprache 1962 forderte Bundespräsident Heinrich Lübke: «Mehr Privathäuser sollen flaggen.» Karl Carstens sollte später als Bundespräsident betonen, daß auch das Emotionale seinen Platz in einem demokratischen Gemeinwesen haben müsse, gehe es doch um die Identifikation mit der Republik. Zu jener Zeit, Anfang der achtziger Jahre, standen die Zeichen aber noch nicht auf «Identifikation», sondern auf «Emanzipation». Ende der siebziger Jahre hatte auch die Bundeswehr auf eine parlamentarische Anfrage hin erklärt, daß das «Deutschlandlied» nicht zum «Pflichtfach der Soldaten» gehöre.[4]

In Baden-Württemberg, so konnten die Zeitungsleser einige Monate später erfahren, sei die Nationalhymne «verbindlicher Bestandteil» des Musikunterrichts in den fünften und sechsten Schulklassen. Im Frühjahr 1978 erregte ein Treffen zwischen Heino, dem Sänger volkstümlichen Liedguts, und dem baden-württembergischen Ministerpräsidenten Hans Filbinger in der Villa Reitzenstein Aufsehen, zu dem auch eine vierte Klasse geladen war. Heino hatte die Nationalhymne – auf der A-Seite einer Platte – und Justinus Kerners bei den Schwaben beliebtes Lied «Preisend mit viel schönen Reden» gesungen. Diese Platte sollte nun an Schulen in Baden-Württemberg verteilt werden. Es stellte sich allerdings heraus, daß Heino alle drei Strophen des Deutschlandliedes gesungen hatte. Darüber entbrannte ein politischer Streit, in dessen Mittelpunkt das von Gerhard Mayer-Vorfelder geprägte Wort stand, man müsse ein «natürliches Verhältnis» auch zur ersten Strophe des Deutschlandliedes entwickeln. Es stellte sich bald heraus, daß es zur Nationalhymne erst ein politisches Verhältnis geben muß, bevor es ein «natürlich»-emotionales werden kann. Tatsächlich also fehlte den Westdeutschen an erster Stelle nicht das emotionale Verhältnis zur Hymne – bei Fußball-Länderspielen konnte man beobachten, daß es dieses Verhältnis durchaus gab – es fehlte vielmehr das politische Verhältnis zu ihr. Es war auf vertrackte Weise zwar ein kollektives Lied, aber jeder einzelne mochte sich darunter nicht subsumieren. Anders gewendet: Die Hymne war weniger Ausdruck einer Identität, sondern Ausdruck einer demokratischen Identitätsforderung, der aber das identitätsstiftende Erlebnis fehlte. Mochte die Bundesrepublik auch noch so stolz auf ihre demokratischen Institutionen sein – die Frage blieb, ob eine wiedervereinigte Nation der Demokratie die Treue halten würde. Vieles schien dafür zu sprechen – aber solange die Frage nicht de facto beantwortet war, konnte die Hymne nicht hymnisch stimmen.

Viel mehr Glück hatte auch die politische Führung der DDR nicht mit ihrer neuen Hymne. Der «Nationalgesang der Deutschen Demokratischen Republik» war von Hanns Eisler komponiert worden, der Text stammte von Johannes R. Becher: «Auferstanden aus Ruinen». Wurde das Deutschlandlied in Westdeutschland allein schon deshalb wenig gesungen, weil – wie vielfach in der Öffentlichkeit beklagt wurde – die dritte Strophe kaum bekannt war, so wurde bald auch der DDR-Nationalgesang auf höheren Befehl hin eine Hymne nur zum Mitsummen. Denn «Deutschland, einig Vaterland», wie es da im Text heißt, paßte bald nicht mehr zur politischen Orientierung der Staatsführung. Seit Anfang der siebziger Jahre wurde der Text des Liedes bei offiziellen Anlässen nicht mehr gesungen. So hatte Deutschland in Ost wie in West zwei Hymnen, die beide nicht oder kaum gesungen wurden – zwei stumme Hymnen.

Das änderte sich etwa ab der Mitte der achtziger Jahre: «Identität» war zu einem zentralen Begriff in der politischen Kultur geworden – und im Fußball begann Franz Beckenbauer als Teamchef der deutschen Nationalmannschaft seine Spieler aufzufordern, die dritte Strophe des Deutschlandliedes mitzusingen, wenn die Hymne erklang. Erneut wurde offenbar, wie unbekannt der Text der dritten Strophe allgemein war – das Singen aber setzte sich durch. Das glückliche Zusammentreffen von deutscher Einheit und dem Gewinn der Fußballweltmeisterschaft im Jahr 1990 – vor der Welle von Ausländerhaß und vor der Konjunktur rechtsradikaler Gewalt – nahm den Bann von der Hymne, der auf ihr gelastet hatte. Die Fahnen, die man 1989/1990 schwenkte, waren Fahnen der Freude. Die Nation war anders erlebbar geworden – insofern und auch weil der europäische Rahmen dem Nationalen das aggressiv-exklusive nahm, war jetzt ein politisches Verhältnis zu ihr zu gewinnen. Wie nötig das war und bleiben wird, haben die Jahre nach der Vereinigung gezeigt. Die Hymne erklingt nicht mehr als uneinlösbare Forderung. Sie ist heute Erinnerung und Mahnung zugleich. Sie soll nicht so sehr den anderen Völkern, sondern den Deutschen selbst in den Ohren klingen, wenn sie Recht und Freiheit fordert.

ANHANG

Anmerkungen und Literaturhinweise

Etienne François/Hagen Schulze
Einleitung

Anmerkungen

1 Der 1877 in Reims geborene Halbwachs starb 1945 im Konzentrationslager Buchenwald. Zu seinen wichtigsten Werken gehören: Das Gedächtnis und seine sozialen Bedingungen, Frankfurt/M. 1985 (orig. 1925); Das kollektive Gedächtnis, Stuttgart 1967 (orig. 1950).

2 Eric Hobsbawm, Das Zeitalter der Extreme. Weltgeschichte des 20. Jahrhunderts, München/Wien 1995, S. 17.

3 Ernest Renan, Was ist eine Nation?, in: Michael Jeismann/Henning Ritter (Hrsg.), Grenzfälle. Über alten und neuen Nationalismus, Leipzig 1993, S. 308.

4 Pierre Nora (Hrsg.), Les Lieux de mémoire, Bd. I (La République), Bd. II in 3 Bdn. (La Nation), Bd. III in 3 Bdn. (Les France), Paris 1984–1992.

5 Pierre Nora, Zwischen Geschichte und Gedächtnis, Berlin 1990, S. 7.

6 Mario Isnenghi (Hrsg.), I luoghi della memoria, 3 Bde., Rom/Bari 1997/98; Pim de Boer/Willem Frijhoff (Hrsg.), Lieux de mémoire et identités nationales, Amsterdam 1993; Ole Feldbæk (Hrsg.), Dansk identitetshistorie, Kopenhagen 1991/92; N. C. F. van Sas (Hrsg.), Waar de blanke top der duinen: ein andere vaterlandse herinneringen, Amsterdam 1995; Moritz Csáky (Hrsg.), Orte des Gedächtnisses, Wien 2000 ff.

7 Pierre Nora, La notion de «lieu de mémoire» est-elle exportable?, in: de Boer/Frijhoff (wie Anm. 6), S. 9.

8 Gustav Seibt, Monolog über Räume, in: Frankfurter Allgemeine Zeitung, 14. 10. 1986.

9 Friedrich Nietzsche, Jenseits von gut und böse. Zur Genealogie der Moral, hrsg. v. G. Colli und M. Montinari, Berlin 1968, S. 188.

10 Thomas Nipperdey, Nationalidee und Nationaldenkmal in Deutschland im 19. Jahrhundert, in: ders., Gesellschaft, Kultur, Theorie. Gesammelte Aufsätze zur neueren Geschichte, Göttingen 1976, S. 133–173; Monika Arndt, Die Goslarer Kaiserpfalz als Nationaldenkmal, Hildesheim 1976; dies., Das Kyffhäuser-Denkmal. Ein Beitrag zur politischen Ikonographie des Zweiten Kaiserreiches, in: Wallraff-Richartz-Jahrbuch 40 (1978), S. 75–127; Charlotte Tacke, Denkmal im sozialen Raum. Nationale Symbole in Deutschland und Frankreich im 19. Jahrhundert, Göttingen 1995; Lutz Tittel, Das Niederwalddenkmal 1871–1883, Hildesheim 1979; Reinhard Alings, Monument und Nation. Das Bild vom Nationalstaat im Medium Denkmal, Berlin/New York 1996.

11 Exemplarisch sind in dieser Hinsicht die Studien von Charlotte Tacke (wie Anm. 10) sowie von Reinhart Koselleck und Michael Jeismann (Hrsg.), Der politische Totenkult. Kriegerdenkmäler in der Moderne, München 1994. Die wichtigsten theoretischen Annäherungen an unser Thema stammen von: Jan Assmann, Das kulturelle Gedächtnis. Schrift, Erinnerung und politische Identität in frühen Hochkulturen, München 1992; vgl. auch ders./Aleida Assmann, Das Gestern im Heute, in: Klaus Mertens u. a. (Hrsg.), Die Wirklichkeit der Medien, Opladen 1994, S. 114–140; Aleida Assmann/Dietrich Hart (Hrsg.), Mnemosyne. Formen und Funktionen kultureller Erinnerung, Frankfurt/M. 1991; Aleida Assmann, Im Zwischenraum zwischen Geschichte und Gedächtnis. Bemerkungen zu Pierre Noras «Lieux de mémoire», in: Etienne François (Hrsg.), Lieux

de mémoire – Erinnerungsorte. D'un modèle français à un projet allemand, Berlin 1996, S. 19–29; Aleida Assmann, Erinnerungsräume. Formen und Wandlungen des kulturellen Gedächtnisses, München 1999.

12 Winfried Schulze, Ortsbesichtigung: Deutsche Erinnerungsorte, in: Geschichte in Wissenschaft und Unterricht, 10/2003, S. 613.

13 Z. B. Claus Leggewie, Kein staatstragendes Projekt, in: die tageszeitung, 10. 10. 2001; Paul Noack, Da war mal was, in: Die Welt, 24. 3. 2001; vgl. auch die Rezension von John Breuilly in: History 88, No. 201, Juli 2003.

Bernd Roeck
Der Reichstag

Anmerkungen

1 Essai sur les moeurs et l'esprit des nations et sur les principaux faits de l'histoire depuis Charlemagne jusqu' à Louis XIII, 2 Bde., Paris 1745/46, Ausg. 1859, Bd. 1, LXX, S. 414–419.

2 Walter Fürnrohr, Der Immerwährende Reichstag zu Regensburg, Regensburg/Kallmünz o. J. [1963], S. 31.

3 Johann Wolfgang Goethe, Dichtung und Wahrheit (Hamburger Ausgabe, Bd. 9), Hamburg 1955, S. 182.

4 Anselmus Rabiosus' Reise durch Oberdeutschland, Salzburg/Leipzig (recte: Nördlingen) 1778, ND hrsg. v. Jean Mondot, München/Leipzig 1988, S. 40.

5 Zum Folgenden Jörg Traeger, Der Weg nach Walhalla. Denkmallandschaft und Bildungsreise im 19. Jahrhundert, Regensburg 1987.

6 Jacob Burckhardt, Briefe. Bd. VI, S. 203.

7 Eduard von Schenk, Rede zur feierlichen Grundsteinlegung Walhalla's am 18. Oktober 1831, Regensburg o. J. [1830], S. 4 f.

8 Michael S. Cullen, Der Reichstag. Die Geschichte eines Monumentes, Berlin 1983, S. 220.

9 Ebd., S. 236.

10 Heinrich von Treitschke, Politik. Vorlesungen gehalten an der Universität zu Berlin, II, Leipzig 1922, S. 357.

11 Ruth Glatzer, Das Wilhelminische Berlin. Panorama einer Metropole 1890- 1918, Berlin 1997, S. 266.

12 Zit. n. Cullen, Reichstag (wie Anm. 8), S. 319.

13 André Francois-Poncet zit. n. Michael S. Cullen, Der Reichstag. Parlament, Denkmal, Symbol, Berlin 1995, S. 242.

14 Albert Speer, Erinnerungen, Frankfurt/M. [5]1969, S. 166.

15 Cullen, Der Reichstag (wie Anm. 13), S. 251 f.

16 Peter Gosztony, Der Kampf um Berlin 1945 in Augenzeugenberichten, München 1975, S. 342 f.

17 Petra Bomhöft, Schweinkram mit blauer Kreide, in: Der Spiegel 26/1999, S. 46 f.

18 Cullen, Reichstag (wie Anm. 8), S. 274.

19 Konrad Weiß (Bündnis 90/Die Grünen), in: Deutscher Bundestag. Stenographischer Bericht. 211. Sitzung, 25. 2. 1994, S. 18281.

Literaturhinweise

Michael S. Cullen, Der Reichstag. Geschichte eines Monumentes, Berlin 1983.
Ders., Der Reichstag. Parlament, Denkmal, Symbol, Berlin 1995.

Walter Fürnrohr, Der Immerwährende Reichstag zu Regensburg, Regensburg/Kallmünz o. J. [1963].

Jörg Troeger, Der Weg nach Walhalla. Denkmallandschaft und Bildungsreise im 19. Jahrhundert, Regensburg 1987.

Gérald Chaix
Die Reformation

Anmerkungen

1 Heinrich Heine, Zur Geschichte der Religion und Philosophie in Deutschland (1834), in: Beiträge zur deutschen Ideologie, Frankfurt/M. 1971, S. 35.

2 Zit. n. Ernst Walter Zeeder, Martin Luther und die Reformation im Urteil des deutschen Luthertums. Studien zum Selbstverständnis des lutherischen Protestantismus von Luthers Tod bis zum Beginn der Goethezeit, 2 Bde., Freiburg 1950/52, Bd. 2, S. 198.

3 Johann Wolfgang von Goethe, Brief an Knebel vom 22. 8. 1817, in: Goethes Werke, Weimar 1887, Bd. 28, S. 227.

4 Hugo Kühn, Das Wartburgfest am 18. Oktober 1817, Weimar 1913, S. 50f.

5 Franz Schnabel, Deutsche Geschichte im 19. Jahrhundert, Bd. 4: Die religiösen Kräfte, Freiburg [3]1955, S. 157.

6 Georg Wilhelm Friedrich Hegel, Vorlesungen über die Geschichte der Philosophie, 3. Bd., Jubiläumsausgabe, Stuttgart – Bad Cannstatt [4]1965, S. 254ff.

7 Heinrich Heine, Zur Geschichte der Religion und Philosophie in Deutschland, in: Sämtliche Schriften, Bd. 3, München 1971, S. 541.

8 Leopold von Ranke, Deutsche Geschichte im Zeitalter der Reformation, hrsg. v. Paul Joachimsen, München 1926.

9 Zit. n. Georg Schwaiger, Luther im Urteil Ignaz Döllingers, in: Bernd Moeller (Hrsg.), Luther und die Neuzeit, Gütersloh 1983, S. 70–83, hier S. 79.

10 Heinrich von Treitschke, Luther und die deutsche Nation, in: Preußische Jahrbücher 52 (1883), S. 469–486, hier S. 484 und 475.

11 Ernst Troeltsch, Protestantisches Christentum und Kirche in der Neuzeit (1906), in: ders., Die Kultur der Gegenwart, Teil I, Abt. IV, Berlin/Leipzig [2]1909, S. 431–755, hier S. 551.

12 Karl Barth, Eine Schweizer Stimme 1938–1945, Zürich 1945, S. 122.

13 Thomas Mann, Die Drei Gewaltigen, in: Gesammelte Werke, Bd. 10, Frankfurt/M. 1960, S. 374–383, hier S. 375f.

14 Une vie pour la vérité. Jean Puyo interroge le père Congar, Paris 1975, S. 59.

Literaturhinweise

Heinrich Bornkamm, Luther im Spiegel der deutschen Geistesgeschichte, Heidelberg 1965.

Jan Herman Brinks, Die DDR-Geschichtswissenschaft auf dem Weg zur deutschen Einheit. Luther, Friedrich II. und Bismarck als Paradigma politischen Wandels, Frankfurt/M. u. a. 1997.

Hans R. Guggisberg/Gottfried Krodel (Hrsg.), Die Reformation in Deutschland und Europa: Interpretation und Debatten, Gütersloh 1993.

Berndt Hamm/Bernd Moeller/Dorothea Wendebourg (Hrsg.), Reformationstheorien. Ein kirchenhistorischer Disput über Einheit und Vielfalt der Reformation, Göttingen 1995.

Werner Hofmann (Hrsg.), Luther und die Folgen für die Kunst, München 1983.

Bernd Moeller (Hrsg.), Luther in der Neuzeit. Wissenschaftliches Symposion des Vereins für Reformationsgeschichte, Gütersloh 1983.

Thomas Nipperdey, Religion im Umbruch, Deutschland 1870–1918, München 1988.
Georg Schwaiger (Hrsg.), Reformationsjubiläen, Zeitschrift für Kirchengeschichte 93, 1982.
Helmut Walter Smith, German Nationalism and Religious Conflict. Culture, Ideology, Politics, 1870–1914, Princeton 1995.
Ernst-Walter Zeeden, Martin Luther und die Reformation im Urteil des deutschen Luthertums. Studien zum Selbstverständnis des lutherischen Protestantismus von Luthers Tod bis zum Beginn der Goethezeit, 2 Bde., Freiburg 1950/52.

Claire Gantet
Der Westfälische Frieden

Anmerkungen

1 Peter Lahnstein, in: Jürgen Kuczynski, Geschichte des Alltags des Deutschen Volkes. Studien, Bd. 1: 1600–1650, Berlin 1982, S. 117.
2 Justus Georg Schottelius, Friedens-Sieg. Ein Freudenspiel, hrsg. v. Friedrich E. Koldewey, Halle 1990 (Neudrucke deutscher Literaturwerke des XVI. und XVII. Jahrhunderts, 175), S. 41.
3 Hanß Michael Moscherosch, Gesichte Philanders von Sittewald, Straßburg 1650, Bd. II, S. 360.
4 Augspurgische Fridens Freud im Jahr 1660, Augspurg 1660, S. 10f.
5 Andreas Gryphius, Horribilicribrifax, Breslau 1663.
6 Augspurgische Fridens Freud (wie Anm. 4), S. 110ff.
7 Johan-Jacob Gross, Danck- und Gebetts-Altar ..., Nürnberg 1649, S. 30.
8 Extract aus Hr. Martin Bötzingers ... Vitae Curriculo, in: Johann Werner Krauss, Beyträge zur Erläuterung der Hochfürstlich Sachsen-Hildburghäusischen Kirchen-, Schul- und Landes-Historie, Hildburg [1750], S. 341–368, Zitat S. 345.
9 [Christian Gottlieb Buder], Geschichte des Dreyßigjährigen Krieges und des Westphälischen Friedens, Frankfurt/Leipzig ^{2}1750. Johann Heinrich Schrodt, Historiam Belli Tricennalis Et Pacis Westphalicae Singularem ..., Braunschweig [1748]. [Samuel Urlsperger], Nöthiger und kurtzgefaßter Unterricht/Theils von der/Historie und Innhalt/Des ... Westphälischen Friedens ..., Augspurg 1748.
10 Carl Wilhelm Gärtner, Westphälische Friedens-Cantzley ..., 1. Theil, Leipzig 1731.
11 [Johann Stephan] Pütter, Geist des Westphälischen Friedens ..., Göttingen 1795.
12 Friedrich von Schiller, Wallenstein. Ein dramatisches Gedicht, in: Ders., Werke, Bd. 1: Dramen I, Frankfurt/M. 1966, S. 13 (Prolog).
13 Geschichte des Dreißigjährigen Kriegs, in: Schillers sämmtliche Werke, Bd. 5, Leipzig 1867, S. 1–288, Zitat S. 288.
14 Karl Ludwig von Woltmann, Geschichte des Westphälischen Friedens, 2 Bde., Leipzig 1808–1809, Bd. 2, S. Vf.
15 Ernst Moritz Arndt, Das preußische Volk und Heer im Jahr 1813, o. O. 1813, S. 5.
16 Friedrich Rühs, Historische Entwicklung des Einflusses Frankreichs und der Franzosen auf Deutschland und die Deutschen, Berlin 1815, insb. S. 351–356.
17 Johann Heinrich Bernhard Dräseke, Worte der Weihe bei der feierlichen Enthüllung des Neuen Denkmals für Gustav Adolph auf dem Schlachtfelde von Lützen am 6. November 1837, Magdeburg 1837, S. 5, S. 10.
18 Landeskirchliches Archiv Nürnberg, Oberkonsistorium München 420. Der Frieden wurde nur in Osnabrück, Augsburg, Nürnberg, Dinkelsbühl und Sulzbach gefeiert.
19 Heinrich von Treitschke, Deutschland nach dem Dreißigjährigen Kriege, Leipzig 1944 (Teil der Einleitung der Deutschen Geschichte im 19. Jahrhundert, 1879), S. 6f. und 14f.

20 Gustav Freytag (Hrsg.), Bilder aus der deutschen Vergangenheit, Bd. 3, Aus dem Jahrhundert des großen Krieges (1600–1700), Leipzig [5]1867, S. 245.
21 Heinrich Ritter von Srbik, Der Westfälische Frieden und die deutsche Volkseinheit, München 1940 (Kriegsschriften der Reichsstudentenführung, 40), S. 26.
22 Vgl. Max Domarus, Hitler. Reden und Proklamationen 1932–1945, Bd. I: Triumph (1932–1938), Würzburg 1962, S. 71 (27. 1. 1932), S. 699 f. (6. 6. 1937), S. 761 (23. 11. 1937).
23 Ebd., Bd. II: Untergang (1939–1945), Würzburg 1963, S. 1627 (10. 1. 1939) und 1455 f.
24 Elke Fröhlich (Hrsg.), Die Tagebücher von Joseph Goebbels. Sämtliche Fragmente, Teil I: Aufzeichnungen 1924–1941, Bd. 3, 1. 1. 1937–31. 12. 1939, München u. a. 1987, S. 132.
25 Ebd., S. 645.
26 Günter Grass, Das Treffen in Telgte. Eine Erzählung und dreiundvierzig Gedichte aus dem Barock, München [4]1998 (1. Aufl. Darmstadt/Neuwied 1979), S. 7, S. 103.
27 Bertolt Brecht, Mutter Courage und ihre Kinder. Eine Chronik aus dem Dreißigjährigen Krieg, Frankfurt/M. 1963, S. 8.

Literaturhinweise

1648 – Krieg und Frieden in Europa, Ausstellungskatalog, hrsg. v. Klaus Bußmann und Heinz Schilling, 3 Bde., München 1998.
Johannes Burkhardt, Der Dreißigjährige Krieg, Frankfurt/M. 1992.
Heinz Duchhardt, Das Feiern des Friedens. Der Westfälische Friede im kollektiven Gedächtnis der Friedensstadt Münster, Münster 1997.
Benigna von Krusenstjern/Hans Medick (Hrsg.), Zwischen Alltag und Katastrophe. Der Dreißigjährige Krieg aus der Nähe, Göttingen 1999.

Dieter Borchmeyer
Goethe

Anmerkungen

1 Die im Text in Klammern beigefügten Zitatnachweise beziehen sich auf Band und Seite der umfassenden Dokumentation von Karl Robert Mandelkow, Goethe im Urteil seiner Kritiker. Dokumente zur Wirkungsgeschichte Goethes in Deutschland, 4 Bde., München 1975–1984. Auf der Basis dieser Dokumentation hat Karl Robert Mandelkow die bislang profundeste Wirkungsgeschichte Goethes verfaßt, der die vorliegende Studie wesentliche Anregungen verdankt: Goethe in Deutschland. Rezeptionsgeschichte eines Klassikers, 2 Bde., München 1980/1989.
2 Friedrich Nietzsche, Sämtliche Werke. Kritische Studienausgabe, hrsg. v. Giorgio Colli u. Mazzino Montinari, München 1980, Bd. II, S. 607. Der Sperrdruck von Einzelwörtern und Passagen wird in den folgenden Zitaten nur ausnahmsweise (als Kursivdruck) berücksichtigt.
3 Ebd., S. 599.
4 Ebd., S. 607.
5 Thomas Mann, Gesammelte Werke, Bd. II, Frankfurt/M. [2]1974, S. 664 f.
6 Nietzsche, Sämtliche Werke V (wie Anm. 2), S. 184 f.
7 Grillparzers Werke, hrsg. v. August Sauer, Wien/Leipzig 1916, I. Abt. Bd. 14/15, S. 163.
8 Nietzsche, Sämtliche Werke V (wie Anm. 2), S. 18.
9 Ebd., VI, S. 122.
10 Ebd., II, S. 597.
11 Ludwig Börne. Eine Denkschrift. In: Heinrich Heine, Sämtliche Werke, Bd. IV, München 1972, S. 15.
12 Ebd., Bd. III, S. 47 f.

13 Georg Gottfried Gervinus, Geschichte der poetischen National-Literatur der Deutschen, Bd. V, Leipzig ²1844, S. 732 ff.
14 Hans Schwerte, Faust und das Faustische. Ein Kapitel deutscher Ideologie, Stuttgart 1962, S. 148 f.
15 Franz Dingelstedt, Eine Faust-Trilogie. Dramaturgische Studie, Berlin 1876, S. 159.
16 Nachweise bei Dieter Borchmeyer, Das Theater Richard Wagners. Idee – Dichtung – Wirkung, Stuttgart 1982, S. 48–56.
17 Nietzsche, Sämtliche Werke II (wie Anm. 2), S. 606.
18 Ebd., S. 448 f.
19 Ebd., S. 607 f.
20 Ebd., V, S. 201.
21 Friedrich Ebert, Schriften, Aufzeichnungen, Reden, Bd. II, Dresden 1926, S. 155 f.
22 Dada Berlin. Texte, Manifeste, Aktionen. In Zusammenarbeit mit Hanne Bergius hrsg. v. Karl Riha, Stuttgart 1977, S. 50 f.
23 Die Aktion 12 (1922), Sp. 128.
24 Thomas Mann, Gesammelte Werke XIII (wie Anm. 5), S. 71.
25 Alfred Rosenberg, Der Mythus des 20. Jahrhunderts. Eine Wertung der seelisch-geistigen Gestaltenkämpfe unserer Zeit, 207.–211. Aufl. München 1943, S. 515.
26 Mandelkow, Goethe in Deutschland II (wie Anm. 1), S. 214.

Literaturhinweise

Dieter Borchmeyer, Goethe der Zeitbürger, München 1999.
Nicholas Boyle, Goethe. Der Dichter in seiner Zeit. Bd. I: 1749–1790, München ³2000; Bd. II: 1790–1803, München 1999.
Karl Robert Mandelkow, Goethe im Urteil seiner Kritiker. Dokumente zur Wirkungsgeschichte Goethes in Deutschland, 4 Bde., München 1975–1984.
Karl Robert Mandelkow, Goethe in Deutschland. Rezeptionsgeschichte eines Klassikers, 2 Bde., München 1980/1989.
W. Daniel Wilson, Unterirdische Gänge. Goethe, Freimaurer und Politik, München 1999.

Georg Bollenbeck
Weimar

Anmerkungen

1 Peter Gay, Weimar Culture: The Outsider as Insider, New York 1968.
2 Marie-Louise von Plessen (Hrsg.), Zeitreisen zu Fuss in Weimar. Ein Wegenetz zwischen Goethehaus und Buchenwald, Ostfildern-Ruit 1999.
3 Zum feierlichen Andenken der durchlauchtigsten Fürstin und Frau Anna Amalia.
4 Die Wahlverwandtschaften, in: Johann Wolfgang von Goethe, Werke. Bd. 6. Romane und Novellen I. Hamburger Ausgabe, München 1998, S. 398.
5 Epilog zu Schillers «Glocke», in: Goethe, Werke. Bd. 1. Gedichte und Epen I (wie Anm. 4), S. 258.
6 Auf Miedings Tod, in: Ebd., S. 115.
7 Zit. n. Herbert Greiner-Mai, Weimar im Urteil der Welt. Stimmen aus drei Jahrhunderten, Berlin/Weimar ²1977, S. 18.
8 Madame de Staël, Über Deutschland. Vollständige Ausgabe. Nach der deutschen Erstübertragung von 1814, Frankfurt/M. 1985, S. 97.
9 Zit. n. Greiner-Mai, Weimar im Urteil der Welt (wie Anm. 7), S. 35.
10 Zit. n. Hans-Dietrich Dahnke, Art. Weimar, in: Goethe Handbuch Bd. 4/2, Stuttgart/Weimar 1998, S. 1126.

11 Alexander Turgenjew an Nikolai Turgenjew 1. August 1827, zit. n. Plessen (Hrsg.), Zeitreisen zu Fuss in Weimar (wie Anm. 2), S. 37.
12 Gérard de Nerval, Die Weimarer Feierlichkeiten 1850, zit. n. Greiner-Mai, Weimar im Urteil der Welt (wie Anm. 7), S. 205 ff.
13 Marco Polo Reiseführer, Weimar mit Umgebung, München 1999, S. 17.
14 Herman Grimm, Goethe. Vorlesungen gehalten an der Kgl. Universität zu Berlin (1877), zit. n. Max Bucher u. a. (Hrsg.), Realismus und Gründerzeit. Manifeste und Dokumente zur deutschen Literatur 1848–1880, Bd. 2, Stuttgart 1975, S. 557.
15 Norbert Elias, Studien über die Deutschen. Machtkämpfe und Habitusentwicklung im 19. und 20. Jahrhundert, Frankfurt/M. 1989, S. 159 ff.
16 Zit. n. Volker Mauersberger, Hitler in Weimar. Der Fall einer deutschen Kulturstadt, Berlin 1999, S. 137.
17 Thomas Mann, Meine Goethereise am 5. April 1932, in: Ders., Gesammelte Werke in dreizehn Bänden, Bd. 13, Frankfurt/M. 1974, S. 71.
18 Harry Graf Kessler, Aus den Tagebüchern 1918–1937, hrsg. v. Wolfgang Pfeiffer-Belli, München 1965, S. 340.
19 Lothar Ehrlich u. a. (Hrsg.), Das Dritte Weimar. Klassik und Kultur im Nationalsozialismus, Köln/Weimar/Wien 1999, S. 27.
20 Dr. Goebbels' Schiller-Rede 1934, zit. n. Bernhard Zeller (Hrsg.), Klassiker in finsteren Zeiten 1933–1945. Eine Ausstellung des Deutschen Literaturarchivs im Schiller-Nationalmuseum, Bd. 1, Marbach am Neckar 1983, S. 194. Julius Petersen, in: JbGG 21 (1935), S. 23.
21 Frank Rutger Hausmann, Deutsche Geisteswissenschaft im Zweiten Weltkrieg. Die «Aktion Ritterbusch» (1940–1945), Dresden/München 1998.
22 Thomas Mann, Gesammelte Werke in dreizehn Bänden, Bd. 13, Nachträge, Frankfurt/M. 1990, S. 792.
23 Theo Piana, Weimar. Stätte klassischer Tradition. Bilder von Günther Beyer und Klaus Beyer, Weimar 1955, S. 14.
24 Zit. n. Zeller (Hrsg.), Klassiker in finsteren Zeiten, Bd. 1 (wie Anm. 20), S. 298.
25 In Sinn und Form 1980, H. 2, S. 419.

Literaturhinweise

Georg Bollenbeck, Bildung und Kultur. Glanz und Elend eines deutschen Deutungsmusters, Frankfurt/M. 1996.

Lothar Ehrlich/Jürgen John (Hrsg.), Weimar 1930. Politik und Kultur im Vorfeld der NS-Diktatur, Köln 1998.

Lothar Ehrlich u. a. (Hrsg.), Das Dritte Weimar. Klassik und Kultur im Nationalsozialismus, Köln/Weimar/Wien 1999.

Volker Mauersberger, Hitler in Weimar. Der Fall einer deutschen Kulturstadt, Berlin 1999.

Peter Merseburger, Mythos Weimar. Zwischen Geist und Macht, Stuttgart 1998.

Reiner Schlichting (Red.), Genius huius Loci Weimar. Kulturelle Entwürfe aus fünf Jahrhunderten, Weimar 1992.

Hans Wilderotter u. a. (Hrsg.), Wege nach Weimar. Auf der Suche nach Einheit von Kunst und Politik, Berlin 1999.

Otto Dann
Schiller

Anmerkungen

1 Marbach. Rückblick auf ein Jahrhundert. 1895–1995, Marbach 1996, S. 45 f.
2 Andreas Eichhorn, Beethovens Neunte Symphonie. Die Geschichte ihrer Aufführung und Rezeption, Kassel 1993, S. 317–328.
3 Friedrich Schiller, Werke und Briefe in 12 Bänden, hrsg. von Otto Dann u. a., Frankfurt/M. 1992 ff., Bd. 8, S. 897–903: «Ankündigung» seiner Zeitschrift *Rheinische Thalia*.
4 Norbert Oellers, Schiller. Geschichte seiner Wirkung bis zu Goethes Tod. 1805–1832, Bonn 1967, S. 78.
5 Johann Wolfgang Goethe, Werke. Hamburger Ausgabe, München 1981, Bd. 1, S. 256–259.
6 Wolfgang Frühwald, Die Idee kultureller Nationsbildung und die Entstehung der Literatursprache in Deutschland, in: Otto Dann (Hrsg.), Nationalismus in vorindustrieller Zeit, München 1986, S. 129–141, hier S. 131.
7 Schiller, Werke und Briefe (wie Anm. 3), Bd. IV, Verse 1052 ff.
8 Zit. n. Oellers, Schiller (wie Anm. 4), S. 38.
9 Schillers politisches Vermächtnis. Ein Seitenstück zu Börnes Briefen aus Paris, Hamburg 1832, S. IX.
10 Georg Gottfried Gervinus, Geschichte der poetischen National-Literatur der Deutschen, Teil 5, Leipzig ²1844, S. 147.
11 Ebd., S. 368; vgl. S. 425.
12 Schiller's Album. Eigenthum des Denkmals Schiller's in Stuttgart, 1837, S. 187.
13 Schiller – Zeitgenosse aller Epochen. Dokumente zur Wirkungsgeschichte Schillers in Deutschland, hrsg. v. Norbert Oellers, Bd. 1, München 1970, S. 239.
14 Zit. n. Albert Ludwig, Schiller und die deutsche Nachwelt, Berlin 1909, S. 210.
15 Schiller – Zeitgenosse aller Epochen (wie Anm. 13), Bd. 1, S. 348 f.
16 Das Schillerfest in Stuttgart am 8. Mai 1839, Stuttgart 1839, S. 7.
17 Herbert Maisch, Helm ab – Vorhang auf. Siebzig Jahre eines ungewöhnlichen Lebens, Emsdetten 1968, S. 234 ff. und 289 ff.
18 Reinhard Buchwald, Schiller und Beethoven. Zur Wesensgestalt deutscher Klassik, Waibstadt 1946, S. 12 u. 19.
19 Schiller – Zeitgenosse aller Epochen (wie Anm. 13), Bd. 2, S. 401.
20 Der Menschheit Würde. Dokumente zum Schiller-Bild der deutschen Arbeiterklasse, Weimar 1959, S. 298.
21 Schiller, Werke und Briefe (wie Anm. 3), Bd. V, S. 430, Vers 1204.
22 Schiller. Reden im Gedenkjahr 1955, hrsg. v. Bernhard Zeller, Stuttgart 1955, S. 81.
23 Schiller – Zeitgenosse aller Epochen (wie Anm. 13), Bd. 2, S. 431.
24 Abgedruckt in: ebd., S. 439–466 («Schiller als Erbe und Auftrag»).
25 Schiller Spielen. Stimmen der Theaterkritik. 1946–1985. Eine Dokumentation, hrsg. v. Ferdinand Piedmont, Darmstadt 1990, S. 3.
26 Ebd., S. 7.
27 Schiller-Handbuch, hrsg. v. Helmut Koopmann, Stuttgart 1998, S. 849.
28 Schiller Spielen (wie Anm. 25), S. 259.
29 Ebd., S. 284.

Literaturhinweise

Reinhard Buchwald, Schiller und Beethoven. Zur Wesensgestalt deutscher Klassik, Waibstadt 1946.

Ute Gerhard, Schiller als «Religion». Literarische Signaturen des XIX. Jahrhunderts, München 1994.
Albert Ludwig, Schiller und die deutsche Nachwelt, Berlin 1909.
Der Menschheit Würde. Dokumente zum Schiller-Bild der deutschen Arbeiterklasse, hrsg. v. Günther Dahlke, Weimar 1959.
Rainer Noltenius, Dichterfeiern in Deutschland. Rezeptionsgeschichte als Sozialgeschichte am Beispiel der Schiller- und Freiligrath-Feiern, München 1984.
Norbert Oellers, Schiller. Geschichte seiner Wirkung bis zu Goethes Tod. 1805–1832, Bonn 1967.
Schiller – Zeitgenosse aller Epochen. Dokumente zur Wirkungsgeschichte Schillers in Deutschland, hrsg. von Norbert Oellers, Teil I u. II, 1970 u. 1976.
Schiller-Handbuch, hrsg. v. Helmut Koopmann, Stuttgart 1998.
Schiller Spielen. Stimmen der Theaterkritik. 1946–1985. Eine Dokumentation, hrsg. von Ferdinand Piedmont, Darmstadt 1990.
Kurt Wais, Schillers Wirkungsgeschichte im Ausland, in: ders., An den Grenzen der Nationalliteraturen, Berlin 1958.
Bernhard Zeller, Marbacher Memorabilien. Vom Schiller-Nationalmuseum zum Deutschen Literaturarchiv. 1953–1973, Marbach 1995.

Michael Werner
Heinrich Heine

Literaturhinweise

Theodor W. Adorno, Die Wunde Heine, in: Noten zur Literatur 1, Frankfurt/M. 1958, S. 144–152.
Eberhard Galley/Alfred Estermann (Hrsg.), Heinrich Heines Werk im Urteil seiner Zeitgenossen, Hamburg 1981 ff. [bisher 6 Bde.]
Jan-Christoph Hauschild/Michael Werner, «Der Zweck des Lebens ist das Leben selbst». Heinrich Heine, Biographie. Köln 1997.
Heinrich Heine. Streitbarer Humanist und volksverbundener Dichter. Internationale wissenschaftliche Konferenz Weimar 1972, Weimar 1973.
Jost Hermand, Streitobjekt Heine. Ein Forschungsbericht 1945–1975, Frankfurt/M. 1975.
Gerhard Höhn, Heine-Handbuch. Zeit, Person, Werk, Stuttgart ²1997.
Karl Theodor Kleinknecht (Hrsg.), Heine in Deutschland, Dokumente seiner Rezeption 1834–1956, Tübingen 1976.
Karl Kraus, Heine und die Folgen, München 1911.
Dietrich Schubert, «Jetzt wohin?» Heinrich Heine in seinen verhinderten und errichteten Denkmälern, Köln u. a. 1999.
Michael Werner (Hrsg.), Begegnungen mit Heine. Berichte der Zeitgenossen, 2 Bde., Hamburg 1973.
Manfred Windfuhr (Hrsg.), Internationaler Heine-Kongreß 1972. Referate und Diskussionen, Hamburg 1973.

Etienne François
Die Wartburg

Anmerkungen

1 Zit. n. Wolfgang Albrecht, «Hier wohn' ich nun Liebste ...» Die Wartburg in Literatur und Kunst von Goethe bis Wagner 1749–1949, Eisenach 1986, S. 18.

2 Klaus G. Beyer/Werner Noth, Die Wartburg. Denkmal und Museum, Leipzig 1985, S. 95.
3 Johann Heinrich Zedler, Großes vollständiges Universal-Lexicon aller Wissenschafften und Künste, welche bißhero durch menschlichen Verstand erfunden worden, Halle/Leipzig 1735 ff., Bd. 52, Sp. 2310–2319.
4 D. G. Kieser, Das Wartburgfest am 18. Oktober 1817. In seiner Entstehung, Ausführung und Folgen. Nach Aktenstücken und Augenzeugnissen, Jena 1818, S. 91 ff.
5 H. F. Maßmann, Kurze und wahrhaftige Beschreibung des großen Burschenfestes auf der Wartburg bei Eisenach am 18ten und 19ten des Siegesmond 1817, o. O. 1817, S. 37–47.
6 Günter Steiger, Aufbruch. Urburschenschaft und Wartburgfest, Leipzig, Jena, Berlin 1967, S. 111.
7 Peter Brandt, Das studentische Wartburgfest vom 18./19. Oktober 1817, in: Dieter Düding/Peter Friedemann/Paul Münch (Hrsg.), Öffentliche Festkultur. Politische Feste in Deutschland von der Aufklärung bis zum Ersten Weltkrieg, Reinbek 1988, S. 89–112, hier S. 104.
8 Brief vom 16. 12. 1817 an K. F. Zelter, zit. n. Albrecht, «Hier wohn' ich nun» (wie Anm. 1), S. 92.
9 Kritische Friedrich-Schlegel-Ausgabe, hrsg. v. Ernst Behler, Bd. 7, München 1966, S. 57–60.
10 Carl Alexander, Erinnerungen an die Wiederherstellung der Wartburg, in: Max Baumgärtel (Hrsg.), Das Wartburg-Werk. Die Wartburg – ein Denkmal deutscher Geschichte und Kunst, Berlin 1907, S. 392.
11 Carl Alexander und die Wartburg in Briefen an Hugo von Ritgen, Moritz von Schwind und Hans Lucas von Cranach, Hannover o. J., S. 54.
12 Urkunde, die bei der Grundsteinlegung des Bergfrieds am 10. 12. 1853 in einer Kapsel versenkt wurde. Zit. n. Hans von der Gabelentz, Die Wartburg, München 1931, S. 13.
13 Max Baumgärtel (Hrsg.), Die Wartburg. Ein Denkmal deutscher Geschichte und Kunst, Berlin 1907, S. 8.
14 Erinnerungen von Ritgen 1847.
15 Hugo von Ritgen, Der Führer auf der Wartburg, Leipzig 1860, S. 48.
16 Hugo von Ritgen, zit. n. Baumgärtel (Hrsg.), Die Wartburg (wie Anm. 13), S. 305.
17 Albrecht, «Hier wohn' ich nun» (wie Anm. 1), S. 122.
18 Pierre Jousset, L'Allemagne contemporaine illustrée, Paris 1902, S. 184.
19 Otto Costabell, Eisenach und die Deutsche Burschenschaft, Eisenach 1929, S. 63.
20 Beyer/Noth, Die Wartburg (wie Anm. 2), S. 146.
21 Kurt Hager, Rede anläßlich des 150. Jahrestages des Wartburgfestes der deutschen Burschenschaften am 14. 10. 1967, in: Reden anläßlich der Nationalen Jubiläen der DDR 1967, Berlin 1967.
22 Sigfried Asche, Die Wartburg, Dresden 1955, S. 183.
23 Besucherzahlen: 1949: 143 780; 1957: 319 678; 1982: 368 450; 1983: 510 668; 1990: 760 000; 1995: 493 895; 1996: 493 978; 1997: 443 121.

Literaturhinweise

Wolfgang Albrecht, «Hier wohn' ich nun, Liebste ...» Die Wartburg in Literatur und Kunst von Goethe bis Wagner 1749–1849, Eisenach 1986.

Sigfried Asche, Die Wartburg, Dresden 1955.

Max Baumgärtel (Hrsg.), Die Wartburg, ein Denkmal deutscher Geschichte und Kunst, Berlin 1907.

Jutta Krauss, Die Wiederherstellung der Wartburg im 19. Jahrhundert, Eisenach 1990.

Wilhelm Nicolai (Hrsg.), Die Wartburg im Wandel der Jahrhunderte, Dresden 1917.

Petra Schall, Schwind und die Wartburg. Bilder eines Spätromantikers, Leipzig 1995.
Günter Schuchardt, Die Wartburg, Leipzig 1995.
Hilmar Schwartz, Die Legende vom Tintenfleck. Die Lutherstube auf der Wartburg, Eisenach 1991.

Iring Fetscher
Karl Marx

Anmerkungen

1 Marx-Engels-Gesamtausgabe, Bd. I, 1, Frankfurt/M. 1927, S. 617.
2 Ebd., S. 620.
3 Ebd., S. 620f.
4 Marx-Engels, Werke, Bd. 30, S. 59.
5 Ebd., Bd. 19, S. 29.
6 Ebd., Bd. 17, S. 341f.
7 Ebd., Bd. 19, S. 27.
8 Max Kegels Sozialdemokratisches Liederbuch, Stuttgart [8]1897, S. 4f.; Ernst Busch (Hrsg.), Internationale Arbeiter Lieder, Berlin 1953, S. 20f.
9 Marx-Engels, Werke, Bd. 30, S. 673.
10 Die Neue Zeit 1 (1883), S. 441, 448.
11 Allgemeine Zeitung, 18. 3. 1883, unter «Verschiedenes».
12 Vossische Zeitung, 18. 3. 1883, Morgenausgabe.
13 Meyers Konversationslexikon in 15 Bänden, 1874–1884, Bd. 9, 1877, S. 272f.
14 Heinrich von Treitschke, Deutsche Geschichte im 19. Jahrhundert, Bd. V, S. 515 (Erstausgabe 1879), zit. nach der Neuauflage, München 1960.
15 Ebd., S. 516f.
16 Max Weber, Gesammelte Aufsätze zur Religionssoziologie, Bd. I, Tübingen 1947, S. 37f., wörtlich Raymond Aron: «Es ging Weber keineswegs darum, den Marxismus durch eine entgegengesetzte idealistische Geschichtstheorie zu widerlegen.» (Deutsche Soziologie der Gegenwart, Stuttgart 1953, S. 132).
17 Adolf Wagner, Über die soziale Frage (1871), zit. n. Reinhart Koselleck, Politische Reden, in: Bibliothek der Geschichte und Politik, Bd. II, 1859–1914, Frankfurt/M. S. 18, 58.
18 Ebd., S. 72.
19 Theodor Fritsch, Handbuch der Judenfrage, Leipzig 1943, S. 194.
20 Adolf Hitler, Mein Kampf, Bd. I, München 1933, S. 351.
21 Dr. H. Männel, Politische Fibel, Richtlinien für die politisch-weltanschauliche Schulung, Berlin 1940, S. 115.
22 Hitler, Mein Kampf (wie Anm. 17), S. 253.
23 Max Scheler, Die Wissensformen und die Gesellschaft, Leipzig 1922, S. 103.
24 Ebd., S. 486.
25 Karl Mannheim, Ideologie und Utopie ([2]1929), zit. nach der 3. vermehrten Auflage, Frankfurt/M. 1952, S. 108ff.
26 Hermann Heller, Staatslehre, Leiden 1934, S. 203.
27 Karl Korsch, Marxismus und Philosophie (1932), Frankfurt/Wien 1966. 1932 veröffentlichte Korsch eine Edition von Bd.I des «Kapital» mit einem Geleitwort.
28 Kurt Tucholsky, zit. n. Unser Militär, Schriften gegen Krieg und Militarismus, Frankfurt/M. 1962, S. 258.
29 Thomas McCarthy, Ideale und Illusionen, Dekonstruktion und Rekonstruktion in der kritischen Theorie, Frankfurt/M. 1993, S. 41.
30 Lucien Goldmann, Marxisme et sciences humaines, Paris 1967, S. 261f.

31 Thomas Mann, Gesammelte Werke, Bd.IX, S.170. Schlußpassus des Essays «Goethe und Tolstoi» (1921). 1928 greift er den Gedanken noch einmal auf, a. a. O., Bd. XII, S. 649.
32 Gerd-Klaus Kaltenbrunner, Der schwierige Konservatismus, Herford/Berlin 1975, S. 180.
33 Peter Weiss, Hölderlin. Stück in zwei Akten, Frankfurt/M. 1971, S. 174–176.
34 Louis Althusser, Pour Marx, Paris 1965, S. 72.
35 Louis Althusser, Lire Le Capital, Bd. 2, Paris 1965, S. 161.
36 Hans Freyer, Die Bewertung der Wirtschaft im philosophischen Denken des 19. Jahrhunderts, Leipzig 1922.
37 Hans Freyer, Revolution von rechts, Jena 1931, S. 5.
38 Helmut Kohl, Reden und Beiträge des Bundesvorsitzenden, Stuttgart 1993, S. 367.
39 Ernst Bloch, Atheismus und Christentum. Zur Religion des Exodus und des Reichs, Frankfurt/M. 1968, S. 350f.
40 N. D. Marsch (Hrsg.), Diskussion über die ‹Theologie der Hoffnung› von Jürgen Moltmann, München 1967; Johann Baptist Metz, Unsere Hoffnung, Mainz 1969.
41 Protokoll der Verhandlungen des Außerordentlichen Parteitages der SPD vom 13. – 15. November 1959 in Bad Godesberg, S. 98. Vgl. auch Herbert Wehner, Wandel und Bewährung. Ausgewählte Reden und Schriften 1930–1967, Frankfurt/Berlin 1968, S. 222f.
42 Unser Lesebuch. Klasse 5, Berlin 1966, S. 107.
43 Geschichte. Lesebuch für Klasse 8, Berlin 1987.
44 Vom Sinn unseres Lebens, hrsg. v. Zentralen Ausschuß für Jugendweihe der Deutschen Demokratischen Republik, Berlin 1983.
45 Neues Deutschland, 12./13. 3. 1983, S. 11.
46 Ministerium für Kultur der DDR, Verband der Bildenden Künstler der DDR, Karl Marx Künstler Bekenntnisse. Kunstausstellung anläßlich des Karl-Marx-Jahres 1983, Berlin 1983. Die zensiert verkürzten Teile des Brecht-Textes S. 41f.
47 Bertolt Brecht, Gesammelte Werke, Frankfurt/M. 1967, S. 630f.
48 Francis Wheen, Karl Marx, München 2001, S. 14.

Literaturhinweise

Alex Demirović, Der nonkonformistische Intellektuelle. Die Entwicklung der Kritischen Theorie zur Frankfurter Schule, Frankfurt/M. 1999.
Iring Fetscher, Der Marxismus. Seine Geschichte in Dokumenten, München/Zürich ^{3}1989.
Helmut Fleischer (Hrsg.), Der Marxismus in seinem Zeitalter, Leipzig 1994.
Christian Gneuss, Um den Einklang von Theorie und Praxis. Eduard Bernstein und der Revisionismus, in: Iring Fetscher (Hrsg.), Marxismusstudien, 2. Folge, Tübingen 1957.
Martin Jay, Dialektische Phantasie. Die Geschichte der Frankfurter Schule und des Instituts für Sozialforschung 1923–1950, Frankfurt/M. 1976.
Otto Kallscheuer, Marxismus und Erkenntnistheorie in Westeuropa. Eine politische Philosophiegeschichte, Frankfurt/New York 1986.
Kurt Lenk, Marx in der Wissenssoziologie. Studien zur Rezeption der Marxschen Ideologiekritik, Lüneburg ^{2}1986.
Erich Matthias, Kautsky und der Kautskyanismus. Die Funktion der Ideologie in der deutschen Sozialdemokratie vor dem ersten Weltkriege, in: Iring Fetscher (Hrsg.), Marxismusstudien, 2. Folge, Tübingen 1957.
Erich Thier, Etappen der Marxinterpretation, in: Erwin Metzke (Hrsg.), Marxismusstudien, Tübingen 1954.
Predrag Vranicki, Geschichte des Marxismus, 2 Bde., Frankfurt/M. 1972, 1974.

Wolfgang J. Mommsen
Die Paulskirche

Anmerkungen

1 Zit. n. Hiltrud Kier, Die Paulskirche in Frankfurt – ein gesamtdeutsches demokratisches Denkmal des Wiederaufbaus, in: Kunstchronik, Bd. 36, 1983, S. 5.

2 So der Bericht Wigards, in dem Stenographischen Bericht über die Verhandlungen der deutschen constituirenden Nationalversammlung zu Frankfurt am Main, hrsg. v. Franz Wigard, Frankfurt 1848, Bd. 1, S. 3.

3 In gewissem Sinne war dies der Vorläufer der «Deutschen Bibliothek» in Leipzig, die bekanntlich bis heute das Recht auf je ein Exemplar aller Publikationen deutscher Verleger besitzt. Die «Bibliothek der Deutschen Reichsversammlung» blieb freilich ein Torso, der heute noch in Leipzig verwahrt wird. Siehe Bibliothek der Deutschen Reichsversammlung 1848/49 (Reichsbibliothek, bearbeitet v. J. Jacobi, Leipzig 1999, S. 77 ff.).

4 Stenographischer Bericht (wie Anm. 2), Bd. 1, S. 7.

5 Ebd., S. 17.

6 Ebd., Bd. 2, S. 1160.

7 So Rudolf von Bennigsen in einer Debatte im Reichstag am 18. März 1898 über die Erinnerung an die Revolution von 1848/49, zit. n. Christof Dipper/Ulrich Speck, 1848. Revolution in Deutschland, Frankfurt/M. 1998, S. 17.

8 Vgl. Martin Vogt, Weimar und die NS-Zeit, in: ebd., S. 25 ff.

9 Zit. n. Wolfgang J. Mommsen, 1848. Die ungewollte Revolution, Die revolutionären Bewegungen in Europa 1830–1848, Frankfurt/M. 1998, S. 321 f.

Literaturhinweise

Franzjörg Baumgart, Die Verdrängte Revolution. Darstellung und Bewertung der Revolution von 1848 in der deutschen Geschichtsschreibung vor dem Ersten Weltkrieg, Düsseldorf 1976.

Jürgen Danyel, Unwirtliche Gegenden und abgelegene Orte? Der Nationalsozialismus und die deutsche Teilung als Herausforderungen einer Geschichte der deutschen «Erinnerungsorte», in: Geschichte und Gesellschaft 24 (1998), S. 463 ff.

Christof Dipper/Ulrich Speck, 1848. Revolution in Deutschland, Frankfurt/M. 1998.

Dieter Dowe/Heinz-Gerhard Haupt/Dieter Langewiesche (Hrsg.), Europa 1848. Revolution und Reform, Bonn 1999.

Dieter Hein, Die Revolution von 1848/49, München 1998.

Dieter Langewiesche, 1848 – ein Epochenjahr in der deutschen Geschichte?, in: Geschichte und Gesellschaft 25 (1999), S. 613–626.

Wolfgang J. Mommsen, Die ungewollte Revolution, Die revolutionären Bewegungen in Europa 1830–1848, Frankfurt/M. 1998.

Wolfram Siemann, Die deutsche Revolution von 1848/49, Frankfurt/M. 1985.

Veit Valentin, Geschichte der deutschen Revolution 1848–1849, 2 Bde., Neudruck Aalen 1968.

Hermann Rudolph
Der Schrebergarten

Anmerkungen

1 William G. Niederland, Der Fall Schreber, Frankfurt/M. 1978.

2 Elias Canetti, Masse und Macht, Frankfurt/M. 1996.

3 Johann Wolfgang von Goethe, Faust I, Hexenküche.
4 Referat Paul Brando, in: Günter Katsch/Johannes B. Walz, Kleingärten und Kleingärtner im 19. und 20. Jahrhundert. Bilder und Dokumente. Leipzig 1996, S. 220f.
5 Gerhard Seehaase, Ein Mann sieht grün, in: Zeit-Magazin, 22/1984.
6 Zitate aus: Peter Sager, Heiliger Hain mit Blumenkohl, in: Zeit-Magazin, 25/1976; Gerhard Seehaase, Ein Mann sieht grün, in: Zeit-Magazin, 22/1984; Jörg Albrecht, Alles Glück dieser Erde, in: Zeit-Magazin, 19/1989; Ingeborg Zaunitzer-Haase, Der Gartenzwerg hat ausgedient, in: Stern, 39/1972; Eberhard Stephani, Die Laubenpieper, in: Stern, 20/1980.
7 «Dann zünde ich meine Hütte an», in: Der Spiegel, 45/1979.
8 Vgl. Ina-Maria Greverus, Auf der Suche nach Heimat, München 1979, S. 161ff.
9 Katharina Rutschky (Hrsg.), Schwarze Pädagogik. Quellen zur Naturgeschichte der bürgerlichen Erziehung, Frankfurt/M. 1977.
10 Zit. n. Han Israel, Schreber: Vater und Sohn. Eine Biographie, München/Wien 1989, S. 334 (Anm. 13).
11 Zit. n. Katsch/Walz, Kleingärten und Kleingärtner (wie Anm. 4), S. 91ff.
12 Geschichte des Schrebervereins der Westvorstadt zu Leipzig, Leipzig o.J.
13 Zit. n. Katsch/Walz, Kleingärten und Kleingärtner (wie Anm. 4), S. 24.
14 Zit. n. ebd., S. 166.
15 Ebd., S. 39.
16 Zit. n. ebd., S. 170.
17 Zit. n. ebd., S. 185.
18 Zit. n. ebd., S. 184.
19 Zit. n. ebd., S. 186.
20 Rudolf Germer, Die Kleingarten-Dauerkolonie Rehberge in Berlin-Wedding, in: Sondernachrichten Reichsbund der Kleingärtner und Kleinsiedler Deutschlands, März 1937, S. 54f.
21 Günter und Lisa Katsch, Das Kleingartenwesen in der sowjetischen Besatzungszone und in der DDR, Leipzig 1999, S. 33.
22 Wilhelm Bleek, Kleingärtner, Kleintierzüchter und Imker. Eine exemplarische Nische in der DDR und deren Zukunft, in: Dieter Voigt/Lothar Mertens (Hrsg.), Minderheiten in und Übersiedler aus der DDR, Berlin 1992, S. 80.

Literaturhinweise

Günter Katsch/Johannes B. Walz, Kleingärten und Kleingärtner im 19. und 20. Jahrhundert. Bilder und Dokumente, hrsg. v. Bundesverband Deutscher Gartenfreunde anläßlich des 75. Jahrestages der Gründung des Reichsverbandes der Kleingartenvereine Deutschlands 1921, Leipzig 1996.

Hartwig Stein, Inseln im Häusermeer. Eine Kulturgeschichte des deutschen Kleingartenwesens bis zum Ende des Zweiten Weltkriegs – Reichsweite Tendenzen und Groß-Hamburger Entwicklung, Frankfurt/M. 1998.

Paul Brando, Kleine Gärten einst und jetzt – geschichtliche Entwicklung des deutschen Kleingartenwesens, Hamburg 1965.

Hagen Schulze
Versailles

Anmerkungen

1 Zit. n. Heinz Schilling, Höfe und Allianzen. Deutschland 1648–1763, Berlin 1989, S. 242.
2 Ludwig Häusser, Geschichte der Rheinischen Pfalz nach ihren politischen, kirchlichen und literarischen Verhältnissen, Bd. 2, Heidelberg 1845, S. 783.
3 Otto von Bismarck, Gedanken und Erinnerungen, Bd. I, Stuttgart 1898, S. 20.
4 Eduard Devrient an seine Schwester, Paris, 23. 4. 1839, in: ders., Briefe aus Paris (= Dramatische und dramaturgische Schriften 4), Leipzig 1846, S. 245 f.
5 Albrecht Graf von Blumenthal (Hrsg.), Tagebücher des Generalfeldmarschalls Graf von Blumenthal aus den Jahren 1866 und 1870/71, Stuttgart/Berlin 1902, S. 233.
6 Paul Bronsart von Schellendorff, Geheimes Kriegstagebuch 1870–1871, hrsg. v. Peter Rassow, Bonn 1954, S. 295, 298.
7 Kaiser Friedrich III. Das Kriegstagebuch von 1870/71, hrsg. v. Heinrich Otto Meisner, Berlin/Leipzig 1926, S. 282 f.
8 Ebd., S. 342.
9 Zit. n. Th. Toeche-Mittler, Die Kaiserproklamation in Versailles am 18. Januar 1871, Berlin 1896, S. 27 f.
10 Ebd., S. 344.
11 Zit. n. V. Beyer (Hrsg.), Mein Vaterland. Lesebuch für die Heeres- und Marinefachschulen, Berlin 1927, S. 163.
12 Königlich Preußischer Staatsanzeiger, Nr. 26, 23. 1. 1871.
13 Jacques Bariéty, Das Deutsche Reich im französischen Urteil, in: Klaus Hildebrand (Hrsg.), Das Deutsche Reich im Urteil der Großen Mächte und europäischen Nachbarn (1871–1945), München 1995, S. 204.
14 Harold Nicolson, Friedensmacher 1919, Berlin 1933, S. 352, 354.
15 Bericht W. Loebs über seine Unterredung mit Oberst Conger, 10. 3. 1919, in: Akten der Reichskanzlei, Das Kabinett Scheidemann, hrsg. v. Hagen Schulze, Boppard 1971, S. 29.
16 Verhandlungen der verfassungsgebenden Nationalversammlung. Stenographische Berichte, Bd. 327, Sp. 1084 f.
17 Deutsche Kolonialpolitik in Dokumenten, hrsg. v. Ernst Gerhard Jacob, Leipzig 1938, S. 558.
18 Matthias Erzberger, Erlebnisse im Weltkrieg, Stuttgart/Berlin 1920, S. 374.
19 Thomas Mann, Tagebücher 1918–1921, hrsg. v. Peter de Mendelssohn, Frankfurt/M. 1979, S. 235 f.
20 Zit. n. Ursachen und Folgen, hrsg. v. Herbert Michaelis und Ernst Schraepler, Bd. III, o. J., S. 227.
21 Zit. n. Georg Franz-Willing, Die Hitler-Bewegung, Berlin 1962, S. 220.
22 Max Hildebert Boehm, Ruf der Jungen, Berlin 1920, S. 52.
23 Antonius John, Weimar vor Ort – In Ahlen in Westfalen, in: Rudolf Pörtner (Hrsg.), Alltag in der Weimarer Republik. Erinnerungen an eine unruhige Zeit, Düsseldorf/Wien/New York 1990, S. 638.
24 Hitlers Zweites Buch, hrsg. von Gerhard L. Weinberg, Stuttgart 1961, S. 196.
25 Adolf Hitler, Mein Kampf, 424.–438. Tsd., München 1939, S. 250.
26 Zit. n. dem Katalog der Ausstellung «Los von Versailles», hrsg. v. Reichsministerium für Volksaufklärung und Propaganda, Berlin 1940, S. 11.

Literaturhinweise

Peter Burke, Ludwig XIV. Die Inszenierung des Sonnenkönigs, Frankfurt/M. 1995.

Thomas W. Gaethgens, Versailles als Nationaldenkmal. Die Galerie des batailles im Musée Historique von Louis-Philippe, Antwerpen 1984.

Ders., Anton v. Werner. Die Proklamierung des Deutschen Kaiserreiches. Ein Historienbild im Wandel preußischer Politik, Frankfurt/M. 1990.

Peter Krüger, Versailles. Deutsche Außenpolitik zwischen Revisionismus und Friedenssicherung, Darmstadt 1985.

Horst Möller/Jacques Morizet (Hrsg.), Franzosen und Deutsche. Orte der gemeinsamen Geschichte, München 1996.

Michael Salewski, Das Weimarer Revisionssyndrom, in: Aus Politik und Zeitgeschichte, B 2, 1980.

Jean-François Solnon, Versailles, Paris 1997.

Hans von Zwiedineck-Südenhorst, Die öffentliche Meinung in Deutschland im Zeitalter Ludwigs XIV., Stuttgart 1888.

Klaus Tenfelde
«Wissen ist Macht»

Anmerkungen

1 Zit. n. Wilhelm Liebknecht, Wissen ist Macht – Macht ist Wissen und andere bildungspolitisch-pädagogische Äußerungen, hrsg. v. Hans Brumme, Berlin 1968, S. 55 sowie 111 mit Anm. 16 (S. 211) zu Liebknechts Fundstelle bei Johann Jacoby, Das Ziel der Arbeiterbewegung, Berlin 1870, S. 11: Jacoby hatte sich auf den «Schlachttag von Sadowa» bezogen.

2 Heinrich Schulz, Neue Wege zu alten Zielen, abgedruckt in: Wilfried van der Will/Rob Burns (Hrsg.), Arbeiterkulturbewegung in der Weimarer Republik. Texte – Dokumente – Bilder, Frankfurt/M. u. a. 1982, S. 65.

3 Reinhart Koselleck, Einleitung – zur anthropologischen und semantischen Struktur der Bildung, in: ders. (Hrsg.), Bildungsbürgertum im 19. Jahrhundert, T. II: Bildungsgüter und Bildungswissen, Stuttgart 1990, S. 11–46.

4 Thomas Welskopp, Das Banner der Brüderlichkeit. Die deutsche Sozialdemokratie vom Vormärz bis zum Sozialistengesetz, Bonn 2000, S. 71.

5 Zit. n. Karl Birker, Die deutschen Arbeiterbildungsvereine 1840–1870, Berlin 1873, S. 58.

6 Nach Karl Christ, Sozialdemokratie und Volkserziehung. Die Bedeutung des Mannheimer Parteitags der SPD im Jahre 1906 für die Entwicklung der Bildungspolitik und Pädagogik der deutschen Arbeiterbewegung vor dem Ersten Weltkrieg, Bern/Frankfurt 1975, S. 140.

7 Ebd., S. 13–16.

8 Zit. n. Birker, Die deutschen Arbeiterbildungsvereine (wie Anm. 5), S. 86.

9 Nach Wolfgang Seitter, Volksbildung als Teilhabe. Die Sozialgeschichte des Frankfurter Ausschusses für Volksvorlesungen 1890–1920, Frankfurt/M. u. a. 1990, passim.

Literaturhinweise

Frolinde Balser, Die Anfänge der Erwachsenenbildung in Deutschland in der ersten Hälfte des 19. Jahrhunderts, Stuttgart 1959.

Karl Birker, Die deutschen Arbeiterbildungsvereine 1840–1870, Berlin 1873.

John Breuilly/Wieland Sachse, Joachim Friedrich Martens (1806-1877) und die deutsche Arbeiterbewegung, Göttingen 1984.

Adolf Brock u. a. (Hrsg.), Arbeiterbildung. Soziologische Phantasie und exemplarisches Lernen in Theorie, Kritik und Praxis, Reinbek 1978.

Karl Christ, Sozialdemokratie und Volkserziehung. Die Bedeutung des Mannheimer Parteitags der SPD im Jahre 1906 für die Entwicklung der Bildungspolitik und Pädagogik der deutschen Arbeiterbewegung vor dem Ersten Weltkrieg, Bern/Frankfurt 1975.

Otto Dann (Hrsg.), Lesegesellschaften und bürgerliche Emanzipation. Ein europäischer Vergleich, München 1981.

Erich Emmerling, 50 Jahre Volkshochschule in Deutschland. Ein Beitrag zur Geschichte der Erwachsenenbildung, Berlin 1958.

Hildegard Feidel-Mertz, Zur Ideologie der Arbeiterbildung, Frankfurt/M. ^{2}1972.

Rüdiger Hachtmann, Berlin 1848. Eine Politik- und Gesellschaftsgeschichte der Revolution, Bonn 1997.

Jürgen Reulecke, Sozialer Frieden durch soziale Reform. Der Centralverein für das Wohl der arbeitenden Klassen in der Frühindustrialisierung, Wuppertal 1983.

Wolfgang Schieder, Anfänge der deutschen Arbeiterbewegung. Die Auslandsvereine im Jahrzehnt nach der Julirevolution von 1830, Stuttgart 1963.

Ursula Schulz/Hans Jessen (Hrsg.), Ein Jahrhundert Arbeiterbildung in Deutschland. Bekenntnisse, Wege, Ziele, Düsseldorf 1964.

Wolfgang Seitter, Volksbildung als Teilhabe. Die Sozialgeschichte des Frankfurter Ausschusses für Volksvorlesungen 1890–1920, Frankfurt/M. 1990.

Rudolf Stadelmann/Wolfram Fischer, Die Bildungswelt des deutschen Handwerkers um 1800, Berlin-Lichterfelde 1955.

Hilde Reisig, Der politische Sinn der Arbeiterbildung. M. e. Vorwort von Lutz v. Werder, Berlin 1975.

Thomas Welskopp, Das Banner der Brüderlichkeit. Die deutsche Sozialdemokratie vom Vormärz bis zum Sozialistengesetz, Bonn 2000.

Werner Wendorff, Schule und Bildung in der Politik Wilhelm Liebknechts. Ein Beitrag zur Geschichte der deutschen Arbeiterbewegung im 19. Jahrhundert, Berlin 1978.

Maiken Umbach
Made in Germany

Anmerkungen

1 Zit. n. Kaspar Pinette, Albert Ballin und die deutsche Politik: ein Beitrag zur Geschichte von Staat und Wirtschaft 1900–1918, Hamburg 1938, S. 72.

2 Abgedruckt in Arnold Kludas, Die Rückgabe der Imperator-Glocke, in: Die deutsche Schiffahrt 2 (1980), H. 1, S. 25–28, hier S. 26.

3 Carlo M. Cipolla (Hrsg.), Die Industrielle Revolution, deutsche Ausgabe von K. Borchardt, Bd. 3, Stuttgart 1985.

4 Ebd., S. 157.

5 Nature 83 (1910), S. 350.

6 Hermann Muthesius, Die Bedeutung des Kunstgewerbes: Vortrag in der Handelshochschule Berlin, 1907, Wiederabdruck in: Wend Fischer (Hrsg.), Zwischen Kunst und Industrie: Der Deutsche Werkbund, München 1975, S. 48 f.

7 Hermann Muthesius, Die Moderne Bewegung, in: Speemanns goldenes Buch der Kunst, Berlin/Stuttgart 1901, Abschnittsnummern 1029–1060, Zitat Nr. 1032.

8 Hermann Muthesius, Die Werkbundarbeit der Zukunft. Vortrag auf der Werkbundtagung Köln 1914, in: Fischer (Hrsg.), Zwischen Kunst und Industrie (wie Anm. 6), S. 94.

9 Peter Jessen, Der Werkbund und die Großmächte der deutschen Arbeit, in: DWB Jahrbuch 1912, S. 2.
10 Friedrich Naumann, Kunst und Volkswirtschaft (1912), S. 62f.
11 E. E. Williams, Made in Germany: Der Konkurrenzkampf der deutschen Industrie gegen die englische, Dresden/Leipzig 1896, S. 12–15. David Head, ‹Made in Germany›, The Corporate Identity of a Nation, London 1992, zitiert diese Passage ausführlich im Kontext der Kontroverse zwischen englischen Protektionisten, deren Partei Williams ergriffen hatte, und Free-Trade-Vertretern, die in Williams einen ‹Panikmacher› sahen. Für Head wird Williams' Text zum Beweis für eine direkte Kausalverbindung zwischen der englischen Anti- ‹Made in Germany› -Polemik aus der Zeit vor dem Ersten Weltkrieg, die die Wirtschaftskonkurrenz als Krieg mit anderen Mitteln darstellte, und der aktuellen englischen Polemik gegen deutschen Wirtschaftsimperialismus.
12 Ebd., S. 17.
13 Ebd., Vorwort von Robert Wuttke, S. IV.
14 Ebd., S. IV f.
15 Ebd., S. VIII f.
16 Jost Hermand/Frank Trommler, Die Kultur der Weimarer Republik, Frankfurt/M. 1989, S. 401.
17 Bruce Nussbaum, Das Ende unserer Zukunft. Revolutionäre Technologien drängen die europäische Wirtschaft ins Abseits, München 1987.
18 Joachim Radkau, Technik in Deutschland. Vom 18. Jahrhundert bis zur Gegenwart, Frankfurt/M. 1989, S. 31f.
19 Zit. n. Heinz Fuchs/François Burkhardt (Hrsg.), Produkt, Form, Geschichte: 150 Jahre deutsches Design, Berlin [2]1988, S. 51.
20 François Burkhardt, Design in der Bundesrepublik Deutschland, in: ebd., S. 68–93, Zitat S. 83.
21 Wolfgang Meinig, Die deutsche Automobilwirtschaft im europäischen und internationalen Wettbewerb, in: Volker Kahrmann/Dirk Sauerland (Hrsg.), Made in Germany. Die internationale Wettbewerbsfähigkeit der deutschen Wirtschaft, Münster 1991, S. 37–53, Zitat S. 52.

Literaturhinweise

Dokumentation «Made in Germany», deutsche Qualität auf dem Prüfstand. Achter deutscher Quality Circle Kongress, Mannheim 1989, S. 7–16.
Heinz Fuchs/François Burkhardt (Hrsg.), Produkt, Form, Geschichte. 150 Jahre deutsches Design, Berlin [2]1988.
Volker Kahrmann/Dirk Sauerland (Hrsg.), Made in Germany. Die internationale Wettbewerbsfähigkeit der deutschen Wirtschaft, Münster 1991, S. 37–53.
Wolfgang König/Wolfhard Weber, Netzwerke, Stahl und Strom. 1840 bis 1914, Berlin 1990.
Joachim Radkau, Technik in Deutschland. Vom 18. Jahrhundert bis zur Gegenwart, Frankfurt/M. 1989.

Sandrine Kott
Der Sozialstaat

Anmerkungen

1 Dieter Schewe, Von der kaiserlichen Botschaft zum Sozialgesetzbuch, in: Bundesministerium für Arbeit und Sozialordnung, Es begann in Berlin. Bilder und Dokumente aus der deutschen Sozialgeschichte, Bonn 1987, S. 247.

2 Lorenz von Stein, Der Socialismus und Communismus des heutigen Frankreichs, 1842; Gegenwart und Zukunft der Rechts- und Staatswissenschaften Deutschlands, 1876.
3 Artikel «Sozialstaat», in: Staatslexikon, Freiburg 1989, Bd. 5, S. 72–78.
4 Helmut Schmidt, Politik der sozialen Sicherheit, in: Alfred Christmann u. a. (Hrsg.), Sozialpolitik. Ziele und Wege, Köln 1974, S. 547.
5 Zit. n. Franz Boese, Geschichte des Vereins für Sozialpolitik 1872–1932. Im Auftrage des Liquidationsausschusses, Schriften des Vereins für Sozialpolitik 188, Berlin 1939.
6 Zit. n. Johannes Bähr, Staatliche Schlichtung in der Weimarer Republik. Tarifpolitik, Korporatismus und industrieller Konflikt zwischen Inflation und Deflation 1919–1923, Berlin 1989, S. 237.
7 Ulrich Mückenberger/Alain Supiot, Ordre public social et communauté, in: Bénédicte Zimmermann/Claude Didry/Peter Wagner (Hrsg.), Le travail et la nation. Histoire croisée de la France et de l'Allemagne, Paris 1999, S. 81–105, insb. S. 83 u. 88.
8 Deutsche Sozialpolitik 1918–1928. Erinnerungsschrift des Reichsarbeitsministeriums, Berlin 1929, S. 12.
9 Reichsarbeitsblatt 14 (1934), 20 (15. 7. 1934), Teil IV, Amtliche Nachrichten für Reichsversicherung, Fünfzig Jahre Sozialversicherung 1884–1934, Festschrift, hrsg. v. Reichsversicherungsamt, S. 7.
10 Gerhard Erdmann, Die Entwicklung der deutschen Sozialgesetzgebung, Quellensammlung, Göttingen 1957, S. 36.
11 Hans Günter Hockerts, Sozialpolitische Entscheidungen im Nachkriegsdeutschland. Alliierte und deutsche Sozialversicherungspolitik, Stuttgart 1980, S. 48.
12 Clemens Becher, Die Selbstverwaltung brachte demokratische Mitwirkung, in: Es begann in Berlin (wie Anm. 1), S. 229.
13 Walter Auerbach, Klärung um den sozialen Rechtsstaat, in: Alfred Christmann u. a. (Hrsg.), Sozialpolitik. Ziele und Wege, Köln 1974, S. 271–278.
14 ZEIT-Punkte, Was heißt heute liberal?, 1/1995, S. 85–87.
15 Gunnar Winkler (Hrsg.), Geschichte der Sozialpolitik der DDR, Berlin 1989, S. 13.
16 Zit. n. Rainer Gregarek, Querelles et ‹ententes cordiales› dans les relations franco-allemandes à la fin du XIXe et au début du XXe siècle. Le cas des assurances sociales, DEA, Université de Provence, S. 37. Mutualisme: bis zum Ende des 19. Jahrhunderts die in Frankreich anerkannte, auf Freiwilligkeit und Gegenseitigkeit beruhende Versicherungsform [Anm. d. Übersetzers].
17 Le Temps 16 (1890), H. 3.
18 Deutsche Sozialpolitik 1918–1928 (wie Anm. 8), S. 1.

Literaturhinweise

Werner Abelshauser (Hrsg.), Die Weimarer Republik als Wohlfahrtsstaat. Zum Verhältnis von Wirtschafts- und Sozialpolitik in der Industriegesellschaft, Stuttgart 1987.

Hans Günter Hockerts (Hrsg.), Drei Wege deutscher Sozialstaatlichkeit. NS-Diktatur, Bundesrepublik und DDR im Vergleich, München 1998.

Jürgen Kocka/Hans-Jürgen Puhle/Klaus Tenfelde (Hrsg.), Von der Arbeiterbewegung zum modernen Sozialstaat. Festschrift für Gerhard Ritter zum 65. Geburtstag, München 1994.

Sandrine Kott, L'Etat social allemand, représentations et pratiques, Paris 1995.

Lothar Machtan (Hrsg.), Bismarcks Sozialstaat. Beiträge zur Geschichte der Sozialpolitik und zur sozialpolitischen Geschichtsschreibung, Frankfurt/M. 1994.

Timothy Mason, Sozialpolitik im Dritten Reich. Arbeiterklasse und Volksgemeinschaft, Opladen 1978.

Gerhard A. Ritter, Der Sozialstaat. Entstehung und Entwicklung im internationalen Vergleich, München 1992.

Florian Tennstedt, Sozialgeschichte der Sozialpolitik in Deutschland, Göttingen 1981.

Jörn Eckert
Das Bürgerliche Gesetzbuch (BGB)

Anmerkungen

1 E. R. Huber, Deutsche Verfassungsgeschichte seit 1789, Bd. IV: Struktur und Krisen des Kaiserreichs, Stuttgart u. a. 1969, S. 272 u. 278.

2 Art. 4 Ziff. 13 der Verfassung des Norddeutschen Bundes v. 16. 4. 1867, BGBl. 1867, 2; abgedr. in: E. R. Huber (Hrsg.), Dokumente zur deutschen Verfassungsgeschichte, Bd. 2, Stuttgart u. a. 1986, S. 273.

3 Rede v. 20. 3. 1867, abgedr. bei F. Thimme (Hrsg.), Johannes v. Miquels Reden I, Halle 1911, S. 218 ff.

4 Stenographische Berichte über die Verhandlungen des Reichstags des Norddeutschen Bundes (RT-Prot.), Session 1869, I, S. 445 ff., 647 ff.; II, 833 ff.; III, 175.

5 J. Kohler, in: F. v. Holtzendorff, Encyklopädie der Rechtswissenschaft, Leipzig ^{6}1904, S. 565.

6 O. v. Gierke, Die soziale Aufgabe des Privatrechts, Berlin 1889.

7 O. v. Gierke, Der Entwurf eines bürgerlichen Gesetzbuchs und das deutsche Recht, Leipzig ^{2}1889, S. 2 ff.

8 Huber, Deutsche Verfassungsgeschichte seit 1789 (wie Anm. 1), S. 276.

9 E. v. Wildenbruch, Das Deutsche Recht, in: Deutsche Juristen-Zeitung, 1. 1. 1900, S. 1.

10 Ernst Zitelmann, Zur Begrüßung des neuen Gesetzbuches, in: Deutsche Juristen-Zeitung, 1. 1. 1900, S. 2 ff.

11 Kohler (wie Anm. 5), S. 566.

12 R. Sohm, Bürgerliches Recht, in: R. Stammler u. a., Systematische Rechtswissenschaft, Leipzig ^{2}1913, S. 84.

13 O. Behrends, Das Privatrecht des deutschen Bürgerlichen Gesetzbuches, seine Kodifikationsgeschichte, sein Verhältnis zu den Grundrechten und seine Grundlagen im klassisch-republikanischen Verfassungsdenken, in: Der Kodifikationsgedanke und das Modell des Bürgerlichen Gesetzbuches (BGB), hrsg. v. O. Behrends und W. Sellert, Göttingen 2000, S. 30.

14 So ausdrücklich das Bundesverfassungsgericht in der sog. «Naßauskiesungsentscheidung», BVerfGE 58, 300, 335.

15 BVerfGE 7, 198 ff.

16 K. Hesse, Verfassungsrecht und Privatrecht, Heidelberg 1988, S. 24 ff.

17 Zit. n. H. Prantl, Verbraucher bekommen mehr Rechte, in: Süddeutsche Zeitung, 20. 9. 2000.

Literaturhinweise

Otto Behrends/Wolfgang Sellert (Hrsg.), Der Kodifikationsgedanke und das Modell des Bürgerlichen Gesetzbuches (BGB), Göttingen 2000.

Das bürgerliche Recht – Von der Vielfalt zur Einheit. Vortragsreihe anlässlich einer Sonderausstellung des Landgerichts Flensburg zum 100. Geburtstag des Bürgerlichen Gesetzbuches, Flensburg 2000.

Konrad Hesse, Verfassungsrecht und Privatrecht, Heidelberg 1988.

Hans Carl Nipperdey (Hrsg.), Fünfzigjahrfeier des Deutschen Bürgerlichen Gesetzbuches, Tübingen 1950.

Dietmar Willoweit, Deutsche Verfassungsgeschichte. Vom Frankenreich bis zur Wiedervereinigung Deutschlands, München ^{3}1997.

Sabine Behrenbeck
«Heil»

Anmerkungen

1 Amtsblatt des Kontrollrats in Deutschland Nr. 1, 29. 10. 1945.

2 Erich Karl Albert Rheinsberg, Heil Dir, junge Republik, Berlin 1926.

3 Kurt Behmke, Front Heil! Eine Auswahl deutscher Lieder, zusammengestellt vom Jungstahlhelm Greifswald, Greifswald 1929.

4 Hitler – Sämtliche Aufzeichnungen 1905–1924, hrsg. v. Eberhard Jäckel, Stuttgart 1980, S. 732 (Rede vor SA-Versammlung in München, 18. November 1922) und S. 769 (Rede vor NSDAP-Versammlung in München, 17. Dezember 1922).

5 Ebd., S. 671 (Rede vor NSDAP-Versammlung in München, 28. Juli 1922).

6 Ian Kershaw, Hitler 1889–1936, Stuttgart 1998, S. 230ff.

7 Anton Joachimsthaler, Hitlers Eintritt in die Politik und die Anfänge der NSDAP, in: München – «Hauptstadt der Bewegung», Ausstellungskatalog, München 1993, S. 71–82, hier S. 82.

8 Hitler – Sämtliche Aufzeichnungen (wie Anm. 4), S. 938 (Rede vor NSDAP-Versammlung in Passau, 17. Juni 1923), ähnlich S. 576 (Rede vor NSDAP- Versammlung in Bayreuth, 30. September 1923).

9 Art. »Gruß», in: Meyers Lexikon, Leipzig ^{8}1938, Bd. 5, S. 563f.

10 Jörg Lechler, «Heil!», in: Der Schulungsbrief, hrsg. v. Reichsschulungsamt der NSDAP und der Deutschen Arbeitsfront, Berlin, April 1936, 3. Jg., 4. F., S. 129. Das folgende Zitat ebd.

11 Artikel «Heil» in: Brockhaus Enzyklopädie in 20 Bänden, völlig neu bearb. Ausgabe, Wiesbaden 1969, S. 297ff.

12 Stichwort «Heil», in: Duden Etymologie. Herkunftswörterbuch der deutschen Sprache, bearb. v. Günther Drosdowski u. a., Duden Bd. 7, Mannheim u. a. 1963, S. 256. Im weiteren ebd. S. 256f.

13 Herwig Wolfram, Die Germanen, München 1995, S. 20f.

14 Richard Schneider, Das Frankenreich, München/Wien 1982, S. 13.

15 Im Althochdeutschen «heilant», im Altsächsischen «heliand», vgl. Stichwort «Heil», in: Duden Etymologie (wie Anm. 12), S. 257.

16 Artikel «Heiland» in: Lexikon für Theologie und Kirche (LThK), Bd. IV, Freiburg u. a. 1995, S. 1264f.

17 Johann Heinrich Zedler, Grosses Vollständiges Universal-Lexicon Aller Wissenschaften und Künste, Leipzig und Halle 1732–1754, Bd. 12, 1735, Sp. 1146. Die nachstehenden Zitate ebd. Sp. 1153 und 1146.

18 Immanuel Kant, Idee zu einer allgemeinen Geschichte, zit. n. Heinz Dieter Kittsteiner, Kants Theorie des Geschichtszeichens. Vorläufer und Nachfahren, in: ders. (Hrsg.), Geschichtszeichen, Köln u. a. 1999, S. 93f.

19 Richard Wagner, Siegfried, 3. Aufzug: Brünhilde erwacht.

20 Klaus von See, Barbar, Germane, Arier. Die Suche nach der Identität der Deutschen, Heidelberg 1994, S. 76f. Das folgende Zitat ebd.

21 Ebd., S. 78.

22 Ebd., S. 196.

23 Ulrich Linse, Barfüßige Propheten. Erlöser der zwanziger Jahre, Berlin 1983, S. 28.

24 Ebd., S. 37.

25 Ebd., S. 40.

26 Adolf Hitler, Mein Kampf, 3. Aufl. der 1. Ausg. von 1925, München 1933, S. 395ff. u. 516.

27 Ebd., S. 551f.

28 Ebd., S. 554f.
29 Hitler – Sämtliche Aufzeichnungen (wie Anm. 4), Nr. 301, S. 499, s. a. S. 734, Nr. 428 u. Hitler, Mein Kampf (wie Anm. 25), S. 556f.
30 Alfred Rosenberg, Der Mythus des 20. Jahrhunderts, Eine Wertung der seelisch-geistigen Gestaltenkämpfe unserer Zeit, 37.–38. Aufl. München 1934, S. 688.
31 Jörg Lechler, Sinn und Weg des Hakenkreuzes, in: Der Schulungsbrief (wie Anm. 10), Dezember 1935, 2. Jg., 12. F., S. 410.
32 Ebd., S. 412.
33 Adolf Hitler – Monologe im Führerhauptquartier. Die Aufzeichnungen von Heinrich Heims, hrsg. v. Werner Jochmann, Hamburg 1980, Eintrag Nr. 125 vom 4. Februar 1942.
34 Lucian Hölscher, Die Entdeckung der Zukunft, Frankfurt/M. 1999, S. 211.

Literaturhinweise

Sabine Behrenbeck, Der Kult um die toten Helden. Nationalsozialistische Mythen, Riten und Symbole, Vierow 1996.
Norman Cohn, Das Ringen um das tausendjährige Reich. Revolutionärer Messianismus im Mittelalter und sein Fortleben in den modernen totalitären Bewegungen, Berlin/München 1961.
Ian Kershaw, Hitler 1889–1936, Stuttgart 1998.
Ulrich Linse, Barfüßige Propheten. Erlöser der zwanziger Jahre, Berlin 1983.
Uwe Puschner/Walter Schmitz/Justus H. Ulbricht (Hrsg.), Handbuch zur Völkischen Bewegung 1871–1918, München u. a. 1996.
Klaus von See, Barbar, Germane, Arier. Die Suche nach der Identität der Deutschen, Heidelberg 1994.

Peter Reichel
Auschwitz

Anmerkungen

1 Martin Gilbert, Auschwitz und die Alliierten, München 1982, S. 71.
2 Zit. n. Lothar Kettenacker, Die Behandlung der Kriegsverbrecher als anglo-amerikanisches Rechtsproblem, in: Gerd R. Ueberschär (Hrsg.), Der Nationalsozialismus vor Gericht. Die alliierten Prozesse gegen Kriegsverbrecher und Soldaten 1943–1952, Frankfurt/M. 1999, S. 20.
3 Jean-Charles Szurek, Das Museum des Lagers Auschwitz, in: Annette Leo (Hrsg.), Die wiedergefundene Erinnerung. Verdrängte Geschichte in Osteuropa, Berlin 1992, S. 239–264.
4 Verhandlungen des Deutschen Bundestages. Stenographische Berichte, 12. Wahlperiode, 120. Sitzg., 12. 11. 1992, S. 10171.
5 Peter Steinbach, Nationalsozialistische Gewaltverbrechen. Die Diskussion in der deutschen Öffentlichkeit nach 1945, Berlin 1981, S. 91.
6 Karl Dietrich Erdmann, Die Zeit der Weltkriege, Stuttgart 1976, S. 645.
7 Robert W. Kempner, Ankläger einer Epoche. Lebenserinnerungen, Frankfurt/M. 1983, S. 223.
8 Zit. n. Adalbert Rückerl, NS-Verbrechen vor Gericht. Versuch einer Vergangenheitsbewältigung, Heidelberg 1982, S. 114.
9 Joseph Borkin, Die unheilige Allianz der I. G. Farben. Eine Interessengemeinschaft im Dritten Reich, Frankfurt/M. 1979, S. 139.
10 Zit. n. Joachim Perels, Verpaßte Chancen. Zur Bedeutung der Nürnberger Nachfolgeprozesse vor dem Hintergrund der ungenügenden Strafverfolgung von NS-Tätern in

der BRD, in: KZ-Gedenkstätte Neuengamme (Hrsg.), Die frühen Nachkriegsprozesse, Bremen 1997, S. 33.

11 Arnulf Kutsch, Einstellungen zum Nationalsozialismus in der Nachkriegszeit, in: Publizistik 40 (1995), S. 415–447.

12 Karl Jaspers, Hoffnung und Sorge. Schriften zur deutschen Politik, 1945–1965, München 1965, S. 32 u. 67ff.

13 Verhandlungen des Deutschen Bundestages, Stenographische Berichte, 1. Wahlperiode, 165. Sitzg., 27. 9. 1951, S. 6697f.

14 Zit. n. Angelika Timm, Hammer, Zirkel, Davidstern. Das gestörte Verhältnis der DDR zu Zionismus und Staat Israel, Bonn 1987, S. 137.

15 Zit. n. Hanno Loewy, Das gerettete Kind. Die ‹Universalisierung› der Anne Frank, in: Stephan Braese u. a. (Hrsg.), Deutsche Nachkriegsliteratur und der Holocaust, Frankfurt/M. 1998, S. 21.

16 Zit. n. Gerhard Werle/Thomas Wandres, Auschwitz vor Gericht. Völkermord und bundesdeutsche Strafjustiz, München 1965, S. 82.

17 Hannah Arendt, Nach Auschwitz. Essays und Kommentare, Berlin 1989, S. 81ff.

18 Zit. n. Werle/Wandres (Hrsg.), Auschwitz vor Gericht (wie Anm. 16), S. 217.

19 Gustave M. Gilbert, Nürnberger Tagebuch. Gespräche der Angeklagten mit dem Gerichtspsychologen, Frankfurt/M. 1962, S. 253.

20 Martin Broszat (Hrsg.), Kommandant in Auschwitz. Autobiographische Aufzeichnungen des Rudolf Höß, München 1994, S. 17ff., 186ff.

21 Werner Bergmann, Antisemitismus in öffentlichen Konflikten. Kollektives Lernen in der politischen Kultur der Bundesrepublik 1949–1989, Frankfurt/M. 1997, S. 269ff.

22 Deutscher Bundestag (Hrsg.), Zur Verjährung nationalsozialistischer Verbrechen. Dokumentation der parlamentarischen Bewältigung des Problems 1960–1979, 3 Bde., Bonn 1980, Bd. 1, S. 160f.

23 Ebd., Bd. 1, S. 214.

24 Ebd., Bd. 2, S. 517.

25 Hans-Peter Schwarz, Der Ort der Bundesrepublik in der deutschen Geschichte, Opladen 1996, S. 10.

26 Reinhart Koselleck, Zur politischen Ikonologie des gewaltsamen Todes. Ein deutschfranzösischer Vergleich, Basel 1998, S. 53.

27 Hanno Loewy, Sichtbares und Unsichtbares. Zur Topologie der Erinnerung, Frankfurt/M. 1993, S. 9.

28 Theodor W. Adorno, Aufzeichnungen zu Kafka, in: ders., Prismen. Kulturkritik und Gesellschaft, Berlin/Frankfurt 1955, S. 326.

29 Zit. n. Ute Schmidt, Die Christlich Demokratische Union Deutschlands, in: Richard Stöss (Hrsg.), Parteien-Handbuch, Deutschland, Opladen 1983, Bd. 1, S. 490–660 (533).

30 Imre Kertesz, Der Holocaust als Kultur, in: Sinn und Form 46 (1994), S. 560ff.

31 Hannah Arendt/Karl Jaspers, Briefwechsel 1926–1969, München 1993, S. 90f.

32 Dan Diner, Negative Symbiose. Deutsche und Juden nach Auschwitz, in: Ders. (Hrsg.), Ist der Nationalsozialismus Geschichte? Zu Historisierung und Historikerstreit, Frankfurt/M. 1987, S. 185ff.

33 Hans Mommsen, Erfahrung, Aufarbeitung und Erinnerung des Holocaust in Deutschland, in: Hanno Loewy (Hrsg.), Holocaust: Die Grenzen des Verstehens. Eine Debatte über die Besetzung der Geschichte, Reinbek 1992, S. 93.

Literaturhinweise

Cornelia Brink, Ikonen der Vernichtung. Öffentlicher Gebrauch von Fotografien aus nationalsozialistischen Konzentrationslagern nach 1945, Berlin 1998.

Danuta Cech, Kalendarium der Ereignisse im Konzentrationslager Auschwitz-Birkenau. 1939–1945, Reinbek 1989.
Waclaw Dlugoborski/Franciszek Piper (Hrsg.), Auschwitz 1940–1945. Studien zur Geschichte des Konzentrations- und Vernichtungslagers Auschwitz, 5 Bde., Oswiecim 1999.
Detlef Hofmann (Hrsg.), Das Gedächtnis der Dinge. KZ-Relikte und KZ-Denkmäler 1945–1995, Frankfurt/New York 1998.
Institut für Zeitgeschichte (Hrsg.), Darstellungen und Quellen zur Geschichte von Auschwitz, 4 Bde., München 2000.
Hermann Langbein, Der Auschwitz-Prozeß. Eine Dokumentation, 2 Bde., Frankfurt/M. 1995.
Hanno Loewy (Hg.), Holocaust: Die Grenzen des Verstehens. Eine Debatte über die Besetzung der Geschichte, Reinbek 1992.
Christian Meier, Vierzig Jahre nach Auschwitz. Deutsche Geschichtserinnerung heute, München 1990.
Robert Jan van Pelt/Debora Dwork, Auschwitz. Von 1270 bis heute, Zürich 1998.
Peter Reichel, Politik mit der Erinnerung. Gedächtnisorte im Streit um die nationalsozialistische Vergangenheit, Frankfurt/M. 1999.
Hans-Georg Stavginski, Das Holocaust-Denkmal. Der Streit um das «Denkmal für die ermordeten Juden Europas» in Berlin (1988–1999), Paderborn 2002.
Enzo Traverso, Auschwitz denken. Die Intellektuellen und die Shoah, Hamburg 2000.
James E. Young, Beschreiben des Holocaust. Darstellung und Folgen der Interpretation, Frankfurt/M. 1992.

Eva Hahn/Hans Henning Hahn
Flucht und Vertreibung

Anmerkungen

1 Aufnahme, Eingliederung und Wirken der Vertriebenen im Landkreis Traunstein nach 1945. Eine Dokumentation. Zusammengetragen von Egbert Langer u. a., hrsg. v. Bund der Vertriebenen, Kreisverband Traunstein/Berchtesgadener Land, Traunstein [1995], S. 5.
2 Frankfurter Allgemeine Zeitung, 23. 1. 1995, zit. n. Alfred Theisen, Die Vertreibung der Deutschen – ein unbewältigtes Kapitel europäischer Geschichte, in: Aus Politik und Zeitgeschichte B 7–8, 1995, S. 20–33, hier S. 33.
3 Theisen, Die Vertreibung der Deutschen (wie Anm. 2).
4 Aleida Assmann, Erinnerungsräume. Formen und Wandlungen des kulturellen Gedächtnisses, München 1999, S. 328.
5 Siegfried Lenz, Heimatmuseum. Roman, Hamburg 1978, S. 569.
6 Peter Härtling, Die Flüchtlinge, in: Der Monat 19 (1967), H. 220, S. 18–22, hier S. 20f.
7 Zit. n. Ferdinand Seibt (Hrsg.), Eugen Lemberg 1903–1976, München 1986, S. 168.
8 Wie es die oben zitierte Traunsteiner Dokumentation (wie Anm. 1) als quasi objektiven Tatbestand erinnert.
9 George Mikes, Über Alles: Germany Explored, London 1953, S. 68.
10 Paul Lüttinger, Der Mythos der schnellen Integration. Eine empirische Untersuchung zur Integration der Vertriebenen und Flüchtlinge in der Bundesrepublik Deutschland bis 1971, in: Zeitschrift für Soziologie 15 (1986), S. 20–36, hier S. 22.
11 Rainer B. Jogschies, «Stempel drauf und fertig»: Wie man heute Heimatvertriebener wird, in: Siegfried Kogelfranz (Hrsg.), Die Vertriebenen, Reinbek 1985, S. 97–100.
12 Theisen, Die Vertreibung der Deutschen (wie Anm. 2), S. 20.

13 Flucht und Vertreibung. Aufnahme und Eingliederung der Vertriebenen im Main-Taunus-Kreis. Dokumentation, Wiesbaden o. J., S. 141.

14 Rainer Münz/Rainer Ohliger, Vergessene Deutsche – erinnerte Deutsche. Flüchtlinge, Vertriebene, Aussiedler, in: Transit, H. 15, 1998, S. 141–157, hier S. 151.

15 Angelika Fox, Flüchtlinge und Vertriebene im Landkreis Fürstenfeldbruck. Aspekte ihrer Eingliederung seit 1945, Fürstenfeldbruck 1998, S. 126.

16 Zit. n. Mathias Beer, Im Spanungsfeld von Politik und Zeitgeschichte. Das Großforschungsprojekt «Dokumentation der Vertreibung der Deutschen aus Ost-Mitteleuropa», in: Vierteljahreshefte für Zeitgeschichte 46 (1998), S. 345–389, hier S. 359.

17 Karl Pagel (Hrsg.), Deutsche Heimat im Osten, Berlin 1951, S. 7.

18 «Ein Denkmal deutscher Innerlichkeit. Horst Krüger über Ernst Wiecherts ‹Das einfache Leben›», in: Frankfurter Allgemeine Zeitung, 21. 2. 1980.

19 Dokumentation der Vertreibung der Deutschen aus Ost-Mitteleuropa, 8 Bde., Bonn 1953–1962 (Neudruck München 1984).

20 Beer, Im Spannungsfeld von Politik und Zeitgeschichte (wie Anm. 16), passim.

21 Karl C. Thalheim/Arnold Hillen Ziegfeld (Hrsg.), Der deutsche Osten. Seine Geschichte, sein Wesen und seine Aufgabe, Berlin 1936, S. XI.

22 Das östliche Deutschland. Ein Handbuch, hrsg. vom Göttinger Arbeitskreis, Würzburg 1959, S. 430.

23 Ebd., S. VII.

24 Zit. n. Ostland im Unterricht. Grundsätze und Praxis, hrsg. vom Kulturwerk der Vertriebenen Deutschen in Verbindung mit der Deutschen Pestalozzi-Gesellschaft, Köln 1956, S. 62.

25 Deutsche im Osten. Geschichte – Kultur – Erinnerungen. Deutsches Historisches Museum Berlin, Berlin 1994.

26 Ferdinand Seibt, Die Deutschen in den Böhmischen Ländern. Geschichte, Wirtschaft, Kultur, in: ebd., S. 92–96 und 105–109, hier S. 107.

27 Hans Dietrich Schultz, Räume sind nicht, Räume werden gemacht. Zur Genese «Mitteleuropas» in der deutschen Geographie, in: Europa Regional 5 (1997), Nr. 1, S. 2–14.

28 Wolfgang Wippermann, Der ‹deutsche Drang nach Osten›. Ideologie und Wirklichkeit eines politischen Schlagwortes, Darmstadt 1981, S. 34.

29 Horst Bienek, Beschreibung einer Provinz. Aufzeichnungen, Materialien, Dokumente, München/Wien 1983, S. 79.

30 Horst Bienek, Erde und Feuer. Roman, München/Wien 1982.

31 Horst Bienek, Birken und Hochöfen. Eine Kindheit in Oberschlesien, Berlin 1990, S. 98.

32 Härtling, Die Flüchtlinge (wie Anm. 6), S. 19.

33 Zit. n. Klaus Wagenbach, Johannes Bobrowski, in: Jahresring 66/67, S. 310–313, hier S. 310.

34 Lenz, Heimatmuseum (wie Anm. 5), S. 635.

35 Der Spiegel, 2/2003, S. 5 und 41.

36 Sudetendeutsche Zeitung, 26. 9. 2003.

37 Frankfurter Allgemeine Zeitung, 4. 10. 2000.

38 Der Spiegel, 13/2002, S. 37.

39 Der Deutschunterricht 3/2003, Medien: Spezial S. 35.

40 Günter Grass, Im Krebsgang. Eine Novelle, Göttingen 2002.

41 Süddeutsche Zeitung, 25. 4. 2002.

42 Süddeutsche Zeitung, 24. 3. 1999.

43 Aufruf des Bundestagsabgeordneten Markus Meckel vom 14. 7. 2003 unter dem Titel «Gemeinsame Erinnerung als Schritt in die Zukunft. Für ein Europäisches Zentrum gegen Vertreibung, Zwangsaussiedlungen und Deportationen – Geschichte in Europa gemeinsam aufarbeiten» (www.markus.meckel.de/pdf2/zentrum-vertreibung/aufruf-europäisches-zentrum-gegen-vertreibung.pdf).

44 Die Zeit, 28. 8. 2003.
45 Tag der Heimat 2003, hg. v. Bund der Vertriebenen/Vereinigte Landsmannschaften e. V., Bonn 2003, S. 16.

Literaturhinweise

Deutsche im Osten. Geschichte – Kultur – Erinnerungen, Deutsches Historisches Museum Berlin, Berlin 1994.

Dokumentation der Vertreibung der Deutschen aus Ost-Mitteleuropa, 8 Bde., Bonn 1953–1962 (Neudruck München 1984).

Angelika Fox, Flüchtlinge und Vertriebene im Landkreis Fürstenfeldbruck. Aspekte ihrer Eingliederung seit 1945, Fürstenfeldbruck 1998.

Siegfried Kogelfranz (Hrsg.), Die Vertriebenen, Reinbek 1985.

Wolfgang Wippermann, Der ‹deutsche Drang nach Osten›. Ideologie und Wirklichkeit eines politischen Schlagwortes, Darmstadt 1981.

Erhard Schütz
Der Volkswagen

Anmerkungen

1 In: Der Spiegel 39/1999, S. 47.
2 Oliver Vogel, Volkswagen. In: 100 Wörter des Jahrhunderts, Frankfurt/M. 1999, S. 312–314, hier S. 312.
3 Stephen Jay Gould, Eine biologische Huldigung an die Mickey Maus (1980). In: Ders., Der Daumen des Panda. Betrachtungen zur Naturgeschichte, Frankfurt/M. 1989, S. 99–111, hier S. 109.
4 Konrad Lorenz, Ganzheit und Teil in der tierischen und menschlichen Gemeinschaft (1950). In: Ders., Über tierisches und menschliches Verhalten. Aus dem Werdegang der Verhaltenslehre. Gesammelte Abhandlungen, Bd. I u. II, Darmstadt/Wien 1967, S. 422–491, hier S. 478.
5 Werbebrief von Heinrich Nordhoff, VW-Automuseum, Kundendienst/Verkauf 48/49. Zit. n. Christian Kleinschmidt, Von der ‹Volksgemeinschaft› zur ‹Gemeinschaft der Volkswagenfahrer›. Konsumgesellschaftliche Aspekte, die USA und der Wiederaufstieg von Volkswagen nach dem Zweiten Weltkrieg. In: Akkumulation, Nr. 12/1998, S. 18–24, hier S. 21.
6 Fritz Todt: Der nordische Mensch und der Verkehr. In: Die Straße 4 (1937), H. 14, S. 397 u. 398 f.
7 Wilfrid Bade: Jene blaßgrauen Bänder. In: Wilmont Haacke (Hrsg.), Die Luftschaukel, Berlin 1939, S. 22–27.
8 Walter Ostwald, Fröhliches Kraftfahrwandern. In: Die Straße 6 (1939), H. 12, S. 282.
9 Ferdinand Porsche, Geleitwort. In: Otto Willi Gail, Autofibel mit Volkswagenfibel. Die Fahrschule für jedermann, Breslau 1939, S. 7.
10 So Heinrich Nordhoff, Rede anläßlich der Verleihung des Elmer A. Sperry-Preises am 13. November 1958 in New York (Übersetzung). In: Ders., Reden und Aufsätze, Zeugnisse einer Ära, Düsseldorf u. a. 1992, S. 226–239, hier S. 231.
11 So Heidrun Edelmann, Volkswagen. Von der Typenbezeichnung zum Markennamen. Die Gleichschaltung eines Begriffes. In: Journal Geschichte 12 (1990), H. 1, S. 54–61, hier S. 55.
12 Zit. n. Dein KdF-Wagen, Berlin o. J., S. 1.
13 Hans Mommsen/Manfred Grieger, Das Volkswagenwerk und seine Arbeiter im Dritten Reich, Düsseldorf 1996, S. 66.

14 Edelmann, Volkswagen (wie Anm. 11), S. 60.
15 Hans Bohrmann (Hrsg.), NS-Presseanweisungen der Vorkriegszeit. Bd. 4/I: 1936, München u. a. 1993, S. 468 f.
16 Heidrun Edelmann, Vom Luxusgut zum Gebrauchsgegenstand. Die Geschichte der Verbreitung von Personenkraftwagen in Deutschland, Frankfurt/M. 1989, S. 204.
17 Zit. n. Peter Reichel, Der schöne Schein des Dritten Reiches, München/Wien 1991, S. 310.
18 Zit. n. Hans Mommsen, Der Mythos der Modernität, Essen 1999, S. 50.
19 Otto Dykhoff, zit. n. ebd., S. 57.
20 Ebd., S. 23.
21 Wilhelm Bittorf, Die Geschichte eines Autos, Braunschweig o. J. [1960], S. 49.
22 Ebd., S. 70.
23 Nordhoff, Rede anläßlich der Verleihung des Elmer A. Sperry-Preises (wie Anm. 10), S. 235.
24 Bittorf, Die Geschichte eines Autos (wie Anm. 21), S. 50.
25 Arthur Railton, Der Käfer. Der ungewöhnliche Weg eines ungewöhnlichen Automobils, Pfäffikon 1985, S. 138.
26 Martin Beheim-Schwarzbach, Der geölte Blitz. Aus den Aufzeichnungen eines Volkswagens, Hamburg 1953, S. 7.
27 Zit. n. Ulrich Kubisch, Aller Welts Wagen, Berlin 1986, S. 96.
28 Bittorf, Die Geschichte eines Autos (wie Anm. 21), S. 53.
29 Volker Wellhöner, ‹Wirtschaftswunder› – Weltmarkt – westdeutscher Fordismus. Der Fall Volkswagen, Münster 1996, S. 18 u. 217.
30 Kunisch, Aller Welts Wagen (wie Anm. 27), S. 115.
31 Bruce G. Vanden Bergh, ‹Volkswagen as Little Man›. In: Journal of American Culture 15 (1992), Nr. 4, S. 95–119, hier S. 95.
32 Stephen Fox zit. n. ebd., S. 99.
33 Zit. n. Thomas Fuchs, «Der beste Botschafter Deutschlands in Amerika»: Das Image und die Werbung von Volkswagen in den USA während der sechziger Jahre, Universität Magedeburg, Reprint Nr. 1/1996, S. 24.
34 Tomas Fitzel: Die schöne neue Welt der Volkswagen. In: Stuttgarter Zeitung, 3. 9. 1999.

Literaturhinweise

Heidrun Edelmann, Volkswagen, Von der Typenbezeichnung zum Markennamen, Die Gleichschaltung eines Begriffes, in: Journal Geschichte 12 (1990), S. 54–61.

Dies., Vom Luxusgut zum Gebrauchsgegenstand, Die Geschichte der Verbreitung von Personenkraftwagen in Deutschland, Frankfurt/M. 1989.

Ulrich Kubisch, Aller Welts Wagen, Berlin 1986.

Jürgen Lewandowski/Marion Zellner, Der Konzern, Die Geschichte der Marken VW, Audi, Seat und Skoda, Bielefeld 1997.

Hans Mommsen/Manfred Grieger, Das Volkswagenwerk und seine Arbeiter im Dritten Reich, Düsseldorf 1996.

Hans Mommsen, Der Mythos von der Modernität, Essen 1999.

Erhard Schütz/Eckhard Gruber, Mythos Reichsautobahn, Bau und Inszenierung der ‹Straßen des Führers› 1933–1941, Berlin 1996.

Volker Wellhöner, ‹Wirtschaftwunder› – Weltmarkt – westdeutscher Fordismus. Der Fall Volkswagen, Münster 1996.

Harold James
Die D-Mark

Literaturhinweise

Noel Annan, Changing Enemies: The Defeat and Regeneration of Germany, London 1995.

Knut Borchardt, Die D-Mark, in: Hartmut von Hentig (Hrsg.), Deutschland in kleinen Geschichten, München 1995, S. 22–26.

Christoph Buchheim, Die Währungsreform 1948 in Westdeutschland, in: Vierteljahreshefte für Zeitgeschichte 36 (1988), S. 189–231.

Deutsche Bundesbank, Von der Baumwolle zum Geldschein, Eine neue Banknotenserie entsteht, Frankfurt/M. 1995.

Fünfzig Jahre Deutsche Mark: Notenbank und Währung in Deutschland seit 1948, München 1998.

Jürgen Habermas, Der DM-Nationalismus, in: Die Zeit, Nr. 14, 30. 3. 1990.

Charles Kindlberger/Taylor Ostrander, The 1948 Monetary Reform in Western Germany, in: Carl-Ludwig Holtfrerich/Harold James (Hrsg.), The International Financial System: Past and Present, Cambridge 2001.

David Marsh, Die Bundesbank. Geschäfte mit der Macht, München 1992.

Hans Möller, Zur Vorgeschichte der Deutschen Mark: Die Währungsreformpläne 1945–1948, Basel 1961.

Edgar Wolfrum
Die Mauer

Anmerkungen

1 Neues Deutschland, 14. 8. 1961.

2 Zit. n. Jürgen Rühle/Gunther Holzweissig, 13. August 1961. Die Mauer von Berlin, Köln 1981, S. 71.

3 Frankfurter Allgemeine Zeitung, 25. 6. 1963.

4 Die Welt, 12. 9. 1963.

5 Einzelnachweise der folgenden Zitate bei Edgar Wolfrum, Geschichtspolitik in der Bundesrepublik Deutschland. Der Weg zur bundesrepublikanischen Erinnerung 1948–1990, Darmstadt 1999, S. 178 f.

6 Westdeutscher Rundfunk, 12. 8. 1962, 19. 30 Uhr, «Was können wir gegen die Mauer tun?». Manuskript im Pressearchiv des Otto-Suhr-Instituts der Freien Universität Berlin.

7 Le Monde, 13. 8. 1966.

8 Zu diesem Schlagwort und zu den Schlüsselbegriffen, die nachfolgend zitiert werden, Peter Bender, Die «Neue Ostpolitik» und ihre Folgen. Vom Mauerbau bis zur Vereinigung, München 1995, S. 129 ff.

9 Die Zeit, 13. 8. 1971.

10 So Axel Springer in Die Welt, 13. 8. 1976.

11 Der Spiegel, 12. 8. 1982.

12 Zeitzeugenbericht eines Grenzsoldaten im Berlin-Stadtführer «Die Mauer entlang. Auf den Spuren der verschwundenen Grenze», Berlin 1996, S. 106.

13 Neues Deutschland, 13. 8. 1964.

14 So das ostdeutsche Gewerkschaftsblatt Tribüne, 10. 8. 1966.

15 Neues Deutschland, 13. 8. 1969.

16 Neues Deutschland, 14. 7. 1981.

17 Ein Exemplar dieses «Merkblatts für Berlin-Besucher» und weitere ähnliche Merkblätter befinden sich im Pressearchiv des Otto-Suhr-Instituts der Freien Universität Berlin.
18 Frankfurter Allgemeine Zeitung, 13. 6. 1987.
19 Süddeutsche Zeitung, 17. 8. 1987.
20 Zit. n. Süddeutsche Zeitung, 29. 6. 1999.

Literaturhinweise

Jürgen Rühle/Gunther Holzweissig, 13. August 1961. Die Mauer von Berlin, Köln 1981.
Peter Bender, Die «Neue Ostpolitik» und ihre Folgen. Vom Mauerbau bis zur Vereinigung, München 1995.
Soehnke Streckel, Die Berliner Mauer, Essen 1992.
Michael Haupt, Die Berliner Mauer. Vorgeschichte, Bau, Folgen. Literaturbericht und Bibliographie zum 20. Jahrestag des 13. August 1961, München 1981.

Stefanie Flamm
Der Palast der Republik

Anmerkungen

1 Zit. n. Thomas Beutelschmidt/Julia M. Novak, Ein Palast und seine Republik, Feature für den Fernsehsender Arte, erstmals ausgestrahlt am 22. September 2000.
2 Zit. n. Hans-J. Misselwitz, Nicht länger mit dem Gesicht nach Westen, Das neue Selbstbewußtsein der Ostdeutschen, Berlin 1996, S. 34.
3 Peter Ensikat, Mein Palast der Republik, in: Kirsten Heidler (Hrsg.), Von Erichs Lampenladen zur Asbestruine, Berlin 1998, S. 59–65, hier S. 64.
4 Bruno Flierl, Hintergründe des Palastbaus, in: ebd., S. 21–27, hier S. 25.
5 Konrad Schuller, Als das Kollektiv zur Produktion von Zustimmung zum Revolutionsparlament wurde, FAZ, 14. 8. 2000.
6 Zit. n. Armin Burkhardt, Palast versus Schloß, in: Ruth Reiher/Rüdiger Läzer (Hrsg.), Von Buschzulage und Ossi-Nachweis. Ost-West-Deutsch in der Diskussion, Berlin 1996, S. 137–168, hier S. 148.
7 Zit. n. ebd., S. 152.
8 Friedrich Dieckmann, Staatsräume in Innern Berlins, in: Architekturjahrbuch 1992, S. 26–35, hier S. 32.
9 Die Diskussion über den Platz, auf dem früher das «Berliner Schloß» stand, Radioreportage, ausgestrahlt am 4. März 1998 von uniRadio Berlin-Brandenburg.
10 Wolf Jobst Siedler, Das Bedeutende überdauert den Zeitgeist, in: Die Welt, 5. 1. 2001.
11 Zit. n. Dieckmann, Staatsräume (wie Anm. 8).
12 Zit. n. Helmut Engel, Die Inhalte der Schloßdiskussion, in: Wilhelm von Boddien/Helmut Engel, Die Berliner Schloßdebatte – Pro und Contra, Berlin 2000, S. 101–105, hier S. 102.
13 Karl Markus Michel, Liebknechts Balkon, in: Kursbuch 112, S. 153–173, hier S. 161.
14 Petra Drauschke, Wir feierten gern im Palast, in: Heidler (Hrsg.), Erichs Lampenladen, (wie Anm. 3), S. 146 f., S. 167.
15 Flierl, Hintergründe des Palastbaus (wie Anm. 4).
16 Joachim Fest, Plädoyer für den Wiederaufbau des Stadtschlosses, in: Michael Mönninger (Hrsg.), Das Neue Berlin. Frankfurt/Leipzig 1991.
17 Dieckmann, Staatsräume (wie Anm. 8), S. 33.
18 Spiegelgespräch zwischen Tilman Buddensieg und Wolf Jobst Siedler, in: Der Spiegel, 14. 12. 1992.
19 So zuletzt in Boddien/Engel, Schloßdebatte (wie Anm. 12), S. 10.

20 Zitat aus einem Flugblatt der Initiative «Macht den Palast auf!», vom Sommer 1997.
21 Hermann Wirth, Rekonstruktion, Wiederaufbau, Nachbau oder Kopie, in: Boddien/Engel, Schloßdebatte (wie Anm. 12), S. 17–24, hier S. 17.
22 Wolf Jobst Siedler, Warum Berlin um den Wiederaufbau des Stadtschlosses nicht herumkommt, in: Die Zeit, 5. 3. 1993.
23 Spiegelgespräch (wie Anm. 18).
24 Tilman Buddensieg, Die Schloßlüge, Gegen eine Rekonstruktion des Berliner Stadtschlosses, in: Süddeutsche Zeitung, 30. 12. 1992.
25 Spiegelgespräch (wie Anm. 18).
26 Die Fahne Schlüters über den Wunden der Stadt. Ändert die Schloß-Attrappe Ihre Meinung? Tagesspielgelumfrage, in: Der Tagesspiegel, 18. 7. 1993.
27 Zit. n. Buckhardt, Palast versus Schloß (wie Anm. 6), S. 160.
28 Sie ist seitdem im Internet zu besichtigen unter www.dhm.de/ausstellungen/pdr/erklaer.htm.
29 Stefan Wolle, Die heile Welt der Diktatur, Alltag und Herrschaft in der DDR 1971–1989, Berlin 1998, S. 46.
30 Wolfgang Engler, Die Ostdeutschen, Kunde von einem verlorenen Land, Berlin 1999, S. 73.
31 Antje Vollmer, Mut zur Tradition, in: Die Woche, 15. 12. 2000.
32 Zit. n. Berliner Extrablatt, Bundeskanzler Schröder für den Wiederaufbau des Stadtschlosses! 11. Auflage Sommer 2000.
33 Carl-Georg Böhme/Kristian Ludwig, Das Stadtschloß, Berlin 1998, S. 17.
34 Zit. n. Frank Ebbinghaus, Katzengold in der Schatztruhe der Monarchie, in: FAZ, 5. 10. 2000.
35 Zit. n. Herbert Nicolaus/Alexander Obeth, Die Stalinallee, Geschichte einer deutschen Straße, Berlin 1997, S. 81.
36 Zit. n. Simone Hain, Berlin schöner denn je – Stadtansichten im Ostberliner Wiederaufbau, in: DAM Architekturjahrbuch. München 1992, S. 20.
37 Martin Beerbaum/Heinz Graffunder, Der Palast der Republik, Leipzig 1979, S. 7.
38 Ebd., S. 9.
39 Michel, Liebknechts Balkon (wie Anm. 13), S. 156.
40 Konrad Schuller, Sehnsucht nach Mitte. Ein neu erbautes Schloß könnte zur Chiffre für Bürgersinn werden, in: FAZ, 26. 5. 2000.

Literaturhinweise

Martin Beerbaum/Heinz Graffunder (Hrsg.), Der Palast der Republik. Leipzig 1979.
Renate Petras, Das Schloß in Berlin. Von der Revolution 1918 bis zur Vernichtung 1950, Berlin ^{2}1998.
Architektur in Berlin. Jahrbuch 1992, hrsg. v. der Architekturkammer Berlin, Hamburg 1992.
Wolfgang Engler, Die Ostdeutschen, Kunde von einem verlorenen Land, Berlin 1999.
Stefan Wolle, Die heile Welt der Diktatur, Alltag und Herrschaft in der DDR 1971–1998, Berlin 1998.

Heinz Bude
Achtundsechzig

Anmerkungen

1 So ein von politischer Sympathie geprägter Ausdruck von Immanuel Wallerstein, Antisystemic Movements: History and Dilemmas, in: Samir Amin u. a., Transforming the Revolution: Social Movements and the World-System, New York 1990, S. 13–54.

2 Zit. n. einem Sonderdruck des offiziellen Bulletins vom 3. Oktober 1990.
3 Niklas Luhmann, Soziale Systeme. Grundriß einer allgemeinen Theorie, Frankfurt/M. 1984, S. 543 ff.
4 Thomas Schmid, Nicht sozial, aber bürokratisch. Über die Vergesellschaftung der Ohnmacht, in: ders. (Hrsg.), Das pfeifende Schwein, Berlin 1985, S. 127–142, hier S. 127 f.
5 Paul Veyne, Aus der Geschichte, Berlin 1986, S. 32.
6 Richard Löwenthal, Der Romantische Rückfall, Stuttgart 1970.
7 Raymond Aron, Erkenntnis und Verantwortung. Lebenserinnerungen, München 1983, S. 333.
8 Karl Markus Michel, Ein Kranz für die Literatur. Fünf Variationen über eine These, in: Kursbuch, Nr. 15 (1968), S. 169–186. hier S. 180 f.
9 Karl Heinz Bohrer, Die gefährdete Phantasie, oder Surrealismus und Terror, München 1970; Jürgen Habermas, Protestbewegung und Hochschulreform, Frankfurt/M. 1969.
10 M. Rainer Lepsius, Die Prägung der politischen Kultur der Bundesrepublik durch institutionelle Ordnungen, in: ders., Interessen, Ideen und Institutionen, Opladen 1990, S. 63–84, hier S. 82 f.
11 Dies die berühmte Formulierung von Theodor W. Adorno, Minima Moralia. Reflexionen aus dem beschädigten Leben, Frankfurt/M. 1970, S. 21.
12 So das beim Rückblick frierende Ich in Hans Magnus Enzensbergers historischer Komödie «Der Untergang der Titanic», Frankfurt/M. 1981, S. 15.
13 Dies die Überschrift des Beitrags von Eric Hobsbawm in: Magnum-Photos. 1968 – Ein Jahr, das die Welt bewegt, Wiesbaden 1999, S. 8–10.
14 Jürgen Habermas, Soziologische Notizen zum Verhältnis von Arbeit und Freizeit, in: Konkrete Vernunft. Festschrift für Erich Rothacker, Bonn 1958, S. 219–231; Hans Magnus Enzensberger, Das Plebiszit der Verbraucher, in: Die Zeit, 25. 11. 1960, wiederabgedruckt in: ders., Einzelheiten I. Bewußtseins-Industrie, Frankfurt/M. 1962, S. 167–178; Martin Walser, Unser Auschwitz, in: Kursbuch, Nr. 1 (1965), S. 189–200.
15 Pierre Bourdieu, Homo Academicus, Frankfurt/M. 1984, S. 287 (allerdings in korrigierter Übersetzung).
16 Rudi Dutschke zu Protokoll. Fernsehinterview mit Günter Gaus, in: Rudi Dutschke, Mein langer Marsch. Reden, Schriften und Tagebücher aus zwanzig Jahren, hrsg. v. Gretchen Dutschke-Klotz, Helmut Gollwitzer und Jürgen Miermeister, Reinbek 1980, S. 42–57.
17 Wolfgang Kraushaar, Die Protestchronik 1949–1959. Eine illustrierte Geschichte von Bewegung, Widerstand und Utopie. Bd. I: 1949–1952, Bd. II: 1953–1956, Bd. III: 1957–1959, Bd. IV: Registerband, Hamburg 1996.
18 Albert O. Hirschman, Engagement und Enttäuschung. Über das Schwanken des Bürgers zwischen Privatwohl und Gemeinwohl, Frankfurt/M. 1988 (orig. 1982).
19 Norbert Frei, Vergangenheitspolitik, München 1996.
20 Die Formel stammt von Odo Marquard, Abschied vom Prinzipiellen, Stuttgart 1981, S. 9 f, dem man sonst keine besondere Liebe zu den Achtundsechzigern vorwerfen kann.
21 Zu diesem Ausdruck Lloyd de Mause, Grundlagen der Psychohistorie, Frankfurt/M. 1989, S. 17.
22 Rolf Dieter Brinkmann, Rom, Blicke, Reinbek 1979, S. 356.
23 Anita Eckstaedt, Nationalsozialismus in der «zweiten Generation». Psychoanalyse von Hörigkeitsverhältnissen, Frankfurt/M. 1989.
24 M. Rainer Lepsius, Das Erbe des Nationalsozialismus und die politische Kultur der Nachfolgestaaten des «Großdeutschen Reiches», in: Michael Haller/Hans-Joachim Hoffmann-Nowottny/Wolfgang Zapf (Hrsg.), Kultur und Gesellschaft, Frankfurt/New York 1989, S. 247–264.

25 Edgar Morin/Claude Lefort/Jean-Marc Coudray, La Brèche. Premières réflexions sur les événements, Paris 1968.
26 Heinrich Breloer, Todesspiel. Von der Schleyer-Entführung bis Mogadischu. Eine dokumentarische Erzählung, Köln 1997.
27 Dazu Michel Wieviorka, Société et terrorisme, Paris 1988.
28 Ludwig von Friedeburg u. a., Freie Universität und politisches Potential der Studenten, Neuwied/Berlin 1968, S. 433.
29 Friedhelm Neidhardt/Dieter Rucht, Auf dem Wege in die «Bewegungsgesellschaft»? Über die Stabilisierbarkeit sozialer Bewegungen, in: Soziale Welt 44 (1993), S. 305–326.

Literaturhinweise

Norman Birnbaum, 1968 im internationalen Kontext, in: Edmund Jacoby/Georg M. Hafner (Hrsg.), 1968 – Bilderbuch einer Revolte. Frankfurt/M. 1993, S. 13–44.
Etienne François (Hrsg.), 1968: Ein europäisches Jahr?, Leipzig 1997.
Ingrid Gilcher-Holtey (Hrsg.), 1968 – Vom Ereignis zum Gegenstand der Geschichtswissenschaft, Göttingen 1998.
Wolfgang Kraushaar, Die Protestchronik 1949–1959. Eine illustrierte Geschichte von Bewegung, Widerstand und Utopie. Bd. I: 1949–1952, Bd II: 1953–1956, Bd. III: 1957–1959, Bd. IV: Registerband, Hamburg 1996.
Ders., 1968 als Mythos, Chiffre, Zäsur, Hamburg 2000.

Adam Krzemiński
Der Kniefall

Literaturhinweise

Egon Bahr, Zu meiner Zeit, München 1996.
Willy Brandt, Begegnungen und Einsichten, Hamburg 1976.
Marian Marek Drozdowski/Andrzej Zahorski, Historia Warszawy, Warszawa 1997.
Günter Grass, Mein Jahrhundert, Göttingen 1999.
Peter Koch, Willy Brandt. Eine politische Biographie, Berlin 1988.
Marcel Reich-Ranicki, Mein Leben, Stuttgart 1999.
Stosunki polsko-niemieckie w historiografii, Poznań 1991.
Tomasz Szarota, Okupowanej Warszawy dzień powszedni, Warszawa 1988.
Mieczysław Tomala, Patrzac na Niemcy. Od wrogości do porozumienia 1945–1991, Warszawa 1997.

Gesine Schwan
Der Mitläufer

Anmerkungen

1 Günter Grass, Die Blechtrommel, in: Günter Grass, Werkausgabe in zehn Bänden, hrsg. v. Volker Neuhaus, Bd. II, Darmstadt/Neuwied 1974, S. 180.
2 Deutsches Wörterbuch von Jacob Grimm und Wilhelm Grimm, 6. Bd., bearb. v. Dr. Moritz Heyne, Leipzig 1885, S. 2355.
3 Gerhard Strauß/Ulrike Haß/Gisela Harras (Hrsg.), Brisante Wörter von Agitation bis Zeitgeist, Berlin/New York 1989.
4 Lutz Niethammer, Die Mitläuferfabrik. Die Entnazifizierung am Beispiel Bayerns, Berlin/Bonn 1982, S. 609.
5 Ebd. S. 666.

6 Martin Buber, Bilder von Gut und Böse, Heidelberg 1986, S. 28.
7 Ebd. S. 63.
8 Hermann Lübbe, Der Nationalsozialismus im politischen Bewußtsein der Gegenwart, in: Deutschlands Weg in die Diktatur. Internationale Konferenz zur nationalsozialistischen Machtübernahme im Reichstagsgebäude zu Berlin, Berlin 1983, S. 332ff., 341.

Literaturhinweise

Fritz Bauer, Die Humanität der Rechtsordnung. Ausgewählte Schriften, Frankfurt/New York 1998.

Christopher Browning, Ganz normale Männer. Das Reservepolizeibataillon 101 und die Endlösung in Polen, Reinbek 1993.

Norbert Frei, Vergangenheitspolitik. Die Anfänge der Bundesrepublik und die NS-Vergangenheit, München 1996.

Nadine Hauer, Die Mitläufer. Oder die Unfähigkeit zu fragen. Auswirkungen des Nationalsozialismus für die Demokratie von heute, Opladen 1994.

Irena Kukutz/Katja Havemann, Geschützte Quelle. Gespräche mit Monika H. alias Karin Lenz, Berlin 1990.

Lutz Niethammer (Hrsg.), «Hinterher merkt man, daß es richtig war, daß es schiefgegangen ist». Nachkriegserfahrungen im Ruhrgebiet. Lebensgeschichte und Sozialkultur im Ruhrgebiet 1930 bis 1960, Bd. 2, Berlin/Bonn 1983.

Ilse Schmidt, Die Mitläuferin. Erinnerungen einer Wehrmachtsangehörigen, Berlin 1999.

Gesine Schwan, Politik und Schuld. Die zerstörerische Macht des Schweigens, Frankfurt/M. 1997.

Werner Schwan, Ich bin doch kein Unmensch. Kriegs- und Nachkriegszeit im deutschen Roman, Freiburg 1990.

Klaus Sühl (Hrsg.), Vergangenheitsbewältigung 1945/1989. Ein unmöglicher Vergleich?, Berlin 1994.

Gunter Gebauer
Die Bundesliga

Anmerkungen

1 Vgl. Christiane Eisenberg, Fußball, soccer, calcio. Ein englischer Sport auf seinem Weg um die Welt, München 1997, S. 94–129, hier S. 115. Ihre in diesem Aufsatz vorgetragene Interpretation der politischen Bedeutung des Gewinns der Fußball-WM 1954 teile ich nicht in allen Punkten.
2 Eine vorzügliche Übersicht über die Geschichte der Bundesliga, einschließlich Statistiken und Kommentare, gibt Hardy Grüne, Bundesliga-& Co. 1963 bis 1997. Enzyklopädie des deutschen Ligafußballs, Bd. 2, Kassel 1997.
3 In Frankreich entstanden aus demselben Grund ganz ähnliche Probleme, vgl. Jean-Michel Faure/Charles Suaud, Le Football professionnel à la francaise, Paris 1999, Kapitel III.
4 Vgl. die Beschreibung des Funktionierens der Fußball-Internate in Frankreich bei Faure/Suaud: Le Football professionnel à la francaise (wie Anm. 3), S. 117–147. Auch in anderen Sportarten mit einem organisierten Schulungswesen gibt es eine solche Bewegungslehre, z. B. in der «französischen Skischule».
5 Der Liebhaber wird im Jargon des Sports «Fan» genannt, aber dieser Ausdruck gibt nur die extreme Seite der Fußball-Liebhaberei wieder. Zu einer differenzierten Sicht siehe Rolf Lindner (Hrsg.), Der Fußballfan. Ansichten vom Zuschauer, Frankfurt/M. 1980.

6 Wie sehr dieser Sport zu einer mentalen Sache geworden war, erkennt man am späteren beruflichen Erfolg mancher bekannter Spieler aus jener Zeit. In dieser Perspektive gesehen, bereiteten die ersten Bundesliga-Meister die große Zeit des deutschen Fußballs in den siebziger Jahren vor.

7 Franz Beckenbauer war der erste deutsche Spieler, dessen Fähigkeiten und Image von einem Manager vermarktet wurden. Auch der Vorstand des FC Bayern war, was Professionalisierung des Vereinsmanagements angeht, den anderen Klubs weit voraus.

8 Der Verein erschloß mit wachsendem Erfolg neue Einnahmequellen (neben den Einnahmen aus dem Kartenverkauf und den Übertragungsrechten), insbesondere die Zuwendungen von Sponsoren, Einkünfte aus Werbung, Verkauf von Fanartikeln und Vergabe von Lizenzen.

9 Laut einer von der UEFA in Auftrag gegebenen Studie (1994) interessieren sich 67 % aller Männer und 32 % aller Frauen in Deutschland für Fußball. Die Einschaltquote bei Fußballsendungen im Fernsehen liegt regelmäßig im zweistelligen Millionenbereich. Der FC Bayern München hat nach den Ergebnissen der Studie 7,4 Millionen Fans.

10 In der Saison 1995/96 hatte Bayern München Einnahmen in Höhe von 150 Millionen DM, Borussia Dortmund lag bei 130 Millionen DM (beide Werte nach eigenen Angaben der Vereine). Für die Erstrechte der Fernsehberichterstattung über die Bundesliga zahlte der Sender SAT.1 pro Spielzeit 180 Millionen DM, vom Pay-TV-Sender Premiere kommen noch einmal 75 Millionen DM für die Live-Übertragung von zwei Spielen pro Woche hinzu (Angaben für 1997).

11 In einem Zeitungsinterview im *Tagesspiegel* vom 6. 7. 2003. Thomas Brussig faßt in seinem Theaterstück *Leben bis Männer* (Frankfurt/M. 2001) die Stimmung der Fußball-Liebhaber in der DDR zusammen, indem er einen monologisierenden Fußballtrainer aus Magdeburg sagen läßt: «Stimmung wurde immer mieser. Haben unsern nicht die Länderspiele angerechnet. Hieß zwar Wiedervereinigung und hieß auch Deutscher Fußball Bud, aber die ham beim DFB symbolisch die ganze Statistik in den Papierkorb geschmissen. Wer hundert Länderspiele hat, ist im Klub der Hunderter. Wir hatten zwei: Joachim Streich vom 1. FC Madeburg und Jürgen Dörner von Dynamo Dresden. Also zweieins für uns. Aber dass Ostler die deutsche Fußballstatistik anführen, ist für Westler nicht hinnehmbar. Mußte sich der DFB in Frankfurt am Main was einfallen lassen. Daß Streich und Dörner Deutsche sind, daran war nicht zu rütteln. Also haben sie die Länderspiele einfach nicht anerkannt. Und die von den andern DDR-Spielern auch nicht. Gab einen Riesen-Stunk deswegen im Osten. Denn vom Prinzip her ging es allen wie Streich und Dörner: Mit einem Wisch ist alles weg! Erst als Matthäus, Klinsmann und Kohler in den Hunderterklub kamen, hat der DFB die DDR-Länderspiele wieder mitgezählt. Früher war das einfacher: Die Spiele, die der Fritz Walter fürn Adolf gemacht hat, die zählten, und aus die Maus.» (S. 54).

12 Die DDR-Presse findet «anerkennende Worte für den bundesdeutschen Sieg» 1954 in Bern. «‹Unseren Glückwunsch der Elf aus dem Westen unserer Heimat›, übermittelt die *Berliner Zeitung* aus dem Osten, selbst die FDJ-Zeitschrift *Junge Welt* kennt nur noch eine Nation und gratuliert ‹zum größten deutschen Erfolg in der Geschichte des deutschen Fußballsports überhaupt›» (Dirk Bitzer/Bernd Wilting, Stürmen für Deutschland. Die Geschichte des deutschen Fußballs von 1933 bis 1954, Frankfurt/New York 2003, S. 230).

13 Fachmänner dieser Erzählweise findet man an vielen Orten: in den Stadien, in Kneipen, am Arbeitsplatz, in Zeitungsredaktionen, beim Radio, bei Fernsehsendern; zwischen ihnen zirkuliert ein Kreislauf des Erzählens. Was die professionellen Epiker der Medien aufnehmen, ist fast immer schon vorerzählt, schon nach Gut und Böse, Akzeptanz und Ablehnung etc. vorsortiert.

14 Soziologisch gesehen brachte die Einführung der Bundesliga einen deutlichen Schub

der Verbürgerlichung. Ihr Beginn fiel in die Zeit des ersten Wohlstands in der Bundesrepublik; der Krieg und seine Folgen waren endgültig überwunden. Von der ersten Bundesliga-Saison an wurde die Vorherrschaft der bürgerlichen Vereine deutlich; die deutschen Meistertitel wurden fast ausschließlich von Vereinen aus bürgerlichem Milieu gewonnen.

15 Die Möglichkeit der Wiederholung und die Lebendigkeit der Erinnerung macht Dinge sichtbar und läßt Einsichten gewinnen, die man live, im Geschehen selbst, nie hätte haben können. Dies gibt einen Hinweis auf die Schärfung des Wahrnehmungsvermögens gegenüber vergangenen Ereignissen. In der Erinnerung kann etwas sichtbar gemacht werden, was man im Strom der vergehenden Zeit nicht zu sehen vermag.

16 Für die Produktion von Erinnerung im Sport ist das Fernsehen nicht nur das mächtigste Medium, weil es Bilder aufbewahrt, sondern auch weil es als ein Medium der Wieder-holung gegen die Zeit gerichtet ist; in seinen Präsentifikationen des Vergangenen wird die Zeit geleugnet. Sie läßt nur das Große gelten; alles, was sie episch erzählt, macht sie aufgrund ihrer Wirkungsweise groß. Sport ist ihr idealer Gegenstand, weil sie alles, was sie gerade berichtet, in die Perspektive der Erinnerung rückt, in eine ewige Gegenwart stellt.

Hartmut Zwahr
«Wir sind das Volk!»

Anmerkungen

1 Martin Luther, WA, 7, S. 838.

2 Zit. n. Neues Forum Leipzig (Hrsg.), Jetzt oder nie – Demokratie. Leipziger Herbst '89. Mit einem Vorwort von Rolf Henrich, Leipzig 1989, S. 82.

3 Zit. n. ebd., S. 71.

4 Siehe sein Fernschreiben vom 8. Oktober an die 1. Sekretäre der Bezirksleitungen der SED: «Vor allem in Dresden, Plauen und Leipzig trugen sie (die gegen die «verfassungsmäßigen Grundlagen unseres sozialistischen Staates» gerichteten Demonstrationen vom Vortage – Z.) den Charakter rowdyhafter Zusammenrottungen und gewalttätiger Ausschreitungen, die unsere Bürger in höchstem Maße beunruhigen.» Zit. n. Armin Mitter/Stefan Wolle (Hrsg.), Ich liebe Euch doch alle! Befehle und Lageberichte des MfS Januar bis November 1989, Berlin 1990, S. 200.

5 Belege für *Wir sind keine Rowdys!* sind zuerst für den 9. Oktober 1989 nachgewiesen. Vgl. Mitter/Wolle (Hrsg.), Ich liebe Euch doch alle! (wie Anm. 4), S. 216.

6 Vgl. ebd., S. 216: Innenverteiler MfS, Berlin, undatiert, vermutlich vom 10. Oktober 1989.

7 Zit. n. Walter Markov (Hrsg.), Revolution im Zeugenstand. Frankreich 1789–1799, Bd. 2: Gesprochenes und Geschriebenes, Leipzig 1982, S. 105.

8 Zit. n. Wolfgang Schieder, Die Anfänge der deutschen Arbeiterbewegung. Die Auslandsvereine im Jahrzehnt nach der Julirevolution von 1830, Stuttgart 1963, S. 317.

9 Chemnitzer Bote 1 (1848), 6. 6. 1848: Die Despoten und die Blutroten; zit. n. Hartmut Zwahr, Ende einer Selbstzerstörung. Leipzig und die Revolution in der DDR, Göttingen 1993, S. 185.

10 Zit. n. Neues Forum Leipzig (Hrsg.), Jetzt oder nie (wie Anm. 2), S. 82. Aufruf (Erklärung), gesendet im Leipziger Stadtfunk am 9. Oktober 1989 ab 18 Uhr, dem Zeitpunkt der Beendigung des Friedensgebets.

11 Zit. n. ebd., S. 83 f.

12 Erstmals nachgewiesen für den 2. Oktober 1989. Zit. n. Zwahr, Ende einer Selbstzerstörung (wie Anm. 9), S. 47.

13 Zit. n. Neues Forum Leipzig (Hrsg.), Jetzt oder nie (wie Anm. 2), S. 86.
14 Zit. n. Zwahr, Ende einer Selbstzerstörung (wie Anm. 9), S. 96 f.
15 Zit. n. Christian Dietrich/Uwe Schwabe (Hrsg.), Freunde und Feinde. Dokumente zu den Friedensgebeten in Leipzig zwischen 1981 und dem 9. Oktober 1989, Leipzig 1994, S. 439.
16 Eckhardt Bahr: Sieben Tage im Oktober. Aufbruch in Dresden, Leipzig 1990, S. 91.
17 Dietrich/Schwabe (Hrsg), Freunde und Feinde (wie Anm. 15), S. 461. Brief des Bezirksratsvorsitzenden Rolf Opitz, Leipzig, an Ministerpräsident Willi Stoph vom 9. Oktober.
18 Zit. n. ebd. (Opitz).
19 A. Hahn u. a. (Hrsg.), 4. November '89, Frankfurt/M. 1990, S. 164, 122, 172.
20 Hartmut Zwahr: Zeitzeugenschaft. Wiederbegegnung mit einem Text vom 6., 7. und 8. November 1989. In: Ulfried Burz u. a. (Hrsg.), Brennpunkt Mitteleuropa. Festschrift für Helmut Rumpler, Klagenfurt 2000, S. 148.
21 Leipziger Demontagebuch , Leipzig/Weimar 1990, S. 77.
22 Friedrich Schiller, Wilhelm Tell (Szene auf dem Rütli, II, 2).
23 Leipziger Demontagebuch (wie Anm. 21), S. 141 (Montag, 4. Dezember 1989).
24 Otto Grotewohl, Regierungserklärung vom 9. Januar 1952, abgedruckt unter der Überschrift «Gesamtdeutsche Wahlen, das Tor zur Einheit Deutschlands» in: Dokumente der Deutschen Demokratischen Republik, H. 15, Berlin 1952, S. 12.
25 Ebd., S. 25.
26 Ebd., S. 21.
27 Verfassung der DDR vom 6. April 1968, Kapitel 1 (Politische Grundlagen).
28 Rosa Luxemburg, Zur russischen Revolution. In: Gesammelte Werke, Bd. 4: August 1914 bis Januar 1919, Berlin 1974, S. 360.
29 Ebd., S. 359.
30 Karl Marx, Zur Kritik der Hegelschen Rechtsphilosophie. Einleitung, in: MEW, Bd. 1, S. 379.
31 Leipziger Volkszeitung, 9. 6. 1999.
32 Befehl Nr. 9/89 des Vorsitzenden des Nationalen Verteidigungsrates der DDR zur Gewährleistung der Ordnung und Sicherheit in Leipzig vom 13. Oktober 1989 abends, zit. n. Tobias Hollitzer, «Heute entscheidet es sich. Entweder die oder wir» – zum 9. Oktober 1989 in Leipzig, in: Horch und Guck 7 (1998), H. 23, S. 32.
33 Tonbandprotokoll, zit. n. ebd., S. 32.
34 Ebd.
35 Ebd.

Literaturhinweise

Eckhardt Bahr, Sieben Tage im Oktober. Aufbruch in Dresden, Leipzig 1990.

Armin Mitter/Stefan Wolle (Hrsg.), Ich liebe Euch doch alle! Befehle und Lageberichte des MfS Januar bis November 1989, Berlin 1990.

Hartmut Zwahr, Die Revolution in der DDR 1989/1990 – eine Zwischenbilanz, in: Alexander Fischer/Günther Heydemann (Hrsg.), Die politische «Wende» 1989/90 in Sachsen. Rückblick und Zwischenbilanz, Weimar/Köln/Wien 1995, S. 205–252.

Ders., Die Revolution in der DDR im Demonstrationsvergleich. Leipzig und Berlin im Oktober und November 1989, in: Manfred Hettling/Paul Nolte (Hrsg.), Nation und Gesellschaft. Historische Essays, München 1996, S. 335–350.

Ders., Ende einer Selbstzerstörung. Leipzig und die Revolution in der DDR, Göttingen 1993.

Ders., Zeitzeugenschaft. Wiederbegegnung mit einem Text vom 6., 7. und 8. November 1989, in: Ulfried Burz/Michael Derndarsky u. a. (Hrsg.), Brennpunkt Mitteleuropa. Festschrift für Helmut Rumpler, Klagenfurt 2000, S. 141–154.

Michael Jeismann
Die Nationalhymne

Anmerkungen

1 Der Briefwechsel über die Nationalhymne zwischen Konrad Adenauer und Theodor Heuss wurde zuerst abgedruckt in: Bulletin, 6. Mai 1952. Ausführliche Literaturhinweise bei: Hans Hattenhauer, Deutsche Nationalsymbole, Zeichen und Bedeutung, München 1984 sowie: Landesbildstelle Berlin (Hrsg.), Materialien zur Geschichte der deutschen Nationalhymne, Berlin 1990.

2 Am 27. März 1933 erklärte Bayern das Horst-Wessel-Lied zum Nationallied, am 19. Mai 1933 stellte ein Reichsgesetz «zum Schutz der nationalen Symbole» beide Nationallieder, also Deutschlandlied und Horst-Wessel-Lied, unter den besonderen Schutz des Staates. De facto wurden beide Lieder hintereinander gesungen.

3 Bernd Hüppauf, Schlachtenmythen und die Konstruktion des «Neuen Menschen», in: Gerhard Hirschfeld, Gerd Krumeich und Irina Renz (Hrsg.), Keiner fühlt sich hier mehr als Mensch … . Erlebnis und Wirkung des Ersten Weltkriegs, Essen 1993, S. 53–103.

4 So eine Meldung von AP, zitiert nach: Frankfurter Allgemeine Zeitung, 6. Juni 1977.

Abbildungsnachweis

Rijksmuseum Amsterdam 55
AKG Berlin 28, 199, 203, 264, 375, 379, 398, 470, 481, 485
Bildarchiv Foto Marburg 150
Bildarchiv Preußischer Kulturbesitz, Berlin 111
Bund der Vertriebenen Kreisverband Main-Taunus e. V. 338
Joseph H. Darchinger, Bonn 175, 416
Deutsches Historisches Museum, Berlin 104, 156, 172, 212, 219, 256, 344, 409, 422, 426, 471
Fotowerkstatt Elke Walford, Hamburg 126
Goethe-Museum Düsseldorf 113
Gedenkstätte Buchenwald, Weimar-Buchenwald 91
Hessisches Landesmuseum Darmstadt 226
Historisches Museum Frankfurt/M. 179, 187
Ulrich Kneise, Eisenach 39
Kunstsammlung der Veste Coburg 42
Landesarchiv Berlin 26
Museum am Checkpoint Charlie, Berlin 386
Museum der Stadt Regensburg 14
© Photo RMN – Gérard Blot, Paris 220
Rheinisches Bildarchiv der Stadt Köln 67, 382
Sammlung des Verbandes Alter Corpsstudenten im Institut für Hochschulkunde, Würzburg, 882/F 3.288 144
Schiller-Nationalmuseum, Marbach 17
Dietrich Schubert, Heidelberg 140
Städtische Galerie am Städelschen Kunstinstitut, Frankfurt/M. 81
Stiftung Preußische Schlösser und Gärten Berlin-Brandenburg, Potsdam 33
Stiftung Weimarer Klassik, Goethe-Nationalmuseum, Weimar 75
Süddeutscher Verlag – Bilderdienst, München 441
Thüringisches Hauptstaatsarchiv Weimar 84
Ullstein Bilderdienst, Berlin 390, 430
Volkswagen AG, Wolfsburg 354, 357, 368

Es ist dem Verlag C. H. Beck nicht in allen Fällen gelungen, die Inhaber der Bildrechte ausfindig zu machen; der Verlag ist jedoch selbstverständlich bereit, berechtigte Ansprüche abzugelten.

Die Autoren

SABINE BEHRENBECK, geb. 1961, ist Programmdirektorin für Sonderforschungsbereiche bei der Deutschen Forschungsgemeinschaft in Bonn.
Veröff. u. a.: *Der Kult um die toten Helden. Nationalsozialistische Mythen, Riten und Symbole*, Vierow bei Greifswald 1996; *Inszenierungen des Nationalstaats. Politische Feiern in Italien und Deutschland seit 1860/71*, Köln 2000 (Hg. zus. mit Alexander Nützenadel); *Versailles and Vietnam: Coming to Terms with War*, in: Andreas Daum/Wilfried Mausbach (Hrsg.): America's War and the World: Vietnam in International and Comparative Perspectives, Cambridge 2001.

GEORG BOLLENBECK, geb. 1947, ist Professor für Germanistik und Neuere Literaturwissenschaft an der Universität-Gesamthochschule Siegen.
Veröff. u. a.: *Tradition, Avantgarde, Reaktion. Deutsche Kontroversen um die kulturelle Moderne 1880–1945*, Frankfurt/M. 1999; *Bildung und Kultur. Glanz und Elend eines deutschen Deutungsmusters*, Frankfurt/M. 1994; *Theodor Storm. Eine Biographie*, Frankfurt/M. 1991.

DIETER BORCHMEYER, geb. 1941, ist Professor für Neuere Deutsche Literatur und Theaterwissenschaft an der Universität Heidelberg.
Veröff. u. a.: *Richard Wagner*, Frankfurt/M. 2002; *Goethe der Zeitbürger*, München/Wien 1999; *Weimarer Klassik. Portrait einer Epoche*, Weinheim ²1998.

HEINZ BUDE, geb. 1954, ist Professor für Soziologie an der Universität-Gesamthochschule Kassel und Leiter des Bereichs «Bundesrepublik» am Hamburger Institut für Sozialforschung.
Veröff. u. a. *Deutsche Karrieren*, Frankfurt/M. 1987; *Das Altern einer Generation: Die Jahrgänge 1938–1948*, Frankfurt/M. 1995; *Die ironische Nation*, Hamburg 1999.

GÉRALD CHAIX, geb. 1947, ist Professor für Geschichte der Frühen Neuzeit an der Universität François-Rabelais (Tours) und Recteur de l'académie du Strasbourg.
Veröff. u. a.: *La mémoire de la cité. Modèles antiques et réalisations renaissantes*, Perugia 1997 (zus. mit A. Bartoli Langeli); *La Renaissance – Préludes*, Paris 2001; *Le Saint Empire à l'époque moderne*, Paris 2002 (in Vorbereitung).

OTTO DANN, geb. 1937, ist emeritierter Professor für Geschichte der Neuzeit an der Universität zu Köln.
Veröff. u. a.: *Nation und Nationalismus in Deutschland. 1770–1990*, München ³1996; *Friedrich Schiller, Historische Schriften und Erzählungen* (= Werke und Briefe, Bd. 6) Frankfurt/M. 2000 (Hg.); *Politische Rede bei Friedrich Schiller*, in: Politisches Denken. Jahrbuch 1999, S. 25–35.

JÖRN ECKERT, geb. 1954, ist Professor für Deutsche und Europäische Rechtsgeschichte, Bürgerliches Recht und Handelsrecht an der Universität Kiel.
Veröff. u. a.: *Der Kampf um die Familienfideikommisse in Deutschland. Studien zum Absterben eines Rechtsinstitutes*, Frankfurt/M. u. a. 1992; *Schuldrecht, Allgemeiner Teil*, Baden-Baden ²1999; *Sachenrecht*, Baden-Baden ²2000.

Iring Fetscher, geb. 1922, ist emeritierter Professor für Politikwissenschaft an der Johann Wolfgang Goethe-Universität Frankfurt am Main.
Veröff. u. a.: *Neugier und Furcht. Versuch, mein Leben zu verstehen*, Hamburg 1995; *Joseph Goebbels im Berliner Sportpalast. «Wollt Ihr den totalen Krieg»*, Hamburg 1998; *«Marx»*, Herder/Spektrum Meisterdenker, Freiburg i. Br. 1999.

Stefanie Flamm, geb. 1970, lebt als freie Journalistin in Berlin.
Veröff. u. a.: *Die Postikea-Generation*, in: Kursbuch 142, Berlin 2000; *Die kleine Korrektur*, in: Die Blondine. Eine Enthüllung, Zürich 1999.

Etienne François, geb. 1943, ist Professor für Geschichte an der Technischen Universität Berlin und emeritierter Professor für Geschichte an der Universität Paris I (Panthéon-Sorbonne).
Veröff. u. a.: *Die unsichtbare Grenze. Protestanten und Katholiken in Augsburg 1648–1806*, Sigmaringen 1991; *Nation und Emotion. Deutschland und Frankreich im Vergleich, 19. und 20. Jahrhundert*, Göttingen 1995 (Hg. zus. mit Hannes Siegrist und Jakob Vogel); *Marianne-Germania. Deutsch-französischer Kulturtransfer im europäischen Kontext 1789–1914*, 2 Bde., Leipzig 1998 (Hg. zus. mit Marie-Claire Hoock-Demarle, Reinhart Meyer-Kalkus und Michael Werner).

Claire Gantet, geb. 1967, ist Maître de Conférences an der Universität Paris I (Panthéon-Sorbonne).
Veröff. u. a.: *La violence et la mémoire. Une histoire sociale de la paix de Westphalie (17e–18e siècles)*, Paris 2001; *La dimension «sainte» du Saint-Empire romain germanique. Les représentations du pouvoir en Allemagne entre paix et guerre (1648–1664)*, in: Revue historique, Bd. 615 (2000), S. 629–654; *Das Augsburger Friedensfest im Rahmen der deutschen Friedensfeiern*, in: Johannes Burkhardt/Stephanie Haberer (Hrsg.), Das Friedensfest, Augsburg und die Entwicklung einer neuzeitlichen Toleranz-, Friedens- und Festkultur, Berlin 2000, S. 209–332.

Gunter Gebauer, geb. 1944, ist Professor am Institut für Philosophie und Institut für Sportwissenschaft an der Freien Universität Berlin.
Veröff. u. a.: *Olympische Spiele – die andere Utopie der Moderne*. Frankfurt/M. 1996 (Hg.); *Spiel – Ritual – Geste. Das Mimetische in der sozialen Welt*, Reinbek 1998 (zus. mit Ch. Wulf.); *Die soziale Umwelt von Spitzensportlern. Ein Vergleich des Spitzensports in Deutschland und Frankreich*, Schorndorf 1999 (zus. mit S. Braun, J. M. Faure, Ch. Suaud).

Eva Hahn, geb. 1946, ist Historikerin und Publizistin in Oldenburg.
Veröff. u. a.: *Sudetoněmecký problém: Obtížné loučeni s minulostí* [Das sudetendeutsche Problem: Der mühsame Abschied von der Vergangenheit], Prag ^{2}1999: *Evropa českýma očima* [Europa mit tschechischen Augen gesehen], Prag 1997 (Hg.); *Kommunismus und Osteuropa: Konzepte, Perspektiven und Interpretationen im Wandel*, München 1994 (Hg. unter dem Namen Schmidt-Hartmann).

Hans Henning Hahn, geb. 1947, ist Professor für Moderne Osteuropäische Geschichte an der Carl von Ossietzky Universität in Oldenburg.
Veröff. u. a.: *Das Jahr 1956 in Ostmitteleuropa*, Berlin 1996 (Hg.); *Polen und Deutschland. Nachbarn in Europa*, Hannover ^{2}1996; *Historische Stereotypenforschung. Methodische Überlegungen und empirische Befunde*, Oldenburg 1995 (Hg.).

Harold James, geb. 1956, ist Professor für Geschichte an der Princeton University.
Veröff. u. a.: *Deutschland in der Weltwirtschaftskrise*, Stuttgart 1988; *Der Rückfall. Die neue Weltwirtschaftskrise*, München 2003; *Geschichte Europas im 20. Jahrhundert*, München 2004.

MICHAEL JEISMANN, geb. 1958, ist Redakteur im Feuilleton der *Frankfurter Allgemeinen Zeitung*.
Veröff. u. a.: *Das Vaterland der Feinde. Studien zum nationalen Feindbegriff und Selbstverständnis in Deutschland und Frankreich 1792–1918*, Stuttgart 1982; *Mahnmal Mitte. Eine Kontroverse*, Köln 1999 (Hrsg.); *Auf Wiedersehen Gestern. Deutschland sucht sein Gedächtnis*, München 2001.

SANDRINE KOTT, geb. 1960, ist Professorin für Geschichte an der Universität Genf.
Veröff. u. a.: *L'Etat social allemand. Représentations et pratiques*, Paris 1995; *L'Allemagne du XIXè siècle*, Paris 1999; *Le communisme au quotidien. Les entreprises d'Etat dans la société est-allemande*, Paris 2001.

ADAM KRZEMIŃSKI, geb. 1945, ist Redakteur der Warschauer Wochenzeitung «Polityka» und Publizist.
Veröff. u. a.: *Polen im 20. Jahrhundert. Ein historischer Essay*, München ²1998.

WOLFGANG J. MOMMSEN, 1930–2004, war Professor für Mittlere und Neuere Geschichte an der Universität Düsseldorf und Leiter der Arbeitsstelle der Max-Weber-Gesamtausgabe.
Veröff. u. a.: *Propyläen Geschichte Deutschlands*, Bd. 7/1: *Das Ringen um den nationalen Staat*, Frankfurt/M. 1993; Bd. 7/2: *Aufstieg und Fall des deutschen Kaiserreiches 1850–1918*, Bd. 2: *Bürgerstolz und Weltmachtstreben. Deutschland unter Wilhelm II., 1890 bis 1918*, Berlin 1995; *Bürgerliche Kultur und politische Ordnung. Künstler, Schriftsteller und Intellektuelle in der deutschen Geschichte 1830–1933*, Frankfurt/M. 2000; *1848 – Die ungewollte Revolution. Die revolutionären Bewegungen in Europa 1830–1849*, Frankfurt/M. 2000.

PETER REICHEL, geb. 1942, ist Professor für Politische Wissenschaft an der Universität Hamburg.
Veröff. u. a.: *Vergangenheitsbewältigung in Deutschland. Die Auseinandersetzung mit der NS-Diktatur von 1945 bis heute*, München 2001; *Politik mit der Erinnerung. Gedächtnisorte im Streit um die nationalsozialistische Vergangenheit*, Frankfurt/M. ²1999; *Der schöne Schein des Dritten Reiches. Faszination und Gewalt des Faschismus*, Frankfurt/M. ²1993.

BERND ROECK, geb. 1953, ist Professor für Allgemeine und Schweizer Geschichte der Neueren und Neuesten Zeit an der Universität Zürich.
Veröff. u. a.: *Das historische Auge*, Göttingen 2004; *Kunstpatronage in der Frühen Neuzeit. Studien zu Kunstmarkt, Künstlern und ihren Auftraggebern in Italien und im Heiligen Römischen Reich (15.–17. Jahrhundert)*, Göttingen 1999; *Der junge Aby Warburg*, München 1997.

HERMANN RUDOLPH, geb. 1939, ist Herausgeber des *Tagesspiegel* in Berlin.
Veröff. u. a.: *«Die Herausforderung der Politik. Innenansichten der Bundesrepublik»*, Stuttgart 1985; Herausgeber der Brautbriefe von Theodor Heuss und Elly Knapp – *«So bist Du mir Heimat geworden»*, Stuttgart 1986; Herausgeber einer Festschrift für Theodor Eschenburg, *«Den Staat denken»*, Berlin 1989.

ERHARD SCHÜTZ, geb. 1946, ist Professor für Neuere deutsche Literatur an der Humboldt-Universität zu Berlin.
Veröff. u. a.: *Die lange Geschichte der kleinen Form. Beiträge zur Feuilletonforschung*, Berlin 2000 (Hg. zus. mit Kai Kauffmann); *Text und Stadt – Reden von Berlin: Literatur und Metropole seit 1989*, Berlin 1999 (Hg. zus. mit Jörg Döring); *Mythos Reichsautobahn: Bau und Inszenierung der «Strassen des Führers» 1933–1941*, Berlin 1996 (zus. mit Eckhard Gruber).

HAGEN SCHULZE, geb. 1943, ist Professor für Neuere Deutsche und Europäische Geschichte an der Freien Universität Berlin und Direktor des Deutschen Historischen Instituts in London.

Veröff. u. a.: *Staat und Nation in der europäischen Geschichte,* München 1999; *Phoenix Europa: Die Moderne. 1740 bis heute* (= Siedler Geschichte Europas, Bd. 4), Berlin 1998; *Europäische Geschichte: Quellen und Materialien,* München 1994 (Hg. zus. mit Ina Ulrike Paul); *Weimar: Deutschland 1917–1933,* Berlin 1998 (1. Aufl. 1982).

Gesine Schwan ist Präsidentin der Europa-Universität Viadrina in Frankfurt (Oder).
Veröff. u. a.: *Antikommunismus und Antiamerikanismus in Deutschland: Kontinuität und Wandel nach 1945,* Baden-Baden 1999; *Politik und Schuld. Die zerstörerische Macht des Schweigens,* Frankfurt/M. 1997; *Wissenschaft und Politik in öffentlicher Verantwortung: Problemdiagnosen in einer Zeit des Umbruchs. Zum Gedenken an Richard Löwenthal,* Baden-Baden 1995 (Hg.).

Klaus Tenfelde, geb. 1944, ist geschäftsführender Leiter des Instituts für soziale Bewegungen der Ruhr-Universität Bochum, Vorsitzender des Vorstandes der Stiftung Bibliothek des Ruhrgebiets und Inhaber des Lehrstuhls für Sozialgeschichte und soziale Bewegungen an der Ruhr-Universität Bochum.
Veröff. u. a.: *Sozialgeschichte der Bergarbeiterschaft an der Ruhr im 19. Jahrhundert,* Bonn ²1981; *Proletarische Provinz. Radikalisierung und Widerstand in Penzberg/Oberbayern,* München ²1982; *Arbeiter im deutschen Kaiserreich 1871–1914,* Bonn 1992 (zus. mit Gerhard A. Ritter).

Maiken Umbach, geb. 1970, ist Lecturer für Modern European History an der University of Manchester.
Veröff. u. a.: *Federalism and Enlightenment in Germany, 1740–1806,* London u. a. 2000; *Visual Culture, Scientific Images and German Small-State Politics in the late Enlightenment,* in: Past and Present, Nr. 158, Februar 1998, S. 110–145; *Reich, Region und Föderalismus als Denkfiguren in der Frühen und der Späten Neuzeit,* in: Dieter Langewiesche/Georg Schmidt (Hrsg.): Die Föderative Nation. Deutschlandbilder von der Reformation bis zum Ersten Weltkrieg, München 1999.

Michael Werner, geb. 1946, ist Forschungsleiter am Centre d'Études et de Recherches Allemandes (C. E. R. A.) der École des Hautes Études en Sciences Sociales in Paris.
Veröff. u. a.: *«Der Zweck des Lebens ist das Leben selbst.» Heinrich Heine: eine Biographie,* Berlin ²1999 (zus. mit Jan-Christoph Hausschild); *Qu'est-ce qu'une littérature nationale? Approches pour une théorie interculturelle du champ littéraire,* Paris 1994 (zus. mit Michel Espagne); *Genius und Geldsack. Zum Problem des Schriftstellerberufs bei Heinrich Heine,* Hamburg 1978.

Edgar Wolfrum, geb. 1960, ist Professor für Zeitgeschichte an der Universität Heidelberg.
Veröff. u. a.: *Geschichte als Waffe. Vom Kaiserreich bis zur Wiedervereinigung,* Göttingen 2001; *Geschichtspolitik in der Bundesrepublik Deutschland. Der Weg zur bundesrepublikanischen Erinnerung 1948–1990,* Darmstadt 1999; *Umkämpfte Vergangenheit. Geschichtsbilder, Erinnerung und Vergangenheitspolitik im internationalen Vergleich,* Göttingen 1999 (Hg. zus. mit Petra Bock).

Hartmut Zwahr, geb. 1936, ist Professor für Sozial- und Wirtschaftsgeschichte am Historischen Seminar der Universität Leipzig.
Veröff. u. a.: *Herr und Knecht. Figurenpaare in der Geschichte,* Leipzig u. a. 1990; *Ende einer Selbstzerstörung. Leipzig und die Revolution in der DDR,* Göttingen 1993; *Revolutionen in Sachsen. Beiträge zur Sozial- und Kulturgeschichte,* Weimar/Köln/Wien 1996.

Personenregister

Kursive Zahlen verweisen auf Bildunterschriften.